MEMÓRIAS

GREGÓRIO BEZERRA

MEMÓRIAS

Copyright © Boitempo Editorial, 2011
Copyright © Jurandir Bezerra, 1979, 2011

Coordenação editorial
Ivana Jinkings

Editora-adjunta
Bibiana Leme

Assistência editorial
Livia Campos

Preparação
Mariana Echalar e Pedro Paulo da Silva

Revisão
Thais Nicoleti

Capa e diagramação
Antonio Kehl
sobre fotografia de Gregório Bezerra, preso no pátio do Quartel de Motomecanização em Casa Forte, Recife (abril de 1964)

Produção
Ana Lotufo Valverde

Impressão e acabamento
Gráfica Ideal

CIP-BRASIL. CATALOGAÇÃO-NA-FONTE
SINDICATO NACIONAL DOS EDITORES DE LIVROS, RJ

B469m
Bezerra, Gregório, 1900-1983
  Memórias / Gregório Bezerra ; [apresentação Anita Leocádia Prestes]. - Ed. ampl. e atualizada. - São Paulo : Boitempo, 2011.
  il., retrs.

  Anexos
  ISBN 978-85-7559-160-4

  1. Bezerra, Gregório, 1900-1983. 2. Políticos - Brasil - Biografia. I. Título.

10-1256.   CDD: 923.281
                                                 CDU: 929:32(81)
23.03.10   31.03.10   018251

É vedada, nos termos da lei, a reprodução de qualquer parte deste livro sem a expressa autorização da editora.

Este livro atende às normas do novo acordo ortográfico em vigor desde janeiro de 2009.

1ª edição: julho de 2011
Tiragem de 5.000 exemplares

BOITEMPO EDITORIAL
Jinkings Editores Associados Ltda.
Rua Pereira Leite, 373
05442-000 São Paulo SP
Tel./fax: (11) 3875-7250 / 3872-6869
editor@boitempoeditorial.com.br
www.boitempoeditorial.com.br

SUMÁRIO

Nota da editora.. 9
Apresentação – *Anita Prestes* 11
PRIMEIRA PARTE – 1900-1945 15
SEGUNDA PARTE – 1946-1969 353
EPÍLOGO 587
Cronologia 609
Índice onomástico 613
Anexos 621
    Integridade e grandeza – *Florestan Fernandes* 623
    Homenagem a Gregório – *Eduardo Campos* 626
    História de um valente – *Ferreira Gullar* 628
    Em louvor a Gregório – *Francisco Julião* 633
    Alegações finais em favor de Gregório Lourenço Bezerra – *Mércia Albuquerque* 634
    Cartas de Gregório Bezerra à advogada Mércia Albuquerque 638
    Mensagem de Gregório Bezerra aos camponeses 641
    Depoimentos 643
Créditos das imagens 647

Imagem usada nas camisetas da campanha a deputado federal de Gregório (1982) e quando de seu falecimento.

NOTA DA EDITORA

Mais de trinta anos após sua primeira edição, em 1979, a Boitempo recupera e publica esta obra magistral de Gregório Bezerra, na qual a memória do autor se confunde com a do povo brasileiro: biografia pessoal e história coletiva num relato de inestimável valor documental e literário que retrata o país pelo qual ele lutou.

Em 1983, o Brasil perdeu este grande revolucionário. Para sorte dos que estavam por vir, porém, ele deixou estas *Memórias* repletas de verdades e esperanças. Gregório não foi um homem de letras, mas um observador sensível e um brilhante contador de histórias. Suas páginas são narradas sem afetação ou hipocrisia. Depoimentos de um homem que conheceu a fundo a terra em que viveu e trabalhou.

Esta edição vem acrescida de fotografias, artigos, depoimentos, poemas, cartas e documentos diversos. Para facilitar a inserção do leitor na história, um índice onomástico e uma cronologia resumida complementam o volume. Afora essas inclusões, as modificações em relação à primeira edição são poucas, apenas para adequar a escrita às normas da língua portuguesa. Respeitosamente, optou-se por publicar o texto integral do autor: mesmo que às vezes algumas passagens já não se justifiquem nos dias que correm, é preciso lembrar que Gregório é um homem do seu tempo.

A Boitempo agradece as contribuições de Roberto Arrais – que esteve ao lado de Gregório desde seu retorno ao Brasil até sua morte e nos ajudou em todo o processo editorial –, Anita Prestes, Roberto Monte, Ivan Pinheiro, Anibal Valença, José Roberto Faria de Souza Cavalcanti, Ferreira Gullar, Carlos Latuff, Heloisa Fernandes, Zoia Prestes, Marília Guimarães, Aluízio Matias dos Santos, Urariano Motta; e, muito especialmente, agradece a Jurandir Bezerra, filho de Gregório, que conservou a memória de seu pai e nos permitiu dar forma ao sonho de trazer novamente a público esta obra fundamental para a história do país. A editora será grata também aos leitores que souberem e puderem enviar informações a respeito de pessoas que aparecem ainda sem identificação nas fotos e/ou no índice onomástico; apesar do esforço para localizar todos os personagens citados por Gregório, nem sempre isso foi possível.

Desde a primeira edição das *Memórias* de Gregório Bezerra, muitas reviravoltas ocorreram no Brasil, porém o maior desejo do autor continua atual: ainda é preciso que se construa um país justo, onde os cidadãos tenham direitos iguais, a terra seja de todos, o trabalho dignifique e as crianças sejam alimentadas com pão e liberdade.

Junho de 2011

APRESENTAÇÃO

É com profunda emoção que escrevo esta apresentação do livro de memórias de Gregório Bezerra. Quando penso em Gregório, vejo diante de mim o povo brasileiro, os milhões de homens, mulheres e crianças do nosso país, maltratados e sofridos durante séculos de exploração e opressão.

Gregório é a legítima expressão desse povo, no que ele tem de mais autêntico e verdadeiro. É a genuína personificação dos explorados e oprimidos da nossa terra – jamais dos poderosos, dos exploradores. Estes sempre lhe dedicaram um indisfarçável ódio de classe, ódio dos opressores, conscientes do perigo, para os interesses dominantes, das "ideias subversivas" difundidas por homens como ele. Na grande trincheira da luta de classes, Gregório sempre esteve do lado dos trabalhadores, dos desvalidos e dos oprimidos. Justamente por isso suportou constantes perseguições policiais, atrozes torturas e um total de 23 anos de cárcere em diversos presídios do Brasil. Teve de suportar a feroz campanha que os meios de comunicação a serviço dos interesses dominantes sempre moveram contra ele e contra os comunistas.

Conheci Gregório há muitos anos. Em 1946, eu tinha apenas nove anos de idade quando ele, eleito deputado federal por Pernambuco na legenda do Partido Comunista do Brasil (PCB), foi morar conosco, na casa de meu pai, Luiz Carlos Prestes. O partido havia conquistado a legalidade e elegera para a Assembleia Nacional Constituinte uma bancada comunista composta de um senador, Luiz Carlos Prestes, e catorze deputados, entre os quais Gregório Bezerra. Em nossa casa, além da família, moravam vários camaradas do PCB.

Gregório destacava-se, dentre todos, pela dedicação ao partido e à causa revolucionária que abraçara ainda jovem, mas sobretudo pelo humanismo que irradiava de sua pessoa. Ele sabia compreender os problemas de todos que o cercavam e relacionar-se bem e de maneira afetuosa tanto com as crianças quanto com os idosos, com pessoas importantes ou humildes, com homens ou mulheres. Gregório não incomodava; ao contrário, sempre ajudou em nossa casa e era capaz de manter permanentemente um convívio agradável com todos que o rodeavam. Lembro como minhas tias observavam que, de tantos companheiros que passaram por nossa casa, nenhum deixara tão boas lembranças e tantas saudades quanto ele.

Se Gregório sabia conversar com os adultos, também o sabia com as crianças, como era meu caso. Eis a razão por que guardo gratas lembranças dessa convivência que durou apenas dois anos, pois em 1948, após o fechamento do PCB pelo governo Dutra e a cassação dos mandatos dos parlamentares comunistas, ele foi sequestrado em pleno centro do Rio de Janeiro e levado clandestinamente para a Paraíba, onde, por meio de grosseira provocação policial, seria acusado de incendiar um quartel.

Mais tarde, eu já adulta, nossos caminhos, os meus e os dele, cruzaram-se algumas vezes na vida partidária. Foram, entretanto, encontros fugazes. Mas Gregório continuava sendo o mesmo companheiro atencioso, afável, amigo. Sempre acompanhei sua trajetória de dedicado militante comunista nos mais diversos pontos do país para onde o partido o enviava, seja na legalidade, seja na clandestinidade.

Foi com horror e indignação – como tantos outros brasileiros e também democratas de todo o mundo – que tomei conhecimento de sua prisão em Pernambuco, após o golpe militar de abril de 1964, e das bárbaras torturas a que fora submetido. Sua foto sendo arrastado seminu pelas ruas de Recife chocou a todos. Mas Gregório resistiu, apesar de já contar então com 64 anos de idade. Naquela ocasião, foi condenado a 19 anos de detenção.

Mas então, em setembro de 1969, teve lugar no Rio de Janeiro o sequestro do embaixador norte-americano, promovido por organizações da esquerda armada. Em troca da vida do embaixador, os dirigentes desses grupos exigiram a libertação de quinze prisioneiros políticos que deveriam ser enviados para o exterior – entre eles estava o nome de Gregório Bezerra. Embora discordando desse tipo de ação, ele aceitou a libertação, divulgando, ao mesmo tempo, uma "Declaração ao povo brasileiro", na qual explicava suas razões. Dizia então:

> Por uma questão de princípio, devo esclarecer que, embora aceite a libertação nessas circunstâncias, discordo das ações isoladas, que nada adiantarão para o desenvolvimento do processo revolucionário e somente servirão de pretexto para agravar ainda mais a vida do povo brasileiro e de motivação para maiores crimes contra os patriotas.

E adiante acrescentava:

Não quero que, nesta hora, minha atitude ponha em risco a vida dos demais presos políticos a serem libertados. Nem desejo, como humanista que sou, o sacrifício desnecessário de qualquer indivíduo, ainda que seja o embaixador da maior potência imperialista de toda a história. Luto, por princípio, contra sistemas de força. Não luto contra pessoas, individualmente. Só acredito na violência das massas contra a violência da reação.

É uma declaração reveladora da personalidade de Gregório Bezerra: militante comunista dedicado e consequente, de firmeza inabalável na defesa de suas convicções revolucionárias e, por isso mesmo, insigne humanista.

Reencontrei Gregório em Moscou, em 1973, onde ambos estivemos exilados, juntamente com outros compatriotas. Embora fisicamente alquebrado, como consequência das torturas a que fora submetido nos cárceres da ditadura militar, ele mantinha intacta a postura de profunda dignidade humana e as convicções de revolucionário comunista que sempre marcaram sua personalidade.

Forçado a viver no exílio, mesmo cercado do respeito, da admiração e do carinho dos companheiros soviéticos, assim como de exilados brasileiros e de outros países que então residiam na União Soviética, Gregório tinha seu pensamento permanentemente voltado para o Brasil. Sua maior aspiração era regressar à pátria e poder continuar lutando pelos ideais revolucionários a que dedicara toda sua vida.

Foram dez anos de exílio, até a conquista da anistia no Brasil, em agosto de 1979. Gregório seria um dos primeiros a regressar à terra natal, onde foi recebido com entusiasmo e carinho pelos trabalhadores, companheiros e amigos.

Durante os anos de exílio, Gregório, assim como Prestes, não deixou de contribuir para a luta pela anistia em nosso país. Viajou por diferentes países denunciando os crimes da ditadura militar. Com seu prestígio, tratou de mobilizar os mais diversos setores da opinião pública mundial em campanhas de solidariedade aos presos e perseguidos políticos no Brasil. Participou de congressos, conferências, seminários e entrevistas, sempre empenhado na luta pela democracia, contra o fascismo e por um futuro socialista para toda a humanidade, pois ele era também um militante internacionalista, para quem a luta do nosso povo não poderia jamais estar dissociada da luta dos trabalhadores do mundo inteiro.

Ao mesmo tempo, dedicou-se nesses anos a escrever suas *Memórias*, cuja nova edição em boa hora nos é proporcionada pela editora Boitempo. Sou testemunha de que Gregório escreveu seu livro sozinho e à mão. Companheiros residentes em Moscou naquela época se revezavam na datilografia das páginas já redigidas por nosso talentoso autor.

Gregório soube produzir um relato de sua vida, em linguagem simples e direta, sem qualquer afetação literária. Descreveu a vida de um camponês nordestino miserável, que se transformou em operário e soldado e, nesse processo, ingressou no Partido Comunista. Um militante que dedicou sua vida aos ideais comunistas, arcando com todas as consequências de tal escolha, sem jamais perder as características de grande figura humana.

Sou também testemunha do espírito de solidariedade e de companheirismo de Gregório durante aqueles difíceis anos de exílio, quando muitos companheiros entravam em desespero ou perdiam a perspectiva revolucionária. Gregório animava a todos que o procuravam, encorajava a quem estava abatido ou angustiado. Mostrava-se solidário com aqueles que precisavam de uma palavra ou de um gesto de amizade e de carinho. Seu apartamento em Moscou era um recanto aconchegante, onde se podia saborear algum prato da cozinha brasileira, por ele muito bem preparado, e de onde se saía reconfortado e confiante num futuro melhor. Gregório era um otimista e infundia otimismo em todos que o procuravam, incluindo os jovens brasileiros que estudavam na URSS. Aos jovens, ele se esforçava por transmitir sua experiência e seus conhecimentos do Brasil para que, quando regressassem à pátria, estivessem preparados para enfrentar o futuro.

A trajetória de vida de Gregório Bezerra é exemplar e deve servir de inspiração para os jovens de hoje, para aqueles que estão empenhados na realização de transformações profundas em nosso país que abram caminho para um futuro de justiça social e liberdade para todos os brasileiros. Futuro que, como nos ensina Gregório Bezerra, da mesma maneira que José Carlos Mariátegui, Fidel Castro, Che Guevara, Luiz Carlos Prestes e tantos outros revolucionários latino-americanos, só poderá ser alcançado com a revolução socialista. Gregório foi um comunista que jamais se dobrou diante das dificuldades e soube "endurecer sem jamais perder a ternura", na feliz expressão cunhada por Ernesto Guevara.

Esperamos que a publicação desta nova edição das *Memórias* de Gregório Bezerra pela Boitempo constitua um estímulo à formação de jovens revolucionários em nosso país e em nosso sofrido continente latino-americano.

Anita Leocadia Prestes
Rio de Janeiro, março de 2010

PRIMEIRA PARTE
1900-1945

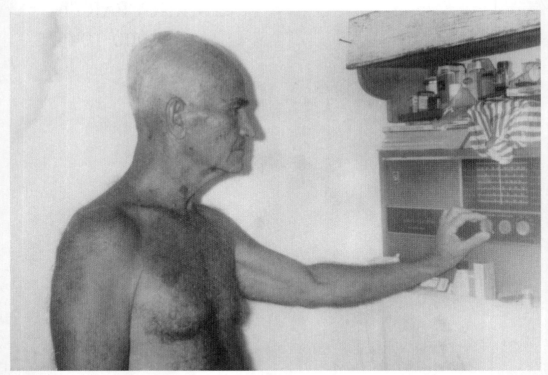
Gregório Bezerra na Casa de Detenção do Recife, no fim da década de 1960.

1

Segundo minha avó e minha mãe, nasci em 13 de março de 1900, num sítio chamado Mocóis, no município de Panelas de Miranda, Estado de Pernambuco. Filho de camponês paupérrimo e analfabeto. Foi um ano seco, de muita fome e muita sede, que matou o nosso reduzido rebanho de carneiros e cabras, esturricou a nossa lavoura e quase nos matou de fome e de sede. Centenas de retirantes morriam pelas estradas afora, em busca de algo para comer e água para beber. Era um flagelo triste e pavoroso.

Meus pais e meus irmãos mais velhos, que haviam perdido a safra anterior, perambulavam nas terras secas da caatinga em busca de trabalho para amenizar a crítica situação da família.

Fui, assim, uma criança gerada com fome no ventre materno. Sim, porque minha mãe passava fome, e eu só podia nutrir-me de suas entranhas enfraquecidas. Nasci faminto e faminto fui vegetando e crescendo ao léu da sorte. Não havia leite, nem materno nem de gado. Como alimento, minha mãe empurrava-me pela boca um pouco de mingau de farinha de mandioca com rapadura. Desgraçadamente, meu estômago repelia-o todo. Berrava de fome. Minhas irmãs, ora uma, ora outra, punham o dedo médio em minha boca, só para me enganar. Eu chupava os dedos mas não adiantava, nem podia adiantar. Minutos depois eu recomeçava a chorar. Isso porque sentia, segundo minha avó, "uma coisa ruim roendo o meu estômago". O que me salvou, ainda segundo minha avó e minha mãe, foi o leite materno de uma tia e madrinha que tirava de seu filho um pouco para mim. Mas não todos os dias. Na verdade, sempre fui uma criança desnutrida, raquítica, anêmica e retardada fisicamente até os quinze anos de idade!

De 1902 a 1903, melhorou muito a situação, graças aos invernos regulares desses anos. Saímos do cruel flagelo da seca e da fome. Já tínhamos feijão, milho e fava para comer e algumas frutas: mamão, banana, abacaxi etc. Tiramos a barriga da miséria! Água boa e abundante para beber e lavar e tudo! Voltou a alegria na família. Éramos felizes. Já não precisávamos transportar água podre, barrenta e salobra de uma distância de 36 quilômetros (contando ida e volta). Água que azedava o estômago e arruinava o fígado de todos quantos a bebiam.

O meu jardim de infância foi o trabalho na preparação de roçados. Em 1904, ao completar quatro anos de idade, disse-me minha mãe:

– Meu fiinho, tu intera hoje quatro aninhos. Já tá um home. Bom de trabaio. Manhã tu vai trabaiá cum nói, limpá mato no roçado.

Meu pai colocou um cabo numa enxada velha, gasta pelo trabalho e pelo tempo, e fez o mesmo com um cacareco de foice e disse:

– São teus. Toma conta e zela. Damanhá diante, tu vai aprendê a trabaiá cum nói em tudo.

Foi a minha "escola" durante os primeiros anos de vida. E foi uma excelente escola.

Em 1905, novamente acossada pelo flagelo da seca, minha família migrou para a zona da mata, no Estado de Pernambuco, para a zona canavieira. Foi morar num sítio de um casal de tios. Eu fiquei com minha avó. Chorei muito. Queria seguir com meus pais. Não queria afastar-me de minha mãe. Tinha-lhe verdadeira adoração. Gostava muito dela, apesar das palmadas e dos castigos que vez por outra me dava. Sua voz sonora e doce, seus olhos grandes, azuis e meigos, por vezes tristes, eram verdadeiros encantos para mim. Amava minha mãe acima de tudo. Não gostava de minha avó. Como todas as velhas, era importuna. Apesar disso, tinha o coração de ouro.

Planejei fugir na véspera da partida para incorporar-me à caravana no caminho. Confiei meu plano de fuga a um irmão, a quem tudo confiava. Este, porém, denunciou-me. Minha mãe me chamou e, ao invés de palmadas, como eu esperava, deu-me beijos. Foi tudo, ganhou-me. Aconselhou-me a ficar, dizendo que minha dindinha precisava de uma companhia, que meus tios nem sempre estavam em casa, e ela não podia ficar só. Que eu fosse bonzinho para ela. Olhou para mim muito comovida e, quase chorando, deu-me um beijo. Passou a mão em meus cabelos e se foi. E com ela todo o meu plano de fuga! Mesmo assim, não confiou em mim. Na véspera da partida, fui passar dois dias na casa de minha madrinha e, quando voltei, só encontrei minha avó. Chorei muito, mas era um fato consumado. Fiquei muito triste, sem ter irmãos para brincar. Foi uma solidão angustiosa. Minha avó passou a aconselhar-me e a conversar comigo, o que nunca havia feito. Aos poucos, fui me habituando e, semanas depois, era amigo de minha avó, colaborando em tudo que me era possível fazer. Ela me dedicou uma maravilhosa amizade.

Passarinho era o nome de um cavalo castanho, esguio, bonito e possante, de propriedade do tio Evaristo. Era manso e brincalhão! Driblava-me constantemente.

Eu, nessa época, montava em carneiro, cabra, boi, porco e até em cachorro. Quando meu tio Evaristo encarregou-me de dar água ao seu cavalo, corri e pulei de alegria. Jamais em minha vida de criança tive tanta alegria e entusiasmo no cumprimento de uma tarefa. Todos os dias, ao meio-dia, eu tinha que dar água ao animal, isto é, levá-lo aos barreiros ou caldeirões para beber. Quanto mais longe iam ficando as fontes d'água, mais eu gostava. Era mais tempo que ficava correndo, escanchado no dorso do animal. Essa alegria, por vezes, era frustrada. O animal era manso, não mordia, não dava coice nem me pisava mesmo que eu caísse e, se caísse, ele ficava parado à minha espera. Mas havia dias em que ele brincava de amigo da onça. Deixava que eu me aproximasse dele e, quando eu jogava o cabresto em seu pescoço, pulava de lado, soltava peidos e saía correndo com toda velocidade. Aí, era grande o trabalho para fazê-lo parar. Quando conseguia algum milho, debulhava-o, balançava-o numa cuia ou num prato, e ele vinha chegando devagarinho, até reconhecer que era milho de verdade. (Isso porque uma vez eu o enganei com uns caroços de favas.) Mesmo assim, só parava se estivesse com muita fome, sede ou cansaço. A ordem de meu tio era soltá-lo apeado, mas eu tinha pena dele e confiava em sua obediência e mansidão. Ao pôr-lhe o cabresto, ele mesmo facilitava, baixando a cabeça. Daí por diante, fazia dele tudo quanto queria. Eu cuidava muito dele. Raspava-o, penteava suas crinas, escovava seu pescoço e fazia-lhe carinhos. E sempre arranjava alguns ramos ou palhas secas de milho para ele comer. Muitas vezes, eu andava duas ou três léguas em busca de alguma coisa para alimentá-lo, visto que o cercado onde ele pastava não tinha mais nada para ele comer. Aos poucos, habituou-se comigo e eu com ele. Éramos amigos, e bons amigos. Estivesse ele onde estivesse, bastava gritar-lhe o nome Passarinho, ele relinchava e vinha apresentar-se. Éramos amigos de verdade. Eu lhe tinha uma grande amizade. Ele retribuía-me com sua obediente mansidão. Já que eu nada tinha a fazer, passava o dia todo com ele, procurando algo para que comesse, e só voltava quando ele comia e bebia.

 Um dia, descobri um pasto num sítio distante de casa. Isso porque, indo à feira com meu tio, notei que entre dois morros, não muito longe, havia uma mancha verde. Disse a meu tio:

— Ali tem pasto para o cavalo! O senhor deixa eu ver?

— Não, aquilo não é nosso, não! Nói só pode meter o focinho naquilo que é da gente!

Eu não respondi, mas disse com meus botões "amanhã eu venho só, e o cavalo vai comer!".

De fato, amanheceu o dia, tomei bênção à vovó e saí com o cabresto na mão. Ela me perguntou:

— Aonde vai, Grilo?

"Grilo" era o meu apelido, porque era muito magro e tinha as pernas muito finas, mas corria e pulava demais. À pergunta de minha avó respondi que ia arranjar água e comida para o cavalo, que não havia comido nem bebido no dia anterior. Ela consentiu, sabendo da minha dedicação ao animal.

Saí, peguei o cavalo e fui direto à mancha verde. O terreno não era cercado, o que me alegrou muito. Soltei o cavalo, que baixou a cabeça a comer gulosamente o pasto encontrado e, só de vez em quando, levantava a cabeça para descansar. Eu saí a procurar alguma poça d'água para o animal beber. Não encontrei água nenhuma. Desiludido, voltei pela esquerda do morro. De repente, voaram os passarinhos. Animei-me e disse comigo: "Os pássaros estavam bebendo água". E fui até o lugar de onde voaram. Era uma rachadura na base de uma grande pedra, da qual minava e corria um fio de água. Fiquei muito alegre, arranjei um pedaço de pau e comecei a limpar a rachadura. Quanto mais eu limpava a rachadura, mais água jorrava, clara, limpa e gostosa. Entusiasmado, ampliei ainda mais a brecha. E, algumas horas depois, já tinha água bastante para o cavalo beber e levar para casa se tivesse uma vasilha. Fiquei eufórico. Descobri água! Em poucos dias, seria o menino mais falado e mais querido daquelas bandas! Isso era o que eu pensava.

O cavalo comia havia muito tempo. O sol declinava e as sombras das árvores com ele. Fui buscar o animal para beber. Estava com a barriga cheia. Bebeu tanta água que tive medo de ele secar a fonte e estourar a barriga. Quis voltar para casa rápido, para dar tão alvissareira notícia. Mas queria ver se a fonte se repunha logo ou demorava a repor-se. Poucos minutos depois estava mais cheia que antes. Era grande o meu contentamento. Pelo menos, tínhamos água para beber.

Montei e parti a toda a velocidade. Minha avó esperava-me. Deu-me um prato de farinha de milho torrado. Comi com muita gulodice. Estava com uma fome devoradora e, por isso, entalei-me. Minha avó deu-me um caneco de água barrenta e fedorenta. Recusei, dizendo que estava com mau gosto. Ela respondeu:

— Dê graças ao bom Deus e à Nossa Siora ainda tê essa pá bebê.

Respondi:

— De hoje em diante, dindinha, nós temos água boa, limpa e gostosa pra beber e dar a quem quiser!

Ela retrucou-me:

— Água limpa e gostosa só quando Deus mandá chuva. Nói tem que bebê essa mema.

Contei-lhe a história da água que tinha descoberto. Ela não acreditou e disse:

— Só acredito vendo.

Convidei-a para ir comigo.

— Hoi não, qui é tade. Amanhã nói vai – respondeu-me.

E advertiu:

— Se tu tá mintino, eu te dô uma duza de bolo de parmatora pra tu num minti mai nunca.

No dia seguinte, saímos muito cedo para ver a fonte maravilhosa. Levamos uma enxada, um ferro de cova e uma lata para trazer água. Levamos também o cavalo.

Ao chegarmos, a velha, vendo a água, entusiasmou-se e começamos a alargar e aprofundar mais e mais o poço. Ela cavando e eu removendo a terra com a enxada. O cavalo comeu, bebeu e descansou, enquanto nós trabalhávamos com muito ardor. Depois, fizemos um cercado rústico em torno da nossa fonte para evitar estragos de possíveis animais.

Mas alegria de pobre dura pouco. Um mês depois, água e pasto haviam evaporado, não só pela seca, que era cada vez mais drástica, mas sobretudo porque o povo soube e para lá correu.

Perigava a nossa situação. Os tios que saíram em busca de trabalho não davam sinal de vida. Não tínhamos mais nada para comer, nem mesmo uma vez por dia. Tio Evaristo pegou o cavalo e levou com ele para cambitar cana na usina Catende. Fiquei só com minha avó, à mercê do tempo. A solidão aumentava a nossa tristeza e a fome. Tínhamos de fazer algo, em busca de alimentos. Eu tinha saudades do cavalo e sonhava, me via montando em seu dorso, correndo pelas estradas, dando-lhe água para beber, soltando-o num pasto cheio de capim e ele a comer gostosamente. Ora era eu tomando um caneco cheio de leite quente e cheiroso, ora comendo um prato cheio de feijão com carne de porco assada na brasa e arroz e tomando uma caneca cheia d'água cristalina. Meus sonhos eram deliciosos! Mas, quando acordava, sentia uma roedeira dolorosa no estômago e começava a chorar. Minha avó levantava-se e aconselhava-me a esquecer a fome. Passava lentamente a mão no meu estômago, dizendo:

– Cum a graça de Deus, a dô vai passá. Pensa em Deus, Grilo, que a fome vai-se imbora.

E começava a contar-me histórias que aprendera com seus pais e avós. Logo depois, a dor no meu estômago era mais violenta. Era uma roedeira cruciante. Eu fazia um esforço grande para não chorar alto, a fim de não acordar minha avó. Mas soluçava. Mais uma vez ela vinha consolar-me. Eu calava porque sabia que ela também sentia fome e não chorava.

Ao amanhecer do dia, saímos em busca de algo para comer. Ora encontrávamos alguns umbus verdes e comíamos, apesar de muito ácidos, ora eram as próprias raízes dos umbuzeiros, ora as frutas de mandacarus, ainda verdosas e babaentas, ora os maracujás verdes e azedos. E assim íamos vegetando, comendo o que encontrávamos.

Um dia chegou um tio que morava em um sítio no município de Canhotinho, a mais de 80 quilômetros de distância do nosso. Trouxe-nos um pouco de feijão, sal, farinha de mandioca, quase meia saca de milho, café e algumas rapaduras. Foi um milagre de Deus, dizia minha avó. Imediatamente, ainda na presença de meu tio, dividiu a nossa riqueza com uma família vizinha, muito nossa amiga. Esta família já havia perdido dois filhos menores de cinco anos, mortos pela fome. E uma filha moça, que não se levantava mais da cama, estrangulada pela fome, estava no mesmo caminho de seus irmãos.

Meu tio voltou no dia seguinte. Tentou nos levar para o seu sítio, ao que minha avó lhe respondeu:

– Vô não, meu fio; num abandono, não, meu sítio. Só quando aquele qui tá ali – apontou para o céu – me levá pra junto dele. Eu tô é pagando os meus pecados, que são muito. Deus sabe o qui fai.

Nunca em minha vida vi um ser humano tão conformado. Meu tio, antes de partir, combinou com minha avó para mandar um portador aos sábados à feira de Jurema para trazer mantimentos para nós.

Um dos filhos da família nossa amiga se ofereceu para ir comigo. Eu aceitei com muita alegria. E, no primeiro sábado, montamos em seu cavalo e fomos a Jurema encontrar o meu tio. Comecei a viver novamente. Já não sentia coisa ruim roendo o meu estômago. Já tinha também um velho cavalo para montar, pelo menos uma vez por semana, muito embora não fosse tão macio e manso como era o meu querido Passarinho. Mas era também ligeiro e forte.

Ao chegar a Jurema, encontramos meu tio, que já nos esperava com sua rica carga de mantimentos e um pouco de comida para, segundo ele, quebrarmos o jejum. A carga era composta de meia saca de farinha de mandioca, meia de feijão, meia de milho, meia de batata-doce.

– Estamos ricos com tanta fartura! – exclamei.

Regressamos. No caminho, o cavalo cansou. Arriamos a carga, tiramos-lhe a cangalha, demos-lhe milho para comer e, no lugar de água, batata-doce. Ele gostou tanto que se babava todo. Depois de um bom descanso, refizemos a carga e partimos. Chegamos em casa um pouco tarde, porém em paz e com a carga maravilhosa perfeita. Minha avó dividiu em partes iguais entre ela e a família de meu amigo e companheiro de viagem. Ficou com a dela, e meu amigo levou para sua casa a outra.

Tudo ia melhorando, menos a seca, que dia a dia era mais cruenta. Minha avó, prevendo o futuro e baseada no passado, estabeleceu o regime de uma só refeição por dia.

– Num sabemo o dia da manhã. Pur isso temo qui economizá. Se cumê tudo hoi, amenhã num temo nada. Hoi nói temo purque Deus se alembrô de nóis, mai amenhã?

No outro sábado seguimos para Jurema. Meu tio já nos esperava e nos trouxe doze rapaduras, café, meia saca de macaxeira, meia de jerimum e nos comprou duas barras de sabão, um candeeiro e um litro de querosene e também comida para dois e milho para o cavalo. Depois da comida, fizemos a carga, nos despedimos e partimos de volta.

Chegamos cedo. Minha avó nos esperava para o jantar, seguido de um bom café. Depois fez a divisão das coisas entre as duas famílias. Éramos felizes. Tínhamos comida. Só faltava água, que tínhamos de buscar longe (46 quilômetros de ida e volta). E não era boa nem limpa. O cavalo do meu amigo era a nossa salvação. Três vezes por semana tínhamos que transportar água para as duas famílias.

Fora isso, eu só me preocupava em transportar lenha para casa, tarefa que antes era de minha avó e que eu reivindiquei para mim, pois via que minha dindinha andava bastante cansada. Além dessa tarefa, prevendo futuras chuvas, dediquei-me a cuidar da mangueira, da jabuticabeira, dos cajueiros e dos coqueiros. Não só os limpava por baixo e seus arredores como desagregava a terra em torno dos troncos e ali colocava estrume. Era uma tarefa que fazia com todo o prazer, porque queria, no futuro, comer muitas frutas.

Os domingos eram meus. Usava e abusava deles à mercê de minha vontade. Tinha meus amigos para brincar e passear por onde quiséssemos. Saíamos a andar pelas estradas e campos esturricados da caatinga. Éramos os donos provisórios dos sítios temporariamente abandonados. Tudo seco e calcinado. De verde, somente o xiquexique, os facheiros, os mandacarus, as coroas-de-frade, as macambiras, os gravatás, as maniçobas e os umbuzeiros, sempre dadivosos com seus frutos e suas raízes, para mitigar a fome e a sede dos habitantes teimosos da região, como minha avó, ou dos retirantes torturados pelo flagelo da seca e da fome. E, nos bons tempos das chuvas, para fazer deliciosas umbuzadas com leite de gado, o prato mais famoso e desejado nas caatingas, agrestes e sertões nordestinos.

Uma noite, estávamos dormindo quando fomos despertados por vozes grossas de homens. Bateram à porta e chamaram por minha avó. Eram dois tios que meses antes haviam saído em busca de trabalho. Foi uma grande alegria para todos, principalmente para vovó. Ela fez comida, servida de café. Os tios trouxeram alguns alimentos, o que aumentou o estoque de nossa despensa e nutriu a nossa família por uns dias. Porém o mais importante para mim foi a notícia de meus pais. Iam bem. Já tinham alguma coisa para comer e bastante lavoura para uma colheita próxima. Fiquei alegre e triste ao mesmo tempo. Alegre, porque recebi notícias de meus pais e meus irmãos. Triste, pela saudade de minha mãe, que eu adorava acima de tudo. Comecei a chorar. Meu tio Jacinto acariciou-me e brincou comigo. Comovido, lembrei-me ainda mais dos carinhos da minha mãe. Caí numa verdadeira crise de choro que só parou quando adormeci.

O pavoroso drama da seca continuava devorando tudo. Caatinga, agreste e sertão despovoavam-se. Os que não fugiam iam morrendo de fome e de sede. Minha avó organizou umas novenas. Mobilizou velhos, fanáticos e carolas que restavam nos lugarejos vizinhos. Rezavam até alta noite pedindo chuvas a Deus e aos santos milagreiros. Estes mandavam um sol ainda mais abrasador. Meus tios não rezavam nem acreditavam nas rezas. Vovó, contrariada, brigava com eles, chamando-os de incrédulos. Era o início de uma discussão entre mãe e filhos que nunca acabava. Eu não podia opinar. Era pequeno demais para discutir com pessoas idosas. Era a regra. Simpatizava com a atitude de meus tios, mas não dizia a vovó, tampouco a eles.

No último dia das novenas, depois das rezas, saíram rezando pelos caminhos afora para, segundo minha avó, afastar o "fute" (o diabo) da cabeça do povo e nos limpar perante Deus, para assim merecermos a sua divina proteção. Ela acreditava que todos tinham o diabo no corpo e, por isso, éramos castigados por Deus, com aquela seca tão cruciante. Meus tios não aceitavam essa teoria esquisita e respondiam:

— Se Deus é nosso pai, por que nos castiga desse jeito?

— É pra desconto de nossos pecado que tamo pagando — dizia vovó. — Quando nói morrê, Deus vai escolhê os obediente e temente a ele, e os que num forem o diabo carrega pro inferno.

Meus tios respondiam que não acreditavam no céu nem no inferno e que não podia haver inferno pior do que a fome e a miséria que todos sofriam. Que, se Deus fosse tão bondoso e poderoso como diziam, não deixava morrer de fome tanta gente e tantos animais. Não faltariam chuvas para molhar a terra e juntar água boa, limpa e gostosa para o povo beber. Era uma discussão que não acabava nunca. Minha avó obcecada pelo fanatismo religioso e meus tios sempre rebeldes e mais lógicos.

Começaram a surgir as primeiras caravanas de flagelados pelas estradas e caminhos afora e a aparecer, ali e mais além, os cadáveres esturricados de crianças e velhos, vítimas da fome, da sede e das doenças ocasionadas pela fome. Algumas vezes, nossos pés topavam nesses cadáveres e nós supúnhamos que eram cascas de madeira, de tão secos que estavam.

Meus tios, que tinham chegado havia pouco, planejavam fugir novamente. A grande estiagem atingiu meu tio que morava em Canhotinho. Ficamos sem o nosso suprimento de alimentos. Minha avó, apavorada com as pessoas que morriam pelas estradas, mobilizou novamente seu povo para as novenas "em benefício dos que morrem pelas estradas, vítimas da fome". Mas o povo de minha avó se reduzia também. Uns porque fugiam, outros porque morriam, alguns vencidos pela descrença e outros porque não tinham forças para as caminhadas. Assim, foram um fracasso as novenas de minha avó.

Os rapazes, filhos de nossos vizinhos e amigos, também dispararam em busca de trabalho no sul do estado. Ficaram os menores, que eram os meus amigos, e o casal de velhos, que havia melhorado de situação devido à solidariedade de um irmão que morava na zona da mata.

Nossos estoques de alimentos diminuíam dia a dia. Passamos a comer meia ração por dia. Uma vez, comi em casa de meus amigos. Vovó brigou e ameaçou de dar-me bolos de palmatória. Chorei de medo e de vergonha. Meus tios defenderam-me, dizendo que eu precisava de bolos para comer e alimentar-me, e não de bolos de palmatória. Nova discussão entre mãe e filhos.

Os dias passavam e nossa situação era periclitante. Víamos a morte por toda parte. Meus tios debandaram novamente. Foram trabalhar de empreiteiros na usina Catende. Por sorte, meu tio Evaristo chegou trazendo alguma coisa para enganar o estômago. Também com ele veio o meu querido Passarinho. "Eita cavalo bom!", exclamei. Reconheceu-me. Cheirou minha cabeça e o peito magricelo. Abracei seu pescoço, cheirei a cabeça dele e fiz minha "festinha".

Com a chegada de meu tio Evaristo e do cavalo Passarinho, íamos melhorar o estoque d'água, pois a que restava dera ao cavalo para beber. Minha avó reclamou porque gastei a água com o animal e nada sobrou para fazer o quebra-jejum. Respondi-lhe que, quando amanhecesse o dia, eu ia tomar um pote emprestado aos nossos vizinhos e convidar meu amigo para irmos buscar uma carga d'água. De fato, levantei-me mais cedo e fui à casa do vizinho convidá-lo a ir comigo. Ele não só aquiesceu como trouxe um pote d'água no seu cavalo para vovó. Esta fez o quebra-jejum e partimos em busca de água.

A vida estava para mim. Já tinha em que me ocupar, ou seja, na viagem de ida e volta no transporte de água e também no arranjar comida para Passarinho. Meu companheiro de viagem notou a minha preocupação e perguntou-me:

– Por que não conversa, Grilo?

– Tô pensando onde vou arranjar comida pro cavalo – respondi.

– No sítio de meu tio, tem muito capim seco. Serve pro cavalo comer – disse Mané.

– E, quando ele voltar, não vai brigar?

– Que nada, meu pai ficou encarregado do sítio.

Fiquei aliviado, porém ainda preocupado, com medo de o cavalo ser comido pelos flagelados, que não respeitavam nada. Tudo que encontravam diante dos olhos famintos devoravam. Expressei essa minha preocupação para o meu amigo.

– Que nada, Grilo. O sítio fica afastado das estradas, não dá pra eles verem. É até bom porque o cavalo vai comendo o capim e enterrando as sementes com os cascos e, quando chover, vai ser um capinzal de cobrir um homem.

Trouxemos a nossa água, que por sinal piorava dia a dia, tanto no gosto como na cor. Era um líquido grosso, barrento e quase podre.

Combinamos ir mais longe no próximo dia. Havia um lugar chamado Vargem do Ingá, onde havia um rio, a uma distância de 82 quilômetros contando a ida e a volta. Mas a água era limpa, gostosa e fina. Dava gosto beber! Compensava a viagem. Não falamos nada a vovó nem aos meus tios sobre nossa ida à Vargem do Ingá. Queríamos fazer-lhes uma surpresa, trazendo água boa para as nossas casas. Era uma temeridade, mas valia a pena arriscar-se.

Partimos na manhã do dia seguinte. Levamos um pouco de feijão com farinha e rapadura para comermos na "beira do rio". No caminho, encontramos um casal. O homem ia muito doente e ofereci-lhe o meu cavalo, que era manso e macio, até a Vargem do Ingá. Era justamente para onde ia o referido casal. Perto do rio, o casal desmontou e nos deu cem réis para comermos pão doce ao voltarmos para casa. Nunca tinha visto tanto dinheiro em minhas mãos!

Finalmente chegamos ao rio. Nunca, em tempo algum de minha vida, tinha visto um rio! Sabia mais ou menos como era porque via água correr nas grandes enxurradas. Mas um rio de verdade, jamais! Eita rio bonito! Apeamos. Tiramos as latas vazias, as cangalhas, pusemos os animais dentro do rio. Beberam à vontade. Bateram com as patas dentro d'água. Lavamos os dois. Meu amigo, mais alto do que eu, lavava o lombo, o pescoço e a cabeça dos animais, a mim cabiam as partes mais baixas. Feito isso, amarramos os animais no capinzal que havia na margem do rio. Nós tomamos um banho bastante demorado. Esfregamos com folhas do mato a nossa sujeira, tirando uma boa parte do grude. Comemos o nosso feijão com rapadura. Bebemos água à vontade. E que água gostosa, clara e limpa! Descansamos. Quando a sombra das árvores ultrapassava o seu tamanho, arriamos os nossos cavalos, enchemos as latas, pusemos-las em cangalhas e partimos de volta com a carga mais preciosa que já havíamos transportado até então.

Quando passamos na velha cidade de Panelas de Miranda, comprei cinco pães doces. Comemos um, dei dois a meu companheiro para os seus irmãos e levei dois para a minha avó e meu tio.

Chegamos em casa um pouco atrasados. Fui censurado, mas não passou disso. E, quando viram a água clara, limpa e deliciosa, ficaram pasmados e perguntaram:

— Onde arranjô essa água tão boa? Descobriro outra fonte?

Contei de onde trouxéramos a água. Meu tio abraçou-me e minha avó, pela primeira vez, beijou-me o rosto. Mas, quando tirei os pães doces que estavam amarrados na cangalha por um cipó, minha avó explodiu:

— Meu Grilo, onde tu robô estes pão? Vai te ajueiá, pedi peldão a Deus pelo pecado que tu cometeu! Nunca pensei que minha famia desse um ladrão! — E fez o sinal da cruz.

Comecei a chorar. Meu tio, mais compreensivo do que vovó, disse:

— Mãe, Grilo não pode tê furtado os pão. Pode arguma pessoa tê dado a ele. Grilo nunca furtô nada, mãe, nem de nóis que dirá dos estranho. Não credito que ele tirô do alheio.

E perguntou:

— Tu robô os pão dos otro, Grilo?

— Não sinhô, tio. Eu ganhei um tostão de um home e de uma muié que montô no cavalo inté no rio. Ele tava duente e num pudia caminhá e dei o cavalo pra ele e mais sua muié chegá inté perto da casa que ele mora mais a muié dele. E nóis na vorta compramo cinco pão doce. Eu comi um cum meu amigo Manué e dei dois para ele levá pra famía dele e trago dois para o sinhô e dindinha. Mai não furtei não siô.

A resposta foi correta e verdadeira. Mas minha avó não ficou muito convencida. Só se tranquilizou no dia seguinte, quando o velho Manuel Bispo veio a nossa casa comentar o êxito de nossa viagem na busca do líquido precioso.

Daí para a frente, já credenciado por meu tio e vovó, íamos duas vezes por semana buscar água no rio Ingá. Era uma tarefa que eu fazia com a maior satisfação.

Chegara finalmente o Natal de 1905. Para a nossa família, o Natal foi triste e pesado. Quase nada tínhamos para comer. Nem mesmo tomamos um gole de café. Já no fim do ano, chegou inesperadamente o meu pai, que vinha me buscar, trazendo notícias da família e da lavoura, que estava em pleno desenvolvimento, e um pouco de mantimentos para vovó, para comemorarmos o dia de Ano-Novo. Porém a boa surpresa, mesmo para todo o povo, foi a queda inesperada de uma chuva torrencial e demorada, que fez transbordar tudo que foi de barreiros, pequenos açudes, cacimbas, poços e caldeirões, e ensopou satisfatoriamente toda a terra.

O povo ia e vinha, percorrendo campos, caminhos e veredas, de casa em casa, ziguezagueando de roçado em roçado, de caldeirão em caldeirão, de açude em açude e por toda parte onde havia água acumulada. Visitavam-se simultaneamente. Cantavam, sorriam, assobiavam e dançavam ao som dos velhos e desafinados realejos, o que me encantava acima de tudo. Houve mesmo quem soltasse fogos no ar. Como e onde arranjaram não é fácil dizer. Outros gastaram seus estoques de pólvora destinados aos festejos juninos, com suas ronqueiras e bacamartes boca de sino. Até os pássaros surgiram como por encanto, saltitando e cantando alegremente de galho em galho nas árvores e arbustos ainda ressequidos e desfolhados pela grande e pavorosa estiagem. Também a saparia não faltou, cantando a sua sinfonia inacabável, em todos os lugares onde havia água acumulada. Foi uma festa coletiva, do povo e dos animais, todos vítimas da fome e do desamparo criminoso do governo.

O povo começou a regressar aos seus sítios abandonados temporariamente em consequência do flagelo da seca. Aqueles que ganharam algum dinheiro compraram sementes de feijão, de milho e de fava, obsequiando um pouco do pouco de que dispunham aos amigos e vizinhos mais próximos. Outros trocavam modestos presentes. Todos queriam ter o prazer de contribuir para amenizar a situação dos outros. Era a solidariedade sempre entranhada no sangue da sofrida massa camponesa. Todos iam recomeçar vida nova. Segundo eles, haveria um ano de bom inverno, porque as chuvas caíram ainda no mês de dezembro. Era um bom sinal para as suas previsões.

Estava próximo o dia da minha partida, para juntar-me a minha querida mãe na zona da mata. Ansiava por esse momento, mas não sabia como despedir-me de minha avó, de meu tio, de meus queridos amigos e do cavalo Passarinho. Todos eram parte de minha vida. Como deixá-los? Às vezes pensava em esconder-me para não despedir-me de ninguém e refletia: "Como posso esconder-me de meu tio e de vovó, se moro com eles? E do Passarinho, como vai ser a despedida?". Desejava que ele falasse e fui conversar com ele. Pus-lhe o cabresto, arrastei-o para junto de um velho cupim, onde trepei-me e comecei o meu pobre, pequeno e confuso discurso:

– Por que tu num fala cumigo, Passarinho?

Ele olhou-me e pestanejou. Perguntei novamente:

– Por que tu fica calado? Fala cum eu! Eu quero bem a tu. Tu num gosta de eu. Se tu mi qué bem, tu me arrespondia!

Mas Passarinho só sabia que eu queria alguma coisa dele. Talvez uma viagem ou algumas corridas pelos campos e caminhos molhados. Montei nele. Alisei o seu lombo, o pescoço, apeei-me, puxei sua cabeça para baixo, alisei-a com as mãos, dei nele uns tapinhas amorosos e muitos cheiros e parti chorando, com medo de que alguém me visse e mangasse de mim. O coração doía. Foi a minha despedida do cavalo mais lindo, manso e macio do mundo. O meu desejo era dizer-lhe muitas palavras de gratidão mas o meu vocabulário era pobre, vazio e confuso. Não passava de umas poucas centenas de palavras.

Minha avó vinha me tratando carinhosamente, o que agravava ainda mais meu estado de espírito, pois era maior o amor que lhe vinha dedicando, desde muitos meses antes. Pedia-me na intimidade que eu perdoasse as brigas que ela teve comigo. Que eram para o meu próprio bem! Que me tinha muita amizade, que eu não tivesse mágoa dela. Que, se pudesse, ficaria comigo o resto da vida. Que eu fosse obediente para com minha mãe e para com todas as pessoas mais velhas do que eu. Desfiou-me um rosário de conselhos. Também dizia que tomasse bênção às pessoas mais velhas. Tudo isso dizia chorando.

Chegou o dia 2 de janeiro de 1906, véspera de minha partida. À noite, recebemos a visita de três vizinhos. A casa encheu-se de gente. Não por mim, mas por meu pai, que era muito conceituado por todos os que o conheciam. Meus queridos amiguinhos não faltaram. Esgotamos o nosso reduzido vocabulário, tão pobre e pequeno como nós mesmos.

Antes das despedidas, corri e tranquei-me no quarto de vovó. Chamaram-me várias vezes. Não tinha coragem para responder-lhes. Estava chorando. Vovó desculpou-me dizendo que eu havia "trelado" o dia todo e o sono havia me dominado. Todos se foram. Vovó esquentou água para lavar os meus "cambitos". Logo depois, fui dormir.

Alta madrugada fui despertado, levantei-me. Todos estavam de pé. Vovó fez o quebra-jejum e um cafezinho. Comemos. Despedimos-nos e partimos chorando.

Vovó soluçava e eu estava aos berros, escandalizando o silêncio da madrugada. O meu choro foi longo. Meu pai, que era sempre calado, disse-me:

— Pra que chorá, Grilo?! Temo que andá muito. Se pega a chorá, gasta tuas sustanças e nóis num chega lá hoi, não. E tua mãe e teus irmão tão tudo insperando eu e tu, pra gente cumê uma galinha torrada cum farinha e feijão novo, que Deus deu pra nóis cumê.

O choro foi passando à medida que nos distanciávamos. Quando o dia amanheceu, já tínhamos andado mais de três léguas. Ao meio-dia, já estávamos bebendo água boa e gostosa do rio Ingá, o mesmo que nos supria de água nos tempos trágicos da grande seca.

Depois de um pequeno descanso, partimos para o sítio Lajedo. Mais adiante, encontramos um córrego cuja água era tão boa e cristalina como as do rio Ingá. A água surgia dentre pedregulhos. Um pouco abaixo, havia um cajazeiro cuja sombra cobria uma boa parte do córrego e chegava ao nosso caminho. Meu pai perguntou-me:

— Tá cum fome, Grilo?

— Tô, sim sinhô — respondi-lhe.

— Antão vamo armoçá, mas antes nói vai tumá um banho, pro mode arrefrescá o corpo. Tu toma aqui, que é raso e eu vou lá inriba, qui é mai fundo.

Ele não queria era ficar despido na minha frente. Tomou o banho dele e veio me esfregar com umas folhas de mato. Eu já me esfregava com a areia do córrego. Ele me disse:

— Cum areia não, Grilo, tu fica todo ranhado e adespois vai doê e tu num guenta.

Depois que me esfregou, falou:

— Tu num tem outra camisa pra mudá? Essa tá muito suja.

Eu só tinha uma camisa e era a que vestia. Quando vovó a lavava, eu ficava despido até que ela enxugasse. A lei da família era só usar calças depois dos dez anos de idade.

Sentamos na beira do córrego para almoçar. Nosso almoço era composto de pirão de água fria com um "taco" de bacalhau que minha avó arranjou não sei onde e como. Para mim foi um almoço "supimpa". Comi muito, estava com um apetite devorador! Aliás, foi o que nunca me faltou. Descansamos um pouco e, quando o sol começou a esfriar um pouquinho, partimos. Depois de duas horas de viagem, minhas pernas começaram a bambear e, pouco a pouco, ia me atrasando. Meu pai me esperava, me encorajava e eu dava tudo o que podia para acompanhá-lo, mas era em vão. Meu pai me estimulava, dizendo:

— Tamo perto, Grilo, nói chega já, é um tiquinho só qui farta!

Mas não tinha tiquinho nem ticão, eu não podia andar, não dava mais nada. Minhas pernas começavam a tremer e não tinha mais forças para dar um passo. Todo o meu corpo já tremia. Estendi-me no solo e meu pai disse:

— Tu num é home, não, Grilo? Onde tu bota o di cumê qui tu come?

Ele sabia da fome que eu e toda a família havíamos passado e vínhamos passando desde o meu nascimento. Ele abaixou-se, ficou de cócoras, escanchou-me em seus ombros. Puxou minhas pernas para o seu peito, mandou segurar em sua cabeça e partimos rumo ao engenho Brejinho, onde chegamos à noitinha. Arranchamos em casa de uma tia, que me deu um banho morno, para desenfadar-me e podermos viajar no dia seguinte. Fez café, que tomamos com beijus. Na madrugada seguinte, comemos cuscuz de milho ensopado com leite de coco e café. Nos despedimos e partimos para a nossa "choupana".

Mais de duas horas depois, comecei a fracassar das pernas e meu pai não perdeu tempo: ficou de cócoras, escanchou-me outra vez em seu ombro e saímos a toda. O velho tinha pressa de chegar. Depois de chegarmos ao cume de um morro, começamos a descer e, do outro lado, em uma colina, ficava a nossa casa. Meus irmãos nos viram descendo a ladeira, eu escanchado no ombro de meu pai, e começaram a vaiar-me, com assobios e gritos, chamando-me de frouxo. Eu, que esperava ser recebido alegre e festivamente pelos meus irmãos, levei uma vaia dos diabos. Foi a primeira frustração na minha vida de criança. Só minha querida mãe, sempre querida, pegou-me, abraçou-me, beijou-me e colocou-me em seus braços, levou-me ao açude, banhou-me com sabão, tirou-me o grude do corpo. Lavou minha camisa, enrolou-me num pano e levou-me para casa. Vestiu-me uma camisa limpa e cheirosa do meu irmão mais velho. E, pouco depois, estávamos comendo uma galinha torrada, com feijão e farinha de mandioca. Eita gostosura!

A seguir, começaram as perguntas, que também não foram muitas e menos ainda as respostas, porque o vocabulário de toda a nossa família era pobre. Adormeci e só acordei no dia seguinte para o quebra-jejum.

Goiabeira era o nome do sítio dos meus tios. Não era bonito nem feio, cercado de morros de regular tamanho e altitude, cobertos de matas não exploradas; dispunha de um córrego perene e dois açudes, um de tamanho médio e outro menor. Esse menor foi construído por meus pais e meus irmãos. As terras eram frescas e férteis. Entre os morros, pequenas colinas, um pouco graciosas por seu formato. Morros e colinas formavam um vale muito pantanoso, com uma densa vegetação. Existiam somente a casa de meus tios e a nossa choupana, batizada de casa. Nas matas, alguma caça e peixe nos açudes.

Quando meus pais chegaram ao sítio, meus tios ofereceram as terras que eles preferissem para trabalhar. De início, meus pais preferiram as terras do vale porque não era tempo de plantações normais. Além disso, eles precisavam de lavouras ligeiras, não só para comer mas também para sementes. Meus tios ponderaram, dizendo que o preparo daquelas terras daria muito trabalho e talvez a família não desse conta. Entretanto, achavam bom porque sanearia o terreno contra os mosquitos e afugentaria as cobras, que eram muitas, e prontificaram-se a fornecer os gêneros alimentícios que fossem necessários até as colheitas. Foi uma ajuda substancial dos meus tios aos meus pais, que enfrentaram a derrubada da mata com todo o entusiasmo, mesmo porque não precisavam interromper seu serviço para alugar sua força de trabalho a fim de ganhar algum dinheiro para a manutenção da família.

Meus pais dividiram o trabalho em três turmas: uma ia roçando os matos, outra ia removendo os matos e a terceira ia plantando – esta era a tarefa dos menores. Quando terminaram a roçagem das partes mais enxutas, caíram com todo o ímpeto na derrubada das partes alagadas. Um mês depois, segundo minha mãe, toda a mataria estava derrubada e o fogaréu devorando tudo, não deixando nada para o encoivaramento, o que facilitou ainda mais o preparo da terra para as plantações. Aqui surgiu um grande problema: como fazer o escoamento das águas estagnadas? Meus pais não vacilaram. Mobilizaram mais de quarenta homens e fizeram um mutirão. Começaram a cavar uma grande vala, chamada "vala-mãe" e depois a nossa família, com meus tios e seus filhos, cavou outras valas pequenas, desaguando todas na "vala-mãe"; esta desaguava no córrego. Estava resolvido o problema daquele pântano para receber as sementes. De fato, fizeram uma grande plantação. Nas beiradas das valas e do córrego, plantaram um bananal que dava gosto de olhar, e nas partes mais úmidas, um pequeno canavial. O resto foi coberto de milho, feijão, fava, macaxeira, batata-doce, jerimum e melancia. O trabalho foi grande, mas a produção foi compensadora. Três meses depois, estávamos comendo feijão novo, milho verde assado e cozido, pamonhas etc.

Começou nova derrubada para o grande roçado. Enquanto meu pai e três irmãos enfrentavam a grande roçagem, circundando toda a nossa choupana, meus irmãos mais novos, dirigidos por minha mãe, incumbiam-se da limpagem dos matos da lavoura, que crescia mais e mais para o céu, chamada por Deus, segundo minha mãe. Terminada a roçagem da grande derrubada para o grande roçado, puseram fogo. Como na derrubada do vargedo, o fogo devorou tudo, deixando a tocaria grossa, que só seria destruída pelo tempo ou por outro fogo. Agora já tínhamos sementes boas e selecionadas para o plantio, fruto das plantações do vargedo, graças às previsões de meus pais, cujas sementes não tinham similar, conforme meus pais e meus tios, que eram práticos no assunto. As sementes nasceram com uma força inaudita e apontavam para o céu para nos favorecer e nos tirar da pobreza. Minha mãe acrescentava:

– Quando Deus talda, já vem no caminho.

Ao pé da letra, disse-me ela quando cheguei:

– Mei fiinho, as plantação nasceu com tanta força que apontava para o céu. Inté aparecia qui era Deus qui chamava elas tudinho pá lá, pra ficá mais mió e tirá nóis tudo da pobreza. Nóis agora, a Deus querê, tamo é rico, eu bem digo que quando Deus talda já vem no caminho.

E prosseguia:

— Foi pra isso qui mandei buscá tu pá trabaiá i comê desse farturão i qui tá vendo. Tu já discansô muito, manhã invante tu vai pro roçado trabaiá cum nóis tudo.

Meu irmão Manuel Bezerra, o mais velho dos homens e a maior autoridade da família depois de meus pais, comprou-me uma enxada nova de duas lâminas e uma foice, encaibrou-as e entregou-me, recomendando que era para limpar mato e não para cortar lavouras, como fazia antes na caatinga. Ia iniciar o meu trabalho da lavoura, como pequeno agricultor, desta vez em melhores condições. Pelo menos tínhamos duas refeições diárias e dois instrumentos de trabalho novos e tinha mais forças para as diferentes tarefas da roça. Aos domingos e dias santos de guarda, sempre havia uma "misturazinha" de carne para comermos. Era uma vida de "rico", dizia minha mãe, que liderava a família; e todos faziam coro com ela.

Aos meus olhos, ela estava mais bonita do que nunca, mais gorda, mais corada e mais alegre. Seus olhos, azuis e grandes, eram lindos. Seu rosto, quase oval; nariz afilado, boca regular, sobrancelhas fechadas e cabelos louros, completavam a beleza da sua fisionomia e de seu coração, profundamente humano. Eu amava minha mãe mais do que minha vida. Nunca saberei traduzir a sua grande personalidade, o seu caráter, a sua bondade, a sua consciência e, sobretudo, a grandeza de seu coração de pérola. Trinta e dois anos de idade, quinze filhos, dos quais doze viviam. Era uma magnífica reprodutora! Não tinha tempo de acariciar os filhos, pois éramos muitos! No entanto, tudo nela expressava ternura e carinho; seu olhar dizia tudo. Mesmo quando queria nos repreender ou nos castigar, era terna e carinhosa. Daí o merecido respeito e o amor de seus filhos.

Meu pai vendeu algumas cargas de feijão e milho para comprar alguns utensílios de cozinha e roupa para a família e uma cabra de leite para os menores. Eu e meus irmãos mais novos não tínhamos o direito de usar calças, só quando completássemos dez anos. Era lei patriarcal da família. Pedi a minha mãe para fazer-me uma calça. Argumentei que já era um "homem", trabalhava e podia vestir uma calça, como meus irmãos mais velhos e meus primos, que eram do mesmo tamanho e que já usavam calças. Meu pai e minhas irmãs se opuseram e ainda me xingaram. Minhas irmãs disseram:

— Pra que um burguelo desse qué visti calça? Pra mijá e fazê cocô nelas e dá mais trabaio pra gente lavá? Toma jeito de gente, pirraio! Tua calça é chinelo na bunda, é o que tu tá precisando!

Ficou nisso. Fui derrotado, mas fiquei com a ideia na cabeça.

O trabalho na roça era bom. Fiquei enquadrado entre minha mãe e uma irmã, a mais velha. Ambas ajudavam quando eu atrasava. Já não arrancava mais as plantas nem encobria de terra os matos que devia capinar, como fiz no início de minha aprendizagem. Tinha um zelo grande pelas lavouras. Minha mãe me elogiava e isso era tudo para mim. O milharal já me encobria e o feijão alcançava meus tornozelos. As ramas de melancia e de jerimum esparramavam-se por todos os lados. A cabra dava o leite necessário para os meninos mais novos, com o qual se fazia papa para os garotos. Eu era o herdeiro do papeiro. Quando era minha mãe quem fazia a divisão da papa, ela deixava o papeiro "gordo", mas, quando eram minhas irmãs, elas deixavam o papeiro quase raspado, sem ter o que comer. Isso me deixava furioso e só tinha vontade de vingança; realmente me vingava, quando elas me mandavam fazer algo para elas, não obedecendo às ordens. Isso me valeu algumas palmadas na bunda, o que me causava uma raiva dos diabos.

Uma vez cheguei do roçado muito suado e calorento. Minha irmã Isabel estava lavando roupa no açude. Cheguei ao paredão do açude e pedi para dar um mergulho. Ela consentiu, supondo que eu soubesse nadar. Fiz carreira e joguei-me no abismo das águas. Quando voltei à superfície, sem querer afundei-me novamente e subi outra vez à superfície. Já tinha bebido muita água, estava me afogando. Felizmente minha irmã viu e sabia nadar. Salvou-me da morte. Pendurou-me pelas pernas de cabeça para baixo, vomitei muita água e ainda não tinha normalizado a respiração quando senti que a mão de minha irmã batia impiedosamente em minha bunda. Só parou quando minha mãe ouviu os meus gritos e correu para acudir-me. Minha bunda ardia como pimenta-malagueta. Minha mãe embrulhou-me num pano e levou-me para casa, onde adormeci e só despertei porque sonhei que me afogava. Jantamos. O assunto da noite foi o meu afogamento. Daí por diante, a garotada miúda só podia ir ao açude acompanhada por uma pessoa grande e que soubesse nadar. Essa ordem foi válida enquanto moramos no sítio.

Tudo marchava bem. A lavoura crescia, toda limpa, dava gosto vê-la. Chegava gente de fora para admirá-la. Meus pais, orgulhosos, ofereciam cafezinho ou um gole de pinga.

Meu pai tinha um hábito ruim, o de juntar as faltas que os filhos cometiam, para surrá-los todos de uma vez. Chegara esse dia fatídico. Desancou um marmelo de cima para baixo, em meus irmãos mais velhos. Eu assistia apavorado. Antes de chegar minha vez, corri, subi num banco encostado na janela e fugi para esconder-me nos matos. Meu pai, depois que acabou a pancadaria, ordenou aos meus irmãos, que ainda choravam, que fossem procurar-me, mas eu estava bem escondido, não era fácil achar-me, mesmo porque eles não estavam muito satisfeitos e alegres com o velho, pois estavam com as costas, a bunda e as pernas ardendo do marmelo. O fato é que passaram a tarde toda e não me acharam. Tinham a ilusão de que à noite eu chegaria em casa, mas foi em vão. À noite, saí dos matos e fui para a vargem. Dormi debaixo de uma moita de maracujá, quase fui devorado pelos mosquitos. Ao amanhecer, comi umas batatas-doces cruas e meti-me novamente dentro dos matos. Todos me procuravam. Fizeram promessas, andaram pelas casas dos vizinhos mais próximos e nada de o Grilo aparecer.

Na noite do segundo dia, dormi em um rancho que tínhamos no centro do grande roçado, onde ficávamos quando chovia. No dia seguinte, morto de fome e de frio e todo picado pelos mosquitos, fui à casa de minha tia e madrinha, apadrinhar-me com ela, que não vacilou em dar-me boa acolhida. Deu-me um banho, comida e deitou-me em sua cama. Deixou-me dormindo e foi à casa de meus pais, avisá-los do meu aparecimento. Minha mãe veio correndo ao meu encontro. Eu dormia e ela não quis acordar-me, mas começou a beijar-me. Despertei e vi minha querida mãe, a joia mais preciosa da minha vida. Chorando, abracei-me a ela, que me acariciou com toda a ternura e o carinho, beijando-me e alisando meus cabelos. Penteou-os. Ainda emocionado, disse-lhe que não lhe daria mais trabalho; ainda que meu pai me matasse de uma surra, eu não fugiria.

— Qui tu fale pela boca de um anjo!

Minha madrinha disse:

— Ele ainda é um anjinho, muié, é tão novinho! Às veiz, inté penso qui esse menino não se cria. Deus leva ele antes do tempo. A nossa mãe é quem sabe o que ele fazia lá nos mocó. Inté água adescobriu lá e, quando secô, ele foi com o fio de cumpadre Mané Bispo vê água no rio Ingá. A mais de sete légua. E agora faz uma dessa, pá mode num apanhá, ficando no mato três dia cumo um bicho babo! Num se cria, não. Deus leva ele pá ele. Inté é bom, pá o pobizinho num sofê mais. Eu sei qui vô chorá munto, mai, só di ele adiscansá, eu fico consolada.

O diálogo continuaria se meus irmãos não tivessem invadido a casa para me ver. Meu pai apareceu também. Prometeu não me bater na hora, mas jurou-me uma surra.

Os dias se passavam e nós com eles. A lavoura bem limpa e crescendo. O milharal torcendo para largar bonecas e pendões. O feijão todo florido e vageando. Tudo prenunciava uma safra colossal. Minha mãe dizia:

— Cum a graça de Deus, nói vai tê um farturão. Nu fim do ano, eu vô vê minha mãe. Vô trazê ela, mode ficá cum nóis. Ela tá cansada, já sofreu muita necessidade.

Veio o mês de maio e com muitas chuvas, que, em vez de pararem, aumentaram mais ainda. As lavouras dos terrenos baixos começaram a sentir o excesso. Meus pais ficaram muito preocupados. Minha mãe perdeu a alegria de sempre. Era marcante a sua tristeza. Começaram a rezar pedindo a Deus para reter a chuvarada. Deus mandava chover ainda mais. As lavouras das terras baixas se perderam e as outras iam no mesmo caminho. Os dois açudes recebendo água além de sua capacidade. Meus pais e meus tios se mobilizaram para tentar salvá-los. Abriram mais os sangradouros. O córrego tornou-se um grande rio, alagou toda a nossa vargem, encobrindo toda a lavoura. Felizmente, meus pais tinham colhido o resto do milho e do feijão e as favas maduras que ainda restavam no varjão. Era trágica a situação de nossa família. Os açudes transbordavam por cima do paredão, o nosso bananeiral e o nosso canavial totalmente submersos, era novamente a ronda sinistra da fome em nosso lar. A grande lavoura, que era a nossa esperança, estava perdida em mais de quatro quintos. Escapariam apenas as que estavam nas partes mais altas das colinas. Isso se houvesse alguns dias de estiagem.

Uma noite, mais ou menos às sete horas, ouvimos um estrondo abafado, seguido de um barulho fora do comum. Minha mãe assustou-se, meu pai escutou o barulho sinistro das águas e disse:

– Foi o açude que arrombou!

As águas desciam com uma velocidade incrível e faziam um barulho apavorante. Em sua maior parte, os animais de meus tios foram arrastados pela avalanche das águas, inclusive as poucas cabeças de gado e os dois cavalos. Tudo sumiu arrastado pelas águas.

Minha querida mãe, que estava grávida, abortou. Em consequência, surgiu-lhe uma hemorragia perniciosa, que não havia jeito de estancar. Remédios não tínhamos em casa. Os caminhos interditados, até mesmo para a casa de meus tios. Ficamos isolados de tudo e de todos. Minha mãe estava "morre não morre". O que nos valia era o seu ânimo forte. Tínhamos a impressão de que sofríamos mais do que ela. Finalmente estancou a hemorragia, porém ficou muito fraca e pálida e começaram a inchar seus pés e pernas. Perdeu quase metade de seu físico, seu estado de saúde era precário e preocupava toda a família. Mais de quarenta dias de cama, sem levantar-se. Mas, mesmo acamada, dirigia a família. Era forte, apesar de tudo.

Meu tio José Bezerra, devido aos trabalhos exaustivos, antes e depois da ruptura do açude, e aos graves prejuízos da lavoura, do açude e dos animais, enfraqueceu do cérebro a ponto de uma noite tentar incendiar sua casa com toda a família dormindo. Já não se alimentava e não conversava com a família; e, quando os filhos lhe dirigiam a palavra, ele os fitava e vinha-lhe um choro convulsivo. Um dia, minha mãe mandou-me à sua casa para pedir um pouco de sal para comermos milho torrado. Fui e, quando voltava, meu tio veio atrás de mim. Ele não era um louco furioso, mas eu tinha muito medo dele. Quando percebi que vinha perto, tentei correr. Era tarde. Ele me pegou carinhosamente, levou-me para casa e disse à minha mãe:

– Comadre, a senhora vai ficar boa. Seu filho vai ser um homem. Eu vou morrer. Venho despedir-me. Não a vejo mais.

Todos nós ficamos em pânico. Ele não quis sair e, com toda a calma, disse:

– Hoje janto com todos. A senhora não se opõe?

Minha mãe ficou aperreada, porque não tínhamos nada para jantar. Ele soltou uma gargalhada e disse:

— Comadre, não fique avexada. Eu como milho junto com meus sobrinhos. O Grilo não trouxe o sal para o milho?

Jamais vi um louco tão equilibrado. Felizmente, meu pai e meu irmão, que tinham ido trabalhar uns dias na usina Catende, chegaram trazendo um pouco de farinha e de feijão. Minha mãe mandou cozinhar o feijão e jantamos todos com nosso tio, que comeu bastante. Conversou muito com meu pai, que era seu irmão, até altas horas da noite, quando pacientemente meu pai o levou para sua casa. Foi, de fato, a sua despedida. Não nos vimos mais.

Começamos a vender alguma coisa do pouco que tínhamos. Meus irmãos tentaram uma fabricação de cestos e vassouras. Trabalhava-se muito, mas a oferta era maior do que a procura e o que apurávamos mal dava para comprarmos farinha de mandioca. E éramos felizes quando tínhamos farinha. Pelo menos comíamos "cabeça de galo" uma vez por dia, e nada mais. Apesar da fome, minha mãe teve uma melhora, mas estava muito fraca, pálida e magra. Meu pai e dois irmãos saíram para trabalhar, alugados. Ganhavam seiscentos réis por dia cada um e, quando saíam, nada ficava em casa para comer. Passamos a comer ratos, uruás e algumas bananas verdes, quando encontrávamos, alguns tocos de cana que sobraram da grande cheia e algumas raízes. Dois irmãos menores, estrangulados pela fome, não se levantavam mais da cama. Estavam condenados à morte. O único objeto que nos restava era uma trempe de ferro, onde fazíamos o fogo. Minha mãe mandou vendê-la a uma comadre que morava a uns dez quilômetros de distância. Encarregou-me dessa tarefa.

No caminho, havia uma família cujos filhos eram terrivelmente maus. Eu era um saco de pancada desses garotos e tinha pavor deles. Na ida, nada me aconteceu, eles não estavam em casa. Cheguei à casa da senhora a quem devia vender a trempe; fui bem acolhido e dei-lhe o recado de minha mãe. Ela lacrimejou, passou a mão em meus cabelos, alisou-os e mandou esperar. Entrou para o interior da casa e trouxe-me um pouco de leite com farinha e algumas bananas para eu comer. Eu fiquei indeciso: não sabia se comia ou levava para minha mãe e meus irmãos. A boa senhora olhou-me e disse:

— Coma.

Respondi-lhe que ia levar para minha mãe e meus irmãos que estavam doentes de fome. Ela retrucou-me:

— Coma, que eu mando para eles.

Eu comi o leite com farinha e deixei as bananas, com a intenção de levá-las para casa. A digna criatura chegou-se a mim e falou carinhosamente:

— Coma, meu filho, você vai andar muito e precisa ter forças. Eu mando para sua mãe e seus irmãos.

Depois pegou uma sacola muito alva, pôs um pouco de feijão, amarrou-a pelo meio, pôs farinha na outra metade da sacola, colocou no meu ombro, uma parte para a frente e a outra para trás e me deu um litro de leite para levar e mandou dizer à minha mãe que mandasse um de meus irmãos maiores à sua casa para pegar bananas e outras coisas para comermos.

Voltei cheio de alegria. Mas, quando me aproximei da casa de meus rivais, com medo de perder minha preciosa carga, resolvi subir pelo acero do roçado e contornar, assim, a casa deles. Ia muito bem. Infelizmente, ao descer o outro lado do roçado, deparei-me com meus "amigos da onça". Começaram os insultos; em pouco, entrei nos tapas e no chute. Corri chorando e gritando de pavor, mas eles corriam mais do que eu. Jogaram-me pedras. Uma delas rachou-me a cabeça, o sangue esguichou e gritei mais ainda. Por sorte, a mãe deles correu e salvou-me de uma sova dos diabos. Ela lavou a minha cabeça, enxugou-a e me levou em seus braços até minha casa. Pediu desculpas a minha mãe, dizendo que castigaria seus filhos. Eu não soltei minha preciosa carga. Segurei com todas as minhas forças o litro de leite. Preferi apanhar. Minha mãe pediu à mãe dos garotos que não os castigasse, pois ela não brigava com vizinhos por causa de crianças. Pediu apenas que aconselhasse seus filhos a não cometerem erros dessa natureza. E me parece que ela seguiu o conselho de minha mãe.

A comadre de minha mãe não esperou a ida de meu irmão à sua casa. Ela mesma antecedeu-o, junto com um filho, trazendo-nos feijão, farinha e dois cachos de bananas, e ficou mandando, durante quinze dias, um litro de leite para minha mãe e meus irmãos que estavam à morte por inanição.

Minha avó soubera de nosso desastre e, como as coisas estavam melhorando em seu sítio, devido à regularidade do inverno, mandou-nos buscar por dois tios, com seus cavalos, para fazer a nossa mudança. Meu pai e meus irmãos tinham voltado. Eu ia rever meu querido Passarinho e abraçar meus tios, de quem muito gostava. Estava feliz com a notícia. Como não tinha nada a fazer, passei a tocaiar a chegada de meus tios e assim passava o dia todo, no alto do caminho, à espera deles, mas frustrei-me. Um dia muito chuvoso, não pude sair, mas fiquei na porta de nossa choupana, a esperá-los até a noite. Quando o sono me venceu, deitei-me para dormir. Meus tios chegaram altas horas da noite. Ao amanhecer, fui despertado pelo meu tio Jacinto, que me chamava de preguiçoso, dizendo que eu não tinha tido coragem de esperá-lo para tomar conta do cavalo, que eu não gostava dele. Pulei da cama e abracei-o com toda a força. Suspendeu-me, jogou-me em seus ombros e começou a dançar. Era o tio de quem eu mais gostava. Parecia com minha mãe até no trato com as pessoas.

Minhas irmãs fizeram o almoço, durante o qual acertamos nossa partida para a madrugada do dia seguinte. Arrumamos os trapos de roupa dentro de dois garajaus, nos quais viajariam ainda meus quatro irmãos menores, dois de cada lado. Minha mãe ocuparia o centro da carga, dirigindo o cavalo Passarinho, que era manso e macio, além de cuidadoso no trabalho.

Terminado o almoço, fui com minha mãe à casa de minha madrinha e tia. Íamos para nos despedir dela. Havia perto da casa uma ladeira de inclinação suave. Mamãe pediu-me para empurrá-la devagarinho. Fiz isso bruscamente e ela caiu de bruços, virou-se e sentou-se na beira do caminho. Tive pena dela e comecei a chorar. Chamou-me, aproximei-me e ela me disse:

– Chore não, Grilo! Vancê num tem curpa, eu é qui num presto mai. Tô boa só pra morrê.

Titia veio em nosso auxílio e levantou mamãe. Saímos andando lentamente até sua casa. Eu tinha medo de perder mamãe. Só em pensar, me doía o coração.

À tardinha, vieram os tios também para a despedida de titia. Terminada esta, voltamos todos juntos para a choupana.

No dia seguinte, partimos alta madrugada, uma madrugada limpa e clara pelo luar. O caminho era tortuoso, mas o brilho da lua facilitava a marcha dos cavalos. Eu ia montado na garupa do cavalo conduzido por Isabel, minha irmã. O dia amanheceu bonito. Mais tarde, começou a escurecer. Já tínhamos percorrido três léguas. Caiu uma chuvinha fina que pouco a pouco foi engrossando, empoçando o caminho já lamacento. Os cavalos começaram a escorregar, ora para a direita, ora para a esquerda. A marcha se complicava. Os cavalos, apesar de cuidadosos e seguros, vez por outra tombavam de joelhos no lamaçal e levantavam-se logo. Minha mãe deu a ideia de retirar as crianças dos garajaus enquanto não melhorasse o caminho. Sua sugestão foi atendida. Meu pai e minhas irmãs mais velhas tomaram a criançada nos braços. Até aqui tudo marchava bem, mas o pior era a travessia de um desfiladeiro perigoso, que ficava adiante, entre dois morros. Desgraçadamente, durante essa travessia, o cavalo Passarinho escorregou numa poça de lama, caiu e levantou para escorregar novamente e cair de lado, desta vez no abismo. Minha mãe foi jogada dentro de um córrego pedregoso, o que lhe valeu a fratura de quatro costelas e do braço direito. Sem fala, foi retirada do córrego. A mim, parecia já morta. A família toda caiu em prantos. Meus tios e meu pai improvisaram uma maca com o velho encerado que haviam trazido. Nessa maca, deitaram cuidadosamente mamãe e levaram-na para o engenho Brejinho.

Passarinho ficou enganchado em meio a troncos de árvores. Salvá-lo custou-nos muito trabalho. Foi muita sorte nossa e do animal. Enquanto minha mãe era levada para o engenho Brejinho por meu pai, um tio e dois irmãos, ficamos com mais um tio e dois moradores das redondezas que nos ajudaram a tirar o cavalo da encosta do abismo onde se enganchara.

Refizemos as cargas e reiniciamos a viagem. Chegamos ao engenho Brejinho. O proprietário era um velho português, bom e humano, que nos acolheu bem e chamou um carpinteiro, mandando-o preparar umas tabuinhas e trazer alguns pacotes de algodão em ramas. Com isso, enfaixou o braço e o tórax de minha mãe. Trouxe-lhe mezinha. Mamãe até aqui não tinha voltado a si. Passadas muitas horas, movimentou os lábios, mas pouco ou nada se podia entender.

O velho nos deu um pequeno galpão com uma porta de entrada e outra de saída. Uma antiga porta serviu de cama para a doente. Ofereceu-nos, para pagar depois, com trabalho, uma saca de farinha, uma de feijão, cinco quilos de sal e seis barras de sabão. Aceitamos o fornecimento. Éramos oito enxadas e seis foices e o "portuga" precisava dessa mão de obra. Isso foi ótimo para nossa família.

O galpão era pequeno para nos alojar. O senhor de engenho consentiu, então, em que dormíssemos no salão perto da moenda. E para lá fomos dormir eu e meus irmãos mais velhos. Meus pais e minhas irmãs ficaram no galpão.

Semanas depois, o engenho começou a moer. Meu pai e meus irmãos mais velhos foram trabalhar no corte de cana. Eu e outro irmão um ano mais velho fomos trabalhar na bagaceira do engenho. Juntando e espalhando o bagaço da cana para alimentar a fornalha e cozinhar o melaço para o açúcar. Foi o início de minha vida de assalariado agrícola. Faltavam dois meses para eu completar sete anos. Estávamos a 13 de janeiro de 1907. Minha mãe ia melhorando dia a dia. Já andava segurada por minhas irmãs e, às vezes, sozinha agarrada às paredes do galpão.

Perto da destiladeira tinha uma escola primária. Os garotos estudavam cantando, ou melhor, decorando no canto, as lições:

– Bê... a... bá... bê... e... bé... bê... i... bi... bê... o ... bó...

O mesmo faziam com a tabuada:

– Um... e ... um... dois... dois... e... dois...

Eu gostava de ouvir os garotos a cantarem e a decorarem suas lições de alfabetização e de tabuada. Foi não foi, eu estava ouvindo e, às vezes, fazia a minha cerazinha. Mas o meu gosto não combinava com o gosto do senhor de engenho, que, de vez em quando, me "flagrava" ouvindo a música alfabética dos garotos e dizia:

– Vai trabalharrr!! Vai trabalhar!! Quem não trabalha não come!!

E saía com essa cantilena até entrar no engenho. Uma cantilena que não era do meu gosto. Essa contradição, apesar dos sustos e vexames que passei, durou muitas semanas. Um dia de sol muito quente, as crianças acabaram de recitar suas lições e iniciaram uma música de roda infantil. Eu achei um encanto e me cheguei para ouvir melhor, mesmo porque o sol era abrasador e tinha uma sombra onde os garotos cantavam. Descuidei-me do velho, que, por sinal, veio do outro lado. O velho "flagrou-me" mais uma vez. Segurou-me pelo braço e falou:

– Vá para casa! Vá para casa!

Tentei trabalhar, ele não consentiu. Tomou-me o ancinho da mão e mandou-me para casa. Cheguei chorando. Minha mãe, que estava bem melhor, acolheu-me com muita doçura. Esquentou um pouco de água, deu-me um banho e deitou-me. Estava doente. Não sentia dores, mas estava com muita febre, e muita moleza no corpo. O velho soube e mandou-me uns comprimidos. No dia seguinte, melhorei e, já no outro dia, recomecei o trabalho. O velho me viu, passou de guarda-sol aberto, parou na sombra e, olhando-me a trabalhar com a cabeça descoberta, sem chapéu, voltou à casa-grande e trouxe-me um chapéu de palha maior do que eu. Foi bom, porque fazia sombra nas costas e na cabeça. Era muito bom, mas dava para cobrir duas cabeças além da minha. Todavia, à noite, minha mãe apertou-o com um cordão. Neste dia e no outro, trabalhei até tarde da noite, até meu pai vir buscar-me.

―――――

No sábado, todos os trabalhadores foram receber o seu salário. Chegou a minha vez de receber os quatrocentos e quarenta réis... foi um dinheirão... O velho senhor de engenho não descontou os dois dias que passei doente nem os comprimidos que tomei. Meu pai falou:

— Seu curuné, meu fio perdeu dois dia na sumana, num pode arreceber cuma si trabaiasse os dia todo da sumana.

O velho olhou meu pai e disse:

— Mas trabalhou duas vezes até a noite, está pago.

— Deus lhe agardeça, seu curuné — disse meu pai.

— Amém, homem, amém.

Continuei ouvindo a música dos garotos, mas não fiz mais cera. Não queria perder o crédito de confiança com o velho senhor de engenho. Uma vez, à noite, pedi à minha mãe para me pôr na escola; ela me olhou, pôs a mão em minha cabeça e disse:

— Meu fio, eu num posso botá tu na iscola. Son dez minino, pá botá um tem qui butá tudo i o qui nói vai cumê? O qui tu ganha ajuda adiquiri o dicumê pra tudinho!

E começou a chorar e a acariciar-me. Arrependido de ter pedido uma coisa impossível, caí no choro por ter feito minha mãe chorar. Ela sentou-me em seu colo e choramos os dois juntos. Jurei comigo mesmo não fazer a minha mãe chorar nunca mais.

2

Era tempo de plantação. Minha mãe pediu ao velho senhor de engenho um taco de terra para plantar milho, feijão, fava etc. Ele cedeu, sem prejuízo para o serviço do engenho. Aos domingos, minha mãe e toda a filharada que pudesse fazer alguma coisa no roçado íamos trabalhar. Os mais velhos roçavam o mato, os demais removiam e minha mãe ia plantando. Foi a aplicação da experiência da divisão do trabalho no sítio Goiabeira que trouxe bons resultados dessa vez aos meus pais. Finalmente, foi completado o nosso roçado, que não era grande, mas, se o inverno fosse bom, teríamos mantimentos para comer sem precisar comprá-los no barracão do velho "coroné de engenho". A ordem era só plantar milho, feijão e fava, porém uma vez o velho coronel passou montado, chamou minha mãe e disse que podíamos plantar mandioca, macaxeira, batata e jerimum – o que fizemos com muita alegria. Nessa época, já morávamos numa casa com sala, dois quartos e cozinha e podíamos, uma vez ou outra, ir à feira e, de vez em quando, também comprar meio quilo de bacalhau ou de charque. Mas o bom mesmo era a saúde de minha mãe, que melhorava dia a dia, em todos os sentidos.

Eu gostava muito de ir à feira para comer pão doce e comprar um vintém de cigarro para fumar escondido. Uma vez, fui sozinho, fiquei louco de alegria, não só porque já merecia a confiança de ir sozinho, mas sobretudo porque ficava mais livre e podia bancar imponência diante das pessoas mais velhas. A nossa feira não passava de um quilo de sal, uma barra de sabão, um litro de querosene e uma caixa de fósforos. Fiz as compras da família com muito senso de responsabilidade, depois comprei um pão doce e um vintém de cigarros.

Sentei-me na calçada da estação da Rede Ferroviária do Nordeste, comi o pão doce, bebi água, fumei o cigarro até a metade, apaguei o resto com cuspe e coloquei atrás da orelha, como faziam e fazem ainda hoje os habitantes da zona rural. Quando o "vapor de ferro" chegou, causou-me a mais profunda admiração, nunca tinha visto um bicho tão comprido e tão pesado correr em cima de dois trilhos com tanta velocidade. Fiquei tonto e quase fui atraído para a frente da locomotiva – e o seria, se um matuto não me tivesse agarrado. O trem partiu, o maquinista apitou, tomei um grande susto com o apito. O trem seguiu seu caminho, segui o meu, ainda assustado, porém encantado por ter visto o "trem de ferro". Era esse o seu nome conhecido pela matutada. Agora, julgava-me importante, já tinha o que contar aos meus irmãos e à minha mãe, ia fazer inveja a todos... era o primeiro dos irmãos que tinha visto uma locomotiva arrastando "uma cobra tão comprida".

Uma hora depois, deu-me vontade de fumar. Era proibido menino fumar na frente dos mais velhos. Muito menos pedir o lume. Todavia a vontade de fumar superou tudo. Havia uma choupana de palha no caminho, na qual morava uma velhinha. Não tive dúvida, bati na porta e falei:

– Ô de casa!

– Ô de fora – respondeu-me a velhinha. – Quem é?

– É de paz!

Lá veio a velhinha curvada para a frente e corcunda, a cabeça tremendo, segurando-se num bastão, e disse:

– Deus te dê um bom dia, meu fio.

E, diante da minha vacilação, perguntou:

– O que tu qué, meu fio?

– Eu quelia uma brasinha pá cendê o meu cigalo.

– O quê, minino afoito, tu num arrespeita os mais veio?... Pera, vô ti dá um chinelo na bunda, seu atrevido!

Eu já ia longe quando soou a última palavra. Foi um carreirão, eu batia com os calcanhares na bunda, só parei depois de cansado. Passado o susto e o cansaço, voltou-me o desejo de fumar. Não havia mais moradores no caminho; se não passasse alguém fumando, só o faria em casa às escondidas. Faltando uns três quilômetros para chegar em casa, apareceu um senhor montado a cavalo. Vinha fumando. Ao aproximar-se de mim, dei-lhe passagem, tirei o chapéu da cabeça, tomei-lhe a bênção e ele me disse:

– Deus te dê boa sorte!

Diante da minha vacilação, acrescentou:

– Qué arguma cosa?

– Inhô, sim, respondi.

– Diga o que vancê qué.

Criei coragem e falei:

— Vosmecê me dá o seu lume pra mode cendê o meu cigalo?

A resposta foi imediata:

— Cumu é, seu má inducado? Seu atrivido, seu lume é cinturão no rabo!

E fez menção de tirar o cinto.

Não vi mais nada. Emboquei mato adentro, em disparada, fui sair num canavial e só parei num rio já perto de casa, para lavar o sangue que escorria devido aos arranhões do mato.

Fui duplamente frustrado na minha tentativa de querer ser gente grande!

O xis do problema estava em justificar-me em casa. Eu sabia que não podia enganar minha mãe. Já que não tinha medo dela, como tinha de meu pai, confessei-lhe toda a verdade. Ela me disse:

— Só tenho pena di tu não tê levado chinela na bunda e cinturão nas costas pra arrespeitá os mai veio.

Porém notei que ela não estava muito convencida de seu desejo. Pendurei-me em seus braços e dei-lhe muitos cheiros.

Deixei de trabalhar na bagaceira do engenho e fui trabalhar no eito com meus pais e irmãos. O meu salário foi aumentado para cento e quarenta réis por dia. O trabalho era duro e o cabo do eito não deixava que levantássemos a cabeça. Nem mesmo para respirar melhor. Nada de conversa, nada de cera e tomar água só quando chegávamos ao fim do canavial. Largávamos o trabalho ao meio-dia para comer qualquer coisa. E se houvesse. Se não houvesse, só quando o sol se escondia no horizonte e começava a escurecer.

Terra de sapé, dura e seca.

Algumas semanas depois, meu pai foi transferido para a pilagem de café, isto é, iria descaroçar o café no pilão. Minha mãe falou com o senhor de engenho para trabalharmos por tarefa com toda a família. Foi atendida. O feitor (administrador) media as "contas" (ou as tarefas) do dia a dia para toda a família. À tarde, quase ao pôr do sol, quando o feitor vinha fiscalizar o nosso serviço, eu ficava tremendo de medo. No fundo, ele era uma criatura incapaz de fazer mal a qualquer pessoa. Era um preto retinto, olhos grandes, uma fisionomia simpática, dentes que pareciam duas serras de marfim, nariz grosso, achatado, forte e robusto, lábios grossos e pescoço também, peito largo. Seu nome: Peregrino. Tinha sido escravo do senhor de engenho, mas, apesar de formalmente livre, permanecia na escravidão. O medo que eu tinha não era dele em si, era de seu aparato bélico. Quando ele vinha fiscalizar o serviço, eu via aquele negro armado, de cacete na mão, um facão "rabo de galo" que tocava no tornozelo, um grande punhal atravessado na cintura, uma pistola de dois canos também atravessada na cintura, um chapéu de abas grandes, quebradas na frente e com três estrelas de bronze no chapéu. Eu tremia de medo e agarrava-me na saia de minha mãe. Ela me dizia:

— Não tema, meu fio; quem num deve num teme. Si vancê amostra qui tá cum medo, ele pensa qui o selviço num tá bom e qué qui si faça di novo. Antonce nói num ganha nada nesse dia e vamo passá fome purque nói só come quando trabaia.

Quando o feitor saía, minha mãe dizia:

— Meu fio, eu também tenho medo, mai a gente deve fazê das tripa coração... E começava a chorar.

Meu pai deixou a pilagem do café e foi com meus dois irmãos mais velhos roçar matos para o senhor de engenho. Eram boas foices e, por isso, tiveram o salário aumentado para setecentos réis cada um. Minha mãe ficou com a filharada "miúda", limpando mato. Às vezes, quando eles largavam mais cedo, vinham nos ajudar em nossa tarefa. Isso porque eles trabalhavam por conta.

Depois da derrubada da mata, meu pai voltou à pilagem do café e meus irmãos foram cortar cana. Minha mãe foi trabalhar na seção de beneficiamento de café, onde trabalhavam meu pai e duas irmãs.

Meu primo era mestre carreiro no engenho. Pediu à minha mãe para que eu fosse trabalhar com ele como ajudante. Ela não se opôs, mas ponderou que eu era muito novo e pequeno para trabalhar de ajudante de carreiro, visto que eu não podia nem com um feixe de cana. Meu primo prometeu ajudar-me naquilo que eu não pudesse fazer. Fiquei saltitando de alegria. Ia andar em cima de um carro de boi, chamar boi com uma vara de ferrão. Ia passar muito sebo e azeite nos eixos das rodas e nos mancais. Isso para o carro ranger e cantar bonito. Tudo estava para mim. Ia ganhar uma vara de ferrão para mandar nos bois e, quando ficasse maior, ia ser o maior carreiro do mundo. Além do mais, ia ganhar duzentos réis por dia. "Eita dinheirão!" Seria o menino mais bem pago do engenho. E o mais admirado. Não somente pelo salário, mas sobretudo porque era ajudante de carreiro e tangia bois de carro. Tudo isso me fervia na cabeça noite e dia.

Meus deveres consistiam em levantar-me de madrugada para ir ao campo juntar os bois e levá-los para o galpão, vigiá-los até a chegada de meu primo para encangá--los e dar começo à jornada nos cortes de cana a fim de transportá-los ao engenho para a moagem. A outra tarefa era carregar os feixes de cana até o carro, enquanto meu primo enchia-o com feixes de cana mais próximos. Eu sentia dificuldades em transportá-los porque eram muito pesados para as minhas forças, mas os levantava e depois abaixava-me e puxava-os para minha cabeça e os transportava até o carro. Vez por outra, escorregava nas palhas ou nos olhos de cana e caía com feixe e tudo. Levantava-me novamente e fazia a mesma manobra, prosseguindo no meu lufa--lufa de vaivém o dia inteiro e até nas noites de luar. À noite, estava cansado. Meu corpo magricelo só pedia chão e esteira para dormir.

Aqui começa uma grandiosa prova de paciência de minha mãe para comigo. Alta madrugada minha mãe chamava-me:

— Grilo! Ô Grilo!

— Qui é, mãe?
— Acorde, meu fio. O galo já cantô tréis vêi!

Eu ficava dormindo. Ela vinha, me levantava da esteira com toda a ternura. Lavava-me o rosto e dava-me um gole de pinga, pois, segundo ela, servia para dar-me coragem e espantar o frio. Realmente, eu tomava o gole de pinga e o sangue invadia-me o rosto e as orelhas.

Minha mãe ia me empurrando devagarinho até a porta da rua, às vezes debaixo de chuva. Mas, com chuva ou sem chuva, era uma tarefa que eu não podia deixar de cumprir. Por incrível que pareça, a chuva era melhor do que o orvalho; este dava-me câimbras nos pés e nas mãos, que me doíam desesperadamente; por outro lado, aquela me tirava a câimbra. Mas, com um ou com outro, eu sempre ficava molhado. Quando chovia, era pior, porque os bois subiam para o alto dos morros. Todavia, à medida que eles iam se habituando comigo, bastava chamar um deles pelo nome e todos os demais vinham juntar-se a este. Aproximavam-se em grupo e isso me facilitava o trabalho.

No galpão, descobri uma dependência cheia de milho que era do senhor de engenho. Fiz o seguinte raciocínio:

— O milho é do coronel. Os bois também são dele. Não faz mal que eu tire um pouco de milho para dar para os bois comerem.

Daí por diante, todas as madrugadas, os bois tinham uma suculenta ração de milho para comer e comiam gostosamente. Foi ótimo. Desse dia para a frente, em vez de ir procurá-los no campo, eram os bois que iam esperar-me no galpão em busca de sua ração. Ficamos amigos. Eles comendo e eu junto deles aquecendo-me do frio e aspirando o seu hálito adocicado, que se desprendia de suas grandes narinas. Além disso, durante o dia, nas idas e vindas entre os canaviais e o engenho, ia arrancando milho e feijão verde que encontrava na beirada dos caminhos para eles comerem durante o enchimento do carro. Creio que bois de carro nunca comeram tão bem como os bois Cara Preta, Ponta Grossa, Malhado e Lamacento. Eram possantes e combinavam-se no esforço comum, principalmente nas subidas e atoleiros. Eram cuidadosos, pacientes e mansos.

Em minha tarefa, o maior trabalho cabia mesmo à minha mãe, ou seja, o de acordar-me daquele sono profundo. Eu chegava quase sempre à noite e muito cansado. Arriava-me na esteira já dormindo. Minha mãe me punha no colo e lavava-me os pés, o rosto e às vezes, até me dava um banho completo. Contudo, eu não acordava. Mas o duro mesmo para ela era levantar-me de madrugada. Muitas vezes, eu tinha a impressão de ter deitado naquela hora. E minha mãe a chamar-me:

— Grilo! ô Grilo! Acorde meu fio! O galo já cantô quatro vêiz!
— Sim, mãe — respondia e continuava dormindo.

Lá vinha ela levantar-me. Sacudia-me delicadamente para um e outro lado até que eu abrisse os olhos. Lavava meu rosto, trazia-me o já costumeiro gole de pinga e lentamente ia me empurrando até a porta de saída. Com muita brandura, docemente, empurrava-me para fora, dizendo:

— Vai, meu fiinho. Tu é um hominho. Vai cum a graça de Deus.

Isto se repetia diariamente. Era o meu despertador infalível. E o galo era o despertador dela.

Meu pai, que trabalhava na pilagem do café, passou a trabalhar na quebragem do açúcar, que consistia em tirar o açúcar das cubas e quebrá-lo o máximo possível. Depois de quebrado, encher os vagões e empurrá-los para o sol, a fim de secar o açúcar e ensacá-lo depois. Tudo marchava bem. Um dia, porém, começou a chover. A chuva é inimiga do açúcar. Houve o corre-corre para recolher os vagões cheios de açúcar, antes que se molhassem. No último vagão, meu pai, que ia de lado, empurrando, ficou prensado entre o vagão que empurrava com os demais trabalhadores e a coluna do galpão. Foi retirado sem fala, vomitando sangue pela boca e pelo nariz, com cinco costelas e a clavícula direita fraturadas. Como socorro de urgência, pisaram um pinto vivo no pilão, coaram o ingrediente assim obtido e puseram o caldo do pinto na boca de meu pai, para que ele bebesse. Era a mezinha usada na época para tais acidentes. Logo depois chegou o senhor de engenho. Providenciou sua ida para um hospital de Recife, dada a gravidade do acidente. Só depois de adulto, tive notícia de sua morte. Ficamos órfãos de pai, praticamente. Minha mãe, que já liderava a família, assumiu dessa forma o controle absoluto.

A nossa vida continuava na rotina de sempre. O nosso roçado já nos fornecia milho e feijão-verde para comer. Já não éramos escravos do barracão e tínhamos pago todo o nosso débito ao senhor de engenho. Meu irmão Manuel Bezerra assumiu as funções de meu pai na quebragem e secagem do açúcar, minha mãe e minhas irmãs ficaram ocupadas no beneficiamento do café e os demais irmãos nos diferentes serviços do engenho.

O carregamento de cana estava no fim. O engenho ia parar a moagem. Os cortes de cana acabaram-se. Eu ia perder a profissão de ajudante de carreiro. Não andaria mais em cima de carro de boi, conversando com meu primo, recebendo suas lições de mestre carreiro. Meu sonho de futuro carreiro evaporou-se. Onde iria trabalhar? Como iria ser a minha despedida dos bois amigos? Perguntava, então, a mim mesmo: "Por que os bichos não falam? Se eles falassem eu lhes diria muitas coisas que eles não sabiam". Lembrava de meu cavalo Passarinho, que também não falava. Mas entendia-me muito bem com ele.

Um dia antes de terminar o corte da cana, desdobrei-me no bom trato aos meus amigos bois. Quem sofreu foi o velho coronel de engenho. Dei-lhe um grande desfalque no paiol do milho. Em compensação, os bois engordaram admiravelmente.

No último dia de carregamento, pedi a meu primo para trabalhar só metade do dia. Perguntou-me:

— Pru quê? Tu tá doente?

— Não. Eu num quero é me adespedi dos boi.

— Tem nada, não!

— Tem nada o quê, primo!

— Eles vai até gostá pruquê vão discansá. Trabaiaram muito. Não, Grilo, dexo não. Nói começô junto e junto vamo terminá. Tu tá é cum pena deles, num tá?

Fiquei calado e fomos até a última carrada de cana que tive a honra de conduzir até o engenho. Foi o meu prêmio. E foi a minha despedida do carro e dos bois. Confesso que tive saudade do carro, dos bois, do galpão, do paiol de milho e do cheiro adocicado dos animais. Mas a grande saudade foi mesmo de deixar de trabalhar com meu primo, de seus ensinamentos de carreiro experimentado. Jamais brigou comigo. Tudo o que eu fazia achava bom. Nos primeiros dias de minha aprendizagem, dei uma furada de ferrão no boi Lamacento. Meu primo, em vez de censurar-me, aconselhou-me a não furar os bois com o ferrão, dizendo-me que eles sofriam dor como a gente, que eles só não reclamavam porque não sabiam falar. O que era pior do que nós. Exemplo: quando nós levamos palmadas ou bolos de palmatória, nós gritamos ou choramos para que alguém nos socorra; os bois não têm quem os acuda. Ao dizer isso, deu-me um beliscão e perguntou-me:

— Dói?

— Dói!

— Apôis bem; também dói neles si nói fura eles cum ferrão. Nói num deve fazê malvadeza cum os bichinho. Quando eles num qué combiná cum os outos, a gente guita e bate devagá neles cum a ponta da vara só pra dispetá eles, mode trabaiá combinado cum os outos.

Foi uma boa lição para mim; lembrei-me dela até a nossa despedida dos canaviais e dos bois.

Passei a trabalhar com o filho do administrador do engenho. Era um ótimo rapaz. Minha tarefa era levantar-me muito cedo, ganhar os brejos para cortar capim e transportá-lo ao caminho para, junto com o "patrãozinho", carregar no cavalo, levá-lo para a estrebaria e serrá-lo para os dois cavalos e os dois muares comerem. Limpar a estrebaria, o quintal da moradia do novo patrão, varrer sua casa e, ao meio-dia, ajudar a levar os animais ao rio para dar-lhes de beber e lavá-los também. Os patrões eram bons, principalmente o rapaz.

Um dia houve uma briga feia entre os cavalos e os burros. Coices, patadas e dentadas entre eles que causavam medo. Fiquei em pânico naquela confusão. Tentei apartá-los, mas um deles esmagou-me o dedão do pé esquerdo, arrancando-me a unha. Cheio de dor, tentei desviar-me. Fui jogado a alguns metros de distância, de encontro à parede da estrebaria. Meu jovem patrão, despertado pelos relinchos dos animais, correu para apartar a briga dos valentões. Viu-me estendido no chão. Chamou sua mãe e levou-me para sua casa. Fizeram-me curativos no dedo esmagado, levaram-me para casa, pediram desculpas à minha mãe.

Fiquei doente alguns dias e logo depois recomecei minhas tarefas no trato dos animais, na limpeza da estrebaria, da casa e do quintal dos patrões, além do corte de capim nos brejos. Mas o dedão inflamado transformou-se numa ferida feia, dolorosa e fedorenta. Eu chorava de noite e trabalhava de dia. Foi um inferno para minha mãe, que trabalhava o dia todo beneficiando café e passava a noite comigo na vã tentativa de suavizar o meu sofrimento. Ao amanhecer, já estava no meu trabalho, cortando capim na lama dos brejos ou na limpeza da estrebaria ou no quintal lamacento dos patrões. Nessas tarefas, apesar do cuidado que eu tinha, constantemente me magoava. Ora dava topadas, ora um talo de capim entrava-me na ferida, ora eram os ganchos do ancinho que iam buscar o lugar dolorido, ora eram as raízes ou pedaços de arbustos que espetavam o dedo. Um azar dos diabos! Não podia ficar bom. Não tinha repouso, não fazia curativos higiênicos. Os lugares em que trabalhava eram infectos. Mas era obrigado a trabalhar para ganhar o meu salário de duzentos réis por dia para ajudar a comprar o "dicumê", como dizia minha mãe. A ferida crescia, supurava e doía cada dia mais. Ensinaram à minha mãe que ela devia colocar na ferida excremento ralado de gado ou de cabra. Não deu resultado nem podia dar. Por sorte, não me deu tétano! Depois ensinaram a lavar a ferida com urina. Minha mãe mandava meus irmãos urinarem em cima do ferimento. Também não resolveu. Ensinaram a colocar farinha mastigada com fumo e sal. O resultado também foi nulo. Depois apareceu um curandeiro para rezar e garantiu que ficaria bom. Quebrou os galhos de fedegoso, benzeu-se e benzeu-me a ferida, fazendo cruzes por toda parte, e concluiu dizendo que era um "feitiço" no dedo. Que era preciso raspar a ferida até sair o sangue bem vermelho e ofereceu-se para fazer a operação. Minha mãe negou-se, dizendo que eu não aguentaria e que era uma judiação. Ele insistiu:

– Só com a saída do sangue bem vermelho o feitiço sai!

Minha mãe rechaçou mais uma vez e lhe deu em pagamento da reza e da consulta uma prata de quinhentos réis.

Desgraçadamente, o curandeiro apareceu no domingo. Minha mãe tinha ido ao roçado. O charlatão convenceu os meus irmãos de que eu ficaria bom se ele fizesse a raspagem da ferida. Que doeria pouco e, logo que o sangue começasse a escorrer, passaria a dor, pois o "feitiço" sairia com o sangue. Meus irmãos pegaram-me, deitaram-me em cima de um banco, seguraram minhas pernas e braços, e o charlatão, com uma faca de picar fumo, começou a raspar-me a ferida. Eu berrava ferozmente e ferozmente mordi o curandeiro e meus irmãos, que desistiram da espúria operação. Nunca tive tanto ódio em minha vida atribulada! Minha mãe chegou e, como sempre, me fez curativo com água morna e umas gotas de iodo, que meu primo arranjou não sei onde e como. Mamãe censurou os meus irmãos e, dessa vez, o curandeiro só ganhou as dentadas que lhe dei.

A ferida agravou-se depois da reza. Eu trabalhava com muita dificuldade. Era mesmo um sacrifício. Minha mãe compreendeu que eu não podia trabalhar. Muita febre e uma íngua me impossibilitavam de fazer qualquer trabalho. O patrão aceitou os argumentos de minha mãe. Fiquei em casa alguns dias até a febre sumir e as ínguas desaparecerem. Não passou muito tempo e voltei às minhas atividades. Um dia, estava limpando o quintal do patrão e os muares começaram a brigar outra vez na estrebaria. O filho do patrão foi desapartá-los. Levou um coice na bunda, ficou estendido no solo. O patrão socorreu o filho e, em seu desespero, quase matou um dos animais brigões. Desgostoso com o acidente do filho e muito supersticioso que era, tomou o acidente como um aviso divino e disse à sua mulher:

– Vamo vendê os animais antes qui nos aconteça o pió... Outro dia foi o Grilo, hoje foi nosso fio Mané. Na terceira vez, pode sê a morte de um deles.

E vendeu os animais.

Fiquei trabalhando no roçado deles, arrancando feijão e quebrando milho, apanhando favas e fazendo trabalhos domésticos. Ainda com o salário de duzentos réis por dia. Tinha direito a uma refeição.

Minha ferida melhorou desde que deixei o trabalho da estrebaria e dos cavalos, apesar das topadas nos tocos do roçado.

Acabaram-se as colheitas de seu Zeca, como era chamado o patrão. Fiquei parado uns dias, o que foi bom, porque descansei um pouco e melhorei do dedão. Agora já dormia a noite toda. Nem minha mãe me acordava no terceiro ou quarto canto do galo. Nem era mais necessário o gole de pinga para dar-me coragem e espantar o frio.

Um dia, fui chamado à casa-grande do engenho para ajudar ao senhor Guilhermino, cargueiro do engenho, zelador da casa-grande, da horta e responsável pelo cavalo do coronel de engenho. Confessei a minha dúvida no trato do cavalo. Isso porque compreendia que cavalo de rico era rico também. Podia não dar conta do animal conforme os caprichos de seu dono. Todavia, o senhor Guilhermino prometeu orientar-me nas minhas obrigações e nos hábitos do velho coronel e de seus filhos, quando chegavam ao engenho nas épocas de férias, visto que estudavam na cidade de Recife.

Minha primeira tarefa era levantar-me de madrugada, ir aos brejos e cortar capim para transportá-lo à estrebaria da casa-grande. Limpá-la, serrar o capim em pedaços curtos e colocá-lo na cocheira para o cavalo comer. Às oito horas de cada dia, a estrebaria deveria estar limpa, lavada e bem enxuta e o cavalo deveria estar comendo. Essa era a ordem do patrão. Voltei a tomar o gole de pinga para criar coragem e espantar o frio e minha mãe voltou a acordar-me no terceiro ou quarto canto do galo. Ao chegar com o capim, o senhor Guilhermino arriava a carga, tirava o cavalo da estrebaria. Eu a limpava, lavava, enxugava com um saco de linhagem. Serrava o capim em pedaços curtos e punha o cavalo a comer a sua primeira refeição. Às quatro horas da tarde, uma outra ração de milho e, à noite, mais uma ração de capim.

O cavalo não era mau, não mordia nem escoiceava, mas não gostava do meu velho chapéu de palha, de abas grandes e roído. O senhor Guilhermino aconselhou-me a tirar o chapéu quando entrasse na estrebaria porque o cavalo não gostava dele. Eu quis testar o conselho do homem, mais prático e mais experiente do que eu. De fato, notei que o cavalo não gostava do meu pobre chapéu de palha, roído nas beiradas. Quando eu entrava sem o chapéu na cabeça, o animal comportava-se muito bem, mas, quando eu entrava de chapéu na cabeça, o animal inquietava-se, batia com as patas no chão, arrebitava os beiços, fazia caretas e quase sempre encostava sua cabeça atrás da minha, tentando tirar o meu chapéu. Numa dessas manobras, o chapéu caiu, o cavalo pôs as patas em cima dele e aquietou-se; foi necessário dar-lhe um tapa na pata para tirá-la do chapéu.

Quando terminava a minha tarefa na estrebaria, ia trabalhar na horta, capiná-la, limpar os canteiros, afofá-los e pôr estrumes, cortar os galhos secos e velhos da roseira, depois irrigá-los quando não chovia. Ao meio-dia, largava o trabalho para dar água e lavar o animal no rio. Para isso, puxava-o para junto de umas pedras de regular altura ou para junto de uns troncos de madeira enfiados no rio, restos de uma velha ponte destruída pelo tempo. De volta, punha o cavalo na estrebaria e recebia o prato de farofa com uma migalha de bacalhau ou de charque para comer, bebia água e recomeçava o trabalho na horta até as quatro horas da tarde, quando largava para dar uma ração ao "fidalgo" animal. Como já disse, o cavalo era manso, nunca me pisou, nunca me mordeu ou me deu coice; eu o tratava bem, mas não tinha nenhuma atração por ele; nem mesmo simpatizava com ele, apesar de ser um animal muito bonito. Estava longe, muito longe mesmo do meu velho e querido Passarinho. Às vezes, fazia um certo esforço para gostar do cavalo, mas não havia jeito. Perguntava a mim mesmo: "Por que eu não gosto dele?". Não sabia responder. Só depois de adulto poderia responder.

Um dia de sábado, o senhor Guilhermino disse:

— Grilo, num lava agora a estrebaria; tora primeiro o capim pra mode o cavalo comê, ele vai à estação do vapor de linha, pra trazê seu capitão Altuzinho, fio do seu curuné.

Como sempre, o velho coronel de engenho fez sua festinha em homenagem ao filho; até eu beneficiei-me com um prato de farofa com arroz e carne de porco. Jamais havia comido arroz, com meus sete anos de idade. "Eita comidão gostoso!" Mordi a língua, tamanha foi a minha gulodice.

Com a chegada do filho do velho latifundiário, famoso pelo seu baixo caráter e truculência, as famílias que tinham filhas moças ficaram preocupadas, afinal, era habituado a violar e desrespeitar as mocinhas. Minha mãe não teve dúvida e disse:
– Mió evitá diquê arremediá.
No dia seguinte, minhas irmãs foram para o sítio de minha avó em Panelas de Miranda.
No domingo, depois de sua chegada, o tarado capitão Artuzinho embocou casa adentro; foi parar na cozinha, onde estava minha mãe, e perguntou:
– Onde andam suas filhas? Vim visitá-las!
Minha mãe humildemente respondeu que tinham ido tratar da avó que se achava doente. O tarado capitão saiu sem dizer nada, mas ficou marcando a minha mãe.
O velho latifundiário estava dando os últimos arranjos para viajar para Recife e deixar o filho dirigindo o engenho. Foi grande o desassossego. As famílias que tinham moças foram embora. O tarado era louco por jovens. Sua fama era triste. Como no engenho só existia plantio e capinagem, não fizeram falta ao trabalho as famílias que se mudaram. O velho tinha consciência disso e viajou sem maiores preocupações.
O primeiro ato do Artuzinho foi contra minha mãe: cortou-lhe o fornecimento do barracão e ordenou-lhe tirar toda a lavoura do nosso roçado. Minha mãe ponderou que foi o velho senhor de engenho quem mandara plantar o mandiocal, o algodão, as batatas e as macaxeiras. Ele prepotentemente respondeu:
– Quem faz filhos na mulher dos outros não tem direito aos filhos!
Acrescentou que quem mandava no engenho era ele e não aceitava réplicas e que, dentro de cinco dias, soltaria o gado na lavoura. Minha mãe disse-lhe:
– Num dianta nói tirá nada, tá tudo verdinho; voismecê pode sortá seu gado inté hoi memo. Mai tem Deus pá mi dá, seu capitão.
Ele cumpriu a promessa. Mandou soltar o gado e lá se foi a nossa roça, que muito suor nos custou. Meus irmãos, revoltados, pediram as contas para irem embora, porém o administrador persuadiu-os a ficar, disse que era uma situação provisória, que o coronel não concordaria com o filho e seria capaz de indenizar os prejuízos. Minha mãe aceitou os conselhos do administrador do engenho.
O jovem latifundiário, não encontrando "pasto para comer", mandou buscar sua amante, que morava num sítio perto do seu engenho. Era uma moça bonita, distinta e humana; filha de um casal de camponeses arrendatários, ela conhecia bem a vida dos trabalhadores agrícolas por sua origem camponesa. Fora seduzida por seu amante atual e conhecia de sobra a sua malandragem em relação às filhas dos trabalhadores. O fato é que ela se tornou senhora de engenho e foi morar na casa-grande.
Eu continuava com as tarefas de sempre, ganhando um salário de duzentos réis por dia, com direito a duas refeições diárias: uma ao meio-dia e outra à noitinha,

após dar a última refeição ao cavalo. Foi uma ajuda da jovem patroa, que simpatizou com a minha cara e sobretudo com o meu trabalho, principalmente no serviço da horta, que agora se chamava jardim. Ela era louca pelo jardim e muito me ajudou nas tarefas de jardineiro mirim. Ela conhecia a técnica de jardinagem e horticultura e deu-me boas lições. Jamais vi, em toda a minha vida, uma criatura gostar tanto de flores como minha jovem patroa. Ela me estimulava, dizendo:

– Vamos caprichar no jardim do coronel, ele gosta muito de flores, principalmente das roseiras; quando ele voltar, vai achar um encanto e talvez obrigue o filho a reparar o mal que me fez.

Só depois vim a saber qual o mal que seu capitão Artuzinho lhe tinha feito.

Um dia, o senhor Guilhermino contou-lhe que o cavalo não gostava de meu velho chapéu de palha, roído nas beiradas. Ela não acreditou. Pediu-lhe que, quando eu entrasse na estrebaria com o chapéu na cabeça, ele lhe comunicasse, que ela queria ver a reação do animal.

Propositadamente, no dia seguinte, o senhor Guilhermino atrasou a chegada da carga de capim. Eu fiquei afobado porque estava na hora de o cavalo comer. Entrei na estrebaria de chapéu e tudo e comecei a cerrar o capim. O animal ficou irrequieto, bateu com as patas no solo, arrebitou os beiços, mostrando os dentes, esfregou sua cabeça atrás da minha até o chapéu cair no chão. Pisou-o com as patas e rasgou-o com os dentes. Não fiz nada contra o animal, mas fiquei furioso a ponto de não respeitar mais o regular tamanho dos pedaços de capim: daí para a frente, não tive mais o devido cuidado como antes. Foi a única vingança que tomei contra o cavalo, o que, aliás, não lhe causou nenhum efeito.

Minha patroa assistia à cena. Riu-se muito com as astúcias do animal. Terminei o meu trabalho na estrebaria, fui para o jardim e comecei a trabalhar. Quando o sol esquentou, ela me disse:

– O sol está muito quente, Grilo, vá buscar o chapéu.

Fiquei silencioso. Ela repetiu a ordem:

– Ponha o chapéu na cabeça, menino!

Respondi:

– O cavalo rasgou meu chapéu.

– Como? O cavalo rasgou seu chapéu?

Fiz uma cara de choro. Ela riu-se e falou:

– Tem nada, não, Grilo. Dou-lhe outro chapéu.

E alisou-me a cabeça. Fiquei bestificado com a senhora do engenho, não só pela promessa de um chapéu novo mas sobretudo pelo carinho que me fez. Ganhou-me para todas as tarefas, tinha um escravo à sua disposição, tal foi a minha gratidão.

Alguns dias depois, às sete horas da noite, depois de dar a última ração ao cavalo, lavei as mãos e fui jantar o meu prato de feijão com uma migalha de charque; comi o feijão puro e guardei a migalha de charque para levar para minha mãe; era o meu hábito desde que passei a trabalhar e comer na casa-grande do engenho. A empregada, vendo-me esconder a carne dentro da camisa, foi comunicar à dona Bertolina. Ela mandou me chamar e perguntou o que eu tinha escondido no interior da camisa. Respondi-lhe, medrosamente e envergonhado, que não tinha nada dentro da camisa. Ela insistiu e mandou-me levantar a camisa, o que fiz, já chorando. Descobri-lhe o taco de carne preso entre o cordão que amarrava a cintura à guisa de cinto. Ela pasmou e já lacrimejando perguntou-me:

– Por que não comeu a carne, Grilo?

Respondi-lhe que preferia levá-la para minha mãe.

Ela suspendeu-me e beijou-me, chorando, e disse:

– Coma, meu filho, eu também tenho mãe. Coma a sua carne, que eu mando um pouco para sua mãe.

Eu comi. Ela mandou carne, farinha e feijão para minha mãe, de quem ela já gostava pelo seu modo de vida. E minha mãe gostava dela pela maneira como me tratava, e agora mais ainda, porque via no presente que recebera não só uma prova de solidariedade, mas sobretudo de uma sólida amizade.

No domingo à tarde, ganhei o meu chapéu das mãos da senhora de engenho. Não é necessário dizer o meu contentamento. Beijei-lhe as mãos e ela me disse:

– Que o cavalo não lhe coma o chapéu!

Eu é que nunca mais entrei com chapéu na estrebaria.

Acabara a safra do café. Minha mãe ficou parada. Agora somente eu e dois irmãos mais velhos trabalhávamos. Ia piorando a nossa vida. Alguns dias depois, minha mãe foi chamada à casa-grande. Dona Bertolina queria limpar a chácara e tosar as árvores frutíferas; ofereceu o serviço à minha mãe, que o aceitou com muita alegria. A chácara era grande e estava muito suja. As fruteiras estavam muito maltratadas e cheias de galhos secos. Minha mãe mobilizou a filharada e em poucos dias a chácara estava limpa. Meus irmãos mais velhos, aos domingos, tosaram os galhos secos e velhos. A chácara ficou pronta em poucos dias, muito antes do que o administrador esperava e também o latifundiário. Foram dezesseis dias de trabalho, de manhã à noite. A senhora mandou abonar vinte dias de trabalho devido ao trabalho extra de meus irmãos aos domingos. A casa-grande, o jardim, a horta, as cabras, os carneiros e os galináceos eram da atribuição da senhora de engenho. Era sua economia doméstica. O prestígio de minha mãe aumentou muito nos assuntos domésticos da casa-grande não só por sua colaboração em horas de aperto como também pelo gesto de minha mãe de mandar suas filhas para o agreste, livrando-as da cobiça do barba-azul latifundiário.

O senhor Guilhermino ficou bom. Recomeçou suas tarefas. Fiquei desempregado. E o pior é que não havia trabalho no engenho para mim nem para meus irmãos pequenos.

O meu dedão, ainda em ferida devido à falta de repouso e ao trabalho na estrebaria, à lama dos brejos, tirando capim para o cavalo, iria melhorar com meu repouso forçado. O senhor Peregrino, sabendo de nossa situação e com a intenção de ajudar, foi a nossa casa e pediu à minha mãe um dos filhos para fazer companhia a sua esposa, que vivia sozinha. Minha mãe mandou que ele escolhesse qual de nós preferia. Escolheu a mim. Esperneei, chorei para não ir; não queria deixar minha mãe, tampouco meus irmãos, mas tive que ir. Saí louco de raiva do pobre homem, que era uma boa criatura, mas eu tinha medo dele e não queria abandonar a família.

Era noite escura quando partimos. Levei logo uma topada no dedão da ferida, saiu muito sangue, que se misturou com a lama do caminho. Tive febre e íngua à noite, não dormi e chorei muito, deitado em cima de um banco, sem um agasalho. A casa era toda aberta. Amanheceu o dia, a dona da casa me deu um prato de xerém de milho, somente com água e sal e nada mais. Cerca de dez horas me mandou mudar a cabra. Voltei, nada mais tinha a fazer. A mulher não falava comigo, éramos duas pessoas mudas. O local era feio e desolador. Não passava vivalma. Era uma tristeza de enlouquecer. A tardinha e a noite completavam a solidão de duas pessoas que vegetavam angustiosamente à mercê do tempo. O dono da casa chegava tarde da noite e, às vezes, mesmo entre eles não havia conversa. Ele engolia seu prato de xerém e pisava outro para o dia seguinte. Somente ele tinha duas refeições por dia: uma quando chegava e outra de madrugada, quando partia para vigiar os bois. Ele tinha sido escravo e continuava pior que escravo. Tinha saudade da escravidão porque, segundo ele, naquela época comia carne, farinha e feijão à vontade, e agora mal comia um prato de xerém com água e sal. E, no tempo de escravo, além da carne, da farinha e do feijão, tinha munguzá, xerém, beiju, tudo feito com muito leite de coco. Seu trabalho era de vigia pelos limites do engenho e exercia o cargo de inspetor de quarteirão. Podia prender, desarmar e espancar os trabalhadores, se assim o quisesse: era a autoridade do engenho. Daí o seu grande aparato bélico; parecia uma fortaleza ambulante. Era um preto retinto, porém de alma branca, respeitador, pacífico e humano. Era incapaz de fazer mal a quem quer que fosse. Mas uma coisa eram as suas boas qualidades, outra coisa era sua vivência doméstica.

Cada dia eu ficava mais constrangido. Isolado de minha família, principalmente de minha mãe. Não conversava, tampouco trabalhava. A saudade roendo-me o coração, tinha vontade de morrer. A cabeça doía-me, a ferida e o frio não me deixavam dormir. Só ouvia o cantarolar dos grilos, tinha raiva de meu apelido. Chamava de cão a quem me pôs tal nome. À noite, quando dormia alguma coisa, sonhava que estava junto com minha família, comendo carne, feijão, tomando café com leite e pão; eram deliciosos os meus sonhos! Acordava com mais fome. Seis dias depois, não podia mais tolerar a solidão, a tristeza, o isolamento de meus familiares e a angustiosa saudade de minha mãe. Fugi.

Cheguei em casa, abracei-me com minha mãe, contei-lhe chorando a situação em que me encontrava, que ela podia surrar-me como quisesse, mas eu não voltaria à casa do senhor Peregrino. Minha mãe, ao contrário do que eu pensava, esquentou água, deu-me banho, arranjou-me um pouco de comida, matou-me a fome. Fez-me curativo na ferida e disse:

– Num sai mais fio de minha casa, pode morrê tudinho de fome, mas de casa num sai mai nenhum.

Eu tinha emagrecido, não só em consequência da fome, mas também pela tristeza e o desgosto que sofri. Minha mãe deitou-me, cobriu-me com uma coberta arremendada, porém limpinha e cheirosa. Dormi a noite toda até o meio-dia seguinte.

Eu queria fazer de tudo para ajudar minha mãe. Apesar de minha idade, compreendia o seu sacrifício e a sua ansiedade por todos os seus filhos, para vê-los crescidos, sadios e felizes, o que seria a sua própria felicidade. Infelizmente, uma coisa era o meu desejo infantil de ajudá-la, outra coisa era a dura realidade da vida. A verdade era que as coisas iam piorando dia a dia para o nosso lado. A fome ia penetrando cada vez mais em nossa casa, principalmente agora, quando terminara a derrubada das matas. Só tínhamos um irmão trabalhando para doze pessoas comerem. Para aliviar a situação, vivíamos pescando de anzol, de puçás e de jereré, mas isso não resolvia o nosso problema, mesmo porque havia dias em que os peixes colhidos não chegavam sequer para uma modesta refeição. Lá uma vez por outra fazíamos pequenos biscates, mas tudo era paliativo.

Meu irmão Manuel Bezerra de vez em quando matava um coelho, um preá, porque dispunha de uma velha espingarda. Passava os dias pelos matos e nas margens dos rios; um dia, descobriu, perseguindo um coelho, um mandiocal abandonado e afogado dentro de um grande matagal. Examinou cuidadosamente, em diversos lugares, verificou que as mandiocas estavam sadias e que eram de excelente qualidade. A terra era muito frouxa. Percorreu todo o mandiocal, arrancou algumas mandiocas e levou-as para casa, para pô-las na água e fazer mingau de massa puba. Contou à minha mãe e aconselhou-a a falar com o administrador do engenho, disse-lhe que ela pedisse para limpar o mandiocal ou desmanchá-lo em farinha, o que seria muito rendoso.

Minha mãe falou com seu Zeca, o administrador do engenho. Pediu-lhe para cultivar o mandiocal ou desmanchá-lo em farinha, que daria a metade da produção. Seu Zeca disse que não podia decidir por sua conta e que o senhor do engenho não se interessaria pelo mandiocal, porque não era rentável, mas aconselhou minha mãe a falar com dona Bertolina para ela pedir ao marido o mandiocal para desmanchá-lo em farinha por sua conta, sem ônus para o engenho. Dona Bertolina falou com o marido para aproveitar o mandiocal que estava abandonado dentro dos matos. Ele consentiu, condicionando deixar a terra limpa, em condições de ser plantada. A senhora de engenho mandou chamar minha mãe e expôs as condições do marido. Minha mãe aceitou, pedindo-lhe que lhe fornecesse o carro de boi para transportar as mandiocas e a lenha para torrar a farinhada, o que também foi aceito.

Minha mãe mobilizou a filharada. Caímos no mandiocal, os mais velhos arrancando as mandiocas, os mais novos e mais fracos amontoando-as e o carro de boi transportando-as à casa de farinha. Minha mãe organizou um pequeno mutirão de dezesseis mulheres para raspar as mandiocas; contratou quatro trabalhadores para puxar a roda e prensar a massa das mandiocas moídas, duas mulheres para moer as mandiocas no caititu ou rodete, como muitos chamam, meu primo e minha tia Idalina para ajudá-la a peneirar a massa, enquanto meu irmão mais velho, juntamente com meu primo, se encarregavam de torrar a farinhada, pois eram tidos como os melhores farinheiros do engenho. Minha mãe e minha tia se responsabilizaram pela peneiragem da massa; e nós, a garotada miúda, ficamos encarregados da roçagem do matagal, de tocar fogo, encoivarar, arrancar os tocos que não haviam sido destruídos pelo fogo.

O fato é que entregamos a terra limpa e bem preparada para receber o plantio de cana ou de outras plantações. Foram gastos dezesseis dias na farinhada. Rendeu 54 sacas de farinha de 60 quilos, o que causou profunda admiração até no tatuíra Artuzinho e no seu Zeca, o administrador do engenho. Minha mãe deu 27 sacas de farinha a dona Bertolina e das suas 27 sacas dividiu: oito para os puxadores e prensadores; duas para as cevadoras; três para minha tia e meu primo, que trabalharam do princípio ao fim; seis sacas para as quinze mulheres do mutirão, que rasparam a mandioca. Ficamos com oito sacas. Vendemos três para comprar mantimentos, inclusive feijão, milho, sabão, sal e querosene.

A senhora de engenho foi muito compreensiva. Durante os cinco dias de serão, ela mandava diariamente jantar para dez pessoas que trabalhavam à noite. Foi sua contribuição. Em compensação, ganhou 27 sacas de farinha que lhe valeram alguns cobres com que não contava; e o tatuíra ganhou gratuitamente a terra bem preparada para receber as plantações de cana ou de qualquer outra lavoura, sem despender um real.

Nós ganhamos boas amizades e mantimentos para muitos dias e ajudamos muitas pessoas, tão necessitadas quanto nós. Foi uma feliz iniciativa, que beneficiou muita gente. Além de tudo, ficamos com toda a goma da mandioca para comermos tapioca durante semanas. Minha mãe deu um presente de mais de cinco quilos de goma a seu Zeca, o qual insinuara a minha mãe que falasse com dona Bertolina, e ele só não ganhou um pouco de farinha porque tinha de sobra. Minha mãe não esqueceu o bom homem, "o preto de alma branca", o Peregrino, que, apesar de eu ter fugido de sua casa, continuou nosso amigo.

Agora, com farinha abundante para algumas semanas, um pouco de milho, de feijão, sabão, sal e querosene, já podíamos nos dedicar com mais audácia às tarefas de pescaria, enquanto não recomeçasse o trabalho no engenho. E assim abolimos as pescarias de anzol, de puçá e jereré, que eram nossos instrumentos de pesca – que muito pouco nos rendiam devido à escassez de peixe. Fizemos uma boa tarrafa, resolvemos adotar um método mais audacioso de pesca. Para isso confeccionamos também uma rede de malhas de forma retangular, com mais de seis metros de comprimento por oitenta centímetros de largura. Com esses dois instrumentos de pesca, resolvemos fazer barragens nas bifurcações dos rios onde pescávamos.

Nosso método era muito simples, porém muito trabalhoso. Nos rios onde havia bifurcação, examinávamos os locais onde se bifurcavam e fazíamos uma barragem no curso menor, forçando as águas a voltar para o curso maior. Para isso, fincávamos algumas estacas no curso menor e as entrelaçávamos de cipós e ramos de matos; com enxadas e pás, tirávamos blocos de barro massapê da margem inferior do curso superior. Esses blocos de massapê iam sendo colocados cuidadosamente na barragem do curso inferior do rio. À medida que íamos tirando o barro de um para outro lado, o rio ia subindo e as águas iam voltando para o curso superior, que se transformava numa verdadeira correnteza, facilitando assim a construção da pequena barragem e o secamento de todo o leito do curso inferior. A rede retangular que construímos, nós a colocávamos de um lado a outro do rio, pouco antes da junção dos dois cursos, para evitar a saída dos peixes, à medida que o pequeno rio ia secando. A quantidade de peixe dependia da extensão do curso seco e também da quantidade de poços d'água e do seu volume. Quando a poça era volumosa, jogávamos a tarrafa e pegávamos todos os peixes; os que ficavam nas pequenas poças pegávamos com a mão, e era um grande prazer para todos nós. Mas, em geral, eles se refugiavam nas grandes poças, onde as águas, sendo paradas, lhes ofereciam mais segurança. Quando eram arrastados pela correnteza do rio, iam parar na rede previamente colocada de uma a outra margem, ficando a debater-se na areia ou enganchados nas malhas da rede.

O rendimento de nossa pescaria dependia da extensão do curso d'água e da quantidade de poços existentes em seu leito. Às vezes, pegávamos peixe que dava para comer uns doze dias; às vezes, o que colhíamos não chegava sequer para uma modesta refeição. Todavia era uma forma de fazermos alguma coisa e arranjar a mistura para o pirão ou para o feijão, como nos dizia a nossa mãe.

Espalhou-se uma notícia de que o engenho ia reiniciar seus trabalhos. Os trabalhadores prepararam-se para tão alvissareira notícia. Um dia, pela manhã, o velho pedaço de trilho, à guisa de sino, badalou fortemente, chamando a massa trabalhadora ao pátio do engenho. Vieram todos munidos de seus instrumentos de trabalho. Qual não foi sua surpresa ao se defrontarem com o capitão Artuzinho, que lhes ordenou voltarem às suas casas, recolherem suas ferramentas e virem armados do que possuíssem para darem caça a um ladrão de cavalo que, segundo ele, estava refugiado nas matas de seu engenho. O rebanho foi dividido em turmas comandadas pelo administrador, seu Peregrino, e saiu em busca do homem. Felizmente, meus dois irmãos maiores estavam conosco na pescaria e só à tardinha, quando voltamos, nossa mãe nos contou o acontecido.

Eles acharam o tal homem acusado de roubar cavalos. Trouxeram-no; foi interrogado pelo tatuíra; negou e jurou que não era ladrão. Podia provar com o dono do engenho de Cabeça Dantas, mas o tatuíra Artuzinho não quis acreditar. Mandou açoitá-lo com cipó de boi. O desgraçado do homem ajoelhou-se, pôs as mãos para o céu, pediu ao senhor do engenho que, "pelo bem que queria a seus pais", não o espancasse tanto, que não era ladrão, nunca havia roubado, que era um homem trabalhador. E mostrava as suas mãos calosas do cabo da enxada, da foice, do machado. Mas o latifundiário era impiedoso: quanto mais a vítima lhe suplicava e pedia em nome de Deus e da Virgem Maria Santíssima, mais e mais cipó de boi rompia o couro do seu corpo. O tatuíra, de pé, calçado de botas, chibata na mão, pistola na cinta à vista de todos, chapéu de abas largas na cabeça, fumando charuto, ordenava o massacre. O cipó batia nas costas, no peito, na barriga, nas pernas e nos braços do homem. O sangue espirrava por toda parte do corpo. Ele já não suplicava nem gritava, roncava cavernosamente. As mulheres, chorando apavoradas, iam se retirando, acompanhadas por seus maridos ou filhos. Minha mãe trancou meus irmãos dentro de casa e puxou-me pelo braço até a casa-grande, onde pediu de joelhos a dona Bertolina para interceder junto ao seu marido em favor do desventurado homem. Ela vacilou, mas, diante das súplicas de minha mãe, foi pedir ao marido para suspender o bárbaro espancamento. O marido, antes que ela falasse, perguntou-lhe:

— Que vem fazer aqui? Lugar de mulher é em casa. Retire-se!

Infelizmente, por não ser casada, não tinha nenhuma autoridade sobre o marido; tinha-lhe um pavor dos diabos. Retirou-se envergonhada e chorando. Minha mãe disse:

— Chore não, muié; a senhora amostrou qui tem coração.

Quando anoiteceu completamente e o povo tinha se recolhido às suas casas, ele suspendeu o suplício. Mandou dar um banho com água e sal na sua vítima, que era uma verdadeira posta de sangue. Esta já não se movia, nem falava, apenas respirava fracamente. Mesmo assim, ordenou aos seus capatazes que o pusessem no tronco de pés e mãos atados. No dia seguinte, ninguém o viu e não se teve mais notícia de seu paradeiro. Confesso que fiquei tão profundamente impressionado que sonhei muitas vezes que estava vendo e ouvindo aquele vulto humano, horrivelmente sangrando e deformado, e seus gritos cruciantes implorando piedade a um homem de pé, calçado de botas, chibata na mão, pistola na cinta e fumando charuto. E, no sonho, olhava para um e para outro, sem saber o porquê de um homem rico ter o direito de bater num homem pobre que lhe pedia clemência. Quando acordei, contei a minha mãe o sonho que tivera; ela respondeu-me:

— Tu viu o home panhando, gritando e ficou nos miolo de tua cabeça os grito e o sangue dele. Pro mode isso é que eu num gosto qui meus fio veja essas coisa ruim, qui só selve pra atazanar o juízo dos minino novo de pouco juízo.

Não entendi a explicação de minha mãe, mesmo porque eu não sabia o que era juízo, tampouco os miolos da cabeça; todavia iria ver coisas mais cruciantes, mais dolorosas naquele engenho, já em mãos de outro senhor feudal, mais bandido e mais cruel do que seu antecessor. O velho Magalhães, que era a esperança do povo, havia chegado. Até minha mãe e meus irmãos tiveram a ilusão de serem indenizados dos prejuízos de nossa lavoura, destruída pelo gado do latifundiário, por ordem de seu filho, capitão Artuzinho. Mas a grande esperança dos trabalhadores fora frustrada, com a notícia já concretizada de que o engenho seria arrendado a outro senhor feudal, chamado Joaquim Campos. Dona Bertolina, esposa provisória do capitão Artuzinho e ocupante da casa-grande, em lágrimas, arrumava seus haveres para voltar à casa de sua genitora, uma vez que o capitão não a levaria para Recife, para não envergonhar a família. Era esse o seu argumento. Mas o pior mesmo para os habitantes do engenho foi a notícia concretizada do arrendamento do engenho ao mais cruel dos latifundiários existente naquela vasta região sulina do Estado de Pernambuco.

O fato é que o velho coronel Magalhães, pai do já célebre e criminoso Artuzinho, não confiando em sua capacidade para gerenciar o engenho, preferiu arrendá-lo ao comparsa Joaquim Campos, homem cruel, frio e covarde, que assumiu a posse do engenho em dezembro de 1907. Mais de dois terços dos habitantes, apavorados com o novo dono, mudaram-se para outras bandas, longe do engenho Brejinho e de seu dono. Como havia uma dura estiagem na zona agrestina, minha mãe resolveu ficar por algum tempo, até caírem as primeiras chuvas. Contudo mandou que os filhos mais velhos fossem preparando o roçado.

Antes do Natal, o velho coronel e seu filho Artuzinho deixaram o engenho e o novo ocupante era o dono da casa-grande, do engenho e de tudo, inclusive dos habitantes. Logo nos primeiros dias de janeiro de 1908, o senhor Joaquim Campos confirmou tudo o que dele se dizia, a respeito do seu bárbaro procedimento. Isso porque chegou ao seu conhecimento que um pobre homem, seu morador, estrangulado pela fome porque estava parado havia muito tempo, cortara uma cana sem a sua autorização. O cruel senhor do engenho chamou o homem e perguntou-lhe por ordem de quem havia chupado a cana. A desventurada criatura respondeu que estava com muita fome, por isso cortara a cana para chupar, mas a pagaria assim que começasse a trabalhar; não sabia se tinha sido proibido chupar cana no engenho, porque antes era permitido. O tatuíra, como resposta, mandou amarrá-lo no mourão da casa-grande, lubrificá-lo com mel e ordenou a seu capataz pôr o gado para lambê-lo. Dentro de poucos minutos o homem começou a gritar e a pedir por Deus e por todos os santos que o sádico tatuíra o libertasse, que ele passaria o resto de sua vida trabalhando de graça para ele, mas que lhe perdoasse, tivesse comiseração dele, o livrasse de semelhante suplício. Pouco tempo depois, o homem era uma pasta de carne. O sangue escorria, o gado lambia-o e ele ainda implorava o perdão do bandido latifundiário. Este, desgraçadamente, tinha um coração de tigre e, como o seu comparsa Artuzinho, fumando charuto, de chibata na mão, calçado de botas e chapéu de abas largas na cabeça, não ouvia as súplicas do desventurado trabalhador; como o outro parceiro, queria demonstrar sua autoridade perante os moradores, que em pânico, eram obrigados a assistir àquela revoltante cena, para tomarem como exemplo. Mas ainda não estava no fim. O tatuíra, insatisfeito, mandou afastar o gado e desamarrar sua vítima, que estava em carne viva. Ordenou novamente lubrificá-lo com mel e prendê-lo no tronco de pés e mãos, para as formigas darem conta do resto. E deram. No dia seguinte, o homem amanheceu morto, transformado num grande formigueiro. Esse crime apavorou os habitantes do engenho.

Nesse mesmo dia, minha mãe despachou um de meus irmãos para ir à casa de vovó pedir-lhe que a mandasse buscar, que não podia ficar naquele inferno nem mais uma semana.

De fato, cinco dias depois, estávamos viajando rumo ao sítio de vovó, em Panelas de Miranda, de onde havíamos saído, acossados pela seca em dezembro de 1904. Desgraçadamente, nessa viagem deu-se o drama mais trágico e doloroso de minha vida de criança e de todos os meus irmãos. Como sempre, saímos de madrugada do engenho Brejinho. Minha mãe montada no velho cavalo Passarinho com quatro irmãos mais novos dentro de dois garajaus, dois de cada lado. Tudo marchava bem. Ao amanhecer, tínhamos andado quase três léguas, ou seja, oito quilômetros. Duas horas depois, passamos um pequeno rio. Minha mãe apeou-se, bebeu água, lavou o rosto para refrescar-se. Foi infeliz: resfriou-se; dela se apoderou uma forte dor de cabeça, sentiu uma moleza em todo o corpo. Supúnhamos que se tratasse de um ligeiro cansaço, forramos o chão com uma coberta, ela deitou-se para não se levantar mais. A dor de cabeça e a moleza no corpo aumentavam assustadoramente. Começou a sentir uma forte dor nas costas. Seu corpo esquentava mais e mais. Parte da caravana tinha se adiantado, já tendo alcançado o sítio de Lajedo. Começaram a esperar, todavia não chegávamos. A nossa carga mais preciosa não podia andar. Meus tios improvisaram uma maca, puseram-na dentro e fomos lentamente a conduzi-la até chegar ao sítio do Lajedo, onde encontramos a nossa caravana.

Arranjamos um pouso com um casal que era tão pobre quanto nós. Sua casa não passava de um rancho, todo aberto dos lados. O único móvel era uma cama de varas do casal além de três trempes de pedra, que serviam de fogão. Como alimento, possuíam apenas algumas batatas-doces totalmente deterioradas. O casal cedeu sua cama de varas para minha mãe e fez outra para eles. Mais uma vez, funcionava a solidariedade inata de camponês para camponês. A nossa caravana partiu, ficando minha mãe, minha irmã Isabel e eu, que não queria separar-me dela, a joia mais querida da minha vida. Quando pedimos pouso, o casal respondeu:

– Quando Deus manda, é pra todos; a casa é piquena e vancês são muito, num cabe tudo, mas nói vai à mata tirá madeira e cortá paia de palmeira e aumentamo nossa casa.

Meus tios agradeceram-lhe, dizendo que o pouso seria apenas para três pessoas: minha mãe, minha irmã e eu. Depois que a caravana partiu, minha irmã me chamou e disse:

– Meu fio, tá ruim! Nossa mãe tá doente, não tem nada pra fazê, um cardo para ela bebê, ela num pode comê essas comida que nóis traiz, se ela tomá um cardo de galinha e mezinha podia fica boa inté o fim da sumana. Tu tem corage de ir buscá uma galinha e mezinha na casa de nossa tia no engenho Brejinho? Se tu vai, nossa mãe fica boinha.

Não tive dúvidas. Eu amava minha mãe, estava disposto a tudo, queria ser útil a ela, era uma oportunidade que eu tinha para demonstrar-lhe o grande amor que lhe tinha, mesmo porque eu tinha certeza de que, se ela conseguisse engolir um pouco de alimento e um pouco de remédio, ficaria boa.

Parti de volta ao Brejinho. Já tinha andado quatro léguas, ia andar mais oito, quatro de ida e quatro de volta. Mas a saúde de minha querida mãe estava acima de qualquer sacrifício. O grande problema que sentia era o medo das almas, de zumbi de cavalo, de caiporas, de índios e do saci. Essas superstições me foram incutidas na cabeça desde o início de minha vida e, quanto mais crescia, mais ouvia falar nessas coisas. Contudo, tinha que reagir contra o medo, que era mil vezes maior do que eu. Só o amor que dedicava à minha mãe e o desejo de contribuir para o seu restabelecimento foram capazes de forçar-me a enfrentar todas as superstições, tão nocivas, não somente a mim, mas a todas as crianças. Do sítio do Lajedo, onde estava minha mãe, até o engenho Brejinho, tinha nada menos de cinco cruzes na margem do caminho, onde forçosamente eu teria de passar. Essas cruzes eram de pessoas que morriam de repente, ou assassinadas. Como me diziam que as almas do outro mundo pegavam crianças e velhos, bem como os zumbis de cavalo, os índios e os sacis, tudo isso se apoderou do meu pensamento, principalmente na volta, com a escuridão da noite.

Cheguei mais ou menos às oito horas da noite em casa de minha tia, que já se preparava para dormir. Quando bati na porta chamando-a, ficou surpresa, supôs que eu tivesse fugido; dei-lhe o recado de minha irmã sobre a doença de minha mãe e transmiti o pedido de uma galinha e da mezinha. E acrescentei-lhe mais algumas explicações, nos limites de meu pobre vocabulário. Minha tia, admirada de tudo, esquentou água, deu-me um banho e depois um pouco de comida. A seguir, forrou uma esteira para dormir.

— Não, tia, não posso dormir. Tenho de voltar hoje mesmo, minha mãe tá muito mal.

— Tá louco, menino? Num tá vendo que não te deixo sair a estas hora? Drome e amanhã sai cedinho. Tua mãe não vai morrê por isso não.

Insisti, chorando, ela não teve jeito de me deter. Mandou pegar duas galinhas no poleiro, amarrou-as pelas pernas, pôs no meu ombro, uma para a frente outra para trás e colocou na minha mão um vidro de remédio, preso a meu punho por um cordão. E disse:

— Vai cum Deus, meu fio. Que nossa mãe Maria Santíssima te acompanhe.

Saí. Enquanto estava nas terras do engenho Brejinho, vinha mais ou menos, mas, à medida que ia me alongando, mais o medo se apoderava de meu pensamento. Mais adiante, já estava arrependido de não ter ficado para dormir. Mas pensava em minha mãe, apalpava o vidro de remédio, criava ânimo e continuava a marcha. E aí começava a pensar em almas, caiporas, em zumbis de cavalo, em índios e no saci. O medo aumentava. Os cabelos arrepiavam-se, o chapéu subia na cabeça, puxava-o para baixo, as galinhas gritavam, porque sem querer apertava-as, supondo serem os objetos de minhas superstições. Corria até não poder mais de cansado. Quando recomeçava a andar, só tinha vontade de deitar-me, porém mais sossegado, lembrava-me de minha mãe, apalpava o vidro de remédio, alisava as galinhas e, com a ilusão de ver minha mãe boa, criava novo alento e continuava a marcha na escuridão do caminho. Furando os pés, dando topadas, me arranhando nos matos quando me desviava do caminho devido à escuridão; só voltava porque os garranchos rasgavam a cabeça das galinhas e o seu corpo, elas gritavam, eu me assustava e retomava o caminho. De repente, desprendia-se um galho seco das árvores, caía no folharal da mata, provocando um eco que assustava as galinhas. Elas gritavam, eu corria de medo até cansar. Às vezes eram as raposas no cio, brigavam ou corriam no folharal da floresta, faziam um barulho tremendo, era outro motivo para minha disparada caminho afora.

Esses fatos se repetiram muitas vezes até o clarear do dia seguinte, quando cheguei de volta à choupana onde estava minha pobre mãezinha, que, para minha infelicidade, estava pior. Ela viu-me chegar e, quando entreguei à minha irmã a carga que supunha ser a sua salvação, senti-me orgulhoso de ter feito algo em seu benefício.

Ela me puxou com os braços quentes como brasa, encostou seu rosto no meu e disse lacrimejando:

— Grilo, meu fio, tô morta. Diga à sua dindinha que tome conta de ocês e que me arrecomende a Deus, que só levo desgosto de não ver vocês crescido.

Tentou beijar-me, não teve mais forças, apenas seus lábios quentes como brasas encostaram-se à minha face suja e suarenta de doze léguas de viagem.

Fitei o rosto de minha mãe. Estava vermelho e molhado de suas lágrimas. Colei meu rosto ao seu e adormeci em pé, curvado ligeiramente sobre sua face. Foi meu último e longo adeus à criatura que mais amei e admirei em toda a minha vida.

Minha irmã tirou-me adormecido, deitou-me no chão, perto de sua cama de varas, onde agonizava minha mãe.

Acordei no dia seguinte, estropiado, faminto e doente. Chegou meu tio Jacinto trazendo um pouco de gêneros alimentícios e mezinha para minha mãe. E trouxe com ele meu irmão Francisco, para me substituir, visto ser mais velho do que eu.

Voltei com meu tio à casa de vovó, de onde tinha saído para o sítio Goiabeira em janeiro de 1906. No caminho, meu tio chorava silenciosamente; ele sabia que minha mãe ia morrer, mas não queria dizer. Andamos três léguas sem uma conversa, mas, ao passar dentro do rio Ingá, ele falou:

— Tu te alembra deste rio, Grilo?

— Não foi dele que eu carregava água com o filho do Manoel Bispo?

— Tu te alembra do tostão que tu ganhou mode cumê pão doce?

— Me lembro, sim senhor.

— Antão me amostra o lugá onde o home e a muié apiou, tu sabe onde foi?

— Sei sim, tio; fica mais acima.

De fato, ficava mais acima e, quando chegamos ao local, mostrei-lhe o caminho que o casal seguia. Mas o que meu tio queria era distrair-se e distrair-me também. Passamos dentro da cidade de Panelas de Miranda. Já era noitinha. Meu tio tomou uma bicada de aguardente e comprou-me um pão doce. Duas horas depois, estávamos chegando à casa de vovó; pelos cochichos entre eles e as lágrimas de vovó, sabia que se tratava de minha mãe, mas não tinha o direito de interpelá-los por ser menino. Era a lei patriarcal e matriarcal da família.

Doente e estropiado como estava, deitei-me num monte de algodão a um canto da sala, dormi a noite toda. Acordei todo mijado. Minha avó me levantou quase na marra para comer qualquer coisa, mais ou menos ao meio-dia. Quase levei umas palmadas de meu tio Evaristo por ter mijado no seu algodão. O dia seguinte era um sábado. Meu tio foi à feira vender o algodão e comprar alguma coisa para a família. De volta, trouxe a notícia do falecimento de minha mãe. A choradeira foi grande e feia. Eu não chorei alto, porque me deu uma coisa ruim na garganta, mas corriam muitas lágrimas dos meus olhos.

3

Com a morte de minha mãe, vovó tentou nos amparar, mas era crítica a situação. Quase nada havia para a manutenção da família. E agora, principalmente, acrescida de mais onze bocas a comer, sem trabalhar, devido ao flagelo da seca que assolava novamente toda a zona da caatinga, agreste e sertão. Deu-se a debandada. Meus irmãos espalharam-se por toda a parte. Eu, duas irmãs e dois irmãos ficamos com vovó, inclusive o caçula, que iria fazer três anos de idade. Castigados pela seca e pela fome, já sem ter o que comer, minha avó resolveu entregar meu irmão caçula a um seu compadre, para criá-lo, visto que este senhor dispunha de meios para viver e não tinha filhos. Eu gostava muito desse meu irmão. Além de novinho, era a imagem de minha mãe e meu único companheiro de brincadeiras.

Um dia chegou em casa de vovó um senhor montado a cavalo. Foi recebido cordialmente por meus tios, que conversaram sobre vários assuntos de que eu não entendia bem e também sobre a estiagem. Mas, ao despedir-se, o homem perguntou:
– Cadê a quiança?
Minha avó respondeu que estava na cozinha e indagou:
– Vai levá o minino, cumpade?
– Vim pra isso, cumade!
– Antão espere que vou vê ele.
Entrou e, quando saiu, foi puxando meu irmão pela mão e entregou-o ao compadre, que montou no cavalo, pôs meu irmãozinho na sela e partiu.

Fiquei chorando e o coração doendo de saudades. Eu não compreendia a razão do meu sofrimento. Por que outros meninos que eram pobres como eu tinham direito a seus pais, a seus irmãos, tinham mãe, e eu não tinha mãe, não tinha pai, e o irmão do qual eu mais gostava era levado embora dessa maneira? Fui para o mato. Chorei até adormecer. Acordei, voltei para casa muito triste. Meu tio Jacinto brincou comigo, mas eu estava sem jeito, não queria brincar, lembrava-me de minha mãe, meus irmãos, só queria mesmo era chorar. E já pensava em morrer para juntar-me a minha mãe, que estava no céu, segundo minha avó.

Resolvi morrer. Subi num coqueiro dos mais altos que conhecia. Quando alcancei o olho, sentei-me em duas folhas para descansar e depois jogar-me no abismo. Mas comecei a refletir:

– Se eu me jogo lá embaixo e não morro, fico doente ou aleijado, sofro mais e, quando ficar bom, inda tomo uma surra...

Acovardei-me. Desisti da morte, mas inventei outro plano. Peguei o punhal de meu tio Evaristo, que era amolado dos dois lados e tinha, segundo ele, oito polegadas de folha; amarrei-o bem amarrado numa pitombeira e fiz carreira para espetar-me no punhal. Mas, antes de chegar ao tronco da pitombeira, vacilei e estanquei. Comecei a refletir:

– Se eu me espetar e não morrer, vou sofrer muita dor e, quando ficar bom, ninguém me livrará de uma surra. Se minha madrinha e tia estivesse viva, eu não apanharia porque me apadrinharia com ela, livrando-me da surra.

Diante dessas reflexões, desisti de morrer, mas tomei uma sova na bunda, com a bainha do facão de meu tio Evaristo, que me flagrou em plena manobra da morte e atocaiava-me, escondido numa moita perto da pitombeira.

Nunca mais tentei morrer por minhas próprias mãos, mesmo porque fui liberado para brincar com meus amiguinhos, filhos do senhor Manuel Bispo, cada vez mais amigo de vovó e de meus tios. Além disso, atribuíram-me novamente a tarefa de carregar água no lombo do meu velho Passarinho e tratá-lo como me fosse possível. Ele, cada dia mais manso e mais obediente. Em recompensa, eu fazia o possível para vê-lo sempre sadio e robusto.

Um dia, meus tios discutiram o problema da seca e da falta de água sem atinarem para uma solução futura. De repente, meu tio Evaristo, o mais vivo e o mais inteligente de todos, bradou:

– Vancês qué sabê de uma coisa?

– O que há? – perguntou-lhe tio Jacinto.

– O que há é que nói tamo cum farta di água porque ainda não tivemo corage di arretirá aquela ilha de terra que tem no lajeiro grande.

Tio José:

– Tá doido, home? Num tá vendo qui num tem sustança pra tirá aquele terrão? Aquilo é trabaio pra muita gente, e nói num dá conta.

– Nói agora tá parado, pudia isprementá.

Tio Joaquim, o menos revoltado e o mais bem situado na vida (isso porque só vez por outra era atingido pela seca, mas nunca lhe faltou o líquido precioso), disse:

– Pra tirá a terra, pode. O diacho é tirá as pedra grande e interrada lá dentro.

Meu tio Manuel:

– A gente pode tirá a terra se arrumá arguns carrinho de mão.

Tio Firmino:

– Eu inté posso ajudá, mas num credito que dê bom risurtado, porque, no fundo do cardeirão, a laje pode tá lascada.

Meu tio Manuel:

– Eu também sou da opinião de cumpade Firmino, mas vô inté o fim com vancês, se vancês aresovê.

Meu tio Evaristo:

– Tá tudo bom, tudo tá detriminado a trabaiá, antonce eu vô falá cum cumpade Jão Antonho pra ele ajudá a gente. Ele num pode trabaiá, mai pode ajuda a gente em tudo. Basta que dê um pouco de mantimento, o resto nói fai.

Todos concordaram. Meu tio Joaquim teve uma ideia genial e propôs.

– Nóis devia fazé um mutirão.

– É uma boa ideia, disse tio Evaristo, mai o diabo é que não temo mantimento pra dá comida ao povo que vié trabaiá.

– Eu agaranto a farinha, o feijão e dou um polco e pinga pro mutirão – disse tio Joaquim. – O resto cumpade Jão Antonho dá.

Só faltavam agora as ferramentas: picaretas, pás, marretas, alavancas e brocas para furar as pedras e carrinhos de mão, latas, cuias, enxadas e enxadecos. Tio Jacinto foi falar com o seu irmão João Antônio, que, além dos gêneros alimentícios, conseguiu duas brocas e duas alavancas, e as demais ferramentas com a vizinhança; era o resto do material de que precisávamos para o mutirão, que foi marcado para o dia 1º de junho de 1908.

Toda a vizinhança apta para o trabalho compareceu ao mutirão, mais de cem pessoas. A comida foi feita em lata de querosene e em tachos. Fizeram a divisão do trabalho para evitar possíveis atropelos. As turmas de picaretas desagregavam a terra; as equipes de enxadas e de pás removiam-na e transportavam-na em carrinhos de mão, latas, cuias e padiolas. Enquanto isso, a equipe de foiceiros e de arrancadores de toco iam desbravando as ilhotas e removendo tudo que pudesse perturbar a boa marcha da remoção da terra. Houve uma emulação espontânea entre as turmas que trabalhavam com carrinhos de mão, pás, picaretas, enxadas, foices e as de banguezeiros.

Dava gosto ver o lufa-lufa do vaivém das equipes transportadoras de terra e o ritmo da produtividade do trabalho em todas as turmas. Todos rindo, brincando, cantando e trabalhando. Cantos e modas, dos mais antigos aos mais modernos, eram entoados. Era uma alegria contagiante, um verdadeiro desafio à própria natureza, que nos castigava tão cruelmente pela fome e pela sede. Era sobretudo um desafio aberto e claro à incapacidade dos governantes do país. A massa trabalhadora sabia que aquele reservatório cheio do líquido precioso não seria propriedade privada de um só dono; ao contrário, seria de todos, não somente deles, que trabalhavam no momento, mas de todos os que necessitassem da boa água. Foi, na verdade, uma magnífica demonstração do trabalho coletivo. Eles já tinham rica experiência do trabalho coletivo, em que todos contribuíam em benefício de todos. Já haviam trabalhado em outros mutirões, quer na construção de casas, quer nos trabalhos da lavoura, quer nas grandes derrubadas de matas para os roçados ou nos transportes de madeira ou nas remoções de grandes blocos de pedra. Ali mesmo viam concretamente a construção de um reservatório de água para mais de trezentas pessoas garantido nada menos para dois anos de seca, o que seria impossível para um só elemento, mesmo que trabalhasse durante anos.

Ao meio-dia, largaram para o almoço nada menos de 120 pessoas, entre as quais mais de quarenta mulheres, entre donas de casa e moças, e foram estas que desafiaram seus maridos, irmãos, tios e pais, para saber quem entre os dois sexos produziria mais em igualdade de condições. Eles não tinham noção teórica do trabalho coletivo, mas o realizavam na prática com perfeição.

Foram do trabalho para o almoço, suarentos, impregnados de suor e poeira. Pareciam enlameados propositadamente, aparentando uma gigantesca manada de porcos saindo da lama dos barreiros. Água só havia para lavar as mãos em seis gamelas; o que equivale a dizer: uma gamela com água para cada vinte pessoas lavarem as mãos. Os últimos, se fossem se lavar, ficariam mais sujos do que limpos, porque já era mais lama do que água. Almoçaram com muito apetite, porque era o que mais tinham.

Depois do almoço, descansaram uma meia hora para pitar os seus cigarros feitos de palha de milho e fumo de rolo ou os seus cachimbos de barro. Depois, reiniciaram o trabalho do mutirão. Com mais entusiasmo, sempre cantando, rindo e brincando. Eu nunca tinha visto até então um número tão grande de trabalhadores concentrados em uma só tarefa. Espantei-me quando uma grande pedra, que estorvava o ritmo do trabalho na remoção de terra, foi removida por mais de vinte homens; cada vez que tombavam a pedra, diziam:

— Eita, diaba! Tu num sabe qui a união faiz a força, diacho! Tu é pesada, mas nói junto pode mai do que tu!

E a um novo tombo, diziam:

— Toma, condenada, toma, condenada! Nói pode mai e temo mai sustança qui tu, seiscenta diabas!

E assim foram, até deixá-la no lugar definitivo.

O trabalho continuava normalmente, ninguém mandava em ninguém, todos trabalhavam com o mesmo entusiasmo, ninguém fazia cera e nem se escoravam uns nos outros. Reinava ordem e trato respeitoso entre todos, coisa muito característica na grande massa camponesa. Cada um dava o máximo de sua força de trabalho. Todos queriam liquidar a "ilhota", mas era impossível, porque esta era mais profunda que os cálculos de meus tios. Além disto, era enorme a quantidade de pedras que só com dinamites poderiam ser quebradas e removidas. O fato é que largaram o serviço quase ao pôr do sol, ficando mais de um terço de terra e das pedras a serem removidas oportunamente em outro mutirão.

A festa que deveria ser realizada foi transferida para o segundo mutirão, quando ficaria terminada a construção do caldeirão. Jantaram, beberam bate-bate de maracujá com pinga e mel de abelha e marcaram outro mutirão para o dia 30 de junho. A maioria comprometeu-se a contribuir em espécie para o segundo mutirão. Retiraram-se.

Minha avó, contagiada pela alegria da massa e entusiasmada pelo êxito do mutirão, dizia:

– Eu bem qui digo qui uma mão lava a outa. Num vê, cumade Zefa, se nói tivesse negado água quando nói tinha a esse povão, nói agora num arrumava essa gente toda. Eu sempe digo qui, quando Deus tada, é porque já vem no caminho. Meus fios e os bodes num acredita, mai nói num pudia fazê esse trabaio sozinho. Cadê dinheiro? Antão meus fio cunversando tudinho arreunido arresorveu fazê esse mutirão pro cardeirão. Nói num tinha sustança mai Deus deu um jeito, alumiô eles pra fazê o mutirão e arresutô nesse trabaio qui vancê tá vendo!

– É isso memo, muié, a gente tem qui arreuni tudinho pra tê água de bebê! Todo mundo arreunido tem munta sustança, pode fazê munta cosa qui pouca gente num pode fazê. Se Deus quisé, nunca mais farta água boa e limpa pra bebê e lavá roupa. Nói vai ficá livre de tumar essa água podre dos barreiros, qui só tem lama e bichu morto. A gente bebe e começa a vontade de lançá, o estambo fica dando arroto choco e dá logo uma dô de viado na banda direta da gente.

Dona Laurinda, outra comadre de vovó, disse:

– Eu vô rezá um terço lá em casa pra Deus mandá chuva pra enchê o cardeirão e juntá muita água. Oi, cumade Ana – Ana era o nome de minha avó –, eu vô dá uma galinha pro mutirão; é poco, mai é dado de coração, mai num posso dá não, vontade inté qui tenho, mai cada um só fai o qui pode; num é memo, cumade?

Dona Rita era uma das cozinheiras do mutirão:

– Já falei cum o Mané, meu marido, pra ele dá um quanto do nosso capado, qui tá inté goido, a gente mata ele, dá um quarto pro mutirão, vende os outos quarto e fica com os miúdo pra gente i cumendo. Ói, todo mundo só falava no mutirão, nói num foi chamado, mai nói veio purque não é di direito qui nói num trabaiasse nele, puque cumade Ana nunca negou água à gente.

Foi uma forma de censura a meus tios por não os terem convidado para o mutirão.

Quitéria era uma moça bonita e forte, era mesmo um desacato, segundo a rapaziada, que vivia se babando por ela. Todos a cortejavam para casamento; em resposta, dizia que somente casaria com um rapaz que fosse mais trabalhador que ela. E foi essa moça que desafiou em nome de suas colegas os homens do mutirão para que produzissem mais no transporte de terra. Foi, de fato, uma força de trabalho das mais ativas e estimulantes na faina do mutirão. Desacatou muitos que tinham fama de bamba nos trabalhos individuais ou coletivos. Era uma máquina de trabalho admirável. Ela prometeu vender cinco metros de renda e dar o produto para ajudar o próximo mutirão. Foi convidada para ir ao terço da senhora Laurinda:

— Vô não, tia. Eu não acredito em reza. Se reza arresolvesse, nói tinha água boa pra bebê e lavá as mão e muita fartura no roçado.

Dona Laurinda:

— Tu virou nova seita, muié?

— Não, tia, num sô nova seita, não; mai também num acredito mais em reza.

Dona Laurinda fez o sinal da cruz e perguntou-lhe:

— Tu num tem medo di i pro inferno, não?

— Não, tia; inferno mai pió do que esse qui nói tá nele num pode ter, qui nem água pra bebê num tem, num viu? Nói trabaiou o dia inteirinho, aqui. Cumemo cum as mão suja, largou o trabaio, cadê água pra lavar o corpo? Tudinho cum o corpo qui é um cerote só, pra mode o suó e a poeira e quede água pra gente tirá o grude e arrefrescá o corpo e drumi assossegada? Eu acredito mai, tia, é na sustança do povo, num vê o trabaio qui foi feito hoi? Eu acredito qui agora nói vai tê água, quando chuvê.

Maria Douda era a jovem esposa do meu tio José. Era moça forte, morena e bonita que, como a sua amiga Quitéria, era também uma máquina de trabalho. No tempo de pequena, era obrigada a ir à missa quase todos os domingos. Devido a isso, criou uma ojeriza às rezas e à Igreja, mas acreditava em Deus, na Virgem Maria Santíssima e em todos os santos. Recusou o convite para rezar o terço na casa de dona Laurinda, dizendo:

— Vou, não, o tempão qui a gente leva pra rezá o terço dá pra fazê um palmo de renda, pra quando tiver um fio já ter muita renda pra mode fazer a roupinha do neném; e também quando tiver fartura a gente compra um estampado de chita bonita e enfeita ele cum renda para despoi dançá cum ele.

— Num fale, muié, num fale – disse Quitéria –, eu tô doida pra me adivirti, fai é muito tempo qui a gente num dança, o povo já perdeu até o prazê de se adivirti... também, num siquidão desse, quem é qui pode fazê um pagode? Só memo um mutirão cumo esse. Tô doida pra ispaiá os meus cambito. Eu pensei qui hoi nói dançava a noite todinha adispois do mutirão. Mai num acabô com o serviço. Bem qui o povo puxou no trabaiu, mai o caldeirão é muito fundo. É inté bom, porque junta mai água quando chuvê. Só ni pensa qui vamo tê água limpa e gostosa pra bebê chega juntá água na boca.

Minha avó disse:

— Vancês pode pensá ansim puquê é moça, mai eu vô rezá na casa de cumade Laurinda, rezo pro mim e pro vancês, pra Deus perdoar vancês qui até no falá tão pecando contra o nosso Savadô. O mundo tá todo virado memo, ninguém arrespeita mai a Deus. É por isso qui nói é castigado.

Tia Guilhermina, mulher de meu tio Evaristo, disse:

— Não acordo cum cumade Ana, não. Puque num canto chove dimai, mata inté gente afogado, bicho i tudo, e notro canto num chove nada. Um é castigado pela farta de chuva, o otro é castigado pela chuva e mata gente e os animais. A gente grande pode inté tê pecado, mai os anjinho inocente qui também sofre da seca e da chuva... qui pecado eles têm pra padecer tanto? Qui pecado eles têm se num fala, num anda e só come poque a gente impurra o dicumê na boca deles? Eu num acredito qui eles tenha pecado.

Minha avó, que não entregava os pontos, disse:

— É puque eles são fios do pecado e têm a herança dos pai qui são pecador.

Era um espeto minha avó; em assuntos religiosos, era uma fanática. Contudo era uma criatura boa e estimada por todos que a conheciam. Tinha mais de cem afilhados, pois exercia a profissão de parteira e se gabava de nunca ter perdido uma criança. Liderava o mulherio de toda aquela zona; mesmo velha e cansada, vez por outra era solicitada a fazer parto, muitas vezes a uma distância de três ou quatro léguas.

Depois do jantar e do bate-bate de maracujá com pinga e mel de abelha, concordaram todos em fazer o segundo mutirão no dia trinta de junho. Saíram cantando alegremente. A estiagem continuava, calcinando tudo.

Meus tios combinaram que dois deles iriam broquear as pedras do caldeirão para dinamitá-las e removê-las para fora, a fim de facilitar a retirada da terra, enquanto os irmãos Jacinto, Firmino e José iriam trabalhar de empreitada na zona canavieira para arranjar algum dinheiro para a compra de mantimentos para o mutirão, apesar de os sogros dos tios Evaristo e José terem prometido ajudar nas despesas. Eles tinham de prever e prover as despesas da festa.

Uns três dias antes de partirem para a zona canavieira, chegou o meu tio Joaquim para convidá-los a tomar conta de uma empreitada que ele fizera com seu compadre, que, segundo pensava ele, daria bom resultado. Mesmo porque ele forneceria casa, comida, dormida e trabalharia também com seus irmãos. Meus tios não vacilaram e seguiram logo no dia seguinte.

Meus tios Evaristo e João broquearam e dinamitaram as pedras e removeram-nas para fora. Deixaram o caldeirão pronto para a remoção da terra e das pedras. Dez dias depois, foram juntar-se aos seus irmãos em Canhotinho. Alguns dias mais tarde, estavam de volta com seis sacas de farinha, quatro de feijão, duas de fava e uma de milho.

A empreitada constou de uma grande derrubada de matas para a formação de um pasto para o gado do compadre de meu tio Joaquim. Como andou muito depressa a execução do serviço e o fazendeiro não dispunha do dinheiro, no momento, para o pagamento da empreitada, que era na base de quinhentos mil-réis, propôs o pagamento em gêneros alimentícios, com relativa vantagem para meus tios, que aceitaram. O médio fazendeiro se comprometeu a colocar os gêneros em casa de minha avó, o que aconteceu. Vieram os gêneros alimentícios e um capado no valor de vinte mil-réis. Meu tio Joaquim, que trabalhou com os filhos, dispensou a sua parte em benefício do mutirão e da festa de coroamento. Estava pronto o mantimento para a festa. Estávamos a 25 de junho, faltavam apenas cinco dias para o mutirão.

Os velhos Manuel Doda e João Timóteo levaram um capado cada um, três quilos de café, quatro rapaduras e oito garrafas de mel de abelha. Meu tio Joaquim ofertou vinte garrafas de pinga, um saco cheio de maracujá para o indispensável bate-bate. As cozinheiras foram minha avó, dona Laurinda, tia Guilhermina, mulher de meu tio Evaristo, e dona Balbina, sogra do meu tio José.

A minha tarefa, juntamente com meu amigo Manuel Bispo, foi carregar água no lombo do meu velho e querido Passarinho, durante os cinco dias da última semana do mês de junho. Foram quarenta e oito latas d'água. Meus tios queriam que pelo menos os trabalhadores tivessem água para se lavar, quando terminasse o serviço do mutirão. Mas houve uma grande surpresa. Foi a chegada, ao meio-dia, de quatro rapazes, filhos do velho Manuel Doda e do velho João Timóteo, com quatro cargas d'água para os trabalhadores do mutirão.

No dia 30 de junho, desde as cinco horas da manhã, começaram a chegar os trabalhadores. Homens, mulheres, moças e rapazes de todos os lugarejos vizinhos. Muitos deles, temendo não haver comida suficiente, trouxeram suas refeições, a maioria das quais composta apenas de farinha e de um taco de rapadura. Outros levaram um pouco de feijão, sem farinha. Outros, só um pouco de farinha e nada mais. Estes foram surpreendidos com o farturão que encontraram em casa de minha avó. Eles não conseguiam atinar de onde haviam arrancado "tanta comida fina". Minha avó e duas moças passaram a noite toda cozinhando batata-doce e cuscuz de milho e café para os trabalhadores forrarem o estômago.

Tomaram café, comeram batata-doce e cuscuz de milho e foram para o trabalho de "estombo forrado". Às duas horas da tarde, a ilhota do lajedo era uma história do passado. Fora totalmente removida, ficando em seu lugar uma grande cratera, batizada de "caldeirão", pronta para receber e armazenar o líquido precioso, quando chovesse. Mais de cem vassouras improvisadas de palhas de palmeira e ramos de mato varriam todo o lajedo e todo o fundo do gigantesco caldeirão. Não ficou um grão de terra ou de areia nos lados e no fundo do caldeirão, que, por sorte, não tinha nenhuma rachadura. Recolheram as ferramentas emprestadas e as individuais, depois do que foram se lavar em três banheiros improvisados com folhas de palmeiras e ramos de mato.

O almoço ajantarado foi servido em fila indiana. Comeram fartamente, incitados pela pinga e pelo bate-bate de maracujá. Eram quase cinco horas da tarde quando acabaram de comer. Muitos trocaram de roupa para o samba, principalmente a moçada, que depois se juntou no terreiro limpo, em diferentes grupos, para ensaiar suas músicas e afinar seus instrumentos musicais, não faltou o zabumba, nem os pífanos, a caixa de guerra, a velha sanfona e os realejos, sempre presentes em festas de casamento ou de mutirões. Mas a grande surpresa para todos os festeiros foi a chegada inesperada de dois violões, uma rabeca e um pandeiro, tocados com maestria por quatro jovens simpáticos e brincalhões. De onde vieram, ninguém ficou sabendo. Tampouco procuraram saber. O que interessava era a música boa e bonita que trouxeram para o brilhantismo da festa.

Em pouco tempo, os jovens dominaram totalmente a festa e os festeiros com suas músicas e sua simpatia. Todos tinham os olhos voltados para os jovens, principalmente para as garotas do mutirão. Duas latas cheias de bate-bate e vinte e quatro garrafas de pinga amanheceram vazias no dia seguinte. Não houve briga. Tudo decorreu na mais perfeita harmonia e entusiasmo, principalmente depois da chegada dos quatro rapazes, que não estavam nas cogitações dos festeiros, dos quais muitos amanheceram dormindo debaixo dos cajueiros, pelo cansaço do trabalho, da dança e amolecidos pela pinga e pelo bate-bate de maracujá.

Eu fiquei bestificado com tudo, sobretudo com a música do violão, da rabeca e do pandeiro. Jamais tinha visto música tão bonita. Às sete horas do dia 1º de julho de 1908, só restavam os detritos e os vestígios do mutirão e o caldeirão pronto para receber as chuvas, tão ansiosamente esperadas pelo povo, profundamente sofrido, porém jamais vencido.

Minha avó não tinha sossego. Andava irrequieta por toda parte, dentro de casa e no terreiro. Ia frequentemente ao caldeirão, que tinha passado a fazer parte de sua vida. Visitava-o diariamente várias vezes, e dizia:

– Pode sê qui o vento traga arguma cosa qui pode i pra dento dele e impeste a água quando chuvê.

Minha avó nascera no município de Gravatá de Bezerros, seus pais eram pequenos fazendeiros, cuja terra diminuía à medida que crescia a família. Casara-se lá mesmo com o meu avô, Antônio Cavalcanti. Como de praxe, seu quinhão de terra, por ser pouco, foi vendido para comprar o sítio dos Mocóis, no município de Panelas de Miranda, Estado de Pernambuco. O novo sítio, segundo ela, era quinze vezes maior do que o que vendera em Gravatá. Dispunha de um pequeno rebanho de gado, carneiros e cabras. Nos primeiros anos, houve muita fartura. Os invernos eram bons e alimentavam seu rebanho. Construíram uma casa de alvenaria. Fizeram um cercado para seus animais e um curral para o gado. Água à vontade, para tudo, para beber, para lavar e para os animais. A família foi crescendo em número e em posses. Catorze filhos. Mais de cinquenta netos. Ao morrer, com 86 anos, já possuía nada menos que 86 bisnetos. Segundo meu tio Evaristo, seu sítio, como o sítio de seu pai, tornou-se pequeno, ou melhor, transformou-se em minifúndio. Ela, minha avó, muitas vezes relembrando o passado, dizia:

— Quando o finado Cavalcanti comprou esta terra, tinha muita água, muita madeira de lei, muita fruta, num fartava nada, tinha de tudo, era um farturão que dava gosto. Dava um café tão grande qui a gente tinha qui butar um tamburete pra pegar os gaio mais de riba, mais adepois foi afraquiando, afraquiando, qui acabou tudinho. Hoje não temo mai nada, si a gente adiquiri argum tustão, inda bebe um riquinho di café, mai si não adiquiri, bebe memo é "mangirioba". O gado acabou tudinho, com a morte do falecido Antônio, qui Deus guarde ele lá im riba. Os poico e as caibas e as uvêis foi sumindo, sumindo com a seca e no dicumê da famia. As águas foi disaparicendo e si nói qué bebê água boa, tem qui vê no Ingá, uma lonjura qui Deus dá. As terra qui dava de tudo foi afraquiando, num dá mai nada. Quando Deus manda chuva, inda temo arguma cosa, mai, quando num chove, nói num temo nada, nem pra butá no buraco do dente. O mundo memo tá demudando. É o siná do fim do mundo. Tá nas iscritura sagrada de Deus.

Minha avó atravessou estoicamente todos os flagelos das secas, desde o período de 1832 até 1918, quando faleceu. Era dotada de uma força de vontade férrea e de ânimo muito forte: irredutível em suas opiniões, mãe excelente, boa sogra, ótima avó. Amiga leal de todos os que a conheciam. Honesta acima de tudo, terrivelmente intransigente naquilo que não estava coerente com a sua formação. Católica até a medula, embora não frequentasse a igreja. Trabalhadora e asseada. Tinha uma nítida noção de higiene. Todos os dias, antes de servir a comida, verificava os pratos e os vasilhames. Se encontrasse algum detrito lavava-os todos novamente e, quando meus tios reclamavam daquela mania de limpeza, ela lhes dizia:

— A limpeza Deus amou e a sujeira o cão cagou.

Ou ainda:

— Limpeza num mata ninguém e a sujeira já matou muita gente.

Ela, minha avó, fizera mais de trezentos partos. Nunca cobrou um tostão em pagamento. Mesmo quando a fome era a mais negra em sua casa. O seu argumento era:

— O sabê da pessoa é dado por Deus, não lhe pertence, e sim ao senhor Deus, pra servi aos necessitados, e não pra vendê ele aos qui precisam.

Dizia isso, com certo orgulho, e acrescentava:

— Nunca perdi um parto.

À noite, quando ia deitar-se, punha o rosário na mão e começava o desfile das contas, desde a primeira à esquerda até a última à direita. Era um velho hábito que praticava mecanicamente desde menina. Enquanto ela rezava, eu dormia. Todas as noites, ela esquentava água para lavar os "cambitos". Quando tinha pouca água, molhava um trapo de pano, para esfregar os pés e as pernas, e dizia-me:

— Lugar onde a gente come, bebe e dorme, tem que tá limpo. Ô, Grilo, vancê tem que apendê essas cousas, pra quando tu ficá mai gande sabê coma é, pra tu num passá veigonha, tu não tem mai mãe, qui Deus tenha ela lá no céu. Eu é qui sou tua mãe e tua vó. Tu tá cum eu, tu tem qui sê um home verdadeiro. Tu puxou à tua mãe. Quando era piquena, era memo qui tu, era muito determinada. Tu puxou a ela em tudinho. Só na reza é qui tu não tem cabeça. Na reza, tu puxou aos meus fios, que são uns magotes de bodes, desinfeados pelo mundo, sem Deus. Protestante ou nova seita. Mai eu vou insiná tu a rezá. Tu num tem cabeça, mai eu imbirro, imbirro, até tu aprendê.

Eu já sabia rezar, minha mãe e ela mesma tinham me ensinado, mas não tinha paciência nem vontade e fingia que não sabia, tinha medo de que ela me obrigasse a decorar dezenas de contas do seu rosário. Quando ela terminava de desfiar aquelas dezenas de padres-nossos, de ave-marias, santas-marias e outras complicações, eu já dormia a sono solto.

Uma madrugada, sonhei que estava apostando com um irmão: ganharia a aposta quem fizesse numa mijada um arco de urina mais alto e mais longo. Eu perdi a aposta, na altura e na distância. Em compensação, ganhei duas palmadas na bunda, por ter dado um banho de urina em minha avó, que, além das palmadas, brigou muito comigo. Eu fiquei muito ressentido, não só pelas palmadas mas, sobretudo, porque ela brigara comigo. Fui passar o dia com a minha tia Guilhermina, mulher de meu tio Evaristo, que morava perto. Mas, à tarde, fui tirar lenha para vovó. Era minha tarefa. Pus a lenha em sua casa e voltei à casa de minha tia. À noite, ela chegou e perguntou:

— Grilo tá aqui? Cadê ele?

Minha tia respondeu:

— Passou o dia aqui. Saiu pros matos tirá lenha pra senhora e tornou a vortar.

Não me apresentei. Vovó embocou casa adentro, foi me tirar de debaixo de um banco. Não brigou nem me bateu. Apenas perguntou:

— Puque tu fugiu de casa, Grilo? Vambora, eu tenho uma coisa boa pra tu cumê, vambora.

Obedeci, saímos. Eu supunha que ela quisesse me bater. Comecei a forjar um plano de fuga, se ela me batesse. Chegamos em casa sem dar uma palavra. Ela tirou a chaleira que havia deixado no fogo, pôs água na gamela, lavou-me o rosto, as pernas e os pés. Enxugou-me com um trapo de pano, batizado de rodilha. Forrou uma velha esteira de palha de bananeira no chão. Pegou um pano muito alvo, forrou em cima da esteira, e disse:

— Vamo cumê, Grilo; eu ganhei um preá e guisei ele para tu cumê cum uns caroços de fava que me dero. Tá inté bom, mai eu num gosto de preá. Tu come só, eu prifiro um taco de rapadura, qui apricio mai.

Eu não comi um preá, mas sim um ratão guabiru, que era de fato um ratão, e achei-o muito gostoso.

O misterioso aparato da refeição se dera porque minha avó foi à casa de dona Laurinda pedir-lhe um remédio para "urina frouxa", dizendo-lhe que eu havia lhe dado um banho de mijo. Dona Laurinda não tinha a mezinha solicitada por vovó, mas ensinou-lhe que arranjasse um ratão guabiru, bem grande, guisasse-o e me desse para comer. E que eu só devia comê-lo como se fosse um preá, e não um rato. Isso porque, segundo ela, dona Laurinda, se eu soubesse que comera um rato em vez de preá, não teria efeito, isto é, seria nulo o milagre curandeiro.

Mas a mezinha teve um efeito contrário, porque eu comi o rato, que estava bem condimentado e muito gostoso, bebi muita água e, à noite, sem querer, dei um banho de urina em minha avó, maior do que o banho anterior, e ainda ensopei a cama de mijo, cujo lastro era de couro.

Foi uma frustração para vovó o remédio de dona Laurinda. Desta vez, ela não me bateu nem brigou comigo; limitou-se a despertar-me, dizendo:

– Grilo! ô Grilo! Acoda, meo fio, tu me mijou todinha, o lençor tá todo urinado e o forro da cama também, levanta para eu enxugá a cama.

Levantei-me com a camisa toda ensopada de mijo. Ela enxugou-me, tirou-me a camisa, arranjou uns trapos velhos e enxugou a cama, pôs uns sacos de linhagem nos lugares mais molhados, forrou-a com uma velha coberta de retalho de pano, deitou-me carinhosamente e com toda ternura. Adormecemos. Mais amigos, mais íntimos e mais compreensivos que nunca.

Com esse gesto tão cordial e humano, minha avó ganhou-me definitivamente para tudo; ela, arrependida do carão que me passara e das palmadas que me dera, fez uma bela autocrítica, na prática. Eu, envergonhado por ter urinado nela duas vezes e agradecido pelo seu gesto terno e carinhoso, lembrei-me de minha querida mãe. Isso me fez aumentar o respeito, o meu amor e a dedicação que já tinha à minha avó. Antes a respeitava, acatava as suas decisões e a estimava mais pelo temor do que pelo amor; agora, tudo era espontâneo; era feliz porque não precisava fingir coisa alguma. Sentia-me mais alegre, com vida. Como era bom viver intimamente com outra criatura e com toda a pureza, despido de qualquer subterfúgio. Tudo fiz, daí por diante, para merecer a sua amizade, a sua ternura, de que tanto necessitava. E para isto, além de minha obediência à sua pessoa, fiz um grande esforço para não urinar mais nela, nunca. Para tanto, passei a não beber água à noite e a urinar, obrigatoriamente, antes de me deitar. Levei a sério essas duas decisões espontâneas, e não me recordo de ter mijado nela pela terceira vez. Creio ter feito também a minha autocrítica, na prática.

A seca continuava esturricando tudo, em plena época do inverno. Mais de cinquenta por cento dos habitantes daqueles sítios tiveram que fugir para a zona da mata sul ou para São Paulo, que era o centro da imigração nordestina. Eu continuava nas tarefas de sempre. Transportando água do rio Ingá, tratando do meu querido Passarinho e transportando lenha à casa de vovó, e lá uma vez por outra saía com ela em visita à casa de suas comadres, ou em pequenas tarefas em busca de arranjar alguma coisa para enganar a nossa fome.

Aos domingos, brincava com meus amigos Manuel Bispo e seus irmãos Antônio e Pedro. A nossa amizade era cada vez mais sólida. O mesmo acontecia em relação aos seus pais com meus tios e vovó. Eles, como minha avó, teimavam em não deixar o torrão em que viram nascer e crescer os seus filhos. Eram também resignados e profundamente conformados. Seus filhos eram menos rebeldes que meus tios, porém menos carolas que seus pais. Era uma família admirada e estimada por quantos a conheciam. Minha avó fez todos os partos de dona Elvira, esposa do senhor Manuel Bispo; daí o grande laço que ligava as duas famílias, que eram quase fundidas uma à outra. Pouquíssimos eram os domingos que eu não passava com eles, em sua casa. E era estimado como se fosse um dos seus filhos. Íamos ao rio Ingá, tomávamos banho, púnhamos nossos cavalos para comer no pasto verde, comíamos nossa farinha com um taco de rapadura, enchíamos nossas latas e voltávamos com a nossa água, felizes pelo dever cumprido.

Chegamos ao mês de julho praticamente sem chuvas, apenas alguns chuviscos sem a mínima importância, e sem perspectivas de boas chuvas em futuro próximo. A massa sofrida de flagelados descia os caminhos em verdadeiras caravanas em busca de alimento, água e trabalho na zona canavieira ou em São Paulo. Os latifundiários ou capitalistas compravam essa colossal força de trabalho por um salário de fome e de miséria. Pressionados pela fome, eram obrigados a vender sua força de trabalho até só pela comida, como aconteceu nos engenhos da zona canavieira dos Estados de Pernambuco, da Paraíba, do Rio Grande do Norte, de Alagoas, de Sergipe e da Bahia. Meus tios debandaram também, provisoriamente, de seus minifúndios, em busca de trabalho. Todos sabiam que, naquele ano, não havia nenhuma possibilidade de lavoura, mesmo que chovesse regularmente.

Eu fiquei com minha avó e minhas tias, esposas de meus tios. Pouco tinha a fazer. Minhas tias, vez por outra, iam visitar seus pais e levavam-me em sua companhia. Eu gostava dessas visitas, porque tinha um pouco de feijão ou de fava para comer e, vez por outra, um prato de leite com farinha, o que eu achava uma delícia. Confesso que lambia até o prato, de tão gostoso que era.

Um dia, nessas visitas, chupei uma manga que me deu uma dor terrível. De início procurei aguentar firme, sem dizer à minha tia, mas a dor foi aumentando gradativamente, até que comecei a chorar. Minha tia Guilhermina viu-me chorando e perguntou o que sentia. Disse-lhe que era uma "dor de viado" e então ela ficou aperreada. Veio o seu pai, viu-me torcendo na cama, com a mão em cima da dor, arranjou uma mezinha e deu-me para beber; pôs água fervendo dentro de uma cuia e a colocou em cima da dor. De nada serviu, a dor continuava. Resolveram dar-me um cristel. Logo depois, despejei tudo que tinha de fezes na barriga, aliviou-me um pouco, mas a dor só passou quando vomitei toda a porcaria que tinha no estômago. Eu, ao chupar a manga, não a mastiguei como devia, engoli aos pedaços e, em consequência, tive uma indigestão que me causou horas desagradáveis.

Nesse dia, não voltei à casa de vovó, tive que ficar com minha tia na casa de seus pais, que foram muito gentis para comigo. Amanheci melhor, voltei com minha tia à casa de vovó e, daí por diante, tomei uma ojeriza a qualquer espécie de manga e não podia sequer ouvir falar. Todavia a melhora que senti foi aparente, pois voltei a piorar da mesma dor. Não era tão violenta, mas nada podia comer, mesmo porque não sustentava no estômago. Tudo que tentava comer eu vomitava. Tudo me cheirava a manga. Passei uma temporada bem ruim e dei muito trabalho à minha avó e às minhas tias. Só melhorei quando tio Joaquim chegou de Canhotinho, em visita à vovó, e de volta levou-me para sua casa, onde tinha muita lima, único alimento que eu sustentava no estômago; comecei a melhorar pouco a pouco. Meu tio levou-me ao médico, que constatou uma intoxicação. Receitou-me remédios e, à medida que os tomava, melhorava; poucos dias depois, estava de volta à casa de vovó, onde recomecei minhas obrigações de sempre, que eram tratar do cavalo, transportar água e lenha para casa e outras tarefas pequenas. Estava muito magro e pálido, mas as tarefas eram poucas e leves e assim atingimos o mês de dezembro de 1908, quando começou o retorno de meus tios e, já com perspectivas de chuvas. Meus tios, como os demais do agreste, da caatinga e do sertão, animados com as previsões de boas chuvas, trataram logo de suas terras para as próximas plantações. Eu e minha avó limpamos todos os caldeirões, especialmente o caldeirão feito pelos dois mutirões, que eram a esperança de todos.

Uma vez, em uma de minhas traquinagens, brincando de soldado no combate com outros meninos, não podendo avançar, caí numa defensiva entre o lajedo e a terra, em cuja junção havia um pequeno buraco onde me escondi. Como a terra era arenosa e fresca, comecei a cavar para enterrar-me mais, a fim de proteger-me da vista dos "inimigos" e de suas pedradas. Desagregava a terra com um pedaço de pau e a removia com as mãos. Notei que a terra era cada vez mais úmida e, à medida que aprofundava a trincheira, mais úmida ela se revelava. Cada vez mais, minha curiosidade despertava, a ponto de ser surpreendido por meus "inimigos", que não eram outros senão meus amigos Pedro e Antônio Bispo. Feito prisioneiro, fui levado para o seu "acampamento", perto do grande caldeirão, por trás dos montículos de terra que fora removida do caldeirão no período de sua construção. Fui condenado a não montar no meu querido Passarinho durante dois dias e não descobrir o acampamento dos meus "inimigos". Depois veio o seu "comandante", que era o meu amigo Manuel Bispo, que brigou com seus "soldados" por terem me julgado e condenado em sua ausência. Ordenou minha libertação e deu-me um taco de rapadura como reparação dos prejuízos da guerra que não houve. Mas ficara no meu pensamento aquela terra fresca, quase molhada, do meu abrigo, onde fui preso.

No dia seguinte, peguei o velho cavador de meu tio e fui escarafunchar a terra molhada do meu abrigo. Recomecei a cavar e a tirar a terra com as mãos. Quanto mais terra tirava, mais úmida ficava. Animado, continuei, até minar um pouco d'água. Descansei e recomecei o trabalho até cansar.

Saí para dizer ao meu tio Evaristo que tinha descoberto uma mina d'água perto do caldeirão. Ele não deu muito crédito, então comuniquei o fato a vovó, que tudo fazia para agradar-me. Seguiu-me até o local e qual não foi a sua surpresa ao ver no fundo do pocinho uma regular quantidade de água. Minha avó saiu direto à casa de meu tio Evaristo, dono do minifúndio, levando-lhe a grande novidade e sugerindo o aprofundamento e alargamento do poço.

Meu tio, entusiasmado, pôs o enxadeco, uma pá e uma picareta no ombro e foi verificar a história do poço d'água, ficando abismado com o feliz achado. Não teve dúvidas, tirou a camisa e caiu no poço de calças arregaçadas e com a picareta cavou mais um pouco, revolveu a terra já feito lama e limpou o poço.

No dia seguinte, conversou com seus irmãos para alargá-lo e aprofundá-lo. Tudo indicava que seria perene, mas, diante do volume de água que surgia, acharam que, para alongá-lo e aprofundá-lo, seria necessária uma vala de baixo para cima, até o olho--d'água, para facilitar seu escoamento e para trabalhar com mais facilidade. Realmente aprofundaram e alargaram o poço, calçaram-no de lado com pedras, internamente, para evitar um possível desmoronamento. Cercaram-no de pedras e areia para evitar enxurradas e fecharam a vala para que não ocorresse a evasão de água. Em poucos dias, o poço encheu até as bordas. Água limpa, bonita e gostosa. Estava resolvido o problema da água. Não só para nossa família, mas para todos os que precisassem. Éramos felizes, apesar de tudo.

As primeiras chuvas de janeiro de 1909 foram "um grande presente caído do céu", dizia feliz a matutada, já preparando suas terras e semeando feijão mulatinho nas terras molhadas de seus minifúndios. Os pequenos caldeirões encheram tanto que transbordaram por cima das gigantescas lajes que os matutos chamavam de lajedos. O grande caldeirão construído pelos dois mutirões juntou muita água, mas estava longe de encher. O nosso olho-d'água aumentou de volume e começou a sangrar. O pequeno bananeiral em torno dele começou a brotar folhas novas. Os olhos de cana do pequeno canavial rompiam a terra e "apontavam para o céu, chamados por Deus, para favorecer a família", como diria minha mãe, se ainda fosse viva.

Agora já não era preciso transportar água do rio Ingá, numa distância de sete léguas, nem levar meu querido Passarinho para comer pasto verde e beber água limpa tão distante. Tinha tudo, agora, em sua terra natal, onde nasceu, viveu, cresceu e passou fome e sede como seus donos e todos os que exploravam a sua "força de trabalho". Agora, pelo menos naquele ano, ele iria comer e beber à vontade, pois não tinha concorrentes. Tudo era dele: pasto, capim, ramas de sua preferência, palhas de milho verde, de feijão, fava e, de quando em vez, uma ração de milho, antes e depois de partir para a feira ou algumas viagens mais distantes. O pasto de seu cercado estava uma beleza de verde e bonito. Cresciam o capim e as ramas. Era feliz o meu amigo Passarinho, como felizes eram os seus donos, muito embora tivessem ainda que passar sérias dificuldades, mesmo alimentares. Estávamos alegres diante das chuvas que iam caindo satisfatoriamente. Reinava uma grande alegria entre os habitantes. Todos tinham lamentos, angústias e dramas dolorosos e comoventes a contar, mas agora estavam alegres e felizes, porque pelo menos tinham água boa e limpa para beber e para os gastos; sabiam que a mãe terra, sempre dadivosa, lhes daria naquele ano os alimentos indispensáveis à vida de todos.

Meus tios, animados, plantaram feijão, milho, fava, mandioca, macaxeiras e batatas na vargem. Não somente para comer, mas sobretudo para as futuras sementes, de que muito precisavam. A perspectiva de um bom inverno era geral, como geral era o contentamento dos habitantes de toda a zona castigada pela terrível seca.

Como em 1904, houve uma alegria contagiante. Os intercâmbios de visitas, de pequenos presentes, trocas de sementes de feijão, de milho, de fava etc. Também não faltou a foguetaria espoucando em toda a parte. Os trovões das ronqueiras e bacamartes bocas de sino ressoando pelos vales e morros afora e, como das outras vezes, a passarada surgiu alegremente, cantando e saltitando de galho em galho, em desafios encantadores aos seus semelhantes, ressaltando o guriatá de coqueiro, o sabiá da mata, o galo de campina, o irrequieto papa-capim, o impagável ferreiro, trinando como ferreiro que bate na bigorna. E as vozes tristes da rolinha fogo--apagô. A saparia, tão amiga das águas quanto o homem, não se fez de rogada para iniciar a sua velha e conhecida sinfonia. E, como por encanto, começaram a surgir os berros das ovelhas, convidando seus filhos e amigos para comer os brotos de capim e outros arbustos de sua preferência. O povo em movimento, indo e vindo, de roça em roça, dos mais diferentes caminhos, das mútuas visitas, de outras terras, voltando para seus sítios temporariamente abandonados em virtude da seca. Outros preparando suas terras para o plantio e muitos semeando feijão mulatinho para comer e reservar as sementes para os grandes plantios na época apropriada.

E assim, a angústia da fome e da seca ia desaparecendo da fisionomia daquela gente sofrida, porém perseverante e confiante em um futuro que não sabiam definir. O povo, castigado pela seca e martirizado pela fome, criminosamente abandonado pelos poderes públicos. Povo que só é lembrado nas épocas eleitorais, na convocação de seus filhos para servirem nas Forças Armadas e para pagar impostos. Um povo que não tem escolas para alfabetizar seus filhos, um povo que não sabe ler, não sabe escrever nem contar. Um povo que não tem direito à assistência médica, hospitalar e dentária. Um povo que não sabe o que é pátria nem o que significa a palavra Brasil e quando se fala nesse nome pergunta: "Que nação é essa? Onde fica?". Um povo que desconhece os mais elementares princípios de higiene. Não conhece os hinos Nacional e à Bandeira, nenhuma canção patriótica, nem os mais elementares princípios de civilização. É um povo que vegeta, não vive.

Por desgraça, grande parte desse povo, esmagado pela longa estiagem, para não morrer de fome, hipoteca os seus minifúndios ou as suas pequenas propriedades para comprar mantimentos e alimentar os seus familiares. Acontece, porém, que a seca devora toda a lavoura, liquida o pequeno rebanho. A vítima não colheu nem para comer, mas o voraz credor, sempre cruel, exige o pagamento. Esta, que nada possui a não ser a sua família numerosa e a terra, é despojada de sua terra pelo latifundiário – e não pelo seu justo valor, mas pelo preço arbitrado por ele, latifundiário e agiota.

Fatos como esse acontecem aos milhares de pequenos proprietários em toda a vasta zona da seca. São mais algumas centenas de pequenas propriedades que são anexadas aos grandes latifúndios. Milhares de pequenos proprietários são engolidos pelos grandes proprietários e se transformam em camponeses pobres, passando a vender a sua força de trabalho aos magnatas da terra por um salário de fome e miséria, que não chega para satisfazer o mínimo de suas necessidades e de seus familiares. Isso acontece porque os poderes públicos dificultam por todos os meios os créditos indispensáveis aos pequenos proprietários. Para os latifundiários e grandes fazendeiros, tudo; para os pequenos lavradores, nada! Essa "maçonaria" entre governo e senhores feudais é feita para enriquecer os grandes senhores da terra em detrimento dos pequenos e médios proprietários. Os grandes sacam o empréstimo que querem, enquanto os pequenos, quando conseguem uma migalha, já gastaram mais da metade nas despesas de transporte e de hospedagem e, dessa forma, são forçados a cair nas mãos dos grandes fazendeiros, que lhes emprestam, a juros leoninos, o dinheiro que sacaram dos bancos com toda a facilidade. Emprestam a juros de 5 a 10% ao mês, quando sacaram, no máximo, a 7% ao ano. É um roubo oficializado. Daí o enriquecimento constante dos magnatas das terras e o empobrecimento da massa dos pequenos proprietários territoriais e o aumento crescente da força de trabalho de toda a zona rural e seu êxodo para as grandes cidades, especialmente Rio e São Paulo.

Felizmente, meus tios e minha avó, não possuindo família numerosa e sendo solteiros em sua maioria, como muitos outros minifundistas, não se desfizeram de seus sítios, que eram propriedade de toda a família. E foi assim que, coletivamente, cobriram toda a varjada do sítio de feijão, de milho e de fava logo nas primeiras chuvas de janeiro; agora já tinham algo para comer e semente para o plantio no dia 18 de março, dia de São José. Minha avó, sempre solidária, dizia para meus tios:

– Nói num deve vendê o nosso mio, nosso feijão e nossa fava. Nói tira pra plantá e cumê e dá o qui soba aos mai pricisado, qui num pode comprá. Nói tem puque Deus abençuô a vage, nói prantou e tivemo um safrão, nói deve ajudá os outo qui num tem nada.

De fato, meus tios, aconselhados por vovó, deram o pouco das sementes aos mais arruinados, que não podiam comprar nem meio litro de milho, fava ou feijão para semearem. Mesmo que arranjassem algum dinheiro, tinham que ir à cidade dos Palmares ou à cidade de Caruaru para comprar as sementes de que tanto necessitavam. Muitos minifundistas ou sitiantes tiveram que alugar sua força de trabalho aos latifundiários em troca de um pouco de milho, feijão ou fava para plantar. Outros nem sequer tiveram essa oportunidade e, para plantar alguma coisa, foram obrigados a trabalhar dois ou três dias de graça por semana para o latifundiário durante os primeiros meses do cultivo, sobrando para eles três ou quatro dias no máximo.

Nessas condições, nada plantaram e nada colheram, justamente naquele ano, cujas chuvas foram de uma regularidade sem precedentes em todas as épocas invernosas. Isso aconteceu e continua acontecendo porque, nessas épocas, não interessava, como não interessa ainda hoje, aos agiotas, aos latifundiários, aos coronéis e chefes políticos locais, aos prefeitos e aos comerciantes e emprestar dinheiro a juros, mesmo de 5 a 10% ao mês, como fazem nos períodos da seca. O que lhes interessa é a força de trabalho da grande massa camponesa, arruinada pelo flagelo da seca. Essa situação não era desconhecida, nem o é hoje, pelos poderes públicos, porque governantes, latifundiários e coronéis da roça estão ligados por interesses comuns; por isso os governantes fechavam e continuam fechando os olhos e os ouvidos para não ver nem ouvir o clamor da massa camponesa pedindo justiça e implorando um pouco de sementes de milho, de feijão e de caroço de algodão para plantar.

Entretanto, ao chegar a época das colheitas, governo e autoridade administrativa, como por milagre, abrem os olhos e os ouvidos para cobrar e aumentar os impostos territoriais dos pequenos proprietários. Todavia era sabido, já naquela época, como hoje, que o governo manda milhares de sacas de milho, de feijão e caroços de algodão para serem distribuídos gratuitamente aos camponeses pobres e pequenos sitiantes arruinados pela seca. Mas esses cereais foram e continuam sendo entregues aos prefeitos, aos coronéis e chefes políticos locais e aos latifundiários, que, ao invés de os distribuírem gratuitamente, vendem-nos por preços extorsivos aos camponeses que dispõem de algum dinheiro; os que não podem pagar são forçados a trabalhar nas terras desses senhores e chefes políticos locais, dos latifundiários e dos coronéis do alto comércio durante dias, semanas e até meses para conseguir alguns quilos de milho, de feijão e de caroço de algodão.

Essa situação não era nem é desconhecida pelo governo. É que governos, prefeitos, chefes políticos, latifundiários e coronéis do alto comércio local estão ligados entre si pelo mesmo cordão umbilical, pois seus interesses são comuns.

O governo, porque recebeu e continua recebendo o apoio eleitoral desses agentes, fecha os olhos ao roubo. Estes, porque são cabos eleitorais do governo e seu sustentáculo, sentem-se com o direito às propinas; as grandes vítimas são os camponeses no campo e o povo nas cidades, que pagam os cereais que são enviados àqueles senhores em vez de serem enviados diretamente à grande massa camponesa por intermédio de centros de distribuição dirigidos pelos próprios camponeses. Mas o governo deve recompensar seus amigos e cabos eleitorais.

Diante de tudo isso, surgem duas perguntas: até quando durará esse estado de coisas? Como terminará tudo isso?

Creio que a massa camponesa, apesar de embrutecida pelo latifúndio, obcecada pelo ópio das superstições, isolada dos meios civilizados, porém cansada de esperar os milagres divinos que não chegam, vai pouco a pouco encarando a crueza da vida com mais realismo e objetividade e, como tudo evolui no mundo, eu acredito na evolução da grandiosa família camponesa, que, com um pouco mais de paciência, tornar-se-á capaz de responder positivamente àquelas interrogações.

Entre os pequenos proprietários arruinados pelo flagelo da seca, destaco o velho Antônio Caetano, chefe de uma numerosa família de doze filhos, um irmão doente e uma velha mãe paralítica. Dezesseis pessoas ao todo. Esse senhor era proprietário do sítio chamado Baraúno, às margens do rio do Feijão, que, dois ou três meses após o inverno, secava. O senhor Caetano, por motivo de doença em sua família, pediu um empréstimo de um conto e quinhentos mil-réis, a juros de 5% ao mês, ao senhor Manoel Mendes, grande fazendeiro e alto comerciante na cidade de Jurema. Esse senhor vinha propondo comprar a pequena propriedade do senhor Caetano. Não só porque suas terras eram boas como porque se limitavam com sua fazenda. Era claro que o senhor Caetano não podia nem queria vender a sua propriedade, que era o sustento de sua numerosa família. Desgraçadamente, no fim do ano, o senhor Caetano, nada colhendo devido à seca, não pôde pagar o débito e sua propriedade foi tomada em pagamento pelo comerciante e latifundiário Manoel Mendes. O senhor Caetano teve "a sorte" de ficar trabalhando como arrendatário no sítio que fora seu.

Minha avó, comentando este fato com meus tios, falou de um sitiante chamado José Vicente, dono do sítio Serra Dalva, no município de Altino, vizinho dos municípios de Jurema e Panelas de Miranda. Esse pobre sitiante comprava a crédito a um tal coronel Totônio, que, além de fazendeiro, era o maior comerciante de secos e molhados de Altino e açambarcador de todo o algodão de toda a vasta zona dos municípios de Panelas, Altino e Jurema. O coronel Totônio não só fornecia gêneros alimentícios a crédito como emprestava dinheiro a juros verdadeiramente leoninos. Segundo minha avó, toda a sua fazenda havia sido conquistada à custa de pequenos proprietários por meio de empréstimos e de fornecimentos de materiais a preços extorsivos. Esses fornecimentos e empréstimos eram feitos, de preferência, nos períodos da seca, com o fim preconcebido de aproveitar o não haver colheitas e, em consequência, promover a passagem das pequenas propriedades às mãos do grande agiota latifundiário e grande comerciante. Foi assim que o senhor José Vicente, como os demais sitiantes, perdeu suas terras para o tubarão do agreste, o célebre coronel Totônio, homem arrogante, autoritário, temido e odiado não só por suas vítimas como pelos próprios comerciantes. O coronel Totônio era muito rico e amigo de todos os governos, subornador de juízes, promotores, delegados de polícia e párocos; era o coronel da roça mais forte e respeitado em todos aqueles municípios e era grande cabo eleitoral dos governos; daí o seu autoritarismo.

Minha avó, já curvada pelo peso dos anos, ficava mais curvada de tanto abaixar-se na inspeção dos caldeirões e do olho-d'água. Não podia ver sequer uma folha de mato ou qualquer outro detrito nas proximidades dos reservatórios d'água. Além disso, não saía dos roçados; mesmo debaixo das chuvas, ela estava sempre levantando o pé de milho ou o pé de feijão, derrubados pelos ventos; ora catava os matos dos troncos das lavouras, ora chegava um pouco de terra nos troncos de milho, das touceiras de feijão, ora liquidava, enojada, uma súbita lagarta. Era uma criatura viva, dinâmica e ranzinza no combate ao que considerava errado. Continuava minha amiga e, quando eu fazia algo de que não gostava, chamava-me ternamente, aconselhava-me ou ensinava-me como deveria ser feito. Eu percebia a sua dedicação, o seu afeto e sentia-me feliz. De minha parte, fazia tudo que era possível para continuar merecendo o seu amor, e assim nos entendíamos perfeitamente bem.

Meus tios não a queriam mais nos trabalhos da roça, por estes serem pesados para ela. Mas a velha era teimosa. Convidou-me a fazer os canteiros em volta do olho-d'água, para plantar coentro, alho, cebola etc. Foi ruim para mim, porque passei a trabalhar mais; entretanto, aprendi a cultivar plantas mais sensíveis, que exigiam maior cuidado. Depois dos trabalhos domésticos, a sua maior preocupação eram os seus canteiros de verduras, por sinal muito limitados, porque não tínhamos o hábito de comer muitas verduras, tampouco conhecíamos muitas espécies. Ensinou-me a irrigar os canteiros sem danificar as plantas e a arrancar os matos dos pés dos coentros e das cebolas sem prejudicá-los.

Por fim, atingimos o mês de São João de 1909. Ia ser um festão. Milho verde, canjica, pamonha, o famoso pé de moleque e o bolo gostoso de massa puba, o delicioso feijão-verde, a fava, o jerimum caboclo e o de leite, a melancia, o maracujá para o bate-bate e a batata para comer assada ou cozida. Era um farturão, dizia minha avó entusiasmada. Meus tios faziam coro com ela. Brincavam comigo, prometiam-me uma camisa nova e um novo chapéu de palha. Eu não dizia nada. Nem ficava alegre, porque eu queria era uma calça. Tinha vergonha de vestir só camisa, pois todos diziam que eu já era um homenzinho, então devia usar calça, e não apenas camisa. Mas o meu desejo e o meu raciocínio não coincidiam com os preceitos das velhas leis patriarcais da família, segundo as quais só depois dos dez anos os meninos podiam usar calça.

Além das tarefas da roça e de dar água ao cavalo, ajudar a vovó a irrigar os seus canteiros e transportar lenha para casa, não me descuidava do tratamento de minhas queridas fruteiras. Continuava zelando por todas. As jabuticabeiras tinham dado resultados magníficos. Foi grande a safra e meus tios, pela primeira vez, elogiaram-me, dizendo que eu era um bom zelador de fruteiras. Mas o meu interesse não era somente pelas frutas, que eu comia gulosamente: gostava mais era das sombras em dias de sol quente.

Meus amigos Manuel, Antônio e Pedro Bispo construíram bodoques para matar passarinho e tinham boa pontaria e mãos seguras. Eu os invejei, procurei construir meu bodoque, que, comparado aos deles, ficava muito aquém. Eles me criticaram por não saber fazer. Fiz o segundo bodoque. Saiu pior que o primeiro. Eles, penalizados com a minha incapacidade, construíram um para mim, que era mais benfeito que os deles. A nossa munição era feita de barro massapé, bolotas em forma de bolas de gude, que púnhamos a secar em pequenos fornos. Eles, de fato, tinham pontaria admirável. Matavam rolinhas, inhambus e outros pássaros. Eu jamais acertei um. Errava todas as vezes que atirava com meu bodoque. Uma vez, atirei numa multidão de pássaros. Não acertei em nenhum. Meus amigos colocavam um pedaço de tábua em um arbusto qualquer, disparavam seus bodoques e não perdiam um tiro sequer. Eu atirava e a bala passava longe do alvo. Até que desisti. Era péssimo atirador de bodoque.

Estava já quase às vésperas do São João e tudo girava em torno das festas juninas. Meus tios queriam fazer uma fogueira, a mais volumosa e mais alta possível. Desejavam que o fogo fosse visto ao longe. Minha avó tinha posto as mandiocas de molho para os bolos de massa puba e assava as castanhas-de-caju para o bolo de pé de moleque. Minhas tias passavam as roupas de chita, enfeitadas de renda, para a dança da quadrilha; outras ralavam o milho para a canjicada e as deliciosas pamonhas. Meus tios transportavam lenha para a fogueira, mas deixaram propositadamente de completá-la para não chamar a atenção dos curiosos, pois queriam bater o recorde dos recordes de todas as fogueiras da vizinhança, não só no volume como na altura. Somente a completariam à tardinha do dia 23, véspera do "Senhor São João", como é chamado pela matutada. Já tínhamos preparado a pólvora e as buchas para os tiros da ronqueira e dos bacamartes de boca de sino, para os festejos. O meu encanto eram os tiros das ronqueiras. Gostava de ouvir seus estrondos.

Meus tios planejaram um assalto à fogueira do seu amigo Manuel Bispo. Este, juntamente com seus dois filhos Cícero e Joaquim Bispo, se antecipou ao ataque de meus tios, e a família Bispo assaltou a nossa fogueira, descarregando seus bacamartes boca de sino dentro do braseiro, espalhando fagulhas por toda parte. Meus tios capitularam diante da surpresa.

Esse hábito de tomar fogueira nas noites de São João é tão velho quanto o tempo. Toma a fogueira quem dispara o primeiro tiro. Em geral, não há vencido nem vencedor. Todos confraternizam e festejam o "Senhor São João", que é o santo mais querido da massa camponesa. E aí começam os vivas aos donos da casa e aos assaltantes. A pinga e o bate-bate de maracujá feito com mel de abelha aumentam a alegria dos festeiros. O farturão de milho verde, fava, feijão, batata-doce e macaxeira, jerimum e melancia era colossal. Só mesmo aqueles que perderam seu sítio ou aqueles que se atrasaram no plantio por falta de recursos não puderam contar com a fartura tão desejada. Mesmo assim, não lhes faltou a calorosa solidariedade de seus irmãos mais bem aquinhoados. Dessa forma, todos festejaram o santo. Via-se por toda parte o clarão das fogueiras, ouvia-se o espocar dos fogos no ar, os estrondos da ronqueira e dos bacamartes boca de sino. Também não faltaram as adivinhações dos casórios e noivados, nas tigelas de louça muito alvas e cheias d'água, como não faltaram as madrinhas e afilhados de fogueiras.

O que podemos dizer das quadrilhas? Quem melhor marca uma dança de quadrilha que a matutada? E a ronda das alianças deixando o anel cair nas mãos do preferido ou da preferida propositadamente? Principalmente se são namorados ou candidatos a namorados, que nunca faltam nas noites de São João. Também não faltaram o zabumba, a caixa, os pífanos, os realejos e a impagável sanfona. Tudo previamente ensaiado. Porém o que mais encanta os festejos e mais recebe aplausos são os repentistas violeiros, com seus famosos desafios. São verdadeiros artistas da poesia sertaneja. Dá gosto ouvi-los cantar a noite inteira, em duros e sonoros duelos.

Em geral, os festejos juninos começam logo ao pôr do sol e só terminam ao raiar do dia. Ao fim da festa, notam-se os desfiles dos festeiros pelos caminhos e veredas de regresso às suas casas, cada um levando em seu lenço ou em guardanapos um prato de canjica, pamonha ou um taco de pé de moleque para os que não puderam sair de casa, por qualquer motivo. As danças são em geral a quadrilha, o coco, as emboladas e sambas. Comem, bebem, dançam e deixam a festa cansados dos folguedos e esquecidos dos maus tempos. Dormem tranquilos, acordam felizes e caem no trabalho da roça com todo o entusiasmo. Não parece mais aquela gente angustiada, sedenta e faminta de alguns meses atrás. O que era silêncio e profundas meditações transforma-se em alegria, em trabalho criador.

4

Minha avó sonhou com minha irmã Isabel, que se achava na cidade de Palmares, passando uma temporada em casa de uma prima, filha de um casal de tios, no sítio Goiabeira. Supersticiosa até a medula, amanheceu chorando, dizendo aos meus tios que tivera um aviso da morte de minha irmã e logo desfiou o seu rosário em uma porção de padres-nossos, ave-marias, santas-marias e mais não sei o quê, recomendando a sua alma para Deus e a Virgem Santíssima. Perguntou-me se eu tinha coragem e acertaria o caminho para ir à cidade de Palmares a fim de saber notícias de minha irmã. Quando moramos no engenho Brejinho, fui uma vez à casa de minha tia, que morava em Palmares. Mas, para ir lá via Brejinho, aumentava a distância. Então vovô e meus tios mandaram-me via São Benedito, mesmo porque eu sabia o caminho até o sítio Lajedo, onde falecera minha querida mãe.

Saí de casa de vovó à tardinha e dormi na cidade de Panelas, na casa de uma comadre de vovó; segui até o sítio Lajedo, onde dormi, e deste para São Benedito, onde tomei o trem para Palmares. Nessa época, eu possuía duas camisas. Uma para o trabalho diário, já toda colorida de remendos de diferentes cores, e uma nova, que ganhei para a festa de São João e para os domingos. Troquei de camisa e dei no pé para Panelas. Daí para o Lajedo.

O senhor Faustino havia melhorado de situação. Sua casa já tinha um quarto tapado de barro e bem rebocado, um fogão com duas bocas, três tamboretes, um banco de madeira e uma mesa para refeições. Além disso, já tinha muitas fruteiras ao redor da casa e se preparava para levantar uma casa nova coberta de telhas. Ele e sua esposa, dona Filomena, deram-me jantar. Dona Filomena esquentou água, pôs na gamela, lavei os pés para dormir. Por sorte o senhor Faustino ia também para São Benedito. Apesar de bem agasalhado, não dormi como devia porque me lembrava de minha mãe. Despertei cedo, tomamos café com batata-doce e partimos.

Pelo caminho, vez por outra, o senhor Faustino colhia uma flor, até chegarmos perto da rua principal da cidade de São Benedito. Ao nos aproximarmos do cemitério, perguntou-me:

— Grilo, tu qué sabê onde tá interrada a tua finada mãe?

Respondi-lhe que sim. Entramos no cemitério e fomos até a cova de minha mãe. Foi uma grande emoção que senti. Dupla emoção: uma, a do espírito generoso e humano do senhor Faustino, que colhera aquelas flores para depositá-las em cima da cova de minha mãe, e a outra, a da imagem de minha mãe em meu pensamento. Tinha a impressão de ver constantemente a sua fisionomia: quando me despertava de madrugada, no Brejinho, para ir ao campo juntar os bois de carro e trazê-los ao galpão e, sobretudo, quando me dava um gole de pinga para espantar o frio. Via e sentia a sua fisionomia quente como brasa e o último beijo em minha face suarenta, impregnada de poeira; ouvia suas últimas palavras, recomendando-nos à vovó. Lembrei-me de um passado que jamais esquecerei em toda a minha vida.

Depositei as flores; fiquei ajoelhado alguns minutos, não sei o que senti. O senhor Faustino pegou-me pela mão e saímos rumo à estação. Só me deixou quando me viu assentado no banco do trem. Fiquei pensando na bondade do homem. O trem partiu e toda a minha atenção estava voltada para os morros, os vales cobertos de cana, para as pontes que o trem atravessava, para os rios, para os matos e, por fim, o que estava girando e correndo já não era o trem, era a minha cabeça. Adormeci e só acordei quando o trem foi chegando à cidade de Palmares.

Saltei e segui o rumo da casa de minha tia. A seguir, acompanhado por um primo, fui à casa de minha prima, onde estava minha irmã. Abraçamos-nos e choramos juntos: desde a morte de minha mãe, não nos víamos. Minha irmã resolveu partir no dia seguinte à minha chegada para juntar-se à vovó. Preparou seus teréns, que não passavam de algumas roupas, fez uma trouxa e seguimos, acompanhados por duas primas, para a estação ferroviária dos Palmares. Compramos uma passagem de segunda classe para ela. O trem chegou, nos despedimos. Ganhei uma prata de quinhentos réis de minha prima Catarina. Era muito dinheiro para mim, que até então não possuíra mais de quarenta réis.

O trem partiu. Estranhando irmos para Quipapá em vez de para São Benedito, perguntei à minha irmã. Ela olhou-me com certa ternura, nada me respondeu e foi atacada por uma crise de choro que não havia jeito de parar. Chorou durante toda a viagem.

Até a estação de Catende, íamos bem. Logo que o trem partiu de Catende, encostou-se a ela um indivíduo e, sem mais nem menos, convidou-a a ir morar com ele. Minha irmã, já chorando, disse:

— Meu senhor, me deixe em paz; sou moça. Num tou mi inxerindo cum o sinhô, tô?

O cara insistiu, já prometendo um paraíso na Terra, e tentou segurar na mão de minha irmã, que o empurrou com certa violência. Ele tentou agredi-la. Dei-lhe uma dentada na mão. Ele me deu um murro na cabeça, caí em cima dos passageiros que estavam sentados no banco central do trem. Os passageiros nos defenderam e aplicaram-lhe um corretivo em regra; ele foi forçado a descer na primeira estação.

Chegamos a Quipapá um pouco tarde. Saltamos e seguimos o nosso caminho, que nos conduziria até Panelas de Miranda. Ao anoitecer, erramos o caminho; andamos mais de duas horas no caminho errado e tivemos que voltar para retomar o caminho certo. Era uma escuridão tenebrosa. Estávamos cansados, pois já andávamos havia mais de oito horas sem uma parada. Deviam ser onze horas da noite. Pedi à minha irmã para pousarmos na primeira casa que encontrássemos. Concordou, mas só para me enganar e encorajar-me a andar. Retomamos o nosso caminho lá pelo meio-dia, pois já ouvíamos o cantar dos galos. Lembrei-me de minha mãe, quando me acordava no Brejinho. Adiante encontramos uma casa. Supunha que minha irmã fosse pedir um arrancho. Passamos direto. Um vira-latas latiu. Minha irmã ameaçou-o com um pedaço de pau e ele fugiu latindo. Parei defronte à casa, minha irmã arrastou-me pelo braço e tive que segui-la na marra. Tentei chorar, foi em vão. Muito adiante, encontramos uma mata muito fechada e longa. A escuridão metia medo. Só os vagalumes e pirilampos, de quando em quando, nos indicavam o caminho. Quis chorar novamente, minha irmã ameaçou-me, dizendo:

— Dentro desta mata tem bicho, si tu chora ele ouve, vem e pega nói dois prá cumê; chore não, tamo perto, fio, vambora ligeiro, ante que ele vê nói nessa escuridão.

Continuamos a andar. Mais adiante, o dia foi amanhecendo e nós alcançamos o cume da Serra da Boa Vista, de onde se avistava a cidade de Panelas. Três léguas tínhamos que andar para chegar à casa de vovó.

Tínhamos uma légua para descer a serra e daí para o sítio de vovó, mais duas léguas. Estávamos tão cansados que gastamos mais de duas horas para chegar a Panelas. Além de cansados, famintos. Encontramos uma mercearia e comprei cinco pães doces e quarenta réis de bananas. Minha irmã não quis os pães, mas aceitou as bananas. Comi todos e quatro bananas. Fiquei com mais disposição para andar. Minhas pernas não ajudavam. A viagem tornou-se mais morosa. Mais adiante, quase perto da rua, minha irmã vomitou todas as bananas que havia comido. Estava doente, mas não quis dar sinal de fraqueza. Continuamos a nossa caminhada até chegar à casa de vovó, verdadeiramente estropiados da viagem.

Minha irmã adoeceu e esteve vai não vai para o cemitério. Felizmente, graças ao bom inverno, já tínhamos algumas galinhas, ovos e leite de cabra e, vez por outra, um litro de leite de gado, fornecido pelo sogro de minha tia. Assim, dentro de um mês estava recuperada.

Quanto a mim, dois dias depois estava tirando lenha no mato para a casa, dando água ao querido Passarinho, correndo pelos campos e caminhos, escanchado em seu lombo. Ajudava vovó nos trabalhos dos canteiros de coentro, cebola e alho, que já não exigiam grandes cuidados. Trabalhava na roça com meus tios, zelava pelas fruteiras nas horas vagas e, aos domingos, brincava com meus velhos amigos, Manuel Bispo e seus irmãos.

Chegamos ao mês de setembro. Havíamos dado a segunda limpa no mandiocal novo. Colhemos as favas secas e maduras, quebramos o milho, batemos o feijão e as favas secas. Os jerimuns rivalizavam com as batatas-doces e melancias, em suas ramagens. Já se fazia farinha do mandiocal coletivo da vargem dos meus tios. As mangueiras e os cajueiros prometiam uma safra colossal. A natureza, que tanto nos castigara nos anos anteriores, era agora dadivosa e benigna, temperando a terra numa combinação de chuva e sol, favorecendo a tudo e a todos. Nosso já famoso caldeirão, sempre visitado pelas pessoas que nele trabalharam e por outras, curiosas, ainda não encheria naquele ano, mas tomava um grande volume d'água. De longe, parecia um pequeno lago perdido no centro da gigantesca laje. O olho-d'água, sangrando noite e dia, formava um pequeno córrego serpenteando o bananeiral e o pequeno canavial coletivo da família. Meus tios já não precisavam comprar rapadura ou açúcar para adoçar o café. Já tinham cana para chupar e caldo de cana até mesmo para beber nas horas do meio-dia e, aos domingos, oferecer aos amigos.

As cebolas, os alhos, o coentro de vovó iam de vento em popa. As bananeiras já produziam deliciosas bananas. As mangueiras e cajueiros, carregados de flores, prenunciavam uma magnífica safra. Íamos tirar a barriga da miséria, depois de tantas privações. O algodoal também prometia algo de bom, pois não apareceram, como em anos anteriores, as pragas de lagarta.

O cercado de meu amigo Passarinho estava rico de pasto e não lhe faltavam a palha de milho verde e as ramas de feijão e de batata. O cavalo estava gordo, forte, bonito e muito descansado. Meus tios iam pouco a pouco aumentando seus pequenos rebanhos de carneiros, de porcos e cabras, pois tinham tudo para alimentá-los. A verdade é que o povo, em geral, ia lentamente recuperando seus pequenos rebanhos destruídos pelas secas. Passarinho já não precisava de minha ajuda para beber água; tinha agora seu quinhão de água, porque a lagoa do cercado enchera e transbordara, e ele bebia quando melhor entendesse e quisesse. Todavia, aos domingos, quando não ia à feira, estava à minha disposição, para corridas pelos caminhos e campos, juntamente com meus amigos.

Em outubro, praticamente não houve trabalho de lavoura. Já era período de preparação de novos roçados, batimentos de milho, fava ou feijão, ou então o início das farinhadas para vendas e gastos caseiros, para os que puderam plantar cedo, como foi o caso de meus tios. Na verdade, nunca faltou o que fazer nos trabalhos agrícolas. Meus tios, cada um em seu minifúndio, preparavam as suas terras para o plantio de fumo. Foi a planta mais chata e mais enjoada – não só para cultivar mas também para transformá-la em fumo de rolo – que achei na minha vida de agricultor mirim.

Agora estávamos entrando na fase das mangas e dos cajus. Eu gostava de juntar as castanhas para comê-las assadas ou em farinhadas. Adorava farinha de castanha. Eu tinha vários esconderijos. Isso porque todos gostavam de castanhas assadas ou transformadas em farinha, mas ninguém se dava ao trabalho de juntá-las. Daí o meu cuidado de juntá-las e guardá-las em lugares secretos e em diferentes depósitos. Nem mesmo em vovó eu confiava. Um dia falei com ela para ajudar-me a fazer farinha de castanha. Ela concordou, mas disse:

– Grilo, pra fazê farinha de castanha tem que tê muita. Pra fazê uma cuié pra cada um num dá jeito, puque num dá pra butá nu buraco do dente.

Respondi-lhe que tinha muitas e pedi-lhe uma mochila ou uma pequena sacola para trazê-las. Saí com a sacola e qual não foi a minha decepção e ódio ao chegar ao local onde tinha meu rico depósito de castanhas! Em lugar das castanhas, encontrei dois montões: um era de casca das castanhas assadas e o outro era uma tulha de merda que fazia nojo... Voltei cheio de ódio e, chorando, contei à vovó. Ela apenas disse:

– Chore não, Grilo; ainda tem muito caju. Tu junta mai e despois nói fai uma farinhada.

Não fiquei conformado. Ao contrário, fiquei emburrado. Não jantei nesse dia nem quis mais nada. Deitei-me cedo, arquitetando outro plano para esconder as castanhas. Meus tios tiraram verso contra mim, que dizia mais ou menos o seguinte:

Agora vamos tratar do Grilo a triste façanha;
quase morre de repente devido a quatro castanhas!

Esses versos fizeram-me supor terem sido meus tios os autores da brincadeira de mau gosto. Recomecei a colher castanhas onde as achava. Escolhi outro lugar para depositá-las, julgando ser o mais seguro possível. Cerca de um mês depois, já tinha mais castanhas que as que me haviam comido. Novamente combinei com vovó para fazermos a farinhada. Ela aquiesceu, mas disse:

– Num vá acontecê a mema cosa cum tu!

– Nada, vó; agora eu escondi bem escondidas.

Ela me deu a sacola para trazer as castanhas. Quando cheguei ao local onde as havia escondido, não havia uma só, tinham levado todas. Não chorei, mas fiquei decepcionado comigo mesmo e cheguei à conclusão de que não dava para ser banqueiro de castanhas. Daí para a frente, todas as castanhas que eu achava ou ganhava, jogando com meus amigos, depositava no quarto de vovó, dentro de um velho baú, herança de seus avós.

Agora, mais folgado do trabalho da roça, passei a suprir duas casas com lenha: a casa de vovó e a do meu tio Evaristo; isso porque ele tinha ido ao município de Marial, em casa de meu tio Antônio, cortar madeira e fazer tábuas para construir o cocho da casa de farinha, levando consigo Passarinho, enquanto os seus irmãos ficaram consertando o forno e a casa de farinha, que estava bem deteriorada. Tivemos que tirar todo o fumo que estava secando nos estaleiros da casa de farinha e transportá-lo para a casa de seus respectivos donos. Terminado o conserto, iniciamos o destalamento do fumo para tecê-lo em rolo, o que demorou muitos dias, pois é um trabalho bastante moroso.

Estávamos nos preparando para o Natal. As poucas costureiras que dispunham de máquinas manuais não davam conta das costuras de encomenda: de camisas, calças e até mesmo ternos completos para os mais felizardos. As mulheres, principalmente as moças, trabalhavam dia e noite, fazendo rendas nas almofadas, jogando bilros para um lado e para o outro, para cima e para baixo, entre os dedos das mãos. Outras fazendo bonitos crochês para seus vestidos de chita, seus blusões e suas roupas íntimas. Trocavam ideias e visitavam-se para expor suas rendas, seus crochês e suas habilidades, para pedir opiniões. Algumas encomendavam brilhantinas e extratos baratos para o cabelo, outras preocupavam-se com os chinelos e algumas ajeitavam os sapatos ou botinas, providenciavam cravos e rosas para os cabelos. Camisas bem engomadas, de peito, punhos e colarinho duros, davam encanto aos rapazes. E as donas de casa, mais ciosas de suas responsabilidades, exigiam de seus maridos e filhos a construção de fornos para assar bolos de massa puba, os pés de moleque, as broas de milho e os pães de ló. Ajuntavam ovos, cevavam os capões; as mais aquinhoadas engordavam seus capados e perus para a festa de "Nosso Senhor Jesus Cristo, filho da Virgem Santíssima, amém".

Minha avó, sempre fiel às velhas tradições de seus antepassados, fazia questão fechada de que seus filhos, noras e netos passassem o Natal em sua casa. Para tanto, as noras já vinham trabalhando com ela nos preparativos da grande noite. Mandou matar o cevado mais gordo e bonito do chiqueiro. Salgaram o toucinho e os quartos traseiros, limparam o bucho, viraram as tripas e escaldaram tudo. Limparam os mocotós, as orelhas e os beiços. Fizeram linguiça e pegaram as tripas, o bucho, o fígado, os bofes, o coração e alguns pedaços de carne, juntaram tudo com o sangue e fizeram o delicioso sarapatel, o prato mais famoso da matutada.

Foi o Natal mais farto e rico de alegria a que assisti durante os nove anos e dez meses de minha vida. Além disso, ganhei dois metros de algodãozinho para fazer duas camisas, porque só tinha uma e velha, que já estava virando farrapo. Aproveitei a cumplicidade de vovó e pedi-lhe que me fizesse uma camisa e uma calça, em vez de duas camisas. A velha topou as minhas antigas pretensões. Entretanto, a costureira, que foi a minha tia Guilhermina, mulher do meu tio Evaristo, em vez de me fazer uma calça, fez uma ceroula grande, de amarrar acima do tornozelo.

Deram-me para vestir. Achei bonita e até mais bonita do que uma calça, porque me fez lembrar do meu falecido avô, que, quando vivo, somente vestia ceroulas compridas amarradas no tornozelo. Calça só vestia quando ia à feira ou em visita aos domingos. Afinal, todos aprovaram a ceroula, menos minha irmã Isabel. Ganhei a "batalha" de anos atrás, quando pleiteei uma calça no sítio Goiabeira. Era feliz, agora, e me sentia homem. O Natal e Ano-Novo serviram para minhas exibições de ceroulas compridas e camisa fora da calça.

Logo depois do Natal, veio um primo, filho de minha tia Verônica, buscar minha irmã Isabel para tratar de sua mãe, que estava muito doente em Palmares. Vovó não vacilou em consentir, era a filha mais velha dela. Acertaram a viagem dos dois. Eu iria com eles até Quipapá para trazer de volta os cavalos. Foi bom, porque aprendi mais um caminho, pois, quando tinha vindo de Palmares com minha irmã, nada aprendera por ser noite fechada.

Partimos à tardinha, andamos a noite toda e só descansamos uma vez para os cavalos comerem uma ração de milho. Chegamos à estação de Quipapá pouco depois do amanhecer. Antes da estação, almoçamos feijão mexido com farinha e linguiça de porco. Bebemos água e seguimos para a estação. Meu primo comprou uns pães doces para o meu jantar quando eu voltasse. Não esperei a chegada do trem. Voltei logo e, desta vez, somente Passarinho ia sofrer, pois já tinha andado catorze léguas e teria que andar mais catorze de volta. Não havia dormido na noite anterior e iria dormir muito pouco nessa noite. Pensei em arranjar um pouso, mas tinha medo de que me roubassem o cavalo. E que conta eu daria ao meu tio e à vovó, se o roubassem? Raciocinei: eu também não tinha dormido; o cavalo está gordo, forte e descansado; eu peso pouco, ele pode andar mais ligeiro nas catorze léguas de volta. Ao meio-dia, dei-lhe água e mais uma ração de milho e deixei-o comer um pouco de capim às margens do riacho, onde também bebeu água. Comeu milho e capim e descansou mais de duas horas. Recomeçamos a viagem. Ele sentia que voltava para sua rica pastagem. Afrouxei-lhe as rédeas, deixei tudo por sua conta. Era ligeiro e macio. De quando em vez, soprava com força. Notei que estava satisfeito, porque levava uma orelha ora pra frente, ora pra trás, e sempre no mesmo ritmo da marcha ligeira e espontânea. Não conduzia, era ele quem me conduzia e cada vez mais disposto. Pouco depois do anoitecer, atingimos a serra da Boa Vista. Vi as poucas luzes da cidade.

– Tamo chegando, amigo veio! – disse-lhe batendo em seu pescoço.

Em menos de uma hora, estávamos passando na cidade de Panelas e, cerca de hora e meia depois, meu tio Evaristo estava tirando-lhe a sela e levando-o ao seu rico pasto. Se muito fosse, não passava das dez horas da noite. Minha avó esperava-me com um prato de fava verde e um taco de linguiça, tão gostoso quanto o cheiro. No dia seguinte, vovó disse:

– Grilo!

Eu ouvi, mas fingi que não ouvira. Ela repetiu:

— Grilo!

— O que é, vó?

— Tira tua ropa pá lavá, pá tu visti ela limpa do ano veio pro Ano-Novo!

Eu tirei a camisa, mas não queria tirar a ceroula. Ela falou:

— Tira tamém a tua carça, tá suja. Cuma é qui tu adespois vai ficá com a camisa limpa e a carça suja? "Tibi vote". Nunca vi coisa mai fêa.

Ainda vacilei, mas tirei a calça, já vestido com a outra camisa que tinha.

Mais tarde, meu tio chamou-me para ir com ele lavar o cavalo na lagoa do cercado. O Passarinho estava como se não tivesse andado 28 léguas das bem esticadas, como diz a matutada. Meu tio ficou na lagoa e fui procurá-lo. Não tive dificuldades em encontrá-lo pelo rastro já tão conhecido. Estava repousando debaixo de uma sombra de umbuzeiro. Quando me viu, começou a levar as orelhas para a frente e para trás, sem dúvida pensando que eu iria levá-lo para algum serviço ou escanchar-me em seu lombo para algumas carreiras pelos campos. Como sempre, baixou a cabeça para facilitar pôr-lhe o cabresto. Montei-o e saímos rumo à lagoa, onde meu tio nos esperava. Tomou um banho como nunca havia tomado. Meu tio, depois de molhá-lo todo, passou sabão em todo o seu corpo, esfregou-o com uma escova, tirou-lhe o sujo, deu mais uma esfregadela com água e sabão; ficou uma beleza de limpo. Soltou-o. Ele deu uns passos para a frente, sacudiu-se todo, arrebitou os beiços, lambeu-os com a língua, olhou para nós, deu um pulo de lado e saiu correndo, soltando um peido que se ouviu longe. Jamais tinha visto tanto peido dado por um só cavalo! Meu tio disse:

— Ele comeu muito mio e agora tá peidando como um sem-vergonha... Mai num fai mal, não; é inté bom, puque sai vento das tripa dele.

Voltamos para casa; vovó nos esperava para o almoço: feijão com mocotó de porco, toucinho e jerimum. Eita comidão gostoso!

Chegamos a 31 de dezembro de 1909. Foi um ano amigo para a matutada de toda a vasta zona das secas. Segundo os entendidos, 1910 seria um ano de bom inverno, porque havia dado algumas chuvas em dezembro. A maioria dos habitantes já tinha feito seus roçados, aguardava as primeiras chuvas de janeiro para fazer as plantações ligeiras.

A festa de Ano-Novo não foi tão boa e alegre como o Natal, contudo houve as habituais reuniões familiares e a costumeira ceia de passagem do Ano-Novo, antecedida de alguns doces e danças ao som dos realejos ou sanfonas. Meus tios, justificando a falta de ânimo para a festa de Ano-Novo, diziam:

— Homi, nóis num vai fazê festa, não; porque este ano foi bom, mai o que vem entrando nóis num sabi si vai sê bom ou ruim, antão vamu dexá pru seu fim.

Uma grande novidade para toda a família foi a chegada inesperada do meu irmão Manuel Bezerra, que havia mais de um ano andava pelo mundo afora e veio para ficar. Ficamos todos em casa de vovó. Ele veio com a intenção de construir uma casa para casar-se, e foi assim que logo aos primeiros dias de janeiro começamos os trabalhos do seu projeto de construir uma casa de pedras. Ia ser uma trabalheira dos diabos. Começamos a transportar as pedras e amontoá-las no local da construção. Ele transportava as grandes e pesadas; e eu as que podia. Mas ele tinha ainda que roçar matos para o roçado, então suspendeu provisoriamente o transporte de pedras.

No início, trabalhava sozinho; depois, arranjou-me uma foice e trabalhávamos os dois, roçando mato. Ele era uma máquina para roçar matos. Tudo marchava bem, até que, sem eu querer, minha foice saiu do cabo. Ele, sem mais nem menos, tirou um galho de mororó e me bateu tanto que me mijei de tanta dor; quando me soltou, eu estava com as costas, a bunda e as pernas minando sangue. Tive tanto ódio que subi numa árvore, joguei-me dentro de um macambiral e fiquei preso pelos espinhos das macambiras. Sentia os ganchos dos espinhos entrarem por toda parte do meu corpo, o sangue corria do umbigo para baixo. Ele tentou tirar-me, ameacei-o com a foice; recuou e ameaçou-me com outra surra, se eu não saísse do macambiral. Mesmo que eu quisesse sair, não podia, pois estava preso nos espinhos.

Minha avó, ouvindo meus gritos, foi até onde estávamos, viu-me todo ensanguentado, tentou me tirar mas não pôde, gritou por meus tios. O tio Jacinto acudiu-me. Roçou as macambiras até onde eu estava e, com muito jeito e trabalho, desenganchou-me e tirou-me. Muitos espinhos ficaram encravados na carne, vovó e minha tia Guilhermina fizeram os curativos. Fiquei doente e um pouco inchado, com muita febre. Confesso que tive vontade de matar o meu irmão com uma foiçada; se não fosse a obediência que eu tinha a vovó e a meus tios, seria capaz de matá-lo.

Fiquei tão louco de raiva que não podia olhar para ele, muito menos morar em sua companhia. Como eu já estava em casa de tio Evaristo, onde tinha permanecido durante os dias que passei doente, com ele fiquei morando. Vovó e meus tios censuraram meu irmão, mas não passou disso. Dias depois, ele foi me chamar para ajudá-lo na construção de sua casa, respondi que não ia e não falaria jamais com ele; tentou agarrar-me pelos braços, dei-lhe uma dentada, quase arrancando um pedaço de carne. O ódio que lhe tinha continuou por muito tempo. Quando o via, só tinha vontade de mordê-lo, tremia de raiva e empalidecia; não podia vê-lo. Não deixei de suprir de lenha a casa de vovó, onde ele morava, porque eu gostava muito dela, mas não queria residir lá por causa dele. Também não deixei de ajudá-la em seus canteiros.

Meus tios gostavam de mim e eu deles, e assim íamos passando. Meu irmão, arrependido de sua perversidade, tentou ganhar-me para trabalhar com ele, por intermédio de vovó; recusei-me. Ela aconselhou-me a não ter ódio, que era pecado, que eu era um menino, devia ser temente a Deus e aos mais velhos. Eu queria responder-lhe uma porção de coisas, mas não tinha coragem nem sabia por onde começar. Ficava triste, ia para um canto, sentava-me, levantava o joelho sobre o peito magricelo, punha as mãos por cima dos joelhos e pousava a fronte por cima; só pensava em minha mãe. Começava a chorar baixo para ninguém ouvir; tinha vergonha de que me vissem chorando. Quando não podia conter-me e sentia que ia chorar alto, corria para o mato, ia soluçar afastado de todos; uma vez, chorei demais e adormeci, só acordando com os gritos de meu tio, chamando-me para o jantar. À noite, meus tios habitualmente conversavam sobre diversos assuntos; meu irmão compareceu e não sei por que motivo foi abordado o assunto da surra que levei; fugi para não ver nem ouvir, mas fiquei escutando o que eles diziam. Percebi que meus tios Jacinto e Evaristo disseram:

— Não, Mané; vancê num tem razão. O Grilo é um menino esperto, ele nunca teve priguiça pra nada. Tudo qui si manda fazê ele fai; vancê num divia tê dado nu bichinho daquele jeito.

Isso me fez novamente chorar de gratidão por meus tios.

No dia seguinte, levantei-me com o corpo indisposto para tudo. Fui irrigar os canteiros de vovó e, como sentia muito frio, depois que terminei, fui deitar-me no lajedo, esquentando-me ao sol. Comecei a sentir dor na cabeça e todo o corpo me doía, mas o frio era grande e o sol era gostoso; encolhi-me todo e, quanto mais o sol esquentava, mais eu gostava e tremia de frio.

Minha avó, indo buscar um pote d'água, viu-me deitado e falou:

— Qui tu tá fazendo aí, Grilo?

— Tô cum fio.

— Alevanta, vamu pra casa; tu tá é doente, vambora!

Estava doente, de fato. Deram-me uma porção de mezinhas, mas não resolveu nada. Deram-me um cristel, caguei muito e baixou a febre. Fiquei bom, recomecei o trabalho ao lado de meu tio; tanto ele como sua esposa me tratavam bem.

Minha avó estava com saudades de minhas irmãs Isabel e Amália que se achavam em Palmares, em casa de tia Verônica. A outra estava sendo criada pela madrinha e mais duas irmãs. Minha avó pediu que fosse a Palmares saber notícias de sua filha Verônica e de minhas irmãs. Não vacilei um segundo, vesti a minha ceroula comprida, ela deu-me quarenta réis em dinheiro, um pouco de farinha e um taco de rapadura.

Como da vez anterior, dormi em Panelas, na casa da comadre de vovó, e no dia seguinte parti para Lajedo. No cemitério de São Benedito, depositei na cova de minha mãe umas flores que colhi pelo caminho. A cruz rústica estava quase podre. Tentei amarrá-la com cipó, quebrou-se em minhas mãos um braço da cruz. Fiquei desolado por, sem querer, ter quebrado um braço da cruz; com medo de que o coveiro me visse, saí às pressas e foi graças a isso que não perdi o trem, pois, quando cheguei ao meio da ladeira, ele apitou.

Desembestei numa carreira danada até a estação. Só deu tempo de pôr os pés no estribo da plataforma. Sentei-me no banco e comecei a refletir sobre os dois episódios. Pensei na quebra do braço da cruz e perguntei a mim mesmo: "Será que pratiquei um grande pecado? Será que Deus e minha mãe me perdoarão? Deus eu não sei se perdoa, mas minha mãe, sim, porque sabe que não foi por meu gosto". E refletia mais: "Se Deus não me perdoar, minha mãe pedirá a ele para não me mandar para o inferno e eu fico junto dela".

O outro episódio, bem mais pitoresco, deu-se desde que comecei a subir a serra da Boa Vista; a garotada me viu de ceroula amarrada no tornozelo e começou a vaiar-me e a assobiar em todo o percurso da ladeira até o chapadão. Foi uma situação vexatória para mim. Tinha vontade de correr, mas não podia; além disso, havia muitas habitações nos dois lados da estrada, em todo o percurso. Só descansei quando terminou a ladeira e entrei numa propriedade latifundiária. Entre vaias, a garotada perguntava:

– Onde ficou tua carça, Zé?

Outros diziam:

– Olha o minino di cirola! Fiu! Fiu! – assobiavam.

Outros, ainda, perguntavam:

– Onde tu foi cagá e dexô as carça?

E haja assobios e gritos com os dedos na boca; era um verdadeiro inferno de vaias!

Eu tinha medo, vergonha e raiva, porque ainda houve algumas agressões a pedradas. Mas coisa pior ia me acontecer logo que terminassem as matas do latifúndio: começaram a surgir algumas casas, que por sorte estavam vazias de meninos; mas, adiante, havia umas três ou quatro e entre elas uma casa de farinha, donde um vira-latas saiu ladrando ao meu encontro, despertando a curiosidade da garotada, que veio para a estrada e começou a gritar:

– Zé! Ô Zé! Onde ficou a tua carça? Tu foi cagá e dexô a carça no mato?

Apressei o passo, o vira-latas sempre ladrando atrás de mim e a garotada vaiando. Corri. O vira-latas, estimulado pelos gritos da meninada, correu atrás de mim, mordeu-me a perna e rasgou a ceroula. A garotada chegou perto de mim, peguei num pedaço de pau e bati no vira-latas, que me soltou, mas ficou tentando morder-me novamente. Felizmente, um dos homens da casa de farinha correu, ralhou com os garotos, deu umas palmadas na bunda de um deles e umas pancadas no cachorro. Levou-me à casa de farinha, lavou-me o sangue com manipueira da mandioca e pôs no lugar da mordida um pouco de água de bananeira para estancar o sangue; amarrou-me a perna com um trapo, pediu-me muitas desculpas e me mandou embora, dizendo:

– Que Deus te guie, meu fiu.

Saí, manquejando um pouco, porque o amarradilho da perna estava muito apertado; mais adiante desamarrei e prossegui tranquilamente a viagem, até a casa de seu Faustino, onde pousei, como da vez anterior. Adormeci no trem e só acordei na estação de Maraial, porque houve uma briga de um soldado de polícia com um passageiro. Eu tive medo e achei muito feio, pois jamais tinha visto dois homens brigarem.

O trem chegou a Palmares, saltei e fui direto à casa de minha tia, que já tinha ficado boa; minhas irmãs estavam na casa da madrinha da minha irmã Amália, que passava muito mal. Ao chegar, dei um abraço em Isabel e Amália; esta chorou de emoção, pois desde a morte de nossa mãe que não nos víamos.

A madrinha de minha irmã Amália e suas irmãs eram carolas de quatro costados, ambas solteironas e filhas de Maria, zeladoras da Matriz; minha irmãzinha ia seguindo o mesmo caminho. Eram boas criaturas e muito humanas. O quintal delas era muito grande e com muitos pés de laranja-cravo afogados no mato.

Minha irmã Amália fez-me o almoço; Isabel, que ainda não tinha notado a minha ceroula, perguntou por que eu estava com a calça arregaçada até o joelho e disse:

– Anti di cumê, tu vai tomá um banho.

Puxou-me pelo braço até a cacimba. Qual não foi o seu espanto quando percebeu que, em vez de calça, era uma ceroula; então perguntou-me:

– Por que vovó te mandou vistido de cirola?

Ia dar-me umas palmadas, mas notou sangue na perna e na ceroula e perguntou:

– Tu foi firido?

Contei-lhe a história das vaias e a mordida do cachorro, mostrei-lhe a dentada na perna. Deu-me um banho, levou a ceroula para lavar; fiquei vestido só de camisa. Secou a ceroula no ferro de engomar, cortou-a e fez o embainhado, transformando-a em uma calça. Com os pedaços fez os bolsos da calça. Foi a primeira calça que ganhei, depois de vaias, corridas e até mordida de cão vira-latas.

Minha irmã limpou a ferida com iodo e, como não inflamou, fui limpar o quintal das solteironas; depois juntei os matos e capim, toquei fogo, fiz um buraco grande e enterrei todo o entulho. Trabalhei uma semana inteira, mas o quintal ficou limpo. As velhas quiseram me pagar, minha irmã não consentiu. Assim mesmo, ganhei uma prata de quinhentos réis. Amália estava aprendendo a ler, já sabia toda a cartilha e a tabuada. Era a única pessoa da família que se estava alfabetizando. Não saía de perto de mim, ora me beijava, ora me cheirava, ambos cheios de emoção. Nunca senti coisa tão gostosa como os carinhos de uma criança e, não sei por que, tudo que sentia de bom só me lembrava minha mãe.

Um dia, a água da cacimba começou a feder a carniça; ficamos proibidos de utilizá-la. As velhas não encontraram nenhuma pessoa que esgotasse a água e limpasse a cacimba. Ofereci-me, mas não acreditaram que eu fosse capaz de fazer a tarefa. Pedi-lhes umas cordas fortes e um balde. Passei três dias trabalhando para retirar a água e chegou o momento em que uma só pessoa não podia fazer mais nada; eram necessárias duas: uma tinha que descer para encher os baldes de lama e outra tinha que puxá-los para fora e derramá-los na vala. Minha irmã Isabel prontificou-se a ajudar-me; desci pela escada de ferro para o fundo do poço, a primeira coisa que vi foi um gato morto já completamente podre. Puxei-o pelas traseiras e o pus dentro do balde. Minha irmã puxou o bicho, cavou um buraco e enterrou-o. Começamos a tirar a lama e muitas porcarias, inclusive sapos podres. Dois dias depois, o poço estava limpo. Mais uma vez, a madrinha de minha irmã quis me pagar. Minha irmã não aceitou e o resultado de tudo isso foi uma grossa propaganda do meu trabalho, por intermédio de dona Dondom, madrinha de minha irmã.

Chegou ao conhecimento da velha senhora de engenho, esposa do velho coronel do Brejinho, onde comecei a trabalhar como assalariado agrícola ganhando oitenta réis por dia. A velha senhora de engenho, dona Neném, morava numa casa assobradada e tinha um quintal maior que dois quarteirões, cheio de matos e muitas fruteiras, inclusive pitangas. Mandou-me limpar sua horta, mas não ajustou o preço. Eu supunha que seria bem pago. Capinei todo o matagal, passei o ancinho, arrastei todo o entulho para dentro de uma vala e, depois de tudo pronto, ela foi fiscalizar o serviço; me deu, como pagamento, um "muito obrigada". Lá se foram meus dias de suor derramado de graça. Todavia disse-me que depois apareceria para conversar com minha irmã e com a madrinha de Amália.

As laranjeiras-cravo de dona Dondom estavam boas de colher. Ela me mandou apanhar todas as que estavam maduras ou inchadas e levá-las à estação para vendê-las. Todos os dias, eu enchia uma cesta de laranjas-cravo; cinco dias depois, somente ficaram as verdes nos pés. Andei ganhando nessas vendas mais de quatrocentos réis.

Um dia de sábado, já estava me preparando para voltar ao agreste, quando dona Neném nos mandou chamar em sua casa. Fui com dona Dondom e minha irmã Isabel. A velha senhora de engenho, muito simpática, falando mansinho, ligeiramente morena, olhos grandes e negros, cabelos prateados, porte elegante ajudado por espartilhos, enchimentos e cintas de apertar gorduras flácidas, mandou-nos sentar. Dona Dondom sentou-se, eu e minha irmã ficamos em pé. Ela puxou a cadeira, mandou-nos sentar e sentou-se também. Falou:

— Estamos de muda para Recife; preciso de um menino para mandados e para sair com Magalhães a fazer compras e alguns servicinhos em casa, coisas ligeiras e leves. Em troca disso, ensinarei a ler, escrever e contar. E, se tiver cabeça, podemos colocá-lo no colégio. Como gostei do trabalho desse menino e simpatizei com ele, desejo levá-lo para Recife. Foi para isso que mandei chamá-los aqui. É uma oportunidade que dou a todos, de coração, em benefício desta criança. Aceitam?

Dona Dondom respondeu:

– Não posso resolver nada. Somente Bela deve aceitar, ou não, que é a irmã mais velha.

– O que decide você, Bela? – perguntou a velha senhora de engenho.

– Pra dá de vez, não dou. Só minha avó pode, puque a nossa mãe antes de morrê recomendou nóis a ela; mas se fô pra passá uns tempo, ele pode ir cum a senhora.

A velha latifundiária aceitou e mandou que eu ficasse logo em sua casa.

Confesso, a bem da verdade, que estava louco para ficar. Não só pelo desejo de conhecer a cidade de Recife como para ficar livre definitivamente do meu irmão Manuel Bezerra e, sobretudo, pela vontade de aprender a ler, a escrever e a contar, coisa que sempre foi minha grande aspiração, desde a bagaceira do Brejinho, onde ouvia criançada cantando o abecê e a tabuada. A ideia de aprender a ler não me saiu mais da cabeça, desde aquela época. Dormia pensando nisso.

Moravam com a velha senhora duas filhas, dona Maroquinha e dona Nenenzinha. A primeira, muito gorda e balofa, não era bonita nem feia, passava o dia todo na igreja; a outra somente ia à missa aos domingos e dias santos de guarda e era metida a aristocrata; falava com as pessoas de cima para baixo. Era também uma espécie de sacola, gorda, alta, mais alva do que a irmã. Dava a impressão de mulher já "rifada" para o casamento. Contudo tinha o busto mais aprumado que sua irmã, a beata.

De manhã cedo, a velha mandou-me varrer todo o sobrado e espanar todos os móveis; lavar o banheiro e arear os talheres com sapólio. Não gostei desse serviço. Quando terminei, ganhei um pedaço de pão, duas bolachas e meio caneco de café. Depois, tirei a mesa e lavei toda a louça. A seguir, deu-me uma sacola e mandou que tirasse todas as pitangas maduras e recomendou-me cuidado para não tirar as verdes, não só porque estragariam como também porque as que não estivessem bem maduras exigiriam mais açúcar. Compreendi logo que estava lidando com uma criatura extremamente mesquinha, pois era rica, dona de três engenhos de açúcar, e tinha pena de gastar mais um torrão.

Demorei muito para tirar as pitangas maduras, e as que colhia verdes, sem querer, jogava fora e bem longe para ela não ver. Mais ou menos à uma hora da tarde, ela me chamou. Levei-lhe as pitangas. Encarnadinhas que dava gosto vê-las. Examinou-as e achou boas. Mandou lavá-las e pôs na caçarola para fazer o delicioso doce de pitanga para Lolozinha, Mininha, Artuzinho e Juquinha. Este era o mais desprezado da família, por ser doente mental.

O velho coronel Magalhães, que andava inspecionando seus engenhos, chegou. A velha entendeu-se com ele a meu respeito. Ele reconheceu-me e disse, na sua linguagem de português (da qual muito pouco entendi):

– Está bem, está bem, tu agora bais aprenderes, bais aprenderes. Toma juízo, toma juízo! Serás homem, serás um homem! E agora bai trabalhaire, bai trabalhaire!

A patroa deu-me uma escova e uma lata de graxa para engraxar as botinas, as botas e os sapatos de seus filhos, bem como um par de botas do coronel Magalhães, senhor de três engenhos.

O regime alimentar da família era café com pão e bolacha pela manhã, almoço ajantarado à uma hora da tarde e café com pão e bolacha às sete horas da noite para o jantar. Sobremesa, somente aos domingos e para a família. Em geral, a alimentação era composta de charque com feijão e arroz, farinha de mandioca com miúdos de gado; às sextas-feiras, bacalhau; às quintas, carne verde, das mais baratas; e aos domingos, galinha.

Depois que engraxei as botas, as botinas e os sapatos da família, a velha, que se tinha esquecido do meu almoço, mandou assar uma migalha de charque, fazer um prato de farofa e deu-me para comer.

No outro dia, realizei todas as tarefas domésticas. Depois o velho foi comigo ao sapateiro para tirar-me as medidas dos pés e encomendou-me um par de sapatos por dois mil-réis. A patroa comprou dois metros de fazenda xadrez e fez-me uma calça e uma blusa tipo marinheiro, "para chegar em Recife como gente", dizia ela. Prontas as roupas, prontos os sapatos, mandou-me prová-los. Achou bonito e mandou-me andar um pouco. Saí, todo desajeitado, desaprumado, pois nunca havia calçado nem mesmo uma chinela. Mandaram-me tirar a roupa para não sujá-la, mas disseram-me que ficasse com o sapato, para ir me acostumando a andar como "gente". No outro dia, eu andava com muita dificuldade, porque já estava com os calcanhares esfolados. Era uma chaga só. Um verdadeiro suplício. Mesmo assim, aguentei firme. Não queria dar demonstração de que era incapaz de calçar um sapato.

No dia seguinte, partimos para Recife. Foi em meados de 1910. Os patrões foram de primeira classe, eu fui de segunda, no primeiro vagão ligado ao da primeira. O velho foi cuidadoso. De quando em vez, ia ver-me. Deu-me um tostão para comprar tarecos para comer durante a viagem. Foi uma viagem feliz, em parte. Só os calcanhares incomodavam-me. Terminei tirando os sapatos. Fiquei mais aliviado. Era grande a minha admiração pelo que via. Os morros, os rios, as pontes, os canaviais, as usinas às margens das cidades. O entrar e sair. O ruge-ruge dos passageiros de segunda classe. Uns de saco nos ombros, chapéu de palha na cabeça, barbas crescidas, descalços, na maioria desdentados, cheirando a aguardente, com cigarros de palha de milho ou de papel nos lábios, cuspindo para os lados, camisas fora das calças, mãos calosas, dedos grossos e abertos. A maioria com unhas arrancadas, dedos dos pés e das mãos deformados. A maioria triste. As mães cercadas de filhos, umas amamentando, outras pondo o dedo na boca dos filhinhos menores para não chorarem. Lembrei-me de minha mãe, que fazia o mesmo conosco. Uns chupavam cana e os mais felizardos comiam uma banana ou chupavam uma laranja. Ao chegar a uma estação, os mais prósperos compravam alguns "mata-fome" para os filhos. Vinha o condutor e cobrava os bilhetes. Os que não tinham passagem pagavam no trem e os que não tinham dinheiro eram desembarcados na primeira estação. Famílias com seis, oito, dez filhos eram obrigadas a interromper a viagem. Imploravam a piedade dos condutores, mas estes nada podiam fazer, porque dependiam do fiscal, este do revisor e este, por sua vez, dependia do chefe do trem. Meninos choravam de fome, ou por doença, ou por falta de ar. Via-se na fisionomia de todos o sofrimento, a tristeza e a miséria, a desnutrição. Em sua maioria, eram amarelos e impaludados, a verminose e a esquistossomose estrangulando a todos. O conformismo da maioria era evidente. Apenas alguns sintomas de revoltas surdas nuns poucos. Vendo tudo aquilo lembrava-me de minha mãe e de meus irmãos. Procurava uma explicação para tudo aquilo e não encontrava. Por que esse povo que trabalha sofre tanta fome, vive na miséria, padecendo por todos os lugares? Quando deixará de sofrer? Por que Deus não ajuda esse povo?

Ia anoitecendo. O cobrador gritou:

– Pontezinhas! Queiram entregar seus bilhetes!

Daí por diante eu via água por todos os lados do trem, parecia correr por cima da água. Depois, outro grito do cobrador:

– Prazeres! Seus bilhetes!

E logo mais:

– Afogados!

Aí, era um mar, de lado a lado. De água e de luz. Nunca vira tantas luzes. Os lampiões acesos faziam-me lembrar o reino encantado das histórias de minha avó, principalmente nos períodos de seca, em que a fome era braba.

Chegamos a Recife! Descemos na estação das Cinco Pontas, assim chamada porque fica ao lado da Fortaleza de Cinco Pontas, onde houve a capitulação holandesa aos portugueses e brasileiros em 1748. Na praça, fora arcabuzado o heroico Frei Caneca, na Revolução Pernambucana de 1817. A estação estava toda iluminada com os velhos lampiões a gás. Muita gente na estação para receber os parentes e amigos. Uma verdadeira multidão, no infernal empurra-empurra. Naquela confusão quase me perco. E me perderia se não fosse um menino pretinho, filho de escravos libertos da família do velho coronel, senhor de engenho: o velho mandou que o menino escravo procurasse o seu futuro e temporário colega de escravidão.

Antes de chegar à praça das Cinco Pontas, encostou um carro luxuoso, puxado por dois cavalos pretos. A família latifundiária tomou-o. Eu, com o simpático pretinho, saímos a pé, com duas maletas de roupas na cabeça. A família morava na rua Augusta, defronte à casa do velho coronel e político Santos Selva, que seguia a política ultraconservadora e feudal de Rosa e Silva. A casa estava apenas a uns quatrocentos metros da estação. Fiquei quase tonto de ver passar tantos carros puxados por cavalos gordos, luzidios e bonitos, que me fizeram lembrar o meu querido Passarinho. E as pessoas indo e vindo pelas ruas iluminadas, umas com chapéu da palhinha, outras de cartolas lustrosas. Estas eram as mais bem aquinhoadas na vida. Contrastavam com a maioria descalça, modesta e pobremente vestida. Compreendi logo que, na cidade de meus encantos, havia também pobreza, miséria e sofrimento. Ali mesmo, na estação, vi uma porção de gente doente pedindo esmolas. Uns aleijados, sem pernas, outros sem braços. Outros cegos. Muitos cheios de feridas. E muitos velhos estendendo as mãos sujas, magricelas e trêmulas, implorando uma esmola pelo amor de Deus. Havia ainda alguns de pernas inchadas e calças arregaçadas, exibindo as mazelas à caridade pública.

Fiquei frustrado com a cidade encantadora de minhas ilusões. Chegamos à casa dos patrões. Subimos ao primeiro andar, onde o casal feudal já se encontrava com seus filhos, inclusive o célebre capitão Artuzinho e seu irmão Juquinha, Mininha, Lolozinha e o velho avô da patroa, major Vitorino, também latifundiário.

A família patriarcal, quebrando as normas e em regozijo à chegada de seu chefe, preparou um jantar – e foi um excelente jantar. Para mim e meu companheiro, tão simpático quanto bom, nos tocaram os ossos do pescoço, duas costelas e dois pés de galinha. Numa palavra: os restos.

Estranhava tudo aquilo. Não estava acostumado àquele ambiente. As moças com cachos cheirando a brilhantina, perfumadas, sapatos de salto alto, apertadas de espartilho e cintos. E as que tinham bunda murcha faziam enchimentos para arredondá-la e empiná-la para trás. Eu cada vez mais confuso com tantas coisas aparatosas. As mulheres estavam luxuosamente vestidas.

Lolozinha era a caçula, a mais bonita, a mais simpática e humana, a menos presunçosa de todas. Mininha, muito bonita, a mais benfeita, porte elegante, sem afetação, era, porém, a mais egoísta, presunçosa e autoritária. Artuzinho já é nosso conhecido do engenho Brejinho. O Juquinha, considerado doente mental, semiabandonado pela família, morava num quarto reservado aos criados. Nem sempre ia à mesa e, nas ocasiões em que comparecia, brigava com as irmãs. Suas refeições eram com frequência servidas no quarto, principalmente quando havia visitas, o que nunca faltava. Era um homem pacato, falava pouco e de modo delicado.

Sá Raquel, como a chamavam, era a cozinheira, ganhava dez mil-réis por mês. Boa cozinheira, diziam dela os patrões. Era benquista por eles, não só por cozinhar bem como pelo pouco salário que recebia. Era uma criatura esquisita, não saía para canto nenhum, conversava pouco, cumpria rigorosamente suas tarefas de empregada doméstica. Importunava-me e ao meu querido amigo pretinho, a quem eu ia, pouco a pouco, dedicando uma grande amizade.

Esse menino era filho de uma escrava da família feudal, que, de dois em dois meses, vinha visitá-lo e, como o uso do cachimbo faz a boca torta, sempre trazia um presentinho, não para o filho, mas para os patrões, principalmente para a sinhazinha Neném, a quem serviu desde que começara a andar. Era uma servil criatura, de riso espontâneo. Bastava ver a cara do filho para perceber que era dela: nunca vi duas criaturas tão parecidas, e tão simpáticas e humanas. José era o nome do meu colega. Devia ter a minha idade. Tinha um riso encantador, dentes bonitos e benfeitos, olhos grandes e vivos, uma fisionomia bela; nariz grosso, cabelo de pimenta-do-reino, mas raspado a navalha, para não criar piolhos, segundo os nossos senhores. Trabalhava o dia todo. Quando não tinha o que fazer, ia vender doce de alfenim, feitos pela empregada para as "meninas", dizia Sá Raquel.

Eu o ajudava, solidário, em todos os trabalhos domésticos, menos nos recados de rua ou na venda dos alfenins, porque ainda não conhecia as ruas de Recife. Aos poucos, fui conhecendo, levando recados ou bilhetes para as pessoas amigas da família. Vez por outra, saía com o velho senhor de engenho, ou com seu filho Juquinha, para trazer as compras para casa.

A primeira casa comercial aonde aprendi a ir foi a farmácia do dr. Tomé Gibson, na esquina da rua São João com o pátio do Terço; o farmacêutico era o senhor Mendonça, homem bom e delicado. A segunda casa foi a Cruz Vermelha, na praça da Estação Central, defronte da Cruz Azul, cujos donos eram portugueses. Firmas de exportação e importação vendiam a varejo e a grosso para a capital e o interior do estado. Rivalizavam entre si. Era por intermédio da Cruz Vermelha que o coronel latifundiário recebia seus famosos vinhos Alcobaça, fabricados em Portugal. Vinham lacrados em diferentes tipos de garrafa ou em pequenos barris, que eram depositados num quarto escuro no socavão da escada. Creio que o velho não tinha muita noção da quantidade de vinho que havia ali. Só depois de uma limpeza em regra, que fiz a seu mando, é que ficou sabendo. Ele bebia uma garrafa ou dois quartos de litro de vinho a cada refeição, principalmente nas épocas de abacaxi. Comia um abacaxi pico-de-rosa ensopado no vinho depois de cada refeição. Só rejeitava o talo. Tomava um bule de chá-preto pela manhã, com dois pães de trezentos gramas, com manteiga Lepeletier, assados na brasa. À noite, comia a mesma coisa. Era o único que tomava vinho e chá. O resto da família, os dois escravos mirins e Sá Raquel tomavam café.

Uma coisa que aprendi logo foi a localizar a residência de dona Maria Prata, velha professora, que tinha duas filhas também professoras e uma garota chamada Bene, uma menina forte, gorda e "levada da breca". Era uma família conceituada e humana. As meninas da família Magalhães tocavam piano e também Francisquinha, filha da professora Prata, de quem quase me tornei admirador fanático. Ela cantava bem e eu gostava de sua voz e de suas músicas. Mãe e filhas não eram bonitas, mas eram de uma simpatia admirável.

Outra casa aonde aprendi logo a ir foi um velho sobrado no qual ficava o consultório do dr. Tomé Gibson, médico e amigo da família latifundiária, onde diariamente eu ia buscar e levar o jornal que a família tomava emprestado. Naquela época, o jornal custava apenas cem réis, mas a família Magalhães era de um pão--durismo sem limites e dispunha de criado para tudo.

Aprendi também a ir à padaria na antiga campina do Budé, hoje Siqueira Campos. Todos os dias, às cinco horas da manhã, ia ali comprar pães dormidos, que eram mais baratos.

O meu colega e amigo foi substituído por mim nos principais serviços domésticos, ficando somente na vendagem de alfenins. Só à noite recolhia-se. Depois que limpei o depósito de vinho do patrão, acharam que eu dava para ser zelador e, daí por diante, fui perdendo pouco a pouco a relativa folga que tinha.

À noite, depois da ceia, tinha que aprender a rezar, o que não era do meu agrado, mas a disciplina doméstica me obrigava. Ensinaram-me muitas rezas, a maioria das quais eu já sabia, mas desde que minha mãe morrera deixara de rezar. Eu desejava que fosse sempre dia, só para me livrar de tão grande xaropada. Um dia, estava impaciente e dona Maroquinha ralhou comigo por "falta de fé". Como há dias eu projetava reivindicar a promessa feita por sua mãe de que me ensinaria a ler, escrever e contar, criei coragem e desabafei, dizendo-lhe que preferia aprender a ler a aprender a rezar, pois já sabia de muitas rezas e não sabia ler; e, se soubesse, poderia aprender a rezar melhor. Ela respondeu pondo-me de joelhos diante do altar e exigindo que eu rezasse três padres-nossos e três ave-marias como castigo por minhas "heresias" contra os deveres sagrados; então acrescentou:

— Pode-se viver sem comer, ou comer muito pouco, mas não se pode viver sem rezar, porque a reza alimenta a alma, enquanto a comida só alimenta o corpo.

Entretanto, ela era a única privilegiada em tal setor no seio da própria família: comia duas refeições sólidas por dia. Irrefletidamente lhe perguntei:

— Nói pode vivê sem comê?

— Cale-se! — gritou ela. — E reze suas penitências, ouviu?

Baixei a cabeça e não dei mais nem um pio, mas também não rezei nada, até que ela me mandou levantar. Eram dez horas. Fui dormir. Comentei o fato muito baixo com o meu amiguinho, que dormia na mesma cama que eu. Ele disse:

— Ela já fei isso cum eu muitas vez inté qui injuou e me dexô de mão; eu inté achei bom; tu num sabe di nada; quando ela começa a dá cocorote é pior; ela dá castigo de manhã, adespoi ela dá cocorote im tu como deu ni mim.

Aqui ouvimos um "psiu" e ficamos mudos até de madrugada, quando se ouviu o toque de alvorada despertando a soldadesca que dormia no quartel Cinco Pontas.

No dia seguinte, a velha, pressionada pelas filhas, passou-me um carão, porque respondi mal à sua filha quando ela me ensinava "o caminho do bem". Disse que estavam me criando para ser um homem, e não um herege; que eu tinha de aprender a rezar. Tive vontade de responder algo, mas engoli em seco e fiquei me roendo e abafado. Ela acrescentou:

— Prometi a Dondom e a sua irmã que te ensinaria a ler e a contar, mas se não aprenderes a rezar não aprenderás a ler e a contar.

Foi um xeque-mate dado contra mim pelo diabo da velha. Eu tinha de aprender todas as rezas que a filha beata me ensinasse dali por diante, do contrário não aprenderia a ler nem a contar. Eu não queria perder aquela oportunidade. O fato é que me esforcei e aprendi uma porção de rezas, mas as aprendi mais com meu amigo do que com a beata mesmo, de quem não gostava. Aos poucos, ela foi cansando e me deixando em paz. No dia em que a velha estava mais bem-humorada comigo, pedi-lhe que me ensinasse a ler. Respondeu-me:

— Vocês, ainda nem se dá os pés, já estão querendo as mãos! Quando for tempo de ensiná-lo a ler eu o saberei, não preciso de insinuações, está ouvindo?

Calei-me, cheio de ódio; sabia que nada mais iria aprender e todos os meus castelos tinham ido por água abaixo!

O pretinho me dissera que eles não me ensinariam coisa alguma, que a mesma coisa disseram a ele e a sua mãe e, até então, nada aprendera nem aprenderia jamais. Perguntei-lhe por que ele não ia para a casa de sua mãe; respondeu-me que seu padrasto não o queria em casa e, por isso, morava ali desde que completara quatro anos de idade; e ainda dava graças a Deus, pelo menos tinha comida e dormida garantidas. Perguntei-lhe se não tinha alguma irmã ou irmão para tomar conta dele; respondeu-me que só conhecia sua mãe e não sabia de outros parentes.

Coitado do garoto. Era mais atrasado, mais infeliz e mais conformado do que eu. Não tinha nenhuma prática da vida. O mundo dele era a família do coronel latifundiário, aquela casa, as ruas onde vendia os alfenins das "patroinhas", como ele as chamava, os trabalhos domésticos que executava e eu, que lhe merecia toda a confiança. Até Sá Raquel, para ele, era uma criatura quase estranha. O mundo do meu amiguinho era um mundo muito restrito, sem nenhuma perspectiva; não sabia de nada, não conhecia nada e seu vocabulário era mais limitado que o meu. Para ele, eu era um "douto", muito embora eu tivesse nascido na roça e ele na bela cidade de Recife. Tudo para ele era bom, nada reclamava, nada pedia. Foi a criança mais obediente e mais delicada que conheci em toda a minha existência. Era incapaz de pronunciar qualquer palavra pornográfica — e sem dúvida ouvia muitas, pois andava pelas ruas comerciando os alfenins das patroinhas.

Éramos dois irmãos e amigos exclusivos, porque nem ele nem eu tínhamos outros na cidade. Não tínhamos liberdade de brincar, nem mesmo de falar com outros garotos, por isso nos queríamos muito. Contudo, ele me parecia mais infeliz do que eu, porque não pensava em nada e para ele a vida não passava daquele ambiente. Eu, ao contrário, sentia revolta contra as injustiças, embora não soubesse expressá-la. Sentia a vida desigual das crianças e dos homens. Crianças que morriam de fome, viviam descalças e não comiam, não estudavam, não vestiam, não calçavam e nem sequer tinham casa para morar; crianças, enfim, que nada tinham e apenas vegetavam com seus pais – muitas nem pais possuíam. Eu tinha saudade de minha mãe, de meus irmãos, de vovó, de meus tios e chorava nas horas de maior aflição. Nós só tínhamos tempo de conversar na hora de dormir, e muito baixo para não incomodar os nossos "senhores, donos da vida".

E assim, vegetando, íamos levando a vida como podíamos, sem passear, sem direito a diversões nem a coisa alguma. Nem mesmo podíamos brincar um com o outro, porque não dispúnhamos de tempo, nem nossos senhores deixariam. Nossas palestras eram poucas e pouco dizíamos um ao outro. Também eram poucos os nossos assuntos. Lá uma vez ou outra ele me contava algo do seu comércio de alfenins, mas não entrava em detalhes, seja porque não soubesse contá-los, seja porque os esquecia. O fato é que falávamos pouco.

Nessa época, havia grande agitação entre dois partidos políticos: os dantistas e os rosistas, isto é, os partidários do General Dantas Barreto e os do dr. Rosa e Silva. O primeiro partido era apoiado pelo governo federal e o segundo pelo governo estadual e pela burguesia, principalmente a burguesia rural, que era a maior força política e econômica do estado e o que havia de mais conservador, opressor e tirânico; dominava os colégios eleitorais do interior e os votos de cabresto do funcionalismo público, que era obrigado a votar com o situacionismo: os que não votassem a favor do governo seriam imediatamente demitidos (além de tudo, o voto era a descoberto). O candidato General Dantas Barreto, muito mais popular que seu opositor, propunha-se a liquidar a oligarquia de Rosa e Silva, que, havia vinte anos, dominava a política de Pernambuco.

O fato é que, com toda a máquina eleitoral na mão, o governo venceu fraudulentamente as eleições. Eram esses os comentários que eu ouvia na casa do coronel Magalhães, que se dizia dantista e pregava bandeirinhas verdes e amarelas com o retrato do general nas portas e janelas de seu sobrado. Embaixo deste, morava um oficial do 49º BC que era íntimo da família latifundiária.

O povo, não conformado com a vitória de Rosa e Silva, foi às barricadas; o governo pôs a polícia e a jagunçada nas ruas para reprimir a massa revoltada. Deflagrou-se a luta e o 49º BC confraternizou com o povo sublevado. Esmagaram o situacionismo, houve muito sangue, muitas mortes e o velho general Dantas Barreto saiu vitorioso.

Recife teve a maior festa popular de sua história. Dantas Barreto era endeusado em todo o estado. Nas praças e em mais de 90% das casas da cidade, o povo demonstrou que estava cansado de tanta opressão e dos desmandos da tirania rosista. Muitas modinhas foram feitas, impressas, divulgadas e cantadas. As casas dos situacionistas foram pichadas, seus habitantes tiveram que se ocultar, porque eram caçados como feras. A casa do coronel dr. Santos Selva ficou toda pichada e os vidros das portas e janelas quebrados; seus ocupantes fugiram milagrosamente, para onde e como só eles poderiam dizer. A verdade é que sumiram de Recife e de

Pernambuco, pelo menos durante o governo de Dantas Barreto, que, segundo se veio a dizer, foi o melhor governo do estado desde a Proclamação da República. Pelo menos, pelo pouco que sei, o prefeito nomeado para a Prefeitura de Recife foi o mais dinâmico, progressista e eficiente de todos os que por ali passaram até então: trata-se do velho general Eudoro Correa, que, durante a sua gestão, construiu calçamentos modernos nas praças e nas ruas principais de Recife, substituiu os bondes de burros pelos bondes elétricos, pôs iluminação elétrica no centro da cidade e nas ruas principais dos bairros, modificou e modernizou gradativamente o sistema de águas e esgotos, bem como ampliou a rede escolar e deu início à arborização das ruas e praças etc.

Para a desgraça do povo pernambucano, houve então uma tenebrosa epidemia de varíola, que dizimou a população do estado e principalmente a de Recife. Na casa da família Magalhães, matou a criatura de quem eu mais gostava, o meu querido amigo, o menino escravo que me lembrava o senhor Peregrino do engenho Brejinho: eles se pareciam muito na cor, nos olhos, no nariz e, sobretudo, no conformismo.

Foi então que se revelou a grande falta de sentimento humano da família Magalhães. Vejamos: o garoto começou a se queixar de dores na cabeça, febre e algumas bolhas no rosto. Queixou-se de doente e, mesmo assim, teve de ir vender os tais alfinins. E voltou cedo porque não pôde mais suportar a dor na cabeça e a febre muito alta. O médico, dr. Tomé Gibson, que viera vacinar a família, examinou o garoto e constatou varíola da "braba". Fui logo designado para preparar o quarto do socavão da escada para isolar o bexiguento. Toda a família isolou-se dele, o que era mais ou menos justo. Tive que tirar mais de duzentas garrafas de vinho para alojá-lo no local. Até aqui, nada de anormal. Eu lhe levava comida e dava-lhe remédio. A família custou a hospitalizá-lo e, quando o fez, era tarde demais. Além disso, ninguém lhe fizera nenhuma visita. Dias depois, soubemos de sua morte.

Tudo, então, piorou para mim. Perdi o amigo a quem dedicava uma grande estima. Não tinha mais com quem confabular e nem quem me ajudasse, sobretudo agora, que a família aumentara para onze pessoas. Cuidava sozinho das minhas tarefas: limpeza da casa, dos quartos, coisa que não fazíamos antes, e agora, além das tarefas de varrer a casa, limpar os móveis, pôr e tirar a mesa três vezes por dia, limpar e arear os talheres, lavar os pratos, a pia, o banheiro, a privada, ir à padaria às cinco horas da manhã, fazer todos os mandados, ir ao mercado comprar verdura e carne verde às terças e quintas-feiras, passar o pano molhado três vezes por dia na sala de jantar, na copa e corredor, ainda apareceu mais a tarefa nojenta de lavar três vezes por dia as escarradeiras, em número de onze, e igual número de penicos cheios de merda e mijo fedorentos. Essas tarefas foram o meu abecê e a minha tabuada, algo muito diferente daquilo que dona Neném prometera a dona Dondom e a minha irmã. Havia dias em que eu não tinha tempo nem de me coçar.

A professora dona Maria Prata e suas filhas acharam demasiado o meu trabalho e, como íntimos da família, aconselharam a patroa a reduzir um pouco a minha carga. A família Magalhães apenas respondia que eu estava habituado a trabalhar e que menino não se cansa nunca com o trabalho. E tudo ficava na mesma.

O velho patrão comprou uma grande casa na rua da Concórdia, esquina com a rua do Peixoto. A casa tinha oito quartos, uma grande sala de visitas, sala de jantar, uma sala de copa, um corredor, um quarto para empregados e outro para empregada; além dos seis quartos da família e dos de hóspedes, dispunha de um bom quintal, banheiro e privada. Era o mesmo que uma casa-grande de engenho. O velho mandou saneá-la, forrá-la, entijolá-la, pintá-la por dentro e por fora e fazer um galinheiro. Feito isso, fez a mudança e, na moradia nova, minhas obrigações aumentaram mais ainda. Agora a casa era maior, tinha mais o quintal e o galinheiro para limpar, diariamente, antes das seis horas da manhã.

Minha raiva era grande, porque eu lavava com sabão toda a louça do banheiro, o piso, areava e lavava a bacia da privada duas vezes por dia e, apesar disso, a família latifundiária, com exceção do Juquinha, só cagava e mijava nos penicos de porcelana. Os penicos tinham que ficar bem limpinhos e enxutinhos para não molhar a bunda das grã-finas. E ai de mim se alguma delas ou algum deles fosse ao vaso e tivesse algumas gotas d'água em suas bordas. Era uma confusão dos diabos contra mim e todos bradavam contra o meu relaxamento. Alguns diziam que era proposital. Uma vez pedi que me tirassem daquela tarefa. A resposta foi:

– Estás aqui para trabalhar no que for necessário. Não tens de escolher nada!

Até então, eu nunca tinha feito nada proposital. Aquelas palavras ficaram dançando na minha cabeça, roendo-me o pensamento e decidi daí para a frente não enxugar os penicos. É claro que houve uma confusão dos diabos contra mim e dessa vez eles tinham razão, e ficaram com ela até minha fuga. Alimentei a ilusão de que eles me livrariam daquela tarefa e passariam a usar o sanitário pelo menos durante o dia. O sanitário era asseadíssimo. De toda a família, somente duas pessoas não me faziam reclamações nem aplaudiam as reclamações contra mim: o Juquinha, que não intervinha nos assuntos domésticos da família, e Lolozinha, a mais moça, que devia ter os seus dezesseis anos. Esta nunca reclamava de nada nem brigava comigo, nem sequer mandava-me fazer as coisas. Eu gostava dos dois, a quem servia com muita espontaneidade.

Vendo que não me tiravam daquela imunda tarefa, dei para, vez por outra, quebrar um dos ricos penicos de porcelana, mas somente os fazia depois de limpá-los. Jogava-os para cima e deixava-os cair no azulejo. Aí vinham todos contra mim, com insultos e ameaças.

Fazia mais de quatro meses que a mãe de meu falecido amigo Zezé não aparecia na casa da família latifundiária. Eu supunha que ela também tivesse morrido de bexiga e ninguém parecia esperá-la mais. Não obstante, um dia ela apareceu.

Interrogada, disse que realmente estivera doente da malvada bexiga, mas ficara boa e viera dar a bênção ao seu filho. A velha matrona respondeu:

— O menino morreu de varíola há mais de quatro meses, quando ainda estávamos morando na rua Augusta.

A pobre mãe caiu numa choradeira dolorosa. Sua ex-senhora disse:

— Cale-se, mulher, ele morreu porque Deus quis, para que tanto berreiro?

A ex-escrava levantou a cabeça, cravou os grandes olhos na ex-sinhazinha e respondeu:

— Sinhá, sou mãe dele, num picisa bigá cum eu não; vou imbola, me adisculpe.

E saiu para sempre.

A velha, comentando o fato com a filharada, disse:

— A culpada de tudo isto é a princesa Isabel, mais esse Joaquim Nabuco e outros que libertaram os negros. Antigamente, os crioulos nos respeitavam devido à chibata e à palmatória; agora, sem peia e sem bolos de palmatória, fazem destas.

Eu não sabia o que era "libertaram", nem princesa Isabel, nem Nabuco. Só mais tarde vim a saber o que significava liberdade, quem eram Joaquim Nabuco e a princesa Isabel.

5

Depois de ter feito um giro por seus engenhos, o velho coronel Magalhães voltou para Recife e eu fui esperá-lo na estação com seu filho Juquinha para trazer a maleta. Juquinha compreendia-me e eu a ele. Tratava-me bem e, sempre que saía comigo, ia me ensinando o nome das ruas, dos becos, das praças, das pontes etc. Eu gostava de sair em sua companhia. O velho também não era mau. Nunca brigou comigo. Quando muito, dizia:

– Toma juízo! Toma juízo...

Era de uma calma a toda prova. Um dia ganhei coragem e pedi-lhe que mandasse ensinar-me o abecê. Respondeu:

– Fala com Neném, fala com Neném...

E ficou tudo do mesmo jeito. Tive vontade de pedir para ir embora, mas faltou-me a coragem.

O major Vitorino, avô da patroa, sempre que vinha do interior, ou voltava, dava-me uma prata de quinhentos réis, como gorjeta pela maleta que lhe carregava e pelas botas que lhe engraxava, de forma que agora eu já tinha juntado mil e quinhentos réis. Eu não gastava o meu rico dinheiro porque queria, quando fosse para o interior, comprar presentes para minhas irmãs e minha avó.

De uma feita, fui buscar o jornal no consultório do dr. Tomé Gibson e, ao chegar à praça Joaquim Nabuco, um jovem muito elegantemente vestido perguntou-me se eu queria ir à rua Aurora e apontou-me o sobrado e o andar. Deu-me uma carta para entregar a uma moça.

– Vá depressa! – disse-me ele e deu-me duas pratas de quinhentos réis.

Era muito dinheiro para pouco serviço. Quis devolver-lhe uma das pratas. Ele disse:

– São suas!

– É muito – respondi.

– Tem nada, não; fique com ela. Vá logo e diga à moça que olhe na janela. Eu fico esperando a resposta.

Fui correndo. Cheguei ao segundo andar do sobrado, bati na porta, veio uma senhora e entreguei-lhe a carta. Ela, louca de alegria, chamou uma moça que, se não me engano, tinha o nome de Terezinha. Esta veio correndo, recebeu a carta e ficou muito alegre; mais alegre do que a primeira. Dei-lhe o recado do moço. Ela foi à janela, viu o rapaz, ficou mais alegre ainda. Mandou-me esperar. Não demorou muito a entregar-me um bilhete e quinhentos réis. Restituí-lhe o dinheiro, dizendo que o rapaz já me havia pago. Ela pôs o dinheiro no meu bolso, dizendo:

– Este é seu, sou eu quem lhe dou, e muito obrigada. Vá depressa, que ele está esperando e tem pressa.

Desci a escada deslizando pelo corrimão. Ganhei a rua, saí correndo e atropelando o povo pela ponte da Boa Vista. O rapaz recebeu a resposta, leu-a e agradeceu-me.

Saí a toda velocidade para o consultório do médico, que já ia fechando. Peguei o jornal e voltei. Creio que, se me atrasei, foram poucos minutos, porque nada me disseram os patrões. O fato é que já era possuidor de três mil-réis. Uma fortuna! Jamais pegara em tanto dinheiro meu mesmo. Meus castelos iam, aos poucos, crescendo nos meus miolos.

Artuzinho ia casar-se em dezembro de 1911. Os preparativos eram grandes. Os velhos compraram-lhe uma casa na rua Vidal Negreiros. O casamento seria celebrado em casa de seus pais. A festa ia ser grande. Resolveram pintar toda a casa a óleo. Comprar tintas, pincéis, trinchas e ainda pagar um pintor seria gastar muito. Então, o próprio Artuzinho seria o lambuzador de paredes. Logo no primeiro dia fez calos nas mãos e entregou-me o pincel, para que eu executasse as tarefas de pintura, sob as vistas do célebre capitão do engenho Brejinho.

Foi bom, porque me livrei de todos os trabalhos domésticos, menos o de limpar as escarradeiras e os penicos – o do banheiro, o do galinheiro, o do quintal e o da padaria. Trabalhava até as nove horas da noite. Tive de caprichar muito nas salas de jantar e de visitas e no quarto dos noivos. Sobretudo no quarto dos santos. Depois de quase um mês de trabalho, só faltava o quarto da beata Maroquinha e o do Juquinha. Adoeci de uma terrível intoxicação. Vomitava dia e noite, com febre e muita dor de cabeça. Nada me sustentava no estômago. Cada dia piorava mais.

Quiseram me colocar no hospital de caridade. Eu não queria ir. Tinha medo de morrer, como morreu o meu amigo Zezé. Insistiram. Ameacei fugir se me obrigassem a ir para o hospital. Pedi que me mandassem embora. Queria morrer em casa de vovó. Responderam que daquele jeito não me mandavam embora nem me deixariam sair. Que eu tinha de ir mesmo para o hospital. Respondi que não ia de jeito nenhum. Preferia morrer à míngua pelas ruas.

Lolozinha, que nunca interferira, nem contra mim nem a meu favor, disse:
— Acho uma injustiça e uma judiação mandar esse menino para o hospital. Ele intoxicou-se trabalhando com tintas a óleo, trabalhando sozinho, dia e noite, pintando a nossa casa, e agora, porque está doente, vamos mandá-lo para o hospital? É uma judiação. Se papai estivesse em casa, não consentiria. Sou contra.

Juquinha, que, como sua irmã Loló, nunca tinha dado um palpite a meu respeito, disse:
— Vocês comeram a carne do menino e agora não querem roer os ossos. Onde está o sentimento cristão de vocês? Para que servem tantas rezas e tantos jejuns que vocês fazem? Ponham esse menino no meu quarto que eu tomo conta dele.

Lolozinha:
— Eu tomo conta dele e me comprometo a dar-lhe remédio, comida e limpar os vômitos dele.

De início, tive uma grande piora porque fiquei muito contrariado. Ou melhor: revoltado. Mas Juquinha foi buscar o médico, que passou outros remédios, inclusive dietas. Com a solidariedade de Juquinha, que me arranjou umas limas, e a maneira delicada e humana de Lolozinha alimentar-me e dar-me os remédios que o médico passara, fui pouco a pouco melhorando, mas não podia comer quase nada. O velho encomendou limas e água de coco e, dias depois, eu já podia comer alguma coisa. Quanto a Lolozinha e Juquinha, eu seria capaz de fazer tudo que mandassem, mas eles não me mandavam fazer nada. Agradecido, eu zelava o mais possível pelos quartos deles. Mesmo antes da intoxicação, já cuidava mais dos seus quartos que dos demais. Eu tinha vontade de ser-lhes útil. Eles me compreendiam e eu a eles.

Daí para a frente, as irmãs de Juquinha, vez por outra, provocavam atritos com ele, que calmamente, sem zanga nenhuma, rechaçava todas as provocações. Nenhuma delas tinha argumentos para Juquinha. Nas trincas delas contra o irmão, não só saíam perdendo, como se levantavam chorando de raiva. A única coisa que diziam era que ele era a vergonha da família e que desejavam "que o diabo o carregasse para as profundas do inferno". Ele respondia com uma gostosíssima gargalhada e comentava:
— Amanhã vocês vão à igreja purificar-se dos seus pecados, não?

A velha intervinha quando a coisa chegava a esse ponto. Ele se retirava. Eu lhe levava o café no quarto quando ele se retirava da mesa. Tinha vontade de abraçá-lo de contentamento. Na verdade, não sei o que havia entre o filho Juquinha e o resto da família. Mas que havia algo sério entre eles, havia.

Quando o velho Magalhães chegou, apoiou a atitude dos filhos Juquinha e Lolozinha em relação à minha doença. Ele achava que minha carga de serviços era pesada demais. Todavia, dominado pela esposa, e como o casamento do filho estava perto, o meu trabalho aumentou mais um pouco. Fui eu que limpei toda a casa onde seu filho ia residir com a mulher. Não somente fiz a limpeza, como fiz a mudança das cadeiras, mesas, aparadores, quadros e todas as peças que podia conduzir. Finalmente, chegou o dia 24 de dezembro. O casamento foi realizado em casa, como estava previsto, tanto o religioso como o civil.

Uma verdadeira multidão de convidados compareceu ao casório. Muitos carros puxados por cavalos bonitos. Foi uma noite de festas e exibição da grã-finagem. Parecia-me que toda a riqueza de Recife estava ali concentrada. Cada qual exibia suas roupas caras e magníficas joias, numa verdadeira orgia de riqueza e grandeza, que impressionava a todos os que assistiam do sereno, uma verdadeira multidão de curiosos. Todos elogiavam o vestido da noiva e o esplendor da festa.

A minha tarefa foi lavar os pratos e talheres até meia-noite, depois de terminada a festa, com o recolhimento dos noivos ao quarto, cuidadosamente ornamentado e cheio de presentes.

Houve, entretanto, um fato que empanou o brilho da festa, não só para a família Magalhães como para os convidados. Creio que somente eu gostei muito do incidente: seu Juquinha, como o chamavam, não foi convidado para a mesa e, às dez horas da noite, quando serviram o jantar, a velha fez um prato com o que havia de melhor, pôs numa bandeja e mandou-me levar a ele. Recebeu calmamente a bandeja, pôs em cima da mesa, vestiu o seu paletó de alpaca, bastante surrado e, de chinelos nos pés, pegou a bandeja e saiu firme. Chegou à mesa onde toda a família, os padrinhos do casório e os convidados mais categorizados estavam se deliciando com perus assados, pernis de leitão, galinhas de cabidela ou a molho pardo, filé-mignon, e disse:

— Esta comida é muito fidalga para mim. Comerei hoje com os empregados, na cozinha.

E voltou para o seu quarto.

Toda a família e os convidados de honra ficaram pasmados com a atitude do homem, que era tido como doente mental. Os donos da casa, como justificativa, disseram:

— Ele hoje não está bom. Por isso mesmo é que não veio à mesa.

E pediram as necessárias desculpas.

Praticamente, o episódio acabou com a alegria da festa e com a própria festa, o que foi muito bom para o casal de noivos, que, uma hora depois, já estava em seu quarto, em lua de mel.

A velha fez um prato e chamou o filho para jantar na mesa depois que os convidados saíram. Ele veio e disse:

— Hoje, minha mãe, eu como é com este menino.

A velha não teve outro jeito senão pôr alguns pratos de travessa na mesa da copa, onde ele comeu, vendo as lágrimas de sua mãe deslizarem rosto abaixo e ouvindo os cochichos surdos das irmãs e o pigarrear do velho senhor feudal, que nada disse nem ao filho nem à família. Mas era visível o seu profundo desgosto.

No dia seguinte, toda a família acordou muito tarde, menos eu, que tinha de ir à padaria às cinco horas e depois limpar os galinheiros, lavar o banheiro, varrer todo o corpo da casa, limpar os móveis, lavar as escarradeiras, limpar os penicos, os talheres, passar o pano molhado no corredor, nas salas de visita e jantar, na copa, e varrer a calçada da rua.

Juquinha foi o primeiro da família a levantar-se. Fiz a limpeza do seu quarto enquanto ele tomava banho, limpei sua mesa, engraxei seus sapatos, caprichei o quanto pude. Quando saiu do banheiro, perguntou-me:

– Como é, Grilo? Esse povo não se levantou ainda?

Respondi que não.

Ele foi à cozinha, pediu café e pão para dois. Sá Raquel esquentou o pão com manteiga para ele; e, para mim, deu-me um pedaço de pão sem manteiga. Ele disse:

– Pedi café e pão com manteiga para dois.

Sá Raquel pôs manteiga no meu pedaço de pão sem esquentá-lo. Ele olhou para a empregada e se limitou a dividir o seu pão comigo. Tomamos café juntos.

Eram quase dez horas quando os velhos levantaram. A mesa já estava posta, o café para a família no banho-maria, o bule de chá para o velho também, os pães torrados na brasa e os pratos de bolo na mesa. Sá Raquel informou que o Juquinha já tinha tomado café com o Grilo na copa. Mas a velha foi ao quarto do filho trazê-lo para a mesa. Obedeceu-lhe, veio de braços dados com ela até a mesa e serviu-se de uma fatia de bolo para dar-lhe satisfação. Pais e filhos conversaram muito tempo e tão baixo que não se percebia, mesmo porque a velha me mandou ir para a sala da copa. Quando terminaram o café, fiz toda a faxina dos quartos, inclusive o despejo do grande urinol de porcelana que era o único que eu ainda não tinha quebrado, mas cujo fim estava no meu projeto. Os urinóis de porcelana haviam sido substituídos por urinóis de ágata.

Três dias depois, o casal mudou-se para a sua casa, na rua Vidal de Negreiros, onde vez por outra eu ia fazer a limpeza enquanto não arranjassem empregada. Foi o meu descanso.

Quanto às minhas relações com Lolozinha e Juquinha, apesar de serem boas, eram restritas. Juquinha vivia lá em seu quarto e estava no momento substituindo o irmão em sua loja comercial; Lolozinha tinha receio de ser censurada pelas irmãs, que se mostravam cada vez mais egoístas e presunçosas.

De quando em vez, ia levar recados à professora Maria Prata ou às suas filhas, principalmente à professora Francisquinha. Elas, às vezes, batiam papo comigo, diziam que tinham pena de mim. Como eram amigas da família Magalhães, não queriam incompatibilidades com ela, mas, se um dia eu me visse no olho da rua, elas disseram que me ampaririam, para eu fazer companhia à sua caçula Benê, que não tinha com quem brincar.

Uma semana depois, o velho viajou para rever e controlar suas propriedades latifundiárias. Demorou mais de um mês. Eu dormia no quarto de Sá Raquel e vinha tendo ligeiros atritos com ela. Desgraçadamente, a situação foi se agravando. Pedi à patroa para dormir na sala da copa, mas ela não consentiu. Uma noite, sem que nem pra que, na hora de deitar-se, Sá Raquel mandou que eu ficasse de frente para a parede. Eu não era curioso, nunca havia olhado para ela na hora de deitar-se, mas como estava zangado com ela, não obedeci; então ela jurou me dar umas pancadas com o cabo da vassoura. Duvidei.

No dia seguinte, depois do almoço ajantarado, tivemos por qualquer motivo uma discussão. Ela aproveitou-se disso para cumprir a promessa e deu-me uma pancada com o cabo de vassoura. Mas só deu uma, porque na segunda pulei para cima dela e agarrei-lhe os cabelos. Caímos os dois, eu por cima dela. Ela berrou, vieram as patroinhas e foi uma confusão dos diabos. Uma delas me deu um tapa na nuca. Fiquei louco de raiva, fui para o quintal e o que tinha de pedaços de tijolos e pedras joguei nelas, que correram e se trancaram nos quartos. Fui para a rua e de lá comecei a jogar pedras a torto e a direito. Quebrei tudo que era de cristaleiras e de espelhos grandes de cristais. Tentaram me acalmar, mas foi em vão; eu estava louco de raiva.

Elas, sabendo que eu gostava de Lolozinha, chamaram-na para me acalmar; a moça pediu-me com tanta ternura que eu entrasse em casa que me fez lembrar de minha mãe. Já arrependido do que fizera, deixei-me dominar completamente. Levou-me para dentro de casa. Era grande a multidão do lado de fora, assistindo à minha revolta. Logo que entrei, houve uma reunião da Sagrada Família Latifundiária; cada um dava um palpite a meu respeito, a maioria opinava que me pusessem para fora de casa. Os que eram contra a minha expulsão disseram que só o pai poderia me expulsar e perguntaram para os que desejavam a minha expulsão:

– Quem vai fazer os serviços que ele faz? Vocês?

A velha decidiu, dizendo:

– Vamos esperar até a chegada do Magalhães. Enquanto ele não chega, vamos ver se arranjamos outro menino.

Nesse dia, eu não faria mais nada; mas, como a Lolozinha começou a lavar os pratos e eu lhe devia certa gratidão e gostava muito dela, tomei-lhe os pratos e fiz todo o trabalho da copa. Mas não pus a mesa para a ceia nem varri os vidros quebrados. O prejuízo foi grande, mas a vergonha que eles passaram foi maior. Eu não tinha almoçado nem quis cear, apesar da insistência da Lolozinha e do bem que lhe queria. Pedi que me mandassem embora, disseram-me que só o velho poderia resolver, que eu esperasse o seu regresso.

Antes de dormir, Lolozinha veio falar comigo. Pela primeira vez, sentou-se em minha cama de lona e sem forro, pediu-me calma, que ninguém me bateria mais naquela casa, e me assegurou que, se fosse de minha vontade, seu pai mandaria me levar à casa de Dondom e de lá eu seguiria o rumo que bem quisesse. Disse ainda que ela, Loló, tomaria conta de mim até a chegada do velho.

O meu desejo, de fato, era fugir naquela noite, mas cedi ao pedido da moça. Além da amizade que lhe dedicava, era-lhe muito grato pelo tratamento que me dera durante a doença.

Juquinha, que tinha ido substituir seu irmão na casa comercial de Jaboatão, durante a lua de mel, voltara. Artuzinho dera-lhe conta do ocorrido em casa de seu pai. A velha, sabendo da atenção que eu tinha a seu filho, convenceu-o a me persuadir a ter calma e aguardar a chegada de seu pai. Aceitei os argumentos do rapaz e, no dia seguinte, desde as cinco horas da manhã já estava engajado em todas as tarefas do dia a dia, mas passei a dormir na sala da copa. Alguns dias depois, Sá Raquel fez as pazes comigo e passou a me tratar melhor do que antes. Todavia não me saía do pensamento a ideia da fuga. Eu sabia que o velho não me mandaria embora nem eles achariam um garoto que aguentasse o peso daquelas tarefas, ainda que pagassem corretamente. Melhorou muito o tratamento deles para comigo. Na relação pessoal e na comida. Isso porque tinham receio de que eu fugisse.

Numa ocasião em que saí para buscar o jornal no consultório do médico, deram uma busca no meu baú e levaram os meus valiosos três mil e quinhentos réis. Só vim a saber disso na véspera de minha fuga. Eles sabiam que o velho não consentiria que eu fosse e, portanto, presumiam a minha fuga como certa. Então, tiraram-me o dinheiro e a única roupa que tinha além da que vestia. O velho chegou, para voltar em seguida. Não teve tempo ou não quis tratar do meu caso. Por outro lado, a família tinha quase certeza de que eu não iria embora sem roupa e sem dinheiro. Equivocou-se.

Um dia, após a volta do velho ao latifúndio, fui à padaria. Levei o meu velho chapéu de palha, deixei-o escondido atrás da porta da padaria, trouxe a cesta de pães, depositei-a em cima da mesa e, mesmo sujo como estava (pois só trocava de roupa aos domingos) e sem um real no bolso, fugi para não ser mais escravo de ninguém. Voltei à padaria, peguei o meu velho chapéu e saí com ele na cabeça, sem rumo certo.

Ao chegar à rua de São João, vi um senhor que vinha com uma maleta na mão e uma porção de embrulhos, uns pendurados nos dedos das mãos e outros debaixo do braço; ofereci-me para levar a maleta. Ele aceitou, pôs-me a maleta na cabeça e um dos embrulhos debaixo do braço. Fomos direto para a Estação das Cinco Pontas. Estava na hora de o trem partir. Ele entrou no carro de primeira classe. Entreguei-lhe a maleta e o embrulho pela janela do trem e ele me gratificou com quatrocentos réis. Achei ótimo. Já tinha dinheiro para tomar café e almoçar. Fui a um quiosque para tomar café.

Antes de chegar lá, um outro passageiro, que também ia pegar o trem da Central com destino a Caruaru, perguntou-me se eu queria levar-lhe a maleta até a estação. Aceitei, com muita alegria. Chegando à estação, perguntou-me quanto devia. Respondi-lhe:

– Pague-me o que eu merecer.

Olhou-me, indeciso, e deu-me duzentos réis. Achei pouco, em relação ao outro, que me dera quatrocentos réis pelo carregamento numa distância menor; mas, pelo tempo que foi gasto e pelo trabalho que tive, achei justo e não reclamei nada.

Deixei a estação e fui tomar café em outro quiosque, que ficava ao descer da ponte da Boa Vista. Pedi um café grande com leite, meio pão e sessenta réis de bacalhau frito. Como tinha fome e o bacalhau estava muito gostoso, pedi mais meio pão, comi tudo e saí lambendo os beiços. Fiquei ainda com uma reserva de capital de trezentos e quarenta réis. Sentia-me feliz e bem alimentado. Continuei perambulando pelas ruas, pelas praças e às margens do rio Capibaribe.

À tardinha, achava-me no Pátio do Mercado de São José, defronte à Igreja da Penha, quando uma senhora já idosa veio a mim e pediu-me para transportar umas coisas à Estação do Brum; disse que me gratificaria generosamente. Não vacilei. Fui ajudá-la. Eram duas maletas e uma porção de embrulhos. Fiz duas viagens. Já era noite quando terminamos. Ela me deu seiscentos réis. Senti-me bem pago e muito satisfeito com a minha profissão de freteiro. Jantei um picadinho de charque com feijão, um copo de ponche de abacaxi e comprei vinte réis de cigarros Águia de Ouro. Tudo me custara trezentos e vinte réis, ou seja, uma pataca, na linguagem da matutada. Entre o almoço e o jantar gastara quinhentos e oitenta réis. Muito dinheiro, mas, em compensação, também ganhava muito: um mil e duzentos réis ao todo; o salário de um trabalhador naquela época.

Após o jantar, recomecei a perambular pelas ruas. Atravessei de volta do Brum a ponte de Buarque de Macedo, cheguei ao antigo cais do Abacaxi. A maré estava cheia, a água azulzinha que encantava a vista. Tive vontade de tomar um banho, mas fiquei com receio, pois não sabia nadar. Contentei-me em lavar o rosto e os pés. Não gostei da água salgada, ardeu-me os olhos. Saí andando pelas ruas do Imperador, Primeiro de Março, Livramento, rua Direita (que era, e ainda é, a mais torta de Recife). Cheguei ao Pátio do Terço e fui sentar-me numa das portas da farmácia do dr. Tomé Gibson, onde adormeci e só acordei de manhã, quando uma senhora me despertou para ajudá-la a transportar uma maleta até a Estação das Cinco Pontas. Pagou-me duzentos réis, o que já dava para o café. O dia havia começado bem para mim. Voltando da estação, tomei o bonde do largo da Paz e fui até lá só para conhecer. Voltei no outro bonde. Ao chegar à praça Diário de Pernambuco, saltei e segui pela rua Nova, atravessei a ponte da Boa Vista e desci pela rua da Aurora.

Ao cruzar com a avenida Conde da Boa Vista, fui chamado por um gringo. Eu não entendia nada do que ele me dizia. Terminou agarrando minha mão e saiu me puxando para o interior de uma casa muito grande, com muitas cadeiras e outros móveis. Mais tarde, vim a saber que se tratava da Igreja dos Ingleses. O fato é que me entregou uma vassoura e um espanador e me fez o gesto de varrer. Compreendi o que o gringo queria, varri todo o casarão e espanei todos os móveis. Quando terminei, estava molhado de suor e cheio de poeira. Ele me deu um taco de sabão e mostrou-me onde era o banheiro. Tomei um banho muito gostoso, vesti a mesma roupa toda suada e apresentei-me para receber o salário. Pagou-me mil e quinhentos réis. Estava ganho o dia.

Eram mais de duas horas da tarde. Tinha muita fome. Fui ao mosqueiro, almocei uma feijoada e pedi uma sobremesa de doce. O copeiro desconfiou e não quis servir-me o doce. Exigiu que eu pagasse adiantado; paguei, não só porque estava com muita vontade de comer doce como para mostrar-lhe que tinha dinheiro e não queria passar-lhe calote. Estava com muita sorte na minha nova profissão de freteiro. Saí do mosqueiro, ganhei a rua das Flores e saí no Pátio de Nossa Senhora do Carmo. Deviam ser três horas da tarde. Continuava sem rumo e sem um objetivo; tomava a direção que me dava na cabeça. Cheguei à rua de Santa Teresa, desci a rua Tobias Barreto, atravessei a rua da Concórdia, saí na praça da Estação Central, sentei-me num banco e dormi. Só acordei com os gritos do vigia pondo-me para fora, dizendo-me que ali não era albergue noturno. Eu não sabia o que era albergue noturno.

Fui para a praça da Estação, olhei o relógio, eram onze e meia. Saí sem uma direção definida, acabei seguindo rumo à rua da Concórdia, dobrei a rua de São João e entrei na rua Augusta. Passei em frente da casa do velho político caído coronel Santos Selva; sua casa continuava pintada de piche desde a revolução de 1911 e os vidros das janelas continuavam quebrados. Pulei o muro e dormi na porta de entrada do casarão.

Acordei antes do amanhecer. Fui à praça do Mercado São José. Sentei-me na calçada da Igreja da Penha, de onde saía uma senhora muito idosa com uma cesta na mão, que me perguntou se eu podia ir com ela até o mercado para ajudá-la a trazer as compras. Fomos. Ela comprou verduras e frutas e foi aos açougueiros regatear, aqui e ali, especulando, procurando menor preço. Terminou comprando um quilo de carne, mas saiu xingando o açougueiro e a carestia de vida. Um quilo de carne da boa custava mil e duzentos réis e da mais inferior, oitocentos réis. Depois, fomos comprar farinha, feijão e arroz; após muito regatear, comprou um quilo de cada coisa e saímos de volta à sua casa. Ela lamentando e falando sozinha da carestia de vida; dizendo que era o fim do mundo e que ninguém podia comer como antigamente, quando tudo era bom e barato e não havia tantos ladrões para roubar o povo. Com essas lamúrias todas, eu estava desconfiado de que não ia ganhar nada. Chegamos à rua Imperial, onde ela morava, subimos ao primeiro andar; ela bateu à porta e uma de suas filhas veio abrir. Ela entrou, tirou a cesta de minha cabeça e deu-me sessenta réis dizendo-se muito grata. Foi a primeira decepção que tive na minha profissão de freteiro.

Na volta para a cidade, porém, encontrei, na campina do Budé, uma família que ia para Caruaru cheia de maletas, baús e muitos embrulhos. Ofereci-me para ajudá-los. Puseram duas maletas em minha cabeça. Saí à frente com um dos rapazotes, que ia comprar as passagens. Ainda voltei para ajudar a levar o resto da bagagem. O garoto ia chorando, porque a mãe não queria carregá-lo; peguei-o e escanchei-o no ombro. Levei-o até a estação. A família gratificou-me com trezentos réis e deu-me um pedaço de bolo para comer. Nunca havia comido um bolo tão gostoso.

Minha vida ia passando. Dias bons, dias piores. Dormia onde o sono me vencia. Comia nos quiosques ou nos mosqueiros, quando tinha dinheiro. Quando não tinha, passava fome. Além disso, a profissão de freteiro ia se complicando dia a dia, devido à concorrência que eu fazia aos verdadeiros profissionais, que, além de serem adultos, eram matriculados, tinham suas chapas e apenas eles podiam exercer essa atividade. E eu não somente sofria as restrições deles como até perseguições e pancadas dos mais malvados. Já não me sentia seguro como até então. Comecei a procurar trabalho. Estava disposto a enfrentar qualquer trabalho, só pela comida. Percorri as poucas garagens de automóvel que existiam. Andei em todas as oficinas mecânicas e de marcenaria. Fui também às construções de casas. Fui à prefeitura oferecer-me para capinar as ruas, porém fui considerado pequeno demais para esse serviço. Encontrei algumas famílias que precisavam de empregado doméstico, mas eu tinha medo de que me acontecesse a mesma coisa que na casa dos Magalhães.

Quando a fome era muito grande, eu enfrentava os riscos e fazia alguns fretes, às vezes sem incidentes, outras vezes com sérios obstáculos e muitos tabefes dos homens matriculados. Revoltado, queria revidar, mas era ainda uma criança e não podia com eles, que eram homens e tinham filhos para sustentar. Queria matricular-me para enfrentá-los de igual para igual, mas recusaram-me na Associação dos Freteiros por ser menor. E, assim, fracassei na minha nova profissão. Desejava crescer, mas isso não dependia de minha vontade. Procurava trabalho por toda parte. Pedir esmolas eu não queria – não só porque tinha vergonha como porque me sentia capaz para qualquer trabalho dentro dos limites de minhas forças.

Uma noite, perambulava pelas ruas de Recife, quando, ao passar pela rua das Hortas, vi muita gente ouvindo música e dançando diante da sede do clube carnavalesco Carvoeiro. Atraído pela música do frevo, incorporei-me à multidão, no delírio do passo.

Um senhor agarrou-me pelo braço e perguntou se eu queria conduzir uma máquina de carbureto durante o ensaio do clube que iria até a meia-noite; ele me pagaria mil e quinhentos réis logo que o clube se recolhesse em Santo Amaro. Aceitei, mesmo porque tinha fome.

O clube saiu da sede provisória às oito horas da noite, andou de rua em rua, de distrito em distrito, de bairro em bairro, onde moravam seus sócios, e visitou a sede de outros clubes carnavalescos. Os músicos iam tocando marchas e frevos, vivos, bonitos e ritmados, arrastando uma gigantesca multidão de improvisados foliões, uns calçados e regularmente vestidos, outros descalços, maltrapilhos e famintos; uns embriagados pelo álcool e outros pela loucura do passo e do frevo.

O clube parava em todas as casas onde havia sócios e, ao parar, tocava um frevo ou uma marcha. O povo vibrava, pedia bis e os músicos atendiam. A massa aplaudia, dando vivas aos músicos e ao clube, e os sócios abriam a porta de casa e entrava toda a diretoria, entravam o cordão de sócios e os músicos. Bebiam refrescos e pingas, cervejas e licores, enquanto a massa nas ruas secava as garrafas das bodegas e dos bares. A diretoria apitava e a música irrompia no interior da casa. O pessoal do cordão fazia o passo em homenagem à boa acolhida e em honra à família do associado e saía para a rua, onde a multidão esperava um novo frevo, que não se fazia esperar. Era uma verdadeira loucura, consciente e espontânea. Cada passante procurava demonstrar sua agilidade, flexibilidade, ritmo e sua resistência física. Por onde passava, o clube arrastava mais e mais foliões, que caíam desenfreadamente no passo do frevo até o término do ensaio.

Eu via toda aquela festa, encantado pela música do frevo; tinha desejo de fazer também o meu passinho, mas não fazia por causa do peso da máquina do carbureto na cabeça. Mas que estava contagiado pelo frevo e pela alegria da massa, estava.

O clube recolheu-se à uma hora da manhã, depois de percorrer quase todas as ruas dos distritos e bairros de Recife. Depois que tudo serenou na sede, eu, que ainda mantinha na cabeça a máquina do carbureto, cansado, suado e faminto, perguntei a um dos encarregados do clube onde depositaria a referida máquina. Mostrou-me uma mesa onde a depositei e fiquei esperando de pé o pagamento dos mil e quinhentos réis do contrato. A maioria da diretoria já tinha se retirado, um deles, porém, me perguntou:

– Como é, pivete? Não vais embora?

Respondi-lhe que estava esperando o pagamento do transporte da máquina do carbureto.

– Que máquina?

– A máquina que conduzi desde a saída do clube da rua das Hortas até agora.

– Quem te contratou?

– Foi um dos senhores.

E aí começou o jogo de empurra de um para outro e terminaram dizendo:

– Venha buscar seu dinheiro amanhã.

Eu, que estava com muita fome, respondi:

— Não, senhor; eu quero receber é hoje, que preciso comer, tenho fome e não tenho dinheiro.

— Venha receber amanhã, já disse. Hoje não te pagamos nada, está ouvindo? E vá embora!

— Vou não! Só me retiro daqui quando receber meu dinheiro.

— O quê? Seu atrevido!

Um violento empurrão jogou-me fora da casa. Tentei resistir, foi em vão. O cara deu-me uns tabefes e bati em retirada; surrado, cansado, sujo de suor e poeira, muito faminto. Não conhecia o bairro de Santo Amaro, sem iluminação. No escuro, tentei voltar pelo itinerário do clube mas não dava certo. Finalmente orientei-me em direção à cidade e continuei andando. Mais adiante encontrei uma vasta murada, onde havia muitos lampiões acesos. Supunha que fossem casas iluminadas. Procurei uma porta de entrada; encontrei um grande portão de ferro fechado. Quase defronte, havia um pequeno galpão iluminado por um lampião a querosene. Fui até lá; estava aberto. Havia uma mesa retangular no centro e em cima dela havia um volume longo, coberto por um pano branco cheio de manchas. Sentei-me na entrada da porta. Sentia um cheiro esquisito. Supus ser do esgoto, adormeci. Choveu e molhei os pés e as pernas. Acordei, levantei-me e entrei na pequena sala. Encostei-me a um ângulo da parede, deitei-me e adormeci. Só acordei quando o encarregado me despertou aos gritos e admirado ao mesmo tempo. Saculejou-me de um lado para o outro, dizendo:

— Menino dos diabos, que está fazendo aqui, dormindo com os defuntos?

De repente, virou-se para a mesa e levantou o lençol:

— Olha pra ele! Vê como está feio e catingoso? Tuas ventas não sentiram o fedor dele, não?

Fiquei apavorado. Dormir junto a um defunto! Defronte a um cemitério cheio de sepulturas altas e baixas, habitado pelas almas do outro mundo, como diziam minha avó e outras pessoas que me contavam coisas de mal-assombro!

O fato é que dormi no necrotério, onde depositavam os cadáveres de pessoas indigentes, que chegavam depois das seis horas da tarde, para serem autopsiados no dia seguinte.

Fui levado à presença do porteiro; depois de me interrogarem, os funcionários cotizaram-se e me conseguiram cento e quarenta réis para eu tomar café.

Desde aí, livrei-me de todas as superstições e do medo de alma de outro mundo, do saci, do zumbi de cavalo, do caipora, dos índios e das mulas de padre, e deixei de acreditar nas estórias de reinos encantados, contados por minha avó e por outras pessoas desde o início de minha infância. Foi um grande remédio, que me libertou do passado de ignorância e obscurantismo. Desse dia em diante, tornei-me uma criança livre de superstições e procurava desfazê-las junto às crianças de minhas relações, mais aproximadas de mim, o que mais tarde iria me custar vinte e quatro horas de detenção e outros aborrecimentos quando era soldado.

Desesperado, cansado e faminto, sentei-me na calçada da farmácia Tomé Gibson. Havia perambulado desde o amanhecer até uma hora da manhã. A minha sorte foi um pedaço de pão que apanhei na lata de lixo do restaurante Manoel Leite na rua da Concórdia, praça Joaquim Nabuco. Sentei-me para descansar. Como tinha sono e começava a chover, encostei-me a uma das portas da farmácia e, mesmo em pé, comecei a cochilar, fui arriando aos poucos e terminei dormindo no batente da porta.

Só acordei quando o senhor Mendonça, o farmacêutico, chegou para abri-la, mais de sete horas da manhã. Continuava chovendo. Eu estava todo molhado. Seu Mendonça mandou-me entrar para o interior da farmácia e torcer a roupa para enxugar mais depressa. Tornei a vesti-la, deu-me duzentos réis para o café, recomendando-me que voltasse. Quando voltei, ele conversou comigo muito tempo. Deu-me notícias do velho Magalhães e de toda a família, do tempo que o velho andou me procurando, da recomendação que fizera aos seus amigos e até nota nos jornais, anunciando que gratificaria generosamente a quem me levasse à sua casa ou lhe desse alguma notícia a meu respeito. E terminou me dizendo:

– Grilo, estou para me casar. Espero fazer o casamento este ano. Minha noiva é uma boa criatura. Eu não sou mau, você já me conhece. Não queres ir passar uns meses com minha noiva? A família dela é composta de uma tia e um irmão, que é repórter d'*O Pernambuco,* o jornal oposicionista. Quando casar, se você se der bem, ficará conosco até não querer mais. Aceita?

– Aceito – respondi-lhe.

Deu-me dois mil-réis, mandou-me comprar uma camisa de meia de seiscentos réis e uma calça de mil e duzentos réis. Tomei banho com sabão, que há muito tempo não tomava. Troquei de roupa (a minha estava pra lá de imunda). Ele mesmo embrulhou a roupa suja num papel. Quando chegou o seu almoço, dividiu-o comigo e, à noite, depois que fechou a farmácia, fui com ele até a casa de sua noiva, que morava na rua da Saudade, hoje avenida Conde de Boa Vista.

O irmão da moça não estava em casa. Mas a tia e a noiva deram-me uma excelente impressão, principalmente a noiva, que logo no dia seguinte mandou-me cortar o cabelo, deu-me uma escova de dentes e uma pasta. Ferveu e lavou a minha roupa suja, cedeu-me o seu quarto de dormida e passou a dormir no quarto da tia. Deu-me um sabonete cheiroso, tomei café com pão e manteiga junto com a família. Levei a nota das compras para a mercearia, fui ao açougue, comprei carne boa e, quando voltei, comecei a varrer a casa, da sala de visitas para o interior. Ela não aceitou e disse-me:

– Meu filho, você veio para nossa casa não foi para ser meu criado... Veio para fazer alguns mandados de rua, fazer-me companhia e levar o almoço do Mendonça. Eu não posso e nem quero ter criados. Mendonça gosta de você e eu quero gostar de você como ele. Quando nos casarmos, se você quiser, ficará morando aqui toda sua vida. Seja um menino bom, é o que lhe peço e desejo de todo o coração.

Mas eu queria ajudá-la e me propus a lavar o banheiro. Ela aceitou. Fiquei alegre, porque estava sendo útil a quem me estendia a mão tão desinteressadamente. Depois, lavei o quintal, do que ela gostou muito. Pôs o almoço do senhor Mendonça ao meio-dia na marmita e eu o levei com toda presteza. Seu Mendonça comeu tudo, achou muito bom, devolveu-me as marmitas vazias e voltei à casa de dona Santinha, a noiva. A moça estava no banho. Enquanto ela se banhava, lavei, areei e enxuguei bem as marmitas. Coloquei-as no guarda-louças. Ela saiu do banheiro, penteou-se, pôs a mesa, chamou sua tia e almoçamos juntos. Era grande o meu acanhamento. Mas tanto ela como sua tia ajudaram-me a perder aquele preconceito de inferioridade. Sentia-me feliz. Acabamos de almoçar, ofereci-me para lavar os pratos. Disse-me que não, porque cada um tinha o seu dia de tirar a mesa, pô-la e lavar os pratos e que hoje era o dia dela. Tudo aquilo era um sonho para mim. O tratamento tão carinhoso, a maneira delicada de falar e a simplicidade das duas criaturas davam-me a impressão de que eu não estava na Terra, estava num mundo completamente diferente daquele em que tinha vivido até então.

Desconfiava de que tudo aquilo fosse provisório e dizia comigo mesmo:

– Isto não vai durar, daqui uns dias será tudo diferente.

Um dia, a tia de dona Santinha mandou-me fazer um jogo de bicho. Fiz o jogo, entreguei-lhe o talão. À tarde, deu o bicho em que ela jogou. Achou que eu lhe dera sorte. No dia seguinte, fez outro jogo; tornou a ganhar. Achou que eu entrei na sua casa com o pé direito, porque havia muitos meses que ela não ganhava um tostão no jogo de bicho. Ganhei a simpatia da tia Selma, como era chamada em família. Também passei a chamá-la assim. Todos os dias, quando eu acabava de tomar banho ou lavar o rosto pela manhã, ela fazia questão de pentear-me. Achava meus cabelos ondulados muito bonitos. Nunca em minha vida alguém me penteara os cabelos, a não ser minha mãe, quando eu era bebê. O fato é que eu estava satisfeito da vida e só não era mais feliz porque tudo de bom que recebia me fazia pensar em minha mãe e então eu era tomado de uma grande saudade de nosso passado. Em vez de alegria, ficava triste e pensativo. Isso acontecia, por exemplo, quando dona Santinha se sentava perto de mim ou me chamava para junto dela. Conversava coisas bonitas e dizia-me:

– Eu não conheci sua mãe, Grilo, mas olhar pra você é o mesmo que tê-la visto. Acho que você herdou tudo de sua mãe e deve se orgulhar disso.

Todavia não há bem que sempre dure nem mal que nunca se acabe. Quando estávamos na melhor fase de nossa vivência, chegou Edgar, irmão de Santinha. Não simpatizei com ele. Como ninguém da casa dependia dele, não houve complicações no início. Tudo marchava bem. Mas um dia ele disse:

– Esse menino é muito esperto. Está bom de ganhar dinheiro para nós.

E propôs à sua irmã que eu fosse vender jornais de meia para eles. A moça explodiu:

– Você está doido? Não está vendo que eu não permito tal coisa? Ganhar dinheiro à custa de uma criança! Eu? Você está maluco? Além de tudo, não é meu. Mendonça é quem responde por ele.

O irmão não falou com o noivo de dona Santinha, mas ainda fez algumas investidas, sempre rechaçadas. Seu Mendonça foi totalmente contra e afirmou:

– Sou o único responsável por esse menino. Ele não vai vender jornal nem coisa nenhuma, ele vai é aprender a ler.

Quando dona Santinha contou-me essa novidade, quase chorei de alegria.

Edgar era um tipo pérfido, mesquinho e cruel. Ele sabia que eu não dependia em nada dele, mas, como ajudava nas despesas domésticas da irmã e da tia, começou a exigir o impossível. O que ele dava para as despesas era o mínimo dos mínimos. Passou, porém, a reclamar da comida, dizendo que era pouca e ruim, do café da manhã e da roupa, que, segundo ele, não vinha limpa como antes. Às vezes, pedia dinheiro à irmã. Se ela não dava, era um deus nos acuda. E, por tudo isso, eu era o culpado, porque vivia como um parasita em sua casa, quando devia estar trabalhando e ganhando dinheiro para as despesas. Dona Santinha e sua tia respondiam que eu não era um parasita, que as ajudava e Mendonça dava-lhes uma mesada duas vezes maior que a dele, Edgar, e só tinha a refeição do almoço.

Fez um verdadeiro inferno contra a irmã e a tia. Chegou a ponto de tentar espancar a irmã, e o teria feito se não fosse a tia. Ameaçou-me com a Escola de Aprendiz de Marinheiro. Pintava a vida interna da escola como um antro de vício, perversões e os mais ferozes castigos. Eu acreditava e tremia de medo. Com essa chantagem, amedrontou não só a irmã como a tia e a mim também. A pobre moça chorava. Diante disso, como faltavam poucos meses para o casamento, não desejando que ela continuasse sendo martirizada por minha causa, pedi-lhe que me liberasse. Eu iria vender os jornais para ele e, logo que ela se casasse, eu voltaria para sua casa. O noivo já estava se preparando para casar-se. Eu acreditava que não demoraria muito. Não queria ver a moça sofrer tanto por minha causa. Tanto elas como o noivo não acharam boa a solução, mas não havia outra saída. Então resolveram que eu iria vender os jornais, mas ficaria morando com elas, inclusive fazendo lá as refeições.

Foi assim que me tornei vendedor de jornais. Levantava-me às três horas da manhã, às quatro já devia estar dobrando o jornal *O Pernambuco*. No início, somente trabalhava com esse jornal e vendia uma média de cento e vinte a cento e cinquenta por dia. Dava ao meu patrão explorador uma média de lucro de dois mil oitocentos e sessenta réis diários. Isto nos primeiros dias; porque depois o lucro foi duplicado com as vendagens dos jornais da tarde, o *Jornal Pequeno*, do dr. Tomé Dias, e *A Noite*, de Nelson Firme, além de outros jornais, de cujos donos não recordo os nomes. Na verdade, eu dava um lucro em dinheiro ao meu explorador de, no mínimo, cinco mil e oitocentos réis por dia. Dinheiro que ele não ganhava como repórter, pois, naquela época, um bom repórter não chegava a receber mais de cento e vinte mil-réis por mês.

Para o meu carrasco tudo ia bem, mas para mim tudo ia de mal a pior, porque, à medida que eu penetrava nos setores de outros gazeteiros, ia me incompatibilizando com eles devido à concorrência que lhes fazia e na qual eu contava com duas vantagens: uma era que os primeiros jornais impressos me eram entregues para a venda antes que aos demais e a outra era que, devido a ser eu uma criança, merecia a preferência dos leitores. Comecei a sofrer terríveis perseguições. Raro o dia em que eu não levava tabicadas, murros, chutes e, muitas vezes, rasgavam os meus jornais. Um verdadeiro inferno. Todos os gazeteiros tinham ódio de mim. Ainda não passara por uma situação tão desagradável e tão dura. Muitas vezes, trocava de setor, mas o ambiente era o mesmo. Não havia escapatória. Novamente a pancadaria caía sobre mim impiedosamente. E, se escapava pela manhã, era esperado à tarde, quando se juntavam três ou quatro gazeteiros, cercavam-me e haja tabefes, de um lado para o outro, pontapés e socos por todos os lados. Às vezes, procurava esconder as escoriações e as equimoses do rosto, para dona Santinha não ver. Mas ela notava logo e sabia que eu havia sido espancado. Começava a chorar e a brigar com o irmão por minha causa. Ele só respondia que eu apanhava porque não era macho, era covarde. Eu sentia desgosto e ódio ao ouvir isso da boca daquele tirano; tinha certeza de que ele, sim, era um covarde. Muitas vezes, na hora de saírem os jornais, via os gazeteiros me baterem e não me defendia, mesmo sabendo que tudo aquilo era por sua causa. Os seus colegas repórteres, José Luís e Coriolano, achavam um absurdo a exploração de que eu era vítima e tinham algumas discussões com ele devido a isso.

Um dia cheguei ao cais do Abacaxi mais ou menos às três e meia da madrugada. O Edgar dava-me cento e quarenta réis para o café da manhã; com isso, eu comprava um pão de quarenta réis com manteiga e um café grande por sessenta réis. Quando me dirigia para tomar café no cais do Abacaxi, dois malandros pediram-me dinheiro. Respondi que só tinha cento e quarenta réis para o meu café, não podia atendê-los. Disseram-me:

– Antão passa teus níqueis, adespois tu arruma outros pra tu.

– Dou não – respondi.

Eles tentaram me agarrar. Desviei de um, o outro segurou-me por trás. Dei-lhe uma forte dentada. Largou-me. Mas o outro me passou uma rasteira que fui ao chão. Um deles montou em cima de mim e levou uma dentada na mão. Gritou. Fiquei sem fôlego e sem ação. Arrastaram-me pela perna e jogaram-me dentro da maré por cima de um pedregulho cheio de ostras. Cortei-me todo. Meus agressores, não satisfeitos, jogaram-me uma porção de paralelepípedos, mas, por sorte, só um me pegou na popa da bunda, porque eu tinha escondido a cabeça e o tronco dentro do esgoto que despejava na maré. Felizmente, vinha passando um guarda-noturno, que apitou, e meus agressores fugiram em desesperada carreira. O guarda, supondo tratar-se de um roubo ou coisa semelhante, correu atrás deles. O dono do quiosque, que a princípio julgava ser brincadeira, não tomou nenhuma providência em minha defesa. O fato é que o pessoal das oficinas da redação do jornal *O Pernambuco,* com a ajuda do repórter José Luís, tiraram-me de dentro da maré. Estava com os pés e as costas cortadas pelas ostras e com arranhões por toda parte. Levaram-me a uma farmácia de plantão à rua das Cruzes, onde me fizeram os curativos. Mesmo assim, fui vender os jornais do dia, todo dolorido e com a cabeça remendada.

O acontecimento serviu de manchete para o jornal, com uma nota atacando a polícia pela falta de vigilância noturna. Quem mais sentiu foi a irmã de meu explorador, surgindo mais um atrito entre os dois, que cada vez mais se incompatibilizavam. O zelo dela por mim só se comparava ao de minha mãe.

Certa manhã, havia um alvoroço muito grande nas ruas e praças de Recife e diante das redações dos jornais. Uma grande concentração de massas nesses pontos. Tratava-se do assassinato do dr. Trajano Facone. Fora morto a cano de ferro por capangas ou policiais do governo. Além de ser um grande tribuno, o assassinado era considerado o melhor jornalista do Nordeste e fazia oposição ao governo Dantas Barreto. A imprensa oposicionista atacava e responsabilizava o governo pelo monstruoso crime cometido, enquanto a imprensa ligada à situação ou subvencionada pelo governo defendia as autoridades. O enterro do jornalista foi o maior até então realizado na cidade de Recife, dizia-se. Esse mexe-mexe político durou alguns meses. Os jornais tiravam edições especiais e eram disputados pelo povo. Houve gazeteiros que vendiam um jornal até por mil-réis. Eu vendia pelo preço normal por dois motivos: aos que sempre me compravam, achei que não devia vender por mais de cem réis; o outro motivo era que o lucro não seria meu, e sim do meu senhor explorador, que só me dava cento e quarenta réis para o café da manhã e nada mais. Isso também foi motivo de uma feroz discussão entre Edgar e seus colegas jornalistas e entre ele e sua irmã, porque ele me chamou de ladrão. Ela não se conteve e, em plena mesa do jantar, deu-lhe um tapa. Ele quis revidar, mas a tia se pôs entre os dois. Ele abandonou a casa e foi morar numa pensão, o que foi bom para todos da casa; voltou a serenidade, mas eu ainda fiquei vendendo jornal para ele, embora já fazendo os meus projetos de abandoná-lo na primeira oportunidade, apoiado pelos repórteres José Luís e Coriolano.

Certa vez, vendi os meus jornais muito cedo e voltei à rua do Imperador para arranjar algumas sobras de jornais e vendê-los, pois precisava de mais alguns níqueis. Estava em pé na calçada do Gabinete Português de Leitura quando se aproximou de mim um empregado de Antônio Pereira, agente de jornais: era João Caixeiro. Deu-me cinquenta exemplares do jornal *A Província* para vender, com a recomendação de prestar contas somente a ele. Saí a vender os jornais e, por sorte, terminei antes do meio-dia, pois, ao meio-dia e meia, no máximo, deveria estar em casa para levar o almoço do senhor Mendonça, tarefa que eu vinha cumprindo com zelo. Como era relativamente cedo, procurei João Caixeiro para prestar-lhe contas, conforme me havia recomendado. Ao chegar à agência, perguntei ao seu patrão, Antônio Pereira, onde se encontrava ele. Respondeu-me que não estava e perguntou-me o que eu queria. Respondi-lhe que queria prestar contas dos jornais que ele me havia dado para vender.

– Pode me entregar o dinheiro – respondeu.

Retruquei que somente a João Caixeiro prestaria contas. Ele não se conteve e deu-me um tapa. Caí ao chão. Quando me levantei, disse-me:

– Entrega-me o dinheiro, seu filho da puta!

– Filho da puta é você, seu cachorro! – gritei com raiva.

Deu-me um chute no estômago e novamente fui ao chão. Ele aproveitou-se e me encheu de pancadas, pancadas pesadas, pelo corpo todo. Fiquei estendido. Juntou muita gente. Pereira, supondo-me morto, fugiu apressado. A polícia e alguns populares conduziram-me à delegacia e de lá ao pronto-socorro. Um médico aplicou-me algumas injeções. Queriam levar-me para o hospital. Pedi para ser enviado a minha casa. Já melhor, saí para a rua do Imperador, de onde tirei os jornais da tarde. Mas não cheguei a vender nem um terço deles. Senti-me mal e fui cair à porta do açougue onde habitualmente comprava carne para dona Santinha. Não faltavam nem 150 metros para chegar em casa. Foi o açougueiro quem me conduziu até lá. Dona Santinha pediu à tia para chamar o noivo, que me examinou e voltou à farmácia. À noite, trouxe-me injeções e outros remédios.

No dia seguinte, eu estava bem pior e foi então que dona Santinha se revelou a criatura mais humana, mais dedicada e mais carinhosa que eu conheci em toda a minha vida de dificuldades, depois de minha mãe. Creio que, ainda que dispusesse de milhões de contos de réis, eu teria morrido em qualquer casa de saúde ou em qualquer hospital, pois o que me curou não foram os remédios, ministrados em quantidade, nem a pontualidade com que me faziam tomá-los: foi a doçura, o carinho e a magnífica ternura de dona Santinha. Eu não era seu irmão nem seu parente, era apenas um conhecido de pouco tempo. Nada lhe tinha feito para merecer tantos cuidados, tantos sacrifícios e abnegação. No dia em que eu comia algo, isso era uma esperança e um motivo de alegria para ela; quantas vezes tomei leite sem gostar só para vê-la alegre, ou algumas colheres de canja só para vê-la feliz! Foi ela quem me pôs bom. Todo o meu corpo inchou. Parecia que minha pele ia arrebentar. Sentia tudo parado por dentro. Quando baixou a febre, depois de vinte dias, seu Mendonça disse:

— Está salvo! Tome conta dele.

Edgar, não podendo mais pagar a pensão, pois sua fonte de renda (ou seja, eu) secara, procurou fazer as pazes com a irmã e a tia, voltando assim para a casa e ocupando o mesmo quarto que antes. Eu continuava no quarto que fora de dona Santinha e ela morando com a tia, que continuava minha amiga, mesmo porque eu a tratava como tia. Comecei a andar, agarrado nas paredes e nos móveis e em tudo que pudesse pegar. Pela manhã, ela punha uma cama de lona no quintal e me levava devagarinho até lá. Deitava-me e deixava-me ao sol durante uma hora. Depois, ajudava-me a levantar e levava-me para a sala. Assim, pouco a pouco, fui me restabelecendo e fiquei bom.

Recomecei a venda dos jornais e, dias depois, deu-se outro fato que provocou grandes manchetes. Tratava-se do incêndio da alfândega de Pernambuco e o sinistro era atribuído aos Pessoa de Queiroz. Esse era o boato que se ouvia nas esquinas das ruas, nas praças e, principalmente, na esquina da Lafaiete, rua Primeiro de Março, com a rua do Imperador. O fato foi importante para mim, pois serviu para desligar-me definitivamente do meu explorador, porque ele queria mais lucro do que o que eu vinha obtendo. Eu tinha combinado com sua irmã e tia de deixá-las definitivamente, comprometendo-me a levar diariamente o almoço do noivo de dona Santinha. Ela não achou boa a solução, mas não tinha outro jeito, pois, sem querer, me tornara o fator de desarmonia da família. Edgar exigia mais lucro de mim e eu não podia fazer mais do que estava fazendo, o que, em média, era um lucro de sete mil-réis diários.

Com o incêndio da alfândega, ele queria que eu vendesse os jornais a duzentos réis, em vez de a cem réis, que era o preço normal. Tentei no primeiro dia. O resultado foi que não vendi nem um terço do que vendia antes; então, voltei ao preço normal. Por essa razão, ameaçou-me, na frente de seus colegas José Luís e Coriolano, de me pôr na Escola de Aprendizes de Marinheiros. Travou-se uma discussão entre eles. O resultado foi que, apoiado pelos dois jornalistas, passei a vender os jornais por minha própria conta. Dormia na oficina onde era impresso o jornal *O Pernambuco*.

A chantagem que ele sempre utilizava, ameaçando-me de mandar-me para a Escola de Aprendizes de Marinheiros, fracassou. Continuei a vender como sempre os jornais, mas passei a prestar contas à redação e a entregar o lucro nas mãos de José Luís, que, por sua vez, o depositava na gerência do jornal.

Continuei a levar o almoço do senhor Mendonça, a quem estimava como se fosse um bom pai.

Apesar de protegido por José Luís e Coriolano, não estava livre das perseguições, maldades e perversidades dos meus opositores e concorrentes na vendagem de jornais. Cada gazeteiro se considerava dono deste ou daquele setor de venda, desta ou daquela zona, ou até desta ou daquela rua ou praça. Eu não era dono de nada, mas precisava viver e, para viver, tinha de vender jornais, pois não havia outro ganha-pão. Meti a cara e enfrentei os riscos. Uma briga aqui, uns tapas ali, umas tabicadas mais além e assim ia vivendo e lutando pelo pão de cada dia. Era uma vida duríssima. Aos poucos, com muitas desvantagens contra mim, ia revidando os insultos, os palavrões, os murros, os tapas, as tabicadas, os chutes e também as pedradas. Desgraçadamente, eu era menor do que meus agressores, tinha menos força e menos agilidade do que eles, mas era teimoso, não entregava os pontos e não me dava por vencido. Às vezes, com um só rival, brigava três, quatro vezes, até sentir que tivera algumas vantagens ou que ele desistia definitivamente de me perseguir. Essa minha atitude impôs certo respeito, porque qualquer agressor que me atacasse de antemão sabia que, se me vencesse, eu iria à forra tantas vezes quantas perdesse para ele. Nem sempre eles estavam dispostos a esses embaraços. Para mim, era questão de sobrevivência: ou tomava essa atitude, ou me transformaria para sempre num saco de pancadas – ou então fugia daquela dolorosa profissão.

Aliás, esse era o meu desejo. Mas faltavam empregos; só se ofereciam ocupações domésticas, que me causavam pavor. Encontrei muitas famílias que tinham vontade de me amparar. Mas, quando me lembrava do que tinha passado na casa do seu Magalhães, corria às léguas de todos os convites e preferia a vida muito dura que levava e que, pelo menos, me dava certa liberdade de ação. Além disso, havia o salário. Pensava em visitar minhas irmãs e vovó e levar-lhes algo. O emprego doméstico, quando muito, me daria dez mil-réis por mês, sujeito a todas as despesas. E como economizaria dinheiro para ajudar minha família? Eu sabia que elas precisavam da minha ajuda. Não tinha outra saída senão continuar naquele inferno, onde ganhava o suficiente para o sustento e economizava algo.

Resolvi enfrentar todos os riscos. Meus perseguidores, diante da minha insistência, mudaram de tática e, em vez de me agredirem, passaram a pedir-me jornais para vender. Isso porque eu os tirava diretamente da oficina, saía mais cedo que eles. No início, tudo marchava bem. Eles prestavam contas pontualmente. Entretanto, aos poucos, foram falhando na pontualidade de suas contas. Às vezes faltavam mil-réis, que depois pagariam. No dia seguinte, já eram dois, três mil-réis... e assim foram me blefando. Dentro de um mês, já estavam me devendo quase quatrocentos mil-réis. E lá se foi toda a minha economia, depositada nas mãos de José Luís, que era meu "cofre" seguro. Ele me aconselhou a não entregar mais jornais aos meus colegas. Do contrário, eu me arrasaria e com isso não só perderia o resto do meu rico dinheirinho como também estaria sujeito a perder o crédito. Entretanto, como havia um gazeteiro chamado José da Silva, que me parecia honesto e vinha sendo pontual até então, continuei dando-lhe jornais para vender. Este, por sua vez, dava aos outros que, aos poucos, também iam-lhe devendo. O resultado foi outro desfalque de mais de cem mil-réis em minhas economias. Agora só me restava um saldo de duzentos mil-réis. Cortei todo o fornecimento de jornais. Passei a tirá-los só para mim, como antes. Tive um prejuízo de mais de quinhentos mil-réis. Comecei a repor o meu rico dinheirinho e ia me preparando para a grande surpresa que ia fazer aos meus familiares. Agora eu já possuía uma mala com dois ternos de roupa, algumas camisas, lenços e até uma lavadeira para lavar as minhas roupas. Já tomava banho com sabão diariamente e, à noite, calçava meu par de tamancos. Andava limpo, trocando de roupa todos os domingos, depois da vendagem dos jornais. Tinha garantido café com pão pela madrugada, almoçava ao meio-dia e jantava entre seis e sete horas da noite. Ia ao cinema popular no Pátio do Mercado São José, pagava quinhentos réis de entrada, gostava muito de ver os filmes em série e não perdia um filme do Carlitos. Às vezes, repetia três, quatro vezes, de tanto que me agradavam.

Mas tudo isso era conquistado à custa de muitas lutas corporais, tabicadas, pedradas, quase diariamente em choque com os meus adversários. Evidentemente, essas brigas não me agradavam. Entretanto, era preciso enfrentá-las para sobreviver. Jamais deixei de procurar um trabalho de aprendiz ou ajudante em qualquer oficina, mas não o encontrava. Ora porque me consideravam muito jovem, ora porque faltava emprego. Só apareciam os malditos serviços domésticos, que eu não queria.

Fazia tudo para não brigar. Muitas vezes, desviava-me de determinados setores, que já sabia perigosos. Desgraçadamente, topava com meus adversários noutras partes. Correr era impossível. Só havia uma solução: enfrentá-los. Na luta contra eles, muitas vezes os jornais ficavam em tiras ao sabor do vento, além da boca e do nariz sangrando, arranhões e dentadas pelas diferentes partes do corpo. E quase sempre as correrias da polícia, que era o que mais temíamos.

Finalmente, minha economia foi recomposta e até ultrapassada. Já tinha perto de um conto de réis. Era um dinheirão! Já podia visitar minhas irmãs e vovó, meus tios e meus amigos Manuel, Antônio e Pedro Bispo, levando um presentinho para cada um, uma lembrança para que soubessem que eu não os esquecera. Principalmente vovó e minhas irmãs.

Falei com o senhor José Luís, que, além de ser meu "banco", era um excelente conselheiro. Ele achou o meu gesto magnífico e juntou lágrimas em seus olhos. Desejou boa viagem e me disse que, quando voltasse, poderia procurá-lo, que ele tudo faria para ajudar-me. Tinha a impressão de que ele tinha o seu drama familiar ou nem sequer tinha família. Ele me aconselhou como se fosse meu pai e acentuou que, se as coisas estivessem boas por lá, seria melhor ficar, ao invés de retornar àquela vida que estava levando, naquele antro de perversão, maldade e crime. Foi um bom conselho que recebi em minha vida de gazeteiro.

Antes de partir, fui despedir-me da criatura a quem amava tanto como se fosse minha mãe. Desejava ser-lhe útil um dia, da mesma forma que desejara ser à minha mãe, quando ela era viva. Foi dura a nossa despedida, nos apartamos como se fôssemos mãe e filho. Prometi-lhe voltar e morar em sua casa quando ela casasse. E ela me prometeu tirar-me daquela cruel profissão e ensinar-me a ler, escrever e contar.

Parti.

Saltei em Palmares e fui direto à casa de dona Dondom, madrinha de minha irmã Amália. Para Amália, levei uma boneca e mais um presentinho. Boneca, ela até então jamais tivera uma.

Ficamos mudos de emoção. Foi um abraço longo e silencioso. Nem eu nem ela tivemos ânimo para afastar-nos um do outro. Foi preciso a intervenção de dona Dondom para desligar-nos. Nunca pensara gostar tanto de minha irmãzinha. Como nos sentimos felizes! Três dias que passei em casa de sua madrinha foram dias de afeto, ternura e carinho. Como é bom e bonito uma criança sorrir de alegria! Como se sente feliz a pessoa que provoca um riso de satisfação em uma criança! Eu me sentia feliz. Até então não sentira tão grande prazer na vida. Foi enorme o meu orgulho.

6

Visitei minha tia e meus primos e aproveitei o ensejo para, mais uma vez, limpar o grande quintal das velhas carolas, que estava cheio de mato. Três dias depois, parti para Panelas de Miranda, via São Benedito. Queria visitar a sepultura de minha querida mãe, cuja lembrança não me saía do pensamento. Saltei na Estação de São Benedito. Quase em frente, havia uma casa do tipo chalé e um jardim cheio de flores, inclusive muitas roseiras e cravos.

Fiquei parado em frente ao portão. Um cachorro ladrou. Não fugi, porque o portão estava fechado. O cão continuou ladrando. A dona da casa chegou até a porta e perguntou-me o que eu desejava. Disse-lhe que queria comprar flores. Ela respondeu-me que não vendia flores e acrescentou:

– Tu não tens nem dinheiro para comer, como é que queres flores?

Insisti e ela tornou a perguntar:

– Quem te mandou comprar as flores e para quê?

– São para minha mãe – respondi.

– E tua mãe pode comprar flores? Por que não veio ela mesma? E onde é que ela mora?

– Ela não pode vir, não senhora. Ela mora lá em riba – disse e apontei o céu.

A senhora olhou-me já pesarosa e perguntou:

– Sua mãe é morta?

– É sim, senhora.

– E você quer flores para botar na cova dela, não é?

– Sim, senhora.

Abriu o portão e mandou-me entrar. Cortou uma porção de flores, as mais bonitas, e deu-me para levar. Perguntei quanto era. Ela respondeu-me com um beijo na fronte.

— Deus te conserve um bom filho!

Subi a ladeira, comovido. Quando entrei no cemitério, não existia mais a cruz rústica que assinalava o local do túmulo de minha mãe. Pareceu-me que já havia outra criatura enterrada no mesmo local. Depositei as flores na cova e, na saída, encontrei o coveiro. Perguntou-me se eu era filho da mulher que estava enterrada naquele local. Respondi-lhe que era. Ele então me disse que eu não parecia com ela, que era bem mais escura que eu, e perguntou-me quando minha mãe tinha morrido. Respondi-lhe que em janeiro de 1908, mas não sabia o dia exato.

— Antão num é essa. A que foi enterrada aí inda num fái um ano.

Dei-lhe uma gorjeta e dirigi-me para o sítio do Lajedo, onde morreu minha mãe. Cheguei à tardinha na casa do seu Faustino, a quem dei uma camisa de presente. Ficou muito alegre. Estava um pouco melhorado. Sua casa já era de telha e toda rebocada por dentro. Contava já com um casal de filhos. Muitas árvores frutíferas em torno de sua casa. Pela manhã, saí com destino a Panelas de Miranda. Já perto da Vargem do Ingá, encontrei um almocreve com três cargas de farinha que também ia para Panelas de Miranda. Pedi-lhe uma carona, cedeu-me com prazer. Pelo menos, eu guiaria o animal da frente, facilitando-lhe o trabalho. Chegando à cidade, apeei-me, agradeci-lhe a carona e saí com destino ao sítio dos Mocós, onde morava minha avó.

Minha chegada foi uma grande surpresa para todos e virou objeto de falação, pois todo o mundo queria ver o "praciano", como era chamado por muitos, e, por outros, "o menino que veio das bandas estranjas". Distribuí os presentes que levei, dividi meu rico dinheirinho entre as duas irmãs e vovó e fiquei com trezentos mil-réis, que eram uns cobres regulares para a época.

Aconselharam-me a botar um roçado e, para isso, comprei uma enxada e uma foice de segunda mão. O meu irmão Manuel Bezerra tinha se casado e morava nas terras do sogro. Não tivemos aproximação; não tinha ódio dele, mas não queria fazer as pazes. Uma agradável surpresa foi encontrar o meu irmão Manuel Bezerra II, que era um menino louro, de olhos azuis, nariz bem afilado, sobrancelhas fechadas, um rosto tão bonito como o de minha mãe. De todos os meus irmãos, o mais feio era eu mesmo, e daí o meu apelido de Grilo.

Meus amigos Manuel, Antônio e Pedro Bispo, todos crescidos. Passarinho um pouco mais velho, menos gordo, porém bonito e ainda manso, possante e macio. O sítio de vovó havia diminuído em mais de um terço, pois dois tios, que haviam se casado, receberam os seus quinhões de terra, que mais tarde venderam a outros e se mudaram para a zona sertaneja. Fracassei novamente no trabalho da roça; botei um roçado, encoivarei o mato, destoquei, deixei a terra preparada, esperando a chuva. Como não tinha o que fazer, comprei uma espingarda para matar arribaças, rolinhas, lambus etc. Comprei chumbo, pólvora, preparei muita bucha e emboquei nos matos a caçar com meus amigos. Mais uma vez, fracassei como caçador. Eles não perdiam um tiro e eu perdia todos.

As coisas pioravam, para mim; meu dinheiro acabara e as roupas estavam numa peninha de nada. Vendi o meu roçado, a espingarda e os meus dois instrumentos de trabalho, foice e enxada. Entreguei tudo por sete varas de fumo e bati em retirada para Recife. Como vovó me pedira, saltei em Maraial para visitar minha irmã Isabel, que se achava passando uma temporada na casa de minha tia Idalina (considerada rica, pois, além de uma grande propriedade rural, tinha várias casas de aluguel na cidade de Maraial e alguns sítios).

Saltei naquela cidade sem um tostão; tinha o fumo para vender e nada mais. Acertei a casa de minha tia e encontrei minha irmã Isabel, que servia no balcão de sua casa de negócios. Ela morava no primeiro andar. Minha irmã comunicou-lhe minha chegada; ela desceu, mais por curiosidade do que por solidariedade. Tomei a bênção, ela me abençoou de má vontade e com certo desprezo. Confesso que não gostei. Mandou-me entrar para a cozinha e ordenou à minha irmã dar-me um prato de farofa, pois não tinha carne, nem ela mandou comprar.

Minha irmã, que dispunha de duzentos réis, comprou cem gramas de charque e assou, para que eu não comesse farofa pura. Antes do almoço, minha irmã levou-me para tomar um banho, pois estava muito sujo, e lavou-me a roupa também. Deu-me umas palmadas na bunda porque, segundo ela, estava cheio de ceroto. Voltamos à casa de tia Idalina e, então, ela me pôs a par da situação da tia, explicando-me que, quanto mais depressa eu me fosse, melhor seria para ela e para mim. A velha não quis comprar o fumo que levei nem minha irmã achou a quem vendê-lo, nem naquele dia nem no outro. No dia seguinte, minha irmã me fez um prato de farofa, que comi com a metade do charque que ela guardara. Almocei e fui para a estação, sem me despedir da tia. Parti para Recife sem um real no bolso.

Até então, não pagava passagem por ser menor; mas, por azar, o condutor me cobrou pela primeira vez e, como não tinha dinheiro, fui desembarcado na estação de Catende e ainda levado ao chefe da estação, que ameaçou entregar-me à polícia, supondo que eu fugira de casa. Contei-lhe a minha história, mais ou menos correta e aprumada, e pedi-lhe que me arranjasse um trabalho; assim pagaria a passagem que estava devendo e compraria outra até Recife. O trem partiu. Sem dúvida, e para experimentar-me, ele disse que me arranjaria trabalho na usina Catende, para pôr cana na esteira da usina por duzentos réis por dia. Topei o serviço e ele realmente falou com o gerente da usina, que estava na estação.

No dia seguinte, eu era operário da usina Catende. Como não tinha dinheiro para comprar comida, limitei-me a chupar cana e, à noite, o chefe da estação consentiu que eu dormisse num dos bancos da sala de espera. No dia seguinte, à noitinha, trouxe-me um caneco de feijão com farinha. Quatro dias depois, falou com o chefe do trem de passageiros para me levar a Recife. Com o salário dos três dias que trabalhei na usina, seiscentos réis, comprei duzentos de bananas e pão doce e ainda cheguei a Recife com trezentos réis.

Estávamos no ano de 1913. Havia acontecido uma reviravolta nas oficinas do jornal *O Pernambuco* e também na redação. O senhor José Luís saíra do jornal e, em consequência disso, perdi o meu apoio, tanto nas oficinas onde dormia como no setor de venda do jornal. Só os agentes poderiam receber os jornais diretamente; assim, passei a trabalhar com um senhor chamado Pedro Mucho, que era temido; com ele, eu estava garantido. Entretanto, ele me explorava o quanto podia, pois eu recebia apenas quatro mil-réis por semana e seiscentos réis diários para as despesas. Sujeitava-me, porque queria recuperar a freguesia e precisava de uma cobertura.

Assim fiquei até o meio do ano, quando passei a vender jornais para um outro agente, chamado Adelmo, também respeitado e temido pelos elementos desordeiros. Ganhava na venda dos jornais, mas ficava sujeito aos prejuízos da sobra ("a boia"), caso não vendesse todos; essa era uma regra geral para todos os gazeteiros. Já ia me aprumando, mas Adelino era metido a valentão e, vez por outra, estava às voltas com a polícia, principalmente quando começava a beber com outros elementos viciados. Como eu sabia fazer as quatro operações – embora não soubesse ler –, fazia-lhe todas as contas do negócio, tornando-me uma espécie de secretário. Todas as vezes em que ele era preso ou fugia da polícia devido a suas arruaças, era eu quem tomava conta da sua agência distribuidora de jornais. Tinha, então, de levantar-me às quatro horas da madrugada, tirar os jornais, distribuí-los aos gazeteiros e tomar nota de cada um; isso com todos os jornais que saíam pela manhã, que eram *O Pernambuco*, *A Província*, *O Diário de Pernambuco* e o *Jornal do Recife*; com os que vinham à tarde, como o *Jornal Pequeno*, o *Jornal do Recife*, o *Vespertino*, *O Tempo* e, às vezes, o jornal humorístico *A Lanceta*. Do meio-dia à uma hora, eu recebia as contas dos gazeteiros; da uma hora às quatro, distribuía os jornais da tarde entre os vendedores; das cinco às sete, prestava conta às redações dos jornais do dia anterior.

Adelino era amigado com uma mulher, pagava-lhe todas as despesas e fazia refeições com ela; a mulher me parecia uma boa criatura e me considerava como filho. Quando seu companheiro fugia ou ficava escondido em casa, eu mandava pontualmente o dinheiro das despesas: cinco mil-réis por dia. Ela gostava mais quando era eu quem gerenciava a agência, porque ele, por qualquer atrito com ela, suspendia a mesada. Muitas vezes, ele me pediu que fosse dormir na casa dela para fazer-lhe companhia. Ela não admitia que qualquer uma de suas companheiras me faltasse com o devido respeito e, quando alguma delas me dirigia gracejos, censurava e ameaçava colocá-la fora de casa. Dizia que eu era uma criança inocente e que não deviam ensinar-me coisas indecentes, que só os homens e as mulheres da vida podiam ouvir e saber. Realmente, ela era a primeira a respeitar-me.

Em junho, apareceu um primo que me procurava. Queria ficar comigo. Tentei persuadi-lo a não se tornar, como eu, um vendedor de jornais. Dei-lhe todas as explicações sobre a dureza da vida de jornaleiro; tentei arranjar-lhe um emprego doméstico, mas ele preferiu ficar vendendo jornais. Era um bom garoto, sério, muito vivo e disposto, mas, de antemão, eu sabia que ia brigar por causa dele. Eu já tinha me firmado; ninguém mexia mais comigo e, até certo ponto, era respeitado mesmo, porque não insultava ninguém, respeitava grandes e pequenos como eu. Mas eles queriam fazer com o meu primo o que fizeram comigo e eu não podia deixar. Era meu dever defendê-lo a todo custo e foi o que fiz. Houve muitas brigas por causa dele e, em uma dessas brigas, houve sangue. A polícia tentou prender-me, mas fugi e passei umas semanas escondido na casa de dona Rosa, mulher de Adelino, que então teve de tomar conta dos negócios dele. Semanas depois, reapareci; meu primo, horrorizado, não quis mais vender jornais e empregou-se numa casa para trabalhar em serviços domésticos.

Adelino, devido às suas bebedeiras, já estava sem crédito nos jornais, pois pagava com o dinheiro de um a conta do outro e vice-versa. Nesse jogo, eu não queria continuar como seu auxiliar, mesmo porque precisava comprar roupas e, do jeito que as coisas andavam em sua agência, não seria possível (pois até então não havia retirado um tostão). Ele, vendo que eu não desejava continuar, falou com sua amante para me convencer a ficar com ele até a situação melhorar, quando me pagaria o salário atrasado, que já importava em mais de trezentos mil-réis. Aceitei ficar até se pagarem todas as dívidas dos jornais, que iam a mais de 120 mil-réis. Diariamente guardava a mesada dele, e o saldo que ia ficando punha debaixo da cartolina que forrava a gaveta. Assim, em quinze dias, pagamos mais de oitenta mil-réis, restando apenas quarenta mil-réis a pagar, o que teríamos feito até o fim do mês se ele não tivesse tomado uma bebedeira com outros amigos. Mais de quinze dias tivemos de economizar para pagar todas as contas e ficar em dia com os jornais.

Daí por diante, preferi vender jornal a ser secretário de agente, pois ali só tive prejuízo e trabalho. Adelino continuava com a agência de jornais de maneira precária e eu ainda vendia jornais para ele. Continuou, porém, com seus porres, e, numa dessas farras, bateu brutalmente na companheira, que lhe era dedicadíssima, e a abandonou definitivamente. Creio ter sido um grande alívio para ela; pelo menos, livrou-se de um tirano.

Um domingo, terminei muito cedo minha venda de jornais. Ainda não eram dez horas quando acabei de prestar contas. Adelino e outros elementos estavam lavando o salão da agência e eu os ajudei, porque também dormia nele. Havia ali algumas garrafas de bate-bate de maracujá. Como ele insistira que eu bebesse, tomei um gole, achei bom e tomei o segundo, o terceiro, achei ainda melhor e entrei em meio copo. Poucos minutos depois, comecei a bater com a cabeça nas paredes e terminei mergulhando numa jarra cheia d'água; só não me afoguei porque a jarra rolou comigo pelo chão e quebrou-se. Não sei o que mais me aconteceu. O certo é que amanheci doente e passei muitos meses repugnando tudo que fosse bebida, sem poder nem ver um copo em minha frente que não me viesse logo a vontade de vomitar. Foi a segunda vez que me embriaguei com o célebre bate-bate de maracujá; a primeira foi no mutirão feito pelos meus tios, quando ainda morava na roça. Essa segunda foi também a última vez.

No fim do ano de 1913 apareceram dois irmãos: Francisco e José. Foi uma grande alegria para mim, pelo menos eu passara a ter companheiros para brincar e passear. Até então, fugia dos outros, ficava isolado; não porque achasse bom, ao contrário, desejava ter companheiros para passear, mas tinha medo de brigas com outros meninos e, por isso, me isolava. Com a chegada de meus irmãos, as coisas melhorariam nesse ponto, mas tinha certeza de que ia brigar muito por causa deles. Por isso, em vez de fazê-los vender jornais, empreguei-os em casas de família. Dois meses depois, eles não se conformaram em ganhar dez mil-réis por mês e caíram na vendagem de jornais, que era mais rendosa. Eu sabia que, por causa deles, teria muitos atritos, como realmente tive, e só não foi pior porque seus agressores sabiam que, se os vencessem, teriam que me vencer também e, como eu já era tido como teimoso e eles receavam a minha teimosia, a situação de meus irmãos não foi tão trágica como a minha. Tive que enfrentar sérios obstáculos, que, com o correr do tempo, foram sendo superados.

Adelino, com suas farras, ia de mal a pior. Mesmo assim, namorou uma moça, tirou-a da casa de seus pais e me pediu que a levasse para a casa de sua tia, que morava na rua do Peixoto. Cumpri a tarefa. Em menos de um mês, alugou uma casa na estrada da Boiada, em Água Fria, comprou alguns móveis e casou-se. Alguns domingos, eu ia até lá visitá-los. Ele tinha dois irmãos: João Tristão e Argemiro. O primeiro ninguém sabia de que vivia nem onde trabalhava. Sei que vivia jogando e bebendo como um gambá; era o pior companheiro de farra de Adelino, provocador e brigão como ele só. Argemiro era um rapaz de bom comportamento e veio vender jornais. Um dia, tivemos uma ligeira discussão e ele me chamou de velhaco, porque ainda não lhe havia pago cem réis que lhe devia. Como eu tinha rompido com Adelino, respondi:

– Muito mais de cem réis seu irmão me devia e eu não andava lhe cobrando.

Naquela época, eu dormia com outros garotos numa velha casa abandonada, somente habitada por ratazanas, morcegos, baratas e outros insetos. Eram cerca de oito horas quando entrei na velha casa suja para dormir e ouvi a voz de Adelino dizer:

– Gregório, quem é ladrão?

E desancou-me com uma barra de ferro na cabeça. Caí sem sentidos e o sangue espirrou. Ele correu, levaram-me para a delegacia e dali para o pronto-socorro, onde me costuraram a cabeça. Adelino foi preso. Três dias depois, sua esposa, dona Georgina, me procurou para eu ir com ela solicitar ao delegado a liberdade dele. Como gostava dela, por ser uma criatura muito boa, aceitei a proposta e fui à casa do delegado, que era um tal de major Plínio. Adelino foi solto, pediu-me desculpas, agradeceu meu gesto, maldizendo a bebedeira.

Um dia, meu primo, que havia deixado de vender jornais, apareceu na agência de Adelino e este lhe pediu para fazer companhia a sua esposa e trazer-lhe o almoço. Meu primo aceitou, porque o seu serviço era o de vender verduras pelas ruas e, depois do meio-dia, não tinha mais nada para fazer. Eu continuei fazendo curativos no pronto-socorro até ficar bom.

Um dos meus irmãos deixou de vender jornais, empregou-se numa loja de couros para zelar, arrumar e fazer entrega das encomendas. Dos três irmãos que estavam em Recife, ele era o mais forte e mais velho. Mais tarde, o outro irmão, José, empregou-se para vender bolos e beijos de moça. Ganhava pouco, mas tinha pelo menos onde dormir.

Eu continuava dormindo onde era vencido pelo sono. Era dono das ruas, das calçadas e de todas as escadas que encontrava abertas na cidade de Recife. Vez por outra, brigava com malandros que queriam roubar meu rico dinheirinho e assim ia vegetando como "dono" da maior, mais bela e mais miserável cidade do Nordeste, cheia de pontes, em cujas colunas encontrei o abrigo mais seguro e mais tranquilo de todos. Isso graças a um amigo, Antônio, cuja situação só não era idêntica à minha porque ele tinha uma pobre mãe que morava em Vitória de Santo Antão, a quem visitei muitas vezes nos dias santos ou feriados. Tomei uma grande estima por esse amigo, que não era brigão, não mexia com pessoa alguma, era respeitador e sério. Quando não passeava com ele, tinha meus irmãos para passear nas horas de folga; mas isso só podia ser depois das oito horas da noite, o que tornava quase impossíveis nossos passeios. Eu não gostava de tal situação e agora era eu que tinha vontade de que eles viessem vender jornais. O que era empregado na loja de couros tinha as noites livres aos domingos e dias santos e ganhava quinze mil-réis por mês. O outro não tinha folga nenhuma, só recebia doze mil-réis por mês; pediu suas contas, mas a patroa não quis dar, porque não arranjaria um empregado tão barato para vender-lhe os beijos de moça e os bolos. No entanto ela era boa para os dois, pois o mano que trabalhava na casa de couro dormia no sótão com o irmão. Até eu, às vezes, quando não dormia debaixo da ponte Buarque de Macedo com meu amigo Antônio, ia dormir no sótão da rua Livramento, com meus irmãos, na casa de dona Lili. Ela aproveitava para nos mandar enrolar os bolos e os beijos de moça que seriam vendidos no dia seguinte. Seu Joaquim, o marido dela, um português, era também boa criatura.

Ataniel era um vendedor de jornais que, vez por outra, se entregava ao vício da embriaguez. Quando não bebia, era homem pacato e respeitador, incapaz de ofender a quem quer que fosse. Tinha uma boa leitura e sabia escrever mais ou menos bem. Mas, quando começava a beber, tornava-se agressivo e violento. Eu corria às léguas quando o via bebendo ou já embriagado. Numa dessas bebedeiras, ele tentou agredir-me. Corri e ele correu atrás de mim. Já tínhamos dado várias vezes a volta num quarteirão e ninguém intervinha em meu favor. Esse fato estava sendo observado por várias pessoas, inclusive pelo senhor Romeu, gerente do *Jornal Pequeno*. Na última volta, eu já não podia correr e o bêbado me pegaria na certa. Havia umas pedras de tamanho regular no canto da calçada. Agarrei uma delas e fiz menção de jogá-la no meu agressor. Ele abaixou-se, aproveitei o ensejo e joguei-lhe a pedra com toda a força. Ele caiu e o sangue espirrou-lhe na cabeça. Corri, apavorado, e um soldado da polícia correu atrás de mim para me prender. Entrei no escritório do *Jornal Pequeno* e o soldado também. O senhor Romeu pôs o policial para fora, dizendo-lhe que deveria ter prendido meu agressor quando este correra atrás de mim para agredir-me. Telefonou para a delegacia intercedendo em meu favor e nada me aconteceu, a não ser o juramento de Ataniel de que se vingaria de mim. Mas não passou de ameaça, pois, estando bom, não me agrediria.

Uma noite, vencido pelo sono, sentei no portão da entrada do Gabinete Português de Leitura, na rua do Imperador, e adormeci. Tarde da noite, um negro semiembriagado, com uma faca peixeira na mão, tentou forçar-me a um ato de pederastia. Cortara o meu cinto e tentava desabotoar-me as calças. Acordei apavorado. Deslizei pela calçada abaixo, agarrei o fundo de uma garrafa e joguei-lhe na cara. Corri a toda velocidade, entrei no café Bacurau, do senhor Agostinho Bezerra, livrando-me assim de, no mínimo, um golpe de peixeira. Meu perseguidor, vendo-me entrar no café, onde havia muita gente, fugiu. Eu tinha verdadeiro pavor de pederastas. Ouvia contar muitas histórias desse tipo, mas não acreditava. Daí por diante, só dormia sobre uma coluna debaixo da ponte Buarque de Macedo e passei a andar armado com uma faca americana bem afiada. Estava disposto a me defender a todo preço, ainda que isso me custasse a vida (que, para mim, pouco ou nada valia naquela época). Todavia queria viver, mas viver como homem, de cabeça erguida, com dignidade e sem manchas.

Dias depois, o tal pederasta tentou um ato de pederastia com um rapazinho, que também vagabundeava pelas ruas, e o resultado foi uma facada na barriga do pederasta, que foi levado para o pronto-socorro em estado desesperador. Ambos desapareceram do cenário jornalesco. O jovem apareceu muitos meses depois como soldado da polícia e, alguns anos após, era segundo-tenente da Brigada Militar do estado.

O meu amigo Antônio, que havia abandonado a profissão de jornaleiro, voltara à sua antiga profissão e reatamos a nossa velha amizade. Passamos a andar juntos, admirava-o por ser mais inteligente do que eu, que era apenas mais prático que ele; assim, combinávamos muito bem. Um dia, ele estava muito triste, procurou-me e disse que havia perdido ou lhe tinham roubado o dinheiro da venda dos jornais e não sabia o que fazer para prestar contas de aproximadamente vinte mil-réis. Emprestei-lhe o dinheiro, ele saldou o débito e fomos almoçar. Outra vez, quando ainda não me havia pago, perguntou-me se eu podia emprestar-lhe mais seis mil-réis, alegando ter vendido fiado e precisar de dinheiro para cobrir a diferença. Não tive dúvidas, adiantei-lhe o dinheiro.

Daí por diante, notei que, pouco a pouco, ele ia se afastando de mim e perguntei-lhe o que havia entre nós, pois eu notava certa frieza dele para comigo. Sua resposta foi simples:

— Estou devendo 26 mil-réis pra tu e não posso pagá agora porque minha mãe tá doente. Tenho que ajudá ela.

Respondi-lhe:

— Somos amigos, Antônio. Tu me paga quando puder. Precisamos nos unir mais ainda e ter mais confiança um no outro.

Ele ficou muito alegre e eu também. Passamos novamente a morar juntos na nossa velha maloca, debaixo da ponte, sobre a coluna, onde não éramos incomodados, a não ser pelo barulho dos bondes elétricos, automóveis e caminhões, quando passavam por cima da ponte, fazendo a coluna estremecer. Mas, quanto a isso, estávamos acostumados, pois éramos velhos habitantes do local.

Logo depois, tive uma surpresa desagradável com meu amigo. Uma vez, terminei cedo a venda dos meus jornais e deu-me na cabeça encontrar-me com ele no setor onde vendia seus jornais. Não estava. Indaguei a alguns colegas sobre ele e me informaram que terminara muito cedo e já se fora há muito tempo. Deduzi que estivesse me esperando para o almoço e segui a toda pressa para o beco do Ouvidor, onde ficava a agência dos jornais e que era o nosso ponto de encontro. Não o encontrei e nem estivera lá. Esperei algum tempo, ele não chegou. Como estava com muita fome, fui almoçar, voltando depois à agência; ele ainda não havia chegado. Saí perambulando pelas ruas e passei por um bar. Entrei para dar uma mijada e qual não foi a minha surpresa ao ver meu amigo jogando roleta! Tão entretido estava que não me viu. Fiquei parado atrás dele, olhando-o por longo tempo, e ele não me veria se o banqueiro da roleta não tivesse me perguntado:

— Você aí, não quer fazer uma fezinha? Se não quer, dá o fora. Aqui é lugar de homem, e não de menino.

O meu amigo Antônio olhou para trás e ficou bestificado com a minha presença. Disse:

— Avio!

Esse era um tratamento usado entre amigos, que expressava confiança e intimidade. Repetiu:

— Meu avio, tô ruim! Já perdi o dinheiro da conta, tudo. Só tenho esses setecentos réis. Num sei o que fazê. Tô aperreado. Como tu num joga, pode inté tê mais sorte do que eu. Toma essa prata e bota no número que tu quisé.

Agarrei a prata de quinhentos réis e botei no número sete. O banqueiro rodou a roleta e disse:

— Jogo feito.

A roda girou com toda a velocidade, e foi parando, parando, e a paleta pulando e pulando de um número para outro. Até que parou no número sete: carneiro. Meu coração quase saltou, da emoção que tive. Meu avio saltou de alegria. Recebi dez mil-réis. O banqueiro rodou novamente a roleta. Bati quinhentos réis no número quatro. Outra vez o banqueiro gritou:

– Jogo feito!

Novamente a paleta parou no número quatro. Mais dez mil-réis vieram para o meu bolso. Meu coração batia que parecia saltar. Agarrei o meu amigo e arrastei-o para fora. Me parecia que eu tinha feito o maior roubo do mundo. Fiquei trêmulo e muito nervoso.

Meu amigo prestou suas contas, almoçou e conversamos muito tempo sobre o jogo e sobre seu vício de jogar. Pedi-lhe que não jogasse mais. Ele prometeu-me, mas não passou de promessa. Fiquei horrorizado por ter ganho vinte mil-réis sem me custar uma gota de suor. Para ser franco, fiquei com um remorso dos diabos. Antônio, porém, continuava jogando e jamais me pagou os vinte e seis mil-réis que me devia e cada vez mais fugia de mim.

Durante alguns meses, fiquei sem a sua companhia. Mais tarde, nos aproximamos, o que foi terrivelmente ruim para mim. A culpa principal foi minha, por tê-lo procurado, porque já o sabia completamente viciado; tudo quanto ganhava era para o jogo, já nem sequer se preocupava com sua mãe, de quem era arrimo. Mas o pior de tudo foi eu ter caído na mesma degradação da jogatina; terminei pior do que ele e os nossos laços de amizade consolidaram-se ainda mais. Não mais pelo sentimento fraterno que nos unia antes, mas pela solidariedade da jogatina. E, apesar de não culpá-lo diretamente, foi devido à sua companhia que me viciei.

Passei a vender jornais para o agente Antônio Pereira. Ia bem, mas dia a dia fui me viciando no jogo. A princípio, só jogava depois de cumprir meus deveres, isto é, depois da venda dos jornais e da prestação de contas. Aos poucos, porém, fui interrompendo as obrigações e comecei a "boiar" com os jornais, porque interrompia o trabalho para jogar. Em consequência, os prejuízos eram duplos, porque tinha de pagar as sobras dos jornais e deixava muitos fregueses em falta. Mentia-lhes no dia seguinte para justificar a minha falta e, aos poucos, fui perdendo o grau de simpatia e a confiança que tinham em mim e liquidando toda a pequena economia de que dispunha. Às vezes, sacrificava até meus irmãos em suas mínimas economias. Com isso, fui perdendo também o crédito de confiança que recebia dos agentes distribuidores de jornais. Em diversas ocasiões, cheguei a perder todo o dinheiro das vendas de jornais, sem ter o mínimo de reserva para repor. Dispunha de um fiado mensal que dava para cobrir o desfalque. Entretanto, faltavam alguns dias para o recebimento. Como tinha uma freguesa muito boa, que parecia confiar em mim, pedi-lhe vinte mil-réis emprestados para pagar-lhe aos poucos, nas vendas de jornais que lhe fornecia. Ela fez as contas de dois jornais diários; seriam necessários dois meses para a devolução do dinheiro. Ela aceitou, mas advertiu-me de que eu estava me desviando do cumprimento do dever e que era muito nocivo para mim, naquela idade, andar mentindo ao mundo. Disse ainda que eu não tinha sido roubado, mas tinha perdido o dinheiro na jogatina, que tomasse juízo e não jogasse nunca mais.

Foi um conselho duro, porém honesto, que me serviu apenas por algum tempo. No fim do mês, paguei-lhe o que devia. A boa senhora aceitou o pagamento e perguntou-me onde arranjara o dinheiro com tanta rapidez. Disse-lhe que tinha mais de quinze mil-réis para receber dos fregueses e, como havia recebido, achava que devia pagá-la. Ela perguntou:

– Você não jogou outra vez?

– Não – afirmei – deixei de jogar desde o conselho que a senhora me deu.

Ela mandou que eu entrasse e me trouxe um pedaço de doce com queijo e um copo d'água, e falou:

– Estou satisfeita porque você aceitou o meu conselho e mais ainda por você ter uma firme personalidade e saber cumprir o seu dever.

Comi o lanche um pouco encabulado e intrigado com a palavra "personalidade". Eu não sabia o que era personalidade, mas não perguntei o que significava. Mais tarde, eu haveria de saber. Saí da casa dessa senhora convencido de que o jogo era um vício dos mais desmoralizantes possíveis e convencido de que não jogaria mais na minha vida.

Em dezembro de 1913, chegou-me outro irmão. Era o mais velho dos solteiros. Chamava-se Tomás. Éramos quatro em Recife, agora. Depois da morte de minha mãe, aos poucos a família ia se juntando. Fizemos um mundo de projetos. Todos em vão. Todos os irmãos estavam empregados: Tomás empregou-se numa casa de família na rua Nova; Francisco, numa casa de couro; José vendia bolos e beijos de moça na casa de dona Lili, na rua do Livramento e eu continuava na profissão de gazeteiro. Éramos analfabetos. Só tínhamos um objetivo: crescer, juntar um pouco de dinheiro, comprar um mocambo e trazer para Recife o resto dos irmãos solteiros. Tudo isso era um castelo de areia, todavia era nossa intenção.

Eu, como toda a garotada do meu tempo, gostava demasiadamente dos filmes de Carlitos. Ria gostosamente das mímicas do lendário artista, o mais querido de todos os tempos. Ia passar no cinema da Encruzilhada um filme dele a que eu já tinha assistido no cinema popular do Pátio do Mercado de São José. Mas fui vê-lo novamente. Terminou muito tarde. Tinha tantos meninos no cinema que a gritaria da plateia ensurdecia as pessoas. Eu, apesar de não gostar de sair em grupo de garotos, daquela vez saí, tal foi o entusiasmo da petizada ao terminar o espetáculo. Saímos juntos e fomos para a velha estação da Encruzilhada esperar o primeiro trem que viesse de Olinda ou de Campo Grande. O que passasse primeiro seria bom para nós. Como demorasse, fomos tomar gelado e caldo de cana. Fazíamos muita algazarra. O destacamento policial da Encruzilhada, sentindo-se incomodado, cercou a garotada e fomos todos para o xadrez. Protestos de uns, choro de outros, lamentações de alguns e disputa de lugar, tudo isso provocava um barulho maior ainda que o precedente. O delegado, para acalmar os nossos ânimos e manter o silêncio, mandou jogar vários baldes d'água em cima de nós. Ficamos ensopados e o chão de cimento virou um lamaçal. Daí por diante, foi um choro coletivo que só parou quando o delegado nos mandou embora. Foi um divertimento desagradável. Felizmente tivemos tempo de tomar o último trem de volta a Recife. Se eu já não gostava de andar em grupo de garotos, daí para a frente só andaria com meus irmãos, nas suas folgas, ou sozinho. Não queria saber de confusão.

Uma noite, chovia muito, andei até as dez horas da noite vendendo jornais pelas estações, ruas e praças movimentadas e ainda "boiei" com muitos jornais. Nesse dia, só tive prejuízo. Cansado, molhado e tremendo de frio, fui ao café Bacurau, comi uma papa, tomei café com leite, fumei um charuto barato de meio tostão, subi a escada do *Jornal Pequeno* até o segundo andar, forrei o assoalho com uma porção de jornais e deitei-me. Nesse andar, vivia uma turma de mulheres da vida e o lugar era muito frequentado por homens da pequena e média burguesia. O fato é que naquele desce e sobe de homens e mulheres, alguns dos quais embriagados ou semiembriagados, um deles, por gracejo ou por embriaguez, pisou com todo o seu peso nos dedos do meu pé esquerdo. A mulher que o acompanhava, ouvindo-me gritar de dor, puxou o amante de cima do meu pé, mas me pisou a mão, achatando-me uma das falanges. Quando dei o segundo grito, já o sangue corria dos dedos dos pés e das mãos. O amante deu-me uma bronca danada. A mulher riscou um fósforo e, vendo o sangue correr dos meus dedos, agarrou-me pelas pernas e pelos ombros, conduziu-me para a sala onde havia luz, ficou muito nervosa e pediu desculpas. Fez questão de dar-me banho, lavou minha roupa, dispensou o improvisado marido e fez-me curativos com iodo, gazes e esparadrapos. O amante ainda insistiu, mas ela disse:

— Não, bem, hoje não!

Ele insistiu com certa energia, queria dormir com ela.

— Hoje não dormirei com homem nenhum, vou dormir é com esse menino que nós machucamos. Eu também tenho irmãos pequenos e não sei o que eles estão sofrendo por esse mundo afora. Venha amanhã! Tenha paciência!

Depois do banho, a mulher (que se chamava Judite) enrolou-me numa coberta e deitou-me em sua cama. Pôs minha roupa para enxugar. Às cinco horas da manhã vesti minha roupa ainda molhada, despedi-me e fui vender jornais, com os dedos machucados.

Até me deram sorte os ferimentos. As pessoas viam os pés e as mãos cheios de curativos e compravam os jornais como ajuda. Às dez horas da manhã, já não tinha mais nenhum. Dona Judite procurou-me na agência distribuidora de jornais para saber se eu ia passando bem e me pediu que, se as feridas inflamassem, fosse procurá-la para levar-me à farmácia. Felizmente, não foi preciso. Eu mesmo, dias depois, mudei os curativos e os esparadrapos e fiquei logo bom.

Dona Judite ficou me querendo bem e eu a ela. Onde me via, falava comigo. Tinha três irmãos que andavam pelo mundo e deles jamais tivera notícia. Quando perdera seus pais, ficara com um tio, que mais tarde a deflorou; foi posta para fora de casa pela mulher dele. Empregou-se como arrumadeira numa casa rica. O patrão engravidou-a e ela foi expulsa pela patroa. Tornou-se amante dele, que lhe dera remédio para abortar, mas o remédio não foi eficaz. Nasceu-lhe uma criança, que estava sendo criada em casa da avó paterna, onde, de quando em vez, ia visitá-la. Era uma menina bonita, aparentando muita saúde, mas muito triste, conforme vi pelo retrato. O pai da criança era o mesmo que me machucara os dedos.

Havia uma família que morava num segundo andar perto da praça Joaquim Nabuco, de religião espírita e minha freguesa de jornal. Muitas vezes convidaram-me a morar lá não como empregado doméstico, mas como filho da casa. Tinham uma filhinha de oito a nove anos, moreninha, muito bonita e educada. Segundo dona Célia, sua filha vivia muito só e precisava de uma companhia para brincar e ir à escola, ao cinema e fazer algumas compras. Seria uma boa oportunidade para eu sair daquela vida amarga, que ela achava horrorosa. Prometi que ia pensar, mas não me definia. Um dia de muita chuva, cheguei todo molhado à sua casa para receber o dinheiro dos jornais. Ela me pôs para dentro do corredor, mas eu resisti a entrar porque sabia que molharia a casa. Ela falou:

— Tem nada, não. Entre. Venha espremer sua roupa no banheiro.

Entrei e fui ao banheiro espremer a roupa. Deu-me uma toalha para enxugar-me. Vesti-me e ela me trouxe um copo de leite com café e biscoitos, e comi tudo. Sentou-se perto de mim e perguntou-me:

— Por que você não vem morar comigo? Tem medo que eu lhe bata, não é?

Olhei para ela, baixei a cabeça e fiquei mudo. Ela investiu:

— Você já foi empregado na casa de alguma família?

Desabafei. Contei-lhe o que se passara comigo até aquele momento. Ela mandou-me esperar. Entrou no seu quarto, demorou quase uma hora e só saiu para abrir a porta à sua filha que voltava da escola. Estava com os olhos vermelhos e supus que estivesse chorando. Era mais de meio-dia. Mandou botar o almoço. Eu quis sair, ela não consentiu. Eu não tinha fome; além disso, estava com muita vergonha, mas faltou-me coragem para dizer-lhe que não queria almoçar. Fiquei todo encolhido de timidez. Ela me deixou à vontade. A garota, muito expansiva e alegre, começou a fazer-me perguntas. A umas respondia, a outras não, porque não compreendia, até que dona Célia falou:

— Venha almoçar, Celinha, e traga seu amiguinho para lavar as mãos.

Depois fomos para a mesa. Nunca me sentira tão acanhado em minha vida. Almoçamos, brincamos de esconder, jogamos bola e construímos pirâmides. A não ser a brincadeira de esconder, que aprendera com meus irmãos, não sabia mais nada. Às três horas da tarde, pedi à dona Célia para sair. Respondeu-me:

— Vá, meu filho, e quando tiver um tempinho venha brincar com Celinha. Ela gosta muito de você.

Eu saí, impressionado, cheio de gratidão, pensando o que poderia fazer para corresponder ao gesto tão humano de dona Célia, que tanto me fazia lembrar minha mãe e minha irmã Amália.

Cheguei à redação do *Jornal Pequeno* e, como os demais gazeteiros, fiquei esperando a distribuição para a venda. Começou uma brincadeira entre eles e eu estava muito pensativo, lembrando dona Célia e sua filha: queria ficar em sua casa, mas recordava-me da família do velho Magalhães. Eu sabia que, por muito ruim que fosse na casa de dona Célia, seria muito melhor do que na casa do latifundiário e melhor do que a vida que ia levando naquele meio horrível. Era o que eu estava pensando naquele exato momento, quando um dos meus colegas me empurrou para cima de outro, este para outro e novamente este para outro. Zanguei-me e dei um soco num deles; o outro partiu, dei-lhe também um soco, tomei um chute de um terceiro, agarrei-o pelo pé e dei-lhe uma queda; levantou-se e, enquanto eu discutia com seu parceiro, puxou de um punhal e descarregou-me sobre o peito; só tive tempo de afastar-me um pouco para trás e ouvir as vozes de alguns, dizendo:

— Matou! Matou!

Felizmente, a ponta do punhal mal trincou-me o couro, mas manchou com um pouco de sangue a camisa. Bibitinha era o apelido do meu agressor, que fugiu em desabalada carreira, supondo-me morto ou gravemente ferido.

Naquele dia, ninguém vendeu o *Jornal Pequeno*, não pelo que ocorrera comigo, mas porque se quebrou um dos rolos da máquina impressora. O incidente fez-me refletir ainda mais no convite de dona Célia. Mas eu pensava em ganhar dinheiro para juntar todos os meus irmãos solteiros em Recife e, por isso, não aceitei o convite. Contudo, como era seu freguês de jornais, ia lá uma vez por outra brincar com sua filha e, quando encontrava algumas mangas-rosa bonitas, eu as levava para Celinha, que era doida por essa fruta.

Estávamos numa Quinta-Feira Santa. Na praia do Pina, um pescador estava vendendo uma cioba viva dentro de uma lata de querosene. Comprei a cioba com lata e tudo por dez mil-réis e fui direto à casa de dona Célia. Toquei a campainha e veio Celinha atender. Deu-me um bom-dia e mandou-me entrar; como resposta, dei-lhe de presente a cioba e não esperei por mais nada, porque estava muito "boiado" de jornais e queria vendê-los. Com vergonha, não voltei naquele dia à sua casa, nem no dia seguinte, que era Sexta-Feira Santa. Só no domingo apareci para entregar os jornais, mas fui muito cedo, pus os jornais por debaixo da porta e desci a escada a toda velocidade. Repeti essa manobra alguns dias mais, até ser flagrado por dona Célia, que me tocaiou e pegou-me pondo os jornais por debaixo da porta. Segurou-me pelo braço, levou-me para a mesa, deu-me café com leite, pão e manteiga. Chamou-me de fujão e disse que me esperava para o almoço. Inegavelmente, era uma criatura adorável, mas eu não queria ficar com ela e desapareci para sempre, apesar da saudade que sentia dela e da filha.

Bibitinha, o meu agressor, sabendo que nada me acontecera, andou jurando que me pegaria na primeira oportunidade. Não tive receio da sua ameaça. Contudo, armei-me também e aguardei a tempestade, que felizmente não aconteceu; confirmava-se mais uma vez o adágio de que cão que late não morde.

Uma vez, tive uma discussão com um rapazinho, devido a uma brincadeira de mau gosto. Armado de uma pequena faca, tentou cortar-me. Segurei-lhe a faca com toda a força, ele puxou-a também com força e deu-me um violento golpe, que quase me decepou um dedo da mão direita. Vendo-me ferido, fugiu, deixando-me a faca na mão. Era uma dor horrorosa. Fui à farmácia, submeti-me ao necessário curativo, deram-me três pontos no dedo. Fiquei com ódio do rapaz e preparei-me para a revanche. Ele sabia que eu não perdoaria e passou muitos dias foragido. Sua mãe, viúva, desempregada, tinha nele seu único arrimo e, temendo uma vingança de minha parte, passou a me procurar para interceder pelo filho.

De fato, certo dia, ao passar pela calçada da velha estação de Uchoa, uma senhora vestida de preto me chamou. Perguntei-lhe qual o jornal que queria, ela me respondeu que não queria comprar jornal. Perguntou-me o nome.

– Pois é com você mesmo que quero falar.
– Às suas ordens.
– Meu filho, você tem mãe?
– Tive – respondi.
– Sua mãe é morta?
– É.
– Você gostava de sua mãe?
– Gostava e gosto.
– Então, meu filho, eu lhe peço pelo amor que você tinha e tem pela sua mãe, que não se vingue do meu filho. Eu sei que ele cortou você, como você podia ter cortado ele. Eu sou uma mulher viúva e desamparada. Tenho passado privações, porque é ele quem traz o dinheiro para a compra de mantimentos. O que será de mim se meu filho for para a cadeia ou para o hospital? Vocês são dois meninos. O meu filho não é mau, nunca brigou, não tinha raiva de você. Está arrependido. Deixe meu filho em paz, pelo amor de sua mãe.

Quase acabei chorando. Cada palavra da pobre mãe me atingia o coração. Ela pôs os braços em cima de meus ombros, nos levantamos e saímos andando, mudos, atravessamos a ponte da Torre. Em sua presença, puxei a faca americana que tinha na cintura, com bainha e tudo, joguei-a no rio Capibaribe. Foi a minha resposta ao apelo aflito da mãe do meu rival, que, daquela hora em diante, seria meu amigo. Ela ficou admirada com meu gesto e, como eu estava comovido e ela também, ficamos os dois olhando um para o outro. Por fim, ela falou:

— Meu filho, vamos até lá em casa. José está lá. Vai ser bom para ele, porque assim fazem logo as pazes.

— Por mim, já estão feitas.

— Mas eu queria que você fosse comigo até lá. Ele vai gostar muito.

Fui. No caminho, ela entrou numa mercearia, comprou cem gramas de charque, farinha, café em pó e açúcar e disse para o vendeiro:

— Amanhã, José pagará.

O vendeiro tomou nota, com cara muito feia.

Saímos. Pouco adiante, chegamos à sua casinha, muito humilde, mas muito limpinha. O filho estava consertando um velho sapato de sua mãe. Ao ver-me, ficou sem jeito. Parou o trabalho sem olhar para mim. Sua mãe falou:

— Fale com seu amigo, meu filho. Ele veio para nos fazer o bem. Dê um abraço nele e peça desculpas pelo mal que você fez.

O rapaz aproximou-se e nos abraçamos amistosamente. Ficamos mais amigos do que antes, graças a sua mãe, que nos livrou de uma situação difícil. Meses depois, ele conseguiu um emprego e abandonou a profissão de gazeteiro.

Certa madrugada, esperava a tiragem de *A Província* e, sentado na porta do jornal, adormeci. Passou um grupo de marinheiros, parecendo ingleses ou norte-americanos, embriagados. Falaram comigo e não entendi nada do que diziam. Um deles me deu uma sacudidela. Zanguei-me e tentei soltar-me. Ele me empurrou de encontro à porta. Outro rasgou-me os jornais que me restavam do dia anterior, e um marujo, forte como um gigante, pôs as mãos nos meus ombros e forçou-me para baixo, sentando-me na "marra". Mordi-lhe o braço. Enraivecido, arrastou-me pelas duas pernas. Tentei agarrar as pernas de um deles. Este abaixou-se e segurou-me os braços e saíram me arrastando pela calçada afora. Gritei e xinguei-os de todos os nomes feios que sabia. O meu dinheiro espalhara-se pelo chão. Finalmente, me deixaram em paz e se foram. Fiquei catando as moedas e alguns jornais que ainda me restavam. Eles pararam mais adiante e voltaram até onde me achava, tentando encontrar duas pratas de dois mil-réis que me faltavam. Um deles falou para os demais e cada um me deu uma moeda que eu não conhecia, mas sabia que era dinheiro estrangeiro. Quando o dia amanheceu, fiz minhas contas: faltavam-me cinco mil e quinhentos réis, mas tinha oito moedas que os gringos me deram. Como não sabia o valor de cada uma, vendi todas a um português por sessenta e quatro mil-réis. Tive um saldo positivo de quase sessenta mil-réis, embora estivesse com as nádegas e parte do dorso bastante raladas. As moedas eram oito dólares, que, naquela época, deviam valer cada uma catorze mil-réis.

Dona Santa, a moça a quem devia a minha vida, há muito viajara com sua tia para Belém do Pará e não voltara mais. Seu noivo, meses depois, também seguiu para Belém e não mais o vi. Fiquei muito triste, pois sabia tê-los perdido definitivamente. O meu círculo de protetores desapareceu todo e, de amigos, só restavam meus irmãos. A bondosa senhora dona Célia e sua filha, que moravam na praça Joaquim Nabuco, tinham ido para São Paulo. Antônio desaparecera para sempre.

O agente distribuidor de jornais Antônio Pereira fracassara. Passei a vender jornais para o senhor Pedro Alves, conhecido por "Meio-Fio", um tipo metido a valente, que não era mau. Quando bebia, ficava valentão, mas só de boca. Apesar disso, ou por isso mesmo, era respeitado pela malandragem e estimado por seus vendedores de jornais. Seu pai, chamado Januário, era um estivador aposentado, homem bom, que sempre aconselhava o filho a ser moderado e não andar fazendo farras nem acompanhado por maus amigos. Assim, Pedro Alves, orientado pelo pai, tornara-se o distribuidor de jornais mais popular entre todos e tudo corria bem em sua agência.

Um dia, cheguei muito cedo para prestar minhas contas e depois fiquei conversando com alguns colegas na porta de entrada da agência. Passou um homem vendendo cajus grandes e bonitos. Fui comprar uns. Na porta de uma bodega, estava um soldado de polícia, já dando sinais de embriaguez. Pediu-me um caju. Ofereci-lhe a rodelha para escolher. Ele tirou um e falou:

– Nói agora vai tomá uma bicada junto.

Respondi-lhe que não bebia.

– Quem chupa caju tem qui bebê cana.

– Mas eu não bebo.

– Por que não bebe?

– Porque não gosto.

– Não bebe, seu fio da puta?

E desancou-me um tapa na cara que fui parar a uns dois metros de distância com a boca e o nariz arrebentados e sangrando horrivelmente. Alguns populares tentaram prendê-lo. Ele puxou dos quartos uma peixeira, os populares recuaram. Tentou fugir, mas a massa saiu em sua perseguição até o Pátio do Paraíso, onde ficava o quartel da Polícia Militar. Ele foi preso pela guarda do referido quartel, mas ainda tentou reagir à prisão. Minha língua estava cortada pelos dentes. Eu fui socorrido por algumas mulheres do povo, que me limparam o sangue da boca e do nariz e me desinfetaram com água boricada os ferimentos.

O senhor Pedro Alves, para quem eu trabalhava, a tudo assistiu sem dar um pio. Daí por diante, o seu cartaz de valentão ficou muito abalado. Até as mulheres que me socorreram, e outras que viram a cena, ficaram duvidando do valentão, que não tivera coragem de defender seu auxiliar.

Eu continuava dormindo na coluna debaixo da ponte Buarque de Macedo. Não queria dormir na agência distribuidora de jornais, pois sempre fugia das confusões e dos ambientes suspeitos.

Numa noite de muita chuva, já todo molhado e também cansado, entrei debaixo de uma escada para esperar passar a chuva, que não parava. Adormeci em pé, fui me arriando, arriando, até sentar-me, e terminei dormindo. Cerca de duas horas da manhã, jogaram-me um penico cheio de mijo. Foi o banho mais desagradável e mais nojento de toda a minha vida. Os jornais que não tinha vendido também ficaram ensopados de urina. Saí debaixo da chuva e fui tomar um banho de verdade no café Bacurau, onde comprei um tostão de sabão, esfreguei o corpo e lavei a roupa, que depois vesti, ainda molhada.

Arquitetei uma vingança diabólica. Arranjei uma lata, fui na rampa do cais do Abacaxi, onde o povo fazia as suas necessidades fisiológicas, enchi-a de merda, para lambuzar a porta de entrada e o piso do prédio onde me deram o banho de urina. Mas o sobrado tinha dois andares e eu não sabia de qual dos dois me jogaram o penico de mijo. Já tinha até comprado uma broxa de caiador para pôr em prática o meu projeto, mas, para não cometer uma injustiça, desisti do meu plano de vingança.

Meus irmãos Tomás e José abandonaram o emprego doméstico e vieram vender jornal comigo. Dessa vez não me opus, porque já estavam crescidos e conheciam bem a cidade, e também porque, sendo três, impúnhamos mais respeito. Não queria que meus irmãos vivessem como eu vivia até então. Alugamos um barraco na antiga aldeia do 14º Batalhão de Caçadores, compramos um pote para água, duas moringas, esteiras e três redes de dormir.

Um dos gazeteiros, chamado Caloura, cuja mãe, empregada doméstica, saíra do emprego e não tinha onde morar, falou conosco para que ela fosse tomar conta do nosso barraco. Aceitamos. Ele ia visitá-la e levar-lhe a despesa do dia e, aos poucos, passou a dormir também em nosso barraco. Vimos, no entanto, que nossos gênios não combinavam e, por isso, resolvemos deixar o barraco com ele e a mãe. Alugamos um sótão, na rua Direita, com duas portas: uma para a rua Direita e outra para a rua das Calçadas. Foi uma grande coisa para nós: ficava no centro da cidade e era mais higiênico; pelo menos tínhamos ali vaso sanitário. Compramos malas para guardar nossas roupas e objetos. Já tínhamos sapatos, chinelos, chapéu e meias. Estávamos melhorando, dávamos o nome pomposo de "castelo" à nossa moradia.

O nosso propósito de trazer para Recife nossos irmãos do interior continuava de pé. Vez por outra, um dos manos ia levar alguma coisa para vovó e para nossas irmãs Isabel e Amália, que continuavam uma com vovó e outra com a sua madrinha em Palmares. As irmãs Verônica e Madalena casaram-se. Dois irmãos haviam falecido, Pocidônio e Simões.

Em agosto de 1914, foi deflagrada a Primeira Guerra Mundial. Segundo os entendidos, naquela época a guerra tinha por objetivo uma nova repartição do mundo. Outros diziam que era uma guerra pela conquista de novos mercados. Eu não entendia patavina do que diziam nem sabia o que era conquista de novos mercados. Como mercados, eu só conhecia os mercados dos bairros de Recife... Guerra de anexação ou de nova partilha do mundo! Eu supunha que só Deus tivesse o poder de dividir o mundo. Sempre ouvia falar, desde criancinha, que Deus criara o mundo, portanto só ele poderia dividi-lo – e poderia fazê-lo sem guerra. Era o meu raciocínio.

Entramos no ano de 1915 e eu já me considerava um homem, pelo menos na idade, pois ia completar quinze anos de uma vida terrivelmente dura e cheia de tropeços. Ouvia falar na guerra e as nações mais comprometidas eram a França, a Inglaterra e a Rússia de um lado, a Alemanha, a Áustria e a Itália do outro. A Bélgica, pela resistência que ofereceu ao Exército alemão, não saía de cartaz, principalmente o rei Alberto, a quem a imprensa burguesa dava grande destaque. Havia discussões infindáveis nas esquinas, nas praças públicas e em frente às redações dos jornais entre os partidários das duas facções de países em guerra. Gostava de ouvir essas discussões, embora pouco ou nada entendesse delas. Sabia que estava morrendo muita gente e não compreendia por que os povos se matavam mutuamente. Ficava admirado de ver a juventude matar e morrer de uma maneira tão conformada, como se fosse um rebanho de gado marchando para a morte no matadouro. Eu refletia: o rebanho de gado não sabe que marcha para a morte, mas o rebanho de jovens soldados sabia que marchava para a guerra, portanto para matar e morrer a mando de seus governos. Os noticiários de guerra informavam sobre as catástrofes.

Perguntava a algumas pessoas mais entendidas por que havia guerra e me respondiam:

– Eles brigam, se matam e morrem em defesa de sua pátria.

Eu não sabia o que era pátria e ficava ainda mais embaraçado. Aventurava outra pergunta:

– Esses povos que são mobilizados para a guerra, a fim de defender sua pátria, são inimigos uns dos outros?

– Não, não são inimigos, mas cumprem ordens de seus governos.

– E os governos também vão brigar?

– Não, os governos ficam dirigindo os seus países e organizando recursos para a guerra.

O fato é que eu fazia uma confusão dos diabos.

Uma vez, chegaram às minhas mãos algumas revistas com noticiários da guerra, inclusive com algumas fotografias dos campos de batalha, juncados de mortos e feridos. Centenas de milhares de prisioneiros e muitos desaparecidos. Aprisionamento de centenas de canhões, milhares de metralhadoras e milhares e milhares de fuzis; munições de diferentes calibres, granadas e torpedos de todos os tipos, viaturas etc. As revistas traziam comentários e notícias verdadeiramente alarmantes, e os leitores dramatizavam mais ainda.

Contaram-me, certa vez, ter havido uma batalha tão encarniçada entre ingleses, franceses, alemães, austríacos e russos que o sangue dos combatentes mortos e feridos cobria os pés dos lutadores! Achei um exagero e quis testar a notícia, ou melhor, o boato. Fui ao matadouro de gado; logo ao entrar, vi centenas de bois que iam morrer. Cheguei ao lugar da matança, vi um grupo de magarefes em fila, em seus postos, com suas facas peixeiras bem afiadas, enterrando-as na garganta dos animais; sangue rubro esguichando de suas artérias, caindo numa vala de cimento, corria como se fosse um pequeno córrego perene. Fiquei horrorizado, lembrei-me dos combatentes nos campos de batalha e, com toda a repulsa, achei que a guerra era uma monstruosidade e que todos os jovens deviam prender seus governos comprometidos no conflito, soltá-los em um grande curral como aquele do matadouro, armá-los até os dentes e forçá-los a brigar entre si até a liquidação do último deles. Só dessa forma seriam evitadas as guerras chamadas patrióticas. Eu não achava justo morrer tanta gente em benefício de uns poucos.

O ano de 1915 foi um ano terrível para os povos envolvidos na Primeira Guerra. Eram vilas, cidades, distritos e povoações destruídos, cujos habitantes viviam perambulando pelos escombros de suas casas, famintos, descalços, muitos doentes e totalmente desamparados. De tudo, o que mais me impressionava era a multidão de crianças vagando pelos campos, pelas estradas e pelas ruas destruídas, chorando por seus pais e estes por seus filhos. Onde dormir, onde comer, onde proteger-se contra as intempéries?

Eu não compreendia por que o bondoso e onipotente Deus permitia carnificina tão monstruosa nos campos de batalha e o sofrimento tão cruel de seus filhos. E por que Deus, senhor de tudo e de todas as coisas, permitia a destruição das pessoas? Fiquei com essas coisas na cabeça durante muitos anos. Mas de que valia a minha repulsa aos governos que mobilizavam seus povos para o banho de sangue nos campos de guerra? De que valiam as minhas súplicas ao divino mestre? A guerra continuava cada vez mais encarniçada, ceifando vidas e levando o sofrimento, a viuvez e a orfandade a todos os povos afetados pela carnificina guerreira, organizada pelos defensores da pátria.

Naquele ano de 1915, deixei de vender jornais na cidade e passei a vendê-los nos trens de Recife a Garanhuns. No início, só tive prejuízos. Ora porque "boiavam" muitos jornais, ora porque vendia fiado e não recebia o dinheiro, ora porque dava a outros garotos das cidades para vender e eles não me prestavam contas. Assim foram embora minhas economias. Quando comecei a me firmar, fui transferido para outra linha, a linha ferroviária do centro do estado: de Recife até Arcoverde, que, na época, se chamava Rio Branco. Ainda ali, como era natural, no início não me saí bem. Quando estava melhorando, tive uma briga com um malandro, que tentou me tomar o dinheiro. Como estava armado, defendi-me e fiz sangue nele. A polícia veio para cima de mim. Fugi. Passei um mês refugiado na casa de Adelino, onde morava o meu primo Cícero. Este se levantava de madrugada para ir à feira do Bacurau, na Madalena, onde comprava verduras para revender à sua freguesia. Ao meio-dia, estava de volta à casa para levar o almoço a Adelino, que melhorara das bebedeiras e já se ia equilibrando nos negócios.

Uma madrugada, quando se dirigia à feira do Bacurau, meu primo foi assaltado por dois malandros, que lhe tomaram o dinheiro e ainda lhe racharam a cabeça. No outro dia, fui com ele, ambos armados. Quase no mesmo local da agressão anterior, fomos assaltados novamente pelos dois malandros. Meu primo atirou em um, ferindo-o na perna; o outro tentou golpeá-lo, dei-lhe uma cacetada na cabeça, ele caiu, meu primo deu-lhe uma série de cacetadas. Deixamos os dois no solo e fugimos. Eram dois ladrões que habitualmente assaltavam as pessoas naquele local. Pela imprensa soubemos que foram recolhidos à enfermaria da Casa de Detenção do Recife, por estarem sendo processados por assalto e roubo no bairro da Casa Amarela e vizinhanças.

Por medida de segurança, mudamos de itinerário, passamos a ir por Encruzilhada e Espinheiro. Um mês depois, já não havia nada contra mim. Retomei o trabalho de gazeteiro, em outro trem, porque o de Arcoverde fora ocupado por outro jornaleiro. Passei a fazer a linha de Limoeiro. Ao contrário das outras vezes, saí-me bem no início, para piorar depois. E, com isso, aumentou-me o desejo de abandonar essa profissão. Estava disposto a deixá-la logo que achasse um serviço que me desse o suficiente para viver como qualquer trabalhador braçal. A profissão de gazeteiro rendia mais, em compensação era muito arriscada. Além disso, estava enjoado de vender jornais. Contudo não queria afastar-me de meus irmãos, que ainda não se tinham firmado.

E assim terminou o ano de 1915. A guerra tinha se tornado, segundo as notícias ou os boatos, uma espécie de guerra de posição. Mas havia combate em todas as frentes. Começaram a surgir aviões de combate e tanques de guerra, que espalhavam o terror e a morte.

———

Eu ia completar dezesseis anos de idade. Era ainda um menino, mas, fisiologicamente, já me sentia homem e me orgulhava disso. Andava me enxerindo com o mulherio, mas, por ser baixo e magricela, era rechaçado. Aos domingos, vestia a melhor roupa que tinha, penteava o cabelo e mandava o barbeiro raspar algumas penugens que tinha no rosto. Vestia uma camisa azul que me custara cinco mil-réis, comprava um charuto Suedske por quinhentos réis, que era o melhor que havia naquela época, olhava-me ao espelho com pose de gente grande e saía de rua em rua na zona do baixo meretrício, exibindo-me às mulheres. Algumas chegavam a me pedir que lhes pagasse um café, um trago, um maço de cigarros; outras, que lhes pagasse o almoço ou jantar, o que fazia com todo o prazer. Mas, quando chegava a minha vez de pedir-lhes uma migalha de amor, elas respondiam:

– Não, meu filho, és muito pequeno, ainda estás cheirando a leite. Não quero desgraçar uma criança inocente, não! Cresça mais um pouquinho, sim?

Um dia, estava louco para resolver o meu problema sexual. Fui à rua do Fogo, que era um dos últimos refugos da baixa zona de mulheres. Andei abaixo e acima, esperando o convite de qualquer uma, mesmo que não simpatizasse com ela. Desgraçadamente, nenhuma me convidou a entrar. Já cansado e impaciente, vi uma mulher debruçada na janela, exibindo os dois peitos. Passei pra lá, voltei pra cá e parei diante dela, que me olhou e perguntou:

– O que deseja?

Gaguejei qualquer coisa. Ela ficou ereta e falou:

– Não, filho. Preciso muito de um homem, não de um menino.

Saí correndo e fui parar no Pátio de São Pedro, louco de vergonha. Como estava perto do nosso "castelo", o sótão que alugamos, decidi ir dormir. Subi bastante chateado por meu novo fracasso amoroso. Todavia não entreguei os pontos e continuei na ofensiva. No domingo seguinte, fui para um outro setor do meretrício: a rua das Águas Verdes. Perambulei por lá até cerca de meia-noite. Passei perto de uma mulher que estava na janela, rocei-me nela.

– Tu tá bêbabo, é?

– Não, minha filha, eu tou é bom! Tou é querendo dormir com você!

– Tu tem com que pagá uma muié?

Pus a mão no bolso e mostrei-lhe o dinheiro.

– Mai tu paga logo, paga?

– Pago, sim!

– Antão me passa três mil-réis!

Pensei que fosse me pedir cinco mil-réis. Disse que ia ao bar e voltava logo. Fiquei na cadeira esperando-a. Voltou, entramos no quarto, ela despiu-se, ficando com a roupa de baixo. Fiquei só de cueca. Então nos deitamos, ela apagou a luz e não quis nada, dizendo que estava incomodada, que havia me convidado para dormir e não para ter relações sexuais comigo. Que eu voltasse outro dia. Era um fato consumado. Mais uma frustração.

Numa outra ocasião, estava na Estação Central vendendo jornais com uma porção de cédulas de mil e dois mil-réis na mão, todas novinhas, quando passou uma senhora e perguntou se eu podia trocar-lhe cinco mil-réis. Respondi afirmativamente. Ela abriu a carteira, disse-me que tinha deixado o dinheiro em casa e pediu-me para ir até lá, que ficava na rua do Alecrim. Eu fui, porque entendi a coisa como um convite para o amor. Era uma mulher jovem e simpática. Ela compreendeu minha maldade, mas não fez questão de esclarecer nada. Chegamos à sua casa, mandou-me sentar numa cadeira e esperá-la. Trouxe-me a cédula de cinco mil-réis, deu-me um "muito grata" e ficou gracejando com outra senhora a meu respeito. Pedi-lhe, sem ter sede, um copo d'água, como última tentativa, mas ela não me deu nenhuma oportunidade. Saí com cara de quem perdeu a condução.

Cinco dias depois, voltei à rua das Águas Verdes para resolver o meu problema sexual com a mulher que me convidara a voltar. Não a vi. Fui à rua da Roda, já passava da meia-noite. Quase um deserto. No fim da rua, encontrei uma mulher rogando pragas a um homem que lhe passara um "xexo". Encostei-me a ela e disse:

– Tem nada não, minha filha. Vamos para a cama que eu tou com sono e quero dormir com você!

– Minha filha, o que, seu atrevido! Eu podia ser sua mãe! Só vou se for pra te dar uma chinelada na bunda. Vai embora, seu sem-vergonha!

Saí com as orelhas pegando fogo. Estava sem sorte e dizia com meus botões: "Se as mulheres mais refugadas não me querem, quanto mais as outras das zonas mais chiques!". Passei no Pátio do Paraíso, saí na pracinha, ganhei a rua Primeiro de Março e dobrei a esquina da rua do Imperador para a Praça Dezessete, onde encontrei dois garotos, meus colegas de jornais, um pouquinho maiores do que eu. Chamaram-me:

– Griga, ali tem uma muié metendo naquela escada. É um peixão! Nói já meteu com ela. Vai lá que ela dá pra tu também!

Fui. Era uma mulher muito velha e estava bêbada. Passou a mão no meu sexo e disse:

– "Tide vote"! É tão baixo que quase não alcanço.

Deu-me um beijo; era cachaça pura o hálito da mulher. Mesmo assim ela deitou-se e já de saia levantada puxou-me por cima dela. Ejaculei, mas sem prazer, e fiquei enojado da mulher. Dei-lhe uma prata de mil-réis. Ela disse:

– É o primeiro que me paga hoje! Já meti com mais de cinco. Num ganhei nem um tostão pra tomar uma bicada. "Tide vote"!

Eu nada disse. Saí doido para o Café Bacurau, onde tomei um banho e depois café. Eram três horas da manhã. Fiquei aguardando a distribuição dos jornais e arrependido de ter tido relações sexuais com uma velha embriagada.

Dias depois, quando ia urinar, sentia um ardor danado e não sabia o que era. Em seguida, começou a aparecer um pus no canal do pênis, que ardia cada vez mais. Fui a um farmacêutico na rua do Rangel, chamado Vitorino. Ele me examinou e disse:

– Está com uma gonorreia braba! Cuida logo, senão vais passar mal!

Passou-me uns remédios, uma seringa de borracha e um litro de permanganato de potássio; ensinou-me como deveria fazer a lavagem e tomar os remédios. Apesar da repugnância da doença e do ardor que sentia quando urinava, sentia certo orgulho de ter tido relações sexuais com uma mulher. Era homem.

7

O ano de 1916 foi cheio de altos e baixos. Permutei a venda de jornais no trem de Limoeiro com um colega que tinha um ponto em Recife aproveitando o fato de os pais dele morarem em Limoeiro. A permuta foi boa para ambos: para ele, porque dormia em casa de seus pais; para mim, porque dormia com meus irmãos em nosso "castelo".

Minhas relações com o mulherio melhoraram, já não era um menino cheirando a leite. Ia me preparando para trocar a profissão de gazeteiro pela de operário da construção civil. Deixar de vender jornais sempre foi o meu objetivo. Seria um operário. Falei com um freguês de jornais, que era mestre de obras, chamado Zé da Colher. Comecei a indagar-lhe sobre a profissão. Informou-me que era filho de um pedreiro, aprendera a profissão com o seu falecido pai, desde os catorze anos de idade; já trabalhava havia mais de 32 anos e sentia-se orgulhoso de ser considerado um bom profissional, como fora seu falecido pai. Disse-me que não era muito fácil, porque havia poucas construções e era muito grande o número de operários que rondavam dia e noite os canteiros das obras atrás de trabalho. Perguntou-me se eu já sabia traçar bem a massa, se podia carregar uma lata de massa na cabeça, subir andaimes e servir tijolos e água aos pedreiros. Respondi-lhe que nunca tinha trabalhado naquela profissão, mas tinha absoluta certeza de que aprenderia com relativa facilidade. Quanto ao mais, podia garantir-lhe que o faria direito e ofereci-me para as experiências que fossem necessárias.

Perguntou-me:

– Está mesmo disposto a deixar sua vida de gazeteiro?

– Hoje mesmo, se fosse possível – respondi.

O diálogo foi longo e amistoso. Prometeu-me arranjar a vaga antes de dezembro, dali a dois meses. Agradeci e saí radiante. Já me considerava um ajudante

de pedreiro. Naquele dia, não quis saber de nada, nem mesmo de meus amores-
-relâmpago com o mulherio, num contato que vinha sendo muito intenso. Conversei muito com meus irmãos. No domingo seguinte, fui receber o dinheiro dos jornais, encontrei mestre Zeca sentado numa cadeira de balanço, debaixo de uma mangueira, à frente de sua casa. Quando me viu, foi logo dizendo:

– O seu lugar está praticamente arranjado, mas queria você antes num trabalho que vou fazer em minha casa.

Deveria passar trabalhando com ele nada menos que 25 dias, a começar de segunda-feira. Naquele mesmo domingo, ensinei ao meu irmão Tomás a minha freguesia de jornais e, pela manhã seguinte, bati à porta do mestre Zeca. Mostrou-me um monte de areia, barricas de cal, sacos de cimento e vários montes de tijolos, uma enxada, uma pá, uma picareta e uma peneira, um martelo e uma alavanca. Falou-me:

– Primeiro, vamos derrubar essas paredes, para depois reconstruir. Pode começar por esta.

E deu umas marteladas na parte superior das paredes, por onde eu deveria começar a demolição. Recomendou-me aproveitar ao máximo os tijolos. Saquei fora a camisa e enfrentei a tarefa com todo o vigor. Ele saiu para dirigir sua obra, que estava construindo. Não voltou para o almoço. Eu também não larguei para almoçar, pois não recebera ordem dele nem levara comida. Esperava que voltasse cedo. Ia fazendo os dois serviços, derrubando a parede e separando os tijolos da caliça. Às treze horas, a senhora dele deu-me um pedaço de pão com carne e um copo de café. Comi, tomei o café e caí no trabalho até a chegada do mestre Zeca. A mulher, logo que ele chegou, confabulou algo com ele, que foi verificar o serviço. Achou bom, principalmente a separação do tijolo da caliça. Mandou parar. Recolhi a ferramenta ao quarto reservado àqueles objetos. Mandou que eu tomasse um banho e, quando saí do banheiro, convidou-me a sentar ao seu lado.

– Que tal sua estreia?
– Para mim, foi boa. Não sei se lhe agradei.
– Como não? Fez muitos calos nas mãos?
– Alguns.
– Pode trabalhar amanhã?
– Posso.

Sua esposa pôs o jantar na mesa. Pedi licença para retirar-me.

– Jante conosco. É melhor do que comer no mosqueiro, não? É a paga do seu almoço, sim?

Fiquei um pouco acanhado, mas jantei e comi à vontade. No dia seguinte, quando ele abriu a porta, eu já estava sentado nela havia muito tempo. Entrei e continuei o trabalho do dia anterior. Convidou-me para o café. Eu já tinha tomado o café na feira do Bacurau, mas aceitei uma xícara.

— Enquanto estiver trabalhando aqui, a comida é por nossa conta. Combinado?
— Só tenho a agradecer.

Fiz o possível para produzir mais que no dia anterior, mas as mãos não ajudavam. Calos na mão direita e os dedos da esquerda roídos pelos tijolos. Ao meio-dia, engoli às pressas o almoço. Tomei água e café e caí no trabalho até as seis horas, quando seu Zeca chegou. Fiscalizou o serviço e parece que gostou. O fato é que se mostrou muito satisfeito.

Tomei banho. Jantamos. Depois, ele me deu uma pomada para passar nas mãos quando fosse dormir. No terceiro dia, ele ficou trabalhando comigo. Tinha pressa em fazer a reforma da casa. Enquanto eu derrubava o resto da parede e separava os tijolos, ele forrou com tijolos uma certa parte do quintal. Disse:

— Quando trabalhava diariamente, fazia um serviço desses em duas horas. Agora, gasto mais do que quatro e não sai tão bom quanto antes.

Terminei a derrubada das paredes, separei os tijolos, retirei toda a caliça e depositei-a junto ao muro do quintal. No dia seguinte, fui para sessar a areia e fazer a massa, conforme a indicação que ele me deu. Tracei bem traçada a massa. À medida que fazia isso, amontoava-a junto aos locais das três paredes a serem reconstruídas. Fiz três montes de massa e, no dia seguinte, cavei os alicerces para levantar as paredes. Na sexta-feira, ele trouxe mais um ajudante e um pedreiro. Trabalhamos até as doze horas, quando largamos para o almoço. Comemos todos juntos e recomeçamos o trabalho até as seis horas da tarde. As paredes ficaram prontas. Enquanto enxugava para o reboco, lavei as telhas, arrebentei o piso da sala, quebrei os tijolos para o concreto, soquei o quanto pude o chão para receber o que chamam de farofa. Rebocamos as paredes, ladrilhamos a sala com mosaicos, mudamos as instalações sanitárias, puxamos a encanação da água para o banheiro, privada e cozinha. Construímos uma lavanderia no quintal, recobrimos a casa, pintamo-la, consertamos o muro do quintal; depois, cavamos um buraco, onde enterramos todo o entulho. A casa do mestre Zeca ficou como um palacete de grã-fino.

Minhas mãos já estavam grossas e habituadas. Já não pegavam mais calos e sentia-me satisfeito em meu trabalho de ajudante de pedreiro. Tinha certeza de que dava para o ofício. Era o próprio mestre Zeca que dizia:

— Tenha disposição para o trabalho, que não custará muito pegar na colher de pedreiro!

Era um bom estímulo para mim. Mas eu sabia que estava muito longe disso. Tinha boa vontade e já sabia que não era nenhum mistério a profissão de pedreiro. Entretanto havia muitos poréns, e só com a prática constante me habilitaria. Eu prestava a máxima atenção ao trabalho dos profissionais: como pegar na colher, enchê-la de massa, jogar a massa nos espaços dos tijolos, pôr a massa sobre eles e acamá-la para colocar novos tijolos; como fazer a amarração dos tijolos; como aprumar e nivelar as paredes. Ao preparo da massa dava toda a atenção. Não me descuidava dos mínimos detalhes. Cumpria à risca as dosagens de areia, cal e cimento, conforme a orientação dos pedreiros. Eles, geralmente, gostavam do meu serviço e procuravam me ajudar. O fato é que terminei me especializando no preparo da massa, do que eles gostaram muito. Eu caprichava em todos os traços, sem descuidar das medidas exatas.

Na minha formação como ajudante de pedreiro, mestre Zeca foi muito generoso. Pagou-me trinta mil-réis. Eu esperava menos, porque fazia três refeições por dia em sua casa e o salário de um bom pedreiro naquela época não passava de 3.800 réis por dia. Mas o que foi bom mesmo é que fiquei trabalhando na construção que ele dirigia, com um salário de 1.500 réis diários. E, sempre que havia um biscate ou uma pequena construção aos domingos, ele me convidava para ajudá-lo ou para ajudar o pedreiro que ele indicava. Na construção que ele dirigia como mestre de obras reinava uma boa camaradagem. Ele não apertava ninguém e, às vezes, facilitava um pouco de cimento para um, um pouco de cal para outro. Quando um pedreiro ou carpinteiro adoecia, mestre Zeca abonava-lhe os dias de falta, fazendo o mesmo com os ajudantes. Era apolítico. Todos gostavam dele.

O meu salário de 1.500 réis subiu para 1.800 réis depois de duas semanas, devido à quantidade e à qualidade da massa que fazia. É que eu fazia de véspera a massa para o reboco e, por isso, ficava macia e curtida.

Quando faltava um pedreiro, mestre Zeca enquadrava-me entre dois pedreiros mais amigos, para, segundo ele, irem me desasnando na colher. Ele me abonava dois mil-réis. Devo dizer que passei pedaços muito apertados, porque uma coisa é ver, outra é fazer! Mas, como dizem que querer é poder, eu metia a cara. Às vezes, as minhas fieiras de tijolos saíam do prumo ou fora do alinhamento. Eu ficava nervoso e mestre Zeca dizia:

– No começo, tudo é assim. Depois acerta. Tem nada, não!

Derrubava uma ou duas fileiras e mandava que eu mesmo refizesse. Quando não queria me chamar a atenção, pedia que eu fosse buscar água fria, pois queria beber. Quando voltava, via logo que tinham modificado o meu trabalho. E foi assim que, a partir de 1º de janeiro de 1917, passei a trabalhar na qualidade de "meia-colher", o que já significava que eu era um "meio-pedreiro". Um salário de dois mil-réis por dia. Quando faltava algum ajudante de carpinteiro, mestre Zeca mandava-me para essa seção, pois, segundo ele, o profissional deve saber de tudo: deve ser pedreiro, carpinteiro, pintor, caiador, encanador e tudo que tenha relação com a casa. Ele me testava nos consertos e pequenas construções. E me punha a executá-los ora como pedreiro, ora como carpinteiro, ora como pintor e caiador de parede.

Quando, infelizmente, terminara a construção do prédio que mestre Zeca dirigia como mestre de obras, ele mesmo ficou vivendo de pequenos biscates até que resolveu vender a sua casa e mudar-se para São Paulo, onde a indústria de construção civil se desenvolvia intensamente. Um pedreiro em São Paulo fazia no mínimo sete mil-réis por dia naquela época.

Passei a trabalhar como ajudante de carpinteiro do mestre João Feitosa, que era muito amigo de mestre Zeca, com o qual trabalhava havia muitos anos. Era um excelente profissional, muito disputado pelos construtores de obras. Eu não entendia patavina de carpintaria. É claro que sabia serrar uma ponta de tábua ou um pedaço de caibro, torar uma ponta de barrote ou plainar uma viga, telhar ou destelhar uma casa, ripá-la, pregar caibros e ripas etc. Mas isso qualquer curioso podia fazer também. Porém pegar um machado, uma enxó, um serrote, para lavrar uma linha, nivelar um barrote, uma viga, esquadrilhar uma peça e montar o arcabouço de uma construção, nivelá-la e aprumá-la, confesso que não é canja. Exige do operário muita perícia. Foi nisso que melhor servi ao meu competente mestre. Graças aos seus ensinamentos e ao tratamento fraterno que me dava, ajudou-me a compreender com mais rapidez os segredos da profissão. Ele também partiu para São Paulo a convite de mestre Zeca, seu amigo do peito.

Fiquei fazendo alguns biscates ora como pedreiro, ora como carpinteiro, ora como caiador e pintor de paredes. Assim, às vezes trabalhava, às vezes parava por falta de serviço. Passei a trabalhar como carvoeiro. Faltou serviço também. Tornei-me arrumador de armazém de açúcar ou de estiva. Também faltou serviço. Finalmente, trabalhei nas docas como estivador, mas só quando havia excesso de carga e descarga nos armazéns das docas ou nos navios cujos trabalhos intensos e pesados, na época, rendiam um salário melhor, mas ainda assim injusto.

Chegamos a fevereiro de 1917. A grande guerra mundial continuava se alastrando e ceifando vidas por toda parte. A imprensa noticiava grandes derrotas dos russos nas diferentes frentes de luta e, em consequência, havia grandes manifestações de massas nas maiores cidades da Rússia tzarista, pedindo "pão, terra, trabalho e paz".

A imprensa noticiava que, em alguns setores, houvera confraternização de soldados alemães com russos, de austríacos e alemães com franceses e ingleses. Depois, os boatos se traduziram numa realidade, com a queda da monarquia tzarista e, em consequência, a dualidade de poderes: o chamado governo provisório, dirigido por Kerenski e sua camarilha, e o dos sovietes, constituído por operários, camponeses, soldados e marinheiros. Antes da derrubada do tzarismo, de longe em longe se mencionava Lenin, bolchevismo, maximalismo e até menchevismo. Era uma linguagem nova no meio operário, onde se falava até então no anarquismo e no anarcossindicalismo. Todavia, depois da queda do tzarismo, os nomes bolchevique ou bolchevismo, Lenin ou leninismo, Marx ou marxismo foram tomando conta da linguagem das grandes massas, principalmente da classe operária, e foram sumindo paulatinamente os termos anarcossindicalismo e anarquismo.

As palavras de ordem "pão, paz, terra e liberdade", lançadas pelo Partido Bolchevique, guiado por Lenin, tiveram grande repercussão no seio das massas trabalhadoras e contribuíram para popularizar cada vez mais os bolchevistas e o leninismo. O fato é que as amplas massas, e particularmente a classe operária, ficaram empolgadas com a queda do tzarismo.

O que não compreendíamos, até então, era a dualidade de poderes. Pelo menos eu, que vibrava de entusiasmo com a vitória da revolução levada a cabo pelos operários, soldados e marinheiros, dirigidos pelo partido de Lenin. Achávamos que todo o poder devia ficar nas mãos dos bolcheviques porque eles é que tinham derrubado a monarquia tzarista. Eu desejava que todos os trabalhadores, soldados e marinheiros dos países em guerra fizessem o mesmo que haviam feito os bolcheviques, isto é, derrubassem seus governos e implantassem um regime como o da Rússia soviética, acabando dessa forma com a guerra, que o poder ficasse nas mãos dos trabalhadores, e não nas mãos dos capitalistas.

A Revolução Bolchevista passou a ser o assunto dos setores operários e concentrações de trabalhadores brasileiros. E também nos meios da burguesia urbana e rural, mas não com a mesma simpatia que entre os operários, antes com repulsa e ódio pela revolução vitoriosa. Faço essa afirmação baseado em fatos concretos, ouvidos e observados por mim; quando em comissões com outros operários, para falar com o patronato ou com chefes de departamentos públicos, não só éramos mal recebidos como também ouvíamos as seguintes frases:

– Isto aqui não é a Rússia soviética, não! Aqui é o Brasil, graças a Deus! Retirem-se! Para bolcheviques, temos é pau e cadeia!

A revolução de fevereiro de 1917 exerceu uma poderosa influência sobre o proletariado brasileiro. As palavras de ordem "pão, paz, terra e liberdade" eram repetidas pelos operários mais esclarecidos em quase todas as assembleias sindicais e em muitas organizações de massa, mas sobretudo nas manifestações de rua. Sensibilizaram extraordinariamente as massas exploradas e oprimidas e particularmente a mim, que as retransmitia com todo o meu entusiasmo. Mesmo analfabeto, sabia transmiti-las com muito ardor nos sindicatos e nas manifestações de rua, o que me valeu muita correria da polícia.

Na minha opinião, foi a partir da revolução de fevereiro de 1917 na Rússia tzarista que começou o despertar da classe operária brasileira na luta por suas reivindicações mais sentidas, entre as quais destacamos: jornada de oito horas, aumento de salários, melhores condições de trabalho etc. Isso não significa que antes não houvesse luta reivindicatória da classe operária. Houve muitas lutas, mas de forma flácida, lutas isoladas, sem objetivo político e com pouca combatividade. Foi a partir de fevereiro de 1917 que os movimentos grevistas ganharam vigorosa intensidade e começou a avolumar-se por todas as partes, principalmente nos Estados de São Paulo, Pernambuco e no Distrito Federal, hoje Estado do Rio de Janeiro.

O proletariado brasileiro, entusiasmado pelo exemplo da classe operária russa e do Partido Bolchevique, via neste um poderoso aliado, que marchava vitoriosamente para o assalto definitivo ao poder, ainda nas mãos de Kerenski. Assim, as greves por oito horas de trabalho e outras reivindicações específicas da classe operária brasileira espoucavam por toda parte, apesar da repressão feroz da polícia. O movimento operário brasileiro foi, pouco a pouco, avolumando-se, à medida que a luta do Partido Comunista Bolchevique obtinha êxito sobre êxito até o assalto definitivo ao poder, em outubro de 1917. A tomada do poder pelo proletariado russo tornou-se um poderoso estímulo para as lutas do proletariado brasileiro, que já não se limitava às suas reivindicações, mas agora vinha em apoio à luta do Partido Bolchevique, contra os bandos armados da contrarrevolução e contra a criminosa intervenção dos países imperialistas, na sua vã tentativa de esmagar o jovem regime socialista soviético.

Infelizmente, não pude participar dos movimentos do proletariado brasileiro em seguida à Revolução de Outubro, porque, em 7 de agosto de 1917, fui encarcerado. Achava-me "enterrado vivo" no fundo da prisão na velha Casa de Detenção do Recife, aguardando julgamento, sob a acusação de ser um "perturbador da ordem pública" e de insuflar operários contra patrões, o que me valeu uma condenação de 7 anos, dos quais cumpri 4 anos, 8 meses e 25 dias.

Na prisão, fui posto numa cela onde só havia presidiários loucos. Fiquei incomunicável, sem direito de falar sequer com o advogado. Constantemente era interrogado e ameaçado de espancamento. Depois de inquirido e fichado, fui transferido para a cela nove, da segunda galeria do raio sul, onde encontrei cinco presidiários. Com 72 anos de idade, o velho João Herculano – condenado a 30 anos de prisão celular, mas que já havia cumprido 32 anos – mofava ali por falta de recursos para contratar advogado; era um homem respeitador e respeitado. Aprígio de tal, condenado a trinta anos de prisão, com 42 anos de idade, já havia cumprido treze anos de sua pena; era um "ajudante de Cristo", pois já tinha seis crimes de morte como pistoleiro de um latifundiário dos arredores de Recife, mas, como preso, mostrava-se um bom companheiro, pacato, procurava não incomodar ninguém. Antônio Pedro, de 45 anos de idade, condenado a dezessete anos e seis meses por crime de morte, desfrutava de boa amizade com todos; era um homem sério e correto no trato. Pedro Celestino, de 35 anos de idade, condenado a sete anos, dos quais havia cumprido dois, era um bom companheiro. José Alexandre, condenado a quatro anos e oito meses por crime de roubo e tentativa de arrombamento, era mau companheiro.

Eu ainda estava na fase de processo. José Alexandre foi o primeiro espírito de porco que encontrei na minha prisão. Começou com certas pilhérias pornográficas, o que muito me aborrecia. Repeli com energia algumas de suas brincadeiras de mau gosto e ele ficou diferente alguns dias comigo. Depois, repetiu as mesmas brincadeiras, a que reagi com mais energia. Tentou agredir-me. Os companheiros intervieram a meu favor. Ele jurou-me ir à forra, quando não houvesse ninguém na cela. No dia seguinte, como de hábito, todos saíram para trabalhar no rancho e ele para a oficina de alfaiataria. Logo depois, voltou e tentou agredir-me. Como estava com uma tina de água na mão, joguei-lhe em cima com água e tudo e nos atracamos com violência. A água da tina correu para a galeria e o chaveiro, supondo a torneira aberta, veio até a cela e nos viu em luta corporal. Abriu a grade, separou-nos. José Alexandre passou a me respeitar.

Logo que cheguei à prisão, peguei uma gripe dura de curar e, quando sarou, deixou-me uma tosse braba. Passei mais de seis meses tossindo dia e noite. Os companheiros isolaram-me a um canto da cela, supondo-me com tuberculose, doença até então incurável no presídio. Eu não tinha agasalho e dormia no chão frio. Mesmo tossindo, tomei a meu cargo a faxina da cela, porque os meus companheiros saíam às cinco horas da manhã para o trabalho na cozinha e só voltavam às seis horas da tarde. Não achei justo eles fazerem a faxina à noite no escuro, pois, naquela época, não havia luz elétrica no presídio.

Funcionava na Casa de Detenção do Recife uma escola correcional com mais de trezentas crianças, de seis a quinze anos de idade. Essas crianças, em sua maioria, eram meninos abandonados que viviam perambulando pelas ruas; outros estavam ali porque os pais não dispunham de recursos para alimentá-los ou porque os pais os consideravam indisciplinados demais e os punham na escola correcional para, segundo eles, "tomarem jeito de gente". Havia uma banda de música ensaiada por um sargento reformado do Exército, um homem competente, tolerante e humano. Havia também uma banda do corneteiro, cujo ensaiador era um ex-corneteiro da Polícia Militar, chamado Braz, elemento nocivo, perverso com os garotos e pederasta. Estava condenado a 29 anos de prisão por crime de morte, mas era protegido da diretoria do presídio. Tinha carta branca e dela usava e abusava para induzir os garotos à prática da pederastia. Era, além disso, alcaguete.

Eu subia na janela de minha cela para ver os ensaios da banda de música e o resto da garotada fazendo instrução de infantaria, manejo de armas com carabinas de pau ou fazendo exercício de educação física e cantando canções patrióticas. Era minha única distração.

Um dia, fui tirado para trabalhar na cozinha, como ajudante de cozinheiro. O detento Ricardo, o mestre cozinheiro da escola correcional, também era um pederasta inveterado. Gostei de sair para trabalhar, não só porque ia ter liberdade de movimento no interior do presídio como porque tomaria banho de sol nas horas de folga. E, além de tudo, ia trabalhar para aqueles garotos que sentiam falta de seus pais e eram tão desamparados como eu tinha sido nos meus anos de criança.

A minha tarefa, além de ajudar na cozinha, na preparação da boia, compreendia a divisão da comida entre os garotos, isto é, eu punha nos pratos a quantidade de farofa ou de feijão e as migalhas de carne estipuladas pela diretoria. A boia dos meninos não só era pior que a dos presos comuns como era menos da metade da xepa daqueles, já péssima e pouca. Havia três refeições por dia: pela manhã, um caneco de café com pão sem manteiga para os presidiários; ao meio-dia, um caneco de feijão, um de farinha e um pedaço de bacalhau ou de charque. Isso às segundas, quartas, sextas e sábados; às terças e quintas, carne congelada, carne com ossos, pedaços amarrados com barbantes ou cordões, um caneco de caldo e um de farinha (quase sempre mofada e cheia de tapurus). À tardinha, como jantar, um caneco de chá-mate e três bolachas duras e azedas. Para os garotos da escola correcional, o mesmo cardápio, reduzido à metade. De tempero, apenas sal, vinagre e pimenta-do-reino; nada de gorduras, nada de frutas, doces, queijo, manteiga. Comida de cachorro, mas de cachorro vira-lata.

Havia muita fome. Fome que impelia os garotos à prática da pederastia com os presidiários em troca de migalhas de pão, de bolachas, frutas ou de pequenas gulodices. Havia certa vigilância, mas em vão. A localização da escola correcional no pátio interno do presídio tinha como consequência a inevitável promiscuidade dos meninos com os presos comuns, com quem mantinham também o contato diário nas oficinas de alfaiataria, encadernação e carpintaria.

Contudo, apesar da fome, dos castigos, dos bolos de palmatória, da pouca e má alimentação e da péssima orientação administrativa – sobretudo apesar da pederastia –, a maioria dessas crianças conseguiu recuperar-se. Muitos deles tornaram-se bons músicos nas Forças Armadas, nas polícias estaduais, nos corpos de bombeiros; outros foram para a Escola de Aprendiz de Marinheiro e serviram na Marinha de Guerra; muitos ligaram-se a diferentes setores operários, marcenarias, alfaiatarias, encadernações etc.

Em minha opinião, o resultado seria melhor se a orientação das crianças fosse mais lógica, mais correta e mais humana – não só do ponto de vista pedagógico como do ponto de vista profissional e técnico e, principalmente, quanto à alimentação e à higiene do alojamento. A recuperação daqueles meninos comprova que não há uma só criatura que não seja recuperável, principalmente as centenas de milhares de crianças que vivem perambulando pelas ruas, muitas das quais já na prática de todos os vícios e de todos os crimes, em todas as cidades do meu desgovernado Brasil.

Depois de minha libertação, já como soldado e, em seguida, como sargento do Exército, encontrei muitos daqueles garotos, já feitos homens de verdade, uns como músicos da Marinha, do Exército, dos corpos de bombeiros e das polícias militares dos estados; outros como marítimos, muitos como marinheiros e alguns como operários, a maioria deles casados, excelentes chefes de família. Muitos me convidaram para almoçar ou jantar com eles, em suas casas modestas, mas limpas e acolhedoras. E eu me sentia feliz ao ver seus filhos e esposas. Conversava com eles, relembrando o passado, vivendo o momento e prevendo o futuro. Muitos eram apolíticos, outros seguiam diferentes tendências políticas e alguns já iam bastante arejados no sentido da gloriosa luta da classe operária. Eu me sentia como se estivesse em minha casa, no meio de minha família, discutindo com meus irmãos e orgulhoso porque era lembrado por aqueles a quem servi com a máxima boa vontade. Considerava-os meus irmãos, discutíamos muito sobre o problema da criança abandonada e tínhamos autoridade e experiência na própria carne para discuti-lo.

Como presidiário, ia indo regularmente. Já tinha feito amizade com grande parte dos presos, entre os quais se destacava a figura legendária do cangaceiro Antônio Silvino, por quem tinha muita admiração desde a minha infância, pelo que dele ouvia falar, sobretudo quando chegou, preso, na Estação Central, em Recife, em 1914, fato que deu grandes manchetes em toda a imprensa pernambucana e no Brasil inteiro. Antônio Silvino foi o bandido mais famoso, mais popular e mais humano da história do cangaço. Não só por sua bravura na luta contra a polícia mas também pela tática de combate que adotou ao longo de vinte anos de duros e cruentos combates. Era um homem querido por toda a população pobre do Nordeste brasileiro graças à maneira respeitosa e humana como tratava os habitantes da região. Tornei-me amigo desse caudilho sertanejo e dele recebi muitos conselhos, que muito me serviram para orientar-me no convívio com os demais presos comuns.

Os dias iam passando e eu com eles. Em geral, os detentos perdem tudo e de tudo podem se esquecer, menos dos dias de prisão. Eles sabem que, a cada dia que passa, diminuem os seus longos anos de condenação. E, assim, é raríssimo encontrar um presidiário que não saiba dos dias, semanas, meses e anos que está passando no cárcere. Podem não saber a própria idade, ou a de seus filhos, se os têm, ou mesmo a data do seu casamento, mas não esquecem a data da prisão. Uns contam nos dedos; outros, mais inteligentes, calculam de cabeça; e os mais rudes calculam com caroços de milho ou de feijão, guardados numa caixa de fósforos vazia ou enrolados num trapo de pano velho. A cada doze meses, separam para um canto um caroço maior, representando um ano. E assim continuam anos e anos, até morrerem ou serem postos em liberdade. Em sua maioria, os condenados a longos anos morrem na prisão; muitos, ao serem libertados, não são mais que cadáveres ambulantes e são poucos os que se libertam com energia para enfrentar os problemas da vida.

Um dia, fui chamado à chefia da detenção. Ao apresentar-me, recebi ordens para me transferir da cela nove, segunda do raio sul, para a cela quatro, na primeira galeria do raio oeste. Perguntei ao subdiretor se havia cometido alguma falta. Respondeu que não e que a minha transferência era feita pela conveniência do serviço, uma vez que eu tinha de sair às cinco horas da manhã para a cozinha, junto com os demais, que saíam àquela hora. Pedi ao subdiretor que me dispensasse da concessão de trabalhar na cozinha como ajudante de cozinheiro, mas me deixasse morando na minha cela nove, junto com meus companheiros, que já considerava parentes. O velho subdiretor foi intransigente e respondeu-me:

– Ordens são ordens! Mude-se agora mesmo, não admito réplicas, está ouvindo?

Mudei para a cela quatro, onde morava o mestre Ricardo, cozinheiro-chefe da escola correcional e de quem eu era ajudante. Como já disse, era um pederasta dos mais desclassificados, protegido pela diretoria do presídio e por todos os guardas. Morava numa cela sozinho, verdadeiro antro de pederastia, o que era do conhecimento da diretoria do presídio e de todos os detentos. Fiquei numa situação bastante delicada. Pedi ao guarda, chefe da cozinha, que solicitasse do subdiretor o meu trancamento. Ele disse que não poderia desfazer as ordens da diretoria: o que estava feito estava feito. Falei com os companheiros da cela nove, Antônio Pedro, Aprígio e Celestino, avisando-os de que preferia morrer a me desmoralizar e que me defenderia até a morte. Preparei-me moral e fisicamente para o desfecho. À tardinha, consegui introduzir, pelo aspirador da cela, uma faca peixeira: foi a primeira medida que tomei. Às sete horas da noite, quando terminamos o serviço do rancho dos meninos, fomos recolhidos à cela. Tomei banho, supondo ser o último da minha vida. Voltei ao cubículo. Fumei um cigarro e deitei-me.

O pederasta Ricardo, desde que entrou no raio, ficou conversando com outro pederasta como ele, chamado Aluísio, também protegido e temido pela diretoria do presídio por ser negociante e agiota do presídio. Gozava de prestígio absoluto entre os guardas, que viviam presos a ele por empréstimos a juros, propinas etc. Era uma espécie de dono dos presos. Fazia e desfazia conforme os seus interesses de pederasta. Anísio, Ricardo, Brás e mais uma meia dúzia de presos protegidos da diretoria eram os mandachuvas do presídio. Davam ricos presentes ao diretor, ao subdiretor e aos funcionários mais categorizados e também a certos guardas e, por isso, desfrutavam de todos os privilégios, enquanto os demais presos, para conseguir o mínimo que fosse da diretoria, tinham que se valer do prestígio dos privilegiados, do contrário não seriam atendidos. Até mesmo os advogados de porta de xadrez dependiam daqueles elementos, principalmente do detento Anísio, que era o chefe mais forte. Esses advogados, se não lhes dessem grandes propinas, dificilmente conseguiriam boas causas para defender. Anísio era uma espécie de agente daqueles advogados e agenciava as melhores causas para que lhes pagassem melhor. Dessa forma ganhava duplamente, do advogado e do preso, que também o gratificava. A maioria dos presos, que não tinham recursos para pagar advogado, apodreciam no cárcere, entregues ao desleixo da diretoria e de certos elementos judiciários. Às vezes, os funcionários da Justiça se esqueciam das centenas de presos, muitos dos quais já haviam cumprido sua sentença e permaneciam no cárcere por muitos anos ainda, como o velho Herculano, condenado a 30 anos e que já estava preso havia 32 anos. Em toda a minha vida, jamais tinha visto tanta injustiça, tanta falta de escrúpulos e tanta patifaria. Era uma calamidade das mais tristes e vergonhosas o que se passava na Casa de Detenção do Recife durante a administração do senhor João Perdigão.

Eu já havia terminado de fumar o meu cigarro e aproveitei a ausência do pederasta Ricardo, que continuava confabulando com Anísio e outros detentos, puxei a faca do respirador da cela, escondi-a atrás do cano de esgoto da privada e voltei a deitar-me. Ricardo entrou, fez café, ofereceu-me. Não respondi nada. O coração batia. Estava sofrendo um drama dos mais horríveis em minha vida. Era jovem, pensava no futuro, em meus irmãos e queria viver para ser útil a eles, à classe operária e, sobretudo, aos camponeses escravizados. Já tinha o grandioso exemplo das duas últimas revoluções vitoriosas na Rússia: a revolução de fevereiro e, sobretudo, a revolução de outubro de 1917. Não sabia ler, mas aprendera através dos comentários das pessoas que liam os jornais que os povos de uma sexta parte do mundo estavam libertos da exploração do homem pelo homem e que o poder estava nas mãos do Partido Comunista Bolchevique, sob a direção de Lenin. Kerenski e sua camarilha, inclusive os mencheviques e os social-revolucionários, tinham sido esmagados e isso era tudo para mim. Sentia-me no meio dos trabalhadores, lutando com eles pelos mesmos ideais dos bolcheviques.

Essas coisas passavam pelo meu cérebro quando o moleque Ricardo começou a passear pra lá e pra cá no meio da cela. Deixei de pensar e fiquei em guarda. De repente, ele me perguntou:

— Por que não quis o café?

— Porque não.

— Não adianta tanta brabeza. Tenho dominado ossos mais duros de roer.

Não respondi. Ele continuou passeando pela cela. Tomou mais uma xícara de café e fumou mais um cigarro e, supondo-me dormindo, passou a mão no meu peito. Levantei-me bruscamente e dei-lhe um soco com toda força na cara. O sangue espirrou do nariz e atraquei-me com ele, que escorregou e caiu com a cara em cima da privada. Eu ia tirando a faca que havia escondido atrás do cano de esgoto, quando ele gritou por socorro. Os guardas ouviram os barulhos e os gritos, abriram a grade, entraram na cela e nos separaram. Fui transferido para a cela número oito da mesma galeria. Não dormi mais, só pensando que teria de matá-lo ou morrer. Sabia que não era fácil escapar, mas preferia isso a desmoralizar-me.

O dia amanheceu. Fui para a cozinha. Já não esperava sair com ele e com os demais companheiros que trabalhavam junto comigo. Chegamos ao rancho e fiz as minhas tarefas de sempre: acendi o fogão, pus água no fogo para o café dos garotos, cortei os pães, lavei os vasilhames e estava cortando a carne para lavá-la quando, cinicamente, Ricardo veio dar-me uma ordem. Cego de raiva, repliquei-lhe e travou-se uma ligeira discussão. Como estávamos ambos de faca na mão, resolvi decidir a parada. Viver com dignidade ou morrer honradamente. Passei à ofensiva. Ele tentou resistir e me contra-atacou. Enfrentei-o com decisão. Ele correu, corri atrás dele e a turma do deixa-disso atrás de mim. Ele circundou o vasto fogão e eu atrás dele. Até que Antônio Pedro e Aprígio, meus ex-companheiros de cela, conseguiram agarrar-me e ele,

Ricardo, ainda acovardado, correu para cima do guarda, chefe da cozinha, pedindo socorro. Este apontou-me o revólver, só para bancar o valente, pois eu já me achava seguro por meus companheiros, a quem havia entregado a faca.

Fui levado à presença da chefia pelo guarda Agripino. O subdiretor, que foi o maior culpado do incidente, mandou trancar-me na cela oito até a chegada do diretor do presídio. Eu sabia que ia levar uma surra de cassetete de borracha ou de umbigo de boi. Às nove horas, fui levado à presença da chefia. O subdiretor havia se entendido com o diretor, que determinara punir-me com cem borrachadas de cassetete, trinta dias a ferro na cela escura e meia ração por dia de água e alimentos. Mas, devido às ponderações do subdiretor do presídio e do médico Luís Góis, fui dispensado das cem borrachadas, prevalecendo o castigo com ferros nas pernas e apenas meia ração por dia, isto é, uma xícara de farinha e 25 gramas de charque ou bacalhau a cada 24 horas, mais meia caneca d'água.

A cela era de uma escuridão tenebrosa. Não sabia quando era noite ou dia. Os ferros deviam pesar no mínimo doze quilos. Ralavam o couro das pernas e dos tornozelos, depois a carne e já os próprios ossos das duas pernas e dos tornozelos feridos. Todo movimento que fazia magoava-me. O sangue escorria, formava uma crosta dura que as ratazanas roíam à noite e eu acordava com a dor dos dentes dos ratos me roendo as pernas e tornozelos. Era um verdadeiro inferno. As pulgas, os percevejos e as baratas famintas completavam o suplício. Tinha sede. Pedia um caneco d'água suplementar aos guardas, quando abriam a cela para entregar-me a minúscula refeição e o meio caneco d'água. Eles diziam:

– Castigo é castigo!

Outros diziam também que eu deveria morrer à míngua de tudo; que se eles fossem o diretor me teriam matado a cacete; que eu me julgasse feliz e desse graças a Deus de haver um diretor tão bom, pois não merecia estar vivo, não merecia um pingo d'água nem um grama de alimentos.

Um dia, o servente trouxe-me meio caneco d'água, mas num caneco maior. O guarda notou e reclamou. O servente respondeu-lhe que o caneco pequeno tinha furado e por isso trouxera aquele. O guarda pegou o caneco e derramou fora quase toda a água. Fiquei comovido com a solidariedade do servente e chorei de emoção e de ódio do guarda. Perdi o controle dos dias. Sentia-me fraco e doente. O corpo me doía. Sentia um frio desesperador. A cabeça doía-me terrivelmente. Já não comia as migalhas das rações e só bebia a reduzida ração de água. Sentia uma sede devoradora. Já não me arrastava de bunda pelo chão. Faltavam-me as forças. Fome nem sentia mais! Há muito deixara de sentir fome, mas sentia uma sede angustiante.

Um dia, um guarda, que era protestante e metido a correto no serviço e na religião, quando abriu a cela e viu as rações de farinha, perguntou-me se eu estava fazendo greve de fome. Respondi-lhe que não, não tinha vontade de comer. Estava muito doente e pedi-lhe, pelo amor de Deus, um caneco d'água. Como resposta ele disse:

— Deus manda castigar os que erram. Tu erraste. Cumpre o teu castigo.

Dias depois, eu não tinha mais energia nem mesmo para falar, pois havia muito tempo que não comia nada e começaram a espoucar em todo o meu corpo uns caroços esquisitos. Eu não sabia o que era. A dor no corpo era grande, principalmente na cabeça, e a febre e o frio aumentavam dia a dia. Certa vez, quando um guarda abriu a porta para dar-me a ração e o servente entrou, não pude recebê-la. Ele a pôs em minha mão e, notando que eu estava muito quente, disse ao guarda que eu tinha muita febre, que era bom chamar o médico. O guarda riscou um fósforo e verificou que o meu rosto estava totalmente encaroçado. Veio o enfermeiro, que era um preso comum, examinou-me e disse que eu estava com bexiga e da braba. Foi comunicar ao médico. Este mandou dois serventes me buscarem numa padiola, examinou-me e mandou isolar-me, providenciando minha transferência para o hospital de varíola no mesmo dia.

Fiquei trancado num xadrez do hospital e fui novamente examinado pelo médico, que se alarmou com o meu estado físico. Deu-me remédios e alimentos. Estes quase me mataram, tal era o meu estado de fraqueza. O médico ordenou que as doses de alimentos fossem sendo aumentadas gradativamente. Quase dois meses depois, tive alta.

Voltei à Casa de Detenção, onde recebi alguma solidariedade dos detentos, principalmente do meu velho companheiro e amigo Antônio Silvino, que quase não saía de minha cela, incentivando-me com seus conselhos sensatos e benéficos. Gostava de conversar com ele, porque me dava notícias dos acontecimentos da contrarrevolução na Rússia. Por ele soube que os bolcheviques tinham derrubado o governo e, com o poder nas mãos, as terras nas mãos dos camponeses e as fábricas nas mãos dos trabalhadores, lutariam até o fim e não entregariam jamais o poder a ninguém. Ele acrescentava:

— O povo reunido é mais poderoso do que tudo e a revolução dos bolcheviques vai se espalhar por todo o mundo. A lei do maximalismo, com um homem como este que está no poder — referia-se a Lenin —, vai triunfar. Esse homem tem muito juízo e muito talento na cabeça. Ninguém pode com ele.

Antônio dizia-me essas coisas e pedia que eu guardasse segredo porque era proibido falar desses assuntos. Replicava-lhe:

— Por que é proibido? Os jornais não falam? Por que não posso falar?

Ele respondia:

— Os jornais falam de um jeito e você vai falar de outro jeito; isso é proibido pelo governo, que manda seus macacos prenderem o povo. Como você já está preso, vai morrer no castigo.

Devo registrar que Antônio Silvino congratulou-se comigo pela briga com o pederasta Ricardo e falou:

— Foi a tua salvação. Todos agora vão te respeitar, mas te cuida! Podes receber uma traição e desta ninguém se livra.

Dias depois, Silvino disse-me:

— Vais trabalhar novamente na cozinha, como ajudante de cozinheiro da escola correcional, com o Ricardo. Eu ouvi o guarda Agripino, chefe do rancho, conversando com o subdiretor e o comandante da escola correcional. O comandante disse que todos os que te haviam substituído na distribuição da boia dos meninos não combinavam com eles e criavam sérias dificuldades. Por isso pediu a tua volta àquela tarefa. Mas condiciona a tua volta a não morar na mesma cela com o moleque Ricardo!

Respondi-lhe que nem a minha liberdade me forçaria a morar com tal indivíduo.

Realmente, poucos dias depois fui chamado à chefia e o subdiretor, na presença do diretor, disse:

— Tu vais trabalhar no rancho, no mesmo serviço de antes, mas toma juízo.

Fui franco:

— Estou pronto a trabalhar em todos os serviços do presídio. Sou preso, sujeito ao regulamento e disposto a cumprir todas as ordens, mas peço a Vossa Senhoria que não me ponha na cela do pederasta Ricardo. Sou homem e quero me conservar homem.

O diretor saiu, eu fiquei acertando os detalhes com o subdiretor, que apenas disse:

— Vai trabalhar, vai.

Voltei, passei pela cela de Silvino e narrei o acontecido. Ele disse:

— Está bem, mas te cuida!

No dia seguinte, saí com os demais companheiros às cinco horas da manhã. A maioria deles já sabia que eu ia voltar a trabalhar na cozinha e no mesmo serviço. Mostraram-se satisfeitos e eu também, porque senti a estima de todos e retomei contato com os meus velhos companheiros de cela e de trabalho, principalmente com a garotada da escola correcional; os meninos eram meus amigos e eu lhes dedicava um carinho de irmão. Comigo trabalhavam os companheiros Vespasiano e Amaro, ambos mais velhos do que eu, embora muito jovens ainda, e nos entrosamos bem em nossas tarefas. Mas, como dizem os mais velhos, "não há mal que sempre dure nem bem que nunca se acabe", e assim, não sei por que motivo, Amaro começou a implicar comigo. A tudo que lhe dizia, respondia com aspereza. Dias depois, já inquieto com tal atitude, perguntei-lhe por que estava me tratando com tanta rispidez. Respondeu-me que não queria conversa comigo e que, quanto menos eu falasse com ele, melhor. Respondi-lhe que sentia muito, porque éramos amigos; contudo faria o possível para atendê-lo. Ficamos nisso. Fiquei um pouco triste porque, de fato, ele era um bom companheiro. Vespasiano, o outro companheiro de trabalho, encontrou-me no tanque, lavando os caldeirões de comida e perguntou-me por que eu estava lavando os caldeirões, se era uma tarefa de Amaro.

Respondi-lhe que os estava lavando pois não queria mandar que ele os lavasse, porque praticamente estávamos rompidos e o que mais me preocupava era não saber o motivo da zanga dele.

Assim, como não nos falávamos, ele deixou de cumprir suas tarefas, o que me sobrecarregava de serviços. Mas o pior eram as indiretas que ostensivamente me dirigia. Eu não queria briga. Tinha sofrido muito no castigo e fazia o possível para não brigar. Um dia, estávamos os três lavando a carne no tanque, quando ele disse:

– Não lavo mais esta bosta!

E saiu. Fiquei com Vespasiano, que me disse:

– Amaro está doido para brigar contigo. Ele não sabe o que é um castigo como o teu. Não sei em que ele se fia.

Respondi ao meu companheiro que eu não brigaria, a menos que ele me agredisse fisicamente, mas faria o possível para evitar. Eu não o mandava fazer nada. Quando ele queria fazer alguma coisa, fazia; quando não queria, eu fazia por ele. Um dia, estava lavando o feijão e a carne com Vespasiano, Amaro chegou, sentou-se na beirada do tanque e falou:

– Há muito tempo estou com vontade de medir as forças com este branquelo. Estou doido para dobrar os meus encantos na prisão. Mas tu és um covarde, não és homem. Se fosses, já tinhas topado a parada.

Respondi-lhe:

– Não sou covarde nem quero brigar. Não por medo, mas porque desejo entrar em julgamento e recuperar a liberdade, que é a minha única vontade. Sou jovem, não quero viver pra sempre na prisão. Tenho outros objetivos na vida. Mais uma vez, peço que me deixes em paz e me respeites, como tenho te respeitado até hoje.

Em resposta, ele tentou agredir-me fisicamente. Vespasiano segurou-o e disse-lhe:

– Agora é comigo, caboclo. Tu vem insultando o companheiro até agora. Ele tem aguentado tudo. Tu não és um homem; se fosses, não procedias assim. Um homem valente não briga por brigar, não insulta, nem solta pilhérias, nem falta com suas obrigações. Se tu és valente mesmo, vamos emendar os bigodes na ponta da faca agora mesmo.

E soltou-o. O meu provocador ficou mudo, não disse nada. Vespasiano disse-lhe:

– Já que não és de briga, faz as tuas obrigações como antes e não te escores na gente, como vens fazendo nos últimos tempos.

O valentão baixou a crista e voltou a trabalhar como antes. Meses depois, foi solto.

Terminara a guerra.

Os brasileiros que voltaram do conflito na Europa e outras pessoas que de lá chegaram trouxeram uma gripe batizada de espanhola, que quase dizimou a população nordestina, principalmente na cidade de Recife. Os presidiários da Casa de Detenção foram duramente atingidos pela terrível epidemia. Morriam em média três presos por dia. Também fui atingido. A maioria dos presos que baixava à enfermaria morria quatro dias depois. Era uma calamidade! O meu companheiro de cela, José Vicente, conhecido como Zé Ventinha, ex-gazeteiro como eu, foi atingido pela gripe e morreu quatro dias depois de baixar à enfermaria, que já ocupava todo o raio do sul. Antes de morrer, pediu-me que desse a sua mãe uma moeda de quatrocentos réis, que era todo o seu patrimônio. Comprometi-me a satisfazer a sua vontade. Dias depois, fui atingido pela febre e levado para a enfermaria. O médico, dr. Luís de Góis, examinou-me e disse:

– Este também não dura três dias.

No quarto dia, foi me visitar. Encontrou-me bem melhor e mandou-me descer para a primeira galeria, que era o setor dos que iam melhorando. Ali, dias depois, tive uma recaída, mas fiquei lá mesmo, porque a segunda e a terceira galerias estavam superlotadas. O médico examinou-me novamente e achou que eu não escaparia. Segundo ele, a recaída era mais perigosa que a primeira fase da doença.

Antônio Silvino, Aprígio, Antônio Pedro e o pederasta Ricardo, que vinha fazendo tudo para reconciliar-se comigo, misturaram uma boa quantidade de pimenta-do-reino ralada com alho e cachaça e deram-me para beber. Eu já não tinha ânimo para nada. Fizeram-me tomar aquela beberagem, tão esquisita quanto ruim. Foi uma dose cavalar. Senti uma revolução no estômago e nos intestinos; meia hora depois, vomitava e defecava. Não sei de onde saiu tanta porcaria fedorenta. Comecei a suar desesperadamente. Antônio Silvino, que tinha muitos lençóis e cobertas, de cinco em cinco minutos trocava-me os lençóis e as cobertas ensopados de suor. Já tarde da noite, a febre foi desaparecendo, e a dor de cabeça, aliviando. Quando o dia amanheceu, era pouca a febre, e a dor de cabeça quase nenhuma. O médico disse apenas que eu tinha fôlego de sete gatos e era mais teimoso que um jerico para morrer. Na tarde desse dia, eu já não tinha nem febre nem dor de cabeça. Estava salvo, mas sentia uma enorme fraqueza, não podia nem me manter sentado. Tinha um fastio terrível. Só tinha vontade de tomar ponche de limão, o que foi excelente para mim.

Dez dias depois, levaram-me para a cozinha, mas eu não podia fazer nada devido ao meu estado de fraqueza. Silvino arranjou-me diariamente um copo de leite, o que contribuiu muito para minha recuperação. Quando eu arranjava algum dinheiro, comprava banana, laranja, lima e outras frutas; dessa forma, fui me recuperando pouco a pouco e, alguns meses depois, era o mesmo que antes. Ia completar dezenove anos. Era um rapaz e sentia-me bem fisicamente, com uma musculatura extraordinária e uma saúde de ferro.

No rol dos meus amigos, contava com mais dois: Amaro de Souza, vulgo Amaro Cabeção, arrombador e descuidista, condenado a oito anos, jovem e robusto. Tinha uma força de Hércules. Era trabalhador e muito responsável no cumprimento de seus deveres na prisão. Honesto a toda prova. Jamais furtou de seus companheiros de cadeia um cigarro sequer. Uma vez, achou a carteira de um preso com cinquenta mil-réis. Comunicou-me e aconselhei-o a guardá-la e esperar a queixa do dono. Este apareceu logo, dizendo que lhe haviam roubado uma carteira com cinquenta mil-réis. Amaro perguntou-lhe:

– Perdeste a carteira ou te roubaram?

– Só posso ter sido roubado, pois nunca perdi dinheiro – respondeu o outro.

Cabeção então lhe perguntou:

– De que cor é a tua carteira e quais as cédulas que tinha nela?

O cara deu as características da carteira e das cédulas. Ele a entregou, dizendo que a havia achado no banheiro quando fora tomar banho.

Naquela época cinquenta mil-réis era uma soma bastante valiosa para um presidiário. Cabeção, além de ordeiro e respeitador, era solidário com todos os presidiários e daí a sua justa popularidade. Era o meu leitor de jornais, quando eu dispunha de algum tostão. Líamos nas horas vagas. Ele e eu entendíamos muito pouco de política, mas nos entusiasmávamos com a vitória da revolução soviética, sobretudo porque o poder estava nas mãos do Partido Comunista Bolchevique, liderado por Lenin. Líamos três a quatro vezes as notícias sobre a contrarrevolução dos bandos armados à revolução soviética e à intervenção criminosa das potências capitalistas, na vã tentativa de esmagar o jovem regime socialista soviético. Tínhamos certeza absoluta da vitória do partido de Lenin e do proletariado soviético com os camponeses pobres, que já eram donos das terras antes pertencentes aos latifundiários. Sabíamos que tudo que a imprensa dizia contra os sovietes devíamos compreender pelo avesso. Tirávamos as nossas conclusões, que nem sempre correspondiam à realidade, mas era uma forma de extravasarmos o nosso entusiasmo pelo primeiro Estado socialista, onde não havia mais exploradores nem explorados.

A cada dia que passava, ia me enturmando mais e mais com os presidiários e fazendo amizade com todos, devido à minha capacidade de trabalho como ajudante do guarda-chefe do rancho, além de minhas tarefas junto aos garotos da escola correcional, onde eu estava encarregado de receber as mercadorias que vinham dos fornecedores, pesá-las, conferi-las e distribuí-las aos setores competentes. Prestei bons serviços não só aos presidiários como também aos garotos da escola correcional. Não somente facilitava algumas ajudas aos presos que tinham famílias numerosas, passando fome, como sugeri ao guarda Agripino, meu chefe do rancho, que mandasse lavar e escaldar a carne verde e a de charque e escolher o feijão dos presidiários, como fazíamos com a boia dos meninos.

Agripino, que já agora se equilibrava numa corda bamba e queria purgar seus pecados com os presos, aceitou a minha sugestão. Como encarregado da recepção das mercadorias e gêneros alimentícios, eu devolvia as sacas de farinha mofadas e cheias de tapurus, como também o feijão duro e bichado e a carne de charque em mau estado, fazendo o mesmo com a carne congelada. Assim, melhorou muito a situação alimentar dos presidiários e dos garotos.

Eu trabalhava muito e me impus pelo trabalho. Tornei-me estimado pelos presidiários, pela garotada e por muitos guardas que me haviam negado água quando eu estava no castigo me assando em febre.

No presídio, havia uma ladroeira desenfreada: roubavam desde o diretor João Perdigão até os guardas encarregados do almoxarifado, da carpintaria, da marcenaria, da sapataria e do rancho. Havia roubos também na enfermaria, onde não apareciam os remédios comprados. As compras eram feitas, o dinheiro sacado dos cofres públicos, mas as mercadorias não chegavam; sapatos e móveis feitos pelos presos saíam, mas o dinheiro não vinha. As notas de compra eram viciadas e cheias de rasuras. Agiotagem, jogatina, maconha, pederastia proliferavam desenfreadamente. Os maus-tratos, os castigos, as perseguições e surras eram a norma. As pulgas, percevejos, baratas e ratos que empesteavam a prisão completavam a corrupção, a desonestidade, a falta de escrúpulos e de caráter daquela administração degenerada.

Um dia, a bomba estourou! Toda a diretoria foi demitida a bem do serviço público. Os guardas privilegiados, chefes das oficinas de marcenaria, sapataria, almoxarifado e rancho foram afastados de suas funções e suspensos por vinte dias sem prejuízo dos inquéritos e processos. Foram nomeados novos diretor e subdiretor para a Casa de Detenção do Recife. O serviço do rancho foi entregue ao guarda Gerson de Morais Melo, um jovem com curso ginasial, inteligente e com um leve verniz pró-soviético, honesto e responsável. Vez por outra, gostava de uma farra e festejava com o novo subdiretor, Barreto. Não eram maus e ambos gostavam do meu trabalho e do meu modo de proceder. Como eu era bastante prático no meu serviço de rancho, aceitavam minhas sugestões, principalmente em relação às mercadorias deterioradas. Assim, obtive carta branca para devolver tudo o que estivesse em mau estado.

Vejamos, no entanto, quem era o novo diretor: Samuel Rios, ex-diretor da prisão da ilha de Fernando de Noronha, foi o carcereiro mais cruel e mais terrorista que já passara pelos presídios do Estado de Pernambuco. Jamais a história das penitenciárias de Recife e de Fernando de Noronha registrara perversidades, monstruosidades, espancamentos e mortes como as praticadas por ordem desse senhor. Com os polegares metidos, ora nos bolsos do colete, ora nos bolsos das calças, fumando charuto, assistia pessoalmente às surras de açoite que iam de cem até 2 mil chibatadas, conforme a gravidade da falta cometida pelos detentos, "a critério do senhor diretor". Muitos morriam durante o espancamento; outros morriam alguns dias ou meses depois. Vez por outra, quando eram muitos os açoites e ele sabia que a vítima não suportaria todos de uma vez, mandava suspender, levar o preso ao hospital e, antes que se curasse de todo, ordenava o resto do suplício. Samuel Rios era, entretanto, no que se refere aos bens públicos, um homem honesto: fiscalizava tudo, via tudo, controlava rigorosamente todas as repartições. Só não era um administrador completo porque tinha o instinto da perversidade. Os presidiários viviam em verdadeiro pânico. Todos lhe dedicavam um pavoroso ódio, não só os detentos como a maioria dos funcionários.

Houve uma conspiração, entre nós, presidiários, contra ele. Éramos poucos, mas estávamos decididos a liquidá-lo fisicamente, assaltar o portão da guarda, por onde entrava e saía o caminhão de lenha, e depois fugir. Tínhamos para isso a cumplicidade de dois guardas e um sargento da guarda. Aguardávamos apenas uma oportunidade em que coincidisse a entrada do caminhão com a ida de Samuel Rios à cozinha. Fizemos um pacto de honra: qualquer um de nós que delatasse o plano seria liquidado sem piedade.

Certo dia, eu vinha com os vasilhames da boia da escola correcional, quando vi os guardas espancando Manoel Grande, que trabalhava na cozinha e era um dos comprometidos na conspirata. Cheguei à cozinha nervoso; procurei dois elementos do plano, que afirmaram nada ter o espancamento de Manoel Grande com o "nosso assunto". A verdade, porém, é que, depois daquele dia, o nosso plano de fuga foi murchando. O próprio Manoel Grande, que depois de espancado voltou a trabalhar na cozinha, desistiu de tudo. Aos poucos, fiquei sozinho e terminei também desistindo.

Fui chamado à chefia. Não sabia o motivo. Como tivesse demorado um pouco, recebi outro recado, a fim de que fosse logo para falar com um irmão que me visitava. Saí correndo, era a primeira visita pessoal do meu irmão Tomás. Ao chegar, ele abraçou-se comigo e começou a chorar. De início, não entendi o que se passava. Interroguei-o, mas não atinei com o que me dizia. Os jornais todos por vender. Perguntei-lhe por que não os havia vendido. Respondeu-me:

— Porque fiquei te esperando. E, como não chegaste, vim aqui te buscar, pra irmos vender juntos e pra gente voltar a viver juntos como antes.

Estava magro, cabelo e barba crescidos e muito pálido. Parecia-me doente, mas não tinha febre. E continuou chorando e dizendo:

— Meu irmão, por que fugiste de nós? Não sabes que precisamos estar juntos? Por que não queres saber de nós? Não gostas mais da gente? Vamos morar juntos novamente! Vamos, hoje só saio daqui contigo!

Percebi que o meu irmão não estava normal do juízo. Não sabia que tinha enlouquecido. Finalmente, consegui que ele fosse embora, mas fiquei muito impressionado com ele.

Retornei à cozinha e, uma hora depois, meu irmão voltou, terrivelmente furioso, mordendo e dando chutes em quem alcançasse; vestiram-lhe uma camisa de força.

Fui visitá-lo na cela dos loucos, tinham-lhe aplicado uma injeção e estava mais calmo. Consegui fazê-lo comer alguma coisa.

O subdiretor Barreto e o meu chefe de rancho ajudaram-me a transferi-lo para o Hospital de Alienados, onde passou mais de um mês e, felizmente, saiu curado. Fiquei angustiado com a situação do meu irmão, temia não mais vê-lo. Os presos que enlouqueciam no presídio não mais retornavam e, como ele se encontrava muito furioso, não tinha a menor esperança de que se recuperasse. Mas recuperou-se e, desde então, jamais deixou de visitar-me.

Fiquei muito grato ao meu chefe de rancho e ao subdiretor Barreto pela ajuda fraternal que me deram e ainda por duas ou três visitas que fizeram ao meu irmão no hospital, além das recomendações que fizeram à diretoria da casa de saúde. Se é possível a um preso ser amigo de um subdiretor de um presídio e de um guarda, procurei sê-lo. Não com bajulações, mas exclusivamente cumprindo o meu dever de presidiário; não só junto àqueles chefes a quem estava subordinado mas sobretudo junto aos companheiros detentos e aos meninos da escola correcional, a quem estimava como a irmãos mais novos. Alguns deles também me ajudaram no caso do meu irmão Tomás, visitando-o aos domingos, e com isso me encheram de alegria e gratidão.

As coisas iam marchando bem. Meu prestígio em meio aos presos comuns era grande.

Minhas relações com Antônio Silvino eram ótimas. A cada dia que passava, ficávamos mais amigos. Trocávamos alguns presentes: o que ele mais gostava era de um cafezinho feito à noite, na hora de dormir. Jogávamos no bicho; quando ganhava, indenizava-me do que eu havia perdido e quando, inversamente, era eu quem ganhava, fazia o mesmo. Eu não tinha nenhum inimigo na prisão. Todos me respeitavam e eu a todos. Até mesmo o pederasta Ricardo falava comigo, não só pela necessidade do trabalho conjunto mas também pela interferência de Silvino desde a gripe espanhola. Meu amigo e companheiro Vespasiano foi posto em liberdade. Fizemos-lhe uma festinha de despedida. Ele chorou de emoção. A nossa alegria só não foi maior porque, nesse dia, bateram tanto num presidiário que ele amanheceu morto no necrotério do presídio, com proibição de qualquer detento visitar o cadáver. O preso não era conhecido, mas o fato consternou a maioria dos presidiários e o zum-zum foi muito grande entre nós todos. Foi talvez o último crime de Samuel Rios, que também, apesar desse e de outros crimes, não era mais aquele monstro que fora em Fernando de Noronha – mesmo porque não contava com o beneplácito de seu auxiliar direto, o subdiretor Barreto. Temia que este o denunciasse.

A minha apelação ao Tribunal de Justiça ia bem. Em poucos meses, meu processo seria mandado a novo julgamento e eu esperava ser absolvido. O meu advogado, estimulado pelos cobres que lhe dei, ficou mais ativo e interessado.

Domingo sim, domingo não, recebia visitas de meus irmãos. Dei para namorar uma moça, irmã de um presidiário. Fiquei apaixonado, não me controlava, tudo que fazia era pensando nela. Passei a ter fastio e a fumar desenfreadamente. Custei a falar com ela e, quando surgiu a oportunidade, fiquei com vergonha. Se ela não tivesse tido a iniciativa de perguntar-me como estava de saúde, eu não teria desembuchado uma palavra sequer... Tinha vergonha de sua mãe e de seu irmão. Finalmente nos despedimos, nossas mãos fortemente apertadas, ambos mudos e trêmulos, sem ânimo para nada. Sua mãe, mais desembaraçada que nós, disse:

– Vamos, Tânia, está na hora, o sino já badalou!

O sino era a campainha, que tinha anunciado o término dos quinze minutos da visita.

Um mês depois, seu irmão entrou em julgamento e foi absolvido. Os três ainda me fizeram uma visita com um convite para comparecer à residência deles e comer uma macarronada logo que fosse solto. Ainda passei, contudo, quase um ano na prisão. Não vi mais a minha querida Tânia, que muito me fez sofrer e por quem tive uma grande paixão. Jurei comigo mesmo não me apaixonar novamente por uma moça, porém jamais cumpri esse juramento...

Havia uma sentenciada chamada Maria Amália, que devia contar quase três vezes a minha idade. Ela tinha vários fãs e tirava proveito de todos; não lhe faltavam presentes e certas gulodices. Em relação às outras sentenciadas, gozava de uma boa vida. Eu era jovem, robusto, corado e tinha uma saúde de ferro. Ela, cheia de experiência nas suas aventuras amorosas, tentou várias vezes um xodó comigo, mas eu fugia porque não queria namorá-la. Além de bem mais velha que eu, era muito balofa e batida. Não era bonita. E eu não desejava ser "concorrente" de ninguém. Ela me servia de lavadeira, caprichava tanto quanto possível na minha roupa, pregando botões, remendando. Nutria por ela um grande respeito. Vez por outra, oferecia-me presentes: um pedaço de bolo hoje, um charuto amanhã, um lenço novo bordado com suas iniciais etc. Quando lhe pagava a boia, fingia que tropeçava e caía por cima de mim. Sorria quando a amparava. Tentei "fugir da parada", não indo mais pagar os meus mantimentos. Mandava que o Amaro Cabeção me substituísse nessa tarefa. Ela, no entanto, mandava-me bilhetes – era um chamego dos diabos! Por fim, comecei a entregar os pontos... Fui cedendo e tudo terminou num namoro roxo, até que ela acabou de cumprir a pena de dezessete anos e seis meses e foi posta em liberdade. Perdi a namorada e uma excelente lavadeira. Ela, ao sair, juntou-se com um ex-presidiário, José Barbosa, que foi libertado no mesmo dia em que ela. Barbosa gostava muito de Maria Amália; e ela gostava muito do dinheiro que ele havia ganhado durante os longos dezessete anos e seis meses de prisão em Fernando de Noronha e na Casa de Detenção do Recife.

8

Terminou o ano de 1920. Entramos no ano de 1921. Eram poucas as notícias da União das Repúblicas Socialistas Soviéticas. Antônio Silvino lia pouco, era semialfabetizado, como meu amigo Amaro Cabeção. Gerson de Melo, meu chefe do rancho, tinha certo receio de comentar os fatos políticos comigo, sobretudo os relacionados com a URSS. Essa recusa justificava-se por sua timidez própria e pelo receio de perder o emprego. Meus irmãos traziam-me algumas notícias vagas e por vezes truncadas, pois transmitiam o que tinham ouvido dizer.

Finalmente o Tribunal de Justiça do Estado de Pernambuco mandou-me a novo julgamento. Demócrito de Souza continuava como meu advogado. Em abril de 1921, mandei meu irmão Tomás pedir ao Juiz Santos Moreira que incluísse o meu nome na pauta dos que deviam ser julgados, ponderando que já estava preso havia quase cinco anos. O juiz perguntou ao meu irmão quantos anos eu tinha e afirmou que quem me pôs no cárcere é que deveria ter cumprido a pena a mim imposta. Essa opinião muito me entusiasmou: estava quase certo de que seria absolvido ou pegaria uma ínfima condenação, o que implicaria de qualquer forma a minha libertação.

Realmente, a 7 de abril de 1922 fui absolvido por unanimidade de votos. Se meu advogado tivesse feito, no primeiro julgamento, uma defesa tão boa como fez no segundo, eu teria sido absolvido antes. O Conselho de Jurados foi elogiado pelo juiz Santos Moreira.

Muitos presos se cotizaram para dar uma gratificação ao meu advogado e me presentearam com cinquenta mil-réis para as despesas das primeiras semanas de liberdade. A solidariedade deles me valeu mais que toda a riqueza do mundo. Dei-me por ressarcido de todas as angústias que tinha passado na prisão. O senhor Barreto e Gerson de Morais me acompanharam desde o julgamento até a absolvição, tomando-me pelo braço, conduzindo-me até a pensão da rua do Sol, onde se comemorou a minha liberdade; depois de uma cervejada que durou até altas horas da noite, cada um de nós foi com uma mulher para um quarto. Pela manhã, tomamos café e nos despedimos como bons amigos que fomos e continuamos sendo até a morte levá-los.

A mulher que dormiu comigo naquela noite e nas noites subsequentes não tinha nenhuma vocação para a prostituição. Conhecia minha vida desde o início da minha prisão. Contaram-lhe os amigos Barreto e Gerson. Ela também me contou o seu drama. Talvez por ser mulher, e tão sofrida quanto eu, nos sentimos mais íntimos, mais humanos e mais amorosos. Os anos atribulados de nossas vidas serviram para nos entrelaçar ternamente durante as três noites seguidas que passamos juntos. Gostei imensamente de Edite. Não somente do ponto de vista sexual, mas sobretudo pelo seu afeto espontâneo, seu pudor e sua delicadeza e, mais que tudo, por seu amor... Dos meus quinze aos dezessete anos, jamais me sentira tão feliz com uma mulher como me senti ao lado dela. Depois de 4 anos, 8 meses e 25 dias sem relações sexuais, tive a sorte de encontrar uma mulher que me deu um pouco da tranquilidade de que necessitava.

Passados os três dias de minha primeira lua de mel, visitei os velhos amigos e companheiros, operários das docas, alguns da indústria de construção civil e também alguns gazeteiros. A maioria dos meus velhos conhecidos havia viajado para o Rio, São Paulo e outros estados, principalmente os que trabalhavam na indústria de construção civil e os estivadores.

Como não consegui trabalho, decidi ir à roça para trazer meus irmãos solteiros para Recife, já que Tomás, Francisco e José haviam comprado uma casinha no bairro da Mangueira, e também pelo desejo de ver os casados, bem como conhecer meus sobrinhos, já em número de quatorze. Fui ao sítio dos Mocós. Minha avó morrera em 1918, com 96 anos de idade. Meus tios mudaram-se para outros estados, uns seguindo para os sertões paraibanos e outros para os sertões pernambucanos. Minhas irmãs, Madalena e Verônica, casadas, eram agora mães de muitos filhos. Manuel Bezerra, casado, pai de seis filhos. Minha madrinha e tia também morrera, como a velha Laurinda. Manoel Bispo havia se mudado. O sítio de vovó foi transformado em pequenos minifúndios; restava meu tio Evaristo num reduzido espaço de terra. Mas o grande caldeirão, fruto de dois mutirões, estava cheio d'água, parecendo um pequeno lago no centro de uma gigantesca laje, e a fonte de água cristalina que eu descobrira formava um pequeno córrego, que irrigava o bananal e o pequeno canavial, que nunca deixara de produzir.

Fiz as pazes com o meu irmão Manuel Bezerra e passei um dia em sua casa. Seus filhos eram belos e robustos, corados e louros como o pai; sua esposa, bonita e forte, muito trabalhadora. Ele confessou-se arrependido da perversidade que fizera comigo quando criança e, mais uma vez, pediu-me para desculpá-lo pelo amor de nossa falecida mãe. Havia muito que já o tinha perdoado! Agora éramos mais amigos do que nunca. Sua jovem esposa dedicou-me uma amizade preciosa. Seus filhos começaram a me chamar de tio, o que me enchia de alegria e de uma nova vida. Sentia-me feliz, lamentando apenas que minha mãe não tivesse tido a oportunidade de ver seus filhos casados e a si mesma cheia de netos, tão bonitos e louros como ela!

Depois visitei minha irmã Madalena, cuja casa me deu a mesma impressão de bem-estar que tive em casa de meu irmão Manuel Bezerra. A seguir, fui à casa de outra irmã. Verônica, já mãe de seis filhos. Irmã, filhos e cunhado me receberam como a um barão: os quinze dias que passei em sua casa foram uma festa só. Parecia-me que havia conquistado um paraíso na Terra. Também encontrei o meu irmãozinho Manuel Bezerra II, já com catorze anos de idade. Corado, forte e louro, traço peculiar de nossa família. Era o retrato de minha mãe.

Meti-me a trabalhar na enxada, a fim de recordar os velhos tempos de criança. Cada um de nós com seu eito, meu cunhado à direita, meu irmão à esquerda e eu no centro. Vez por outra, eu me atrasava, era preciso ora o irmão, ora o cunhado ajudar-me, pois perdera a prática do trabalho na roça.

Tirei um dia para visitar meu tio Evaristo e minha tia Guilhermina. Foi uma festa. Supunham que não me veriam mais. Sabiam do meu passado e o que eu havia sofrido. Admiravam-me e me desejavam tudo de bom. Eu os compreendia perfeitamente. Sua casa tinha sido a de vovó. Haviam-na melhorado e ampliado. Ele levou-me para ver o grande caldeirão, que estava "sangrando". Depois levou-me à fonte d'água onde vovó tinha os seus canteiros de coentros, cebolas, cebolinhas e alhos. Meu tio me levava, toda semana, uma carga d'água da fonte, para, segundo ele, eu beber a melhor água do mundo e lembrar-me do meu tempo de menino espevitado. Foi um bom tio no passado e continuava a sê-lo no presente.

Vi tudo e todos, mas não vi o meu velho e querido amigo Passarinho. Morrera de velho. Voltei à casa de minha irmã, de onde saí poucos dias depois, para passar uns dias em casa do sogro de Verônica. A família se compunha de quinze filhos vivos, fora quatro falecidos; a maioria agora era casada e cheia de filhos. O sogro de Verônica era um caboclo tão forte como pau de aroeira, inteligente e dinâmico, o "cacique" da família e dos habitantes da redondeza, uma espécie de chefe político nas épocas eleitorais. Toda a vizinhança ia consultá-lo para saber em quem votar. Pôs à minha disposição o seu cavalo, que era uma beleza de animal, todo branco como neve, bem tratado e gordo, manso e macio como meu antigo Passarinho. O velho fez questão de apresentar-me a todos os membros da família e aos seus compadres mais próximos, entre os quais um irmão chamado João Murrão, que tinha 21 filhos vivos, 9 dos quais já casados. Ainda não tinha visto uma família tão numerosa.

O velho João Murrão gostava de falar em política, apesar de matuto e quase analfabeto; assinava mal o seu nome, mas tinha os seus pensamentos diferentes dos da matutada. Sabia que, numa sexta parte do mundo, o maximalismo tinha tomado conta do poder e que essa lei venceria as leis dos donos das terras, e afirmava:

— O sinhô foi preso por causa dessa lei. Os ricos num gostam dela, mas o povo que trabaia na terra e na fábrica gosta e termina ganhando. Só farta é ajuntá tudinho, como na Russa. Lá o povo já venceu porque teve um home que arreuniu o povão de lá e fez uma guerra contra o rei e derrubou ele. Agora quem tá no poder é o povo, mandado pelo Lenin, que é de muito juízo. Se em outra nação aparecer um home como Lenin, a lei do maximalismo vai demudar o mundo todo. Mas vai tê muito sangue derramado. Os coveiros dos cemitérios num vão dá conta de enterrá tanta gente morta. Eu acho bom que chegue essa hora, porque todo mundo tem que trabaiá e quem num trabaia num come. A terra é de todos os agricultores, ninguém é dono dela. Esta é a lei de Jesus Cristo que disse que a terra é de todos, que seu pai, quando criou o mundo, criou a terra pra mode alimentar o seu povo. Só Deus é o dono da terra. Eu tenho a minha terra que dá pro mode a minha família trabaiá, mai adespois de um tempo não dá pra nada, porque as famílias vão crescendo, aumentando e eu vou dando um taco a cada um e vai diminuindo até num tê mai nada. De onde a gente tira e retira e num bota, só pode é fartar, num é?

Eu fiquei abismado vendo aquele matuto me dar uma lição daquelas. Eu já sabia, pelo que ouvia falar, que na União Soviética todos os que estivessem com saúde tinham de trabalhar, e quem não trabalhasse não comia. Para os trabalhadores, isso era um doce de coco.

Eu, apesar de analfabeto, sabia fazer as quatro operações fundamentais e calcular algumas frações ordinárias e decimais. O velho pediu-me para ensinar a tabuada e as quatro operações aos seus filhos, que, como ele, mal assinavam o nome, mas não sabiam ler, apenas juntavam algumas sílabas e algumas palavras. Comecei a ensinar um pouco do pouco que sabia aos filhos do velho João Murrão, que, mais tarde, viria a ser meu sogro. Eu participava espontaneamente das farinhadas, ajudava a arrancar mandiocas, transportá-las para a casa de farinha, prensava a massa e trabalhava em todas as tarefas da roça com muito prazer; não só por solidariedade como para não me desambientar das minhas origens camponesas.

Chegou o São João de 1922. Fogueira, milho verde assado, pamonha, canjica, pé de moleque, bolos de massa puba e não faltavam os bolinhos de goma, tão deliciosos. A noite foi uma beleza, dezenas de famílias, centenas de moças e rapazes, meninos e velhos de todas as idades. A fogueira ardendo, subindo às nuvens, o braseiro vivo, assando milho e batata-doce. As moças e rapazes cruzando a fogueira de um lado para o outro em busca de padrinhos e afilhados; outras fazendo adivinhações em tigelas limpas e bem alvas, cheias de água, em busca de casamento. E, quando no melhor da quadrilha, surgiram os assaltantes da fogueira, foram frustrados pelo meu cunhado e dois irmãos que se antecederam ao assalto e dispararam o seu bacamarte de boca de sino antes deles. Deu-se então o bombardeio das ronqueiras, clavinotes e bacamartes, que durou mais de meia hora. Foi o maior bombardeio de noite de São João a que assisti em toda a minha vida. Jamais vi uma noite de São João tão alegre, tão divertida e animada como aquela. A dança, que começou às oito horas da noite, com a quadrilha, só terminou ao raiar do dia seguinte. Todo mundo comeu, bebeu, dançou, brincou e namorou até as seis da manhã. Foi uma festa que ficou famosa naquela zona nordestina do agreste e da caatinga.

Estava me preparando para partir de volta para Recife. José do Murrão, irmão de João do Murrão, ia casar uma de suas filhas e foi especialmente convidar-me para a festa. Aceitei. Dias depois partimos, eu e toda a família do velho João do Murrão, para o local onde morava a família da moça. Havia um mundo de gente. E, à medida que se aproximava a hora da saída para a igreja, que ficava a mais de três léguas, convidados e mais convidados iam chegando, uns montados a cavalo, outros em carros de boi. Muitas moças, muitos rapazes e rapagotes, cada um exibindo o que tinha de melhor, tanto no vestuário como nas alpercatas e no chapéu de couro e também nos perfumes e nos cheiros das brilhantinas. Não faltavam as rosas brancas e encarnadas nem os cravos, tanto nos cabelos e no busto das moças como na lapela do terno branco ou de cores da rapaziada. As moças, umas de tranças, outras de cabelos enrolados na cabeça, outras de cabelos soltos, ondulados, esvoaçando ao vento, lembrando a famosa Iracema de José de Alencar, davam o encanto da festa.

Partiu o cortejo do casamento para a cidade de Altino. Mais de duzentos cavaleiros, cada um exibindo suas esporas, suas botas, seus chapéus de couro e suas montarias caprichosamente preparadas não somente para encantar os olhos dos festeiros como para exibição às populações da beira das estradas e da cidade do casório. Não é pequena a curiosidade do povo nos casamentos da roça. Todos querem ver os noivos, se são bonitos ou feios, se as moças estão bem-vestidas ou não, se são ou não bem arreadas as suas montarias. E quem mais aprecia e critica são as moças, são elas que mais enxergam os defeitos deste ou daquele cavaleiro, se montam bem ou mal, se sabem ou não conduzir as moças nas garupas, enfim, tudo comentam. Daí o cuidado de cada um para não ter falhas em suas exibições públicas nas festas de casamento.

A festa foi bonita. Muita dança, muita música sertaneja, desafios de violeiros, muita pinga, e muito bate-bate de maracujá com mel de abelha. Parecia mais uma festa de fim de ano do que uma festa de casamento. Ao amanhecer, os cavaleiros acompanharam o jovem casal até sua casa, onde se despediram e se dispersaram. Gostei da festa e namorei também. De volta à casa do velho João do Murrão, já encontrei minha irmã Isabel e Manuel Bezerra II, o caçula da família, prontos para a viagem. Meu cunhado Manuel e Isidro, filhos do velho, nos levaram até a estação férrea de Quipapá.

Despedi-me de todos, supondo não mais voltar àquelas paragens amigas e acolhedoras. Toda a viagem correu bem. Cada subida ou descida de morros, cada volta do caminho, cada bosque ou córrego que encontrava lembravam a mim e a minha irmã os incidentes que tivéramos catorze anos atrás. Ela dizia:

– Hoje tamos viajando montados e de barriga cheia. Naquele tempo, tu era pequeno, tu queria ficar na estrada. Eu tava doente, num podia ficá em casa estranha, num podia dá trabaio a outros. Tinha que fazê das tripa coração e foi pur isso qui nói chegô em casa. Si nói ficasse drumindo, como tu queria, dava um trabaião aos povo das casa. Agora tudo passô, num vamo ficá tudo junto agora? Pra que lembrá o passado, só pra dá tristeza na gente? Vamo pensá no que podemo fazê pra tê uma vida mais sussegada, num é mió?

Recebi essa lição de minha irmã com profunda saudade de minha mãe, desejando que ela fosse viva para vivermos juntos. Fiquei triste porque meu desejo não correspondia à dura realidade, mas me consolei, ou melhor, fiz que me consolei, porque, de qualquer forma, tínhamos atravessado muitos obstáculos e, apesar de tudo, íamos morar juntos, que era meu sonho de muitos anos atrás.

Chegamos a Recife. Fomos morar em nossa casinha, na Mangueira. Só faltava minha irmã Amália, mas estava para chegar. Já tinha falado com sua madrinha que, diante dos meus argumentos, consentira em deixá-la vir desde que não a tirasse da igreja, porque além de Filha de Maria, era uma boa cantora e possuía uma voz muito bonita. É claro que não fiz objeções. Nem meus irmãos, apesar de nossa descrença na igreja. A velha fez uma carta recomendando minha irmã ao padre da Matriz de São José, em Recife, e pediu que ela demorasse mais uns quinze dias para fazer-lhe companhia, enquanto sua irmã não chegasse de Garanhuns.

Compramos móveis e equipamos nossa cozinha com o necessário. Compramos três camas de solteiro para as duas manas e o caçula e já tínhamos as nossas redes, que armávamos na sala de visitas. Minhas irmãs no quarto e Manuel Bezerra no pequeno corredor. Compramos louça de mesa, filtros e uma grande jarra para depósito de água.

Íamos bem. O único que não tinha serviço garantido era eu. Dias trabalhava, dias não. Ora fazia alguns consertos de casas, outra vez levantava um muro ou retalhava uma casa. Quando havia carga e descarga em excesso nas docas, trabalhava três, quatro dias. Ficava parado novamente. Tentei ser marítimo, identifiquei-me, tirei todos os papéis, inclusive folha corrida na polícia. Por fim, obtive minha caderneta de marítimo, como carvoeiro. Aguardei uma vaga e, quando consegui, exigiram-me carteira de reservista. Estávamos em novembro de 1922.

Um dia, saí com meu irmão Manuel Bezerra, não só para ensinar-lhe algumas ruas de Recife como para entregá-lo a um irmão que o faria levar para casa algumas compras. Meus irmãos fizeram as compras com ele e o puseram no bonde elétrico, perguntando-lhe se saberia voltar sozinho. Respondeu que sim e seguiu seu destino. Nós ficamos, eu porque estava tratando dos papéis para ingressar nas fileiras do Exército e meus irmãos porque tinham muitos fregueses de jornal para atender. Ao meio-dia, juntei-me de novo a eles e partimos para casa. Ao chegarmos perto do ponto de parada onde saltávamos, vimos uma multidão.

Meus irmãos me chamaram para ir ver. Não quis e saí apressado para casa. Um deles me chamou angustiadamente. Não atendi. Umas moças que já nos conheciam disseram-me:

— Vá, que é o seu irmão. O bonde elétrico o matou!

Fui. Meu irmão estava um pouco além do ponto da parada do bonde elétrico. Uma das rodas do reboque tinha-lhe passado em cima do baixo ventre, abrindo-o, e outra deu-lhe um profundo golpe no frontal a ponto de se verem os miolos, que pareciam mexer. Ficamos desorientados. Mas tínhamos de fazer alguma coisa. Meus irmãos caíram no choro. Fui em casa, que ficava a menos de cem metros, trouxe a cama dele e um dos vizinhos ajudou-me a trazê-lo para casa. Minha irmã Isabel, quase louca, limitava-se a chorar. A outra ainda estava em Palmares. Os vizinhos foram bons, ajudaram em alguma coisa e consolavam minha irmã. Eu fui logo tratar do enterro para o mesmo dia. Passei na casa funerária; fui à rua do Imperador, convidei alguns gazeteiros; passei nas docas, convidei alguns operários e, às cinco horas, saiu o enterro. Acompanhei-o até o cemitério. De volta, segui direto para a estação, onde tomei o noturno para Palmares; fui buscar minha irmã Amália para fazer companhia a Isabel, que estava em completo desespero.

No dia seguinte, cheguei de volta às dez horas com Amália; a situação em nossa modesta casa era de completa confusão. Os vizinhos nos ajudaram em tudo e especialmente em relação à minha irmã Isabel, que continuava numa crise de choro sem precedentes. Não havia quem a fizesse tomar qualquer alimento. Meus irmãos ficaram inertes, não atinavam para nada, nem mesmo para comer e trabalhar. No dia anterior, tive um atrito com a polícia, que queria levar o cadáver para a delegacia e só depois devolvê-lo à nossa família. Eu disse que, se a polícia quisesse levar o corpo à delegacia, deveria tê-lo feito logo após o desastre e que ele só sairia dali para o cemitério. Os vizinhos trouxeram médicos da polícia para fazer o exame do corpo de delito e tudo acabou em paz graças à solidariedade dos vizinhos.

Aos poucos, minha irmã foi se curando do choque. Nós a levamos ao médico, tomou muitos remédios. Ficou boa. Tivemos de alugar uma casa no centro da cidade, pois nenhum dos irmãos queria ficar na antiga casa e passar diariamente no local onde nosso irmão morrera. Foi, na verdade, um grande trauma para todos nós.

———

Terminei de ajeitar meus papéis para ingressar no Exército. Em dezembro de 1922, era soldado, um homem diferente devido à farda. Precisava tirar carteira de reservista para ser marítimo, que era o meu sonho. Em janeiro de 1923, começaram as instruções de ordem unida e ginástica. Fui incorporado ao antigo 21º BC, na Primeira Companhia. No alojamento, pequeno, não cabiam todos os praças e recrutas. Os que tinham casa em Recife eram dispensados da revista. A boia não era das piores, mas eu preferia comer em casa, porque achava melhor e ficava perto do quartel.

Eu tinha um primo que era anspeçada e cabo da faxina, mas não o conhecia, nem ele a mim. Ele soubera por intermédio de meus irmãos que eu servia na 1ª Companhia, no Quartel das Cinco Pontas, que era também a sua companhia. Esse cara era muito brincalhão, dava trote em todos os recrutas a torto e a direito. Não gostava dele, porque, mesmo brincando, ele dizia que todos os recrutas iam para o Exército "a bem da xepa". Isso me causava uma raiva dos diabos. Um dia, estávamos em forma. Ele chegou e, depois que falou com o sargento, disse:

— Atenção, recrutas! Quem de vocês se chama Gregório Bezerra?

— Pronto! – respondi.

— Depois da instrução, quero falar com você.

— Às ordens.

Fiquei pensando que tivesse havido algum fuxico contra mim, pois eu de fato tinha dito que não gostava das brincadeiras dele. Terminada a instrução, apresentei-me. Perguntou-me se eu conhecia a família Souza, de Serra D'Alva. Respondi-lhe que o velho era casado com minha tia. Disse-me:

— Eu sou filho dela e me chamo Jorge Ferreira de Souza.

Convidei-o para jantar e ficamos tão amigos como se fôssemos bons irmãos.

Um mês depois, fui transferido para o Rio. Incompatibilizara-me com um cabo que me hostilizara e chegamos a nos atracar. Com receio de que me acontecessem coisas piores, resolvi seguir para o Rio, onde fui incorporado à Primeira Companhia de Carros de Assalto, comandada pelo capitão José Pessoa de Queiroz, sobrinho de Epitácio Pessoa, presidente da República.

Essa unidade de tanques de guerra foi fruto da Primeira Guerra Mundial. Seu armamento, comprado na França, já devia ser à época material de museu. Além disso, não dispúnhamos de mecânicos habilitados para os constantes reparos. Só um sargento mecânico entendia mais ou menos do material. Trabalhávamos com afinco. O próprio comandante dava o seu palpite e, muitas vezes, vestia o seu macacão e se metia debaixo dos tanques para desenguiçá-los. Era uma verdadeira façanha fazer funcionar um tanque daqueles. Quando se faziam exercícios de combate, era um deus nos acuda! Sempre ficavam dois ou três tanques enguiçados pelas colinas e morros. Nas grandes paradas de Sete de Setembro, tínhamos de trabalhar dia e noite para evitar os fiascos. Quase sempre saíamos, na véspera da parada, para a Quinta da Boa Vista, a fim de fazermos bonito no grande desfile. Isso porque toda a tropa tinha um profundo sentimento do dever, desde os soldados e oficiais até o próprio comandante. Todos os tanques eram batizados com nomes pomposos, como Sete de Setembro, Quinze de Novembro, Riachuelo, Tuiuti, Toneleiros, Lagunas, Avaí, Tororó e outros. Cada tanquista tinha o maior zelo possível com o seu tanque, uns armados com metralhadoras, outros com canhões de 37 milímetros. Teoricamente desenvolviam uma marcha de doze quilômetros horários em terreno plano, mas, na verdade, não me lembro de que tivessem ultrapassado os seis quilômetros. Por ser uma unidade nova, a nossa era benquista, mais pela garbosidade da tropa e pela disciplina do que pela eficiência do material, pois, se tivéssemos de entrar em combate verdadeiro, estaríamos no mato sem cachorro.

A comida das nossas refeições, que chamávamos xepa, era pouca e ruim. Nosso soldo e a gratificação somavam 12 mil-réis por mês; descontávamos 1.600 réis para a lavagem da roupa de cama e mais 600 réis para pagamento do débito nacional, o que vale dizer que recebíamos 9.800 réis por mês. Mal dava para comprar banana para matar a fome. Instrução o dia todo. Toda semana, fazíamos uma marcha de treinamento aos sábados; à tarde, limpeza do armamento, do equipamento e das camas. Era uma escala de serviço bem apertada. A oficialidade era bem regular e alguns oficiais eram bons. A sargentada, em sua maioria, boa; os cabos, uns regulares, uns mais realistas do que o rei e alguns bons. O mais arejado politicamente era o cabo Moupir.

Em geral, eu me dava bem com a maioria dos sargentos, mas tinha um, chamado Perrerrás, que tinha o diabo nas tripas... Era carioca. Eu era nordestino. Havia certa prevenção dos cariocas contra os nordestinos: diziam que os nordestinos eram famintos e, por isso, se apresentavam voluntariamente para servir nas Forças Armadas, o que era uma verdade e não ofenderia ninguém se isso não fosse dito em tom pejorativo. Perrerrás não ia com a minha fachada porque eu defendia os nordestinos e atacava os cariocas. Por essa razão, me perseguia tenazmente. Se a Companhia estava em forma e alguém falava qualquer coisa, supunha logo que era eu e me dava uma grossa descascadela. Até que não aguentei mais e explodi!

— Sargento, até hoje tenho aguentado tudo do senhor porque não queria sujar a minha caderneta, mas o senhor me força, de hoje em diante, a revidar seus insultos. Não aceitarei mais perseguições sem protestar.

Ele me mandou ficar detido no alojamento.

O seu colega, sargento Ferraz, que era moderado e meu conterrâneo, falou com ele para relaxar a detenção. Atendeu; mas, no domingo, quando me preparei para dar um passeio e já ia saindo, ele me escalou para servir na guarda, no lugar de um soldado que era carioca e seu amigo. Ponderei-lhe que acabara de sair do serviço e não via motivo para dobrar. Ele replicou-me:

— Está recusando uma ordem?

— Não estou recusando ordem, estou lhe fazendo uma ponderação justa.

— Já o escalei e vá se preparar para entrar de serviço!

Voltei, pus o cinto, peguei o fuzil e fui dar guarda.

Na segunda-feira, saí do serviço com a intenção de me tornar o pior elemento do Exército: ia dar uma surra no sargento Perrerrás. Peguei uma tora de lenha, escondi num campo onde ele passava todos os dias para tomar o trem na estação Deodoro. Voltei à Companhia, não disse nada a ninguém, peguei a roupa civil que tinha, levei para casa, onde fazia refeições, e guardei-a. Ao término do expediente, saí da Companhia e, atrás de mim, saiu um soldado que era meu amigo e conterrâneo, chamado Cavalcante, que mais adiante me interpelou:

— Bezerra, o que estás planejando?
— Nada.
— Nada o quê, Bezerra? Por que levaste tua roupa para a pensão?
— Para guardá-la.
— Não, tu vais fazer alguma maluquice. Se és meu amigo, desiste do teu plano. É uma loucura o que vais fazer. Vais brigar com o sargento Perrerrás e desertar, não é mesmo?

Confessei a verdade.

— Vem comigo à casa de minha noiva, ela quer te conhecer. Deixa isso para outro dia, se não aceitas o meu conselho.

Fui com ele, apresentou-me à sua noiva e ao futuro sogro. Conversamos até as dez horas da noite, quando então nos despedimos. O ambiente familiar me acalmou os nervos, que há vários dias vinham tensos demais.

Chegamos de volta à Companhia. O sargento Perrerrás, que havia trocado o serviço com outro colega, estava fazendo a ronda e viu-me quando entrei no quartel em companhia do meu amigo Cavalcante. Uns quinze minutos depois, mandou chamar-me à reserva dos sargentos. Fui disposto a brigar com ele. Ao chegar, apresentei-me, ele pediu-me delicadamente para esperá-lo, o que me deixou bastante pasmado porque nunca tinha tido uma palavra delicada para comigo. Até então, só falava comigo com aspereza e, por vezes, de forma prepotente. Quando terminou de atender ao seu colega, convidou-me para acompanhá-lo ao cassino dos sargentos e aí começou o seguinte diálogo:

— Por que você me odeia?
— Porque sou odiado pelo senhor — respondi.
— Qual o mal que já lhe fiz?
— Muitos.
— Cite alguns.

Citei uns quatro ou cinco, inclusive a última escalação de serviço, feita claramente para encobrir a falta do seu amigo que estava escalado e faltou.

Ele confirmou e disse:

— Eu queria experimentá-lo, mas já cheguei à conclusão de que você é um soldado correto e quero ser seu amigo de hoje em diante. Aceita?

— Aceito.

– Então vamos tomar um café pela nossa amizade, certo?
Tomamos o café.

O promotor de tudo isso foi o meu amigo e colega Cavalcante, que falara em particular com ele sobre a minha pessoa e sobre o que eu seria capaz de fazer-lhe como inimigo, e assim nos salvou de uma situação muito embaraçosa.

Havia também um cabo muito metido a valentão que tinha a mania de desafiar os soldados para a luta. Eu receava que chegasse o meu dia. Uma vez, ele deu um soco na cara de um recruta quando fazíamos um serviço de terraplenagem. O soldado revidou, ele quis atirar no rapaz, nós impedimos. Ele se rebelou contra a turma e levou uma boa sova e, de todos nós, só ficou odiando a mim. Mas a valentia dele tinha se evaporado. Nem ele deu parte da turma, nem a turma se queixou dele ao comando. Contudo, eu fiquei na sua alça de mira. Outra vez, fomos trabalhar no mesmo serviço de terraplenagem. Ele dirigia a turma. Eu, como tinha mais jeito para trabalhar com a pá, fiquei nessa função. Ele foi passando e uma quantidade de terra pegou-lhe em cheio a cara. Ficou furioso e deu-me um soco. Revidei e nos atracamos. Ele tinha mais força do que eu, mas eu tinha mais agilidade, e a turma, compreendendo a minha vantagem, deixou que eu lhe desse uma boa sova. Foi um santo remédio para o valentão. Para não se desmoralizar e não perder o seu cartaz perante a oficialidade e os sargentos, não deu parte do caso. O fato é que, até a sua exclusão do Exército, por conclusão de tempo, não bateu mais em ninguém. O sargento Perrerrás deixou de me perseguir e ficou de fato meu amigo até o meu licenciamento das fileiras do Exército.

Estávamos em dezembro de 1923. Havia meses a Companhia estava sob o comando do capitão Nilton Cavalcante de Albuquerque. Devíamos fazer as manobras em São Paulo. Washington Luís Pereira de Souza era o governador daquele estado. Houve um desfile da Companhia pelas ruas da cidade e fizemos uma demonstração no prado da Mooca.

Na antevéspera de nossa volta ao Rio de Janeiro, fui chamado ao carro-comando da Companhia. Apresentei-me ao comandante Nilton Cavalcante de Albuquerque, que me perguntou se eu queria engajar-me na Companhia. Respondi-lhe que não, porque desejava ser marítimo e só me faltava a carteira de reservista. Respondeu:
– Tens 24 horas para definir-te.
Disse-lhe que já estava definido. Falou, então, o comandante:
– Vais ficar detido no vagão por quatro dias se não te engajares.

Recolhi-me ao vagão de minha seção de tanque, cujo comandante era o primeiro-tenente Arquimínio Pereira, oficial competente. Sabendo de minha detenção, foi direto ao comandante, com quem teve uma discussão muito azeda. No dia seguinte, ficou sem efeito a detenção.

Antes de meu licenciamento, fui surpreendido com a chegada ao Rio de meu irmão José Bezerra, que veio de Bauru, interior de São Paulo, onde trabalhava como machadeiro nas grandes derrubadas das matas daquele município paulistano. Era homem forte e muito trabalhador. Trabalhava de empreitada e fazia um bom salário, mas foi terrivelmente atacado pelas úlceras de Bauru. Chegou com as pernas cheias de feridas. Já tinha passado vários meses hospitalizado e as feridas cresciam cada vez mais. Levei-o à enfermaria do nosso quartel, fizeram-lhe vários curativos, enquanto se preparava para viajar para Recife, o que fez quatro dias depois, já experimentando boas melhoras. Pelo menos as feridas deixaram de crescer. Dois meses depois, em Recife, as feridas cicatrizaram. O dinheiro que ganhara foi todo para hospitalização e compra de remédios. Integrou-se novamente à profissão de jornaleiro.

Em janeiro de 1924, houve a desmobilização e nela fui incluído. Recebi a minha caderneta de reservista sem faltas disciplinares e com alguns elogios pelos bons serviços prestados à pátria e ao Exército, pelo aproveitamento que tive durante a minha incorporação na Companhia de Carros de Assalto.

Voltei a Recife. O meu antigo rival, sargento Perrerrás, então meu amigo, foi ao meu embarque. Desejou-me boa viagem e muitas felicidades. Ele e outros sargentos prestaram-me uma homenagem que muito me sensibilizou. Regressei a Recife pensando no meu emprego de carvoeiro; até que enfim ia ter uma profissão definitiva – a de marítimo. Sentia-me feliz. No dia imediato, fui à Capitania dos Portos, apresentei minha caderneta de bordo juntamente com a de reservista. Tudo em ordem. Mas um chefete, revendo a caderneta marítima, disse:

– O senhor terá de pagar uma multa de duzentos mil-réis por não ter visado a caderneta no ano anterior.

Respondi-lhe que não o fizera porque me encontrava prestando serviço no Exército e, em segundo lugar, porque não havia embarcado como marítimo. Ele contra-argumentou que tal justificativa não invalidava a multa de duzentos mil--réis. Travou-se uma discussão entre nós e o resultado foram insultos de parte a parte. Nós nos atracamos por cima do balcão, arrastei-o para fora, vieram outros funcionários em defesa do colega e a polícia marítima interveio. Tive de bater em retirada precipitadamente. Escapei da prisão por milagre. Com esse incidente, perdi a oportunidade de ser marítimo e ainda passei alguns dias fugido de casa, até que amainasse a pequena tempestade surgida. Assim se frustrou meu sonho de ser embarcadiço.

Tentei recomeçar minhas atividades de operário, mas era grande a escassez de trabalho e grande a oferta de mão de obra. Resolvi voltar ao Rio, onde poderia haver mais possibilidades de trabalho, todavia o desemprego no Rio era tão grande como em Recife. Com um mínimo de reservas monetárias, ia subsistindo no Rio, até que se esgotou todo o meu dinheiro. Com fome e sem ter onde dormir, comecei a vender algumas peças de roupa. Dormia nos bancos de jardim, mas os guardas me expulsavam e me ameaçavam de prisão. Saía então em busca de outro jardim, surgia outro guarda, com as mesmas ameaças, e assim passei vários dias e noites, comendo hoje, jejuando amanhã, dormia uma noite, cochilava outra. Oferecia-me em casas de pasto para trabalhar em troca de comida; em vão. Por fim, trabalhei alguns dias como calouro no cais do porto, onde consegui algum dinheiro, que me supriu durante uma semana.

Logo após, passei a trabalhar numa pedreira de Vila Isabel, com salário de 7.500 réis por dia. Trabalho duro e pesado. Mas estava disposto a enfrentar qualquer batente. Ajustava-me a esse novo trabalho na pedreira. A minha tarefa consistia em tombar pedras e quebrá-las, usando uma marreta, e depois removê-las para locais determinados, para serem transportadas em trole para o britador.

Um dia, o gerente da pedreira, que era um português tão burro e ignorante quanto eu, mandou-me encher um trole e depois o empurrar – cheio de pedras – até o britador, sem me ensinar o modo de manejá-lo. O percurso até o britador era de aproximadamente sessenta metros, mas havia um declive muito acentuado. O trole tomou grande velocidade, sem que eu conseguisse freá-lo. Fui arrastado ladeira abaixo. Fiquei com o peito e várias partes do corpo esfolados e sangrando. O trole, com pedra e tudo, arrebentou-se em cima do britador.

O portuga, estúpido como só ele, xingou-me de filho da puta pra cima. Eu, todo ensanguentado e dolorido, avancei sobre ele com ferocidade e só não fiz um estrago no homem porque meus companheiros evitaram. Houve tremenda confusão. Expulsou-me do serviço; eu disse-lhe que só sairia depois de receber o salário e o tratamento dos ferimentos por conta da firma. Felizmente, não faltou a solidariedade de todos os operários, que chegaram a ameaçar uma greve caso o galego não me pagasse os dias de trabalho, medicamentos e curativos. Como eu dormia no barraco da pedreira com mais dois conterrâneos, um dos quais era o vigia, ficou resolvido que eu só sairia do barraco depois de curados os ferimentos. Fiquei recebendo a diária até readquirir condições de trabalho. Foi essa a primeira solidariedade operária que recebi.

Oito dias após, estava curado. O portuga fez minhas contas e entregou-me um saldo de quase 110 mil-réis. Continuei a procurar serviço. Havia excesso de carga e descarga nas docas, trabalhei três dias e duas noites sem parar, ganhei mais de quatrocentos mil-réis. Estava rico! Comprei duas calças, duas camisas e outros objetos de uso que precisava.

Um dia, encontrei um conterrâneo amigo que me convidou para ir morar com ele enquanto a situação não melhorasse. Aceitei. Pelo menos teria onde guardar a mala e dormir sossegado. Embora sem conforto, era mil vezes melhor que cochilar de praça em praça, de jardim em jardim. Não era fácil arranjar trabalho! Quando trabalhava três, quatro dias, passava cinco ou seis sem trabalhar.

Resolvi engajar-me no Serviço Geográfico Militar. Depois de dois meses de estágio, fui incorporado e mandado para o acampamento central em Deodoro. Estávamos em abril de 1924.

O Comandante do acampamento central do Serviço Geográfico Militar era o primeiro-tenente Clodoaldo Barros da Fonseca. O sargento chamava-se Aníbal e era um tipo simpático, modesto, eficiente sem ser autossuficiente. Procurava viver bem com Deus e o Diabo; fui com a cara dele e ele com a minha. Deram-me para morar a barraca que servia de depósito do material do acampamento, inclusive das montarias, dos serviços de geodésia e de topografia, fardamento e roupas de cama, como também todos os utensílios de cozinha, rancho e arreamento dos animais. Por incrível que pareça, quase todo esse material se encontrava mofado. À noite, era um odor de mofo terrível. Pedi ao sargento Aníbal que visse o estado daquele material e me prontifiquei a pôr ao sol tudo aquilo. Ele aquiesceu e também me dispensou da escala de serviço.

Terminei toda a minha tarefa em pouco tempo. Requisitei dois carros de sapê com o fito de recobrir toda a barraca, que se encontrava podre e com goteiras. Finalmente cobrimos a barraca; foi uma novidade. A técnica usada por nós, aproximando os molhos uns dos outros, não somente produziu excelentes resultados, como também foi adotada como modelo para as demais barracas do Serviço Geográfico Militar: era mais uma contribuição nordestina. Com isso, fiquei famoso e fui designado como encarregado do almoxarifado do acampamento central. Fui efetivado e atribuíram-me uma gratificação de 45 mil-réis por mês. Como era semianalfabeto, o sargento Aníbal ofereceu-me um mapa com as linhas horizontais e verticais, ensinando-me a preenchê-lo. Aprendi de imediato. O tenente Clodoaldo Barros da Fonseca copiou o modelo do que eu havia feito e determinou que servisse às diferentes turmas do acampamento.

Como não havia serviço de rancho no acampamento central e havia cozinha com todo o material, sugeri ao sargento Aníbal organizar um serviço de rancho para todos os soldados que quisessem rancho coletivo, já que alguns deles cozinhavam suas refeições individualmente. Todos juntos comeriam melhor e mais barato. Recebi ordem de verificar quantos queriam a cozinha coletiva e a organizei com doze elementos. Deu certo a iniciativa. Já no primeiro mês houve uma economia para cada soldado arranchado de mais de vinte mil-réis e, no segundo mês, já contávamos com 22 elementos. No fim, até os soldados que tinham família preferiam o rancho coletivo.

Tudo marchava bem, a soldadesca toda satisfeita, quando arrebentou o movimento revolucionário tenentista de 1924, em São Paulo. Em consequência disso, fomos desligados provisoriamente do Serviço Geográfico Militar e incorporados às demais unidades do Exército.

Eu e mais vinte colegas fomos incorporados ao serviço de subsistência do Exército, em Benfica. Depois de perambularmos pelo interior de São Paulo, Mato Grosso e outros estados, voltamos ao Rio de Janeiro e ao Serviço Geográfico, onde reassumi minhas funções anteriores. Aí encontrei novamente todo o material em péssimo estado de conservação, a maioria das coisas definitivamente estragada pela falta de cuidados. Tive de novo o trabalho de recuperar aquilo que fosse possível.

Em dezembro de 1924, dei para jogar cartas com os meus colegas; surgiram algumas discussões e, em consequência, retraimento de alguns para comigo, o que me levou a refletir muito. Analisando a situação, achei que o jogo era um dos vícios mais nocivos e, mais do que isso, um roubo. Refleti: se eu ganho, o outro perde, fica sem dinheiro; se eu perco, fico privado de comprar aquilo de que necessito. Se ganho dos que têm família, vou privar de alimento seus filhos. Então, não jogarei mais. Não quero que, por minha culpa, alguém passe fome ou fique privado de alguma coisa de que necessite. E não joguei mais.

Comecei a pensar, dando um balanço em minha vida. Ia completar 25 anos de uma vida inútil, sem objetivo, sem futuro e sem perspectiva. Tinha minhas irmãs, que precisava ajudar. Devia procurar melhorar. Mas, como melhorar, se de soldado não passava, porque era analfabeto? Como prosperar nessa situação? Tinha saudades de meus irmãos e dos meus tempos de operário; aquela, se fora uma época perigosa para mim, tinha sido também a fase na qual mais vibrei de entusiasmo, nas passeatas de rua, nas greves, nos atritos com os patrões e nas brigas com a polícia, sobretudo quando se davam vivas ao Partido Comunista Bolchevique da União Soviética e ao Internacionalismo Proletário e com a classe operária durante as duas revoluções, de fevereiro e de outubro de 1917.

Lembrei-me de que não participara das greves de 1919 a 1922 porque estava preso, mas sabia dos protestos da classe operária brasileira, de suas manifestações de regozijo pela vitória total do glorioso Partido Bolchevique contra os intervencionistas estrangeiros na URSS.

Nessa época, eu já sabia que o Partido Comunista Brasileiro havia sido organizado desde 25 de março de 1922. Tinha vontade de entrar em contato com o PCB, mas não conhecia pessoalmente nenhum dos seus militantes. Limitei-me a trocar ideias com o meu colega Francisco Galdino, que era um simpatizante, como eu, um ardoroso entusiasta da Rússia soviética. Eu sentia que o proletariado brasileiro estava parado, sem uma perspectiva de luta, e refletia:

– E eu, o que estou fazendo? Nem sequer conheço um militante do partido. Nem ao menos sei onde fica sua sede.

E assim fiquei pensando num mundo de coisas. O que mais me preocupava era o meu atraso. Sabia que não podia progredir sendo analfabeto, nem no Exército nem fora dele.

Um dia, resolvi escrever a uma irmã. Pedi a um colega que escrevesse a carta; ele prontificou-se e me pediu que arranjasse papel, envelope e selo, o que fiz com toda a rapidez. Quando lhe entreguei tudo, ele me pediu que deixasse para mais tarde, pois estava ocupado naquele momento. Esperei; como não me procurou mais, lembrei-lhe o prometido no dia seguinte; disse que escreveria mais tarde. Já não estava gostando de tanta protelação. No dia seguinte, lembrei-lhe a coisa pela última vez. Respondeu-me:

– Olha aqui, Gregório, quem pede espera.

Agradeci e saí louco de raiva, odiando a mim mesmo pela humilhação que sofrera. Foi uma grande lição para mim, pois só assim tomei vergonha na cara e resolvi alfabetizar-me. Compreendi que aprender a ler, a escrever e a contar não podia ser um bicho de sete cabeças.

Deixei a vagabundagem e dediquei minhas horas de folga a estudar a cartilha; as letras do alfabeto, já as conhecia, era só ter um pouco de paciência, de boa vontade e persistência que aprenderia como outros aprenderam depois de velhos. Não me julgava inferior a ninguém, tinha boa saúde e ainda era muito jovem; poderia aprender.

Numa semana li e reli a cartilha muitas vezes; se uma sílaba ou palavra me atrapalhava, recorria a qualquer pessoa que soubesse ler; e assim fiz, até me convencer de que já sabia toda a cartilha. A seguir, comprei o *Primeiro livro de leitura* de Felizberto de Carvalho, que também li e reli muitas vezes, a ponto de sabê-lo quase de cor. E assim resolvi ir mais adiante. Eu conhecia a tabuada, as quatro operações fundamentais e algumas frações ordinárias e decimais. Para recordá-las e ampliar os meus conhecimentos, comprei a *Aritmética elementar* de Antônio Trajano e a *Gramática expositiva* de Eduardo Carlos Pereira.

Senti que estava avançando e agora precisava de um professor que me ensinasse e orientasse. Indicaram-me um em Ricardo de Albuquerque. Fui bater à sua porta. Falei com ele, aceitou-me. Mas não deu certo, porque só me punha a decorar as lições e não me ensinava coisa alguma. Um mês depois, abandonei-o. Falei, então, com um sargento do Serviço Geográfico Militar, que era professor e dava aulas particulares. Aceitou-me; ensinava bem, mas faltava a muitas aulas. Abandonei-o também. Eu tinha pressa em aprender, pois ia completar 25 anos, aspirava matricular-me na Escola de Sargentos de Infantaria e, se passasse daquela idade, não me aceitariam.

Matriculei-me na escola noturna de Deodoro; bons professores, mas apenas davam de duas a três aulas por mês, quando muito, o que não me bastava. Abandonei a escola. Matriculei-me no Liceu de Artes e Ofícios, cujos professores também eram bons, mas a doença era a mesma, isto é, uma ou duas aulas por mês. Também desisti. Ingressei no curso noturno do Mosteiro de São Bento; fiz um teste e fiquei no segundo ano secundário. Excelentes professores e rigorosa pontualidade, mas as matérias do segundo ano estavam aquém do programa de admissão à Escola de Sargentos de Infantaria. Que fazer? Contratei três professores, lá mesmo, que davam aulas de admissão para quaisquer cursos ou concursos.

Cobravam quinze mil-réis por matéria. Eu precisava de português, aritmética, geografia, álgebra e geometria. Não entendia patavina de geometria e álgebra. O meu salário era de noventa mil-réis por mês e tinha que pagar 45 mil-réis aos professores. Passei a fazer só uma refeição por dia para poder pagar as aulas. Quarenta e cinco dias depois consideraram-me apto para o exame de admissão na Escola de Sargentos. Requeri a matrícula, fui mandado a exame, sendo aprovado e matriculado. Só faltava ser transferido, o que se deu em janeiro de 1926.

Confiava na saúde que tinha e na minha força de vontade, mais do que no meu preparo intelectual, que estava muito aquém das matérias que ia enfrentar na escola. Mas tinha certeza de que faria o curso de sargentos. Levava uma grande vantagem sobre os demais candidatos: primeiro, porque era militar e já conhecia grande parte do que ia aprender; segundo, o meu físico atlético me ajudaria muito, pelo menos nas instruções práticas.

Quando estava para ser desligado do Serviço Geográfico Militar, tive uma ligeira discussão com o sargento Capistrano, que era ajudante do segundo-tenente veterinário. Esse sargento perguntou-me:

– O que vais fazer na Escola de Sargentos de Infantaria? Ser reprovado e fazer vergonha aos sargentos do Serviço Geográfico Militar? Tu não tens capacidade nem para ser cabo e queres ser sargento? Logo sargento-instrutor?... Desista, antes de passar pelo dissabor da reprovação. Não passarás do primeiro período de instrução.

Respondi-lhe:

– Sargento, acho que nenhum dos sargentos do Serviço Geográfico Militar se envergonha do senhor, apesar de não ter a capacidade deles, e não me consta que o senhor se sinta envergonhado por isso. Posso lhe garantir que estou em condições de ser mais do que um cabo de esquadra e o provarei oportunamente.

O primeiro-sargento Aníbal encampou a discussão e apostou com ele meia dúzia de cervejas e um jantar.

Finalmente, fui desligado e me apresentei na escola, pegando o número 46. Enquanto aguardava o primeiro período de instrução, fui me adiantando em algumas matérias teóricas, como organização do terreno, regulamentos de metralhadoras, funcionamento de armas automáticas, topografia etc. Com isso e uma boa parte da prática que já tinha, só faltava aperfeiçoar-me. Levei, portanto, grande vantagem sobre os demais. O fato é que, semanas após terem começado as instruções do primeiro período, já servia de guia e de monitor nas aulas de educação física, ordem unida, manejo de armas, tiro e armamento. Assim, alcancei o segundo período de instrução com relativa facilidade.

Como atleta, era considerado um dos melhores da escola e representava os alunos em todas as competições esportivas. Entretanto, era muito fraco em topografia, principalmente nas reduções e ampliações de cartas topográficas e em certos desenhos. Essa matéria era o meu ponto débil, muito débil.

Fomos divididos em grupos de quinze alunos que se subdividiam em duas esquadras, uma de fuzileiros, outra de volteadores. Iniciamos as instruções do primeiro período. Como previ, não tive dificuldades nas instruções práticas. Dediquei-me com todo o afinco aos estudos teóricos e, nestes, tinha altos e baixos; minha média geral mensal era grau seis, menos em topografia, que não passava de grau três, continuando a ser o meu ponto fraco.

Ganhávamos 57 mil-réis por mês, sujeitos a descontos de lavagem da roupa de cama, materiais higiênicos, lavagem de roupa pessoal e cigarros etc. A xepa era pouca e ruim, e o nosso apetite, devorador. O nosso saldo ia-se todo na compra de bolachas, doces de frutas, principalmente bananas.

A maioria dos alunos que moravam na capital ou no Estado do Rio passava os domingos com seus familiares ou amigos, que os ajudavam economicamente; mas os deserdados da sorte, como eu e muitos nordestinos, tínhamos de tirar o serviço dos colegas felizardos em troca de gratificações deles. Era uma forma de arranjarmos alguns cobres para suprir nossas necessidades mais prementes.

Eu não saía a passeio aos domingos porque nem sempre dispunha de cobres e, além disso, queria especializar-me em armas automáticas. Aos sábados, depois do primeiro expediente, fazia uma cautela para retirar na reserva de armamentos as armas cujo funcionamento e incidentes de tiro precisava conhecer profundamente. Com isso especializei-me em empregos táticos de metralhadoras pesadas e leves, como também nas demais armas de infantaria, tais como fuzil ordinário, mosquetão, pistolas, Parabellum, granadas de mão ofensivas e defensivas, canhões de 37 milímetros, morteiros, fuzil-metralhadora Hotikis, metralhadoras pesadas e leves. Eu montava e desmontava tudo isso de olhos vendados. Fazia demonstrações de tiro ao alvo nas manobras de instruções e nas demonstrações da escola perante outras unidades militares. Nas instruções de marcha de aproximação de aproveitamento do terreno, de avaliação das distâncias, nas instruções de ligações, tanto de dia como de noite, eu era sempre o elemento designado pelos oficiais instrutores. Também procurei especializar-me na construção de abrigo de metralhadoras, de espaldão de metralhadoras, abrigo para canhões 37 e trincheiras cobertas e descobertas, de través e de cremalheira e, ainda, instruções físicas, morais e cívicas, higiene. Enfim, tudo me saía bem; mas, quando chegava a vez dos desenhos topográficos, não tinha jeito, os meus desenhos eram os piores da escola.

Nossos instrutores eram esforçados e muito competentes no cumprimento dos seus deveres militares. Eram enérgicos e bons, principalmente os primeiros-tenentes Jair Dantas Ribeiro, que mais tarde seria o ministro da Guerra no governo de João Goulart, Inácio de Freitas Rolim, Ururaí Magalhães, que foi chefe da Coap no governo de Juscelino Kubitschek (demitido porque tentou colocar uma "cunha" na voracidade dos grandes pecuaristas e dos frigoríficos), capitão Araripe e tantos outros, dignos de admiração por todos os que passaram pela tradicional Escola de Sargentos de Infantaria, cujo diretor era o coronel Outubrino Pinto Nogueira.

A sargentada não ficava atrás da oficialidade instrutora, tanto na competência como na dedicação e no sentimento do dever militar. Era uma mocidade temperada, dinâmica e capacitada como auxiliares do quadro de instrutores. Cada um procurava dar o máximo de conhecimentos militares aos alunos e ajudá-los a compreender da melhor forma possível os segredos da técnica militar. Eram bons como mestres, tolerantes como chefes de turmas, inflexíveis na disciplina e na correta execução das matérias. Eu, pessoalmente, admirava a todos.

Tive a sorte de familiarizar-me com todos os meus colegas, tanto os do primeiro período como os do segundo. Todos me estimavam e eu a todos. Entre os colegas com quem mais trocava ideias, não somente sobre as matérias que estudava como também sobre determinados assuntos políticos, destaco os colegas Maia, Chaves, Correa Lima, Filogono e Virgílio. Os quatro primeiros, além da solidariedade comum que nos ligava, pensavam como eu no terreno político e trocávamos ideias sobre o problema socialista. Terminamos o primeiro período de instrução, todos passamos para o segundo período e os veteranos foram promovidos a sargento.

Visitei o acampamento central do Serviço Geográfico Militar, revi os colegas, soldados e sargentos, entre os quais os primeiros-sargentos Aníbal e Capistrano. Este perguntou-me:

– Então, passou para o segundo período?

– Ainda não sei – respondi.

– Como não sabe, se os outros já foram promovidos a cabo? Você está é com vergonha de confessar a verdade. Quando volta para cá?

– Quando for desligado da escola.

– Eu não falei que não estavas em condições de ir para a Escola de Sargentos?...

O Sargento Aníbal interveio:

– Que mania de querer desfazer dos outros, Capistrano! Deixa o rapaz em paz!

Eu já era cabo, embora andasse sem as divisas, mas, como queria gozá-lo, não quis satisfazer a sua curiosidade, nem desfiz o despeito do meu futuro colega Capistrano.

Um incidente desagradável ocorreu: um dia chegamos de uma marcha de treinamento de 24 quilômetros, muito cansados porque não houve o descanso regulamentar na volta. Além disso, os colegas Filó Gomes e Virgílio cansaram-se e, para aliviá-los, tomei-lhes os equipamentos e assim fiquei sobrecarregado em volume e peso. Como era robusto, suportei a carga, mas me cansei muito. Ao chegar à escola, entreguei os equipamentos aos colegas e fui tomar banho. Quando estava trocando de roupa, tocou o rancho. Apressei-me e, quando cheguei ao galpão, o meu comandante de grupo já vinha em marcha. Mandou-me entrar em forma e, quando o grupo chegou ao rancho, deu meu número ao sargento do dia por ter chegado atrasado em forma. Estranhei a conduta do meu colega e censurei a sua falta de coleguismo. Tivemos um ligeiro bate-boca.

Eu era o chefe da mesa de refeições e, como tal, somente me servia por último. O meu colega Carlos Hesse, que tinha um apetite devorador e era um jovem muito forte, ao servir-se, deixou-me sem a etapa de carne. Chamei-lhe a atenção. Respondeu-me que só havia retirado a sua etapa. Acreditei e então chamei o rancheiro, fazendo-lhe ver que faltava uma etapa de carne. Ele afirmou que pusera as quatro certas. Veio o sargento, examinou os pratos, encontrou duas etapas de carne no prato do colega Carlos Hesse e mandou-o devolver uma delas. Ele jogou-a em meu prato e prometeu-me ajustar as contas comigo logo que saísse do rancho, chamando-me de filho da puta. De raiva, não pude comer. Por um segundo, não lhe dei um soco nas fuças, mas esperei a saída do rancho. Quando tocou debandada, ele saiu na frente e eu atrás. Não houve mais discussões. Partimos um para o outro. Socos, pontapés, cabeçadas e golpes de jiu-jítsu. Rolamos pelo chão. A turma do deixa-disso interveio e o sargento do dia nos levou à presença do diretor-comandante da escola. Hesse, com alguns machucões no rosto e escoriações pelo corpo, narrou o fato, distorcendo a verdade. Defendi-me, mas pedi ao sargento do dia, ao rancheiro e aos colegas de mesa que falassem por mim. O comandante mandou abrir um inquérito e nos deteve até a sua conclusão. A primeira atitude do comandante tendia a nos desligar da escola, mas, diante dos antecedentes favoráveis, ambos acrescidos de nosso aproveitamento no curso, esperou a conclusão do inquérito, que demorou mais de dez dias. Hesse foi repreendido publicamente e eu nada sofri.

Eu só me preocupava com os estudos. Quando saía aos domingos, voltava logo à escola, não queria perder tempo. Houve, porém, uma festa no bairro da Piedade, fui lá uma noite e gostei; no outro domingo, repeti e arranjei um namorico com uma garota que era um encanto para os meus olhos. No domingo seguinte, apresentou-me a seus pais e irmãos; todos me trataram cordialmente e me levaram à sua casa. Conversamos muito e, como cariocas que eram, não faltaram com o licor de caqui e o delicioso cafezinho. Nasceu uma boa amizade, apesar das restrições que os pais faziam ao militarismo; não me fizeram discriminações e o próprio pai disse:

— Sou, por princípio, antimilitarista, mas reconheço que há muitos militares corretos e honrados. Quanto ao seu namoro com minha filha, não me oponho. Vocês ainda são bastante jovens e, aos poucos, irão se definindo. O tempo falará por último. Quando quiser conversar com a Sônia Maria, a casa está à disposição. Só não aprecio namoros de janela. Entendido?

— Perfeitamente! — respondi.

Apertou-me a mão e retirou-se para o interior da casa. Sônia disse:

— Papai é muito sistemático. Ele gostou de você, por isso falou desse jeito.

Conversamos um pouco e, como já passava das nove horas, despedi-me e saí pensando em uma porção de coisas, inclusive em meu irmão Tomás, que se achava muito doente – eu receava sua morte. Cheguei à escola, deitei-me e dormi logo para, como sempre, levantar-me às quatro horas da madrugada para estudar. Era o meu hábito. Tocou o rancho, tomamos café, entramos em forma e partimos para a instrução de combate até o meio-dia. Quando regressamos à escola, tomamos banho e almoçamos. Logo depois, foi-me entregue uma carta de luto. Compreendi logo que meu irmão Tomás morrera. De fato, a carta dava o histórico da doença e de sua morte. Fiquei muito pesaroso e só comuniquei o fato aos colegas mais chegados. Não podia ir a Recife, nem interromper o curso, mesmo porque só faltavam dois meses para a conclusão.

Com a morte de meu irmão Tomás, aumentou a minha responsabilidade perante os irmãos. A primeira resolução que tomei foi a de acabar com o namoro com Sônia, apesar de lhe querer muito. Sabia que não podia casar-me devido ao peso da família, mas não tive coragem de falar francamente com ela. Pediu-me que fosse à sua casa, falar-lhe pessoalmente, mas eu, com receio de renovar o namoro, não fui. Algumas semanas depois, encontrei-me com ela, que censurou muito o meu procedimento, apesar das desculpas que lhe dei. Fiquei vacilante, mas gostava dela e não queria roubar-lhe o tempo. Estava disposto a não me casar enquanto as minhas irmãs fossem solteiras.

Chegou o mês de dezembro de 1926, fomos às manobras de encerramento do curso. Nossa marcha de 42 quilômetros, da Vila Militar a Guaratiba, foi coroada de êxito. Nessa fase final de instrução, tudo conta para a aprovação do aluno. Além de todos os precedentes, o comportamento, a disciplina, o aproveitamento, o cuidado com o material, com a higiene do corpo, com o acampamento, a armação das barracas, segurança – tudo é levado em consideração para a aprovação final. Isso sem contar as manobras de combate, organização do terreno, topografia, croquis, avaliação das distâncias, marchas de aproximação, combate e assalto, que é a última etapa das instruções e o regresso da tropa à escola.

Acampamos, armamos nossas barracas de acordo com o regulamento e com os preceitos higiênicos. O meu companheiro de barraca era o amigo Chaves. Esticamos moderadamente nossas lonas, porque havia ameaça de chuva; fincamos as estacas até mesmo um pouco abaixo da superfície; fizemos uma profunda vala em torno da barraca para escoamento das águas, não só da barraca como da enxurrada que desceria morro abaixo. Temíamos a inundação. Fizemos nossos jiraus, cortamos capim e com ele preparamos as camas.

Caiu um temporal com muito vento, chuva e trovão. Muitas barracas foram jogadas longe. Outras ficaram completamente inundadas, até mesmo as barracas da oficialidade e da maioria dos sargentos. Eu e meu companheiro passamos uma noite tranquila em nossas barracas, deitados em nossos jiraus. O sulco que abrimos em torno de nossa barraca protegeu-nos das enxurradas.

No dia seguinte, foram refeitas as barracas de acordo com o modelo da nossa. Nosso prestígio aumentou. Pelo menos nessa matéria estávamos aprovados. O temporal demorou alguns dias. Iniciou-se a última fase da instrução de combate. Fizeram-se os preparativos e iniciamos a marcha de aproximação com o máximo rigor no aproveitamento do terreno até o momento em que fomos hostilizados pelo inimigo simulado. Passamos ao ataque. O inimigo resistiu. O comandante manobrou, tentando envolver o adversário pelos flancos, pressionando-o de frente. O inimigo recuou e estabilizou suas defesas previamente preparadas. Avançamos, atacando-o intensamente. Ele se retirou das posições fortificadas, mas deixou atrás de si cercas de arame farpado e obstáculos de toda natureza. Os mais fortes pularam os obstáculos, porém mais da metade da escola não conseguiu ultrapassá-los e muitos ficaram enganchados e estrepados nos rolos de arame farpado e nas cercas. Assim, o assalto não teve o êxito previsto. O comando ficou profundamente descontente conosco e, como castigo, fez-nos regressar a pé até a escola, o que exigiu um enorme esforço da maioria dos alunos, muitos dos quais não aguentaram.

No dia seguinte, depois do café, formamos. O comandante fez uma censura coletiva aos alunos, dizendo que, levando em consideração nosso comportamento, dedicação e aproveitamento durante os dois períodos de instrução, não pediria o nosso desligamento, mas avisava que os exames seriam rigorosos e que só seriam aprovados aqueles que obtivessem, em todas as matérias, a média de, no mínimo, quatro. E essa ameaça foi cumprida.

Eu estava fraco em topografia, não chegava a grau quatro. No exame, meu trabalho não saiu bom, não passaria. Correia Lima fez um trabalho muito bom, mas, porque caiu nele um pingo de tinta, amassou-o e jogou-o na cesta do lixo. Apanhei-o, disse-lhe que ia retocá-lo, passá-lo a ferro e apresentá-lo como meu. Ele não se opôs e assim o fiz.

Dois dias depois, foram dadas as notas. Os alunos todos em forma para recebê-las. O tenente Jair gritou:

– Aluno 46, grau 7,5!

Toda a escola aplaudiu-me, era a maior nota. Correa Lima tirou a segunda maior nota: grau seis. Teórica e praticamente, eu estava capacitado para o exame de todas as matérias porque tinha estudado muito. Sem nenhuma pretensão, considerava-me sargento-instrutor. Aproveitei os dez dias livres que nos deram para auxiliar os meus colegas mais fracos e foi muito bom, porque nos exames eu estaria capacitado a responder a todas as perguntas que me fossem feitas. Fui classificado em nono lugar. Infelizmente, mais de oitenta alunos foram reprovados, dos quais a maioria repetiu o segundo período de instrução e o resto foi desligado e enviado para as diferentes unidades de infantaria. Ainda dessa vez, demorei a usar o meu fardamento de sargento. Não por pirraça ao sargento Capistrano, mas por falta de dinheiro para mandar fazê-lo. É que metade dos meus vencimentos eu mandava para minhas irmãs.

Fui ao acampamento central do Serviço Geográfico Militar. Encontrei quase toda a sargentada, inclusive o sargento Aníbal, que reuniu os demais colegas para prestar-me uma modesta homenagem. O sargento Capistrano chegou e foi surpreendido com a homenagem que eu recebia. Perguntou-me por que ainda não estava fardado de sargento. Respondi-lhe que me faltava dinheiro. Cotizaram-se e me ofereceram uma farda completa e sob medida. Fiquei bastante comovido com a atitude de meus antigos superiores hierárquicos, agora meus colegas. O sargento Capistrano perdeu a aposta, pagou a meia dúzia de cervejas e um jantar na Gruta Baiana, na praça Tiradentes.

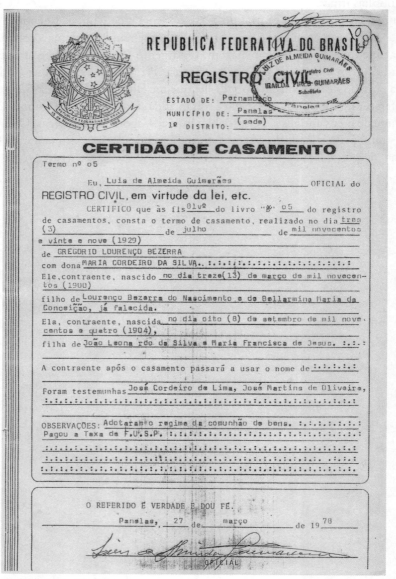

Certidão de casamento de Gregório Bezerra e Maria da Silva, a dona Maroca.

9

Em janeiro de 1927, deu-se o desligamento da Escola de todos os sargentos aprovados. Eu ia ficar como sargento monitor, mas o comandante do Segundo Regimento de Infantaria pediu ao comandante da ESI um sargento-instrutor que, além das instruções de arma de infantaria, soubesse ministrar educação física ao regimento, tivesse prática de organização de companhias de metralhadoras pesadas e dominasse seu emprego tático. Eu tinha me especializado nesse assunto. Fui incorporado ao Segundo RI, 3º Batalhão, 9ª Companhia.

Em 1926, a Companhia de Metralhadoras Pesadas chegara do Nordeste toda esfacelada. Tinha saído com outras unidades em perseguição à Coluna Prestes. Ao chegar de volta, amontoaram todo o material na antiga reserva, desmobilizaram as praças da companhia, só restou o nome, além de seu comandante. Fui transferido da 9ª Companhia para a Companhia de Metralhadoras, onde organizamos tudo de novo. Por sorte, chegou um contingente de mais de duzentos homens de Vitória do Espírito Santo e foi incorporado à companhia. Eram homens do campo, na sua maioria analfabetos, mas trabalhadores e disciplinados. No início, deu muito trabalho adaptá-los à vida militar.

De forma geral, tentei transmitir aos soldados tudo aquilo que aprendera na Escola de Sargentos de Infantaria, levando em consideração a capacidade deles. Uns dois meses depois do início das diferentes instruções, quando os homens já estavam aclimatados ao ambiente militar, dominando os segredos e manejos dos armamentos, meu comandante, João Moreira de Castro e Silva, falou com o comandante do Segundo Regimento de Infantaria para selecionar os muares de carga para a sua Companhia de Metralhadoras. Assim, os condutores dos animais já estavam escolhidos. Eles pediram para escolher seus animais. Eram práticos e conheciam os melhores. Espantei-me quando vi os burros pequenos ao invés dos grandes e perguntei-lhes:

— Por que não escolheram os mais fortes e maiores?

— Estes que escolhemos são mais fortes que os grandes, que só têm tamanho e boniteza. Os pequenos são mais resistentes que os grandes; e o senhor nem parece que é nordestino – responderam.

— Que tem a ver os nordestinos com os burros grandes ou pequenos?

— Os burros dos pampas são grandes e bonitos, mas não aguentam trabalhar dia e noite comendo uma só ração, como os do Nordeste, e o senhor sabe disso.

Não discuti mais.

Feita a escolha, cada condutor batizou seu animal e pediram-me para tratá-los ao gosto de cada um. Em menos de três meses, os condutores faziam de seus animais o que queriam. Causava admiração a todos a obediência dos animais e, sobretudo, a beleza e a garbosidade deles, quer nas grandes paradas militares, quer nas marchas de treinamento, quer nas manobras de combate. A nossa Companhia de Metralhadoras Pesadas era considerada unidade modelo da 1ª Região Militar, somente superada pela Escola de Sargentos de Infantaria.

Em janeiro de 1927, surgiu no Brasil o primeiro jornal de massas, *A Nação*, orientado pelo Partido Comunista Brasileiro. Funcionava legalmente e gozava de grande prestígio entre os populares.

Um dia, viajando num trem da Central do Brasil, na hora do aperto, das cinco às seis da tarde, quando os passageiros viajavam como sardinhas enlatadas, um operário metalúrgico me perguntou se eu havia lido *A Nação*.

— Que *Nação*? – perguntei.

— É um jornal comunista, feito para o povo.

Eu ainda não tinha lido o jornal e não o conhecia. Perguntei se ele era comunista. Respondeu-me afirmativamente e deu-me um jornal para ler quando chegasse ao quartel. Li e reli várias vezes, procurando compará-lo aos demais jornais burgueses. Achei uma grande diferença no conteúdo, na linguagem, em tudo. Era, de fato, um jornal diferente. Uma semana depois, no mesmo trem, na mesma hora e no mesmo empurra-empurra, reencontrei o meu já conhecido operário metalúrgico. Ele foi logo me perguntando:

— Então, gostou do jornal?

— Gostei!

— Aceita outro?

— Claro!

Meteu a mão no bolso do paletó e entregou-me outro número de *A Nação*.

Ao chegar ao quartel, li-o de cabo a rabo e depois mostrei-o a um colega, que, ao ver a manchete, disse:

— É um jornal comunista. É melhor você guardá-lo. Nos quartéis, é proibido ler esse jornal.

— E foi publicada essa proibição na ordem do dia?

– Não, mas é proibida a entrada desse jornal no quartel.
– Mas esse jornal não é vendido nas bancas e nas ruas?
– É, mas nos quartéis, não. Aconselho você a não trazê-lo mais, porque, se os oficiais virem ou souberem, vão dar-lhe uma punição.

O meu colega era apolítico, mas não era reacionário nem puxa-saco de oficiais. Mesmo porque a oficialidade nessa época era, e continua sendo nos dias atuais, inimiga dos sargentos. É claro que existem exceções.

Mais tarde, o sargento Cristóvão me chamou e disse:

– Bezerra, tu és um colega novo e estás no início de tua carreira militar. Ainda não sabes onde estás pisando e confias demais em todo mundo. Nossa classe é muito desunida, nela há sargentos carreiristas, que não vacilam em fazer mal a um colega em troca de proteção dos oficiais. Outro dia, tiveste um atrito com um colega. Estás na mira dele. Toma cuidado para que não veja o teu jornal. Guarda-o, se não o leste; e, se já o leste, rasga-o.

Segui o conselho do sargento e destruí o jornal, com muita pena e quase enojado de minha classe. Foi o penúltimo número que li. O último número foi o de seu fechamento voluntário, com a seguinte declaração: "A razão, a verdade e a justiça estão do nosso lado. Por conseguinte, prosseguiremos em nossa obra, com ou sem jornal, com ou sem legalidade, com ou sem consentimento do governo. Não há força no mundo que nos faça desviar deste caminho".

Gostei muito dessa declaração, feita com a firmeza de quem sabe o que diz. Guardei esse jornal durante meses e só o destruí quando fui transferido para a 7ª Região Militar, sediada em Recife.

Tudo corria bem na minha Companhia de Metralhadoras Pesadas do Segundo RI. Entretanto, havia-me surgido um problema muito sério e um pouco difícil de resolver. Desde janeiro de 1927, minha irmã Amália estava noiva e, dos irmãos, quem estava em melhor situação era eu, ganhando 390 mil-réis por mês. Além disso, tinha uma amizade muito grande por minha irmã e gostava muito do seu noivo, que era nosso primo e colega. Seu nome: Jorge Ferreira de Souza. Tomei a mim a responsabilidade do casamento e de comprar o enxoval, o que me custou um pouco de sacrifício.

Eu tinha um colega no regimento que enfrentava idêntico problema. Então nos associamos no almoço, isto é, um almoço para dois; à noite fazíamos café e tomávamos com pão e manteiga; o mesmo pela manhã. À custa do estômago, fui, pouco a pouco, preparando o enxoval de minha irmã. Entretanto, devido à enorme carga de trabalho, comecei a emagrecer visivelmente porque trabalhava muito e comia pouco. Só vislumbrei uma solução: transferir-me para Recife, onde, junto com meus irmãos, me alimentaria melhor e economizaria mais um pouco para preparar melhor o casamento de Amália.

Foi difícil conseguir a transferência, dada a escassez de sargentos-instrutores na época e a falta que eu fazia, não somente na minha companhia como em todo o regimento. Meu comandante colocou-se contra minha transferência, mas, levando em conta que eu era arrimo de família, aceitou e até mesmo se empenhou junto ao coronel Mena Barreto, comandante do Segundo Regimento de Infantaria. Este mandou informar satisfatoriamente o meu pedido de transferência para a 7ª Região Militar, a que fui incorporado no 21º Batalhão de Caçadores, sediado em Recife. Requeri férias, indo passá-las no sítio dos Mocós, junto à minha parentela, em Panelas de Miranda, onde renovei o meu namoro com a filha do velho João do Murrão, sogro de minha irmã Verônica. Voltei a Recife para recomeçar minhas tarefas militares, que eram muitas.

O comandante do 21º BC era o coronel João de Siqueira Queiroz Saião, militar rigoroso mas justo. Comandava pra valer o seu batalhão. Além de minhas tarefas específicas na 1ª Companhia, era também instrutor de educação física do batalhão e auxiliar dos esportes coletivos e individuais até a chegada de outros sargentos com o curso da Escola de Sargentos de Infantaria. Era também instrutor do Tiro de Guerra 333 e da Escola Comercial, dos quais recebia uma gratificação de cem mil-réis por mês. Foi uma ajuda adicional aos meus vencimentos de terceiro-sargento, que reforçou o preparo do casamento de minha irmã, que se realizou em meados do ano de 1928, apesar dos obstáculos criados pela igreja.

Minha irmã, além de Filha de Maria, era desde mocinha cantora da Matriz de São José. Nunca lhe foi exigido atestado de batismo, mas, para casar na igreja, exigiram-no e isso nos deu muito trabalho. Só conseguimos quando as moedas sonantes falaram mais alto que a religião. Finalmente, realizou-se o casamento que, conforme as tradições da roça, transformou-se num festão, muito além das nossas possibilidades financeiras.

Alugamos uma casa grande para morarmos todos juntos, mas, alguns meses depois, houve uma verdadeira disparada: nossa irmã Isabel resolveu ir morar na roça; meu irmão José Bezerra comprou um sítio, fez casa e mudou-se também para a roça. Ficamos os três irmãos solteiros, dois foram morar num quarto e eu fui para uma pensão. Alguns meses depois, passei a morar no quartel. Não gostei da disparada, porque todo o esforço que fizemos em tempos idos para nos juntar foi assim, por água abaixo, quando a situação era bem melhor que no passado. O meu desejo era desaparecer, mas estava endividado e não queria abusar da confiança de meus credores. Logo que saldei os compromissos, comecei a pensar em casamento, mas tinha medo de enfrentar esse problema muito sério na vida de um homem. Vacilei muito.

Em 1929, meu irmão José Bezerra vendeu o seu sítio e veio morar em Recife, quase noivo de outra das filhas de João Murrão. O meu namoro com a irmã de sua noiva estava praticamente acabado. Em Recife, tive um namoro muito sério com uma moça chamada Judite, que era minha vizinha quando morei no bairro da Mangueira. Gostava demasiadamente dessa moça, que era muito terna, boníssima, de uma delicadeza sem limites e muito bonita. Eu me achava um grosseirão, um estúpido em relação a ela, e receava que não fosse feliz comigo. Achava-a mais digna de um moço educado que pudesse fazê-la feliz. Por tudo isso, resolvi não continuar o namoro. Ela, porém, não se conformou e insistiu. Fiz-lhe uma carta, dando-lhe minhas razões. Recebi uma resposta contrária. Tive um encontro com ela, expliquei-lhe tudo o que pensava. Ela chorou e meu coração parecia despedaçar--se, sentindo suas lágrimas me molharem o peito por cima da túnica militar. Nós nos despedimos sem uma decisão, mas não a procurei mais. Estava disposto a não me casar. Logo depois, recebi uma carta de minha irmã Verônica, pedindo que fosse à roça e levasse algumas injeções para nossa irmã Isabel, que estava muito doente.

Pedi uma licença de quatro dias e fui para lá pensando mesmo em trazê-la para Recife. Durante a minha estada no sítio, na casa de minha irmã, recebi as visitas de suas cunhadas, inclusive de minha ex-namorada, que estava noiva de um primo seu. Achei até bom, porque assim não renovamos o velho namoro. Voltei a Recife e reiniciei minhas tarefas tanto na caserna como no Tiro de Guerra 333 e na Escola Prática de Comércio.

À noite, quando dava instruções de ordem-unida ao Tiro de Guerra, no largo do Hospício ou na ponte 6 de Março, juntavam-se algumas alunas das escolas normais da Pinto Júnior e de outras escolas. Uma das moças da Escola Normal foi com a minha fachada e pareceu-me uma ótima criatura. No início, era apenas um namorico ligeiro, cheguei a supor que ela visava a um dos alunos, mas a coisa era comigo mesmo! Fui franco e disse que ela não perdesse seu tempo comigo, porque eu não tinha a intenção de casar-me e não queria enganá-la. Ela disse:

— Não se namora somente para casar, também se namora pra se matar o tempo. Simpatizei com você e pronto!

E continuamos o namoro. Um dia, depois de terminada a instrução e recolhido o armamento na sede do Tiro, ao passar pela praça Maciel Pinheiro, encontrei-a. Estava me esperando para levá-la à sua casa, alegando que era tarde da noite e não queria ir sozinha. Tomamos o bonde e fui levá-la. Sua mãe, quando a viu em minha companhia, perdeu o controle e fez um escândalo terrível. A moça justificou-se, mas a boa senhora não ficou convencida. Eu também tentei justificar-me, mas pouco adiantou. Depois desse incidente, fiquei gostando mais da moça e ela de mim. Porém, como a coisa foi criando raízes e, por vezes, ela perdia aulas por minha causa, resolvi cortar o namoro, dizendo-lhe que ela era muito jovem, que completasse seus estudos e, se até lá não ficasse noiva de ninguém, recomeçaríamos o namoro. Mas ela tinha o amor-próprio bem acentuado e disse:

— Gosto de você e você não gosta de mim. É um fingido! Eu não renovarei nunca mais o namoro com você! Adeus!

Depois disso, jamais me procurou e, quando me via, torcia a cara ou fingia não me ver.

O tempo ia passando. Meu irmão José Bezerra foi à roça visitar a namorada e, quando voltou, trouxe uma carta de minhas irmãs Verônica e Isabel, comunicando-me que a minha ex-namorada desfizera o noivado por minha causa e os pais brigaram com ela. Ela chorava muito e estava abatida. Muito também se enfeitou o problema, dizendo que ela jurara aos pais que, se não casasse comigo, não casaria com homem nenhum. Os pais não se opunham a que ela se casasse comigo. Acharam ruim que ela tivesse desmanchado o noivado com o primo quando o casório estava próximo. Eu fiquei num beco sem saída. Os pais hostilizando a filha, eu me sentia o causador involuntário daquilo. Como o meu irmão José Bezerra tinha pressa em se casar, resolvi fazer duas cartas, uma para a moça e a outra para seus pais. Na primeira comunicava à moça que ia pedi-la em casamento e, na segunda, comunicava a seus pais o desejo de me casar com sua filha. Ao mesmo tempo, a pedido de meu irmão, pedia também em casamento sua filha mais jovem, irmã de minha namorada, para casar-se com ele. Assim, ficamos noivos todos ao mesmo tempo. Marcamos logo o casamento para as festas juninas.

Baixei no hospital, fiz um tratamento rigoroso, pois queria casar-me sadio em tudo. Os velhos consentiram em fazer o casório, mas pediram que deixássemos para o fim do ano, devido inclusive à preparação dos enxovais. Respondemos que queríamos casar com suas filhas, e não com os enxovais que eles queriam dar-lhes. O velho propôs que o casamento fosse na Igreja e no civil. Aceitamos, condicionando a que também o casamento religioso fosse realizado em sua casa e que nós pagaríamos a despesa com o padre, juiz etc. Tudo ficou combinado.

Uns dois meses antes do casamento, houve um incidente muito sério comigo. Eu me encontrava como sargento do dia na companhia e o cabo Edmário estava de plantão no alojamento dos praças. Ele era muito relaxado no serviço, mas tinha a proteção do comandante, de quem era um dos bajuladores. Naquele dia, o alojamento dos praças estava uma verdadeira anarquia. Reclamei, mas ele se limitou a dizer:

– Dê parte, se quiser!

– Não dou parte, porque não quero prejudicá-lo. Mesmo porque, desde que sou sargento, nunca dei parte de ninguém. Mas exijo que você cumpra com o seu dever.

– Se o senhor achou ruim, dê um jeito, já disse...

Disse e levantou-se acrescentando:

– Comigo é assim!

– É assim como?

– É no tapa!

Disse e descarregou-me um soco do qual mal tive tempo de desviar-me. Na segunda investida, o cabo Edmário já estava no chão, com os dentes e o nariz sangrando. Os colegas não me deixaram castigar o meu agressor. Resultado: ele foi para a enfermaria e eu fiquei detido na companhia até a abertura e a conclusão do inquérito policial militar.

O capitão Leal Ferreira, comandante da companhia, protetor do agressor, não ia com a minha cara, porque seu filho, um segundo-tenente comissionado, tivera um incidente comigo. Um dia, quando dava instrução, ele quis que eu ministrasse uma ordem errada e eu não obedeci. Ele deu parte. Justifiquei-me, deram-me razão. Ele ficou me marcando.

Outra feita, cheguei da instrução, mandei a companhia fazer alto. Dirigi-me ao major, subcomandante do batalhão e pedi-lhe licença para pôr a companhia fora de forma. O segundo-tenente Cantídio, que era o filho do capitão Leal Ferreira, repreendeu-me porque não lhe pedira licença para falar com o major. Respondi-lhe que não aceitava a repreensão porque agira corretamente, segundo o regulamento, já que ele não era da minha companhia. Ele alterou a voz e eu alterei a minha. O comandante do batalhão ouviu o diálogo e mandou que o tenente Cantídio se recolhesse ao Estado-Maior. Eu nada sofri, porque estava com a razão.

Leal Ferreira, diante de sua falta de competência para ser oficial do Exército e também por ser um tipo corrupto, marcava-me sistematicamente e aproveitou o incidente com o cabo Edmário para fazer carga sobre mim.

Felizmente, o oficial encarregado do IPM apurou os fatos de acordo com as testemunhas. Por desgraça, nessa época, o comandante do batalhão não era mais o coronel João de Siqueira Queiroz Saião, mas o coronel Júlio Pacheco de Assis, que não era mau homem, mas não tinha a fibra de comando de seu antecessor.

O resultado do inquérito foi a meu favor. Mas acharam de aconselhar o novo comandante a enviá-lo à Auditoria de Guerra da 7ª Região Militar para abrir-se um processo, já que do incidente resultaram lesões corporais.

Dois meses antes, eu tivera um atrito no corpo da guarda (que comandava) com um político que desrespeitara a sentinela. Havia sido publicada uma ordem do dia, segundo a qual qualquer pessoa que quisesse falar com o comandante do batalhão teria de avisá-lo antecipadamente, do contrário não falaria, e o sargento da guarda seria responsável pelo cumprimento da ordem. O figurão político, ao entrar no portão da guarda, foi barrado pela sentinela, que lhe perguntou com quem desejava falar. Respondeu que não tinha satisfação a dar a soldado. Este disse-lhe que estava cumprindo ordens. O figurão político o empurrou e entrou no corpo da guarda. O soldado deu o sinal de alarme e eu saí precipitadamente para encontrar o referido figurão esbravejando contra a sentinela.

Ouvi rapidamente um e outro e disse ao político que não entraria sem identificar-se ou sem que o comandante o autorizasse. Ele disse que não obedecia a ordens de sargentos e tentou empurrar-me, como tinha feito com o sentinela. Dei-lhe um soco nas fuças, jogando-o do lado de fora. Acudiram o oficial do dia, o adjunto e outros oficiais, inclusive o capitão Leal Ferreira, que mandou recolher-me ao xadrez. O oficial do dia defendeu-me e o comandante do batalhão deu-me razão porque, de fato, eu cumpria a ordem. Mas o figurão ameaçou tirar-me a farda, dizendo que eu não sabia com quem havia mexido. Não lhe dei resposta.

Ele, junto com o capitão Leal Ferreira, valeu-se contra mim do incidente com o cabo Edmário. O auditor de guerra, o figurão político e o capitão, teceram um processo contra mim, baseado nas chamadas lesões corporais de Edmário.

Fui processado.

Nessa situação, chegou a época do meu casamento, mas eu me achava doente devido ao esforço que fizera numa competição esportiva entre o 21º BC e o Cruzador Bahia. Fiquei esgotado e com fortes dores nos rins e na próstata, impossibilitado de urinar.

Meu irmão José Bezerra já havia seguido para o interior desde o dia 20 de junho e eu deveria ir no dia 22, pois o casamento estava marcado para o dia 23. Para isso, já havia feito requerimento pedindo a permissão para contrair matrimônio e licença para ausentar-me da cidade de Recife por quatro dias. Concederam-me a permissão para o casamento e negaram-me a licença para ausentar-me da sede da 7ª Região Militar por me achar à disposição da Justiça Militar. Eu estava de folga por oito dias, graças às vitórias desportivas contra o Cruzador Bahia. Não tive dúvidas: mesmo sem permissão, segui para a roça, onde cheguei no dia 28 de junho e casei-me no dia 29.

Voltei no dia seguinte para Recife, apresentei-me ao quartel e fui ao comandante do batalhão pedir minha transferência para qualquer outra subunidade do 21º BC. O comandante mandou que formulasse o pedido por escrito e o entregasse ao capitão Leal Ferreira para informar. Este opinou contra a transferência e, assim, o comandante não podia deferir a meu favor. Tentei trocar com outros colegas, mas também não consegui, porque a decisão final cabia àqueles mesmos chefes.

Requeri inclusão no quadro de instrutores do Tiro de Guerra porque já havia completado o meu estágio de dois anos regulamentares; negaram-me sob o pretexto de que meus serviços eram necessários ao batalhão. Requeri promoção a que tinha direito; negaram, alegando que não havia vagas.

Enquanto tentava sair da 1ª Companhia e do 21º BC, o processo estava correndo na Auditoria de Guerra. Chegou o dia do julgamento. O Procurador da Justiça Militar não me acusou, limitando-se a dizer que o meu caso era mais um problema disciplinar do que um motivo para um processo e jogou para o Conselho de Justiça a decisão final. Este, diante das testemunhas e da argumentação do meu advogado e do Procurador da Justiça Militar, absolveu-me por unanimidade de votos. Estava livre do processo, mas na mira dos meus mesquinhos inimigos.

O auditor, inconformado com a decisão do Conselho, dirigiu-se ao ministro da Guerra, solicitando a minha exclusão das fileiras do Exército, por ser elemento indisciplinado, perigoso e nocivo. O ministro da Guerra, o general de divisão Sezefredo dos Passos, sem ouvir as informações do meu batalhão, mandou excluir-me das fileiras do Exército, como indigno de pertencer a essa instituição.

Já nos primeiros dias de dezembro de 1929, saiu a minha exclusão no boletim do Departamento do Pessoal da Guerra. Faltava ser transcrito no boletim da 7ª Região Militar e no do 21º BC. Meus colegas prepararam um pedido de informações sobre os meus antecedentes militares e os serviços prestados ao Exército. Deram-me para assinar e levei ao comandante para informar, mas este disse que não podia dar as informações antecipadas, que eu aguardasse a publicação no boletim do batalhão. Até lá, mandaria tirar todos os meus assentamentos militares desde a minha inclusão no 21º BC, em dezembro de 1922. Quando me entregou as informações solicitadas, disse que, na sua opinião, o ministro da Guerra reconsideraria o seu ato, mandando-me de volta às fileiras do Exército. Disse que pessoalmente estava surpreso com a minha exclusão.

Como a minha exclusão ainda não tinha sido publicada no boletim regional e havia um contingente militar que deveria seguir para o Rio, alguns oficiais revoltados com a atitude do auditor da 7ª RM pediram ao comandante do 21º BC que protelasse a minha exclusão e me designasse para comandar aquele contingente militar. No Rio, eu poderia fazer pessoalmente as minhas ponderações ao ministro da Guerra. Felizmente, o comandante do batalhão atendeu ao pedido dos oficiais e eu segui para o Rio, comandando o contingente de voluntários que seriam incorporados à 1ª RM. Foi muito bom para mim porque, estando a serviço do Exército, só poderia ser excluído quando voltasse à minha unidade. Assim tive condições e tempo para agir. Quando terminou o prazo para a minha volta à 7ª RM, consegui mais quinze dias.

No dia em que consegui a permissão para falar com o ministro, encontrei-me cara a cara com o primeiro-tenente Jair Dantas Ribeiro, que era ajudante de ordem do ministro da Guerra. Reconheceu-me com certa alegria e perguntou-me o que eu desejava com o ministro e em que poderia ser útil. Disse-lhe o que pretendia e entreguei-lhe as informações sobre a minha vida militar. Disse-me que me considerasse reincluído: fora um absurdo o que fizeram comigo. Conhecia-me como aluno da ESI e observara minha atuação na Companhia de Metralhadoras do 2º RI. Nesse momento, chegou o coronel João Siqueira Queiroz Saião, a quem narrei também a minha história. Falou então:

— Tenente Jair, Bezerra foi o meu sargento no 21º BC. Foi o mais disciplinado e trabalhador que já passou pelo batalhão. Durante os anos em que o comandei, era um elemento duro, mas correto e cumpridor dos seus deveres. Era admirado por toda a oficialidade, por seus colegas e muito estimado pelos soldados. Foi o melhor instrutor do batalhão. Se não o quiserem lá no 21º BC, transfira-o para o meu batalhão, que preciso dele.

O tenente Jair disse que o meu problema ia ser resolvido satisfatoriamente, mas não podia garantir a minha transferência para o 1º BC porque o batalhão estava bem suprido de sargentos-instrutores. Eu seria transferido para a 6ª RM, onde a falta de sargentos com o curso da ESI era grande.

Esgotaram-se os quinze dias que obtivera para ficar no Rio, mas o tenente Jair arranjou-me mais quinze. Dias depois, voltei ao Ministério da Guerra. O tenente Jair disse-me que aguardasse a publicação da minha reinclusão, a contar da data de exclusão, com direito a todos os vencimentos. Foi a reparação de uma odiosa injustiça mas foi também causa de uma enorme decepção, que me tirou todas a ilusões a respeito do Exército.

Naquela época, eu estava em contato com o Partido Comunista Brasileiro, que aos poucos vinha me educando politicamente, desde os começos de 1928, quando cheguei a Recife. Foi grande a minha vacilação para entrar nas fileiras do PCB, apesar de saber que era o partido da classe operária. Receava não me adaptar à sua férrea disciplina e, além disso, achava que o militante comunista devia renunciar a todos os seus interesses pessoais em função dos interesses da classe operária e de seu partido para ser um verdadeiro bolchevique, como os da URSS. Eu ainda não tinha renunciado a nenhum dos meus interesses pessoais. Mas, refletindo melhor, achei que, se me adaptava à disciplina militar, cujos regulamentos me tiravam o direito de opinar, poderia muito bem adaptar-me a uma disciplina consciente a serviço da classe operária e do povo. Além disso, inspiravam-me os exemplos heroicos dos bolcheviques, a consolidação do regime socialista soviético, levada a cabo pelo seu glorioso partido, e também a brutal exploração da classe operária brasileira, a escravidão da massa camponesa pelos latifundiários e o sofrimento do meu povo. E, depois de ter lido livros como *A mãe*, de Máximo Gorki, a *História do socialismo e das lutas sociais* e *O Estado e a revolução*, do maior gênio político do século XX, o grande Lenin, mandei para os infernos todas as minhas vacilações e ingressei pra valer nas fileiras do PCB em janeiro de 1930.

Um operário da construção civil, dirigente do Comitê Estadual do Estado de Pernambuco, fez-me preencher uma papeleta do partido para filiar-me às suas fileiras. Tornei-me, então, membro do PCB, pronto a desempenhar todas as tarefas que pudesse. O camarada operário ainda me procurou duas ou três vezes para orientar-me no sentido de não desempenhar nenhuma tarefa no setor civil, recomendando-me, em nome da direção regional, trabalhar exclusivamente na caserna. Eu fiquei matutando:

— Será que não mereço confiança do partido ou eles querem apenas me experimentar?

E assim fiquei aguardando novas instruções do PCB.

Foi nessa ocasião que se deu o meu caso de exclusão do Exército e tive de seguir para o Rio de Janeiro a fim de tratar de minha defesa. Sim, porque não se tratava somente de exclusão, mas dos termos dela, principalmente daqueles que me difamavam e caluniavam como "elemento nocivo ao Exército, indisciplinado e perigoso às suas fileiras e de mau caráter", além de outros adjetivos. Não fosse a minha capacidade de trabalho na caserna em todos os corpos de tropa onde prestei serviço e todo o meu comportamento nas fileiras do Exército, desde 1922 até 1929, eu não teria sido reincluído.

No dia em que foi publicada a minha reinclusão e transferência para a 6ª RM, apresentei-me novamente ao tenente Jair Dantas Ribeiro, no Ministério da Guerra. Ele perguntou-me se eu queria seguir logo para Recife ou permanecer mais alguns dias no Rio. Respondi que preferia regressar. Ele mandou tirar a passagem no navio Rodrigues Alves.

Cheguei a Recife nos primeiros dias de janeiro; meus colegas, cabos e soldados, esperavam-me no cais do porto, para darem-me as boas-vindas e felicitarem-me pela minha volta ao Exército. Depois de agradecer, despedi-me de todos e segui em companhia de minha esposa e meus irmãos para casa.

No dia seguinte, foi publicada no boletim do 21º BC a exclusão que, no mesmo boletim, foi tornada sem efeito e licenciaram-me por quinze dias sem prejuízo das férias regulamentares. Foi uma folga dobrada. O meu prestígio aumentou no seio dos sargentos, dos cabos e dos soldados.

No princípio de fevereiro, segui para a 6ª Região Militar, com sede em Salvador, Bahia. Fui incorporado ao 28º BC em Aracaju, Sergipe. Antes de partir para Aracaju, fui nomeado provisoriamente Instrutor dos Tiros de Guerra nas cidades de Ilhéus e Itabuna, onde terminei as instruções e fiz o exame dos atiradores. Voltei a Salvador, de onde parti para Aracaju, apresentando-me ao 28º BC, que era comandado pelo major Mário Pinto Guedes. Fui incluído na 1ª Companhia, onde, além das funções de instrutor, fiquei encarregado dos esportes individuais e coletivos do batalhão. Infelizmente, ao sair de Pernambuco, não trouxe nenhuma ligação para o partido em Aracaju, nem fui procurado por nenhum militante comunista. Fiquei flutuando, à mercê de uma oportunidade que não apareceu.

Durante os meses que passei em Aracaju, cumpri rigorosamente com os meus deveres militares. Além das instruções específicas aos soldados e cabos, preparei as competições esportivas do batalhão com a Polícia Militar, o Corpo de Bombeiros e organizações esportivas e participei delas. O 28º BC conquistou os primeiros lugares em quase todas as provas, perdendo apenas na de futebol. No 28º BC, desfrutei de boas amizades entre meus colegas, cabos e soldados; e fui sempre acatado pela oficialidade, principalmente pelo comandante do Batalhão.

Deixei o 28º BC por ter sido matriculado na Escola de Educação Física do Exército, sediada na Fortaleza de São João, no então Distrito Federal, hoje Rio de Janeiro. Apresentei-me ao Comandante Newton Cavalcanti de Albuquerque, diretor da escola, que me reconheceu e disse:

– Espero que seja tão bom aluno como foi na Companhia de Carros de Assalto.

Ele tinha sido meu comandante na referida companhia em 1923.

O coronel Newton Cavalcanti de Albuquerque era reacionário até a medula e já era tido como fascista, mas era um oficial trabalhador, competente e inteligente, tipo do militar prussiano.

Com a revolução da Aliança Liberal, chefiada por Getúlio Vargas em 1930, o curso de educação física foi interrompido. Os alunos foram incorporados a diversas unidades e subunidades do Exército. Fui incorporado ao 3º Regimento de Infantaria, onde, depois de preparar uma companhia de metralhadoras pesadas, segui com um destacamento militar para Juiz de Fora, Minas Gerais, a fim de reforçar o 1º Batalhão de Caçadores, sob o comando do coronel João de Siqueira Queiroz Saião, meu ex--comandante no 21º BC em Recife. De Juiz de Fora seguimos para Mariano Procópio. A minha companhia de metralhadoras era comandada pelo tenente Laurentino Lopes Bonorino, meu instrutor de educação física na Escola. Deu-me amplos poderes. Devo declarar que tinha as minhas simpatias pela revolução da Aliança Liberal, mas, como o Partido Comunista se omitiu, limitei-me apenas a cumprir meus deveres de soldado. Se o PCB tivesse apoiado a revolução liberal, eu teria sido um revolucionário ardoroso em 1930, porque o governo de Washington Luiz Pereira de Souza era um governo arbitrário, truculento e reacionário. Pelo menos no Estado de Pernambuco, o governo de Estácio Coimbra era tipicamente policial; o povo e a classe operária viviam sob um terrorismo nunca visto até então.

Lembro-me de que, de uma feita, a caravana da Aliança Liberal chegada do sul do país realizou um ato público no Teatro de Santa Isabel, atraindo uma grande multidão. Antes de terminar a solenidade, as polícias civil e militar cercaram todas as entradas e saídas da praça Santa Isabel e, quando o público deixou o teatro, a polícia o espancou violentamente. Foi o espancamento coletivo mais bárbaro a que assisti em toda a minha vida. A polícia fez carga sobre o povo, desde o teatro até as ruas da Florentina, do Imperador, Nova, do Sol e as pontes de Santa Isabel, Buarque de Macedo e Boa Vista e em toda a praça Santa Isabel, diante do Palácio do Governo do estado. A tudo assistiu o próprio governador, que se encontrava na sacada do palácio. Era um governo de ódio, sangue e torturas. O pau cantou na multidão, indiscriminadamente. Homens, mulheres, moças e rapazes, jovens e velhos nunca passaram ali momentos de tão extrema selvageria. O povo, apavorado, atirava-se do cais e das pontes ao rio. Eu assistira àquele banditismo cheio de ódio e revolta. Desgraçadamente, o partido não soube tirar proveito de semelhante fato, o que me deu a impressão de que, em Pernambuco, o PCB não estava à altura da situação política existente no estado.

Quando arrebentou o movimento revolucionário em 1930, o partido não tomou parte, apesar da participação das massas populares. Eu me achava em

Mariano Procópio, numa posição de combate, quando o governo de Washington Luiz Pereira de Souza capitulou. No meu setor de combates, não houve mortes e o único ferido foi um soldado de minha seção de metralhadoras, cujo mosquetão, por casualidade ou não, disparou e feriu-lhe a mão.

Feitas as pazes, com a capitulação do governo, ficamos acantonados na estação de Mariano Procópio. Logo depois, fui agregado ao 1º BC, de onde saí dois meses depois, para concluir o curso de educação física na Fortaleza de São João. Ali travei conhecimento com alguns colegas que simpatizavam com o PCB, mas não desejavam comprometer-se com ele, nem mesmo contribuir. Eu não insistia, porque estava num estado de verdadeira flutuação. Não havia jeito de me ligar ao partido e precisava de orientação partidária.

Concluindo o curso de educação física, em dezembro de 1931, fui designado Instrutor de Educação Física no Colégio Militar de Fortaleza, no Ceará, onde, devido à minha especialização em esportes individuais e coletivos, granjeei boa popularidade no setor militar e no civil, sobretudo no meio secundarista e entre agremiações esportivas.

No Colégio Militar, conheci o farmacêutico desse colégio, que era uma espécie de comunista "teórico" (ponho a palavra entre aspas, porque ele pregava as ideias do partido mas não era filiado, não contribuía nem desempenhava nenhuma tarefa partidária, embora fosse fiel às suas convicções socialistas e as discutisse com todo o mundo) – nós nos tornamos amigos e nos visitávamos mutuamente.

Além de instrutor de educação física dos alunos do quinto e do sexto ano, era também encarregado do ramo esportivo do colégio. O Colégio Militar do Ceará levava uma enorme vantagem sobre os demais colégios secundaristas, inclusive sobre a Polícia Militar, o Corpo de Bombeiros, os clubes esportivos e até sobre o 23º Batalhão de Caçadores.

No terreno político, organizei uma célula com cinco colegas e um círculo socialista de leitura e debates, com discussão dos materiais que caíam em nossas mãos. Foram os primeiros núcleos comunistas organizados em Fortaleza, no setor militar, mas à revelia do partido e fora de qualquer controle partidário, porque, quando me filiei, em 1930, o elemento que me recrutou proibiu-me de fazer qualquer tarefa no setor civil e de me declarar comunista para melhor desempenhar minhas funções nas tarefas do setor militar.

Dada a minha popularidade, que ia crescendo, tanto no setor civil como no militar, comecei a ser solicitado por alguns elementos comunistas para ajudá-los financeiramente e em alguns movimentos grevistas, para dar-lhes cobertura nos comícios de fábrica ou de bairro, quando ameaçados pelos integralistas e por elementos do clero (que davam toda ajuda aos integralistas, não só porque eram sistematicamente anticomunistas como também porque eram fascistas ou pró-fascistas e, além do mais, apoiavam-se em palavras de ordem demagógicas como "Deus, pátria e família").

Eu sentia o isolamento e a indiferença do setor operário e achava que devíamos ganhá-lo antes que a demagogia dos fascistas o contaminasse. Por isso, apesar de ter sido proibido de atuar politicamente no setor civil, dava toda a cobertura que podia ao setor das massas operárias.

O grupo partidário do Ceará, naquela época, era profundamente sectário e muito pequeno-burguês e anarquista. Falavam na classe operária, enchiam a boca com as palavras *proletário*, *operário*, *comunismo* e *socialismo* etc.; usavam uma linguagem ultrarrevolucionária, tipicamente anarquista. Combatiam o clero, chamando-o de "nuvem negra, parasitas vendidos aos capitalistas". Pintavam as igrejas com palavras de ordem de "abaixo a nuvem negra de parasitas, de exploradores do povo", "a Igreja é o ópio das massas", "é um cancro que deve ser estirpado" e outros. Isso numa capital onde o povo era e é essencialmente católico. Esses ataques à Igreja atingiam o povo e o afastavam da luta da classe operária, sobretudo do partido, ao invés de ganhá-lo.

Compunha o partido ali um grupo de pequenos-burgueses: os advogados Jáder de Carvalho, Pedro Wilson Mendes, que era o melhor, o mais consequente e o mais dinâmico, um estudante menos carbonário, o professor Moacir Caminha – este um anarquista confesso – e um elemento que se chamava Ceará e se dizia operário. Havia ainda outros menos dinâmicos: um barbeiro que era meu vizinho, um elemento jovem chamado Otón e um sapateiro chamado Manuel. Otón era o presidente de uma Associação Operária de Ofícios Vários. Eu não via nenhum operário no meio deles, mas era esse grupo que fazia toda a agitação em Fortaleza, nos anos de 1931 a 1933, manifestando-se contra o fascismo e pelas reivindicações do proletariado. Meu amigo Braz, do Colégio Militar, não participava dessas agitações.

A meu ver, era errado aquele método de luta, de agitação pela agitação. Achava que não se deviam pintar as igrejas com desenhos de foice e martelo, nem com as palavras de ordem do partido. E sustentava que não se deviam atacar os padres e a religião publicamente, porque isso afastava cada vez mais o povo do partido, principalmente a massa dos católicos, que era a maioria do povo cearense, quando muitos deles poderiam ser ganhos para as nossas posições. Sugeria que se cuidasse mais de organizar os trabalhadores nas células do partido e se cuidasse mais das reivindicações dos trabalhadores e do povo, que se fizesse trabalho de massa nos bairros antes que os integralistas o fizessem. Em resposta, os companheiros diziam que era assim mesmo, que tinham de cortar o mal pela raiz. Eu não me convencia de seus argumentos, mesmo porque não tinha nada contra a Igreja e ainda acreditava na existência de um Ser Supremo. Participava daqueles movimentos agitativos, mas ficava perturbado quando os oradores atacavam Deus. Além de perturbado, sabia que os integralistas e os padres iriam tirar proveito daquele linguajar, com a sua demagogia. E em verdade tiravam, porque, enquanto nós nos isolávamos, eles ganhavam as massas. Inegavelmente, eles eram mais hábeis que nós, que éramos apenas agitadores e permanecíamos estagnados com nosso linguajar descabido.

Eles então me chamavam para o partido, insistiam, mas eu não queria, porque tinha me filiado desde janeiro de 1930 e não queria dizer que já era membro do partido, fiel ao compromisso que havia assumido com o camarada pedreiro, em Recife. Apesar de tudo, dava o que podia dar. Achava a coisa muito improvisada e muito fluida. Às vezes, pensava que fosse pelo fato de eu ser um elemento novo e por não conhecer o mecanismo do linguajar dos companheiros, contudo discordava do sectarismo. Quando eles me chamavam para pichamento de ruas, de muros ou para pregar cartazes ou bandeirolas nos fios telefônicos, eu recusava. Vez por outra, uns e outros me convidavam para fazer comícios-relâmpago, eu recusava; eles ficavam decepcionados comigo, mas logo depois me convidavam para dar-lhes cobertura nos comícios de fábrica, que eram poucos, ou em comícios de bairro. Eu ia e, quando as coisas eram mais perigosas, mobilizava meus colegas da célula militar para evitar os assaltos dos integralistas. Sabia que era uma precipitação e uma infração às normas do partido, mas eu desejava que o partido se desenvolvesse no seio da classe operária. Via elementos de várias camadas sociais nele, mas não via um só operário. Eu não tinha tendências obreiristas, mas queria ver a classe operária no partido e reclamava dos companheiros a ausência de operários naqueles poucos e pequenos movimentos de massa que se faziam.

Nosso círculo socialista do Colégio Militar ia crescendo. A maior dificuldade era a falta de uma sede; nós nos reuníamos na praia, vez por outra fazíamos piquenique debaixo dos cajueiros, ou nos reuníamos em minha casa, que era pequena demais para tanta gente. O círculo contava com uma diretoria de cinco elementos: um presidente, um vice-presidente, um secretário, um tesoureiro e um coordenador. Líamos alguns livros, como *O Estado e a revolução*, de Lenin, *Dez dias que abalaram o mundo* [de John Reed], *A mãe*, de Máximo Gorki, *A história do socialismo e das lutas sociais* [de Max Beer] e outros; e, vez por outra, líamos algum exemplar da *Classe Operária*. Eu era muito fraco na teoria e na prática. Apesar disso, era acatado, mais devido à estima que os alunos me tinham do que à minha capacidade. Era uma turma cheia de entusiasmo, muito impetuosa. Uma vez, propus levar o farmacêutico Braz para fazer uma palestra, eles não concordaram, dizendo que ele falava muito e podia, mesmo sem querer, prejudicar o nosso trabalho. E tinham razão, porque o Braz era o mesmo que uma vitrola ambulante.

Quando já tínhamos alugado uma casa, pagando três meses adiantado, e nos preparávamos para comprar alguns móveis à prestação para mobiliá-la, arrebentou a Revolução em São Paulo, o chamado Movimento Constitucionalista. Parte dos oficiais que serviam como professores no Colégio Militar foram chamados às suas unidades, assim como os sargentos que tinham o curso da Escola de Sargentos de Infantaria e da Escola de Educação Física.

Foi criado o 2º Escalão do 23º BC, composto de mais de novecentos homens, dos quais mais de oitocentos eram jovens saídos dos campos de concentração de flagelados do Ceará. Mais adiante, direi algo sobre os flagelados de 1932.

Fui encarregado das instruções de educação física, ordem-unida, combate e manejo de armas automáticas. Dias depois, foi criada a Companhia de Metralhadoras Pesadas e me incumbiram de sua organização, treinamento etc., mas não existiam metralhadoras nem no 23º BC nem na Polícia Militar do estado. Tive de organizar as seções teoricamente e visando à prática, quando chegássemos à 1ª Região Militar, no Rio de Janeiro, onde chegamos e ficamos aquartelados no 3º RI. Ali pudemos realizar as instruções de prática e exercícios de tiro ao alvo. Do 3º RI partimos para Minas Gerais, sob o comando do coronel Olímpio Falconieri da Cunha, tendo como subcomandante o capitão Ari Correia, filho do general Eudoro Correia, diretor do Colégio Militar em Fortaleza. O comandante da Companhia de Metralhadoras era o capitão Astrogildo Pereira. No Estado de Minas fomos incorporados ao destacamento misto, comandado pelo tenente-coronel da Arma de Cavalaria, Eurico Gaspar Dutra, de cujo destacamento fazia parte o 14º Corpo Provisório do Rio Grande do Sul, comandado pelo coronel Benjamim Vargas, irmão de Getúlio Vargas, e o 2º Escalão do 23º BC, além de uma seção de Artilharia de Campanha e a Companhia de Metralhadoras Pesadas.

Marchamos rumo a Caxambu, logo após Itapira e Mogi Mirim, Amparo, Campinas, Itu, até a capital bandeirante. Tivemos um sério combate entre Mogi Mirim e Itapira, um ligeiro combate em Amparo e algumas escaramuças em outros lugarejos como Pedreiras. Em ligeiras escaramuças, desalojamos os paulistas da cidade de Pedreiras e avançamos alguns quilômetros, mas logo após encontramos pequena resistência; nós nos pregamos ao terreno, galgamos um morro que nos oferecia grandes vantagens sobre os paulistas, fizemos nossos abrigos individuais e nos preparamos para o ataque. Minha seção de metralhadoras achava-se na vanguarda desde o encarniçado combate de Mogi Mirim e Itapira, quando notei qualidades militares em meu comandante de destacamento. Ele veio debaixo de um cerrado fogo de metralhadoras e morteiros observar a nossa posição e a de nosso adversário. Chegando à minha posição, verificou as posições de apoio do inimigo. Quando não observava claramente o objetivo, mandava-me dar algumas rajadas de metralhadora. O adversário respondia e, assim, dentro de poucos minutos nossa seção de Artilharia de Campanha batia ferozmente as posições dos paulistas. Estes, com forças duas vezes superiores às nossas, bateram em retirada por falta de canhões para apoiá-los em seus avanços e contra-ataques. Enfim, além desse combate, o resto em nosso setor foi mais uma excursão militar do que propriamente uma ofensiva, e as baixas foram mínimas; pelo menos em minha seção, só houve dois soldados feridos por estilhaços de bombas lançadas por aviões. Entretanto houve três fatos pitorescos, que narro mais por curiosidade do que pela sua importância.

Havia um condutor em minha seção que tinha uma coragem admirável, mas, quando aparecia um avião inimigo, mesmo que não nos bombardeasse, ficava inerte, incapaz mesmo de abrigar-se. O homem ficava num estado lastimável, a ponto de encher as calças de fezes. Fora isso, era um homem para tudo, corajoso, disciplinado e trabalhador. Seu fraco eram os aviões.

Numa feita, em um pequeno descanso que tivemos, num povoado perto de Itapira, apareceram uns aviões. De início, começaram a dizer:

— São nossos! São nossos!

Um soldado da minha seção disse:

— São nossas as bombas que vêm dentro dele!

E correu para se abrigar. Foi infeliz porque as bombas começaram a cair e ele foi o único ferido.

O outro episódio, mais pitoresco, deu-se quando estávamos numa posição defensiva, recebendo bala de nossos adversários. Logo que escureceu, cessou a fuzilaria de parte a parte. Apenas algumas rajadas de metralhadora e tiros esparsos. Foi estabelecido o serviço de vigilância noturno, pusemos sentinelas nos postos avançados. No meu setor, coube-me a ronda das doze às duas horas da madrugada. Cerca de uma hora da madrugada, passei por um dos postos de sentinela. Não vi o soldado. Parei, escutei, nada. Então, prevendo uma emboscada do adversário, deitei-me e saí rastejando devagarinho; a uns quatro metros adiante, encontrei a minha sentinela dormindo, como se estivesse na melhor cama do mundo; tirei-lhe o fuzil, não acordou. Supus que tivesse morrido. Escutei sua respiração: perfeita. Não tive dúvida, arrastei-o pelas pernas, morro abaixo e ele acordou, dizendo:

— Ai, seu paulistinha, pelo amor de Deus, pelo amor de sua mãe, não me mate, eu quero ver minha mãe, seu paulistinha, não me mate pelo amor de Deus, me deixe em paz!

Quando eu falei, ele reconheceu minha voz e disse:

— Meu sargento, não dê parte de mim, senão serei expulso. Eu quero voltar ao meu Ceará e viver com a minha família. Tenho mãe e irmãos pequenos, sou arrimo deles. Garanto que não dormirei mais quando estiver de serviço.

Não dei parte, pois se tratava de um bom soldado. Nem ele dormiu mais no serviço de sentinela. Ficou meu amigo, mais do que antes.

Houve, no conjunto, um bom comportamento da tropa, sobretudo em relação à minha pessoa. Eu, além de meus deveres militares, que nunca relaxei, tinha meus objetivos políticos e sabia que tudo aquilo era provisório e a luta com o povo paulista era uma luta entre irmãos. E aqui me lembro do seguinte conselho que meu amigo Braz, o farmacêutico do Colégio Militar, me deu antes de partir para São Paulo, que foi o de eu não me expor demasiadamente, ser prudente e não cumprir ordens absurdas contra o povo paulista ou contra os nossos irmãos soldados e combatentes, pois todos eram povo. Disse-me que eu era muito moço e poderia prestar muitos serviços ao povo quando arrebentasse a revolução proletária.

Apesar de algumas ilusões que ainda tinha no governo Vargas, não dei tudo que poderia ter dado como militar. Já tinha me frustrado com o Exército diante das injustiças que sofri e vi outros sofrerem.

Os sargentos, que praticamente faziam tudo no Exército, eram desprestigiados e malvistos pela maioria da oficialidade. Não tinham direito a votar nem a serem votados; suas aspirações eram vistas com muita desconfiança; não tinham direito à estabilidade, a não ser os concursados. Só tinham deveres, nada mais. Infelizmente, a maioria dos sargentos não compreendia essa situação. Tudo me desagradava na caserna e eu só continuava ali porque tinha um objetivo político. Estava convencido de que, cedo ou tarde, o proletariado, guiado por uma vanguarda política ligada às amplas massas populares, iria à revolução e precisaria de armas e de técnicos para ajudá-la. E a melhor ajuda que eu poderia dar era estar no quartel para entregar-lhe armas e combater lado a lado com ele até a vitória. Baseava-me na experiência concreta da Revolução Bolchevista de fevereiro de 1917, contra o regime tzarista, coroada com a Revolução de Outubro de 1917.

Finalmente, chegamos à cidade de Itu, onde a chamada "legião negra", um batalhão só de negros, abandonara montões de fuzis e metralhadoras leves e caíra no mato. Ocupamos Itu sem dar um tiro. A minha companhia ocupou a velha capela do quartel que alojava o 4º Regimento de Artilharia de Dorso, onde encontramos algumas dezenas de jovens combatentes feitos prisioneiros e, se não me engano, todos universitários. Conversei com alguns. A mágoa deles contra os nordestinos era bem amarga: achavam ter sido esmagados pelas levas de nordestinos famintos e flagelados, de cuja miséria o governo Vargas se aproveitara para jogá-los contra os paulistas. Tinham muitos outros argumentos, alguns corretos (inclusive aquele acerca dos flagelados do Nordeste não era falso). Pelo menos no meu setor de ação, a não ser o 14º Corpo Provisório Gaúcho, a maioria da tropa era nordestina e muitos saídos do campo de concentração dos flagelados. No segundo escalão do 23º BC, 80% dos efetivos eram flagelados.

Creio que, na segunda ou terceira noite de nossa permanência no velho quartel de Itu, incendiou-se a capela onde estávamos alojados. Já passava de meia-noite quando comecei a sentir um calor desusado e um cheiro de pano queimado. Levantei-me e perguntei ao plantão se tinha queimado algum pedaço de pano ou papel. Respondeu-me que não. Mas, de repente, ouvimos deflagrações de cartuchos de fuzis. É que, no primeiro piso da capela, o fogo já tinha devorado o depósito de fardamento e atingia o depósito de munições, e o assoalho sobre o qual estávamos já era um vasto lençol de labaredas. A essa altura, toda a soldadesca, os sargentos e o capitão Astrogildo já corriam escada abaixo porque as labaredas tinham rompido o assoalho em algumas partes e já atingiam o forro do teto. Meu comandante pediu-me que pusesse a companhia em forma e fizesse o possível para debelar o incêndio. Usamos todos os baldes de lona da companhia e outros das demais subunidades. A água das torneiras era pouca, mas começou a cair uma chuva muito pesada e a água corria pela sarjeta da rua. Fizemos duas filas de formigas, enchíamos os baldes e jogávamos no fogo. Mais de cem soldados com os baldes cheios d'água foram, pouco a pouco, vencendo a fúria das labaredas e, às sete horas da manhã, o fogo estava extinto.

Dias depois, partimos para a capital bandeirante, que já havia capitulado diante de uma esmagadora superioridade em homens e armas. Mas os paulistas alimentaram durante anos o seu ódio aos nordestinos. Era visível o desprezo do povo paulista por nós. Só não éramos hostilizados fisicamente porque eles temiam a repressão. Nesse ambiente de ódio, partimos para o Rio. Ficamos acantonados no 3º RI da Praia Vermelha, de onde seguimos para Fortaleza depois de recolhermos todo o material, armamentos e equipamentos.

Obtive permissão para ficar quinze dias em Recife a fim de levar minha companheira e meu filho para Fortaleza. E, ao chegar de regresso a essa cidade, qual não foi a minha surpresa ao ver, na ponte de desembarque, mais de uma dezena de soldados do meu batalhão, famintos, a estenderem as mãos, pedindo-me alguns níqueis para matar a fome. Indaguei-lhes se haviam sido excluídos e por que não tinham seguido para os seus lugares de origem. A resposta foi uma só:

– Nos deram baixa e não pagaram os nossos vencimentos do mês, além de não darem as passagens para o retorno ao lugar de onde viemos devido aos flagelos da seca.

Fiquei revoltado com a situação de abandono em que ficou boa parte dos jovens flagelados que tinham saído dos campos de concentração para servir ao governo, ao qual deram o melhor de suas energias físicas e morais e, como recompensa, receberam o desprezo e o mais completo abandono. Segui para a pensão, onde alojei minha família. À noite, tive um encontro na praça José de Alencar com a maioria dos meus ex-soldados. Tomei nota do número e do nome dos que compareceram e marquei um encontro na praça General Tibúrcio no dia seguinte. Apresentei-me ao Colégio Militar e fui direto falar com o major Carneiro de Mendonça, interventor no Estado do Ceará. Ficou acertado com os praças que o encontro na General Tibúrcio seria às doze horas. Cheguei ao palácio do interventor e pedi ao major Tibúrcio para falar com o major Carneiro de Mendonça. Tibúrcio, que era atencioso e já me conhecia do Colégio Militar, facilitou o encontro com o interventor.

O 2º Escalão do 23º BC surgiu da iniciativa do major Carneiro de Mendonça, como também a minha indicação para instrutor naquela unidade militar. Ao ser-lhe apresentado, deu-me as boas-vindas e parabenizou-me pelos serviços prestados ao governo e à nação. Perguntou-me o que desejava. Peguei o peão na unha e respondi-lhe que estava em sua presença para pedir-lhe a reparação de uma injustiça. Não em relação à minha pessoa, e sim a uma grande parte dos soldados que compuseram o 2º Escalão do 23º BC.

Perguntou-me quantos eram. Respondi-lhe que não sabia ao certo, mas tinha em meu poder uma relação que ainda não estava completa. Pedi-lhe que chegasse até a sacada do Palácio, de onde veria mais de sessenta soldados. Ele chegou à sacada e viu a soldadesca barbada, suja e faminta. Chamou o major Tibúrcio e mandou providenciar o pagamento dos vencimentos e extrair passagens para garantir o retorno de cada um a seus lugares de origem, além de ordenar alojamento para todos, enquanto não viajassem. Depois virou-se para mim e disse:

– Quanto ao senhor, recolha-se detido ao Colégio Militar para, quando se dirigir ao superior hierárquico, medir suas palavras.

Respondi à queima-roupa:

– Quando Vossa Excelência me pediu para ir aos campos de concentração de flagelados e escolher os melhores rapazes para servir no Exército e manter a ordem interna da Nação, perturbada pela Revolução Paulista, não me mandou medir sacrifícios nem poupar esforços para instruí-los e levá-los ao campo de luta.

– Retire-se, sargento! Recolha-se à sua unidade!

Apresentei-me ao general Eudoro Correia, diretor do Colégio Militar, dizendo-lhe que estava detido até segunda ordem pelo interventor Carneiro de Mendonça. O general Eudoro perguntou-me o motivo da detenção. Narrei-lhe o acontecido. Ele mandou-me para casa dizendo que falaria mais tarde com o interventor.

No dia seguinte, achava-me a dar instruções no pátio interno do colégio quando o corneteiro deu o toque de governador. Era o interventor, que ia entrando no colégio. Comandei posição de sentido, prestando-lhe a devida continência militar. O diretor veio recebê-lo, trocaram algumas palavras e entraram para a sala de recepção. Poucos minutos depois, fui chamado à presença de ambos. Apresentei-me e fiz minha continência individual. O general Eudoro Correia comunicou-me que o interventor fora ao colégio para tornar sem efeito a minha detenção, levando em consideração os meus antecedentes militares. À tarde, foi publicado em boletim do colégio um elogio a mim pelos bons serviços prestados ao governo da República e ao Exército. Uma semana depois, os jovens soldados regressavam aos seus lugares de origem.

Rearticulei a minha base militar e reativamos o nosso círculo de debates e leituras socialistas, desfalcado com a saída dos alunos do sexto ano, que concluíram o curso e foram para a Escola Militar de Realengo ou para a Escola Naval. Mas preenchemos as vagas com os alunos do quarto ano que passaram para o quinto.

Os integralistas proliferavam desenfreadamente, apoiados pela burguesia, pelo clero e pelo que havia de mais reacionário, que era a burguesia rural. Desfilavam pelas ruas, fantasiados de verde e branco, com o sigma nos braços, fazendo "anauês" para certos figurões políticos situacionistas. Os desfiles dos "verdes" eram puxados por bandas de música oficiais. Andavam muito eufóricos porque Hitler havia assumido o poder na Alemanha. Os comentários nas esquinas mais movimentadas, nos bares e praças eram em grande número favoráveis ao fascismo e a Plínio Salgado. Este, apesar de ridicularizado pela massa mais esclarecida, era o líder inconteste daquela gente fanatizada e endeusado pelos magnatas do comércio, da indústria e da lavoura. Era a peste parda vestida de verde e amarelo, ganhando terreno em todos os setores. A maior parte dos sermões nas igrejas era mais de propaganda do fascismo e o *slogan* "Deus, pátria e família" era repetido constantemente. Os fiéis, quando passava alguém sem o sigma ou alguém que sabiam não ser integralista, gritavam e levantavam o braço, fazendo a saudação "anauê".

Organizamos uma célula comunista na brigada militar, que nos prestou boa ajuda. O nosso círculo de debates e leituras socialistas ia se desenvolvendo satisfatoriamente, mas a nossa base de cinco pessoas não aumentava. Não tínhamos assistência nem controle do PCB. Tinha a impressão de que aquele grupo de agitadores comunistas era o próprio partido. Mas o sectarismo era cada vez mais profundo, como também o nosso isolamento das amplas massas populares. Os operários das fábricas nos olhavam com certa desconfiança. Pareciam não acreditar nas palavras de ordem do partido.

Todavia, éramos um grupo audacioso, que fazia comícios nos bairros, nas praças públicas e hostilizava abertamente os "galinhas-verdes".

Carneiro de Mendonça deixou a Interventoria e foi substituído pelo tenente-coronel Felipe Moreira Lima, democrata e antifascista até a medula. Deu ampla liberdade a todos os partidos e agremiações políticas. Ganhamos as ruas em igualdade de condições com os "galinhas-verdes". Mas não tiramos o proveito que deveríamos, devido ao sectarismo de companheiros. Ganhamos, no entanto, boa parte dos estudantes secundaristas, do Colégio Estadual, do Liceu Cearense e de outros estabelecimentos. Já tínhamos uma grande massa antifascista no movimento estadual, apoio que muito contribuiu na luta contra os fascistas de Plínio Salgado.

A escritora Rachel de Queiroz estava para chegar a Fortaleza. Os "galinhas-verdes" assanharam-se para não deixá-la saltar no aeroporto da cidade. Foi à minha casa uma comissão antifascista de cinco pessoas para pedir-me ajuda na garantia do desembarque. Não vacilei. Mobilizei meus colegas da célula da Polícia Militar e não somente a protegemos como a conduzimos até a praça do Ferreira, onde estava programado um comício para ela falar ao seu povo.

Falou bem, atacou como devia o fascismo, concitou o povo a formar uma frente única antifascista. Outros oradores também falaram, inclusive o representante da Associação Operária. Ao comício compareceram muitos trabalhadores, elementos da pequena burguesia e da classe média e intelectuais antifascistas. Foi um dos melhores movimentos de massa realizados em Fortaleza desde janeiro de 1931. Os oradores foram mais prudentes em relação ao clero e à burguesia e o linguajar foi mais moderado, o que agradou aos assistentes, tendo havido mesmo alguns comentários favoráveis na imprensa. Na imprensa mais democrática, é claro.

Todo mundo, inclusive eu, sabia que Rachel de Queiroz era uma militante do Partido Comunista, mas não sabíamos que havia sido expulsa do PCB. Trabalhamos com ela como se fosse uma militante comunista. Só alguns meses depois, quando ela e Jáder de Carvalho se desentenderam numa discussão em praça pública, num comício antifascista, a coisa ficou clara. Jáder a qualificou de trotskista e ela a Jáder de Carvalho de oportunista.

Eu, que ainda não tinha assistido a um duelo verbal entre dois intelectuais em praça pública, fiquei escandalizado e me retirei envergonhado. Daí por diante, Rachel foi se afastando lentamente do movimento de massas antifascista. Jáder de Carvalho continuou. Logo que Rachel chegou a Fortaleza, um ou dois dias depois, empolgado por sua atitude e por sua participação ativa no movimento, fiz-lhe presente de um mosquetão novinho em folha, de marca espanhola, que trouxera da Revolução Paulista como troféu. Depois de sua briga com Jáder de Carvalho, mandou-me um recado para ir falar com ela. O mesmo convite recebi do advogado Jáder, por intermédio do companheiro Pedro Wilson Mendes, também bacharel, mas que não advogava — era naquela época funcionário público e, a meu ver, o elemento mais firme, mais sensato e mais responsável do movimento antifascista em Fortaleza. Em sua casa, Rachel de Queiroz queixou-se do PCB, das injustiças que teria sofrido, de sua expulsão. Segundo ela, o partido teria se transformado numa seita de aventureiros e sectários. Mas me disse que continuava antifascista, como francoatiradora. Terminou aconselhando-me a abandonar o bando de oportunistas que só lutavam para angariar prestígio e nada mais e disse que eu iria prejudicar-me no meio daquela gente. Respondi que aquela gente eram as únicas pessoas em Fortaleza que empunhavam concretamente a bandeira antifascista e defendiam o socialismo. Ela respondeu-me:

— Defendem o socialismo de Stalin, que também é uma seita.

E desancou uma crítica dura contra a direção do PC da União Soviética. Eu era atrasado politicamente, não sabia revidar suas críticas. Mas respondi-lhe:

— É graças a essa seita e a Stalin que o socialismo está sendo construído vitoriosamente em uma sexta parte do mundo e é a única barreira que se antepõe ao fascismo.

— Você é um fanático, Bezerra. Vai se arrepender mais tarde. Lembre-se do meu conselho.

Estendeu-me a mão. Retirei-me, decepcionado com Rachel de Queiroz.

10

Um dia, depois que acabei de dar instrução no Colégio Militar de Fortaleza, quando passava despreocupadamente pela praça do Ferreira, batizada pela massa de praça da Coluna da Hora, pois havia ali um relógio sobre uma coluna, notei que quatro indivíduos me seguiam. Ao atingir a rua Senador Pompeu, fui interpelado por um deles.

– Sargento, o senhor não tem vergonha de andar pra cima e pra baixo misturado com esses comunistas?

Respondi-lhe:

– E você não tem vergonha de andar fantasiado de verde, com o símbolo do fascismo no braço e fazendo anauês para seus parceiros?

Um outro do grupo adiantou-se e falou:

– Todo comunista é um traidor da pátria, de Deus e da própria família.

A discussão entre nós cresceu. Juntou gente. Um dos quatro elementos tentou agredir-me fisicamente. Dei-lhe um soco nas fuças; o outro tentou dar-me uma cacetada, no momento em que um deles partiu para agarrar-me; este último levou a cacetada que me era destinada e o sangue espirrou de sua cabeça. O primeiro, que tentara agredir-me, fugiu, enquanto eu lutava com outro. Consegui torcer-lhe o braço, quando a massa gritou:

– Lá vem a polícia!

Dois deles foram presos e o que levou a cacetada foi para o pronto-socorro. Fui à delegacia e de lá ao chefe de polícia pedir-lhe garantia de vida. Eu sabia que a polícia não podia evitar uma agressão, mas precisava de uma cobertura para possíveis acusações gratuitas, como realmente aconteceu, logo depois.

Meu companheiro e amigo, Pedro Wilson Mendes, convidou-me para ir à cidade de Baturité para passar um domingo em casa de seus pais. Passei ali um dia agradável e, à tardinha, regressamos. Chegamos ao escurecer a Fortaleza. Ao passar na praça do Ferreira, onde ficava a sede da Associação Socialista Operária, ouvimos gritos e pedidos de socorro. Fomos até lá. Subimos as escadas e qual não foi a minha surpresa ao ver cabos e soldados do 23º BC junto com integralistas espancando e ferindo a sabre e cano de ferro os operários. Meti-me na briga. Como estava armado, gritei para os cabos e soldados, dando-lhes ordem de prisão, enquanto apontei a arma para os "galinhas-verdes", que também cessaram a agressão e foram se retirando. Entre eles, havia dois oficiais à paisana, comandando a baderna, que me deram ordem de prisão. Respondi que não os reconhecia como oficiais e a única autoridade ali era eu porque era um sargento do Exército e nada mais fizera do que cumprir o meu dever de manter a ordem. Tomei nota dos números e dos nomes de alguns soldados e cabos e exigi dos oficiais suas identificações. Eles se recusaram. Pedi a Pedro Wilson que tomasse nota do nome dos operários que foram vítimas da agressão, inclusive dos feridos.

No dia seguinte, comuniquei o fato ao general Eudoro Correia, diretor do Colégio Militar, a fim de salvaguardar-me. A imprensa noticiou os acontecimentos sem publicar nomes. Apenas uma tímida censura à agressão contra os operários, quando eles se reuniam pacificamente para tratar de assuntos concernentes à sua Associação. É claro que no 23º BC tentaram abrir um inquérito, mas, quando viram que o tiro ia sair pela culatra, puseram uma pedra em cima do assunto e tudo não passou de uma sindicância aberta contra mim. Quando fui chamado à presença do tenente Barros Cavalcante, que me conhecia, ele disse:

— Sargento Bezerra, fui designado para abrir uma sindicância contra você, porque chegou uma denúncia dizendo que você anda frequentando reuniões comunistas em casa do farmacêutico e participando de comícios comunistas em plena praça do Ferreira. Eu não quero prejudicá-lo, mas aconselho-o a abandonar essas ideias, que não trarão nenhum resultado em seu benefício. Tome o meu conselho de amigo.

Respondi-lhe:

— Não sou comunista e não participei de comícios comunistas junto com eles.

Disse que, de fato, visitava a casa do farmacêutico Braz e que ele visitava a minha, como amigos que éramos, e também conversava muito com ele no Colégio Militar, como a maior parte dos professores e oficiais também o faziam. E não me constava que essas pessoas fossem comunistas só porque tinham relações amistosas com o farmacêutico Braz. Admiti que, muitas vezes, ao passar pela praça do Ferreira, assistira a alguns comícios dos dois lados, tanto dos comunistas como dos integralistas, mas de maneira discreta e sem partidarismo.

O tenente Mário voltou à carga:

— A teoria comunista é muito bonita, mas na prática não presta.

E acrescentou:

— Sou um oficial do Exército, passei cinco anos cursando a Escola de Guerra. Para isso, tive de passar seis anos no Colégio Militar e quatro anos no curso primário.

Tenho lido e estudado muito para atualizar-me com a ciência militar. Você acha justo que um soldado analfabeto ou semianalfabeto venha comandar-me?

Respondi-lhe que, se esse soldado analfabeto ou semianalfabeto tivesse a possibilidade de fazer o curso primário, frequentar o Colégio Militar durante seis anos e cursar cinco anos na Escola Militar, poderia ser um capitão ou um primeiro-tenente mais antigo e assim poderia comandá-lo.

– Você está tergiversando, Bezerra. Não respondeu à minha pergunta.

– Como o senhor não comentou a minha resposta.

– Você leu algum livro marxista?

– Não, não li. Mas de hoje em diante vou ler, para saber que bicho-papão é esse comunismo, que anda preocupando tanta gente.

– Eu te aconselho a não ler, vai perder o seu tempo. O marxismo é muito difícil de entender. É preciso uma boa base intelectual para assimilar alguma coisa sobre ele.

Ficou nisso.

Na verdade, ele não era um reacionário, como também não o era o general Eudoro Correia. Este era da corrente positivista do general Manuel Rabelo, um dos oficiais brasileiros mais democratas e antifascistas que conheci durante toda a minha vida militar.

Graças às liberdades democráticas que reinavam em Fortaleza, melhorava dia a dia o movimento de massas antifascista, e já se sentia a participação mais ativa do setor operário.

O nosso círculo de leitura e debate do Colégio Militar fazia um bom trabalho de esclarecimento antifascista entre os alunos secundaristas. Mesmo no Colégio Nóbrega, que era de padres e ligado aos "galinhas-verdes", havia um bom trabalho de esclarecimento. Os comícios de bairros e as passeatas também iam crescendo de vulto, mas o sectarismo, embora diminuído, ainda era grande.

Havia amplas liberdades. Um dia, os dirigentes da Associação Socialista Operária programaram um comício antifascista na praça General Tibúrcio, em frente ao Palácio do Governo. Em vez de levantar o problema do custo de vida, melhoria de salários e outras reivindicações mais sentidas do povo, os oradores atacaram o interventor, fazendo-lhe críticas injustas e inoportunas, tachando-o de reacionário, lacaio da burguesia, vendido ao fascismo. Isso porque ele não combatia os integralistas, que, como os demais movimentos políticos, gozavam de liberdade de manifestação. O interventor ouviu todo o linguajar sectário dos oradores, do começo ao fim, sem dizer nada. A seguir, da sacada de seu palácio, falou mais ou menos o seguinte:

– Quando assumi a interventoria do estado, comprometi-me a dar amplas liberdades a todos os partidos e agremiações políticas e associações de classe. Tenho cumprido com a minha palavra e cumprirei enquanto ocupar o cargo de interventor.

Não vejo razões para ser atacado como reacionário. Não posso fazer mais do que tenho feito. Os senhores precisam compreender que ainda sou um instrumento do governo e dele cumpro ordens. Penso que os senhores, em vez de me atacarem injustamente, deveriam estar esclarecendo o povo sobre os perigos que pesam sobre a humanidade. Aconselho-os a aproveitar a liberdade de que desfrutam para ampliar suas organizações e melhor defender os direitos do povo.

Assim falou o interventor Felipe Moreira Lima. A massa, compreendendo, aplaudiu-o longamente.

A efervescência política era grande. Os integralistas ganhavam terreno em todos os setores. Até mesmo no setor operário iam lentamente penetrando. Hitler e Mussolini desenvolviam o fascismo na Europa. Vargas parecia namorar os "galinhas-verdes". Seu ministro da Guerra, general Góis Monteiro, era pró-fascista. Reinava certo descontentamento no setor militar. Uma parte da oficialidade do 23º BC seguia a liderança do capitão Jeová Mota, que era o chefe do integralismo em Fortaleza.

Minha célula militar permanecia estagnada. Não se desenvolvia, devido à vigilância da oficialidade. Na Polícia Militar, a base crescia satisfatoriamente e já contávamos com treze membros, inclusive alguns primeiros e segundos-tenentes. Esses companheiros da PM eram os principais elementos de choque em nossas passeatas, comícios de bairro e outras manifestações de massa. O movimento antifascista estudantil continuava vivo e ativo, mas estava muito aquém do dos verdes.

Nesse ambiente, setores militares preparavam um golpe militar apoiados em alguns elementos de massa. A PM do Ceará estava em grande parte comprometida. O próprio interventor não era alheio à coisa e, por isso mesmo, foi chamado ao Rio por Vargas. Quando quis voltar, era tarde: Vargas mandou proibir seu regresso a Fortaleza. Mas o golpe continuava de pé.

Eu e quatro colegas de Fortaleza fomos denunciados como comunistas e deportados para o Rio por ordem direta do ministro da Guerra, o general fascista Góis Monteiro. O Governo Federal supunha que o golpe seria dado pouco antes das eleições de dezembro de 1934 ou mesmo durante as eleições. Com a detenção do interventor cearense no Rio, houve um movimento de massa para o seu regresso. Isso foi o que mais precipitou a nossa deportação para o Rio. Todavia, ao chegarmos a Recife, fomos chamados à 7ª Região Militar, à qual éramos subordinados. O chefe do Estado-Maior da Região, major Flávio de Barros Cavalcanti, ouviu-nos. Disse-lhe que nossa deportação devia-se ao fato de não sermos fascistas e que, no Estado de Ceará, principalmente em Fortaleza, quem não fosse integralista era considerado comunista.

O major Flávio conhecia a minha capacidade de trabalho, sabia o quanto era esforçado e levou nossas declarações ao general Rabelo, comandante da 7ª Região Militar, que sustou a nossa viagem. Mandou que ficássemos encostados ao quartel-general da 7ª RM e telegrafou ao ministro da Guerra, solicitando a nossa permanência na sede da Região Militar, que necessitava de nossos serviços até o término das eleições, em dezembro. E assim ficamos adidos à sede da RM até janeiro de 1935, quando voltei a Fortaleza para trazer a família, já como instrutor de educação física e de infantaria do Centro de Preparação de Oficiais da Reserva (CPOR) em Recife.

Logo que cheguei a Recife, fui procurado por um elemento da Brigada Militar do estado e, a seguir, por outros companheiros do partido e, por fim, me apareceu o operário gráfico Pascácio Fonseca, membro do Comitê Regional do Partido Comunista, do Nordeste, na intenção de recrutar-me para o partido. Disse-lhe que já tinha aderido em 1930 e que, desde essa época, me considerava membro do partido. Ele apenas referendou as recomendações de seus antecessores no sentido de eu não aceitar nenhuma tarefa no setor civil, pois precisavam da minha atuação exclusivamente no setor militar, para uma tarefa ultraconspirativa. E afirmou que eu prestara uma boa ajuda em Fortaleza, mas que havia me exposto demasiadamente e que não podia fazer o mesmo em Recife. Fiquei satisfeito e tranquilo, porque fora procurado por um membro da direção do PCB e sentia que havia, de fato, um partido organizado e disciplinado em Recife.

Nos primeiros dias de janeiro de 1935, já de regresso de Fortaleza, fui procurado por vários operários para participar de atos públicos antifascistas e antibelicistas. Neguei-me, alegando que era militar e deles não podia participar. Alguns, menos explosivos, se conformavam; outros me respondiam:

– O nosso partido também é proibido de funcionar legalmente, mas funciona. Vamos assaltar o poder da burguesia e ai daqueles que se negarem a nos ajudar! O senhor não vai porque está ganhando nababescamente, à custa do proletariado, e tem medo de perder sua mamata.

Já era um hábito surgirem discussões, e por vezes bem azedas, quase sempre que iam comissões de operários à minha casa solicitar meu apoio para seus movimentos. Eles deviam ter algumas informações a meu respeito. Só pararam quando pedi ao partido que tomasse providências, porque, de uma forma ou de outra, eu me queimava, mesmo sem querer. Contudo, semanas depois, apareceu uma comissão de três operários, dizendo-me que iam realizar novo comício antifascista e antibelicista no bairro de Ipotinga e queriam minha cobertura, pois estavam ameaçados pelos integralistas. Respondi-lhes que não podia comparecer porque era militar. Responderam-me:

– É por isso mesmo que queremos o seu comparecimento ao nosso comício. Estamos ameaçados pelos fascistas.

Sugeri-lhes que pedissem a colaboração de companheiros em outros bairros e realizassem o seu comício, pois eu não poderia comparecer.

– Não vai? Tem de ir!

Travou-se uma discussão bastante enjoada. Fui forçado a pedir-lhes que se retirassem, que não estava mais disposto a ouvi-los. Voltei a apelar para que a direção do partido evitasse aquele vaivém de comissões operárias em minha casa.

Desde o princípio de março de 1935, começou-se a falar na Aliança Nacional Libertadora (ANL). Era uma ampla organização de massas, da qual faziam parte homens e mulheres de todos os partidos, de todas as camadas sociais, de todos os credos religiosos, inclusive militares das três armas. Foi a maior e mais ampla organização de massas criada no Brasil até então e tomou vulto a partir de abril de 1935. Desenvolveu-se por todos os estados da federação brasileira. Muito contribuiu para isso o profundo descontentamento do povo com o governo Vargas e a grande efervescência política devido à tremenda confusão. E uma boa parte do povo brasileiro, não conformada com essa situação, procurava uma definição ou uma saída para seus problemas. Encontrou essa solução no programa da ANL, muito audacioso para a época. Lembro bem que, entre outras reivindicações de caráter nacional, constava o confisco de latifúndios, sua nacionalização e distribuição gratuita a todos os camponeses sem terra ou com pouca terra e a todos os que nela quisessem trabalhar, a nacionalização das empresas estrangeiras, dos bancos, das minas e das quedas-d'água e o cancelamento de todas as dívidas externas.

Sectário ou não, foi um programa que empolgou as massas populares. E, mais tarde, quando o camarada Luiz Carlos Prestes propôs acrescentar-se ao programa a luta contra o fascismo e a guerra, sua sugestão foi aceita sem a menor restrição. E ele mesmo foi aceito como presidente de honra da ANL, que tomou gigantesco impulso em todas as cidades e estados do Brasil. Prestes continuava sendo, na mentalidade do povo brasileiro, o cavaleiro de suas esperanças, e sua inclusão nas fileiras do PCB foi uma magnífica contribuição para o fortalecimento e desenvolvimento do partido em todos os setores, principalmente nos quartéis.

A sede da ANL em Recife ficava na rua do Imperador, onde se registrava um colossal movimento de massas. Era um entra e sai de gente se filiando à ANL que entusiasmava a todos.

Um dia, na rua Nova, fui interpelado pelo líder popular Cristiano Cordeiro, que, segurando-me pelo braço, disse-me:

– Agora a coisa está boa. Já não estamos sós. Temos uma colossal organização de massas no Rio e muitos militares já se filiaram. Mas aqui nenhum militar se filiou até agora. E você, o que está fazendo?

Respondi-lhe que ia pensar e logo lhe daria a resposta. Não queria tomar a iniciativa sem consultar o partido. Logo que tive contato com a minha organização, levantei o problema da possibilidade de levar alguns sargentos, cabos e soldados, não comprometidos com o partido, para filiá-los à ANL. O partido não achou correto, mas argumentei que a massa de soldados não tinha vida política de massa, vivia presa a uma disciplina férrea. Nossa organização partidária não atingia a todos, mesmo porque muitos não aceitavam o partido, ou por não conhecerem seus objetivos, ou por estarem impregnados de preconceitos. E uma das formas de interessá-los na vida política era filiá-los a uma organização política de massas como a ANL. O partido concordou desde que eu não fosse constantemente à sede da ANL. A filiação dos cabos, soldados e sargentos à ANL deu resultados. Eu conhecia o amor-próprio da massa de soldados, quando contrariados naquilo que é de seu interesse. Não medi esforços e centenas de militares em todos os estados nordestinos entraram para a ANL.

Uma noite, os "galinhas-verdes" encheram as calçadas em frente ao quartel-general da 7ª Região Militar com *slogans* "Deus, pátria e família" e o desenho do sigma. O comandante da Região, general Manuel Rabelo, era antifascista a toda prova. Enfeitamos bem o "maracatu" e exageramos o fato, quando o levamos ao seu conhecimento. Dissemos que a guarda tentou impedir os fascistas de pintar as calçadas, mas eles disseram que tinham ordem do comandante (ele mesmo) para pintá-las, tanto que estavam fazendo o letreiro com toda a perfeição para que o general soubesse que eles sabiam desenhar bem.

O general Manuel Rabelo morava vizinho ao quartel-general. Pedimos que mandasse seu ajudante de ordens verificar o pichamento dos integralistas. Respondeu que iria pessoalmente. Foi. Depois telefonou à Secretaria de Segurança Pública e exigiu que a polícia intimasse os chefetes integralistas a limpar toda a sujeira que haviam feito em frente ao quartel-general. A polícia os intimou a lavar todo o pichamento que fizeram. Mais tarde, a prefeitura mandou uma turma de trabalhadores com caminhões-tanque, soda cáustica e outros ingredientes para limpar as calçadas. O general mandou-os voltar e exigiu que os próprios "galinhas-verdes" fizessem o serviço. E deu um prazo até as doze horas.

O fato é que, às doze horas, os integralistas e uma turma da prefeitura vieram limpar as calçadas e o coreto defronte ao quartel-general. E nunca mais picharam as ruas, praças e calçadas próximas aos quartéis da 7ª Região Militar. Os jornais publicaram notícias e fotografias dos "verdes" limpando as calçadas.

Desgraçadamente, éramos demasiado sectários. Não soubemos aproveitar as oportunidades que tivemos para fazer um trabalho mais amplo, tanto no setor civil como no militar. O general Manuel Rabelo desfrutava de grande prestígio tanto no Exército como nos meios civis. Suas opiniões antifascistas eram acatadas pela maior parte da oficialidade brasileira. E nós, comunistas, em vez de um proveitoso trabalho junto a ele, o que fazíamos era chamá-lo de demagogo e desonesto, e colocar panfletos dentro das gavetas de seu *bureau* e dentro de sua própria casa. Mesmo assim, jamais mandou abrir um inquérito ou mesmo averiguar quem eram os autores dessas provocações.

A ANL continuava a desenvolver-se por toda parte. Os muros, as calçadas, as árvores, tanto em Recife como no interior de Pernambuco, as porteiras, as calçadas e as ruas cobriam-se de *slogans* antifascistas e antibelicistas. Os *slogans* de "pão, terra e liberdade" liam-se por toda parte, tanto na cidade como no interior. A imprensa reacionária e o clero esbravejavam contra a agitação feita pela ANL. Os sermões nos púlpitos das igrejas eram voltados contra o comunismo internacional e a ANL. Chamavam-nos de "vendidos a Moscou", "traidores da pátria, de Deus e da família" e concitavam os pais a guardar seus filhos. Mandavam que nos negassem pão e água porque estávamos a serviço do diabo, diziam que éramos violadores dos lares, que sangrávamos as crianças para beber-lhes o sangue etc. etc. Era uma campanha sórdida contra o comunismo, mas, apesar disso e da nossa estreiteza política, pouco a pouco íamos reforçando nossas fileiras e nos entrosando com as amplas massas populares.

Getúlio, dançando numa corda bamba, manobrava; procurava apoio das classes dominantes para firmar-se; sua corrente tenentista estava bem abalada, já não era o seu sustentáculo na caserna. Ele desencadeava uma feroz perseguição ao Partido Comunista e deixava-se cortejar pelos "galinhas-verdes", a quem apoiava abertamente. A burguesia industrial e rural, assombrada com o desenvolvimento da ANL, exigia de Vargas medidas concretas contra ela, tachando-a de comunista. O governo deveria tomar medidas para salvar as instituições democráticas perigosamente ameaçadas. Os países imperialistas, principalmente os Estados Unidos, movimentando sua máquina financeira, exigiam de Vargas o fechamento da ANL. O clero não ficava atrás. Vargas, apoiado nessas forças, fechou a ANL. No Nordeste, sobretudo em Recife, a polícia praticou atos de verdadeiro banditismo, prendendo e espancando em massa os elementos filiados à ANL. Esse ato de Vargas o desmascarou como lacaio da burguesia reacionária, do imperialismo ianque e dos fascistas.

Os integralistas, que já namoravam Vargas, passaram a cortejá-lo com seus "anauês". Em Recife e em todo o Nordeste, desencadeou-se uma onda de terror contra os antifascistas, acusados de comunistas, e sobretudo contra os membros do PCB, que continuavam numa dura clandestinidade. Apesar disso, o partido crescia e fortalecia-se em todos os setores, principalmente no setor militar, pois, depois do fechamento da ANL, boa parte dos soldados, cabos e sargentos que haviam se filiado pediu para entrar no partido. E não tínhamos por que rejeitá-los. Com o fechamento da ANL, o partido designou-me para preparar a luta armada no setor militar. Nosso Comitê Militar controlava todo o trabalho nos quartéis, tanto no Exército como na Polícia Militar e na Guarda Civil. Foi um trabalho árduo e seguro, que deu excelentes resultados: até 24 de novembro de 1935, não houve nenhuma delação.

Como instrutor do Centro de Preparação de Oficiais da Reserva e do Tiro de Guerra 333, desdobrava-me no trabalho dessas corporações militares: durante o dia no CPOR e até as dez horas da noite no Tiro de Guerra. Reunia-me com o partido altas horas da noite, nos lugares mais discretos possíveis, para receber orientação. Aos domingos, à tarde ou à noite, reunia-me com o nosso Comitê Militar.

Uma vez, fui denunciado por frequentar reuniões comunistas em Tijipió e em Boa Viagem. Meu delator ouviu o galo cantar, mas não sabia onde. Além disso, deu a hora e o dia da reunião. Calhou que, nesse dia e hora, eu me achava dando instrução a uma turma do Tiro de Guerra 333 na ponte 6 de Março, vista do princípio ao fim pelo próprio chefe do Estado-Maior da 7ª Região Militar, major Flávio. O chefe da polícia, que era o capitão Malvino Reis Neto, fascista notório, encaminhou a denúncia à chefia do Serviço Secreto da 7ª Região Militar e quem me viu foi o próprio chefe do Estado-Maior. Eu provei a ele mesmo o quanto a denúncia era caluniosa, pois ele tinha assistido naqueles dias às instruções que eu dera à turma do Tiro de Guerra.

Apesar de não ter sido comprovada a denúncia, o chefe de polícia pediu minha transferência para Mato Grosso, como elemento suspeito de fazer propaganda comunista entre os soldados. Tudo ficou em nada, pois o general Manuel Rabelo não atendeu à pretensão do chefe de polícia.

Eu desfrutava de certo prestígio aos olhos da oficialidade devido à minha capacidade de trabalho como instrutor. Eu dava o máximo para o partido, mas dava também o máximo para o Exército e, com isso, camuflava-me muito bem.

Nos primeiros dias do mês de agosto, agravou-se a situação política no país. A ANL, então ilegal, continuava atuando clandestinamente. O PCB atuava de modo concreto em todos os setores; apesar de não ser numericamente grande, era um partido coeso e disciplinado. Suas resoluções, uma vez discutidas e aprovadas, eram cumpridas à risca. Marcava-se um ponto de encontro, era rigorosamente obedecido. Marcava-se um comício-relâmpago, oradores e grupos de choque já estavam a postos todos ao mesmo tempo. As reuniões eram cronometradas; nada, absolutamente nada, justificava os atrasados, quer dirigentes, quer dirigidos. Todos andavam numa linha impecável. Era um partido vigilante e audacioso, pronto para todas as tarefas. Com um partido nessas condições e tendo como aliados os elementos mais dinâmicos da ANL, de 6 para 7 de agosto de 1935, fizemos uma grande concentração de massa nos arredores de Recife e em alguns pontos estratégicos para deflagrarmos o movimento revolucionário na base do programa da ANL e contra o fascismo e a guerra.

No setor militar, estava tudo pronto. Só aguardávamos a palavra de ordem para desencadear a luta armada. Fui chamado ao Comando Revolucionário, onde tomamos conhecimento da situação e das tarefas a cumprir. Às três horas da madrugada, recebemos um telegrama do Rio suspendendo o movimento revolucionário e mandando aguardar nova oportunidade. Saí de carro com um membro do Comitê Regional para desmobilizar as massas concentradas nos subúrbios de Recife, enquanto outros elementos da direção do partido se dirigiam aos bairros para desfazer as concentrações. Isso serviu de experiência e mostrou a capacidade de mobilização do PCB.

Recebi orientação para ampliar ao máximo as organizações militares, tanto no Exército como na Polícia, no Corpo de Bombeiros e na Guarda Civil. De fato, de agosto a novembro de 1935, nossas organizações militares duplicaram. A dificuldade que surgiu foi a falta de tempo necessário para dar assistência às organizações. É claro que eu era ajudado por outros companheiros, mas as bases exigiam a minha presença por ser mais conhecido e mais prático.

No Tiro de Guerra, eu não fazia propaganda política, mas a maioria sabia que eu era antifascista e simpatizava com a ANL. Muitos dos atiradores eram antifascistas e contra a guerra e defendiam a necessidade de uma revolução no Brasil. E surgiram comentários contra o fechamento da ANL e a necessidade de outra organização de massa com um programa igual; outros sugeriam a formação de um partido político que fosse, de fato, democrata e antifascista. Eu assistia a essas discussões, doido para me meter na conversa, mas não queria infringir as resoluções do partido. Limitava-me a economizar as munições e reservá-las para a revolução, que via cada dia mais próxima.

Em novembro de 1935, já contava com mais de 6.500 tiros economizados.

Nos primeiros dias de novembro, arrebentou uma greve geral na Rede Ferroviária do Nordeste (RFN), orientada pelo partido, que paralisou todo o movimento ferroviário dos estados nordestinos (Pernambuco, Alagoas, Paraíba e Rio Grande do Norte). A greve, de caráter econômico e pacífico, visava antes de tudo, o aumento de salário e o atendimento a algumas reivindicações específicas dos ferroviários. A RFN, companhia inglesa, negava-se intransigentemente a aumentar os salários de seus servidores, que viviam em extrema miséria. Os governos estaduais consideravam a greve ilegal, mas a massa, apesar de faminta e aos trapos, resistiu com firmeza. Foram criados comitês de greve e comissões de solidariedade, o povo mostrou-se simpático ao movimento grevista, e também nos quartéis criaram-se comissões de solidariedade de soldados, cabos e sargentos. Com isso, ia-se aos poucos aliviando a fome da grande família ferroviária. As polícias dos quatro estados tentaram prender os líderes ferroviários e pressionavam outros a voltar ao trabalho – praticavam toda sorte de banditismo contra os grevistas. A "parede" continuava firme, tudo parado. Em alguns locais de trabalho, a empresa conseguiu alguns "fura-greves", mas a massa concentrou-se e forçou-os a retroceder. A reação, consciente da simpatia do povo pelo movimento grevista, tentou incompatibilizá-lo com os grevistas, dinamitando alguns pontilhões, arrancando trilhos e atribuindo a responsabilidade desses atentados aos trabalhadores em greve. O partido lançou centenas de milhares de boletins, denunciando a sabotagem e encorajando os grevistas a não ceder em nenhuma de suas reivindicações.

Na estação ferroviária de Socorro, onde ficava a Vila Militar do 21º Batalhão de Caçadores, o capitão Malvino Reis Neto, como oficial do Exército e chefe da Polícia do estado, tentou fazer uma locomotiva passar por cima das mulheres e dos filhos dos ferroviários, que haviam se deitado nos trilhos para impedir que a locomotiva circulasse como fura-greve. Malvino Reis Neto não vacilou em mandar que a locomotiva passasse em cima daquela gente, mas a própria patrulha, que garantia o fascista Reis Neto, puxou o maquinista e o foguista e os jogou na calçada da estação. O truculento chefe de polícia bateu em retirada às pressas. Mas não ficou nisso: os jovens soldados, estimulados pela firmeza e pela coragem da massa ferroviária faminta e esfarrapada, abriram as portas da cantina do 21º Batalhão de Caçadores, que estava superlotada de gêneros alimentícios, e distribuíram tudo o que havia entre os familiares dos grevistas. Foi a maior prova de solidariedade e confraternização que os soldados poderiam ter prestado aos seus irmãos operários.

Fatos concretos de solidariedade iriam repetir-se no mesmo dia à noite, quando um oficial, o tenente Santa Rosa, mobilizou uma forte patrulha munida de granadas de mão para jogá-las contra os ferroviários que guarneciam a linha do trem. No trecho chamado "volta do caranguejo", houve uma detonação de arma de fogo e o projétil fez explodir uma granada no bolso do oficial, matando-o instantaneamente.

A greve dos ferroviários foi plenamente vitoriosa graças à solidariedade do povo e à calorosa confraternização da massa de soldados, e estes se sentiram entusiasmados e felizes por terem contribuído para a vitória de seus irmãos ferroviários.

No quartel do 21º Batalhão de Caçadores, foi aberto um inquérito policial militar para apurar os graves incidentes do dia anterior e foram examinados os canos de todos os fuzis. Parte da oficialidade desencadeou uma onda reacionária no quartel, que foi respondida com uma greve no rancho pela melhoria da boia e contra o terrorismo dos oficiais reacionários. Foram distribuídos milhares de boletins dentro do quartel, nos alojamentos das companhias, nos banheiros, privadas e birôs da oficialidade. O comandante, tenente-coronel Celatino Marques, homem prudente e ponderado, reuniu seus oficiais, aconselhando-os a agir com prudência e moderação. Disse que a situação do país era bastante difícil, que nem ele mesmo sabia o que lhe poderia acontecer de um momento para o outro. O quartel foi desimpedido, a boia foi melhorada e tudo voltou à normalidade.

No dia 23 de novembro de 1935, por volta das sete horas da noite, um colega levou a minha casa um radiograma comunicando o levante militar no Rio Grande do Norte. Era um sábado. O 21º Batalhão de Caçadores da capital potiguar havia se levantado contra os governos federal e estadual, baseado no programa da ANL e, sobretudo, contra o fascismo e a guerra. Depois dos acontecimentos grevistas e de outras manifestações antifascistas, o governo federal preparava uma desmobilização em massa nos quartéis nordestinos; os governos estaduais pretendiam fazer o mesmo nas polícias militares e nas guardas civis. A direção nacional do partido baixou uma resolução para o Nordeste, ordenando que, no caso de desmobilização em massa nos quartéis, podíamos dar início ao movimento revolucionário. Isso se deu em Natal, daí o levante do 21º Batalhão de Caçadores.

Resolvi reter o radiograma, que era dirigido ao chefe do Estado-Maior da 7ª Região Militar e viera parar em minhas mãos. No mesmo dia 23 de novembro, levei-o ao conhecimento do Comitê Regional do Nordeste, que estava em reunião permanente. Chamei meu irmão José Bezerra e mandei por ele a notícia do início da revolução em Natal ao comando revolucionário de Recife, que me pediu confirmação. Confirmei a notícia, acrescentando considerações no sentido de que não se deflagrasse o movimento no domingo, dia 24, porque, depois do primeiro expediente do sábado, toda a soldadesca era dispensada do serviço até as seis horas da manhã de segunda-feira. Isso vinha sendo repetido sempre que me reunia com o comando revolucionário. Entretanto, prevendo algumas precipitações do comando revolucionário, liguei-me logo a alguns cabos e soldados da 6ª Companhia, preparadora de terreno, que estavam comprometidos com a ANL e serviam na velha fortaleza das Cinco Pontas. Discutimos a necessidade de fazer a maior mobilização possível em todos os quartéis. Depois, saímos pelos bairros e subúrbios ordenando a todos os soldados que fossem para as respectivas guarnições. Passamos toda a noite nessa tarefa.

Estava marcada uma reunião do Comitê Militar em minha casa para tratar de assuntos relativos à revolução e pedir o afastamento de nosso instrutor político, que, a nosso ver, vinha tendo uma atitude vacilante à medida que se aproximava a luta armada.

Exatamente às nove horas da manhã, quando acabavam de chegar três elementos do Comitê Militar, recebi uma ordem do comando da revolução, por escrito, para deflagrarmos a ação militar às dez e quinze. Ficamos desapontados, mas era uma ordem, tínhamos de cumpri-la. Àquela hora todos os soldados estavam fora dos quartéis! Ainda relemos a ordem, prevendo engano de nossa parte, mas não havia engano nenhum. Os outros me perguntaram com quem iríamos deflagrar a revolução, se os quartéis estavam vazios de soldados. Respondi-lhes que com os elementos que encontrássemos. Disse-lhes:

– O que não podemos é protelar a determinação do comando revolucionário!

Ainda me perguntaram se as outras corporações já tinham se levantado. Respondi:

– Pelo que sabemos, só o 21º Batalhão de Caçadores em Natal, e creio que a estas horas já é dono da cidade.

Ordenei-lhes que seguissem imediatamente para Socorro, onde levantariam o 21º Batalhão de Caçadores, entregando o comando aos tenentes Besouchet e Lamartine. O tenente Besouchet era o nosso melhor elemento: homem dinâmico, inteligente e politicamente o mais capaz entre todos nós. Os camaradas seguiram a determinação revolucionária e eu fiquei no meu setor, que era a cidade de Recife.

Eu deveria assaltar o quartel-general, a Secretaria de Segurança, o Palácio do Governo, a Central Telefônica e ocupar os pontos-chaves da cidade. Contava com os soldados e cabos da 6ª CPT e do CPOR e, sobretudo, com os estivadores, portuários e arrumadores, bem como com elementos de diferentes setores operários.

Cheguei ao quartel-general às dez e quinze. Os soldados, cabos e sargentos mobilizados durante a noite foram liberados para tomar café e almoçar em casa porque o quartel-general não dispunha de rancho e ia entrar de prontidão. Eles deveriam voltar imediatamente. Assim, quando cheguei, não havia ninguém. Logo a seguir, um elemento de ligação entre os setores revolucionários de Recife e os da Vila Militar de Socorro falou ligeiramente comigo, mostrando-me o relógio: eram onze horas! Estávamos atrasados 45 minutos e não chegava ninguém, nem soldados nem operários. Indaguei-lhe sobre os operários prometidos. Respondeu-me:

– Devem estar chegando.

E retirou-se.

Nesse momento, fui chamado ao telefone: era uma voz conhecida do comando da revolução comunicando-me o levante da Vila Militar em Socorro. Fiz-me de desentendido, porque estava acompanhado pelo então tenente Agnaldo, por seu bagageiro e ainda pelo sargento José Alexandre Vieira. O oficial perguntou-me quem havia telefonado. Disse-lhe que não conhecia nem reconhecera a voz, tanto que perguntara várias vezes quem falava e o que desejava, mas nada me responderam. Segui para o CPOR e eles me seguiram atrás. Eu estava, de fato, controlado!

Alguns minutos depois, o quartel-general tomou conhecimento do levante do 29º Batalhão de Caçadores em Socorro e mandou armar a todos os que ali estivessem. Eu era o encarregado de todo o armamento e tiro do CPOR e conhecia-o a fundo. Cumprindo as ordens do chefe do EM, armei e municiei a guarnição do quartel-general e alguns elementos do CPOR não comprometidos com a revolução, ordenando-lhes que me esperassem no pátio interno. Dei-lhes os fuzis ruins, pouca munição e reservei o armamento bom, inclusive fuzis-metralhadoras e metralhadoras pesadas para os soldados, cabos e sargentos comprometidos com a revolução, que ainda não haviam chegado. Terminada a distribuição do armamento, desci ao pátio interno para iniciar o movimento revolucionário, mas o tenente Agnaldo e o oficial do dia já haviam levado os soldados para os diferentes pontos de defesa.

Voltei um pouco desapontado para a reserva do armamento. Montei a máquina carregadora de cartuchos e comecei a encher os pentes das metralhadoras e dos fuzis automáticos. Então, chegou o tenente Agnaldo, acompanhado do sargento José Alexandre Vieira e de seu bagageiro. Simulando procurar algo, o tenente Agnaldo sacou de repente sua pistola Parabellum, dando-me ordem de prisão e, ao mesmo tempo, alvejando-me pelas costas. A bala feriu-me na parte superior da coxa. Não vacilei. Sacando meu revólver, revidei imediatamente a agressão. Nesse momento, o sargento Vieira atracou-se comigo, lutamos. Enquanto isso, o tenente Agnaldo tentava alvejar-me pela segunda vez. Eu fazia do sargento Vieira um escudo. De repente, um elemento da contadoria tentou alvejar-me com tiros de fuzil. Encostei-me a um canto da parede e tentei liquidar o sargento Vieira. Consegui encostar-lhe na barriga o cano do revólver e acionei o gatilho. A bala varou-lhe a mão. O sargento Vieira, com dois ferimentos, um na mão e outro na cara, pediu-me pelo amor de Deus que não o matasse. Empurrei-o para o lado e ele, então, saiu correndo. O tenente Agnaldo tentou alvejar-me pela terceira vez, mas errou o tiro. Quando me livrei do sargento Vieira, o tenente Agnaldo tentou alvejar-me pela quarta vez, mas aí sua arma enguiçou. Então, peguei o fuzil e ele saiu correndo. Alvejei-o na coxa.

Enquanto isso, a Secretaria do CPOR enchera-se de oficiais. Comecei a atirar neles, mais para intimidá-los do que para atingi-los. Uns pulavam do primeiro andar para a rua, outros desciam pela escada correndo. Dali a pouco, o CPOR estava limpo de oficiais: eu era o dono do quartel. A seguir, desci aos pátios do CPOR e do quartel-general, atirando na direção dos oficiais, forçando-os a entrar. Estavam limpos também os pátios internos.

A seguir, tentei assaltar o corpo da guarda do quartel, sendo detido por rajadas de fuzil automático. Já senhor da situação nos pátios internos e no CPOR, urgia abrir as portas para armar e municiar a massa operária. O faxineiro, que tinha compromissos com a revolução, vinha chegando. Mandei-o abrir os dois portões. Ele vacilou em abri-los. Não tive dúvidas: dei-lhe uma coronhada de fuzil na cabeça. Ele caiu e o sangue espirrou. Quando se levantou, ameacei arrebentar-lhe o crânio com uma bala se não cumprisse a ordem. Ele abriu os dois portões. Quando saí à rua, não vi um só operário para receber as armas. Voltei ao pátio interno do quartel, tentei assaltar novamente a guarda do quartel e novamente fui recebido por uma rajada de fuzil, que me cortou a pala do boné. Esparramei-me no solo como uma lagartixa. Apontei o fuzil em direção às rajadas que recebia. Um cabo pôs ligeiramente a cara do lado de fora. Passei-lhe fogo. Daí por diante, só o cano do fuzil aparecia, vomitando fogo.

Voltei à rua, tentando ver se alguns operários haviam chegado. Não havia ninguém. Fiz um ligeiro comício para os pequenos grupos que se aglomeravam nas sacadas dos prédios vizinhos, concitando-os a pegar em armas, sob o comando do camarada Luiz Carlos Prestes. Fui aplaudido das varandas por alguns estudantes que ali moravam. Mas o apoio, infelizmente, não passou dos aplausos. Um oficial tentou prender-me, pedindo-me que, pelo amor de Deus, eu me rendesse. Ao chegar a dez metros de mim, apontei-lhe o fuzil e o fiz recuar. Vinha chegando um sargento radiotelegrafista que, de longe, perguntou-me o que havia. Respondi-lhe que, se quisesse lutar pela Aliança Nacional Libertadora, tinha um lugar à sua disposição, se não, caísse fora enquanto era tempo.

Cansado e todo ensanguentado pela luta corporal que travara, sem os companheiros militantes comprometidos com a revolução, sem os operários prometidos, sem ajuda de ninguém, resolvi abandonar temporariamente os quartéis do CPOR e do quartel-general, depois de haver encurralado toda a sua guarnição e oficialidade. Segui para a sede do Tiro de Guerra 333, onde dispunha de 175 fuzis e 6.500 tiros e onde esperava encontrar cerca de 300 homens para armá-los e conduzi-los à luta. No trajeto, fui abordado por um velho general reformado que, em vão, tentou prender-me. Elementos da polícia e da Guarda Civil também tentaram me prender, mas desistiram diante da mira do fuzil.

Desgraçadamente, ao chegar à sede do Tiro, não encontrei nenhum dos homens prometidos, nem mesmo o zelador, que tinha a chave e só chegou alguns minutos depois. Este, mais o zelador do CPOR, eram os mais apressados na espera da revolução e chateavam-me constantemente porque ela estava demorando muito; mas, quando chegou a hora, não quiseram nada. Mandei o zelador abrir as portas da sede e ele, como o outro, vacilou. Recebeu também uma coronhada nos peitos, caiu de costas, obriguei-o a levantar-se imediatamente. Abriu as portas e encostou junto delas fuzis e munições como mandei. A seguir, ordenei-lhe que se armasse de um fuzil e tomasse conta de uma das portas. Fiquei esperando pelos operários prometidos pelo coronel Muniz de Farias, que infelizmente não chegaram. Prendi uns quinze jovens civis para tentar ganhá-los para a revolução. Nada consegui deles. Prendi o segundo-sargento Conrado. Este também nada quis e tirou do bolso um vidro de remédio que, segundo ele, era para sua genitora, que estava passando mal, e pediu-me para soltá-lo, o que fiz, ameaçando-o de fuzilamento caso o encontrasse no quartel-general quando voltasse a atacá-lo. Prendi um investigador que conduzia um preso. Tomei-lhe o revólver Smith Wesson. Ele se dizia enfermeiro e ofereceu-se para fazer-me um curativo na coxa. Mandei buscar numa farmácia próxima gazes esparadrapos e algodão. Fez-me o curativo e passou-me dois garrotes de emergência.

Nesse momento, passavam dois gazeteiros. Convidei-os a participar da revolução. Aceitaram. Ensinei-lhes a carregar os fuzis, a fazer pontaria e a atirar. Aprenderam rapidamente. Entreguei a cada um deles um fuzil com ordem de atirar em todos os soldados que se aproximassem do Tiro com o gorro na cabeça. Assaltei a delegacia de polícia que ficava na esquina da rua do Aragão. Os policiais, que não queriam nada, fugiram. Trouxe os fuzis e a munição que havia para a sede do Tiro. Prendi um automóvel com o motorista, ficando com o carro, na intenção de enchê-lo de armamento e munição e seguir para o largo da Paz, onde encontraria o tenente Lamartine, com quem voltaria para o centro da cidade para cumprir as tarefas que me tinham sido confiadas pelo comando da revolução do Nordeste. Mas refleti: e se chegassem os duzentos homens que me prometeram e eu não me achasse no local? Nisso chegou um elemento de ligação entre mim e o coronel Muniz Faria. Perguntei-lhe pelos homens e ele disse que iria buscá-los. Saiu a toda velocidade. Fiquei animado. Esperei meia hora, nada... Uma hora, nada... Fiquei desapontado.

Nesse momento chegou uma ambulância do pronto-socorro para fazer-me um curativo. Eu continuava sangrando horrivelmente. O médico, que era um elemento comprometido com a revolução, disse que meu estado não era bom e que tinha de levar-me ao pronto-socorro para fazer-me um bom curativo, prometendo trazer-me de volta. Aceitei, porque tinha um amigo nosso me esperando lá para o entendimento. Fui, sabendo que seria preso, mas tinha certeza de que meus companheiros do CPOR e outros do quartel-general, comprometidos com a revolução, me libertariam. Realmente, o elemento do qual o médico falara estava à minha espera. Enquanto me aplicavam injeções anti-hemorrágicas e antitetânicas, e enquanto o médico fazia os curativos e introduzia um dreno de borracha no interior da minha coxa, chegou o tenente Agnaldo com uma patrulha de dois sargentos, dois cabos e dois soldados. Deu-me voz de prisão enquanto eu ainda me achava deitado na mesa de operações. Mesmo assim, pediu-me que não resistisse à prisão, que era humano e tinha ordens de garantir-me a vida. Deixei-me prender porque tinha certeza de que meus companheiros me libertariam e então recomeçaria a luta.

Ao chegar ao quartel-general, fui recebido pelo coronel Colatino Marques e outros oficiais, entre os quais o tenente-coronel Vasconcelos, que disse:

– Foste um bravo! Agiste como homem!

Só o tenente Colares, mais realista que o rei, tentou hostilizar-me, mas repeli-o. O coronel Colatino Marques, que respondia interinamente pelo comando da 7ª Região Militar, mandou-me recolher ao xadrez do Hospital Militar, onde me encontrei com os camaradas que estavam animados e prontos para me libertar. Às primeiras horas da noite, disseram-me que Natal, capital do Rio Grande do Norte, já estava em poder dos revolucionários e o governo havia fugido para o alto-mar, a bordo de um navio mexicano. Já tinha sido estabelecido ali um governo popular nacional-revolucionário. A situação era boa. O tenente Lamartine já havia ocupado o largo da Paz, mas existia uma forte resistência na Vila Militar, em Socorro.

O saldo da luta no quartel-general e no CPOR era este: o tenente Agnaldo ferido na coxa; José Alexandre Vieira ferido na mão e no rosto; eu com a coxa varada por uma bala e o tenente Xavier Sampaio morto.

Tudo se rearticulava corretamente no quartel-general. Apesar da minha incomunicabilidade, estava em constante ligação com os companheiros militares comprometidos com a revolução. O trabalho de vigilância da minha guarda era mais para vigiar os oficiais, quando apareciam, do que para me vigiar. Vez por outra, o médico vinha me reexaminar. A perna continuava sangrando muito. Meus colegas me perguntavam se eu estava em condições de lutar; respondia-lhes que sim e que os ferimentos não me impossibilitavam de agir, que podia recomeçar a luta a qualquer momento. Soubera que o movimento em Alagoas havia fracassado e que o 20º Batalhão de Caçadores marchava sobre Recife. Sabia também que o 22º Batalhão de Caçadores, de João Pessoa, não se havia levantado como se esperava;

ao contrário, marchava sobre Recife, ao passo que o 23º Batalhão de Caçadores de Fortaleza marchava sobre a capital potiguar. O inimigo tomava a iniciativa. A Polícia Militar ainda não se havia movimentado. A maior parte dela estava comprometida com o movimento revolucionário. Estranhei essa situação em relação à polícia, que só temia o 29º Batalhão de Caçadores. Este havia se rebelado e a polícia não tomara a posição que lhe cabia. O Corpo de Bombeiros não quis se decidir antes da Polícia Militar e, nesse jogo de espera, a reação foi tomando cada vez mais a iniciativa. Às sete horas da noite, chamei um dos sargentos mais responsáveis, exigi minha libertação e o início do movimento. Respondeu-me que tudo estava preparado para as dez horas da noite. Era grande a minha preocupação. Das dez horas, transferiu-se para a meia-noite, quando receberam ordem do coronel Muniz de Farias para aguardar a chegada do 22º Batalhão de Caçadores, que, segundo ele, vinha da Paraíba para aderir ao movimento revolucionário. Discordei, porque sabia que ninguém seria capaz de rebelar um batalhão em ordem de marcha. Mas tive de engolir a bucha. Já sabia que estávamos derrotados. Mandei um bilhete ao coronel Muniz de Farias para que compreendesse a situação e agisse antes da chegada do 22º Batalhão de Caçadores; infelizmente, ele não foi encontrado e, ao amanhecer, o 22º Batalhão chegou não para aderir ao movimento revolucionário, mas para atacar nossos companheiros.

Continuava ainda certa resistência na Vila Militar, em Socorro. Mas, antes que o 22º Batalhão tomasse posição de combate, os camaradas do 29º Batalhão dominaram completamente o quartel. O tenente Besouchet, já ferido no tornozelo, conseguiu ir a Moreno, Jaboatão e Tijipió, trazendo consigo milhares de operários ao quartel, onde se armaram. Ao mesmo tempo, chegavam operários de outros setores. Ao todo, foram distribuídos mais de 10 mil fuzis, mais de 50 metralhadoras pesadas e leves e cerca de 200 fuzis-metralhadoras, além de grande quantidade de granadas de mão, ofensivas e defensivas, e mais de 500 mil cartuchos. A massa armada, mas sem saber usar os instrumentos corretamente e sem a orientação dos soldados, cabos e sargentos, sobretudo sem um comando enérgico, saiu tiroteando a esmo, por toda parte, enquanto os valentes soldados do 29º Batalhão de Caçadores já enfrentavam o 22º da Paraíba e o 20º de Alagoas, parte da Brigada Militar do estado, a Polícia Civil e grande parte da Guarda Civil e da Inspetoria de Veículos, que Malvino Reis Neto mobilizara. Os heroicos combatentes do 29º Batalhão de Caçadores, numa situação de cerco, sem nem ao menos poder fugir, foram atacados pela frente, pela retaguarda e pelos flancos. Morreram muitos heróis, outros ficaram feridos. Muitos, depois de presos, foram fuzilados pelo famigerado capitão Higino, covarde na luta, mas frio e cruel depois dela. Após quatro dias de luta desigual, os camaradas do 29º Batalhão de Caçadores capitularam; seria um suicídio coletivo continuar.

E assim foi esmagada a primeira revolução nacional libertadora, contra a guerra e o fascismo, por pão, terra e liberdade.

No Rio de Janeiro, o 3º Regimento de Infantaria, sob o comando do capitão Agildo Barata, Álvaro de Souza e outros oficiais, levantou-se no dia 27 de novembro e foi brutalmente esmagado por forças várias vezes superiores. O mesmo aconteceu com os bravos combatentes da Escola de Aviação Militar, sob o comando dos capitães-aviadores Agliberto Azevedo, Sócrates Gonçalves, Benedito de Carvalho e outros, entre os quais o heroico cabo David Capistrano. Eles lutaram bravamente, até a Escola ser totalmente destruída pelos bombardeios de artilharia da Vila Militar. Os demais corpos da tropa comprometidos com a revolução da Aliança Nacional Libertadora não corresponderam ao que se esperava deles.

Em Natal, vitorioso o movimento revolucionário, foi estabelecido o governo popular nacional-revolucionário, que teve apenas quatro dias de poder. Além de muitos outros combatentes, destacou-se ali a figura destemida e enérgica do cabo Giocondo Dias; foi graças à sua energia que o movimento venceu em Natal. Não obstante, cometeram-se vários erros, inclusive o assalto ao Banco do Brasil depois que o poder já estava nas mãos dos revolucionários. Mas o erro maior foi a distribuição do dinheiro às massas, que, depois de endinheiradas, abandonaram a luta e foram tratar de seus interesses. Eram elementos sem politização e sem qualquer consciência ideológica. Os camaradas tentaram organizar uma grande coluna de guerrilheiros, mas a massa, pouco a pouco, foi desaparecendo. A revolução fracassou completamente.

Em Recife, ainda foram ocupadas algumas delegacias policiais nos bairros, e a cidade de Olinda esteve praticamente nas mãos dos revolucionários. No interior do estado houve lutas esporádicas, como em Limoeiro, Garanhuns, Paudalho e Jaboatão.

Depois de esmagada a Revolução Nacional Libertadora, as cadeias ficaram superlotadas de presos políticos. Só em Recife foram presos mais de 30 mil revolucionários e pseudorrevolucionários. Diariamente, entravam e saíam da Casa de Detenção do Recife centenas e centenas de prisioneiros políticos, uns feridos na luta e outros feridos no ato de prisão. Na segunda-feira, 25 de novembro, quando às cinco horas da manhã chegou da Paraíba, o 22º Batalhão de Caçadores ensarilhou suas armas no largo do Hospício e entrou para tomar café no pátio interno do Hospital Militar. Eu me achava em pé na grade do xadrez, conversando com muitos soldados sobre o movimento revolucionário e concitando-os a não atirar em seus irmãos de farda e em seus irmãos operários, que todos defendiam a causa justa do povo e do proletariado brasileiro, defendiam o pão para todos, a terra para os camponeses pobres sem terra e para todos os que nela quisessem trabalhar, defendiam o direito dos soldados, cabos e sargentos de serem tratados como cidadãos, e não como escravos, defendiam, enfim, o Brasil contra o fascismo e a guerra – que o fascismo era escravidão pior que a escravidão negreira; eu insistia em que todos eles eram filhos da classe operária e da laboriosa família camponesa; pedia que não atirassem em seus irmãos e, quando recebessem ordem de atirar, voltassem seus fuzis contra os que mandavam atirar ou então, se não tivessem coragem de desobedecer às ordens dos oficiais, atirassem para o alto, mas não atirassem contra seus irmãos operários e camponeses, mesmo porque, quando a luta terminasse, eles voltariam aos seus quartéis e seriam desmobilizados sem nenhuma garantia de trabalho ou de emprego e passariam fome como muitos dos que estavam lutando. Muitos ficaram calados, outros disseram que só atirariam para o ar e uns poucos afirmaram que não estavam ali para matar seus colegas.

A meu ver, a causa principal da nossa derrota no Nordeste foi a precipitação do dia. O comando da revolução decretou o início do movimento sem levar em conta as minhas reiteradas ponderações de não deflagrar o movimento armado de sábado para domingo, quando os quartéis estavam vazios. Outro erro, mais clamoroso, foi que o comando não se ligou às organizações partidárias para que estas mobilizassem seus membros e as massas trabalhadoras. Em uma palavra, o partido não foi mobilizado e, por isso, não poderia mobilizar a classe operária. Esta só teve conhecimento da revolução depois do pipocar da fuzilaria. Finalmente, a falta de um comando militar capaz, enérgico e audacioso. O camarada Caetano Machado, secretário-geral do Nordeste, era um excelente operário padeiro, bom dirigente operário, mas péssimo dirigente de um movimento revolucionário. O primeiro-tenente Cilo de Meireles era inegavelmente a cabeça política do Comitê Regional do Nordeste, mas, por não ser operário, aceitava as opiniões de Caetano Machado sem discuti-las. Pascácio Fonseca, operário gráfico, era dinâmico e honesto, mas fraco politicamente. Esses companheiros compunham o secretariado do Nordeste: eram os que eu conhecia. Caetano Machado, imbuído de sua autoridade, decretou a revolução e, segundo dizem seus companheiros, foi para casa dormir. O coronel Muniz de Farias fora chamado ao Rio na antevéspera da revolução. Chegou a Recife na madrugada do dia seguinte e, em consequência, a polícia estava sem o seu chefe naquele dia. Somente o tenente Cunha, com seu pelotão, seguiu para o largo da Paz, onde se confraternizou com o tenente Lamartine. O restante da Brigada Militar ficou à espera do coronel Muniz de Farias.

O capitão Otacílio, que fazia parte do comando da revolução, ao invés de ficar na Vila Militar, em Socorro, seguiu para a Paraíba, a fim de levantar sua companhia, quando seu batalhão já se achava em marcha para Recife. E quem já foi militar sabe que a coisa mais difícil do mundo é levantar um batalhão em marcha. Apesar de tudo, se houvesse um comando enérgico na Vila Militar, em Socorro, que pusesse a massa operária sob a orientação de soldados mais experimentados, a revolução no Nordeste teria sido vitoriosa. Poderia ser esmagada depois, mas duraria um bom tempo.

No quartel-general, se eu contasse com algumas dezenas de operários que me ajudassem a mantê-lo, enquanto não chegassem os camaradas comprometidos, teria dominado toda a cidade de Recife, e a Polícia Militar teria aderido, mesmo na ausência do coronel Muniz de Farias. O Palácio do Governo seria tomado e a Secretaria de Segurança seria ocupada sem luta. Faço essas afirmações baseado na passividade em que se manteve a polícia durante mais de oito horas, sem agir, no pânico em que ficou a Polícia Civil e na indecisão das autoridades militares. Tanto que, na sede do Tiro de Guerra 333, nada me aconteceu, apesar de esperar ser atacado. Houve uma perplexidade que durou muitas horas em razão da surpresa do movimento. Houvesse uma concentração operária, como estava planejado e como fizemos em agosto do mesmo ano, o movimento revolucionário teria tido resultado diferente.

Na quarta-feira, 27 de novembro, eu não tinha mais dúvida da nossa derrota. Não havia milagre que nos livrasse dela. Os camaradas em Socorro, cercados pela frente, pela retaguarda e pelos flancos, não tinham meio de escapar; ainda tentaram organizar uma coluna para realizar um movimento guerrilheiro, mas era tarde: estavam cercados e seria inútil qualquer resistência.

Minha guarda mudara e a situação era outra. Arranjaram-me uma serra, serrei a grade na intenção de fugir altas horas da noite. À tardinha, fui transferido para a Secretaria da Segurança Pública, onde tentaram interrogar-me. Neguei-me a prestar declarações, sob o pretexto de que estava passando mal do ferimento da coxa e não me achava em condições de depor. Chamaram um médico da polícia, que aconselhou me mandarem para o hospital. Fui transferido para a enfermaria da Casa de Detenção do Recife e mantido incomunicável.

Ali, recebi a primeira visita do meu velho amigo Antônio Silvino e, depois, a de outro amigo, meu ex-chefe de rancho na Casa de Detenção na época em que estive lá como preso comum, Gerson de Moraes Melo. Nesse momento, era ele o secretário da Casa de Detenção do Recife. Antônio Silvino, na intimidade, fez algumas críticas ao movimento, achando que o assalto deveria ter sido simultâneo e bem dirigido e que havíamos agido de maneira precipitada. Achava que os integralistas eram mais numerosos que os maximalistas e, além disso, tinham a proteção do governo, da Igreja e dos ricos donos das terras, dos bancos e das fábricas; afirmou que sentia não ver a vitória da "lei do maximalismo" porque estava no fim da vida. Diariamente, ia visitar-me na enfermaria. Conversávamos muito sobre o tempo em que vivera no cangaço. Ensinou-me como deveria lutar nas caatingas e nos sertões, contou-me suas peripécias, seus sofrimentos e suas alegrias, suas vitórias e suas derrotas, sobretudo a obediência e a ordem que devem reinar num grupo de cangaceiros. Falou sobre os choques e os grandes combates com os "macacos" – esse era o nome que ele e seu bando davam às forças policiais que os perseguiam. Disse que, muitas vezes, os combates entre seu grupo e a polícia eram simulados, organizados por intermédio de seus "coiteiros": ele subornava os comandantes das volantes. Isso não era uma norma, porque nem sempre dispunham de dinheiro suficiente e também porque certos oficiais não se deixavam subornar.

Enquanto estive na enfermaria, fui inquirido pela junta militar, composta de três oficiais: o tenente-coronel Vasconcelos e dois outros, desconhecidos para mim. Não fui coagido; dei um depoimento curto e neguei que tivesse ligação com o Partido Comunista ou fosse filiado a ele – era a orientação. O encarregado do inquérito era um antifascista notório. Neguei que tivesse alvejado o tenente Xavier Sampaio; confessei a luta corporal com o sargento José Alexandre Vieira, o tenente Agnaldo e seu bagageiro. Perguntou-me se, durante ou depois da luta, eu vira algum oficial morto. Respondi-lhe que não. Perguntou-me ainda se era e continuava sendo antifascista; afirmei-lhe que era e agora continuava sendo com mais razão. Nessa ocasião, a cadeia ainda estava com mais de 6 mil presos políticos, afora os presos nos quartéis e nos municípios.

Dias depois, apareceu-me o dr. Etelvino Lins, delegado de polícia, para ouvir-me, mas portou-se com muita prepotência. Respondi-lhe que ele não era meu senhor nem eu seu escravo e que não tinha declarações a fazer-lhe. Insistiu, mas não dei ouvidos e ele foi embora. Cinco ou seis dias depois, voltou calmamente; perguntou-me se estava disposto a prestar declarações. Respondi-lhe:

– Desde que me trate bem, estou à sua disposição.

Ouviu-me com serenidade. Não saí das declarações que fiz ao tenente-coronel Vasconcelos. Ele estranhou que eu tivesse tão pouca coisa a dizer diante de tantos acontecimentos. Ficamos nisso.

Devo dizer que o partido, em geral, ficou intacto. À exceção de Silo Meireles, Caetano Machado e Mota Cabral, que estavam presos, a maioria da direção nada sofrera. Muitos elementos que eram do PCB e foram presos logo foram libertados, pois nada se apurou contra eles, nem a polícia os conhecia como comunistas. Na caserna, onde maiores foram os danos, ficou uma grande parte de sargentos, cabos e soldados que também não foram descobertos, além dos que foram presos e depois soltos, porque nada fora apurado contra eles. Da polícia, apenas o tenente Cunha e meia dúzia de soldados foram presos; a maioria ficou incólume. Praticamente, o setor operário do partido nada sofreu como organização. As organizações de base, distritais e de zona também quase nada sofreram. Só o setor militar, no Exército, foi duramente atingido.

11

A situação parecia melhorar. Mais de 20 mil presos políticos haviam sido soltos. O partido recomeçava a articular-se, tinha-se a notícia de que Prestes e outros camaradas estavam rearticulando o movimento revolucionário. Na Polícia, no Corpo de Bombeiros e na Guarda Civil, as coisas iam bem. Eu me achava isolado numa cela, incomunicável, mas estava mais ou menos a par da situação. Curara-me completamente do ferimento. Até aqui, os meus colegas José Avelino de Carvalho, Augusto José Bezerra e Diniz Henrique, o capitão Otacílio, Silo Meireles e o tenente Lamartine tinham se saído bem nos interrogatórios. Todos nós inocentamos os soldados, que foram soltos, voltando alguns para os quartéis. Todavia, em Natal, Recife e Maceió, havia mais de mil soldados, cabos e sargentos presos. Entre nós, reinava a mais completa união e solidariedade, não só entre os ex-militares como entre os camaradas civis, que nos tinham uma grande admiração, e nós a eles. Entre os prisioneiros políticos, havia muitos intelectuais, promotores, jornalistas, dentistas, médicos, professores e outros; também entre eles reinava grande animação e harmonia. No início, só houve espancamentos nos atos de prisão, mas não houve tortura. Estas começaram, violenta e barbaramente, em fevereiro, principalmente depois da prisão de Luiz Carlos Prestes, no Rio.

Em Recife, Caetano Machado, o mesmo que decretara a revolução e fora para casa dormir, começou a mandar bilhetinhos para fora da prisão a torto e a direito, por intermédio de sua companheira, que era conhecidíssima da polícia. Esses bilhetes destinavam-se a todos os que ele conhecia e que tinham compromisso com o movimento revolucionário, inclusive elementos da oficialidade e da Polícia Militar. O resultado foi que a polícia passou a seguir a companheira de Caetano e, quando deu o golpe, foi seguro. Ela tinha uma filhinha de poucos meses de idade. Foi interrogada, tentou negar. A polícia ameaçou torturar a criança, ela confessou o que sabia e o que não sabia. A polícia começou a efetuar prisões e mais prisões. Caetano Machado procurava negar o depoimento da companheira; eram acareados e confirmavam suas declarações anteriores. Ele tentava negar, a polícia trazia a criança, apertava-a, esta começava a chorar. Caetano confirmava o depoimento da mulher e, em consequência disso, as prisões se enchiam cada vez mais e as torturas aumentavam. A enfermaria da Casa de Detenção do Recife superlotava-se de presos políticos esmagados a cacete.

O dirigente comunista José Maria estava agonizante, morreria dois dias depois em consequência da tortura. Na Secretaria de Segurança, Cabelo de Rato foi torturado até a morte. Centenas de operários eram barbaramente torturados e soltos para morrer em casa. Foram presos os coronéis Muniz de Farias e Costa Neto, da Brigada Militar e também o major Brás Calmon. Toda a direção do partido fora presa, inclusive Pascásio Fonseca, que estava no Maranhão e foi transportado para Recife. Foram presos também vários sargentos, cabos e soldados da Brigada Militar do estado. Foi realmente um grande desastre sofrido pelo partido, que ficou esfacelado. Tudo isso em consequência da leviandade e da irresponsabilidade do camarada Caetano Machado, que era quem conhecia tudo, praticamente. Sua opinião era uma lei. Foi assim que ele decretou a revolução em 24 de novembro de 1935 sem mobilizar o partido e sem ouvir as ponderações dos componentes do Comando Revolucionário, inclusive as minhas ponderações. O resultado é que o partido só tomou conhecimento da revolução pelo pipocar dos fuzis e metralhadoras. Nessas condições, as massas não foram mobilizadas para a luta e os elementos que pegaram em armas, em Socorro, o fizeram graças à capacidade e ao dinamismo do tenente Besouchet e por iniciativa de algumas células do partido em Jaboatão, Morenos, Tijipió e Areias. Tudo isso *depois* de ter sido deflagrada a revolução.

Eu continuava isolado de tudo e de todos, já sabendo que era trágica a minha situação. Um dia, cerca de meia-noite para uma hora, fui levado à Secretaria de Segurança Pública, à presença do capitão Malvino Reis Neto, chefe da Polícia do estado, que me recebeu gritando:

— Bandido! Assassino! Covarde! Vais me pagar o novo e o velho, tens que confessar tudo! Nunca me enganaste! Terás que confessar todas as tuas atividades comunistas nos quartéis, no QG e no CPOR, na Brigada Militar e na Guarda Civil, pois sei de tudo. Teus parceiros Diniz Henrique, José Avelino de Carvalho e Augusto José Bezerra já confessaram.

Respondi-lhe que nada tinha a dizer além do meu depoimento à polícia e à Comissão de Inquérito Policial Militar.

— O teu depoimento é falso, bandido!

E completou com um soco na minha cara. Os tiras não se fizeram de rogados, completaram com pontapés no estômago, nos rins, no ventre, e o mais forte aplicou-me um "telefone" com as duas mãos em meus ouvidos. Foi o começo. Pararam. Minha boca e nariz sangravam. Malvino falou:

— Isto é água de flor de laranja para te tranquilizar. Agora vais me dizer como mataste o tenente Xavier Sampaio.

— Não matei ninguém. Lutei contra o tenente Agnaldo e o sargento José Alexandre Vieira porque me agrediram fisicamente e os feri porque fui antes ferido por eles.

Outro soco de Malvino Reis Neto e muitos chutes dados pelos policiais, chefiados pelo cruel bandido Wandenkolk Wanderley. O chefe de polícia mandou suspender o espancamento para continuar o interrogatório e me perguntou:

— Quem são os teus cúmplices no QG e no CPOR?

— Não tenho cúmplices, agi sozinho: se os tivesse, não estaria aqui sendo torturado.

Nova "sessão espírita", como diziam. E já agora eram os cassetetes de borracha que me batiam no estômago, nos rins e na cabeça até nova ordem do fascista Malvino.

— E no 29º BC, quem eram os teus companheiros?

— Também não os tenho.

— Não os tens?

Leu o depoimento de Valdemar Diniz Henrique, José Avelino de Carvalho e Augusto José Bezerra.

— E agora, bandido, ainda tens o cinismo de negar?

— Nego, porque não são verdadeiras as declarações feitas por eles!

Nova "sessão espírita".

Amanhecia o dia, já eram mais de cinco horas de suplícios. Fui recolhido a uma sala da Ordem Política e Social, com os dentes e o nariz arrebentados, sangrando, todo o corpo cheio de hematomas. Não recebi alimentos, nem sequer água para beber.

À uma hora da tarde, recomecei a ser interrogado pelo delegado, o que durou até as quatro horas, quando ele foi substituído por Etelvino Lins. Este me interrogou até as sete horas da noite. Mantive-me na mesma; não sabia de nada e não tinha compromissos com ninguém. Eu sabia que eles iam me matar porque estava disposto a não dizer mais nada; além disso, sentia a responsabilidade de membro do partido e, de forma alguma, queria prejudicar aqueles que confiaram em mim. Preferia a morte a me deixar desmoralizar e perder a confiança do partido. Queria viver, mas viver de cabeça erguida, com a dignidade de um militante comunista. E nisso me firmei até o fim.

Quando Etelvino Lins suspendeu o interrogatório, supus que estaria livre o resto da noite. Mero equívoco, pois à meia-noite fui levado à presença do fascista Malvino Reis Neto. A turma dos torturadores já estava em seu gabinete, esperando-me. Malvino interrogou-me sobre a conspiração na Polícia Militar e na Guarda

Civil. Respondi-lhe que nada mais tinha a dizer e que podia me matar, mas eu não caluniaria ninguém. Deram-me ali mesmo uma "sessão espírita" para, segundo ele, esquentar o corpo.

À uma hora da madrugada, algemaram-me, puseram-me dentro de um carro e saíram com destino às matas do Beberibe. Durante o trajeto, de vez em quando, nos lugares mais ermos, tiravam-me do carro e levavam-me para debaixo das mangueiras, onde os cassetetes de borracha entravam em ação. Suspendiam a pancadaria e levavam-me outra vez para outro local, e assim até chegarmos ao matagal do Beberibe onde me torturaram até que perdi completamente os sentidos. No início do espancamento, eu contraía os músculos, mas aos poucos fui perdendo as energias, sentindo uma agonia em todo o corpo, até que não vi mais nada. Ouvia apenas o timbre de voz de Wandenkolk Wanderley dizendo:

– É esparro, toquem o cacete!

Tudo escureceu. Só voltei a mim às doze horas do dia seguinte, deitado num banco, na Ordem Política e Social. Tinham me dado umas injeções e um enfermeiro me esfregava pomada no tórax, no estômago, nos joelhos. Todo o meu corpo era um hematoma só. As pernas não se moviam, os braços pouco podiam mexer-se, dores atrozes sentia em todo o corpo. À meia-noite, fui recolhido à Casa de Detenção do Recife, com ordem de Malvino de não receber nenhum tratamento médico.

Não podia alimentar-me, nem sentia fome; só bebia água e alguns goles de café e, quando o líquido chegava ao estômago, me dava uma cólica tão forte que tinha a impressão de ter ingerido um punhado de vidro ralado. Não podia levantar-me, as pernas inchadas. Isolado dos companheiros, rigorosamente incomunicável, sem auxílio de ninguém; teria morrido se não fosse um jovem estudante de medicina, que fazia estágio na Casa de Detenção e tinha sido meu aluno no Tiro de Guerra 333. Passou pela minha cela, jogou-me uma pomada para eu passar nos joelhos e nas pernas. Assim permaneci durante quinze dias; urinava com muita dificuldade e não podia defecar. O estudante de medicina conseguiu novamente chegar à minha cela. Disse-lhe que estava melhor do joelho, mas não podia evacuar. No dia seguinte jogou-me uns supositórios. Usei-os e foi pior, pois aumentou o desejo de defecar mas os intestinos não funcionavam. Dias depois, ele foi ao Hospital Português e me trouxe uns remédios para lubrificar os intestinos e um aparelho especial para facilitar a extração das fezes.

Antes do fim do mês de março de 1936, fui novamente tirado da cela à meia-noite para ir à Secretaria de Segurança Pública falar com o fascista Malvino. Pedro Acioli, o elemento que servia de ligação e funcionava como instrutor político no setor militar do partido, fora preso na cidade de Caruaru e, barbaramente espancado, dissera o que sabia e o que não sabia. Minha permanente negativa, apesar da tortura, de que tivesse havido articulação militar para o levante do 29º BC já estava quase convencendo Malvino Reis Neto. Mas tudo agora ia por água abaixo.

Pedro Acioli revelara tudo. E acrescentou que somente eu conhecia os elementos comunistas dos quartéis, pois era o secretário-geral da organização militar, não só do 29º BC como do QG e do CPOR e também da Polícia Militar e da Guarda Civil. Ao chegar diante de Malvino, este rasgou o depoimento que eu tinha prestado e jogou-o em minha cara, com as seguintes expressões:

– Bandido! Mentiroso! Tentaste me enganar! Vais morrer hoje no pau! Não escaparás! O teu fim vai ser o mesmo do teu parceiro Luís Bispo!

E arrastou-me até a janela da Ordem Política e Social, mostrou-me o cadáver de Luís Bispo, dirigente do Comitê Estadual: estava só de calça, o peito e a barriga pareciam duas bolas de basquete, roxos, e a cara era um hematoma só. Manuel Batista Cavalcanti, conhecido por Ferro, estava com o dorso cheio de hematomas e os braços inchados e roxos, não fazia dez dias que tinha sido operado.

Fui submetido a uma "sessão espírita" e seguiu-se o interrogatório até as dez horas da noite, quando, por sorte, tive uma vertigem, caindo da cadeira ao solo. O delegado, assustado, mandou chamar o médico da polícia que constatou a gravidade do meu estado de saúde. O delegado telefonou a Malvino, que veio e, me vendo estendido no solo, ordenou-me que levantasse. Fiz que não podia, deu-me um coice nas nádegas e disse:

– Voltas à Casa de Detenção, mas vais morrer, não escaparás! Removeram-me para a Casa de Detenção, jogaram-me em cima de uma tarimba com a mesma recomendação de não receber nenhum socorro médico.

Três dias depois, o verdugo Malvino Reis Neto teve um desentendimento com seu parceiro, fascista como ele, o general Milton Cavalcanti de Albuquerque, comandante da 7ª Região Militar. Malvino foi exonerado da Secretaria de Segurança Pública, sendo nomeado para substituí-lo interinamente o capitão Jurandir Mamede. Silo Meireles, que fora seu colega desde a Escola Militar, pediu-lhe uma entrevista, denunciou os atos de tortura e os crimes de Malvino Reis Neto e pediu-lhe que proibisse os espancamentos que a polícia vinha praticando. Isso me salvou de ser trucidado a cacete, como o foram José Maria, Abelardo, Cabelo de Rato, Luís Bispo e dezenas de operários que apareciam mortos nas praias, nos matagais e em outras partes desertas do estado depois de horrivelmente torturados, além de muitos outros que eram postos em liberdade para morrer em casa, em consequência da tortura. A enfermaria da Casa de Detenção ainda estava superlotada de elementos torturados e, quando morriam, o médico era obrigado a dar o diagnóstico que Malvino Reis Neto indicava, ou seja, colapso cardíaco, derrame cerebral, úlcera no estômago, hepatite etc.

O meu carcereiro, escolhido propositadamente, era muito jovem e de boa aparência, intoxicado pela propaganda contra mim e contra os comunistas em geral, um verdadeiro cão de fila, dos mais perigosos que conheci na prisão. Eu andava muito doente, com fastio e muito fraco, pouco me movimentava na cela, andava como uma criança, arrastando as nádegas pelo chão, sem ter quem me auxiliasse. Minha incomunicabilidade continuava severa. Nessas condições, numa bela manhã de sol, recebi uma pedrada que quase rachou-me o frontal. No auge da dor, me perguntei por que me haviam atirado aquela pedra de fora para dentro? Raciocinei: foi uma brincadeira, sem a menor intenção de atingir-me. Mas olhei a pedra e vi que estava embrulhada e amarrada com um cordão. Então virei-me de lado na tarimba, desci o braço direito até a mão alcançar o solo, apoiei-me nela e desci a perna direita até alcançar o solo, sentei-me e saí arrastando a bunda pelo chão, até pegar a pedra embrulhada. Desamarrei o cordão, desembrulhei e encontrei um bilhete de minha companheira com cinquenta mil-réis dentro. Ela dizia que todos sabiam de minha situação e que tinham esperança de que eu vivesse, que não me preocupasse com os filhos, pois, enquanto ela pudesse trabalhar, eles não passariam fome. Os cinquenta mil-réis eram para comprar leite e frutas. Foi um bilhete animador, que muito me estimulou, embora eu não pudesse comprar nada com o dinheiro.

O meu cão de fila, o meu guarda-civil, exercia sobre mim uma tremenda vigilância: quando encontrava uma ponta de cigarro defronte de minha grade ou nas vizinhanças de minha cela, abria e esfarinhava o fumo para ver se havia algo escrito. Quando me levava ao banheiro, fazia-me esperá-lo à porta, destorcia o chuveiro, metia o dedo no interior do cano de água para ver se tinha algo escrito; levantava o ralo do esgoto do banheiro, arregaçava a manga da túnica e atolava a mão no esgoto. Feitas essas operações, mandava-me entrar e ficava esperando para levar-me de volta ao cubículo.

Um dia, eu o vi passeando para lá e para cá. Ora tirava o quepe da cabeça, ora o recolocava, soprava pela boca como um boi acuado, voltava a andar para um lado e para o outro. Eu me achava melhor, já podia ficar de pé, escorado na grade ou na parede. Ele passou e eu, sem pensar, o chamei:

— Faz favor, seu guarda.

— Não faço favor a comunista!

— Mas eu quero falar com você — retruquei.

— O que deseja?

— Para mim, nada, mas vejo-o com a fisionomia diferente... Está passando mal ou está aperreado?

— Que tem o senhor com isso?

— Do ponto de vista de preso, não tenho nada, mas, como criatura humana, tenho, porque não posso ver ninguém sofrer.

Ele soprou e disse:

— Realmente, estou muito aperreado; tenho um filho passando muito mal e vai morrer, porque não tenho dinheiro para levá-lo ao médico.

Não vacilei: meti a mão no bolso e lhe entreguei os cinquenta mil-réis. Ele ficou indeciso. Disse-lhe:

— Não estou dando ao senhor; estou dando ao seu filho. O senhor não tem direito de recusar se realmente ama seu filho. Receba o dinheiro e leve seu filho ao médico.

E indiquei-lhe um médico especialista em doença infantil, dr. João Tavares.

— Por que o senhor faz isto? — perguntou-me o guarda.

— Porque sou pai de dois filhos e compreendo o sofrimento dos pais quando não podem tratar de seus filhos. Vá embora, arranje um colega para substituí-lo, leve o garoto ao médico e compre os remédios.

Ele recebeu o dinheiro e foi substituído no serviço.

No dia seguinte, estava alegre e buscou um pretexto para falar comigo. Temendo ser visto defronte a minha cela, procurou uma oportunidade segura. Uma noite, encostou, deu-me boa-noite, o que nunca havia feito. Perguntei-lhe como ia passando o seu filho.

— Graças a Deus e ao senhor, o meu filho está salvo.

— Folgo em saber que seu filho está salvo.

— Não sei quando lhe pagarei.

— A mim o senhor não deve nada. A saúde de seu filho é o meu pagamento e não desejo que o senhor me facilite nada. Continue com a mesma vigilância. Não desejo que o senhor ou qualquer outro guarda se prejudique por minha causa. Sei das ordens que existem contra mim. Nunca tive nada contra o senhor e seus colegas. Sei que vocês recebem ordem e, se não cumprirem, serão presos ou demitidos, perdendo o minguado salário e sofrendo privações e fome, como passa a grande maioria do proletariado e a laboriosa família camponesa.

Ele me respondeu:

— O senhor me perdoe, mas estou surpreendido. Disseram-me que o senhor era um bandido, um assassino, que era capaz de matar as crianças para beber-lhes o sangue, que não respeitava moças nem mulheres casadas, que era contra Deus, contra a pátria e a família. Supunha que o senhor fosse um monstro, sem coração e sem consciência. Olhe, pelo que dizem do senhor e dos comunistas, se me mandassem matá-lo, eu o faria, tamanho era o ódio que eu tinha do senhor. E agora é o senhor que me ajuda a salvar o meu filho, enquanto eles, que o acusam, não me socorreram quando mais eu precisava. E foi um comunista, a quem tinha como um inimigo cruel, que me fez uma obra de caridade, que nunca pagarei. Com franqueza, tenho remorso de tê-lo tratado tão mal. Perdoe-me, pelo amor de Deus e de seus filhos.

Depois de ouvir esse desabafo, respondi que não tinha nada a lhe perdoar.

— Sei que o senhor cumpriu ordens. Eu também cumpriria se estivesse em seu lugar e não tivesse a consciência política e a concepção humana que tenho hoje. Sou comunista por ser, antes de tudo, humano. Luto contra as injustiças sociais, contra o atraso, contra a fome e a miséria do nosso povo. Nós comunistas queremos que o povo trabalhador, que produz as riquezas, tenha comida, roupa, casa, escola, médicos e remédios para seus filhos. Lutamos por uma sociedade nova, em que não haja mais senhores nem escravos e que os homens como o senhor não se deixem envenenar contra os que lutam em benefício de todos.

Ele foi embora. Quando teve outra oportunidade, veio novamente falar comigo, com uma fisionomia alegre e humana. Perguntou-me, então, como eu sabia de tantas coisas de que ele não ouvira falar antes. Expliquei que havia aprendido em alguns livros e na prática da vida, em contato com o povo.

– O senhor não podia indicar-me alguns desses livros? – perguntou-me ele.

Então, passei pacientemente a lhe explicar que esses livros eram proibidos, e que só podiam ser lidos em casa, sob o risco de a pessoa ser presa, acusada de comunista.

– Por quê? – perguntou ele.

– Por serem livros que dizem a verdade, e os poderosos não querem que o povo saiba da verdade. Por isso, logo perseguem e chamam de subversivas as pessoas que querem se esclarecer.

– Mas o senhor não pode me indicar os livros que falam dessas coisas?

Diante de tanto interesse, que me pareceu sincero, aconselhei-o a que começasse a leitura pelo romance de Máximo Gorki, *A mãe* e depois lesse a *História do socialismo e das lutas sociais, O Estado e a revolução,* de Lenin, e toda a literatura que fora proibida pela polícia. Disse-lhe que, se não pudesse comprá-los logo, falasse com o Mário Piá, seu companheiro de turno, chefe dos guardas.

Dias depois me apareceu o Mário Piá, apavorado, pois realmente havia sido procurado. Contou-me, então, que o Miranda lhe pedira livros e que ele fugira da conversa. Confirmei o real interesse do guarda e lhe pedi que começasse a trocar ideias com ele. Um mês depois, o meu ex-cão de fila era um membro do partido e nos prestou valiosos serviços na prisão. Entre outros, cito um exemplo: evitou que o fascista Trindade Henrique, que ainda continuou como delegado de polícia em Pernambuco tempos depois, matasse dezenas de prisioneiros políticos.

A coisa ocorreu assim: apesar de estarmos incomunicáveis, havia um sistema próprio de comunicação entre as celas. Utilizávamos os dedos da mão para fazer as letras do alfabeto. Como as portas das celas eram fechadas, além das grades, com as portas de madeira, só podíamos nos comunicar quando um companheiro de uma cela subia à janela que ficava ao alto e transmitia os sinais para outro companheiro, também postado em sua janela. Eu, ainda em precárias condições físicas, não podia subir à minha janela. Por isso, o cabo Siqueira, que estava numa cela ao lado da minha, foi encarregado de me transmitir as mensagens, o que fazia através da parede, usando o código morse. Para a organização de todo o sistema de comunicação, os companheiros receberam nomes de guerra e Siqueira os anotou ao lado dos nomes legais. Eram mais de sessenta companheiros.

Quando foi posto em liberdade, Siqueira acabou esquecendo a relação dos nomes em cima da tarimba, sendo o meu o primeiro da lista. Imediatamente o guarda Miranda foi à minha cela e me entregou a lista recomendando e exigindo mesmo que ela fosse queimada, para o que me deu fósforos e o fiz na sua presença. Disse-me então que nem imaginávamos o que iríamos sofrer se o fascista Trindade tivesse conhecimento de nossas comunicações, o que teria sido inevitável se outro guarda houvesse encontrado a lista. E foi esse o primeiro serviço de Miranda.

A experiência desse episódio nos fez, então, modificar o processo até podermos retornar, algumas semanas depois, à organização ilegal que era necessária, pois, além de existirem ali presos do partido, havia outros que nem conhecíamos.

Depois de alguns meses, fui transferido para o raio oeste, posto numa cela isolada. Só era possível comunicação com os vizinhos através do morse.

Os coronéis Costa Neto e Muniz de Farias estavam em dois cubículos, isolados um do outro, mas tinham a regalia de conservarem a porta de madeira aberta. O tenente Silo Meireles, o capitão Otacílio, José de Lima, Alcedo Coutinho, Caetano Machado, Mota Cabral e outros tinham uma cela na terceira galeria do raio oeste. Cristiano Cordeiro, Santana e Lamartine Coutinho estavam junto com Silo Meireles e os demais citados. As celas, que eram para três pessoas, estavam com dez e até quinze; as que eram para cinco, estavam com vinte e até trinta presos. Em tais condições, éramos obrigados a fazer revezamento para dormir.

A xepa não era ruim, era péssima! Os percevejos, pulgas, baratas e ratos eram nossos companheiros constantes por muito que nos esforçássemos em matá--los. Material de limpeza, a começar pelo simples sabão, não nos davam, nem podíamos comprá-los ou recebê-los de nossos familiares, pois não tínhamos o direito de receber visitas. As muquiranas começaram a nos atacar e, se a coisa não era pior, é porque somente usávamos cuecas ou calções, pois a direção não nos fornecia roupas.

Inventamos novo meio de comunicação depois que foram descobertos os dois anteriores que usávamos. O novo meio, já que utilizávamos as privadas, foi chamado de "merdafone". A técnica era a seguinte: a determinada hora, previamente combinada, secávamos o sifão do vaso e através dele nossa voz era audível na outra cela. E assim restabelecemos as comunicações entre os companheiros, transmitindo mensagens sobre problemas internos e notícias sobre a situação geral fora do presídio, que chegavam ao nosso conhecimento por intermédio de algum companheiro do organismo.

Era um processo de comunicação muito eficiente. Foi o que nos manteve informados sobre a liberdade de companheiros, a prisão de outros, a tortura de vários e mesmo sobre a situação política nacional e a Guerra Civil Espanhola. Nesse período trágico do fascismo, uma notícia que nos causou profundo entusiasmo e emoção foi a solidariedade dos deputados espanhóis aos presos políticos brasileiros, responsabilizando o governo Vargas pela vida do camarada Luiz Carlos Prestes e pela ascensão cada vez maior do fascismo no Brasil; também soubemos da saída do capitão Jeová Mota do integralismo e, posteriormente, do rompimento do coronel Azambuja Vilanova com o fascismo verde, e de muitos acontecimentos.

A célula da Guarda Civil, formada a princípio com Mário Piá, meu ex-cão de fila e dois outros que se filiaram ao partido, inclusive o guarda Alfredo, já contava com cinco elementos, que nos prestavam valiosos serviços. No início, somente três elementos dos presidiários políticos sabiam desse organismo. Os "nossos" guardas receberam recomendações de não se abrirem para ninguém, nem mesmo para os seus familiares, mantendo-se completamente alheios a tudo. E, em certos momentos, deviam se fingir de reacionários, mesmo para os companheiros presos.

O nosso "merdafone" continuava funcionando com toda a precisão. Mas surgiu uma grande inconveniência. O esgoto da Casa de Detenção vazava para o rio Capibaribe e, quando a maré enchia, fazendo pressão no esgoto, subiam gases muito fétidos, que intoxicavam não só os que falavam e recebiam as mensagens, mas também os outros companheiros de cela. Muitos dos companheiros adoeceram e era difícil o tratamento, porque só havia um médico para atender a mais de 3 mil presidiários. Pedia-se uma visita médica hoje e passava-se, às vezes, mais de um mês para ser atendido; se a doença fosse grave, quando o médico chamava o doente, este já estava morto. Desistimos de nosso "merdafone". Que fazer?

As células da segunda e da terceira galeria poderiam comunicar-se com os cubículos de baixo, mas estes não se comunicavam com os de cima; isso porque os de cima desciam suas mensagens pelo esgoto da privada, amarradas numa linha, mas de baixo para cima era impossível. As comunicações ficavam apenas entre as celas, não abrangendo todo o presídio, nem as galerias da frente. Tentamos domesticar os ratos camundongos. Na primeira experiência, amarrou-se a um deles uma mensagem e o bicho, apavorado, em vez de prosseguir em direção à cela vizinha, seguiu a galeria em direção aos guardas, que o pegaram e levaram a mensagem ao diretor. A mensagem não tinha o nome de ninguém. Sessenta prisioneiros foram postos de castigo em três celas, onde ficaram espremidos como sardinha em lata. Um camarada morreu asfixiado e dois outros baixaram à enfermaria em estado grave. O calor era tão grande que o vapor emanado do corpo dos prisioneiros virava água em contacto com a parede. Não fosse o médico – que, apesar de sua timidez, protestou e ameaçou comunicar o fato ao chefe de polícia –, teriam morrido muitos companheiros.

Liquidamos todos os ratos que estávamos domesticando. Passamos vários dias pegando moscas e enfiando uma linha, para que formassem uma espécie de rosário; produzimos mais de vinte pequenas cobrinhas, que deslizavam pela galeria, arrastadas pelas formigas. Os guardas ficaram alarmados com o número de cobrinhas a se arrastarem pelo solo em várias direções. Só depois que um preso comum pegou uma dessas cobrinhas, e as formigas se espalharam por suas mãos, descobriu-se que aqueles bichinhos compridos não passavam de moscas enfiadas em pedaços de linha!

Nós, os presidiários, tínhamos duas organizações na Detenção. Uma de massa, que tinha as seguintes iniciais: CCC, Comissão Central dos Coletivos, e outra, partidária, que orientava a CCC e se preocupava com os problemas políticos. Os camaradas ex-militares eram mais numerosos como massa. E, como eu era membro do partido, fui escolhido presidente da CCC e membro do secretariado da direção política. Tanto a massa de soldados quanto a massa de civis dedicavam-me grande estima. Eu me aproveitava dessa prova de amizade e confiança dos companheiros para manter a unidade entre todos, principalmente com a massa não partidária.

Certa vez, à época de Malvino Reis Neto, meus companheiros de cela vizinha reclamaram dos maus-tratos de um guarda. Trindade Henrique, subdiretor, mandou castigá-los, mas eles se negaram a sair da cela. Trindade comunicou o fato ao chefe de polícia, Malvino Reis, que mobilizou sessenta guardas civis, mais de quarenta policiais e com eles entrou no raio oeste. Todos armados até os dentes. Mandou abrir a cela e desancar o cacete a torto e a direito nos companheiros. Como os policiais eram muitos e muitos os presos na cela, os policiais, na confusão, espancavam-se uns aos outros. Malvino mandou parar a pancadaria e ordenou aos soldados fazerem descer, de cinco em cinco, os presos, para a primeira galeria, onde o massacre se repetiu. E assim, mais de trinta jovens ex-soldados foram feroz e barbaramente espancados durante mais de três horas.

Depois de um ano de isolamento, fui transferido para a cela número 20 do raio oeste. Fiquei alegre, mas desconfiei da generosidade de Trindade Henrique. Ali estavam os cabos José Maria Cavalcanti, Vicente e Osias e um sargento. Três dias depois, chegou o cabo da Polícia Militar chamado Xavier para morar na cela número 1, defronte da nossa cela. Dias depois fui transferido da cela 20 para a cela 1. Até aqui, tudo normal. Meus companheiros de cela eram Francisco Baião, radiotelegrafista do Rio de Janeiro, o operário mecânico Godofredo de Brito, da rede ferroviária, o jornalista e pequeno comerciante Álvaro de Assis, os militares José Avelino de Carvalho, Diniz Henrique, Augusto José Bezerra e o cabo Xavier. O cabo, todo entusiasmado, contou que tinha feito uma porção de ligações com muitos elementos do Exército e da Guarda Civil, que conhecia muita gente do partido e chegou mesmo a dar nomes de alguns. Chamei-lhe a atenção, dizendo-lhe que, se realmente conhecia tantos partidários na sua corporação, como o afirmava, era seu dever silenciar. Ele respondeu:

— Você está com medo, camarada?

— Sim, tenho medo de você! E aqui não queremos saber dessas coisas, não queremos saber de suas organizações, nem das suas ligações, nem de seus conhecidos revolucionários.

— E o companheiro é dono da célula e do partido, é?

Respondi que não, mas que lhe transmitia o pensamento dos companheiros da cela como também de todos os presidiários.

Três dias depois, Xavier foi chamado à chefia. Aproveitamos sua ausência para acertar uma norma de conduta a respeito dele. Propus que não se falasse nada que pudesse comprometer alguém ou mesmo causar suspeitas. Achava que Xavier era um policial posto em nosso meio para ver, ouvir e contar ou então era um provocador barato. Ficamos na expectativa. Xavier voltou da chefia com várias carteiras de cigarros e frutas. Ofereceu-nos, agradecemos e não aceitamos nada. Ora, na cela nada era permitido, não entrava nada para nós e nem sequer tínhamos a permissão para comprar algo, mas para Xavier deixavam entrar cigarros e frutas! Havia boi na linha... Fato que se comprovou depois.

Não se passaram oito dias, Xavier simulou uma dor de cabeça e pediu visita médica; foi atendido imediatamente. Um dos guardas-civis que abriram as portas para ele nos xingou de comunistas safados e, quando fechou a porta, cuspiu uma bolinha de papel. Abrimos a bolinha e nela estava escrito que tivéssemos cuidado com o novo hóspede. Dias depois, o mesmo guarda, ao tirar-me para o banho, deixou-me um bilhete mais claro, dizendo que, quando Xavier era chamado à chefia ou ao médico, era para falar a sós com Trindade Henrique. Estava o cabo Xavier desmascarado para nós.

Uma vez, ele saiu e demorou pouco. Veio xingando Trindade Henrique e os guardas de reacionários e fascistas. Era uma provocação preparada contra nós. Concluiu o discurso afirmando que, se os demais companheiros fossem como ele, Trindade Henrique já teria pago muito caro. Foi para o castigo de mentira. Não poderíamos, evidentemente, topar uma provocação tão barata e tão malfeita. A seguir, voltou à nossa cela. Emudecemos, não aceitamos qualquer diálogo. Foi um gelo total. Isso irritou Trindade Henrique, que, não obtendo "serviços" de Xavier, colocou-o no castigo para valer, supondo que o havíamos ganho para nossa posição. E nosso guarda nos avisou que, desta vez, ele estava mesmo no castigo, estava muito magro e barbado.

Quinze dias depois, Xavier voltou à nossa cela, cadavérico, doente e muito pálido. Francisco Baião, nosso companheiro de cela, acabara de receber trezentos mil-réis pelo correio, que sua família lhe mandara. Todo esse dinheiro foi gasto com Xavier em compra de remédios passados pelo médico do presídio. Prestamos-lhe toda a solidariedade possível. Ele, por sua vez, sentiu-se arrependido de ter aceitado a tarefa infame de delator. Confessou que o tinham encarregado de ouvir o que dizíamos a respeito do partido e das possíveis organizações em setores militares e civis e também a respeito das autoridades. Mas o tiro saiu pela culatra: o cabo Xavier, não tendo serviços a prestar e perdendo a confiança de Trindade Henrique, foi posto em liberdade e, nos anos de 1945 e 1946, realizou trabalho de massa para o partido.

Nossas ligações internas estavam precárias. Como nada tínhamos a fazer, resolvemos utilizar as baratas como estafetas. Baratas era o que mais tínhamos. Escolhemos as grandes e fortes para servirem à nova tarefa, eliminando as pequenas e raquíticas. Fizemos uma grande experiência. Pegamos uma grande barata, amarramos nela uma linha preta e exercitamo-la da seguinte forma: soltamo-la e deixamos que seguisse seu curso natural. Procurou esconder-se. Puxamo-la a ré. Não gostando de ser arrastada, seguia para a frente e, depois, à esquerda. Fizemos isso várias vezes. E, cada vez que a soltávamos e a arrastávamos, ela ia mais longe e assim, aprendeu a virar para a esquerda e para a direita, conforme a nossa vontade. Podíamos fazê-la entrar na porta vizinha à nossa cela. Os camaradas, que tinham ouvido o sinal na parede, ficavam a esperá-la. Estava resolvido o nosso problema de comunicação interna, com todos os companheiros do presídio político na Casa de Detenção do Recife. Agora, cada célula confeccionava uma caixinha de papel na qual coubessem folgadamente cinco baratas das mais robustas. Alimentação e carinho não lhes faltava, porque a xepa, que era péssima para nós, para as baratas era um banquete.

Como elas levavam nossas mensagens? Como já disse, depois de treinadas, nós amarrávamos-lhes uma linha preta e as soltávamos. Se queríamos que fossem para a esquerda, era só puxá-las de ré e soltar a linha novamente. Elas então compreendiam e seguiam o rumo certo. Os companheiros pegavam-nas carinhosamente, soltavam o laço e as colocavam na caixinha, que chamávamos de viveiro. Feito isto, puxavam a linha levada pela barata; e na outra extremidade da linha estava a nossa mensagem.

No início, houve certos embaraços, mas logo depois nossas estafetas trabalhavam admiravelmente... Só amarrávamos a mensagem à linha quando recebíamos o aviso de que a barata já havia chegado a seu destino. Esse foi um meio seguro que usamos para nos comunicar com todos os presidiários políticos.

A nossa Comissão Central de Coletivo, CCC, funcionava perfeitamente bem e a organização partidária continuava normalmente o seu trabalho de politização. Destaco aqui, como exemplo de abnegação, serenidade, inteligência e capacidade, o camarada José Francisco de Oliveira, o nosso Pai Velho querido, estimado, respeitado e acatado por nós. Foi sempre um modelo para todos, tanto na Casa de Detenção do Recife como na ilha de Fernando de Noronha. Destacava-se pela sua dedicação à causa do socialismo. Muito aprendi com esse velho militante comunista.

Uma greve de reivindicação ocorreu ainda em 1936. Não tínhamos sabão, não recebíamos roupas, não tínhamos direito a banho de sol nem a visitas de nossos familiares. Fizemos várias tentativas, reivindicando esses direitos mais elementares, e nada conseguimos. Assim, resolvemos fazer uma greve por aquelas reivindicações. A nossa CCC articulou todos os coletivos. Apenas reivindicávamos cinquenta gramas de sabão por semana para cada um, lavagem de roupa na lavanderia, pagamento de uma roupa por ano, banho de sol diário de pelo menos vinte minutos, direito a visitas pelo menos uma vez por semana. Eram, portanto, reivindicações mínimas, que podiam ser atendidas. Passamos a não aceitar a boia e a gritar que estávamos morrendo de fome. Subimos às grades e gritávamos cada vez mais forte para as ruas. Juntava muita gente. O fascista Trindade Henrique corria de um lado para o outro pedindo calma e, às vezes, ameaçando com castigos, espancamentos, lançamento de gás lacrimogêneo; enfim, ameaçava empregar a força para nos silenciar. Perguntava quem era o chefe. Respondíamos:

– Todos nós!

Tínhamos entregue o plano de reivindicações a ele e não deram a mínima satisfação. A gritaria de quase 3 mil presos políticos e o barulho que se fazia no interior das celas parecia um furacão. A multidão aglomerava-se nas imediações da Detenção, da estação Central, da rua da Aurora, da ponte da Boa Vista, da ponte 6 de Março e em todas as vizinhanças do presídio político. E o barulho continuava. Dois dias depois de gritos e barulhos, a reação cedeu em parte às nossas reivindicações. Passamos a ter dez minutos de banho de sol uma vez por semana, uma visita de cinco minutos de quinze em quinze dias. Recebemos cada um uma roupa de presidiário comum e o direito de mandar nossos trapos à lavanderia do presídio. Não recebemos nem um grama de sabão. Aceitamos o pouco que conseguimos, pois já era uma grande conquista para nós. Além disso, ganhamos a experiência e ninguém foi castigado, mesmo porque eles não descobriram os principais responsáveis nem sabiam que tínhamos uma organização de massa. As visitas eram rigorosamente controladas por um investigador de polícia, um guarda-civil e um guarda do presídio. Eu não tinha direito a visitas; só comecei a recebê-las depois de dois anos e dois meses mas tinha direito ao banho de sol por dez minutos, como os demais companheiros.

Em 4 de agosto de 1936, meu irmão José Lourenço Bezerra foi preso. Desde 1932, ele era o "Classope" isto é, vendedor e distribuidor da *Classe Operária* em toda a rede ferroviária do Nordeste. Sua prisão se dera em consequência de uma carta anônima, a ele enviada por um dirigente do partido, que passara alguns dias em sua casa. A polícia o prendeu para saber quem era o autor da carta e os elementos aos quais a carta se referia. Meu irmão negou que a carta fosse dirigida a ele, afirmou que jamais hospedara elemento do partido em sua casa e que não conhecia nenhum dos nomes referidos na carta. A polícia espancou-o de 4 a 15 de agosto, quando o soltou. Seus braços e pernas incharam tanto que sua pele arrebentou completamente e começou a escorrer um líquido grosso de seus membros. Nessa situação, puseram-no em liberdade, entre as cinco e as seis horas da tarde daquele dia. Tomou um carro e foi para casa. Logo que chegou, mandou chamar um enfermeiro, seu vizinho, que lhe fez curativo, desinfetou-lhe os braços e as pernas, passou-lhe uma pomada e envelveu-o em ataduras.

O enfermeiro foi embora e meu irmão, conduzido por sua companheira, sentou-se à mesa de jantar com seus cinco filhos. Desgraçadamente, logo no início do jantar a polícia invadiu-lhe a casa, arrastou-o até o tintureiro, onde o jogou, algemado, violentamente. Ao chegar à Ordem Política e Social, de onde tinha saído poucas horas antes, recomeçou a tortura e, depois desta, jogaram-no dentro de um tonel cheio de água, dizendo os verdugos que era para "refrescar". E assim continuaram: cacete e banho e, para variar, banho e cacete novamente. Acabaram de liquidá-lo no dia 18 de agosto de 1936.

Naquele dia, meu irmão sabia que ia morrer. Quando foram tirá-lo do buque Brasil Novo (cela solitária para os prisioneiros considerados mais perigosos), recusou-se a sair. Entraram Ranulfo Cunha, delegado de polícia, o bandido Wandenkolk Wanderley, os investigadores João Belarmino e um tal Manuel da Farinha, além de outros. Desta vez, não foram os cassetetes de borracha que os facínoras usaram, mas cano de ferro. Liquidaram meu irmão abrindo-lhe uma grande brecha no frontal, onde cabia o dorso da mão de um homem; fraturaram-lhe os dois úmeros, os dois fêmures e seis costelas, além de lhe darem golpes no estômago, intestinos etc.

Ranulfo Cunha, junto à turma de bandidos, depois de assassinar meu irmão, telefonou para o chefe de polícia, Frederico Mendelo, que era capitão do Exército, dizendo-lhe que acabara naquele instante de acalmar definitivamente o rebelde comunista José Bezerra, que nunca mais se revoltaria contra as autoridades. Mendelo deu-se por satisfeito e congratulou-se com seu comparsa Ranulfo Cunha.

Os assassinos de meu irmão, tentando encobrir seu bárbaro e covarde crime, forjaram para a opinião pública uma espécie de suicídio. Arrastaram o cadáver, puseram-no de pé junto à grade do Brasil Novo e amarraram fios elétricos em seu pescoço: chamaram os fotógrafos da polícia que, com os jornalistas credenciados, bateram fotos e forneceram à imprensa o material, dando a versão de que se tratava de suicídio por meio de eletrocussão.

Mas, como diz o ditado antigo, "matos têm olhos e paredes têm ouvidos", e lá mesmo, na Ordem Política e Social, havia um homem desajustado na vida, que prestava alguns serviços aos policiais, fazia faxina quando havia presos e comprava lanches para os detidos. Esse elemento fizera certa amizade com meu irmão e deste recebia alguma gorjeta quando lhe comprava café, cigarros etc. No dia 18 de agosto, antes de seu assassinato, meu irmão, prevendo a morte, entregou-lhe um relógio para levá-lo à sua companheira. O homem assistira ao trucidamento de meu irmão. Era a única testemunha visual.

Dois investigadores, que não assistiram ao crime, mas que sabiam da tortura, viram e ouviram Ranulfo Cunha telefonar ao capitão Mendelo, dizendo que haviam dado o "calmante" ao comunista José Bezerra. Esses investigadores receberam a missão de ir ao município de Moreno efetuar uma prisão e, lá chegando, encontraram outros dois investigadores, que puseram em seus bolsos duas fotografias do camarada Luiz Carlos Prestes e os prenderam como simpatizantes do comunismo. Passaram mais de quatro meses presos e incomunicáveis na Casa de Detenção do Recife. Seus familiares iam à polícia saber do seu paradeiro e a polícia informava que tinham saído em diligência e não voltaram mais; tinham sido possivelmente mortos pelos comunistas. Os parentes dos investigadores saíam convencidos das informações dadas pela polícia.

Enquanto isso, o movimento estudantil mandou imprimir e distribuiu dezenas de milhares de boletins denunciando o bárbaro crime que a própria polícia cometera e desmascarando a farsa do suicídio de José Bezerra. A imprensa oposicionista local também denunciou o crime. Na Assembleia Legislativa de Pernambuco, a questão foi levantada. Finalmente, chegou ao Congresso Nacional, onde a oposição fez uma grande agitação, acusando o governo dos crimes cometidos pela polícia política de Pernambuco. A imprensa do Rio também noticiou em manchetes o assunto. O Congresso Nacional exigiu a criação de uma Comissão de Inquérito Policial sigilosa para apurar o monstruoso crime. Foram nomeados dois juízes, dois promotores e um escrivão, que, depois de tomarem as informações possíveis, deram início aos trabalhos. Primeiro, foram ao cemitério em companhia de médicos e examinaram o cadáver, cujo estado comprovou o crime. Daí por diante, foi fácil para a Justiça prosseguir o inquérito.

Os dois investigadores que se achavam presos e incomunicáveis conseguiram ser postos em liberdade e prestaram depoimentos sobre o assassinato de meu irmão.

A denúncia do movimento estudantil estava comprovada, porém mais de quarenta estudantes foram presos e barbaramente espancados.

No mês de novembro, fui levado ao Palácio da Justiça. Não sabia o que ia fazer lá. Supus que houvesse algum processo contra mim. Acompanhado por investigadores, esperei num dos cartórios a chegada do escrivão. Vieram também dois juízes e dois promotores. Mandaram-me entrar e os investigadores entraram comigo. O juiz disse a eles que se retirassem e esperassem afastados do cartório. Eles reclamaram, mas os juízes disseram que eu estava, naquele momento, sob sua responsabilidade.

Ao iniciar o meu depoimento, devido ao meu estado de fraqueza, desmaiei e caí da cadeira. O escrivão e o juiz me levantaram e chamaram um enfermeiro, que me aplicou uma injeção. Melhorei, depois de tomar uma xícara de café quente. Descansei um pouco. A seguir, os juízes folhearam um grande volume e me perguntaram se eu estava em condições de prestar depoimentos. Respondi afirmativamente. Mostraram-me a fotografia de um homem com o pescoço laçado por um fio elétrico, pendurado na grade do xadrez.

— Quem é este?

Respondi que era o meu irmão José Bezerra, barbaramente assassinado pela polícia política, depois de quinze dias de ferozes torturas.

— Em que o senhor se baseia para fazer afirmações tão categóricas?

— No que sofri e no que centenas de outros companheiros ainda sofrem. Muitos ainda estão arrebentados de pancada na enfermaria da Casa de Detenção do Recife. Peço a Vossas Excelências que não acreditem em minhas palavras, porque sou suspeito, mas que visitem a enfermaria da Casa de Detenção para verificar a situação dos meus companheiros torturados pela polícia.

— E o senhor foi espancado?

Levantei a camisa, mostrei-lhes o peito, a barriga, as costas, as pernas e os braços, onde ainda eram visíveis hematomas e cicatrizes de lesões. Denunciei os crimes de Malvino Reis Neto e de seu comparsa Frederico Mendelo, praticados contra José Maria, Abelardo, Luís Bispo, Cabelo de Rato e outros.

Os juízes disseram-me que eu falara a verdade, que realmente meu irmão tinha sido assassinado. Mas me pediram que eu nada dissesse a ninguém, porque eles tinham que ouvir outras pessoas e a polícia poderia saber e dificultar a inquirição dessas pessoas. Terminando minhas declarações aos juízes, disse-lhes que, depois daquele depoimento, iria certamente ter o mesmo destino do meu irmão, mas que tinha o dever de falar a verdade.

— A única coisa que lhes peço é não acreditarem no meu pseudossuicídio, pois não sou homem de morrer com as minhas próprias mãos.

Os juízes garantiram-me que nada sofreria pelo que dissera.

Realmente, nada me aconteceu. Todavia passei um susto dos diabos, porque, ao sair do Palácio da Justiça, o tintureiro que me pegou rodou direto para a Ordem Política e Social, onde o encheram de presos comuns.

Voltei com muita alegria para a Casa de Detenção, contente porque denunciara à Justiça os bárbaros crimes e as torturas infligidas aos meus irmãos de ideologia política e de sofrimento. Quanto aos companheiros, ficaram muito preocupados com a minha saída, porque, sempre que ia à polícia, era para prestar depoimentos e quase sempre voltava espancado.

Agora, com as visitas, a Comissão Central do Coletivo tinha muito que fazer. Entre os camaradas, havia muitos que não recebiam visitas e, destes, vários doentes. Por isso, tudo o que um companheiro recebia era entregue à Comissão, que distribuía entre os que mais estavam necessitando. Uma pequena parte era destinada ao coletivo a que pertencia o companheiro que recebera o presente.

Para solucionar o problema da comunicação e da entrega das frutas nas várias celas, combinamos não deixar fechar toda a porta de madeira e pleiteamos que deixassem uma abertura nessa porta para facilitar a circulação de ar. Isso nos permitia respirar melhor através de uma fresta de cinco centímetros. Mas essas dimensões foram sendo ampliadas por nós, pouco a pouco. Surgiram por vezes atritos com os guardas mais severos, até que, com um movimento coletivo de protesto, conseguimos que as portas ficassem totalmente abertas.

Ao mesmo tempo, ganhamos mais vinte minutos de banho de sol e ampliamos a duração das visitas para quinze minutos. Para o banho de sol, de cada vez saía todo um lado da galeria, quebrando-se assim a incomunicabilidade interna e externa. Em 1937, em consequência da pressão política contra Vargas, conseguimos que saísse para o banho de sol toda uma galeria de cada vez e, logo depois, os presos de todo o raio. Assim, a hora de sol passou a ser realmente de sessenta minutos e ganhamos também liberdade de movimento dentro do raio.

A oposição contra Vargas era encabeçada especialmente por José Américo, Juracy Magalhães, então governador da Bahia, e Lima Cavalcante, governador de Pernambuco, além de outros políticos do centro e do sul do país. Vargas manobrou e deu o golpe fascista de novembro de 1937. Foi novamente estabelecido o terror em todo o Estado de Pernambuco após a deposição de Lima Cavalcante, substituído por uma junta militar da qual fazia parte o coronel Azambuja Vilanova, notório integralista que era quem mandava mesmo no estado. Essa situação se refletiu no presídio: nossas portas foram novamente fechadas e restabelecido o terror contra os presos políticos, anulando-se as conquistas de sol, visitas etc. Novamente ficamos sob rigorosa incomunicabilidade.

Nossas estafetas, as baratas, voltaram a trabalhar eficientemente.

Poucos dias depois do golpe fascista de Vargas, a junta militar foi à Casa de Detenção do Recife. Ouviu vários presos políticos, entre os quais Silo Meireles, o capitão Otacílio, o tenente Lamartine, Paulo Mota Lima, Caetano Machado, Mota Cabral e a mim. O coronel Azambuja Vilanova fez-me as seguintes perguntas:

— A que visavam vocês com a revolução de 1935?

Respondi que nossa intenção era implantar um governo nacional-revolucionário, baseado no Programa da Aliança Nacional Libertadora.

— E a que visava esse programa?

Minha resposta foi direta:

— Confisco e nacionalização das terras e sua distribuição a todos os camponeses sem terra e a todos os que nela quisessem trabalhar; nacionalização dos bancos e das empresas estrangeiras; cancelamentos das dívidas internacionais ao imperialismo e nacionalização das minas e quedas-d'água; combate ao fascismo e à guerra; alfabetização em massa.

— Combater o fascismo, por quê?

— Porque é um sistema de governo opressor, escravista, sangrento e cruel.

— Em que te baseias para dizer semelhante blasfêmia?

— Nos exemplos dos crimes cometidos contra o povo por Mussolini e pelas tropas de assalto de Hitler.

— Crimes de Mussolini? Mussolini tirou a Itália do nada, da lama, e hoje se pode dizer que a Itália é uma grande potência industrial. Nunca o povo italiano viveu tão bem como hoje.

A toda a sua raivosa exposição respondi que o proletariado e o povo antifascista da Itália, o povo da Albânia e os abissínios falavam por mim. Ele virou-se para os membros da junta militar, dizendo solenemente:

— Para este só há um remédio...

E fez o clássico gesto de cortar o pescoço.

Imediatamente determinou o meu recolhimento.

O diretor da Detenção, Carlos Cavalcanti, foi substituído pelo coronel Urbano, da Polícia Militar, mas, na prática, quem mandava mesmo era o policial Trindade Henrique.

O comandante da Região continuava sendo o general Newton Cavalcanti de Albuquerque. Os integralistas continuavam eufóricos, agindo à vontade, pois haviam dado todo o apoio ao golpe de Vargas. Plínio Salgado esperava vir a ser primeiro-ministro, como Hitler ao tempo de Hidenburgo. Mas suas esperanças não se concretizaram.

Nossa situação no presídio era péssima. A comida, que era ruim, piorou mais ainda: farinha mofada e cheia de tapurus, feijão duro e bichado, o café era uma água suja e o pão era azedo, como azedas eram as bolachas que vinham para o jantar. Continuavam suspensos os banhos de sol e as visitas. Visita médica era quase um milagre. Em tal situação, resolvemos fazer uma greve de fome por melhor alimentação, visitas e banhos de sol.

Nosso pedido de atendimento às reivindicações ficou sem resposta do diretor. Então iniciamos a greve: ao chegar a xepa do meio-dia, ninguém a recebeu. Começou, então, a agitação. O fascista Trindade Henrique mandou me tirar. Recusei-me a sair, pois fora combinado entre nós que ninguém sairia. Ele veio à minha cela para fazer-me sair. Todos os companheiros gritavam:

— Não sai ninguém!

À sua tentativa de entrar na cela, advertimos que ele ou qualquer outro que tentasse entrar morreria. Trindade ficou pálido e, tremendo de medo ou de raiva, retirou-se. Veio um guarda e mandou que eu saísse para falar com o coronel Urbano. Respondi-lhe que, se o coronel Urbano quisesse falar comigo, que viesse à minha cela.

A gritaria e o barulho que fazíamos nas portas e janelas eram ensurdecedores, pois éramos mais de 2 mil homens a gritar e a bater. Juntou-se uma multidão nas vizinhanças da Casa de Detenção.

Veio o diretor falar comigo; pediu-me calma e perguntou o que nós queríamos. Respondi-lhe que queríamos uma alimentação que pudéssemos comer, visita pessoal, banhos de sol e visitas médicas, que não tínhamos desde o golpe de 10 de novembro. Ele perguntou:

— A boia que vocês recebem não é boa?

Pedi-lhe que examinasse a carne, o feijão e a farinha. Ele examinou a carne e disse:

— De fato, está com mau cheiro.

Respondi-lhe que "mau cheiro" era pouco. Estava podre! Exibi-lhe o feijão, duro como pedra. Mostrei-lhe a farinha, os tapurus brancos, grandes e gordos, passeando dentro dela.

Enquanto estávamos parlamentando com o coronel Urbano, os companheiros mantiveram-se silenciosos. No que concernia à alimentação e às visitas médicas, disse que nos atenderia; quanto aos banhos de sol e às visitas pessoais, ia comunicar-se com as autoridades superiores. Aproveitei o ensejo e reivindiquei, na melhoria da boia, que nos fornecesse arroz, como sobremesa duas laranjas ou bananas na hora do almoço, que substituísse as bolachas por pães e o mate por café.

Fomos atendidos, mas eu continuava na mira de Trindade Henrique. Tivemos as melhorias de alimentação, um banho de sol por semana e visita semanal de quinze minutos. Mas as nossas portas continuavam batidas.

Um dia, pela manhã, fomos despertados com água cheia de fezes invadindo nossas celas. Os esgotos estavam entupidos. Menos de uma hora depois, todas as celas da primeira galeria estavam invadidas por água podre e bolos fecais de todos os tamanhos, massas fecais de toda natureza, uns endurecidos, outros ralos e pastosos. Às oito horas, quando a turma de presos comuns veio trazer o nosso café, as fezes já roçavam em nossos tornozelos. Tomamos o nosso café com pão com os pés atolados num verdadeiro lago de fezes. Esperávamos que a diretoria tomasse providências, mas ao meio-dia a situação ainda era a mesma. Veio o almoço. Os presos comuns, para distribuir a boia, tiveram que fazer duas filas de tijolos em cada lado da galeria. Comemos o almoço sem nenhum protesto, ainda aguardando as providências da diretoria.

Mandamos um bilhete a Trindade Henrique, que veio, muito cauteloso, falar conosco. Expusemos-lhe que havia mais de oito horas que estávamos atolados naquele lago de fezes. Respondeu que aquilo não dependia da diretoria, e sim do saneamento, e informou que eles não dispunham de técnicos para a solução do problema. Trindade, ao se retirar, escorregou no tijolo e atolou o pé no lago de fezes, ficando todo irritado. Dissemos-lhe:

— Com tão pouco o senhor já está irritado... E nós estamos dentro das fezes há oito horas! Se o senhor não tomar as providências, vamos fazer um barulho pior que os das vezes anteriores.

E começamos logo a gritar.

O diretor mandou chamar-me. Não tive receio de ir para o castigo, sabia que os companheiros tomariam as providências se tal me acontecesse. Às cinco horas, quando o jantar chegou, encontrava-me falando com o coronel Urbano. Nenhum dos companheiros da primeira galeria recebeu o jantar, e os da segunda e terceira galerias também não receberam em solidariedade a nós. O diretor pediu-me para cessar o barulho, respondi que só cessaríamos quando saíssemos das fezes. Ele não teve outro jeito senão nos distribuir pelas demais galerias. Com isso, quebramos a incomunicabilidade e ganhamos experiência.

As portas continuavam batidas e bem cunhadas para evitar que as empurrássemos para fora. O calor era grande; a ventilação, mínima. Não podíamos brincar de greve constantemente, mas o banho de sol continuava a ser por cela e a visita só uma vez por semana. Fizemos uma carta ao diretor, pedindo-lhe que mandasse abrir as portas e que o banho de sol fosse por galeria, porque assim poderíamos tomar um banho de sol pelo menos três vezes por semana. Não fomos atendidos. Com o fracasso do golpe integralista contra Vargas, em 1938, esperávamos que em Recife houvesse prisão dos "galinhas-verdes", mas não houve nada. Nossa situação, já bastante precária, piorou mais ainda; até parecia que éramos culpados do *putsch* integralista. Ainda assim, esperamos alguns meses e, como não melhorasse a nossa situação, começamos novamente o jogo do empurra-empurra contra as portas: nós a empurrá-las para fora e os guardas a empurrá-las para dentro.

Em alguns cubículos, os presos começaram a queimar lentamente as portas por baixo. Todos os dias, queimavam um pouquinho e assim melhorava a ventilação na cela. As baratas continuavam prestando valiosos serviços, muito práticas, inteligentes e disciplinadas.

No entanto precisávamos de melhor comunicação interna e esta só poderia ser obtida se furássemos as paredes de uma cela para outra. Como furar, se não dispúnhamos de nenhum ferro, nem alavancas e, além de tudo, as paredes tinham uma espessura de, no mínimo, oitenta centímetros?

Cada cela tinha uma vassoura e cerca de dez colheres e dez pratos de ágata ou de alumínio. Roçando a beira dos pratos no cimento, fizemos um gume e, com este, cortamos a vassoura bem no tronco da piaçaba; depois fizemos um encaixe na parte mais grossa do cabo da vassoura, do tamanho de uma polegada ou mais; metemos a parte mais estreita do cabo da colher no encaixe do cabo da vassoura. Mastigava-se o miolo do pão durante algumas horas, depois amassava-se com os dedos, outras tantas horas, até endurecê-lo, quando então era introduzido no cabo da vassoura para prender o cabo da colher; punha-se para secar durante dois ou três dias e só então se dava início à perfuração da parede. Essa tarefa era executada por todos os membros da cela, que se revezavam de dois em dois: um para o trabalho de atritamento da parede e outro para o de vigilância, com os ouvidos atentos à porta a fim de evitar qualquer flagrante por parte dos guardas. E assim íamos, dia e noite, roendo a parede com o nosso improvisado instrumento até arrombá-la. Quando faltavam uns dez ou quinze centímetros para transpassá-la, íamos economizando um pouco de farinha, algumas migalhas de charque ou de bacalhau, café, pão, para o dia do término, para o grande banquete de inauguração do nosso "tatu". Assim foram dispensadas as nossas queridas estafetas, as baratas, e passamos a nos comunicar internamente com toda a segurança.

Antecipadamente tivemos o cuidado de preparar massa de pão para tapar os furos que íamos fazendo na parede. O tampão devia ter o mesmo diâmetro do furo da parede, que era pintada de alcatrão; nós a raspávamos muito de leve, obtendo um pó preto que misturávamos à massa para dar-lhe a mesma cor da parede; enfiávamos um alfinete no centro do tampão para facilitar pô-lo e retirá-lo do buraco.

Os guardas, quando revistavam as celas, passavam as mãos em toda a parede na tentativa de encontrar algo, mas não houve cela em que o trabalho fosse descoberto. Muitos fizeram o buraco com rapidez; outros passaram três, quatro e até seis meses, porque topavam com pedras. De todos os "tatus" que abrimos, o mais difícil e demorado foi o da cela da Juventude Comunista, que ficava em cima da minha. Eles tiveram que furar o piso para a nossa cela, arrombando um bloco de cimento, pedra e cal. Foi a tarefa mais penosa e mais paciente que se fez em todo o presídio durante dois anos de incomunicabilidade. Para realizá-la, usaram o cano de descarga do vaso sanitário.

Certo dia, foi preso um sargento do 29º BC. Sua prisão arrastou meia dúzia de outros colegas, inclusive um que era o melhor e o mais firme deles. Sempre que havia prisão no Exército ou na polícia, eu era chamado à Secretaria de Segurança para prestar declarações. Aquele sargento que delatou seus colegas apenas porque fora ameaçado de espancamento disse o que sabia e o que não sabia. Como havia um regular trabalho no setor militar, a direção do partido designou-me para falar com ele, tendo em vista os prejuízos que tais prisões acarretavam. Mas como falar, se as portas estavam fechadas e ele morava na segunda galeria? No banho de sol, eu não podia, porque os presos saíam galeria por galeria. Não vacilamos. Metemos trapos e papéis na privada e provocamos o entupimento do esgoto, no centro da galeria; logo as fezes começaram a invadir a primeira galeria. Veio o café e o recebemos já dentro das fezes. Protestamos, exigindo desobstrução do esgoto. Veio o almoço e não o recebemos; começamos a gritar e a fazer barulho. Veio o coronel Urbano saber por que não recebemos as refeições e nossa resposta foi simples e concreta:

— O senhor seria capaz de comer dentro deste atoleiro de fezes?

Ele nos atendeu, ordenando a nossa transferência provisória para a segunda galeria. Era o que queríamos!

O sargento delator morava na cela número oito, com mais trinta companheiros. Já tínhamos combinado tudo. Cheguei e fomos conversar a sós num canto, isolados dos demais; pusemos as cartas na mesa. Disse-lhe:

— Foste preso e só porque te ameaçaram de espancamento te abriste todo e estás prejudicando uma porção de colegas. Sabes que para um delator só existe um remédio. Alguns dos que denunciaste, a esta hora, estão gemendo no cacete por tua causa; os que forem firmes morrerão sob tortura, e o único responsável serás tu. A tua família é bem relacionada, teu pai é muito conhecido na sociedade recifense, tens de tudo aqui na Casa de Detenção, és um privilegiado graças à delação que fizeste. Podes falar com a tua família a hora que queres, com o diretor, enfim, tens todas as regalias. Acreditamos que podes salvar a ti e aos teus colegas da seguinte forma: faz um bilhete ao diretor, dizendo-lhe que desejas falar com o chefe de polícia, que tens um fato importantíssimo a contar-lhe, mas que só o farás na presença de teu advogado e de teu pai. O chefe de polícia, que é amigo de teu pai, tem interesse em ouvir-te. Então, diante de ambos, dirás que estás quase alucinado de remorsos porque, coagido pela polícia, caluniaste alguns colegas e estes estão sofrendo por tua causa. Afirma tua inocência, insiste em que nunca foste comunista e nunca ouviste dizer que os teus colegas fossem comunistas.

Ele aceitou e desfez as acusações anteriores. Ele e os demais foram postos em liberdade. Quanto a nós, resolvido o problema do esgoto e lavada a galeria, regressamos às nossas celas com a missão cumprida.

12

Quando foi nomeado ministro do Interior e da Justiça do governo Vargas, José Carlos de Macedo Soares mandou pôr em liberdade todos os presos políticos que não tivessem processo. Foi a chamada "macedada". Em Recife, foram soltos mais de oitocentos companheiros, a maioria ex-soldados do 21º BC e do 29º BC. Isso representou um grande desafogo para nós. As celas ficaram com dez, doze presos cada uma; as menores, com três ou quatro.

Dado o meu estado de saúde, e a conselho médico, transferiram-me para a terceira galeria do mesmo raio. Fui posto numa pequena cela chamada "quarto de volta", onde, poucos dias depois, fui atacado por uma violenta intoxicação. Fiquei todo esverdeado: era icterícia. Vomitava tudo que ingeria, tinha febre e dor de cabeça. Fui salvo graças à solidariedade dos companheiros, principalmente dos queridos camaradas Alcedo Coutinho e dr. Santana, que foram de uma dedicação acima do comum. Noite e dia, revezavam-se ao meu lado. Variavam o tratamento com pedra de gelo, lima e água de coco. A doença não cedia. Veio o dr. Geraldo de Andrade, que era meu conhecido desde a época do terrorista Malvino Reis Neto. Examinou-me, trouxe-me remédios e determinou o prosseguimento da dieta que os médicos presos me haviam receitado. Durante vários dias, voltou a visitar-me. Felizmente, curei-me.

Após as bárbaras torturas de Malvino Reis Neto e seus comparsas, um pouco antes do Estado Novo de Vargas, eu e meus companheiros ficamos muito fracos, em estado de pré-tuberculose. Essa situação chegou a conhecimento público e pessoas amigas, bem como oposicionistas, pronunciaram-se pela imprensa a fim de que se criasse uma comissão médica com o fito de nos examinar. Fui um dos primeiros a serem examinados. Ao sair da cela e ao ver e sentir o sol, comecei a suar, ficando completamente tonto. Os guardas da escolta seguraram-me. Ao chegar à presença dos três médicos que compunham a junta, estava todo molhado de suor. Nada enxergava. Um dos médicos solicitou a presença do médico do presídio, que providenciou medicamentos. Melhorei em seguida, mas fiquei muito perturbado da vista por vários anos. O dr. Luís Góis receitou-me um copo de leite diariamente, devido ao meu precário estado de saúde. Como na minha cela havia muitos companheiros em idêntica situação, dividia com eles o meu copo de leite.

A nossa Comissão Central dos Coletivos, em virtude da "macedada", isto é, da libertação de mais de oitocentos companheiros, decidiu que homenageássemos os que partiam para o "mundo": fazíamos discursos e os que saíam comprometiam-se a continuar a luta contra o fascismo, a opressão e a tirania de Vargas. Lembro-me muito bem de que, numa dessas manifestações, quando falava o orador, caiu um barrote de sustentação do piso da segunda galeria. O orador acrescentou:

— Vejam, companheiros, o regime de Vargas está tão podre como esta prisão que começa a desmoronar!

A vibração foi espetacular!

Agora vivíamos trancados, mas de portas abertas. Banhos de sol diariamente. Visita pessoal normalizada. Até eu recebi uma visita pessoal, pela primeira vez, mas a coisa terminou mal. Cheguei à sala de visitas e, depois de abraçar minha companheira, minha irmã e minha filhinha, que ia completar quatro anos, um dos guardas sentou-se entre mim e minha companheira. Fiquei indignado, disse-lhe que a visita era minha, e não dele; que, se quisesse ouvir o que íamos conversar, se sentasse próximo. O tira não me atendeu. Puxei-o pelo braço e me sentei entre minha companheira e minha irmã, pondo minha filha no colo. Quando a acariciava, chegou o famigerado Trindade Henrique, furioso. Mandou minha família embora e levou-me para o castigo. Fiquei emocionado com o fato, pois minha filha puxava-me pela mão, enquanto um dos guardas puxava-me pela outra. Minha filha dizia:

— Vamos para casa, papai. Há tempos que o senhor saiu de casa. Venha conosco, quero lhe dizer uma coisa. Venha, venha!

Fui arrastado para o castigo. A família retirou-se. Mais tarde, porém, meus companheiros de cela discutiram com Trindade Henrique, ponderaram-lhe que meu estado de saúde era ruim. Não sei por que o verdugo tirou-me do castigo antes do anoitecer. Eu era inegavelmente odiado pela reação. Mas, quanto mais me sentia odiado, mais sentia o desejo de contrariá-la e mais era apoiado pelos companheiros, que eram o meu grande estímulo.

O coronel Urbano era humano demais para ser diretor de um presídio político e, por isso, foi substituído pelo coronel João Nunes, também da Polícia Militar de Pernambuco. Este era o homem habituado a cumprir as ordens mais absurdas que recebesse. Tinha lutado contra o grupo de cangaço de Lampião e nos parecia mais selvagem, frio e cruel do que Lampião e do que qualquer cangaceiro, por mais perverso que fosse. A mínima liberdade que tínhamos, a de nos locomovermos nas galerias, foi cortada por ele, quando ordenou que fôssemos trancados. A xepa, que tinha melhorado, voltou a piorar. Nosso banho de sol foi restringido, bem como as nossas visitas.

O Tribunal de Segurança Nacional, um tribunal de exceção, que vinha protelando o nosso julgamento, resolveu nos julgar e nos sentenciou a penas pesadas. Muitos companheiros que esperavam ser absolvidos ou receber penas leves foram condenados a mais de cinco anos de prisão; outros pegaram de dez a doze anos. Creio que fui "privilegiado": peguei "apenas" 27 anos e 6 meses de prisão celular! Perguntei ao representante do tribunal qual o motivo desse "privilégio", pois esperava a pena máxima, ou seja, trinta anos.

– Algo de bom devo ter feito à reação, pois somente assim mereceria tanta "generosidade".

Ele disse:

– É incrível como esses homens, depois de tantos anos presos, ainda mantêm o ânimo tão forte e um moral tão elevado! Nenhum deles demonstra sinal de abatimento!

Ele não sabia que todos nós estávamos impregnados de uma confiança absoluta na vitória do socialismo e tínhamos o exemplo vivo da URSS, que, apesar do cerco das potências imperialistas, marchava vitoriosamente, construindo o socialismo numa sexta parte do mundo. Era isso o que nos dava forças para enfrentar com otimismo os arreganhos da reação e do fascismo, embora houvéssemos perdido a primeira batalha.

Todavia esse otimismo não perdurava em muitos companheiros de cárcere por muito tempo, sobretudo naqueles que esperavam a liberdade e foram condenados a duras penas de prisão. Aos poucos, foram-se entristecendo, outros se enervando: começaram a surgir problemas que até então não haviam surgido em nosso meio, apesar da duríssima situação da prisão em que tínhamos vegetado durante mais de três anos. A reação, que várias vezes introduzira elementos provocadores em nosso meio para tentar quebrar a nossa unidade, jamais conseguiu êxito diante de nossa magnífica coesão.

Mas o Tribunal de Segurança Nacional conseguiu, em parte, quebrar a nossa unidade. Hoje uma célula, amanhã outra, assim começaram a surgir atritos desagradáveis entre alguns companheiros política e ideologicamente ainda fracos.

A direção da organização partidária e a nossa CCC decidiram tomar medidas para restabelecer a harmonia nas diferentes celas onde se verificavam aqueles atritos. Foi quando a fração partidária desenvolveu seu trabalho mais paciente e penoso no seio dos companheiros. Criamos uma comissão, com os elementos mais prestigiados na massa, e começamos a nossa paciente e espinhosa tarefa. Além das discussões fraternais que fazíamos no banho de sol, no pátio interno da prisão e também ao voltarmos para a galeria, íamos ficando nas celas onde havia os referidos atritos e conseguindo, dessa forma, a união de todos.

Foi nessa situação que chegou a ordem do governo de Vargas para sermos transferidos para a ilha de Fernando de Noronha. É claro que aceitamos a nossa transferência para a ilha-presídio como se fosse a meia-liberdade. A maioria dos companheiros já estava vitimada por uma profunda debilidade física. Entre os jovens soldados, destacava-se a pessoa do cabo Melo, modelo de caráter e dignidade revolucionária, de firmeza e coragem, modéstia e companheirismo. Era um exemplo magnífico para os mais jovens como ele. Esse excelente companheiro emagrecia a olhos vistos, já não dormia à noite, o seu estado de saúde era bastante precário. Era o mais jovem de todos.

Logo após as condenações do Tribunal de Segurança Nacional, o ex-cabo Aristides do 29º BC, utilizando uma lâmina de aço de sua perneira, cortou a carótida, morrendo poucos minutos após. Fizemos um protesto violento, responsabilizando o governo e a Casa de Detenção pelos maus-tratos que vínhamos recebendo e pelo suicídio do ex-cabo Aristides. O cangaceiro coronel João Nunes, da Brigada Militar do estado, foi à nossa cela saber o motivo daquele protesto. Nós o considerávamos um dos principais culpados pela morte do ex-cabo devido aos maus-tratos. Ele, cinicamente, disse:

– Sou, de fato, um instrumento do governo. Se ele mandar sangrar vocês, eu vou sangrar um por um, com toda a naturalidade, sem o menor arrependimento. E não facilitem comigo, pois eu tenho "carta branca" para manter e manterei a ordem e a disciplina aqui, nem que mate todos vocês. E podem transmitir isso para fora, para os jornais, como quiserem!

Depois disso, foi-se.

Felizmente, poucos meses depois, partimos para a ilha de Fernando de Noronha, onde encontramos todos os presos políticos do então Distrito Federal. Seguimos para a ilha, se não me falha a memória, no dia 2 de abril de 1939. É desnecessário dizer que era notável o aparato bélico que foi montado desde a Casa de Detenção até o cais do porto, onde se achava à nossa espera o navio Rodrigues Alves. Saímos da Casa de Detenção do Recife em turmas de sessenta companheiros.

Quando entrou a última turma no navio, o oficial de polícia que nos comandava queria que permanecêssemos no porão até a saída da barra, com a promessa de subirmos ao convés logo que o navio se afastasse, desde que nos comportássemos bem. Nós nos "comportamos" bem e subimos para o convés. Tudo correu muito bem até cerca das onze horas da noite, quando caiu uma chuvarada grossa. Os companheiros que dormiam ao fresco, em cima do convés, correram para se abrigar da chuva debaixo do toldo do navio. O capitão que comandava a escolta tomou o fato como uma desordem ou um princípio de revolta e ordenou à sua força que carregasse os fuzis e colocasse as metralhadoras em posição de tiro contra nós: uma turma de soldados, de baioneta calada, fez-nos voltar ao porão do navio. O calor era desesperador; a falta de ar, completa. Não havia a mínima ventilação. A maioria dos companheiros começou a enjoar e a vomitar por toda a parte, porque não havia sanitários nem mesmo mictórios onde se pudesse urinar; muitos, com disenteria, defecavam espremidos uns contra os outros. Dentro de pouco tempo, os camaradas mais fracos começaram a ficar sufocados. Outros procuravam socorrê-los, abanando-os com trapos de pano. Naquele inferno, amanheceu o dia e, à medida que o sol ia esquentando, o calor e a falta de ar aumentavam cada vez mais. Havia urina, fezes, vômitos por toda a parte.

Começamos a protestar. Subimos as escadas até as cabeças toparem no tampão que vedava o porão. Batemos, gritamos e protestamos, mas ninguém nos atendia. Reunimos os companheiros mais fortes e mais sadios e conseguimos abrir uma pequena brecha no porão. Pedimos socorro ao médico de bordo, dizendo que havia companheiros morrendo asfixiados no fundo do porão e que ele, como médico, era o maior responsável por toda aquela situação. Abrimos mais um pouco a brecha do porão e alçamos logo um dos companheiros, que estava passando mal. Enquanto isto, o capitão mandou abrir o porão, não para entrar o ar, mas para os soldados apontarem os fuzis contra nós. Ao invés de nos amedrontar, nos enfureceram mais ainda. Oferecemos os nossos peitos para os soldados atirarem. Diante dessa reação de todos nós, os soldados vacilaram e nós aproveitamos a vacilação deles para mandar para o convés mais dois companheiros que estavam passando mal.

Chamamos o capitão de monstro, carrasco e assassino. Nessa confusão, já tínhamos mais de trinta companheiros em cima do convés dispostos a tudo. Era mais de meio-dia quando os demais companheiros subiram na marra para o convés do navio.

Uma hora depois, estávamos chegando ao arquipélago da ilha de Fernando de Noronha. Os camaradas Leivas Otero, Antônio Bento Tourinho e outros que se achavam na ilha, vindos do Rio, foram de balsa até o navio para nos darem as boas-vindas. Tomamos um banho de mar, enquanto o comandante da escolta conversava com o coronel Veríssimo, diretor da ilha de Fernando de Noronha. Nós também pulamos na água para nos confraternizar com os companheiros do Rio e tomarmos o primeiro banho de mar na ilha, que antes só conhecíamos através dos livros de história do Brasil e de geografia.

Quando desembarcamos na praia de Santo Antônio, o coronel Veríssimo perguntou a um dos companheiros quem entre nós de Recife era o ex-sargento Gregório Bezerra. Um companheiro apontou-me e me chamou, apresentando-me ao coronel. Este apertou-me a mão e disse:

— Fizeram-me uma boa recomendação de tua pessoa. O comandante da escolta é teu amigo do peito, não?

Respondi-lhe que isso era problema lá dele e que eu também era seu amigo.

Ficamos nisso. Despediu-se com um até logo e seguiu montado em seu burro pampa para a sede da ilha; e nós, com os demais companheiros, fomos para o alojamento central dos presos políticos aliancistas. Falo do alojamento central dos aliancistas porque havia também um alojamento central para os presos integralistas, que também estavam na ilha.

Ao chegarmos a Fernando de Noronha, já encontramos tudo organizado e funcionando certinho como "beiço de bode". Um coletivo bem estruturado e funcionando legalmente, dirigido por uma diretoria composta de um presidente, um secretário, um tesoureiro, um "ministro do trabalho" e um "parlamentar".

O pessoal se dividia em turmas: de pesca, de lavoura, de horta, de construção civil, de cozinha; havia um encarregado de esportes, arte e cultura. Nós entramos no coletivo com todos os direitos e deveres. Além do coletivo, que era o organismo de massa aliancista, existia a organização partidária, que, através de sua direção, tratava dos problemas políticos e econômicos do coletivo.

A situação dos companheiros do Nordeste, mesmo aqueles cujo estado de saúde era precário, começou a melhorar sensivelmente — não só devido ao sol, ao ar puro e aos banhos de mar como pelo trabalho físico que cada um executava de acordo com sua capacidade e graças também à alimentação bastante melhorada e, sobretudo, à solidariedade dos companheiros do Rio, que tiveram todo o carinho para conosco. Éramos uma grande família. Tudo era de todos, principalmente daqueles que mais necessitavam, não só a alimentação como os remédios, vitaminas etc. Além dos médicos e enfermeiros do presídio, nós dispúnhamos de dois médicos e enfermeiros nossos, que tratavam de nossos doentes. Tínhamos um posto médico em que quase sempre havia mais e melhores remédios do que no hospital da ilha.

Tínhamos uma norma de conduta coletiva em relação a todas as famílias da ilha, inclusive às famílias dos presos comuns. Exercíamos um rigoroso controle entre nós mesmos para evitar qualquer infração às normas. Tínhamos, através do coletivo, uma política de colaboração com a diretoria do presídio: fazíamos o descarregamento e o carregamento dos navios, quando chegavam e saíam, e armazenávamos as mercadorias. Fornecíamos verduras a todas as famílias da ilha, ao hospital, ao destacamento policial e a todos os que estavam doentes, inclusive aos integralistas. Em troca, a diretoria nos fornecia os instrumentos de trabalho necessários. Nós mesmos cozinhávamos as nossas refeições. Nas épocas de crise, não só nossa turma de pesca se desdobrava como todo o coletivo se mobilizava para que não houvesse fome em nosso meio. Sal, por exemplo, faltava a muitas pessoas, dias e dias, mas nós sempre tínhamos sal, porque íamos à praia do Cachorro munidos de latas de querosene, que enchíamos de água do mar e colocávamos ao fogo até evaporar a água e ficar só o sal (que variava de cem a duzentos gramas por lata). Havia tempo em que os peixes fugiam da praia devido a ondas muito violentas ou porque a água esfriava. Assim, tornava-se necessário pescar em alto-mar, o que não era possível porque, além de não dispormos de barco, a diretoria não o consentia. Mas havia aratus em grande quantidade que, não podendo fugir para o alto-mar, ficavam mesmo saltando por cima das pedras, na beira da praia. Enchíamos latas e latas de aratus, o que nos dava uma excelente fritada para comermos com feijão e arroz. O fato é que fome mesmo nunca passamos. E, depois de algum tempo, tínhamos três aviários, que permitiam dar um ovo por mês a cada um; depois, a produção aumentou, passamos a comer um ovo de vinte em vinte dias; mais tarde, de dez em dez dias e, no fim, um ovo para cada companheiro por dia. Nossa produção de galeto nos permitia, no início, comer galeto de dois em dois meses; e, no final, uma vez por semana. A nossa maior luta em Fernando de Noronha era conservar a saúde a todo custo e a conservamos graças aos esforços de todo o coletivo.

Organizamos festejos natalinos e juninos. Visávamos, nestas festas, três objetivos: o econômico, o político e o recreativo. Tínhamos bons músicos, pistonistas, baterista, trompista e trombonista, violinista e pandeiristas. Criamos um clube esportivo, construímos uma sede modesta, organizamos o nosso conjunto e o batizamos de "Os Diabos de Fernando". Ao nosso clube demos o nome de GAB, Grêmio Atlético Brasil. Construimos um excelente campo de voleibol e basquetebol e melhoramos o nosso campo de futebol. Por último, construímos um teatro, no qual, nas datas nacionais mais importantes, fazíamos representação de alguma peça artística. E assim fizemos uma política de aproximação e boa vizinhança com toda a população da ilha. Éramos estimados e acatados por todos, até mesmo pelos integralistas, que passaram a ter um grande respeito por nós. Abismavam-se ao ver a nossa união: operários, soldados, marinheiros, médicos, engenheiros, oficiais, todos entrelaçados irmãmente, sem nenhum ranço de superioridade ou inferioridade; enquanto entre eles reinava a mais absoluta hierarquia militar em todos os escalões. Oficiais eram oficiais, sargentos eram sargentos e marinheiros eram marinheiros. O que havia de bom era para os oficiais, que não se misturavam com a massa. Esta, que nada recebia do continente, sem nada ficava porque entre eles predominava o mais profundo egoísmo e individualismo. Reinava o lema: "O que é meu é meu, e estamos conversados". Não tinham coletivo organizado e, quando algum dava uma migalha a outro, era por simpatia ou por serviços prestados. Viviam brigando entre si, dividindo-se e subdividindo-se, mas o pior de tudo era a pederastia que existia no meio deles. As brigas começavam pelos chefetes, que se atritavam constantemente. O médico Belmiro Valverde incompatibilizou-se logo com eles, ficando isolado no seu canto. Parecia um homem sério e honesto que, desesperado com Vargas, tomara o bonde errado com os integralistas.

Logo que chegamos a Fernando de Noronha, fui trabalhar na horta, cujo encarregado era o camarada Guarati Ramos, ex-linotipista. Era um companheiro muito dinâmico. Nessa seção de trabalho do nosso coletivo, trabalhavam, além de muitos outros, o companheiro Miranda, que era até então secretário do Partido Comunista e por quem eu tinha uma verdadeira adoração. Era mesmo um fã do camarada Miranda, não só porque era o secretário-geral do nosso partido mas também pelos artigos publicados na *Classe Operária,* órgão central do PCB. Eu já sabia que ele tinha sido preso e condenado a quatro anos e alguns meses de prisão e que estava em Fernando de Noronha junto com os demais companheiros aliancistas do Rio. Como era natural, ao ser-lhe apresentado, fizemos logo uma sólida amizade e tive a ilusão de que iria ter um excelente professor de teoria marxista-leninista. Meu interesse por aprender a teoria política do socialismo era grande. Miranda iria capacitar-me politicamente, pensava eu. Mas, poucos dias depois, comecei a observar que ele, conversando, ora com um, ora com outro, ora contrariado, ora contrariando, provocava discussões intermináveis. Eram discussões baixas. Com respeito a isso, eu me punha da forma mais discreta possível.

Um dia, eu disse finalmente ao Miranda que necessitava de um grande aprendizado político, porque era muito atrasado teoricamente. Ele me respondeu:

— Política se aprende na prática da luta, no dia a dia. Não adianta você encher a cabeça de minhocas e nada realizar na prática, como alguns teóricos de meia-tigela, que andam arrotando marxismo por aí afora e nada fazem.

Fiquei insatisfeito, mas não tive argumentos para responder ao camarada Miranda. E, ao terminar o nosso ligeiro diálogo, ele me disse:

— Precisamos conversar muito, temos muitas ideias a trocar.

Supus que essas conversas e ideias fossem no terreno político e ideológico, e logo me prontifiquei. Mas ele disse:

— Agora, não. Não dispomos de tempo necessário. Fica para uma oportunidade melhor. Nossa conversa será longa e discreta.

Quando chegou essa oportunidade, ele abriu o jogo e foi direto em cima dos camaradas Agildo Barata, Agliberto Azevedo e outros oficiais, como Ivan Ribeiro, Leivas Otero, Benedito de Carvalho e Álvaro de Souza. Eu fui franco, dizendo que não me prestaria para nenhuma luta de desagregação em nosso meio, que lutaria para o nosso fortalecimento cada vez maior e pela unidade partidária, que ele não contasse comigo nem com os companheiros que vieram de Pernambuco; que muito me admirava que ele, como secretário-geral do partido, cheio de responsabilidade política e orgânica, tivesse uma conduta antipartidária e anticoletivista. Ele apenas respondeu-me:

— Ou és um fanático, ou estás obcecado por essa gente!

Deu-me as costas e saiu.

Não me procurou mais e pouquíssimas vezes falou comigo até o seu regresso ao Rio para ser posto em liberdade. Mas, durante o tempo que passou em Fernando de Noronha, teceu uma rede de intrigas, apoiando-se no que havia de mais duvidoso. Conseguiu, assim, uma pequena fração de companheiros sem expressão na tentativa de dividir o coletivo e o partido.

Nossa eleição bimensal do coletivo para a direção era democrática. A direção que saía apresentava a chapa oficial, mas a massa tinha o direito de propor emendas ou mesmo modificar toda a chapa oficial. Cada direção que saía promovia a reunião de todos para a votação. Depois da votação e da apuração, servia-se uma boa ceia. Era uma pequena festa, em que não faltavam piadas e humor, o que muito alegrava o pessoal. Todas as eleições eram acompanhadas de uma prestação de contas correspondente aos dois meses de atividades. Diariamente, na hora do almoço, era feito um comunicado do dia anterior, não só sobre a vida interna do coletivo como também sobre notícias vindas do exterior, principalmente os antecedentes da Segunda Guerra Mundial; as investidas de Hitler na Áustria e logo depois na Tchecoslováquia e na Polônia; a capitulação dos governos francês e inglês e suas traições à Tchecoslováquia e à Polônia; as manobras das potências do eixo, Alemanha, Itália e Japão; e, por fim, a declaração de guerra dos fascistas à França e à Inglaterra.

Os companheiros arranjaram um mapa da Europa, ampliaram-no e o colocaram na parede de nosso clube; nele íamos assinalando as ofensivas dos exércitos germânico e italiano. Acompanhávamos, também, mais tarde, o desenvolvimento das ações bélicas entre os Estados Unidos e o Japão. O pacto de não agressão entre a URSS e a Alemanha nazista deu motivos a muitas conferências políticas de nosso querido camarada Rodolfo Ghioldi e de outros camaradas de nosso coletivo. Além dessas conferências, muitos esclarecimentos foram dados à massa, justificando atitude correta e oportuna do governo soviético, a fim de ganhar tempo e preparar-se melhor para enfrentar no futuro a possível invasão nazista em seu território. Muitos companheiros, no princípio, não compreenderam o pacto de não agressão com a Alemanha nem a ocupação pelo Exército soviético do seu antigo território, em poder da Polônia desde a paz de Brest-Litovsk, em 1918. Muitos não compreenderam também a guerra contra a Finlândia. Após uma série de explicações coletivas e individuais, a maioria convenceu-se da correção da atitude da URSS com respeito a essas questões. Alguns companheiros que naquele momento não compreenderam vieram a compreender mais tarde, quando a Alemanha de Hitler invadiu a URSS, no dia 22 de junho de 1941.

Eu não podia ler, porque não enxergava nem dispunha de óculos; colocava o ouvido no rádio até ser transmitido o último comunicado da noite sobre a guerra, na programação feita em língua portuguesa pela BBC de Londres e pela rádio de Moscou. Assim, fui o primeiro a ouvir a notícia da invasão da URSS pelo Exército nazista; ouvi também a ordem do dia do camarada Josef Stalin. Corri para avisar aos companheiros do alojamento central, que já dormiam àquela hora avançada da noite, assim como para comunicar o fato aos companheiros de outros alojamentos.

O nosso mapa foi mais uma vez ampliado para acompanharmos a marcha da guerra. E então vimos o quanto foram oportunas as conferências e explicações feitas ao coletivo pelo camarada Rodolfo Ghioldi e outros companheiros. Estávamos mais esclarecidos acerca da União Soviética.

Toda a nossa coletividade, inclusive a pequena fração mirandista, sofreu angustiosamente com as sangrentas batalhas no solo soviético, principalmente com os avanços iniciais dos fascistas. Mas, apesar das grandes perdas e dos recuos do Exército vermelho e dos terríveis sofrimentos do povo soviético, tínhamos absoluta certeza da vitória final.

Vimos muitos companheiros chorarem convulsivamente quando os fascistas alemães chegaram às portas de Moscou. Mas vimos também e ouvimos o nosso coletivo vibrar de entusiasmo quando a violenta contraofensiva soviética empurrou em poucos dias o Exército nazista até as portas de Smolensk. Foi a primeira grande derrota do fascismo alemão desde que Hitler deflagrara a Segunda Guerra Mundial, em 1939.

A contraofensiva soviética na frente de Moscou não só quebrou o mito da invencibilidade do Exército nazista como mostrou ao mundo que o fascismo era vulnerável e seria esmagado.

A primeira derrota alemã, nos subúrbios de Moscou, foi um grandioso estímulo, não só para os exércitos aliados em luta nos diferentes campos de batalha mas também para todos os antifascistas do mundo inteiro.

Lembro-me de um diálogo que tive com o coronel Nestor Veríssimo, diretor da ilha de Fernando de Noronha, que era antifascista:

— Sabes, Gregório, Hitler ordenou às suas tropas tomarem café dentro de Moscou amanhã.

Eu já conhecia essa ordem de Hitler. Ouvi-a pela BBC de Londres e na rádio de Berlim, transmitida em língua espanhola. Respondi-lhe:

— Coronel Veríssimo, esteja certo de que o café que os nazistas vão tomar em Moscou é de metralha, de tanques, de aviões, de canhões e pontaços de baioneta.

— Você é um fanático, Gregório! Não está vendo que, se o governo soviético pudesse resistir aos alemães, já o teria feito?

— Não esqueça que os nazistas atacaram traiçoeiramente a URSS, sem prévia declaração de guerra, tomando assim a iniciativa, levando uma grande vantagem sobre o Exército soviético. Além disso, o recuo do Exército soviético é um recuo tático, desgastando ao máximo a máquina de guerra alemã e, à medida que as tropas fascistas avançam, vão se distanciando de seus pontos de apoio. Moscou é a capital do socialismo, o orgulho de todos os povos soviéticos. Durante o recuo do Exército Vermelho, houve tempo para a concentração de tropas e de material não somente para a sua defesa mas para contra-atacar os nazistas. Eu, pessoalmente, não acredito que os alemães tomem Moscou. Serão felizes se puderem fugir a tempo.

O coronel Veríssimo apenas respondeu-me:

– Eu gostaria de ser otimista como você. Amanhã veremos quem tem razão.

– Nós estamos com a razão, senhor coronel. O povo soviético não entregará jamais sua capital às bestas de Hitler. Elas não tomarão café em Moscou, mas as Forças Armadas soviéticas irão brevemente a Berlim, não só para tomar café mas para almoçar, jantar e liquidar o fascismo como força militar organizada.

Eu disse essas coisas baseado apenas na confiança que tinha no poderio do povo soviético, na fibra de seus heroicos combatentes e no seu alto espírito de patriotismo socialista.

Na noite desse dia, como sempre, achava-me ouvindo o noticiário da guerra quando, de repente, escutei:

– Atenção! Atenção! Aqui fala Moscou! Aqui fala Moscou!

Era um veemente apelo do camarada Stalin, dirigido ao povo soviético e ao seu Exército Vermelho, conclamando-os a não mais ceder um palmo do terreno ao pérfido invasor. Terminava mais ou menos com as seguintes frases:

– Morte ao pérfido inimigo! Glória eterna aos heróis que tombarem na luta em defesa da Mãe Pátria!

No dia seguinte, quando fui tirar o pão do coletivo, ia louco de vontade de encontrar o diretor Veríssimo, para mostrar-lhe que o meu fanatismo tinha fundamento. Infelizmente, não o encontrei. Lamentei muito, porque o Exército soviético lançara a sua primeira contraofensiva ao Exército alemão nos subúrbios de Moscou e a desenvolvia impetuosamente em toda a frente moscovita; em outros setores da frente, os nazistas já batiam em retirada. Poucos dias depois, era uma debandada geral, até os subúrbios de Smolensk. E os bolsões fascistas que, devido à intensidade da contraofensiva, não tiveram oportunidade de recuar, foram esmagados como mereciam. Moscou estava livre e Hitler sofreu o seu primeiro revés.

Havia no nosso coletivo mais de quarenta companheiros poupados do trabalho. Tinham direito a refeições especiais: café da manhã, pão com manteiga, mingau de aveia, de maisena ou de fubá de milho; às nove horas, doce com biscoito ou uma suculenta sopa de verduras. Ao meio-dia, além das refeições normais, recebiam uma sobremesa de doce, quase sempre acompanhada de queijo. No jantar também; e à noite, café com leite e biscoitos. Tudo que o coletivo recebia de bom do continente era para os nossos "doentinhos". Tudo íamos tolerando, porque eram os nossos companheiros médicos que os proibiam do serviço coletivo e lhes receitavam o reforço das refeições e também porque eles sabiam fingir doença, embora nenhum deles demonstrasse fastio ou debilidade física. Ao contrário, devoravam suas refeições normais, além das suplementares, enquanto nós outros dávamos duro no trabalho e nos esforçávamos para proporcionar-lhes o maior conforto possível, baseados em nossa política de tudo fazer para a conservação da saúde.

Um dia, o governo Vargas mandou construir um novo presídio na ilha de Fernando de Noronha. Como o diretor se dizia democrático e prestista (pelo menos tinha participado da Coluna Prestes), considerava-se amigo do nosso coletivo, principalmente de nossos companheiros ex-oficiais, como Agildo Barata, Agliberto Azevedo, Álvaro de Souza, Sócrates Gonçalves, Soveral, Ivan Ribeiro, Leivas Otero, Mário de Souza, Davi Ribeiro, Guttman e outros. Ele convidou o nosso coletivo para construir o novo presídio; reunimos-nos, discutimos a oferta e a rechaçamos: éramos presos políticos e, como tais, não iríamos construir prisão para nós mesmos ou para outros presidiários. O diretor convidou os integralistas, que aceitaram correndo a proposta.

Até aqui, nada de mais. Porém a construção do novo presídio exigia mão de obra e o nosso "amigo" coronel Veríssimo abriu voluntariado para mão de obra, oferecendo salários que variavam de acordo com a profissão de cada um, ou seja, de quatro a doze mil-réis por dia.

Por incrível que pareça, do nosso coletivo, só os poupados do trabalho se apresentaram para o serviço da construção do novo presídio. Isso, como era natural, causou descontentamento em nosso meio. Passamos a não ver aqueles elementos como nossos companheiros – não só porque quebraram uma resolução coletiva mas sobretudo porque eram poupados do trabalho, desfrutavam da maior solidariedade possível e, agora, iam trabalhar em serviços mais pesados do que os piores do coletivo. Iam transportar pedras na cabeça, subindo ladeiras íngremes, desde a praia do Cachorro até o local da construção, a quase dois quilômetros de distância; iam quebrar pedras com marretas, fazer e transportar massa para os pedreiros, transportar cal, cimento, areia, água etc.

Mas o pior era nas épocas em que faltavam carne e outros gêneros alimentícios, o que sempre acontecia, ora porque o navio atrasava propositadamente para dar saída ao estoque da cantina, ora porque atrasava por conveniência administrativa da ilha, ora porque o governo tinha interesse no atraso. De qualquer forma, desses atrasos, só a diretoria tirava proveito, porque, durante os quinze ou vinte dias que o navio atrasava, não recebíamos nada e, quando os navios chegavam, não recebíamos os gêneros alimentícios e a carne que tínhamos deixado de receber durante os dias de atraso do navio. Mas as mercadorias vinham e eram estocadas na cantina do armazém. E assim o nosso coletivo sofria um grande desfalque em sua minguada economia.

Era nesta situação que os nossos voluntários ao trabalho, logo apelidados "trabalhistas", se revelavam: como ganhavam dinheiro, podiam comprar na cantina conservas, doces, queijos, linguiças, salsichas, sardinhas etc. E, quando um companheiro de massa, ingenuamente, pedia um taquinho de linguiça, de doce, uma sardinha, uma fatia de salame ou um tiquinho de qualquer coisa, eles diziam:

– Vai trabalhar, vagabundo! Faz como a gente. Nós comemos conserva porque trabalhamos!

Eu ouvia essas expressões, revoltado, esperando uma decisão do coletivo sobre os fracionistas.

Nessa época, eu trabalhava na horta, bombeando água. Enchia duas vezes por dia uma caixa com capacidade de 30 mil litros para irrigar os canteiros de verduras. Começava a bombear às quatro horas da manhã a fim de que, quando os demais companheiros chegassem, às sete horas, já houvesse água suficiente em todas as torneiras para as tarefas de irrigação.

Nossa horta tinha mais de dois hectares de canteiros cheios de verduras, que fornecíamos gratuitamente a toda a população da ilha. Ao meio-dia, as verduras deviam estar irrigadas e a caixa-d'água cheia para a irrigação da tarde. Eu tinha uma média de oito horas de trabalho por dia na horta e dava mais três horas de trabalho voluntário na construção de um campo de voleibol e basquetebol.

Antes de aqueles companheiros irem trabalhar na construção do presídio com os integralistas, reinava em nosso coletivo a mais completa coesão e disciplina, aspectos indispensáveis a toda vida coletiva, principalmente à vida de prisioneiros políticos. Essa unidade foi profundamente abalada pelas contradições entre os elementos fiéis ao coletivo e o bloco fracionista, que continuava se beneficiando de tudo sem dar nenhuma contribuição ou colaboração ao coletivo. Semelhante situação agravava-se dia a dia e já se notava certo descontentamento entre os próprios companheiros que se mantinham fiéis ao coletivo em toda a linha. Isso porque a direção do coletivo protelava a decisão de tomar uma medida contra aqueles elementos. Eu era um dos descontentes. Pedi ao coletivo a minha substituição no trabalho de bombeamento de água na horta e passei a trabalhar na cozinha. À minha turma pertenciam também os camaradas Benedito de Carvalho e Carlos Marighella.

Tínhamos por norma melhorar e reforçar o café aos domingos, com uma papa ora de aveia, ora de fubá, ora de milho e, lá uma vez por outra, com um suculento munguzá. Chegou a minha vez de prepará-lo, e passei a noite toda preparando-o com capricho. Às seis horas da manhã, chegou a turma que trabalhava na construção do presídio, batendo na mesa com suas colheres, canecos e pratos e bradando:

– Como é, Gregório? Esta joça não sai hoje?

Respondi-lhes:

– Vocês estão errados! Vão tomar café e comer de hoje em diante junto com os integralistas, seus aliados, já que foram trabalhar com eles. O nosso café, o nosso munguzá e o nosso pão estão prontos não para vocês, mas para o nosso coletivo. O de vocês é lá com seus amigos e patrões integralistas!

Foram chamar o presidente do coletivo, que tentou me convencer a servir-lhes a comida. Foi convocada uma reunião para discutir o problema. O coletivo, por maioria, decidiu expulsá-los e pedir ao diretor do presídio a retirada deles do nosso grupo. O diretor, que há muito desejava fracionar o nosso pessoal, não vacilou um segundo. Tomou todas as providências para afastá-los do nosso convívio no mesmo dia. Doze deles desistiram da construção do presídio, preferindo reentrosar-se em nosso coletivo, tendo sido fraternalmente aceitos por nós.

O nosso coletivo voltou a ser o que era antes, isto é, um bloco coeso e disciplinado. Voltou a alegria e o espírito de solidariedade e fraternidade entre todos nós. Duplicou a nossa produção em todos os setores de trabalho. Melhorou a nossa alimentação, não só devido aos esforços de todos mas também porque nos livramos dos parasitas que nos sugavam e nada produziam. O coronel Nestor Veríssimo nos tirara das mãos um abacaxi verde, azedo e ruim de descascar.

Devido àqueles atritos com a fração divergente, tive uma discussão com o camarada Ivo Meireles, a quem admirava e estimava por ser um dos companheiros mais abnegados e esforçados em tudo, principalmente em suas tarefas de médico. Ivo Meireles tinha, de fato, uma visão do problema mais humana e mais realista que eu. No auge da nossa polêmica, disse-me:

— Você procede assim porque ainda não é um revolucionário.

Eu me queimei e respondi-lhe com uma porção de impropérios descabidos. Ele, com toda a calma, retrucou-me:

— Você é mais um idealista do que um comunista.

Voltei a protestar e ele afirmou:

— Você pretende bitolar os elementos de massa ao nível de sua compreensão e de seu comportamento na luta revolucionária. Temos que fazer a revolução com elementos bons e maus. Podemos isolar os elementos da vanguarda política e, mesmo assim, estamos sujeitos a duras decepções. Mas não podemos selecionar os elementos da massa. É com esse material humano que vamos à revolução. Esta só será realizada com a participação das mais amplas massas trabalhadoras e de nosso povo e não se pode bitolá-las à mercê de nossa vontade e de nosso comportamento durante a luta revolucionária.

Confesso que não me conformei e só alguns anos depois cheguei à conclusão de que o meu camarada Ivo Meireles tinha razão. E não tive dúvidas em curvar-me à dura realidade da vida. Mas só compreendi definitivamente depois que caí no trabalho profundo com as massas. Vivendo com elas, sentindo com elas suas dificuldades, suas alegrias, seus sofrimentos e angústias, suas derrotas e seus êxitos, muito aprendi.

O coronel Nestor Veríssimo, diretor da ilha de Fernando de Noronha, que teria participado da Coluna Prestes e se dizia antifascista e nosso amigo, era, na verdade, um getulista a toda prova. Mas, com essa fachada de antifascista e de nosso amigo, ia nos embrulhando constantemente no fornecimento dos gêneros alimentícios, com os atrasos propositais dos navios carregados de mantimentos para a ilha.

Em uma das vezes, o barco atrasou mais de um mês. Quando chegou, nós ficamos alegres porque íamos receber não só gêneros alimentícios como também cartas de nossos familiares e amigos.

O coletivo escalou as turmas para descarregar o navio. Era uma das tarefas de colaboração com a diretoria do presídio. A primeira turma foi a da noite, da qual eu participava. O mar estava bastante agitado. Eu e outros companheiros mais sadios trabalhávamos dentro d'água, descarregando mercadorias e depositando-as na praia, de onde eram transportadas por outros companheiros até o armazém, que ficava na encosta do morro Santo Antônio. Ambas as tarefas eram pesadas, mas as executávamos com certo prazer, porque era uma decisão coletiva aceita por todos nós. Mas qual não foi a nossa decepção ao recebermos a primeira balsa para descarregar: em vez de gêneros alimentícios, o navio trouxera exclusivamente ferragens, cal, cimento e madeiras para a construção do presídio. Além desse material, o que veio foi muita pinga, cerveja, conhaque, uísque etc. Era demais! Lá para as tantas da madrugada, o diretor, bancando o bonzinho, mandou abrir algumas garrafas de pinga e saiu oferecendo aos companheiros que trabalhavam. Uns aceitaram, porque gostavam da malvada, queriam espantar o frio e enganar a fome. Eu e Epifânio Bezerra, que havia mais de três horas trabalhávamos com os outros dentro d'água, não aceitamos a pinga. O coronel chegou perto de nós e nos ofereceu uma garrafa, dizendo:

– Esta é só para vocês, que estão trabalhando na água e devem estar com muito frio.

Agradecemos e respondemos:

– Queremos é comida, que estamos com fome! Não viemos aqui para beber pinga; viemos descarregar gêneros alimentícios, e não ferragens, madeira, cimento e cal, como estamos fazendo!

Ele saiu e foi se queixar ao companheiro Soveral, que era o nosso chefe de turma.

De fato, havia muito tempo que eu não via com bons olhos a conduta do coronel Nestor Veríssimo em relação ao nosso coletivo. Ele estimulava abertamente o fracionismo em nosso meio, dava todo o apoio aos elementos divisionistas desde o tempo de Miranda. Acrescia o atraso dos navios, sem a compensação dos alimentos. Tudo isso me enchia de revolta.

Perdi a perspectiva e, sem medir o prejuízo que poderia causar ao coletivo, resolvi organizar um plano de fuga como protesto contra o governo fascista de

Vargas e o diretor da ilha. Convidei o companheiro Aço (tinha esse apelido devido à sua fibra de militante comunista diante da tortura). Ele estava condenado a 19 anos de prisão e eu a 27 anos e seis meses. Combinamos a melhor forma possível para fugirmos da ilha para o continente. Pensamos em furtar o barco de pesca do presídio, mas era muito pesado, não podíamos empurrá-lo até a praia, seria necessária a colaboração de muitos companheiros. O nosso principal objetivo era chegar a uma das praias do Rio Grande do Norte ou do Ceará, assaltarmos a primeira delegacia, tomarmos os fuzis e munições que houvesse e iniciarmos um movimento de guerrilha, inspirados nos movimentos guerrilheiros da União Soviética, Iugoslávia e dos "maquis" franceses.

Mas como fugir, se não podíamos contar com o barco de pesca do presídio? Eu conhecia um velho preso comum, condenado a trinta anos, chamado Laranjeira. Ele conhecia a ilha e sabia de todas as fugas e tentativas de fuga em Fernando de Noronha desde vinte anos antes, as que tiveram êxito e as que fracassaram por delação, naufrágio ou por terem os fugitivos sido presos nas costas do Rio Grande do Norte ou do Ceará. De posse dessas informações, concluímos que seria possível construirmos uma jangada de mulungu e fugirmos, com uma possibilidade de 60% de êxito. Mas, como construí-la, se era rigorosamente proibida a ida de presos à sapata da ilha, que era vigiada noite e dia por presos comuns e era o único local onde existia a mata de mulungu?

Resolvemos explorar o terreno, inclusive a mata, para recolhermos os paus que nos convinham cortar para a construção da jangada. Aproveitamos um domingo, preparamos um pouco de comida e saímos de madrugada. Ao atingirmos a Cacimba do Padre, saímos beirando as encostas do morro, banhadas pelas ondas, ora subindo, ora descendo por elas, e, quando não podíamos subir nem descer, caíamos na água e nadávamos de uma saliência a outra. Assim, escolhemos, coberto de tudo e de todos, o local da construção da jangada, inclusive o ponto de onde deveríamos partir para o continente. Feito isso, galgamos o morro onde existia a mata de mulungu, escolhemos os troncos melhores e os mais grossos e voltamos ao nosso alojamento. De três coisas já dispúnhamos: o itinerário de ida e volta sem sermos vistos, o local da construção e a escolha dos paus da jangada.

No outro domingo, voltamos lá munidos de um machado e de uma serra articulada. Derrubamos os paus, aprumamo-los e os fizemos deslizar abismo abaixo, perto do local da construção da jangada. Enquanto os paus de mulungu secavam, roubamos seis caibros de imbiriba, trinta metros de cabo de fio de piaçaba da construção do presídio e, com todo o cuidado, fomos encostando esse precioso material perto da construção, mas em lugares diferentes, não só para evitar que fosse descoberto pela vigilância da ilha como também para evitar que outros aventureiros como nós o roubassem. Construímos a vela, compramos mais de trinta metros de corda, oito sacos de farinha de trigo, uma agulha de tecer tarrafa e um novelo de linha para costurar a vela. Para essa grandiosa tarefa, tínhamos dois excelentes colaboradores: o ex-cabo do Exército Ananias e o camarada Piauí. Ambos foram de uma dedicação a toda prova. Sem eles, não teríamos feito a jangada nem transportado todo o material com tanto êxito e o máximo de segurança. Dos caibros de imbiriba, um foi para sustentar a vela, os cinco restantes para intercalar entre um e outro pau da jangada, para reforçá-la, evitando que as ondas oceânicas rebentassem a embarcação. Os trinta metros de cabo serviram para prender os caibros aos toros de mulungu, foram trinta metros de corda para a vela e depois mais vinte metros de cabo de fio para prender a jangada caso fosse necessário. Compramos duas latas de banha para o depósito de água doce e um bujão de gasolina vazio, onde depositamos a nossa farofa de charque. Seis meses depois, estávamos prontos para empreender a nossa jornada de fuga. Como armas de ataque e defesa, contávamos com duas foices de tirar coco bem amoladas. Em dinheiro, tínhamos apenas vinte mil-réis. A nossa provisão de alimento e água estava calculada para doze dias no mínimo. Cada um de nós levava um calção, uma camisa e uma roupa para vestir ao chegar ao continente. Agora só faltava a escolha do dia da partida, que dependia de um mar calmo, de bons ventos e de uma bela noite de luar.

Esse dia chegou nos fins de maio de 1941. O mar estava sereno, as ondas eram pequenas e suaves, os ventos acariciadores e o luar claro como o dia. Tudo nos convidava para a liberdade! Tivemos o cuidado de entregar aos nossos queridos camaradas Ananias e Piauí uma comunicação ao coletivo e de deixar aos camaradas da direção partidária um bilhete, dando-lhes as razões do empreendimento que íamos enfrentar, fazendo a promessa de lutarmos até o fim de nossas energias contra o fascismo, contra Vargas e pelo socialismo.

Tínhamos consciência do ato de indisciplina que íamos cometer perante o partido e o coletivo, mas estávamos dispostos a arcar com toda a responsabilidade. Se fôssemos bem-sucedidos, seria um bom protesto contra a política do coronel Nestor Veríssimo e, sobretudo, contra Vargas e o fascismo. Nossos companheiros Ananias e Piauí foram conosco até a sapata para nos ajudarem a empurrar a nossa jangada até colocá-la dentro da água e, antes de o sol desaparecer, nos despedimos com um abraço muito fraterno. Eles partiram de volta para o convívio dos demais companheiros, levando as nossas sentidas saudades. Ficamos de partir dentro de uma hora para a liberdade, com o coração palpitando de saudades e de emoção pela ação que íamos realizar e que, confiávamos, seria coroada de êxito.

Logo que o sol desapareceu, colocamos o mastro na jangada, fixando-o da melhor forma possível; prendemos nossos mantimentos bem vedados e empurramos a nossa embarcação para dentro do mar. Montamos, empurramos a jangada e ela saiu serena, deslizando suavemente sobre a superfície do mar. Eu, numa extremidade, ia soltando pouco a pouco a vela; e meu companheiro desviava a jangada das pedras, que eram muitas. Já a uns duzentos metros do local da saída, surgiu uma onda muito forte e pesada. A jangada bordejou, inclinando-se para a esquerda. A seguir, outra onda pegou-a do lado direito e emborcou-a completamente, com a vela e tudo! Ficamos de cabeça para baixo. Tentamos desvirá-la, mas não pudemos, porque não tínhamos firmeza sob os pés. Subimos para o lado de cima para descansar, mas não podíamos perder tempo porque, mesmo virada, a jangada se afastava cada vez mais da praia. Como eu nadava melhor que o meu companheiro, mergulhei para debaixo da jangada, desenrolei a corda presa no mastro e saí nadando até encontrar uma pedra, onde me firmei e puxei-a. Deixei o meu camarada Aço segurando-a, nadei novamente para outra pedra e tornei a puxá-la. E assim, de pedra em pedra, chegamos de volta à praia, um pouco acima do local de onde saíramos. Lá, firmados com os pés nas pedras, conseguimos desemborcar a jangada, porém as latas de água estavam arrombadas e o bujão de mantimentos cheio de água salgada. Fracassara o nosso plano de fuga. Retiramos a vela, também já rompida, cobrimo-la de pedras, arrastamos a jangada para cima das pedras e a cobrimos também. O mesmo fizemos com as latas. Não deixamos o menor vestígio. Combinamos fazer o possível para reequipá-la para uma segunda tentativa.

O dia vinha clareando quando deixamos o local da fuga. Rumamos para o nosso alojamento, onde chegamos cerca das oito horas da manhã. A direção do coletivo já sabia de tudo. Estávamos arrasados – não só devido ao fracasso mas também pelo trabalho que tivéramos durante a noite. A conselho do nosso camarada Rodolfo Ghioldi, a direção do coletivo nos deu alguns dias para descansar. A não ser a direção do coletivo e a fração partidária, Rodolfo Ghioldi, Ananias e Piauí, ninguém mais soube da nossa aventura.

Poucos dias depois, fomos prestar contas à direção do coletivo, constituída dos camaradas Rodolfo Ghioldi, Agildo Barata, Agliberto Azevedo e José Francisco de Oliveira, o nosso saudoso Pai Velho. A discussão não foi produtiva. Estávamos prontos a aceitar a crítica e a fazer a nossa autocrítica, mas não estávamos dispostos a humilhações nem queríamos nos autoflagelar a pretexto de fazer autocrítica. Tive pela primeira vez um sério atrito com o camarada Agildo Barata, a quem admirava e estimava muito como um excelente companheiro de luta. Mas não podia aceitar os termos de sua crítica. O camarada Ghioldi, o mais experimentado e o mais capaz politicamente, contornou a situação: propôs que tivéssemos uma discussão política com os camaradas Agliberto Azevedo e José Francisco de Oliveira e que o resultado dessa discussão fosse levado à direção do coletivo. Foi uma discussão serena, fraternal. Achamos justa a crítica que nos fizeram e levamos nossa autocrítica à prática, não repetindo o erro de uma nova fuga, que era nosso objetivo.

Em 1940, o camarada Pascácio Fonseca, um dos dirigentes do Comitê Regional do Nordeste, do PCB, foi requisitado para o Distrito Federal, hoje Rio de Janeiro. Era um dos elementos mais dinâmicos e mais fiéis ao partido. Tivera contato comigo antes da revolução de 1935 e foi quem mais me ajudou com sua experiência e seus conselhos, na luta contra o fascismo e a guerra, incentivando-me com a sua dedicação ao partido. Foi um camarada que renunciou a todos os seus interesses pessoais em função do partido e do povo. Tudo o que houve de bom nos movimentos de massa contra o fascismo e a guerra, em todo o Nordeste brasileiro, teve, direta ou indiretamente, a sua ajuda. Foi ele quem me orientou na luta de massas e no seu fortalecimento. Era ele quem, mais do que ninguém, me orientava no sentido de desenvolver e fortalecer o partido no meu setor militar. Incutiu em meu espírito o trabalho gigantesco de Jorge Dimitrov, na Terceira Internacional Comunista. Ele discutia comigo a posição heroica de Jorge Dimitrov diante de Goebbels e Goering, no tribunal de Leipzig, virando pelo avesso a máscara desses gorilas hitlerianos durante o processo e o julgamento sobre o incêndio do Reichtag.

Pascácio Fonseca, quando me transmitia uma resolução ou uma opinião do partido, fazia-o com o máximo interesse e, enquanto não se convencia de que eu as havia assimilado, repetia muitas vezes, até ter certeza de que eu realmente tinha compreendido. Pascácio Fonseca não era um teórico do marxismo-leninismo, mas punha em prática as ideias marxistas leninistas. Esse bravo filho do povo pernambucano, em consequência da tortura recebida da polícia política de Recife, estava com os nervos triturados e, nessa atuação, foi transferido da ilha de Fernando de Noronha para a sede da polícia política fascista de Filinto Müller, no Distrito Federal, onde, não mais suportando a tortura, veio a falecer de maneira trágica. Foi mais uma vítima dos assassinos da Gestapo do Estado fascista de Vargas. Creio que já é tempo de fazermos lembrar à opinião pública, e sobretudo à classe operária, esse crime.

Do fim de 1941 para o início de 1942, com o alastramento da Segunda Guerra Mundial, em virtude da declaração de guerra dos Estudos Unidos ao Japão e à Alemanha de Hitler, começaram a surgir boatos de que o arquipélago de Fernando de Noronha seria transformado em base militar. No início de 1942, o general Mascarenhas de Morais veio verificar a situação estratégica da ilha e, poucos meses depois, nós fomos transferidos para a Ilha Grande, no Estado do Rio de Janeiro, ficando alojados no presídio político da colônia de Dois Rios. Antes de partirmos, tomamos a resolução coletiva de não colaborar com a diretoria na Ilha Grande, resolução esta que muito me agradou, porque não havia jeito de reconciliar-me com o coronel Veríssimo.

A xepa na Ilha Grande era pouca e ruim; todavia essa deficiência era contrabalançada pela maior solidariedade de nossos companheiros aliancistas. Ali organizamos uma oficina de artesanato, cuja matéria-prima fundamental eram os cascos de coco da Bahia: com esse material, fabricávamos cintos e bolsas para senhoras, broches e aviõezinhos, porta-joias, porta-pós e globos terrestres com todos os acidentes naturais. Esses objetos eram vendidos preferencialmente aos nossos amigos e a todas as pessoas que os encomendavam. Tinham uma grande aceitação, porque, além de serem novidade no mercado, eram artisticamente trabalhados. Fabricávamos também caixinhas de madeira para costura, ornamentadas com desenhos feitos na própria madeira. Eram muito procuradas. Podemos dizer que tínhamos verdadeiros artistas, como Carlos Marighella, o jovem tecelão Massena, Roberto Morena, Virgílio, Agliberto, Agildo Barata e tantos outros. As encomendas eram tantas que nos incentivavam a produzir mais e melhor. Além da nossa oficina de balangandãs, tínhamos uma seção de venda de cigarros, papéis de carta, envelopes, tinteiros, lápis, canetas, espelhos, pentes, borrachas, doces, açúcar, café, massas em geral etc. Com a venda desses objetos, o lucro da seção de vendas e a pequena ajuda dos amigos, suplementávamos as nossas refeições e fornecíamos aos nossos companheiros fumantes meia carteira de cigarros por dia; comprávamos remédio para os que necessitavam, fornecíamos papel, envelope e selos para sua correspondência e ainda fornecíamos à família dos companheiros mais necessitados uma média de 150 a 200 mil-réis por mês, a cada uma delas. Era pouco, mas era uma prova de solidariedade do coletivo aos nossos familiares e, quando fomos postos em liberdade, por força da anistia, recebemos, cada um, mais de 900 mil-réis.

Quanto às vantagens da Ilha Grande sobre Fernando de Noronha, foram enormes. Em Fernando de Noronha, até certa época, a água que bebíamos, além de ruim e poluída, provocava-nos uma disenteria constante. Havia ali uma verdadeira nuvem de mosquitos, que não deixava ninguém dormir sossegado. Uma tremenda praga de ratos, lagartixas e sapos, que causava horror a todos nós. A correspondência, além de demorada, era severamente censurada e, o pior de tudo, não tínhamos direito a visitas. Era mínima a solidariedade recebida do continente. Compensavam essa situação os excelentes cajus, mamãos deliciosos, pinhas (saborosas, mas escassas), bananas e muito peixe.

Na Ilha Grande, a água era excelente; permitia-se visita para todos os que tivessem família ou pessoas amigas que moravam no então Distrito Federal ou nos estados próximos. Isso já era tudo para nós. Tínhamos banho de mar, no início com hora marcada e sob vigilância dos guardas, mas aos poucos fomos conquistando mais horas e menos controle. Por fim, à medida que os fascistas iam sendo esmagados nos campos de batalha, íamos tomando conta da praia, sem o acompanhamento dos guardas. A situação melhorava dia a dia para nós. Nosso rádio funcionava livremente e grande parte dos guardas ia escutar conosco as notícias radiofônicas; outros vinham saber, no dia seguinte, as que recebíamos à noite.

Já em meados de 1944, a situação era tão boa que conseguimos da diretoria da colônia o velho casarão, que antes era ocupado pela administração, para nele podermos receber visitas. Remodelamos a casa, fizemos novas instalações sanitárias, plantamos uma horta de verduras, construímos um aviário e conseguimos alguns móveis. Tudo isso para recebermos as nossas visitas com mais conforto. Já no fim de 1944, conseguimos que as famílias dos companheiros que tivessem condições de passar dias, semanas ou até meses na ilha, pudessem ficar. Houve mesmo um companheiro que se casou com a irmã de um funcionário da ilha.

Essas conquistas eram obtidas não somente pela maneira respeitosa e atenciosa do nosso coletivo ao lidar com os habitantes da ilha como também devido às vitórias sucessivas dos aliados contra o fascismo, principalmente depois da mais famosa batalha travada em todas as épocas, a histórica batalha de Stalingrado. Nem mesmo a batalha de Moscou, quando foi quebrada pela primeira vez a invencibilidade do Exército fascista alemão, teve tanta repercussão no mundo como teve a vitoriosa batalha de Stalingrado. Nunca até então os povos do mundo inteiro tinham vibrado com tanto entusiasmo como nessa lendária vitória!

Logo que chegamos à Ilha Grande, em 1942, consegui permissão para ir ao hospital da Polícia Militar do então Distrito Federal para fazer exame dos olhos, que estavam quase cegos. Assim fui transferido provisoriamente para a Casa de Detenção da rua Frei Caneca. O médico especialista da Polícia Militar fez-me um minucioso exame, muitos curativos, passou alguns remédios e receitou-me óculos bifocais.

Durante a minha estada na Casa de Detenção, fiquei numa galeria onde havia alguns camaradas antifascistas e também alguns integralistas, inclusive um primeiro-tenente da Marinha de Guerra, chamado Nascimento. Esse oficial se dava mais ou menos comigo e só não éramos amigos porque eu era um militante comunista e ele um fascista. Chamava-me de fanático e eu o chamava de cego voluntário. Um belo dia, pela manhã, ele mostrou-me um jornal em cuja primeira página e em letras garrafais se lia a ordem de Hitler ao general Von Paulus, no sentido de que liquidasse os focos de resistência e ocupasse toda a cidade de Stalingrado dentro de uma semana, no máximo. O tenente Nascimento disse-me:

— Praticamente o Exército Vermelho está aniquilado. De agora em diante, a guerra na Rússia é mais uma operação de limpeza. A Rússia soviética está liquidada como potência militar.

Respondi-lhe:

— Tenente, uma coisa é a vontade de Hitler, outra coisa é a realidade. Não é a primeira vez que Hitler liquida verbalmente a União Soviética e esmaga em palavras seu Exército. Eu penso diferente do senhor e de Hitler. Os alemães que cercam Stalingrado não terão oportunidade de fugir para nenhum canto. E o senhor não perderá por esperar mais alguns dias.

— Eu não digo que és um fanático? Não compreendes que o Exército Vermelho está nas últimas? Se ainda está resistindo e combatendo é porque é forçado pelos comissários políticos. Está provado o gênio militar e político do Führer. Hitler vai dominar o mundo. O maior obstáculo era liquidar as Forças Armadas soviéticas. O resto não será mais que uma excursão militar.

Concluiu:

— Vejamos, Gregório!

E ele viu não só a derrota dos fascistas alemães em Stalingrado mas o esmagamento da Alemanha fascista pelo glorioso Exército soviético. Não o vi mais. Soube, mais tarde, que ele e todos os oficiais fascistas comprometidos com o golpe integralista de maio de 1938 foram reincluídos na Marinha de Guerra pelo general Eurico Gaspar Dutra e por Getúlio Vargas.

Voltei com outros camaradas para a Ilha Grande. Juntamos-nos com os demais companheiros e festejamos a vitória do Exército Vermelho, do glorioso povo soviético em Stalingrado. Eu agora já não podia me contentar em ouvir as notícias do rádio. Lia todos os jornais que chegavam ao coletivo, porque já dispunha de óculos para ler.

A vitória de Stalingrado não foi só uma vitória dos povos soviéticos! Foi uma vitória de todos os povos antifascistas de todas as partes do mundo. Além disso, serviu de exemplo e de estímulo aos exércitos anglo-americanos que lutavam no Oriente Médio e no Pacífico. A verdade é que a União Soviética assumira a ofensiva da guerra definitivamente. Era ela quem agora escolhia os locais mais apropriados para esmagar a hidra fascista e seus aliados. Na prisão, os "galinhas-verdes" e os quintas-colunas, até então eufóricos e presunçosos, baixaram a crista, cheirando o pó da derrota em todas as partes onde se encontravam. Enquanto isso, os submarinos das potências do Eixo continuavam torpedeando nossos navios de passageiros. O povo revoltado, em represália aos fascistas, saiu às ruas, incendiando e depredando casas comerciais e sedes das embaixadas fascistas alemã, italiana e japonesa. Isso em todos os estados do Brasil, principalmente no Nordeste. Não só incendiando e depredando como exigindo de Vargas o rompimento das relações diplomáticas e a imediata declaração de guerra às potências do Eixo. As massas ganharam as ruas e delas só saíram quando Vargas rompeu relações, declarou guerra às nações fascistas e enviou tropas brasileiras à Itália a fim de combater ao lado das forças aliadas.

Foi criada a Liga de Defesa Nacional, da qual faziam parte elementos antifascistas, democráticos e patrióticos. Getúlio Vargas, pressionado pelas massas populares, teve que demitir o fascista Filinto Müller da Chefia de Polícia do Distrito Federal e nomear em seu lugar o tenente-coronel Etchegoyen, que, também pressionado pelo povo nas ruas, desencadeou uma forte ação contra os quintas-colunas, que agiam abertamente no tempo de Filinto Müller. Foram presos centenas de fascistas, traidores da pátria e espiões, que agiam acobertados pelo seu comparsa Filinto Müller. As massas, orientadas pelo partido, passaram a exigir através das passeatas de ruas, comícios e conferências, realizadas pela Liga de Defesa Nacional, o envio de tropas brasileiras para o *front,* assim o governo fascista de Vargas, que antes apoiava o Eixo, trocou de camisa e passou a apoiar os aliados. Nós, os comunistas, que fomos as maiores vítimas do governo de Vargas, passamos a apoiá-lo em todos os seus atos antifascistas e democráticos, em todas as suas ações em defesa do nosso povo.

13

As Forças Armadas soviéticas, depois da batalha de Moscou, contra-atacaram o inimigo em várias frentes de combate durante o inverno e a primavera. No verão e no outono de 1942, Hitler, aproveitando-se da inexistência de uma segunda frente na Europa, organizou nova ofensiva contra a União Soviética. Transferiu, na primavera de 1942, várias divisões da frente ocidental para a frente soviético--alemã e, além disso, exigiu de seus aliados mais unidades militares para a frente leste. Em consequência, em julho de 1942, Hitler já contava, na frente oriental, com mais de 237 divisões fascistas, entre as quais 193 alemãs. Já no outono, elevou--se para 266 o número de divisões. Todo o peso da guerra caiu sobre o território soviético. O Exército soviético sofreu duros reveses, principalmente na Cracóvia, em Sebastopol. Os reveses sofridos na Cracóvia e na Crimeia permitiram aos fascistas alemães transferir grande quantidade de divisões para o setor sul da frente de Moscou. Os fascistas alemães pareciam retomar, assim, a iniciativa da guerra: desencadearam uma gigantesca ofensiva no setor de Kursk-Varonese e avançaram sobre Varonese, onde encontraram dura resistência. As forças fundamentais do inimigo desviaram-se para o sul, desfechando o golpe principal na direção de Stalingrado. Depois de encarniçados combates, os fascistas alemães cruzaram o Don e lançaram-se sobre o Volga. Antes do fim de setembro de 1942, os Exércitos nazistas alcançaram os subúrbios de Stalingrado, travando-se uma das mais sangrentas batalhas conhecidas pelos povos do mundo. O verão e o outono de 1942 criaram uma situação das mais difíceis para a União Soviética. O inimigo tinha em suas mãos 33% da produção da URSS e 47% de toda a sua área cultivada. O partido e o governo soviético entregaram ao Exército Vermelho a tarefa gigantesca de rechaçar o inimigo a todo custo. "Nem mais um passo atrás!" Ainda me lembro da gigantesca batalha de Sebastopol, quando o Exército Vermelho resistia abnegadamente a uma média de quinze ataques por dia e só em 3 de julho de 1942, depois de quase trezentos dias de heroica resistência, Sebastopol, por ordem do comando supremo, foi evacuada.

Acompanhávamos da prisão a marcha da guerra em todas as frentes de batalha. Muito criticamos os governos inglês e norte-americano e seus comandantes de Exército por protelar a abertura da segunda frente na Europa, dando assim condições a Hitler para jogar todo o peso de seus exércitos contra a União Soviética.

Enquanto o doloroso drama da guerra banhava em sangue os povos soviéticos, asiáticos e médio-orientais, os submarinos do Eixo continuavam criminosamente torpedeando a navegação brasileira. Sobre os torpedeamentos de nossos navios nas costas do Brasil, o jornal *La Razón*, de Montevidéu, de 21 de agosto de 1942, publicou o seguinte comentário:

> O atentado nazista contra a navegação brasileira, pela brutalidade de que se revestiu, deve ser fria e percucientemente examinado em suas causas e objetivos pelo povo brasileiro e por todos os povos vizinhos. Recordemos que o terror, o assassinato de mulheres e crianças, foi sempre, desde os massacres da Abissínia, o bombardeio de cidades indefesas, o metralhar de retirantes na Bélgica e na França, a arma predileta do nazismo para alcançar a capitulação rápida dos governos vacilantes, pusilânimes e divorciados dos povos que oprimem. Na estratégia nazista, era o Brasil a posição-chave com que contava Hitler para dominar a América do Sul e fixar no norte do Amazonas as forças do povo norte-americano; e Hitler deve ter boas razões para supor não ser ainda possível a capitulação do governo do Brasil, onde não faltam candidatos a Pétain e a Laval, que dispõem de uma respeitável quinta-coluna enquistada em todo o aparelho estatal.
>
> O agente da Gestapo Filinto Müller, expulso da polícia, foi carinhosamente acolhido no gabinete do ministro da Guerra. O povo brasileiro, porém, demonstrou mais uma vez o seu ódio ao fascismo e volta-se para Getúlio Vargas na esperança de que o antigo chefe do movimento popular de 1930 queira guiá-lo sem vacilações na luta de morte contra a barbárie fascista. Torna-se necessário agir como Stalin, Churchill, Roosevelt e Chiang-Kai-Chek: confiar no povo. Torna-se necessário abrir as prisões onde se encontram os mais consequentes lutadores antifascistas, porque só assim, consolidada a união nacional, será possível esmagar a quinta-coluna e desmascarar os agentes do inimigo que se escondem nas posições mais elevadas do aparelho estatal. Convém ainda não esquecer o que há de trágico no atraso industrial dos países sul-americanos e que, nestas condições, não hão de ser pequenos exércitos mal armados e precariamente municiados as principais armas de defesa, mas a vontade inquebrantável das massas populares mobilizadas para a luta de morte até o total esmagamento do nazismo no mundo inteiro.
>
> Os povos da América só exigem liberdade para participar com consciência e orgulho da luta mundial pelo progresso!

Esse artigo foi lido em nosso coletivo como eram lidos todos os noticiários de guerra, artigos e comentários mais importantes publicados na imprensa. Nesta época, a censura à imprensa era menor e o partido aproveitava todas as brechas nos órgãos de divulgação para levar às massas a sua orientação. Passamos a ter na prisão uma viva atividade política, não somente interna como também externamente, através de nossos camaradas em liberdade e por intermédio de aliancistas e amigos.

Infelizmente, nesta época, haviam surgido sérias divergências em nosso meio, decorrentes do direitismo e do esquerdismo, conforme podemos constatar dos comentários do camarada Luiz Carlos Prestes feitos a um documento aliancista aparecido nos últimos meses de 1943.

A palavra do camarada Prestes merece ser transcrita:

1. Discordo da linguagem empregada neste documento e sou radicalmente contrário à sua linha geral, e isto por me parecer "esquerdista" e sectária, prejudicial à efetivação da desejada e imprescindível unidade nacional e, portanto, aos mais sagrados interesses do nosso povo.

2. Não me parece justo o combate ao Estado Novo, num apelo como este, à unidade nacional. Não poderão, por acaso, formar ao nosso lado na luta contra o nazismo todos aqueles que, por ignorância, ou mesmo por interesse de classe, julgam necessários às condições específicas do Brasil os preceitos fundamentais da Carta de 1937? A nós nos basta, por enquanto, alcançar a prática da liberdade indispensável à unidade nacional e à luta contra o nazismo, deixando para fazer em artigos e ensaios de caráter doutrinário (quando se tornarem possíveis) o esclarecimento da consciência popular quanto aos preceitos reacionários e fascistas do monstrengo de 10 de novembro de 1937.

3. É falso e injusto fazer ataques generalizados à "incapacidade, venalidade etc. dos agentes governamentais", assim, abstratamente, sem citar fatos e nomes. Apontar os venais e incapazes, prejudiciais à ação do governo e, particularmente à luta contra o nazismo, é fazer obra construtiva e concorrer para a unidade nacional; mas meros insultos generalizados, pelo contrário, só ajudarão aos agentes do inimigo e aos adversários da unidade nacional.

4. Se, ainda, não chegamos à unidade nacional, não é isto devido principalmente ao governo nem muito menos ao seu chefe, como se diz neste documento, mas antes e fundamentalmente à incapacidade dos aliancistas de unir e organizar suas forças a fim de mobilizar as massas em apoio à política de guerra do governo, para que exijam a prática da democracia no país.

5. E isto porque, desligados das massas, não conseguem ver com clareza os acontecimentos, oscilando entre uma lamentável ação de direita, de total passividade e completa capitulação (os que tudo esperam dos governantes), e outra, de esquerda, igualmente lamentável (e talvez mais perigosa ainda) em que a

incapacidade de fazer qualquer coisa útil pela unidade nacional é mascarada com ataques verbais ao regime e meros insultos aos homens do governo.

6. Uns e outros servem, assim, inconscientemente, ao nazismo e não conseguem se livrar dos quinta-colunistas e agentes do inimigo que, evidentemente, se infiltraram em suas fileiras e, além disso, os erros da direita provocam e determinam os de esquerda e vice-versa, e daí a atual divisão dos aliancistas honestos, a mutuamente chamarem uns aos outros de integralistas, de vendidos ao governo, de um lado, de quinta-colunistas de outro, integralistas e agentes do inimigo, de ambos, reciprocamente.

7. É necessário e urgente, por isso, fazer um exame cuidadoso da situação que atravessamos e um rigoroso trabalho de crítica e autocrítica que nos leve à linha política justa, isenta dos graves erros da direita e da esquerda que tornaram até agora impraticável a ação unida dos aliancistas. Evidentemente, não se trata de chegar a um simples acordo formal, de descobrir um meio-termo de cambalacho entre as facções que se defrontam, mas de saber traçar a linha justa, saber combater sem vacilações nas *duas* frentes, contra o oportunismo de direita e o sectarismo de esquerda.

8. Vejamos rapidamente o que se passa: estamos em guerra contra o nazismo. Esta guerra é para nós questão de vida ou de morte; é, sem exagero, uma guerra pela independência nacional. O essencial, portanto, é vencer a guerra. Para isto, precisamos no país mais forte e mais ampla unidade nacional. Esta unidade praticamente pode e deve ser alcançada em torno do governo constituído, o que aí temos, e que, apesar de todos os seus erros e defeitos, já deu incontestavelmente grandes passos ao lado das Nações Unidas: cortou relações com o Eixo, cedeu bases militares ao aliado de acordo com a vontade nacional, reconheceu o estado de beligerância, tem acompanhado a política internacional dos Estados Unidos e da Inglaterra, assinou a Carta do Atlântico, permite a publicidade de livros que nos dizem a verdade sobre a URSS. São fatos positivos e inegáveis que, como patriotas, devemos reconhecer e proclamar com isenção de ânimo e sincera satisfação. Mas não basta declarar apoio ao governo e cruzar os braços na expectativa das medidas internas e indispensáveis à efetivação de uma verdadeira unidade nacional.

9. Este, o erro de direita, o crime da passividade dos que não acreditam no povo e tudo esperam dos governantes ou dos seus "bons amigos" que ocupam postos de governo. Esta atitude de capitulação, liquidacionista, é imprópria de um aliancista, por ser prejudicial não só à Nação como ao próprio governo, que, assim, sozinho com esse simples e falso apoio meramente verbal, jamais conseguirá se livrar dos elementos reacionários e quinta-colunistas que ainda o comprometem e que dos postos que ocupam tudo fazem para sabotar a política de guerra que deseja a Nação, de completo apoio aos povos que lutam contra o nazismo.

10. Cabe-nos, portanto, como aliancistas, lutar com energia e denodo em apoio à política de guerra do governo, pela efetivação da mais ampla e completa unidade nacional, mas uma unidade nacional de verdade, como devemos compreender, fruto

da livre consciência política de toda a Nação. Donde a necessidade precípua, para lá chegar, da prática da democracia, do exercício efetivo das liberdades populares.

11. Mas uma coisa convém notar: lutar pelas liberdades populares não significa neste momento fazer o combate doutrinário ao Estado Novo e à Constituição vigente, nem muito menos passar aos insultos generalizados aos homens do governo que enfrentam na prática problemas complexos, de terrível complexidade. Este o erro da esquerda, o crime dos que mascaram com palavras a sua incapacidade de se ligarem às massas e, portanto, de mobilizá-las para que alcancem a unidade nacional indispensável à vitória contra o nazismo. Essa atitude da esquerda leva, na prática, à traição nacional, pois, em vez de unir, divide e fornece aos quinta--colunistas demagogos e trotskistas e gentes do inimigo as melhores armas na luta que sustentam contra os mais sagrados interesses de nosso povo.

12. Que devemos fazer então?

    A) Apoiar aberta e decididamente o governo na sua luta política de guerra, contra o nazismo! Estarmos prontos para esclarecer, com todos que efetivamente lutam agora contra o nazismo, quaisquer que tenham sido suas atitudes anteriores e quaisquer que sejam suas opiniões políticas, credos religiosos, pontos de vista ideológicos ou filosóficos. Só na prática da luta contra o nazismo poderão ser desmascarados os hipócritas e os agentes do inimigo.

    B) Individualmente, saber cada um cumprir o seu dever patriótico no posto que ocupa, na frente ou na retaguarda. É pelo exemplo, pela coragem e energia na luta, pelo espírito de sacrifício e pelo trabalho eficiente na retaguarda que cada aliancista se imporá ao respeito de seus concidadãos e melhor propagará suas ideias políticas.

    C) Aproveitar todas as oportunidades com coragem e audácia para exigir do governo:
    1 - A imediata revogação de todas as leis (inclusive artigos constitucionais) que impedem ou limitam as liberdades populares, a liberdade de pensamento, palavra e imprensa, a liberdade de reunião, de organização, de opinião política, para os partidos políticos etc.
    2 - Anistia para todos os presos políticos, com exceção dos espiões e quinta--colunistas comprovados.
    3 - Medidas práticas imediatas e efetivas contra a carestia de vida, contra a fome e a miséria, as doenças etc.

    D) Não poupar esforços de organização, sob todas as formas possíveis e imagináveis: nos locais de trabalho, fábricas, repartições, fazendas, grupos de amigos, vizinhos, mulheres, jovens etc. Objetivos:
    1 - Lutar pelo esforço de guerra, contra o nazismo e pela mais ampla e completa unidade nacional.
    2 - Vigilância contra a espionagem, a sabotagem etc., desmascaramento e denúncia dos espiões e quinta-colunistas.
    3 - Buscar soluções práticas para os problemas como o bem-estar mínimo do povo.

4 - Lutar pelas liberdades populares e pela anistia.
5 - Estudar os problemas nacionais, debatê-los. Pensar no após-guerra.
6 - Acompanhar a evolução da guerra e mobilizar a massa em apoio aos povos que lutam contra o nazismo, sem esquecer a URSS.
7 - Publicar e difundir pela imprensa ou em folhetos e volantes tais problemas.
NOTA: Idêntica atividade deve ser exercida pelos aliancistas em associações diversas, como a Liga de Defesa Nacional, AAA, associações estudantis etc.

E) Cuidado máximo com as provocações, os falsos antifascistas, que exploram o descontentamento popular para dificultar a tarefa dos governantes, para impedir a realização do pouco que estes ainda fazem em apoio aos povos das Nações Unidas. Em vez de críticas derrotistas e perversas aos homens de governo, que enfrentam na prática problemas de soluções cada dia mais difíceis, tratar de organizar o povo e exigir medidas a favor do bem-estar popular e contra os exploradores da guerra.

F) É nosso dever ainda criticar as medidas do governo que nos pareçam contrárias ao esforço de guerra e à união nacional, mas tal crítica precisa ser feita de maneira objetiva e concreta, citando nomes e fatos, e além disso com um só objetivo, o de demonstrar a falta que faz à nação e ao próprio governo a prática da democracia, a livre discussão dos grandes problemas nacionais; assim, igualmente, a luta pelas liberdades populares deve ter sempre um caráter positivo; anistia deve ser reclamada como o passo mais decisivo a favor da consolidação da união nacional em torno do governo; e é com o objetivo declarado de desarmar os quinta-colunistas e agentes do inimigo que exploram o descontentamento e a miséria das massas que se deve lutar por med-idas completas e eficientes e imediatas, capazes de remediar tão lamentável e perigosa situação.

13. Enfim, não sejamos sectários, não tenhamos vergonha de apoiar o governo, de estender a mão aos integralistas e pró-fascistas equivocados de ontem; mas não capitulemos também, quer dizer, não cruzemos os braços; e, orgulhosos de nosso passado democrático e antifascista, organizemos o povo e lutemos mais do que nunca, como verdadeiros nacional-libertadores, pela mais sólida e ampla unidade nacional.

RIO, 14/III/1944*

Esse documento de Prestes foi discutido amplamente em nosso coletivo e aceito por todos nós. Não me recordo que tenha havido objeções. Todos nós procuramos pô-lo em prática através de nossos familiares. Foi para nós, comunistas e aliancistas, encarcerados ou em liberdade, uma espécie de cartilha, que muito nos ajudou a compreender a situação política daquele momento em face do comportamento do governo de Vargas, junto às Nações Unidas em guerra contra o nazifascismo.

---

* Publicado em livro pela primeira vez em: Luiz Carlos Prestes, *Problemas atuais da democracia* (Rio de Janeiro, Editorial Vitória, 1947).

Desde Fernando de Noronha que tínhamos o máximo desejo de que Prestes viesse para junto de nós, não só para sair do isolamento em que estava havia longos anos como também para nos orientar politicamente. Agora que estávamos na Ilha Grande, portanto mais próximos do continente, tornou-se mais fácil um entrosamento entre nós e o querido Cavaleiro da Esperança – senão pessoalmente, pelo menos através de pessoas amigas. E foi assim que chegou às nossas mãos o documento acima transcrito integralmente, como tantos outros chegados posteriormente, dando-nos a possibilidade de uma vida política intensa, dentro e fora da prisão, até o fim da guerra, quando fomos anistiados, graças ao esmagamento do nazifascismo como força militar organizada.

O documento do camarada Prestes nos ajudou muito a refletir sobre a complexidade da união nacional do povo brasileiro em torno de Vargas, ao lado das Nações Unidas, na guerra contra as potências do Eixo.

Até então nos orientávamos pela imprensa falada e escrita. Agora tínhamos uma orientação política, através dos documentos do camarada Prestes, que eram baseados nos princípios marxista-leninistas, apoiados na realidade brasileira. Prestes nos apontou o rumo certo, nossos objetivos presentes e futuros – e nós os seguimos convictos de sua justeza.

Todos nós estávamos de acordo com a atitude de Vargas ao lado das Nações Unidas, estávamos contentes com Vargas por ter trocado a camisa parda do nazismo alemão e ter rompido com as potências do Eixo, cedido bases militares aos EUA, assinado a Carta do Atlântico e ter declarado guerra ao fascismo alemão. Mas nem todos nós estávamos livres do ranço anti-Vargas, pelo muito que sofremos de seu governo fascista durante os longos anos de sua ditadura. O camarada Prestes, cuja esposa fora barbaramente torturada e posteriormente entregue por Vargas à Gestapo Alemã para ser executada nos campos de concentração de Hitler, passou uma esponja no passado negro de Vargas, estendendo-lhe a mão no sentido de forjar uma poderosa união nacional, reunindo os antifascistas, democratas e progressistas.

Infelizmente, muitos camaradas não compreenderam a nova situação e a necessidade de um apoio completo ao governo de Vargas. Isso nos trouxe sérias dificuldades, fora e dentro do cárcere, culminando com a tentativa liquidacionista do nosso partido por uma minoria partidária, que acabou sendo rechaçada.

Na prisão, tivemos muitas reuniões e discussões com os camaradas partidários da liquidação do partido, tentando convencê-los; como não conseguimos, tivemos que expulsá-los do nosso coletivo. Muitos desses camaradas, após a anistia de 18 de abril de 1945, numa reunião do partido, reconheceram seus erros, fizeram autocrítica e regressaram às fileiras partidárias, onde prestaram excelentes serviços à causa do proletariado e do povo brasileiro. Tratava-se, evidentemente, de bravos companheiros que haviam participado do movimento revolucionário da ANL em

1935, muitos dos quais tomaram parte ativa na Guerra Civil Espanhola, contra o fascista Franco e a nuvem negra do fascismo italiano.

O camarada Prestes foi o centro em torno do qual giravam as duas facções pró e contra a liquidação do partido. Prestes defendeu o partido com unhas e dentes, dando todo o apoio à Comissão Nacional de Organização do Partido (CNOP), porque era o que havia de organização partidária desde 1941 até aquele momento.

Ainda como tentativa de preservarmos a integridade do partido, promovemos um almoço de confraternização partidária com alguns camaradas de fora e de dentro do cárcere. Do continente, participaram os camaradas Fernando de Lacerda, Ivo Meireles, Pedro Mota Lima e outros. Do nosso bloco, que era a maioria, participaram os camaradas Agliberto Azevedo, Carlos Marighella, Agildo Barata e outros. O almoço foi precedido por um bate-papo amistoso, troca de ideias etc. Desgraçadamente, não se chegou a uma solução justa. Cada facção manteve o seu ponto de vista, ficando para ser resolvido o problema após a concretização da anistia, numa reunião ampla do partido, com a presença do camarada Prestes. E assim a CNOP continuava dirigindo e orientando todo o movimento de massas do partido em torno da ajuda à Força Expedicionária Brasileira (FEB) e da anistia a todos os presos políticos, com exceção dos quinta-colunistas e traidores da pátria. Esses movimentos se avolumavam dia a dia, em ondas e ondas sucessivas de massa, exigindo do governo Vargas também a baixa do custo de vida e outras medidas democráticas.

Estávamos no fim de 1944 e a vitória das Nações Unidas era para nós uma realidade concreta. Os exércitos soviéticos haviam expulsado da pátria socialista as tropas fascistas alemãs e avançavam impetuosamente, libertando os povos dos países vizinhos e já se aproximando, como verdadeira avalanche, da Alemanha nazista. Era grande o prestígio da URSS e do seu heroico Exército Vermelho. Todos os povos do mundo sabiam do seu heroísmo, do quanto havia sofrido a URSS em perdas humanas e materiais. Só um povo dirigido e educado por um partido baseado na ciência marxista-leninista, como o glorioso Partido Comunista soviético, seria capaz de unir-se e organizar-se para esmagar o inimigo e libertar a humanidade dos horrores do fascismo.

Nós comunistas víamos raiar o sol da liberdade, esparramando-se por todas as partes do mundo, penetrando profundamente em nossos pensamentos e em nosso coração através das grades da prisão.

O movimento de anistia crescia, penetrando em todas as camadas da sociedade brasileira. Paralelamente, crescia também o número de golpistas contra Vargas e muito já se falava desse assunto. Entre nós, presos políticos, o golpe foi discutido e rechaçado. A maioria do coletivo colocou-se contra o golpe, de acordo com a opinião do partido e do camarada Prestes. Eu, pessoalmente, achava que Getúlio devia cair pelas armas, embora estivesse plenamente de acordo com o apoio do partido a ele. Todavia submetia-me disciplinadamente aos princípios do centralismo democrático, da submissão da minoria à maioria: defendia a tese do partido contra o golpe e os golpistas. Enfim, eu era um soldado do partido e cumpria suas decisões, depois de discutidas e aprovadas pela maioria.

Ainda em 1943, deu-se um fato muito constrangedor em nosso coletivo. Trata-se do falecimento do jovem camarada Valverde, vitimado por uma pneumonia dupla. Valverde era um ex-cabo do 21º BC, que havia participado ativamente na preparação e na execução do movimento armado na capital do Estado do Rio Grande do Norte, em 23 de novembro de 1935. Foi um dos mais firmes combatentes, ao lado dos camaradas Giocondo Dias, Quintino Clementino de Barros e tantos outros bravos combatentes; depois de sublevarem o 21º BC, eles atacaram e dominaram o quartel da Polícia Militar do estado e puseram em fuga o governador Rafael Fernandes. O cabo Valverde era um companheiro dos mais estimados e queridos da nossa coletividade. Era um jovem alegre, brincalhão e amigo de todos nós. Jamais se queixou de estar perdendo a sua mocidade entre as grades da prisão e nos dizia com toda a convicção:

– Estou fazendo da prisão uma escola de capacitação política e ideológica para melhor desempenhar minhas tarefas revolucionárias junto às massas.

Era um dos jovens camaradas mais otimistas, mais confiantes no futuro do socialismo. Era dos companheiros que mais vibravam com as vitórias do Exército soviético contra os fascistas alemães. Um elemento disciplinado, trabalhador, de um espírito coletivista a toda prova. Morreu muito jovem, depois de seis dias de sofrimento. Nosso coletivo fez tudo para salvá-lo. Todos os companheiros o assistiram. Todos, de uma ou de outra forma, procuraram aliviar seu sofrimento, mas tudo foi em vão. Valverde, na angústia do sofrimento, nos dizia:

– Ânimo, companheiros! O fascismo está sendo esmagado. O futuro pertence a quem luta pela liberdade, contra a escravidão e a exploração do homem pelo homem. Estou tranquilo. Cumpri o meu dever de patriota, de antifascista e de militante comunista.

Realmente, o jovem camarada Valverde soubera cumprir o seu dever de patriota, antifascista e autêntico militante comunista. O jovem morreu numa madrugada de chuva. Todo o coletivo, de pé, o contemplava silenciosamente. Ninguém sabia expressar seus sentimentos diante do morto tão querido e tão respeitado. Durante muito tempo, a imagem simpática do cabo Valverde continuou em nossos pensamentos. A sua firmeza e a sua convicção revolucionária fora um magnífico exemplo para todo o nosso coletivo. O seu desaparecimento do nosso convívio foi, de fato, um dos acontecimentos mais tristes durante aqueles quase dez anos de prisão. Valverde foi sepultado numa cova em um dos cemitérios da Ilha Grande. Sua sepultura era tão simples e modesta como seu ocupante o fora durante os 24 anos de sua vida. Sua memória foi reverenciada durante o tempo que passamos na colônia penal de Dois Rios. Valverde não viu a liberdade que tanto amava e que sabia próxima. Não reviu a mãe e os parentes a quem estimava. Não reviu a noiva querida, com quem tanto sonhava. Não viu a vitória das Nações Unidas contra o fascismo alemão e italiano, mas morreu tranquilo, consciente do dever cumprido, como um bom patriota, como um bravo antifascista e um digno militante comunista.

Registro essa modesta lembrança do meu querido camarada Valverde com a mais profunda saudade, entranhada nas fibras do meu coração. Gostaria de expressar a minha admiração, o meu respeito, a minha estima ao bravo lutador antifascista, desaparecido na luta revolucionária em defesa da grandiosa família camponesa, da classe operária e de todo o povo oprimido. Infelizmente, as minhas limitações me impedem de expressar, como o desejaria, todo o meu sentimento em relação ao jovem companheiro, desaparecido tão prematuramente.

Finalmente chegamos ao fim de dezembro de 1944. Nosso coletivo promoveu uma festa natalina, não só para nós e nossa família como para nossos amigos e velhos companheiros de fora do presídio e para pessoas do povo desejosas de nos conhecer. Foi uma forma de tomarmos contato com velhos lutadores antifascistas e com elementos democráticos que desejavam conversar conosco. A nossa festa natalina foi baseada em três objetivos: econômico, político e recreativo. Foi muito concorrida, vieram muitas pessoas que nos eram desconhecidas até então. Muitas delas travaram boa amizade conosco, através de repetidas visitas que nos fizeram depois. Foi um êxito total, porque não só atingimos nossos objetivos como entramos em contato com pessoas do povo que, entusiasmadas conosco, passaram a fazer campanha pela anistia para os presos políticos e de ajuda aos expedicionários brasileiros que lutavam bravamente nos campos de batalha da Itália fascista.

Em abril de 1945, já tínhamos certeza absoluta de que seríamos anistiados e postos em liberdade. Nesse mês, fui transferido da Ilha Grande para a Casa de Detenção da rua Frei Caneca, no antigo Distrito Federal, onde fui apresentado ao senhor João Alberto, chefe de polícia do governo de Vargas, que me disse o seguinte:

— Mandei requisitá-lo para fazer companhia a Prestes, que está recebendo muitas visitas de amigos e de pessoas bem-intencionadas; mas de boas intenções o inferno está cheio... Como você é um ex-militar e de absoluta confiança de seus companheiros, escolhi-o para ficar alguns dias com Prestes até que o governo assine o decreto de anistia. De acordo?

Respondi-lhe que não somente estava de acordo como me sentia honrado em ser companheiro de prisão do camarada Prestes. Eu o conhecia ligeiramente, de vista, quando ele servia na Companhia Ferroviária em Deodoro, creio que em 1922. Desde a Coluna que tinha desejo de conhecê-lo pessoalmente, sobretudo depois que se tornara publicamente membro do PCB e presidente de honra da ANL, em abril de 1935. Agora, não só ia conhecê-lo como orientar-me politicamente e melhor compreender a situação do Brasil em face do governo Vargas, a quem continuava dedicando um ódio de morte, apesar de achar justo o apoio que o Partido e Prestes lhe davam em função da guerra contra o fascismo.

Confesso a grande emoção que tive ao abraçar fraternalmente o camarada Prestes. Encontrei um homem robusto, de estatura média, ligeiramente moreno, um pouco pálido, olhos vivos, cabelos negros e corridos, nariz regular e afilado. Expressava em sua fisionomia uma grande confiança no futuro; contudo expressava também o sofrimento de um homem enterrado vivo, vegetando no fundo do cárcere há quase dez anos, isolado do mundo e de seus companheiros, na mais brutal incomunicabilidade. Dedicava-se ao estudo e lia dia e noite. Dispunha de uma biblioteca regular, rigorosamente arrumada e asseadíssima. Comia pouco, dormia bem e gostava de fazer a sua ginástica pela manhã. Metódico e profundamente organizado. Logo nos familiarizamos. Pediu-me informações sobre a nossa vida na Ilha Grande e sobre as divergências no coletivo acerca de apoio ao governo de Vargas. Procurei transmitir-lhe o que sabia com toda a fidelidade, manifestando inclusive o meu rancor contra Getúlio e seu governo. Prestes, em poucas palavras, convenceu-me da justeza do apoio a Vargas, na guerra contra o nazifascismo, e da união nacional em torno de Getúlio para uma participação mais substancial na guerra e na luta contra a quinta-coluna. Não só me convenceu como me ajudou a compreender melhor a complexidade do problema político do Brasil e do mundo desde 1935 até aquele momento. Um dos argumentos de Prestes sobre Getúlio foi mais ou menos o seguinte:

– Quem mais do que nós sofreu e continua sofrendo ainda, na prisão desde 1935? Minha companheira foi entregue à Gestapo de Hitler para ser executada nos campos de concentração do nazismo. O teu irmão foi barbaramente assassinado depois de quinze dias de torturas cruéis. Centenas de companheiros foram trucidados nos cárceres do Estado fascista de Vargas. Milhares de outros foram barbaramente torturados. Todos nós ainda sofremos as consequências da tirania desse governo que está aí. Tudo isso é verdade. Mas é verdade também que os que hoje querem derrubar Vargas ontem o apoiavam e o aplaudiam quando ele desencadeava a mais brutal repressão contra o nosso partido, contra a classe operária e as massas sofridas de nosso povo. Ontem apoiavam Vargas porque ele marchava com o fascismo, hoje querem derrubá-lo porque ele marcha para a democracia com as Nações Unidas ao lado da União Soviética. Então, é agora que devemos apoiá-lo no esforço da guerra ao lado das nações que lutam contra o nazifascismo e contra a quinta-coluna, contra a carestia de vida e por uma Assembleia Constituinte, pela reconstituição do Brasil.

Prestes tinha razão. O golpe militar de 29 de outubro de 1945 comprovou todos os seus argumentos.

Como prevíamos, a anistia foi decretada por Getúlio em 18 de abril de 1945. Prestes saiu da prisão no dia 19 e eu no dia 20 do mesmo mês. Juntei-me aos companheiros que chegaram da colônia penal da Ilha Grande. De início, houve certa dificuldade para arranjar cômodos para tanta gente que não tinha família no Rio nem em Niterói. Todavia não faltou a solidariedade de companheiros, de amigos e de antifascistas. O fato é que ficamos todos bem alojados e alimentados, enquanto eram discutidas as tarefas e as responsabilidades de cada um de nós. Eu fiquei como hóspede do meu velho camarada e amigo, fundador do partido, Cristiano Cordeiro, de quem recebi um tratamento fraternal; e nada me faltou durante os dias de minha estada no então Distrito Federal. No dia seguinte, à saída da prisão, almocei e jantei com os velhos amigos e camaradas Alcedo Coutinho e Muniz de Farias e, no outro dia, encontrei-me com o velho amigo e companheiro Ivo Meireles. Almoçamos num restaurante, na esquina da rua 2 de Novembro, na Glória. Aí fiz minha autocrítica do incidente que tivéramos na ilha de Fernando de Noronha.

Durante a minha permanência no então Distrito Federal, dei toda a colaboração possível na preparação e na realização do comício de São Januário, no campo do Vasco da Gama, onde Prestes falou ao povo brasileiro pela primeira vez como dirigente do Comitê Central do Partido Comunista Brasileiro. Foi um grande comício. Superlotou o campo do Vasco da Gama e suas vizinhanças. Logo após esse comício, entrevistei-me com o camarada Prestes, que me perguntou o que eu iria fazer e qual o meu objetivo. Respondi-lhe que nada havia fixado, mas que estava pensando em tomar conta de uma granja e transferir a minha família de Pernambuco para o sul do país e que já estava tomando as providências nesse sentido. Prestes respondeu-me que eu era muito conhecido no Nordeste, principalmente em Pernambuco, e que o partido precisava de meus serviços no Nordeste para reorganizá-lo. Aceitei a tarefa sem a menor vacilação, apesar de me achar adoentado e saber que seria uma tarefa muito árdua.

Infelizmente, agravou-se o meu estado de saúde com uma disenteria amebiana que me atacou de maneira cruel. Mesmo assim, segui para o Estado de Pernambuco. Ao desembarcar no porto de Recife, esperavam-me minha companheira e dois filhos, um irmão, sua mulher e alguns amigos. Saímos todos para a casa de meu irmão, onde morava minha companheira. Ali tive uma surpresa, de início desagradável. Minha filha, que já era uma mocinha, estava muito magra e nervosa. Meu filho, um rapagão alto e forte, totalmente diferente de quando o deixei. Meu irmão e minha cunhada, mais envelhecidos, mas sempre fraternais e amigos.

Minha filha ficou frustrada comigo: supunha que eu fosse o mesmo homem atlético e robusto que conhecera antes da prisão. Ao ver-me, depois de dez anos de ausência forçada, magro, envelhecido, cabelos grisalhos, decepcionou-se. Eu nada disse, mas fiquei entristecido por não receber os mesmos carinhos puros e inocentes de antes. Eu adorava meus filhos. Principalmente a minha querida Jandira, que era a única joia da minha vida, todo o meu encanto. Então resolvi fazer o máximo para reconquistá-la, o que consegui em pouco tempo. Quantas vezes eu chegava em casa cansado, molhado de suor, às vezes enraivecido, com a fisionomia transtornada por certos tropeços da luta do dia a dia. Minha filha segurava-me pela mão, fazia-me sentar junto dela e, cheia de ternura, beijava-me, penteava-me os cabelos, dava-me a toalha, o sabonete e empurrava-me até o quarto de banho. Lembrava minha mãe, quando ternamente me empurrava de madrugada para ir ao campo juntar os bois de casco, no engenho Brejinho. Quando eu saía, penteava-me os cabelos, levava-me para a mesa. Era um amor para mim. E eu a amava cada vez mais.

Quanto ao meu filho, sempre rebelde, teimoso, espevitado, arisco e brigão com a irmã. Por vezes, prepotente com ela e preguiçoso nos estudos. Sempre muito sadio e inteligente, mas aparentemente indiferente à luta da classe operária e ao partido. Isso me desgostava muito. Ele era um verdadeiro espírito de porco: em minha frente, fingia indiferença ao partido e à sua propaganda, mas, na minha ausência, defendia-o junto aos seus colegas de colégio. Tinha as unhas todas rachadas e roídas de tanto rasgar os cartazes de propaganda inimiga que encontrava nos postes, nas paredes e em todo o seu trajeto, da rua do Forte até o entroncamento onde ficava o colégio, numa distância de mais de três quilômetros. Muitas vezes levava às escondidas boletins do partido para distribuí-los entre seus colegas e para o povo. Mas, na minha frente, era de uma indiferença total. Soube que ele tivera muitas brigas com outros rapazes em defesa do partido.

Um dia, ele brigou com a irmã e eu o repreendi. Ele me disse:

– Puxa vida! Você fala tanto contra a opressão e por que me oprime tanto? Fala em liberdade, mas me priva de fazer o que eu quero. Essa é a liberdade que você defende?

Ora, a liberdade que ele reivindicava era a de não estudar, ter o direito de oprimir a irmã e de não obedecer a ninguém, nem mesmo à sua mãe, que tudo fazia por ele.

Um dia, ele brigou com a irmã porque ela cruzou as pernas diante de uns jovens que foram pedir-me esclarecimentos sobre o partido. Eu o censurei, dizendo-lhe que não fazia mal uma moça cruzar as pernas diante de qualquer pessoa. E perguntei-lhe:

– Você não cruza as suas?

Respondeu-me:

– Eu sou homem...

Mais uma vez tentei convencê-lo de seu erro, mas ele era um garoto teimoso. Fora disso, era um bom rapaz. Um dia, ao chegar em casa de supetão, notei que ele estava escondendo algo em uma das mãos. Perguntei-lhe o que era. Titubeou. Insisti. Ele abriu a mão: era um cigarro aceso que já lhe queimava os dedos. Mandei que ele pusesse o cigarro na boca e fumasse à vontade, que o mal não era fumar em minha frente, e sim o vício de fumar.

Quanto à minha companheira, sempre calma, zelosa com os filhos e caprichosa como dona de casa. Era a mesma criatura de dez anos atrás, apesar das prisões que sofrera e das humilhações que passara nas mãos dos policiais. Continuava com a mesma firmeza ideológica e a mesma dignidade de caráter. Costurava para fora quando aparecia cliente ou então lavava e passava roupa para a sua clientela a fim de manter a família e garantir o estudo dos filhos. Se meus filhos não são formados, a culpa foi exclusivamente deles. E tudo o que são hoje devem a ela, que foi e continua sendo uma criatura dedicada, correta de todos os pontos de vista. Sempre amiga do partido e dos camaradas, fraternal com todos. Jamais reclamou ou censurou-me por certas dificuldades da vida. Ao contrário, sempre me incentivou, quer no cárcere, quer na clandestinidade. Nunca foi uma ativista do partido, mas sempre o apoiou em todas as suas lutas.

Quando cheguei a Recife, doente, fraco e magro, não pude me dar ao luxo de um tratamento correto ou mesmo de um repouso. As tarefas eram grandes, nós éramos poucos, a reação ativa e a responsabilidade enorme. No início, reuni-me com três companheiros. Expus-lhes a nossa tarefa imediata de organizar o que houvesse de militantes comunistas. Mas a maioria desses elementos, habituados como estavam à ilegalidade, tinham horror à legalidade, fugiam dela como o rato foge do gato. E o pior é que me combatiam e, às vezes, me chamavam até de aventureiro.

Existia uma União Socialista, composta de militantes comunistas de origem operária e de pequenos burgueses, cuja sede ficava na rua da Concórdia. No primeiro andar do prédio, ficava a sede do Sindicato dos Ferroviários. Fui convidado para falar sobre a organização do partido, a sua nova situação de legalidade e a luta pela Constituinte. Fui, falei e, pelos aplausos, penso que me saí bem. No fim da palestra, surgiram muitas perguntas e, à medida que eu ia respondendo, era aplaudido. Até que um dos companheiros me fez a seguinte pergunta:

– Companheiro Gregório, dizem que você veio a Pernambuco para reorganizar o PCB e combater as organizações partidárias ou de massas existentes. É verdade?

Respondi-lhe que realmente estava em Pernambuco para reorganizar o PCB, mas não para combater partidos políticos ou outras organizações de massas porventura existentes. Entretanto, afirmei, um comunista não pode pertencer a dois partidos, e quem for comunista e não quiser renegar seu honroso passado de militante deve incorporar-se a seu glorioso partido.

Foi um aplauso ensurdecedor. Mais de trinta dos assistentes levantaram-se e voltaram à "casa paterna", isto é, filiaram-se novamente ao partido. Outros se retiraram e alguns se filiaram mais tarde ao PCB. Os demais, com outros elementos de cúpula, fundaram o Partido Socialista Brasileiro, seção de Pernambuco, ou se filiaram.

Assim começamos a impulsionar as organizações de base e os comitês distritais de nosso partido.

O comício do camarada Prestes em São Januário e, logo depois, no Pacaembu, em São Paulo, espantaram a burguesia e fizeram estremecer as raízes do latifúndio. A Igreja católica, então divorciada das massas sofredoras e oprimidas, fez-se porta-voz das classes dominantes, dos exploradores do povo, dos traficantes do câmbio negro, dos latifundiários e dos restos do fascismo. Juntaram-se todas essas forças numa união sagrada contra a democracia em ascensão, contra o movimento operário e, sobretudo, contra sua vanguarda política. E foi assim que a imprensa falada e escrita e os púlpitos das igrejas se tornaram instrumentos de propaganda, infâmias e insultos contra os comunistas, contra o movimento operário e a democracia e, sobretudo, contra a União Soviética.

O clero badalava os sinos de suas igrejas acoimando-nos de bestas-feras, inimigos de Deus, da pátria e da família. O governo de Etelvino, em Pernambuco, queimava todos os cartuchos contra os comunistas, segundo ele, vendidos a Moscou. O comércio, a indústria e a lavoura mobilizavam-se e subornavam a imprensa falada e escrita no intuito de atacar o ascenso do movimento de massas e do partido. Vociferavam dia e noite contra os "destruidores da pátria, da família e da religião". Até parecia que os fascistas haviam vencido a guerra; e as Nações Unidas, perdido. Os alaridos eram os mesmos do tempo do nazifascismo. Só a consciência das massas era diferente. O povo tinha sofrido a dura experiência do fascismo, da guerra e do Estado Novo; por isso, em vez de amedrontar-se com as calúnias e os insultos, procurava o partido ou os comitês populares democráticos de bairro para orientar-se e filiar-se a eles. Sabia que toda aquela gritaria, todo aquele ódio hidrófobo da reação, de seus opressores e exploradores, contra o partido e suas organizações de massas tinha um objetivo: mantê-lo na ignorância para melhor escravizá-lo, oprimi-lo e explorá-lo mais ainda. Sabia que aquela cruzada anticomunista, antioperária e antipovo era organizada pelos que defendiam a eternidade da exploração do homem pelo homem. Sabia também que, enquanto nos combatiam, caluniavam e insultavam, nem a Igreja, nem a imprensa, nem o governo ou seus porta-vozes defendiam o povo contra a fome, contra o alto custo de vida, contra o câmbio negro, contra o desemprego, contra a brutal exploração das massas trabalhadoras da cidade e do campo. Eles não defendiam uma Assembleia Constituinte, não defendiam o povo contra o atraso e a miséria, não defendiam uma reforma agrária para a massa camponesa escravizada pelo latifundiário; fechavam os olhos para os tubarões dos lucros extraordinários, arrancados das entranhas das massas trabalhadoras e sofridas de todo o país.

Os camaradas menos experimentados ficavam aflitos, outros se preocupavam e muitos vacilavam diante dos ataques da reação. Queriam revidá-los. Mas como revidá-los, se não dispúnhamos de imprensa nem de nenhum meio de divulgação?

Achamos, entretanto, que um meio mais prático e mais eficiente seria organizar mais um comitê nas empresas, nos bairros ou onde fosse possível. E essa resolução foi cumprida à risca. A burguesia nos negava pão e água. A imprensa burguesa de Pernambuco não publicava nada que se referisse ao nosso partido ou tivesse relação com ele. Nem matéria paga! As empresas tipográficas recusavam-se a imprimir qualquer panfleto, boletim ou coisa que o valha. Tudo nos era vedado. Se queríamos imprimir algo para o partido ou para o trabalho de massas, tínhamos de mandar um companheiro a Maceió ou João Pessoa.

Precisávamos de uma sede para o partido, para empossar publicamente sua direção provisória. Aqui também esbarramos numa série de dificuldades. Nenhum proprietário quis nos alugar um prédio. Tudo estava combinado para nos atrapalhar ao máximo. Algumas vezes, chegamos a alugar um prédio, dando três ou quatro meses adiantados; quando íamos levar o contrato e receber as chaves, o proprietário ou encarregado nos devolvia o dinheiro, sob as mais absurdas alegações. Resolvemos inaugurar a sede do nosso Comitê Estadual provisoriamente na sala de visitas do camarada José Albino, cuja casa era relativamente grande e a família pequena. Programamos um comício na praça 13 de Maio e convidamos o povo para assistir a ele: na ocasião, seria empossada a nova direção do Comitê Estadual do PCB em Pernambuco. Já nessa época, dispúnhamos de vários comitês municipais no interior do estado, vários comitês distritais de bairro, de empresas, de fábricas e dezenas de comitês populares democráticos. Já éramos um grande partido, embora não tivéssemos sede onde pudéssemos receber os camaradas que vinham do interior e da cidade de Recife.

Nosso comício foi realizado com uma multidão colossal, tal como queríamos, para melhor responder aos ataques e provocações que recebíamos da reação. Nossos oradores eram representantes dos sindicatos dos tecelões, da indústria da construção civil, das empresas de transporte, um representante dos comitês populares de bairro, uma representante da União Feminina, um do Comitê Municipal de Recife e dois do Comitê Estadual. Coube-me a honra de apresentar e empossar a nova direção provisória, diante do povo, que nos aplaudia entusiasticamente. A imprensa, sempre submissa aos interesses das classes dominantes, desesperada com a preparação do comício, deitou falação e calúnias, dizendo que estávamos gastando rios de dinheiro à custa do "ouro de Moscou" para subornar e corromper as massas trabalhadoras e trazê-las para o comício, a fim de ouvirem a "propaganda moscovita". Apelava para as autoridades para que "pusessem um freio à onda de anarquia e desordem que varria todo o Estado de Pernambuco". Foi a melhor propaganda e a melhor divulgação do nosso comício. E nele agradecemos à reação pela ajuda que nos deu através de sua imprensa. Ao terminar o comício, apelamos ao povo para depositar nos caixotes que estavam no meio da multidão o "ouro de Moscou" de que pudesse dispor. E a massa atendeu ao nosso apelo. Depositou seus milhares de níqueis de cem réis, duzentos, quatrocentos e suas pratinhas de quinhentos a mil-réis. Foi uma contribuição emocionante da grande massa. No dia seguinte, quando fomos apurar, encontramos quase seis contos de réis, que para nós representavam mais de cem contos, porque sabíamos que aqueles níqueis do povo representavam realmente o pão que as massas sofridas deixavam de comer para dar ao seu partido, para vê-lo forte e organizado. Milhares de donas de casa compareceram aos nossos comícios ou à nossa sede para levar sua contribuição.

Agora já tínhamos dado um bom passo à frente. Já tínhamos uma direção coletiva, se bem que aquém da situação e das necessidades do povo. Todavia era o que havia de melhor no momento. Discutimos a necessidade de reeditar a *Folha do Povo*, que tínhamos perdido em 1935. Fizemos um plano de finanças, readquirimos a nossa velha impressora por setenta contos. Era uma máquina velha, mas bem conservada e boa. Compramos as fontes de tipos indispensáveis, compramos papel no câmbio negro. Agora só faltava a casa para as oficinas e a redação. Alugamos uma na rua Imperial, pagando três meses adiantados. Depois que instalamos a máquina, organizamos a oficina gráfica e fizemos as instalações elétricas, quando tudo estava pronto, faltou um motor para rodar a impressora. Enquanto arranjávamos o dinheiro, rodamos o jornal à mão, com a ajuda de voluntários; mobilizamos desde a direção estadual até as organizações de base. Todos colaboravam com entusiasmo para a saída do jornal. Malfeito, mal impresso, sem dúvida, mas saía. Era entregue às nossas bases e vendido ao povo. Os gazeteiros também o vendiam. Começamos com mil exemplares. Na semana seguinte, 2 mil. Na terceira, 3,5 mil e, na quarta, 5 mil.

Finalmente compramos o motor e mais algumas fontes de tipos, ampliando nossa oficina. O velho militante comunista Sindulfo Correia, dirigente da oficina, era o responsável pela impressão do jornal. O jovem advogado Rui Antunes era o redator-chefe e diretor do jornal. Cláudio Tavares era o chefe de reportagem. O camarada Glauco Pinheiro prestou-nos excelentes serviços, como também os ex-camaradas Peralva e Antônio Paim. Foram excelentes colaboradores na feitura da *Folha do Povo*.

No período eleitoral, chegamos a imprimir de 10 mil a 12 mil, às vezes não imprimíamos mais porque nos faltava papel ou tinta. Eram grandes as nossas dificuldades técnicas e de recursos materiais, mas a tenacidade e abnegação dos companheiros que faziam a nossa *Folha do Povo* superavam tudo, e o povo nos recompensava cooperando, apesar dos defeitos do jornal, que eram muitos. Enquanto isso, a reação, principalmente a sua imprensa, não cessava o bombardeio de mentiras e calúnias contra nós. As massas trabalhadoras e o povo em geral, que sentiam e compreendiam a justeza de nossa propaganda em seu benefício, tomavam a iniciativa, organizavam comícios nos bairros, nos distritos, nas concentrações de trabalhadores, nas empresas, nas fábricas ou mesmo nas praças públicas e exigiam a nossa presença, queriam ouvir a nossa palavra de ordem, a orientação do partido. Exigiam explicações sobre a Constituinte, sobre as eleições e os candidatos do Partido Comunista Brasileiro. Infelizmente, quando o jornal ia de vento em popa, surgiu o inesperado: recebemos uma intimação de despejo. A proprietária da casa alegava que a havia alugado para residência, e não para empresa jornalística, para "servir aos inimigos de Deus, da pátria e da família"... Que fazer? Consultamos alguns advogados amigos do partido, que nos aconselharam a desistir de qualquer defesa, se não quiséssemos pagar as custas do processo, pois sairíamos perdedores na certa. Diante disso, ficamos na iminência de nos vermos no olho da rua, com um material que era um patrimônio do povo sob a guarda do partido.

Felizmente o pai de Rui Antunes tinha uma casa junto àquela de onde íamos ser despejados e a cedeu a nós. Foi mais uma grande despesa forçada que tivemos e um grande trabalho que nos custou a nova instalação. Todavia lucramos, porque o prédio era mais amplo e nele montamos não só as oficinas e a redação da *Folha do Povo* como a própria sede do Comitê Estadual do PCB. Enquanto fazíamos as instalações, imprimíamos o jornal na capital de Alagoas, Maceió.

Com a mudança da Sede do Comitê Estadual (CE) da rua Dom Bosco para a praça Siqueira Campos, instalamos na sua antiga sede o Comitê Municipal de Recife. Assim, íamos pouco a pouco superando as dificuldades impostas pela reação.

O nosso partido apoiava a candidatura civil do engenheiro Iêdo Fiúza para presidente da República, levantada pelas forças democráticas; como se aproximava a vinda de Prestes e de Fiúza ao Nordeste, preparamos um grande comício no Parque 13 de Maio, denominado "O Nordeste a Luiz Carlos Prestes!". Isto no dia 26 de novembro de 1945, véspera do aniversário da revolução de 1935. É claro que não faltaram as provocações costumeiras e a mobilização da cruzada anticomunista. As calúnias e as difamações eram as mesmas usadas em 1935 e 1937. "Deus, pátria e família" não saíam do jogo.

Fizemos centenas de comícios preparatórios em Recife e nos principais municípios do interior do estado. Desde o dia 25 de novembro à tardinha até as sete horas da noite do dia 26, chegavam caravanas do interior do estado e de todo o Nordeste. A chegada de Prestes e de Iêdo Fiúza ao aeroporto dos Guararapes foi uma verdadeira apoteose. O povo delirava de entusiasmo. Quem não queria ver e conhecer pessoalmente o Cavaleiro da Esperança? Quem não queria ver o candidato à presidência da República apoiado pelo PCB? O fato é que foi um gigantesco comício, que superlotou o parque 13 de Maio.

Foi, até então, a maior manifestação popular realizada publicamente em todo o Nordeste brasileiro. Enquanto isso, o PCB crescia e, com ele, as organizações de massas: aumentava dia a dia o volume de operários nos sindicatos. Inegavelmente, o povo, injustiçado e sofrido, estava conosco; e a propaganda dos piores inimigos do povo contra o nosso partido, contra o ascenso democrático, caía no vazio cada vez mais.

As calúnias e os insultos pessoais a nós dirigidos revertiam em nosso benefício. Quanto às provocações e, por vezes, atentados pessoais, o povo nos defendia sem a menor vacilação, eventualmente arriscando a própria vida, como aconteceu nos bairros de Recife, nos municípios de Paulista, de Caruaru, de Belo Jardim, de Pesqueira, de Arcoverde, de Garanhuns, de Limoeiro, de Goiana, de Catende, de Barreiros e outros, onde tivemos que enfrentar a reação fisicamente. A nossa arma poderosa foram as massas nas ruas nos defendendo enquanto realizávamos os nossos comícios e mesmo enquanto organizávamos o partido ou dávamos assistência aos comitês municipais e distritais.

Em setembro, o Comitê Estadual, com a assistência do camarada Arruda Câmara, então secretário de organização do Comitê Central (CC) do PCB, escolheu a chapa de candidatos do partido para as eleições de 2 de dezembro de 1945. Integrei a chapa, na qual constavam mais ou menos os seguintes companheiros: Luiz Carlos Prestes, Agostinho Dias de Oliveira, Ivo Meireles, Adalgisa Cavalcanti, Muniz de Farias, Alcedo Coutinho, Antônio Marques, Carlos Cavalcanti e outros. Foi também discutido o candidato preferencial. Eu achava que o preferencial deveria ser o camarada Prestes, porque somaria mais votos para a legenda. Mas, como Prestes era candidato a senador e a deputado por quase todos os estados, o Comitê preferiu a mim, que era o mais conhecido do povo tanto na capital como no interior do estado. O meu companheiro e amigo Muniz de Farias, antigo companheiro da prisão, desistiu de sua candidatura e abandonou o partido porque não concordou com o Comitê Estadual nem com o camarada assistente do CC em relação à chapa preferencial. Não porque fosse contra mim, mas porque, segundo ele, havendo uma chapa preferencial, ele não se elegeria e não queria "bancar o palhaço". Eu achava que ele poderia ser eleito, pois era um homem conhecido e desfrutava de prestígio nos meios pequeno-burgueses e na Polícia Militar do estado desde que participara ativamente, como oficial, ao lado de Juarez Távora, Juracy Magalhães e Agildo Barata na Revolução de 1930.

Senti muito o afastamento voluntário do camarada Muniz, porque nos tinha prestado valiosa ajuda tanto na organização do partido quanto no trabalho e na aquisição da nossa máquina impressora e, sobretudo, na campanha de finanças; além do mais, tinha-lhe muita estima. Todavia ele ainda continuou nos ajudando por certo tempo. Quanto a mim, não tinha dúvida de que seria eleito; apenas achava que não desempenharia a contento as funções de deputado, dadas as minhas limitações no terreno cultural e a falta de habilidade, indispensável a todo parlamentar. Enfrentei o problema eleitoral sem muito entusiasmo em relação a mim e descrente da minha capacidade, mas dei tudo em relação aos demais companheiros candidatos.

Um dia, numa reunião do secretariado do CE, em casa de Adalgisa Cavalcanti, o companheiro Arruda me fez a seguinte pergunta:

— Em sua opinião, quantos deputados federais elegeremos?
— Três, no máximo quatro.
Ele bateu na mesa, torceu o bigode e disse uma porção de coisas. Terminou chamando-me de derrotista e voltou à carga, com nova pergunta:
— E, em sua opinião, quais serão os três ou quatro que serão eleitos?
— Prestes, Alcedo Coutinho, eu e, possivelmente, Agostinho Dias de Oliveira – respondi.
Ele perguntou de novo:
— E Adalgisa Cavalcanti, Antônio Marques e João Justino não serão eleitos?
— Infelizmente, não.
Novamente grelou os olhos para mim, bateu na mesa e disse:
— Dessa forma, estamos bombardeados! Com um secretário de Massas e de Agitação e Propaganda tão pessimista, só podemos perder as eleições! Não elegeremos nem um!
— Não desejo que o partido perca as eleições em Pernambuco por minha causa e peço ao secretariado e a você que me substituam agora mesmo. Continuarei no partido, fazendo todas as tarefas que me forem confiadas.

Ficaram pasmos com a minha atitude. Tudo decorria da má vontade do camarada Arruda para comigo. Ele não ia com a minha cara nem eu com a dele. Desde a minha transferência da Ilha Grande para a cela de Prestes, em abril de 1945, notei uma grande diferença dele para comigo e, no dia 18 de maio, quando me viu ao lado de Prestes, sendo fotografado com ele, olhou-me com bastante ódio. Daí para a frente, só me olhava assim. E eu a ele, porque nele via um homem presunçoso e muito autoritário. Contudo era um companheiro dinâmico e capaz; eu o acatava por ser ele secretário de Organização do CC e também por sua capacidade extraordinária de trabalho, mas sabia que iria ter muitos problemas com ele. E tive.

Quanto àquele incidente, devido ao seu otimismo eleitoral exagerado, nem ele nem o Comitê Estadual me destituíram das minhas funções, talvez não porque se tratasse de minha pessoa isolada, mas pelo que eu representava perante as massas populares e dentro do próprio partido. Mas eu não queria que Arruda levasse para o CC uma opinião falsa da realidade eleitoral do nosso estado e procurei justificar os meus cálculos baseado na realidade concreta da alta percentagem de analfabetos, que predominavam no seio da classe operária e em grande parte do povo, particularmente no setor camponês, onde mais de 90% eram – e continuam a ser – analfabetos. Afirmei que essa grande quantidade de pessoas que participava dos nossos comícios e das nossas conferências não podia votar por esse motivo. Tanto Arruda como os companheiros do Secretariado do CE não ficaram muito convencidos dessa dura realidade; só depois das eleições de 2 de dezembro de 1945 e das eleições da Assembleia Legislativa do estado, em 1946, é que se convenceram da dura verdade. Antes do encerramento da campanha eleitoral, eu já sabia que estava eleito por causa número de cédulas distribuídas.

Não dispúnhamos de muitos recursos para imprimir muitas cédulas e o Secretariado do CE mandou imprimir uma média de 30 mil chapas para cada um dos candidatos. Eram pouquíssimas, levando em consideração os milhares que são extraviados. A massa, porém, tomou a iniciativa de mandar imprimir milhares de cédulas para nós, porque sabia que o CE não dispunha de dinheiro suficiente. Homens, mulheres e jovens procuravam na sede do Comitê Estadual e nas sedes dos Comitês Distritais e Municipais as nossas chapas para distribuí-las ao eleitorado.

Finalmente, chegamos ao dia 2 de dezembro de 1945. Foi um dia de festa. Fazia mais de dez anos que não havia eleições do país. O povo estava ansioso por esse acontecimento. Era o ascenso democrático em marcha, com a derrubada do fascismo como força militar organizada. O CE havia preparado os nossos fiscais e mesários, que, bem orientados, não só se desincumbiram satisfatoriamente de suas funções como colaboraram eficientemente com os presidentes das mesas, bem como na contagem dos votos no Palácio da Justiça, o que levou o dr. João Tavares a tecer os melhores elogios ao partido e aos seus delegados pela colaboração dada durante o pleito e na apuração final.

No cômputo geral da apuração, em todo o país, obtivemos 10% da votação; para deputado federal em Pernambuco, conseguimos 46 mil votos. Fui eleito deputado ao lado de Agostinho Dias de Oliveira e dr. Alcedo Coutinho. Adalgisa Cavalcanti ficou como primeira suplente. Estavam confirmados os meus cálculos de que, no máximo, elegeríamos quatro deputados e que o dr. Iêdo Fiúza se elegeria no grande Recife e perderia no interior do estado, o que infelizmente aconteceu. Como já era previsto, fui o candidato mais votado de todos os partidos no grande Recife e o segundo em número de votos em todo o estado. Apesar de tudo, o nosso partido conquistou uma grande vitória, elegendo nacionalmente quinze deputados federais e um senador da República, que foi o camarada Luiz Carlos Prestes, o mais votado de todos os senadores.

Em Recife, desde setembro de 1945, havíamos organizado mais de uma centena de modestas escolas de alfabetização de adultos. Depois das eleições de 2 de dezembro de 1945, intensificamos ainda mais esse trabalho de alfabetização nos morros, nos alagados e em todos os bairros pobres de Recife. Essas escolas foram criminosamente perseguidas e fechadas pelo governo como organizações clandestinas e "perturbadoras da ordem pública" – a ordem dos capitalistas reacionários, dos latifundiários escravistas, dos tubarões do câmbio negro e dos piores inimigos do povo brasileiro. O governo não alfabetizava o povo nem deixava que os patriotas o fizessem. É que o povo alfabetizado seria um perigo para a "civilização cristã-ocidental".

Panfleto distribuído pelo PMDB durante a campanha eleitoral de 1982, na qual Gregório concorreu a deputado federal.

14

Nos primeiros dias de janeiro de 1946, enfrentei um sério problema: não tinha roupa para apresentar-me à Assembleia Nacional Constituinte, nem o dinheiro para a passagem. Faltava-me tudo! O povo soube dessa situação, cotizou-se à minha revelia e mandou um alfaiate tirar-me as medidas para a confecção de três roupas. Além disso, mandaram-me três camisas, três cuecas, três pares de meias, duas gravatas, um bom par de sapatos, dinheiro para comprar uma passagem de avião e um cartão com os seguintes dizeres: *O povo de Recife e teus amigos enviam-te à Assembleia Nacional Constituinte, como seu legítimo representante, convictos de que saberás cumprir com o teu dever de patriota e de comunista. Longa vida, boa saúde e muitos êxitos. Recife, 15/1/1946.*

Eu estava rico! Nunca em minha vida havia tido tanta roupa e tão boa. Já conhecia o espírito de solidariedade do povo pernambucano, sobretudo do grande Recife, mas confesso que estava longe de supor que chegasse a tal ponto. Eu já lhe era muito grato, por ter sido eleito à sua custa, pois não gastara um real em minha campanha, já que não dispunha de um tostão. Saíra flagelado da prisão. Foi o camarada Trifino Correia quem me deu uma roupa, e outro camarada me deu um par de sapatos já usados, o qual agora já estava estourado dos lados e furado na sola. Em Recife, ainda não tinha tido a possibilidade de fazer um terno e comprar um par de sapatos. Agora, além do mandato de deputado, que nada me custara, recebia aquele régio presente. Não podia deixar de ficar profundamente emocionado e grato àquela demonstração de simpatia, de amizade e de confiança. Foi um grandioso estímulo para mim. E foi alimentado por esse estímulo que fiz tudo o que estava ao meu alcance para corresponder à confiança em mim depositada pelo povo pernambucano, enquanto estive no Congresso Nacional. Continuei fazendo o possível para ser digno da confiança de todo o povo brasileiro e do meu partido, como tinha feito durante os negros anos do Estado Novo de Vargas, como continuei a fazer durante os anos terroristas do governo de Eurico Gaspar Dutra e das ditaduras fascistas de Castelo Branco, de Costa e Silva e do tiranete Garrastazu Médici, todos a serviço do imperialismo ianque, do latifúndio e da burguesia ultrarreacionária.

Depois da publicação do decreto de anistia, em 18 de abril de 1945, e da libertação dos presos políticos no dia seguinte, o fato mais importante para mim foi o reconhecimento do governo da União das Repúblicas Socialistas Soviéticas pelo governo brasileiro logo após a campanha de massas pela Constituinte. Desencadeada vigorosamente pelo nosso partido, em pouco tempo empolgou todo o povo brasileiro, vindo em consequência o golpe militar de 29 de outubro de 1945.

Logo que o partido reconquistou a sua legalidade, desfechamos uma campanha nacional contra o Ato Adicional nº 9 e, consequentemente, em favor da convocação da Assembleia Nacional Constituinte, o que conseguiu interessar o povo e abalar a vida política da nação. Nosso partido encontrou uma palavra de ordem justa para aquele momento que atravessávamos e conseguiu, apesar da deficiência de seus meios de divulgação, interessar as amplas massas populares na luta pela Constituinte, explicando-lhe, por todos os meios ao seu alcance, a significação progressista e democrática dessa luta empreendida contra a reação e os fascistas, que defendiam o Ato Adicional nº 9 (e, portanto, a continuação da famigerada Carta de 1937). A luta pela Constituinte transformou-se numa magnífica luta popular, obrigando todos a tomarem posição pró ou contra, o que servia para esclarecer todo o povo brasileiro sobre as verdadeiras intenções dos políticos, a começar pelos dois candidatos militares à presidência da República, Eduardo Gomes e Eurico Gaspar Dutra, ambos instrumentos das classes dominantes e sem diferenciação um do outro.

A campanha pela Constituinte interessou as mais variadas camadas do povo brasileiro. Foi tão claro o seu sentido progressista e democrático que contra ela se levantaram todos os reacionários e os restos de fascismo ainda encistados no governo. Os reacionários passaram a utilizar os postos que ocupavam e todas as armas de que podiam dispor, inclusive a intervenção cínica e descarada do embaixador norte-americano no Brasil, o qual exercia pressão sobre o governo para impedir que Vargas cedesse aos anseios do povo.

Como Vargas havia prometido "demais" ao povo, em seu discurso de 3 de outubro de 1945, a reação e os fascistas de todos os quilates, assombrados com a possível vitória popular, na qual viam acima de tudo uma vitória dos comunistas, apoiados nas vacilações de Vargas, conseguiram desencadear o golpe militar de 29 de outubro de 1945. Derrubaram Vargas com o objetivo de esmagar o movimento operário e liquidar o nosso partido. Vargas, por querer ceder ao povo, perdeu a confiança dos patrões norte-americanos e das classes dominantes, dos setores que o apoiavam enquanto governou contra o povo. Sempre vacilante nos momentos mais decisivos, resolveu capitular sem luta, traindo assim as vastas camadas populares que nele confiavam e que em grandes manifestações se mostraram dispostas a apoiá-lo na luta pela Constituinte contra qualquer golpe reacionário.

Vargas preferiu ceder aos seus interesses de classe a defender, como chefe da nação, os interesses das massas que nele confiavam e continuaram confiando até o momento de sua morte voluntária, em 1954. As grandes massas populares foram iludidas por Vargas em 1930, traídas em 10 de outubro de 1937 e abandonadas em 29 de outubro de 1945.

O golpe militar de outubro foi um golpe reacionário, dirigido aparentemente contra Vargas, porém visando as organizações populares, sobretudo o Partido Comunista. A reação, fazendo uso das armas compradas com o dinheiro público, lançou-se contra o povo. Pretendia provocar um banho de sangue que justificasse uma ditadura militar e o esmagamento do movimento operário. Mas o povo brasileiro, e em particular o proletariado, confiando no seu partido e alertado em tempo por ele, assistiu com sangue-frio à espetacular manifestação de força de mais de duzentos tanques, com seus canhões e metralhadoras apontados para a sede nacional do Partido Comunista Brasileiro.

E o golpe ficou no ar. O banho de sangue não foi possível, porque o proletariado não deu pretexto para que isso pudesse acontecer.

Logo depois da posse da direção do Comitê Estadual do PCB em Pernambuco, segui para o interior do estado para dar posse publicamente às direções dos Comitês Municipais do Partido já organizados nesses municípios. Após ter empossado a direção municipal de Olinda, Jaboatão e Morenos, seguimos para Carpina.

Era um domingo, dia de feira. A matutada estava prevenida e, de propósito, o secretário político deixou para o fim da feira a realização do comício. Eu lhe perguntei por que não o realizava antes. Respondeu que, na hora da feira, o povo estava preocupado em vender ou comprar suas mercadorias e assim não poderia prestar muita atenção ou mesmo não viria ao comício. Que eu não me preocupasse, que compareceria muita gente, pois todos estavam ansiosos por ouvir-nos. Não repliquei, mas fiquei em dúvida.

O fato é que só às quinze horas demos início ao comício, que foi precedido de uma forte fogueteria. Não sei de onde veio tanta gente. Todo mundo queria ver a "besta-fera" falar ao povo. Os camponeses eram os mais interessados e eram também os que mais nos interessavam. Quem mais contribuiu para a propaganda do comício foi o padre da paróquia local, que, desde o domingo anterior, na hora da missa, concitou seus paroquianos a não comparecerem ao comício dos comunistas, afirmando que éramos agentes de Moscou, a serviço de Stalin, contra Deus, contra a pátria e contra a família. E me pintou como um verdadeiro bandido, dizendo que eu teria matado mais de uma centena de soldados, incendiado ruas e mais ruas de casas, deixando milhares de crianças, mulheres e homens desabrigados, à mercê do tempo, que eu não respeitava as mulheres, nem mesmo as criancinhas inocentes. Concitou o povo a me negar pão e água. Naquele domingo, apresentou a mesma "chapa" na hora da missa.

Todo o lero-lero do pároco tinha explicação na situação concreta. Ali, uns poucos comerciantes, latifundiários e agiotas exploravam impiedosamente os camponeses, cobrando-lhes a meia da produção agrícola das terras que eles arrendavam, e a outros, de quem não cobravam meia, mas a quem impunham o cambão ou condição – que consistia em o agricultor trabalhar de graça dois ou três dias por semana para o latifundiário; após a colheita, eram obrigados a vender a produção agrícola ao senhor da terra pelo preço arbitrado por ele. Outros, ainda, vendiam mercadorias a crédito aos camponeses, com um acréscimo nos preços de 20 a 30% por cento, além dos empréstimos a juros de 5 a 8% por cento ao mês. Por cima de tudo, ainda roubavam cem a duzentos gramas nos pesos por quilo. Tudo isso era sabido pelo padre, que fazia vista grossa e que jamais denunciou esses roubos aos seus paroquianos. Mas o padre sabia também da campanha anticomunista feita pela imprensa a serviço dos exploradores e opressores do povo e, como coincidia com seus interesses, a serviço que estava dos tubarões da terra e do comércio, fazia coro com a imprensa reacionária, procurando entorpecer cada vez mais a consciência dos que buscavam algo para se orientar e libertar-se da escravidão latifundiária. A massa camponesa só ouvia do seu pároco o conselho de que devia se conformar com a situação, seguindo o exemplo de Jesus Cristo, que sofreu por todos, passou fome, viveu humildemente, quase sem roupa, no meio dos pobres, para que suas leis fossem respeitadas pelo povo; só o ouvia dizer que os ricos eram ricos porque Deus queria e que, no mundo, tinha que haver ricos e pobres. E fazia comparação com os dedos das mãos, mostrando aos fiéis:

– Olhem para suas mãos e vejam como os dedos são desiguais, uns são mais compridos, outros são mais curtos, uns são mais grossos, outros mais finos; até as unhas são diferentes umas das outras. Assim também são as pessoas. Uns são ricos, outros são pobres; tudo isso foi feito por Deus; nós não podemos modificar suas leis santíssimas e, quando queremos mais do que temos, estamos pecando perante o divino mestre Nosso Senhor Jesus Cristo. Cada um só tem aquilo que Deus determina.

Chegamos na hora exata, marcada para o comício. A praça estava cheia de gente para ver e ouvir a "besta-fera" ou o "bicho-papão", como diziam muitos e nós mesmos repetíamos ironizando. Era a primeira vez que aquele povo ia ver um comunista falar. E talvez um comunista dos mais odiados e difamados do Brasil. Iniciamos o comício com o secretário político Miguel Borba, que me apresentou ao povo, pedindo-lhe que me prestasse atenção, fizesse as perguntas que quisesse. Depois falou o meu companheiro de viagem, ou melhor, de caravana, que abordou vários problemas locais e pediu o apoio do povo para os nossos candidatos, principalmente para o candidato à presidência da República, dr. Iêdo Fiúza. Todos os oradores foram vivamente aplaudidos pela massa. Finalmente, Miguel Borba apresentou-me ao povo, dizendo:

– Agora, vai falar ao povo de Carpina a "besta-fera" da reação, representando o Partido Comunista do Brasil e o Comitê Estadual de Pernambuco. Trata-se do ex--sargento do Exército Gregório Bezerra, que participou ativamente do movimento revolucionário de 1935 contra o fascismo e a guerra, tendo sido condenado a 28 anos de prisão e posto em liberdade, por força da anistia, em abril de 1945.

A massa aplaudiu com muito entusiasmo.

Comecei dizendo aos camponeses e ao povo de Carpina que eu era um dos membros do Partido Comunista do Brasil e assim iniciei a defesa dos nossos candidatos, mostrando a diferença do programa mínimo do nosso partido em relação aos partidos das classes dominantes. Pedi ao povo que comparasse o nosso programa com os programas dos demais candidatos. Defendi e pedi votos para os nossos candidatos à Assembleia Constituinte e também pedi votos para o "besta--fera" que falava ao povo de Carpina.

Aí fui interrompido por vibrantes aplausos das massas, o que me estimulou a prosseguir com mais confiança. Aproveitei o ensejo para abordar os problemas mais sentidos do povo. Afirmei que a guerra criou sérios problemas para o povo, a maioria dos quais já tinham sido resolvidos e outros estavam em via de solução, mas que existia um problema criado pela guerra que continuava vigorando criminosamente, apesar de ela ter terminado há mais de quatro meses. Esse problema era o câmbio negro, que continuava roubando o povo, principalmente as massas trabalhadoras.

O povo aplaudiu delirantemente por muitos minutos e perguntei:

– Estarei mentindo?

A massa respondia:

– Não, não. É verdade!

E citava alguns comerciantes que faziam o câmbio negro. Continuei: e além de venderem no câmbio negro, roubam no peso, vendendo oitocentos gramas por um quilo. A massa aplaudiu novamente. Uma voz no meio da multidão disse:

– É mentira!

E foi a massa quem respondeu:

– É verdade!

E apontou as casas comerciais que faziam câmbio negro. Uma senhora subiu no palanque e mostrou um quilo de açúcar, um de charque e outro de bacalhau, que só tinham oitocentos gramas em cada unidade de quilo. O povo bradou:

– É por isso que lhe chamam de "besta-fera" e de "bicho-papão", porque o senhor aponta os ladrões que tiram o pão da boca da gente!

Outros disseram:

— Se isso é comunismo, eu quero ser comunista, para desmascarar os ladrões!

Respondi-lhes que qualquer cidadão tinha o direito e o dever de desmascarar perante as autoridades, tanto policiais como judiciárias, todos os roubos contra a economia popular, que o povo devia e podia protestar contra os que negociavam no câmbio negro e contra os que vendiam oitocentos gramas por um quilo. E contra o aumento de 20 a 30% no preço das mercadorias fornecidas a crédito; pois tudo isso era um roubo e o povo não deveria deixar-se roubar daquela forma. Protestassem, denunciassem e pesassem suas mercadorias em qualquer balança de comerciantes honestos, que sem dúvida existiam muitos naquela cidade.

A seguir, pedi a atenção do povo para mais uma denúncia: tratava-se dos camponeses pobres que, por não disporem de terras para trabalhar com seus familiares, para não morrerem de fome eram obrigados a trabalhar em terras dos latifundiários, pela meia. Isso era um roubo dos mais desavergonhados. E, quando o camponês não queria trabalhar à meia, era forçado a trabalhar no cambão ou na condição. E, por fim, era obrigado a vender sua produção, se houvesse, ao dono da terra. Todas essas relações de produção no campo consistiam num roubo dos mais descarados – e oficializado pelo governo!

Novamente a massa quase não me deixou falar de tantos aplausos.

Então, mostrei à massa camponesa o caminho a seguir. Disse que, diante da complacência do governo ante o latifúndio, só havia um remédio: a reforma agrária radical, ou seja, o confisco de todas as terras dos latifundiários e sua distribuição gratuita a todos os camponeses sem terra e a todos os que nela quisessem trabalhar. Mas, para isso, era necessária a união de todos os camponeses, organizados em ligas ou em qualquer associação camponesa. Disse-lhes que somente unidos e organizados, ao lado do seu poderoso aliado – a classe operária – e ajudados por outras camadas sociais, como o movimento estudantil, os intelectuais honestos, democratas e outros patriotas, poderiam os camponeses conquistar uma reforma agrária radical. Sugeri que pedissem explicação e ajuda aos membros do Comitê Municipal do PCB, que ali estavam à disposição do povo para informá-lo, esclarecê--lo e ajudá-lo sem a menor vacilação. Afirmei que a reforma agrária beneficiava não somente os camponeses sem terra como todo o povo consumidor, os homens de profissões liberais, o comércio, a indústria, porque seria a garantia de um mercado consumidor interno para os seus produtos.

A massa me pediu explicações sobre o partido, sobre a Constituinte e sobre como votar. Todos queriam saber o que significava voto secreto, como denunciar os negociantes que lhes roubavam no peso e no preço das mercadorias. Foi uma sabatina longa, produtiva e entusiástica, realizada em praça pública. Foi para mim um teste magnífico. Já fiquei sabendo que, daí para a frente, eu seria submetido a outras provas dessas, como realmente fui, durante toda a minha excursão pelo interior do Estado de Pernambuco.

Como já era tarde, quase noite, pedi permissão ao povo, em nome do PCB e do Comitê Estadual, para empossar a direção do Comitê Municipal de Carpina e, se o povo quisesse fazer alguma restrição aos componentes da direção, podia fazê-la, que seria levada em consideração. Passei a ler os nomes; todos foram aclamados pela massa. Expliquei os objetivos e a responsabilidade da direção do comitê, os deveres de cada comunista, o que era necessário para um cidadão filiar-se ao Partido Comunista do Brasil, como era chamado nosso partido naquela época. Cerca de uma dúzia de cidadãos filiaram-se publicamente ao partido, inclusive três senhoras, uma das quais a que subira ao palanque para comprovar com suas mercadorias o roubo de duzentos gramas por quilo. Feito isso, a massa nos levou à sede do comitê, onde mais uma vez agradecemos a todos e me despedi.

Foi um êxito total o nosso comício! Já em Recife me aguardavam os operários da Fábrica de Tecelagem de Macaxeira, de propriedade de Othon Bezerra de Mello, em Casa Amarela, onde organizamos uma base do partido com mais de oitenta membros, logo depois ampliada e subdividida por seções, e criou-se um Comitê de Empresa.

Dispunha de vários camaradas para ajudar-me, entre os quais Vicente Barbosa, Mozart, José Ives, Batista Sales e outros. Esses companheiros me ajudaram em tudo, com todo o entusiasmo e abnegação, principalmente Vicente Barbosa, que dispunha de um automóvel, velho e fraquinho, mas que em suas mãos dava tudo. Era o meu braço forte para todas as tarefas de organização, de agitação, de propaganda e todas as tarefas partidárias. Era um companheiro inteligente, dinâmico, disposto e capaz. O êxito que tivemos na organização do partido, como nas organizações de massa, a ele muito devemos. Outro camarada que também ressalto, cheio de gratidão e saudade, é o companheiro Batista Sales; de origem pequeno-burguesa, como Vicente Barbosa, não media sacrifícios para servir ao partido. Sempre estava disposto a tudo. Além das funções de tesoureiro, desempenhava comigo todas as tarefas partidárias. Como Vicente Barbosa, era orador, agitador e propagandista. Esse companheiro, por motivos familiares, transferiu-se para o Rio, onde faleceu meses depois, deixando muitas saudades no meio de todos os lutadores que o conheceram.

Logo após a minha chegada a Recife, em princípios de junho de 1945, realizamos um grande comício na cidade de Caruaru, que teve grande repercussão em toda a zona do agreste do Estado de Pernambuco. Aí deixamos organizado um Comitê de cinco membros, com a tarefa de divulgar as ideias do nosso partido naquela zona e organizar um Comitê Municipal do PCB naquela cidade, considerada capital do agreste. Foi assim que, antes do encerramento da campanha eleitoral, os camaradas de Caruaru, que já haviam ampliado o seu comitê, nos convidaram para inaugurar sua sede, empossar publicamente a sua direção e realizarmos um comício de encerramento da campanha eleitoral. Fizeram uma boa divulgação do comício, enfeitaram toda a praça e as ruas vizinhas, armaram um palanque, contrataram uma banda de música e compraram muitos fogos.

Logo cedo, por volta das dez horas, inauguramos a sede e empossamos a direção, com seu secretariado e tudo, diante de uma multidão colossal, o que prenunciava um êxito total na realização do nosso comício eleitoral e nos levou a encher nossas cabeças de um justo otimismo, baseados na alegria da massa e no seu entusiasmo. Mas o espírito da reação não coincidia com o nosso. O local do comício, que deveria começar às quinze horas, cedo já estava superlotado. Chegamos na hora exata. A banda de música tocou algumas marchas patrióticas e, logo a seguir, demos início ao comício. Falou o secretário político, Severino Aguiar, abrindo-o. A assistência superlotava a praça e aplaudia o orador. A seguir, usou da palavra o jovem Mozart, representando o movimento estudantil de Recife, também muito aplaudido. Logo depois, falou um operário, em nome dos trabalhadores de Caruaru. Em seguida, Wilson Couto, secretário político do Comitê Municipal de Arcoverde, que foi aplaudido intensamente pela massa, porém já vaiado por uma turma de provocadores que surgiu no momento e foi se avolumando cada vez mais. Wilson Couto continuou falando, aplaudido por uns e vaiado por outros, que, já nessas alturas, jogavam ovos e frutas podres no palanque. Mas continuava o duelo de aplausos e vaias, e agora as pedras e objetos contundentes substituíam as frutas e ovos podres. Estava montada uma provocação dos fascistas, dos reacionários, dos coronéis fazendeiros, dos comerciantes ladrões, traficantes do câmbio negro, dos ladrões no peso das mercadorias e também da Igreja. Pedi providências à polícia. A massa aplaudiu-me; os provocadores vaiaram-me. A confusão de vaias, aplausos e pedradas era grande. Uma verdadeira chuva de pedras; garrafas e outros objetos caíam em cima do palanque, causando ódio e revolta a todos os que assistiam ao comício. Roguei às senhoras que se achavam no palanque que descessem, elas obedeceram-me, porém tentaram formar uma barreira com outras pessoas defronte ao palanque para proteger-nos. Mas as pedradas, os fundos de garrafa e outros objetos surgiam de toda a parte.

A turma dos provocadores era numerosa: partiam dos colégios secundários de Caruaru, de Pesqueira e de Recife. Os de Recife haviam sido mobilizados por Gelcino de Pontes e Eurico de Souza Leão; os de Caruaru, pela própria reação local, inclusive o bispo; e os de Pesqueira, pelos Brito, além dos jagunços dos coronéis de roça. Começaram a surgir cartazes com os *slogans* de "Deus, pátria e família"; outros que diziam "Com Deus, pela pátria e pela família", "Com Deus, contra o comunismo ateu", "Abaixo o comunismo", "Abaixo a Rússia soviética" e outros, mais descarados, "Morte aos comunistas".

Tomei a palavra. Minha voz era forte e o alto-falante era bom. Os gritos dos provocadores tornaram-se impotentes para impedir que a minha voz fosse ouvida. Desmascarei os provocadores, seus patrocinadores e chamei a atenção das massas contra o roubo no peso das mercadorias, isto é, de cem a duzentos gramas por unidade de quilo; denunciei os tubarões do câmbio negro, citando seus nomes, os empréstimos dos coronéis do comércio e dos latifundiários aos camponeses a juros de 5 a 10% ao mês. Desmascarei o roubo da *meia,* da *terça* e do *cambão* contra os camponeses pobres. Defendi o programa mínimo do partido e concitei o povo a se organizar na luta contra os ladrões da economia popular. Pedi ao povo que se lembrasse da guerra, provocada e deflagrada pelo fascismo, que custou mais de quarenta milhões de vidas e lembrei-lhe que milhares de brasileiros haviam tombado na luta em defesa da democracia e do bem-estar de todos os povos do mundo, inclusive do povo do Brasil. Pedi-lhes que se lembrassem dos nossos navios de passageiros torpedeados covardemente nas costas da Bahia, de Sergipe, Alagoas e Pernambuco, apontados pelos integralistas aos submarinos das potências do Eixo, os mesmos integralistas que usavam demagogicamente os *slogans* de "Deus, pátria e família" daqueles cartazes e faixas que estavam exibindo naquele comício.

– São os mesmos fascistas que envenenam as consciências desses jovens que empunham esses cartazes e faixas com as palavras "Deus, pátria e família"!

O povo aplaudiu e avançou mais ainda para junto do palanque, tentando formar um círculo de ferro para proteger os oradores.

Fiz a propaganda dos nossos candidatos e terminei agradecendo a solidariedade do povo, sem a qual não teria podido realizar aquele comício.

Ao descer do palanque, conduzindo as bandeiras do Brasil e da União Soviética nos braços, um dos provocadores tentou tomá-las. Houve luta corpo a corpo. A polícia interveio. Eu continuei de posse das duas bandeiras. Mais adiante, um grupo de quatro desordeiros tentou agredir-me, apontei-lhes o revólver. O sargento pediu-me pelo amor de Deus que não atirasse!

As pedras continuavam a cair perto de nós. Uma delas rachou a cabeça de um soldado, que, enraivecido e de sabre na mão, avançou sobre um grupo de bandidos. Mais adiante, já perto do comitê, um fanático, que parecia um touro, fechou os olhos e partiu raivoso contra mim. Só tive tempo de desviar-me ligeiramente e calcá-lo com a perna. O monstro arrebentou-se na sargeta. Era um fanático a menos contra nós. A sede do comitê já estava com o telhado pulverizado de pedradas, as paredes grandemente danificadas e, não fosse a intervenção do juiz de Direito, os bandidos a teriam incendiado. Serenadas as provocações, graças à ação enérgica do juiz, alguns companheiros levaram-me a uma farmácia, onde me fizeram curativos na cabeça e no corpo.

Segui depois para o hotel do camarada José Fortuna, onde me reuni com os camaradas do Comitê Municipal para um breve balanço dos acontecimentos do dia. Concluímos que, apesar de tudo, tivéramos êxito, porque a provocação contra nós resultara em nosso benefício, não somente pelo apoio do povo, que não saiu do comício enquanto houve orador no palanque, como porque, até certo ponto, fomos garantidos por ele, que nos incentivava com seus aplausos. Ressaltamos a valentia de um grupo de companheiros, que haviam formado uma barreira na frente do palanque e um círculo de ferro em torno do mesmo, dando-nos a melhor garantia até o término do comício. Os comentários do povo foram contra os provocadores e o partido tornou-se mais conhecido das massas, principalmente dos camponeses.

No hotel do camarada Fortuna, onde jantamos, começaram a surgir boatos de que seríamos emboscados na estrada de Caruaru a Belo Jardim. Resolvemos antecipar a nossa viagem e saímos às oito horas da noite, às escondidas, para Belo Jardim. Lá, nos hospedamos na casa de um companheiro, dono da padaria Camponesa, que ficava no centro da cidade. Às oito horas da manhã, em virtude de boatos alarmantes sobre os acontecimentos em Caruaru e de outros de que nós não realizaríamos o comício em Belo Jardim e, se o tentássemos, seríamos espancados a pau, fomos falar com o prefeito local, com o juiz e o delegado de polícia.

O destacamento policial estava reduzido a três homens: dois soldados e o cabo. O delegado de polícia me disse que garantiria o comício, lamentando só dispor de três homens e quatro fuzis. Respondi-lhe que comigo completaria quatro e que eu tomaria conta do fuzil, se fosse necessário. Ele riu-se e perguntou-me se eu sabia atirar de fuzil. Respondi-lhe que era ex-sargento do Exército e que havia sido instrutor de Tiro de Guerra. Ele admirou-se, trocamos mais algumas ideias e, no fim, ele revelou ser um fã do camarada Prestes. Despedimos-nos, voltamos à casa hospitaleira do nosso companheiro.

Os boatos sobre as provocações do comício de Caruaru e sobre o comício que íamos realizar naquela cidade eram cada vez mais alarmantes. Dizia-se, inclusive, que teriam chegado alguns caminhões de Pesqueira e de Caruaru com homens para nos quebrar de pau. Às dez horas, mais ou menos, o prefeito nos procurou, aconselhando-nos, dizendo que seria prudente desistirmos do comício, pois estava informado de que haveria perturbação da ordem. Não abri mão do nosso comício, mesmo porque o delegado me prometera que, apesar de o destacamento ser reduzido e só dispor de quatro fuzis, estava disposto a garantir o nosso comício. Às dez e meia, fomos procurados por uma comissão de senhoras, da qual faziam parte a senhora do prefeito, a do juiz e outras da sociedade local. Traziam uma proposta concreta: realizássemos um ato público da janela da casa onde estávamos hospedados em vez de o comício programado; o prefeito mandaria colocar alto-falantes na sacada da casa, mandaria imprimir boletins convidando o povo, mandaria alto-falantes anunciarem nas ruas o local e a hora do ato público, marcado então para as quatro horas da tarde. Aceitamos a proposta e o prefeito cumpriu à risca o prometido.

Assim, realizamos um ato público em vez do comício, mas o ato valeu mais que o próprio comício, pelo número de pessoas que compareceram, inclusive certas personalidades locais. Houve muita animação e nenhuma provocação. Tudo marchou bem e nós ficamos muito estimados pela família de Belo Jardim, que até então acreditava que éramos sanguinários, agressores e destruidores da família. Em vez disso, encontraram nos comunistas homens respeitadores, pacíficos, compreensivos, humanos e verdadeiros idealistas. Nas eleições, deram-nos 143 votos, quando não esperávamos mais que 50. Logo no início, supus que o objetivo do prefeito fosse nos amedrontar. Enganei-me. Ele estava de fato preocupado, com receio de que houvesse alguma perturbação grave da ordem, mais grave do que em Caruaru. Assistiu ao ato público do começo ao fim e nos parabenizou pela maneira franca e moderada como colocamos os problemas e os objetivos de nosso partido.

De Belo Jardim, partimos para Pesqueira, onde supúnhamos encontrar sérias provocações, não só por ser um feudo dos Brito como por ser um antro integralista e da reação clerical na época. O nosso Comitê Municipal não era forte, mas contava com excelentes camaradas, como João e José Rodrigues, Viana Arcoverde e muitos outros que estavam entrosados com o operariado das fábricas e tinham certo apoio no campo, principalmente nas plantações de tomate dos Brito. Por medida de segurança, enviamos um camarada à frente para, junto com o Comitê Municipal, fazer a propaganda do comício e preparar, tanto quanto possível, um dispositivo de segurança e de choque. Sabíamos que Pesqueira era a sede do bispado de toda aquela vasta zona da caatinga e do sertão; era onde os "galinhas-verdes" de Plínio Salgado, junto com os coronéis da roça, realizavam suas conferências com todo o apoio da reação latifundiária e do bispo de então.

Chegamos a Pesqueira, onde a curiosidade do povo era grande. Nos muros das fábricas, ainda se viam o sigma e os *slogans* de "Deus, pátria e família". Também aqui e ali viam-se o *slogan* da Aliança Nacional Libertadora, "Pão, terra e liberdade", as palavras de ordem "Proletários de todos os países, uni-vos!" e, quase por toda a parte, a foice e o martelo, símbolo da Aliança Operário-Camponesa. Uma propaganda expressava o passado negro e sangrento do fascismo, que provocara o maior banho de sangue da história humana; a outra expressava o progresso da humanidade e a construção de um novo mundo em marcha vitoriosa para o socialismo. Tudo isto me encheu de ânimo e inspirou-me a realizar o comício a todo custo. O povo de Pesqueira ouviria a palavra do partido, iria tomar conhecimento da sua linha política, de seu programa mínimo e de seu estatuto. Iria ouvir uma linguagem diferente, uma mensagem de esperança. Enfim, ouviria pela primeira vez em sua história um grupo de três comunistas falarem publicamente ao povo. Iria ver que os comunistas não eram "bestas-feras" nem "bichos-papões". Iam ver que éramos homens normais, respeitadores, responsáveis e profundamente humanos.

Os proprietários das fábricas de doces e conservas, que nunca se tinham unido, uniram-se dessa vez para evitar que seus operários ouvissem o comício dos comunistas, como diziam. E, assim, reuniram-se e programaram um grande churrasco oferecido aos operários das três fábricas. Nós tomamos conhecimento e compreendemos a manobra dos três tubarões. Aconselhamos aos operários que comessem bastante da carne que os patrões lhes oferecem e, à noitinha, fossem ouvir o comício, que seria transferido para a noite. Os Brito, assim como seus colegas, jamais pensaram em ser tão gentis com seus operários. Eles, como capitalistas, só pensavam em extrair a mais-valia dos trabalhadores para os seus cofres. Mas, daquela vez, ficaram bonzinhos e deram uma migalha de carne aos seus operários. Foi mais um bom argumento que nos deram para o nosso comício. E nós ressaltamos bastante a "generosidade" dos Brito e seus colegas para os participantes do comício, que se riram muito.

Iniciamos o comício às seis horas. A massa estava ansiosa e havia de tudo: camponeses, comerciários, comerciantes, pequenos e médios sitiantes e muitos operários. José Rodrigues, um dos dirigentes do Comitê Municipal, abriu o comício apresentando-me como membro do Comitê Estadual do PCB. A massa aplaudiu. Aplausos dispersos. José Rodrigues abordou os problemas locais da cidade e do campo. A seguir, falou o companheiro José Ives, representante do movimento estudantil de Recife. Depois dele, deram-me a palavra para falar em nome do PCB, dizendo que eu era um dos comunistas mais odiados e caluniados pela reação. Quando anunciaram o meu nome, a massa comprimiu-se ainda mais porque estava ansiosa para ouvir o monstro falar. Era a "besta-fera" criada pela reação solta nas ruas, espalhando o terror, o pânico e a desordem. Era o traidor da pátria, vendido a Moscou, a serviço de Stalin, o bandido que, em 1935, matara centenas de soldados que não quiseram aderir à Revolução Comunista e muitas outras infâmias publicadas em boletins e distribuídas fartamente de casa em casa pelas ruas da cidade de Pesqueira.

Iniciei o meu discurso com muita humildade, franqueza e serenidade. Disse ao povo que era comunista desde 1930 e que entrara para o PCB, vanguarda da classe operária, porque queria lutar contra o regime de exploração do homem pelo homem. Queria naquela época, mais do que nunca, que não morresse de fome um só operário, um só filho da classe operária, um só camponês e um só filho de camponês.

Aplausos.

– Sou comunista porque sou contra este regime, em que os homens e as mulheres que trabalham e produzem passam fome, porque o que ganham pela força de trabalho que vendem ao patrão não dá para comprar o necessário para viver com seus familiares.

Aplausos.

– Tornei-me comunista porque não concordo com este regime, em que o povo que trabalha e produz morre de fome com seus filhos. Tornei-me comunista porque vejo em toda a parte cavalos de corrida e animais de estimação dos ricos beberem litros e litros de leite, enquanto as crianças pobres da cidade e do campo morrem de fome e de tuberculose por falta de leite e outros alimentos. Os animais dos ricos têm remédios, médicos e dietas rigorosamente executadas. Têm até empregados para cuidar deles! E as crianças pobres da cidade e do campo, o que têm?

A massa respondeu:

– Nada! Nada!

Aplausos delirantes.

– Sou comunista porque sou por uma reforma agrária radical, pelo confisco das terras dos latifundiários e sua distribuição gratuita a todos os camponeses sem terra e a todos os que nela queiram trabalhar.

Aplausos.

– Enfim, tornei-me comunista porque sou contra o roubo da *meia,* da *terça,* do *cambão* impostos aos camponeses sem terra pelos latifundiários. E contra os empréstimos a juros de 5 a 10% ao mês aos pequenos proprietários.

Aplausos.

– Filiei-me ao Partido Comunista do Brasil porque, além de ser o partido político da classe operária e das massas laboriosas, é o único partido que procura esclarecer, unir e organizar o povo na luta por seus interesses. É o único partido que luta contra o atraso, a fome e a miséria que sofre o nosso povo. É o único partido que luta pela alfabetização em massa para mais de 62% da população brasileira. É o único que luta por uma reforma agrária radical que elimine o latifúndio.

Aplausos prolongados.

Abordei as finalidades do nosso partido, seu programa mínimo em defesa dos interesses do povo. Pedi à massa que comparasse o nosso programa com o dos outros partidos. Fiz a propaganda dos nossos candidatos e a minha inclusive. Pus-me à disposição do povo para responder às perguntas que fossem feitas. Surgiram muitas. A primeira foi:

– É verdade que os comunistas recebem o ouro de Moscou para fazerem a Revolução Bolcheque no Brasil?

Respondi:

– Não, nós não recebemos ouro de Moscou nem pretendemos fazer uma Revolução Bolchevique no Brasil. O "ouro de Moscou" que recebemos são as contribuições dos nossos militantes, dos nossos amigos e simpatizantes, que nos ajudam a manter os nossos meios de propaganda, a fim de orientar e esclarecer o nosso povo, principalmente a classe operária e a massa camponesa. No momento, nós lutamos por um governo democrático, popular e de união nacional. E é bem claro o programa do nosso partido a esse respeito.

A outra pergunta foi:

– É verdade que os comunistas são contra Deus, a pátria e a família?

Respondi:

– Este *slogan* de "Deus, pátria e família" foi criado demagogicamente pelo integralismo para entorpecer a mentalidade do povo brasileiro e arrastá-lo ao lado do nazifascismo de Hitler e Mussolini, antes e durante a guerra contra as Nações Unidas e a União Soviética. Plínio Salgado era o representante do fascismo no Brasil, o agente descarado e desmoralizado de Mussolini e de Hitler em nosso país. Nós lutamos por liberdade e por democracia para o povo. Deus está há muitos mil anos na cabeça do povo e até seria uma imprudência de nossa parte se tentássemos tirá-lo da mentalidade dos que nele acreditam. Assim falo porque há muitas pessoas que não acreditam em Deus e não são comunistas. Em nosso partido, há muitas pessoas que pertencem aos mais variados credos religiosos. E, quando um operário, um camponês ou qualquer outro cidadão pede filiação ao nosso partido, nós não indagamos se é católico, espírita ou deísta. Nós indagamos dele, sim, se está disposto a cumprir as resoluções do partido, a lutar sem vacilações pelos interesses do povo, se aceita conscientemente a sua disciplina e nossos estatutos. E se está disposto a pôr em prática a linha política do partido, o seu programa de massas, e a pertencer a uma de suas organizações, reunir-se com ela quando necessário, pagar uma contribuição estatutária e executar todas as tarefas que lhe forem confiadas. Perguntamos se está disposto a submeter-se ao centralismo democrático, se aceita essas exigências estatutárias, pois será mais um combatente da classe operária. Quanto à família, nós, comunistas, não podemos destruir a nós mesmos. Ninguém mais do que nós respeita as famílias alheias, porque o respeito a essa instituição deve começar na família de cada um. Se o indivíduo respeita a sua família, está credenciado a respeitar a família do próximo. Mas, se não respeita, está propenso a desrespeitar a família dos outros. Entretanto, nós, comunistas, vemos e sabemos que, em todos os povoados, em todas as cidades e, principalmente, nas capitais dos estados, existem dezenas, centenas e milhares de mulheres prostituídas. Não é verdade?

E a massa responde:

– É sim! É! É!

Aplausos.

– Quem as prostituiu foram os comunistas?

Resposta:

– Não! Não! Não!

Palmas.

– Quem está no poder é o comunista Luiz Carlos Prestes?

– Não! Não! Não!

Palmas.

– O nosso regime atual é um regime comunista?

– Não!... Não!

– Então, concidadãos, existem milhares de mulheres prostituídas e o sistema de governo que aí temos não é socialista. É um governo burguês capitalista. É, portanto, um regime de exploração do homem pelo homem!

Aplausos.

– Então está claro que quem destrói a família, a pátria e a religião não são os comunistas, como afirmam os nossos inimigos, e sim o próprio regime burguês capitalista. E afirmo publicamente que, enquanto existir em nosso país esse sistema de governo, haverá prostituição, haverá fome e miséria, haverá atraso, peste e guerra! Ele é a causa de todos os males contra o povo e é por isso que nós, comunistas, lutamos contra ele até o seu fim. É o nosso dever de honra, o nosso objetivo. Quanto à nossa pátria, somente os integralistas foram contra ela, desde que organizaram a Ação Integralista Brasileira em São Paulo, em 1932, até 1945. Foram eles que apontaram os nossos navios de passageiros aos submarinos do eixo para serem traiçoeiramente torpedeados nas costas dos Estados da Bahia, de Sergipe, de Alagoas e de Pernambuco, levando para o fundo do mar milhares de crianças, homens e mulheres. Enfim, em matéria de traição à pátria, só os fascistas podem falar com autoridade... Nós, comunistas, somos patriotas. Demos provas concretas disso durante a Revolução de 1935. Lutamos de armas nas mãos contra o fascismo e a guerra, por pão, terra e liberdade para todo o povo brasileiro. Apoiamos o governo de Getúlio Vargas ao lado das Nações Unidas na guerra contra o nazifascismo, levantamos a bandeira da União Nacional em torno de Vargas na luta contra a quinta-coluna e os fascistas de Plínio Salgado, pela pacificação da família brasileira. Lutamos por uma Assembleia Nacional Constituinte, mobilizamos o povo contra o golpe militar que derrubou Getúlio Vargas em 29 de outubro de 1945 e que tencionava estabelecer uma ditadura militar em nosso país. Hoje continuamos a luta pela democracia, pelo progresso da nação, contra a fome, a miséria e o atraso do nosso povo, contra o latifúndio, contra o imperialismo, que são as causas do nosso pauperismo. Lutamos pelo bem-estar do nosso povo e isso significa ser patriota!

Posso não ter abordado esses assuntos com mais clareza devido às minhas limitações culturais, mas o povo me compreendeu e estimulou-me com seus aplausos e simpatia.

Depois que encerramos o nosso comício, nós nos reunimos na casa do companheiro José Rodrigues para fazer um ligeiro balanço dos nossos trabalhos. Constatamos que, apesar do êxito, houve muitas falhas, tanto na preparação como na realização do comício. Uma delas foi não termos convidado pessoalmente algumas personalidades locais e autoridades. Outra falha foi exclusivamente minha, a de não ter desmascarado o Brito e seus colegas em suas manobras demagógicas de oferecer um churrasco aos seus operários para evitar que eles comparecessem ao comício e de ter infiltrado dezenas de alcaguetes no meio da massa para denunciar os operários. Essa falha foi mais grave. Entretanto, apesar das falhas, nosso comício alcançou um êxito extraordinário, abalando a bastilha reacionária dos fascistas de uma vasta zona da caatinga do Estado de Pernambuco. Nosso partido ficou credenciado no seio das massas, principalmente no setor operário e camponês. A demagogia de "Deus, pátria e família" desta vez serviu mais a nós comunistas do que aos fascistas. O povo ouviu a "besta-fera" falar e, ao invés de apedrejamento e vaia, como a reação queria, o monstro recebeu aplausos e flores do povo. Ao invés de hostilidade, simpatia. Sentia-me feliz e tranquilo. Acabava de cumprir mais uma tarefa de massa do meu partido.

De Pesqueira partimos para Arcoverde, onde realizamos um comício muito concorrido e sem nenhum incidente. Inauguramos a sede do Comitê Municipal do PCB e empossamos seus dirigentes publicamente. À noite, fizemos uma conferência sobre o partido, abordando os problemas da reforma agrária, da alfabetização, da Constituinte e outros.

De Arcoverde seguimos para Sertania, onde nosso partido era muito fraco, contando apenas com um comitê de cinco elementos. Realizamos um comício na praça principal, que foi o mais fraco que realizamos em toda a campanha eleitoral de 1945.

Finalmente, à noite, chegamos a Recife. Ainda trazia as cicatrizes dos ferimentos leves que recebi dos provocadores em Caruaru. No dia seguinte, às oito horas da manhã, já me encontrava na sede do CE. Chegou o camarada Arruda Câmara e, depois dele, uma turma de estudantes, que foi me pedir explicações sobre o problema eleitoral e a possibilidade de enviar uma caravana de estudantes ao interior do estado. Quando emitia minhas opiniões, o camarada Arruda Câmara mandou-me calar com um psiu-psiu. Não me contive e repeli, com aspereza, a atitude arbitrária de Arruda, perguntando-lhe se era ditador ou dono do partido. Disse-lhe que não era nem seu escravo nem seu empregado e que não me submetia a nenhum ato de prepotência, nem dele nem de qualquer dirigente. E indaguei quem era ele para mandar-me calar. Tão indignado fiquei que abandonei tudo e retirei-me para casa, disposto a deixar o partido, não o tendo deixado para que não se abrisse uma crise desagradável no seio dele em Pernambuco. Os estudantes, que a tudo assistiram, solidarizaram-se comigo e acompanharam-me até minha residência, afirmando que, se eu me afastasse do partido, eles também o fariam. Retruquei que a minha atitude não deveria influenciá-los, que permanecessem, dando o melhor que tivessem em prol da classe operária e camponesa.

À noite, fui convidado a participar de uma reunião ampliada do secretariado com alguns elementos do Comitê Estadual. Ordem do dia: incidente com o camarada Arruda. Propus que nela se incluísse uma prestação de contas ao secretariado de minhas viagens ao interior do estado. O secretariado aprovou e Arruda discordou. Protestei, afirmando que era membro do secretariado e que este havia aprovado a ordem do dia e que Arruda, como assistente do Comitê Central ao Comitê Estadual, tinha que acatar, e não impor a sua ordem do dia. Travou-se uma ligeira discussão entre nós dois. Ele propôs que se pusesse em votação a sua proposta. Divergi, afirmando que a ordem do dia já havia sido aprovada e que Arruda não podia violar as normas orgânicas do partido. O secretário político, Alfredo Richman, tentando manobrar, resolveu pôr em votação se deveríamos ou não discutir os dois pontos, como estava aprovado e, se não, de qual dos dois deveríamos discutir. Feita a votação, fui derrotado. O secretariado do CE capitulou diante do assistente do CC; ambos violaram as normas estatutárias do partido. Richman fez um informe sobre o incidente. Narrei o fato como se passara, repeti o que havia dito e reafirmei que estava disposto a renunciar ao cargo de membro do CE e da Secretaria de Massas, porque não aceitaria nenhuma humilhação dentro do partido. Dele fazia parte exatamente por ser contra o regime de senhores e de escravos e, se desejasse ser escravo, teria continuado no Exército, onde os generais eram menos prepotentes que o camarada Arruda. Este, ao falar, procurou ressaltar algumas qualidades positivas de que eu era possuidor, para após, desfechar-me uma crítica demolidora, concluindo por afirmar que o meu espírito "pequeno-burguês" era tão forte que me impedia de avançar politicamente e de melhor cumprir as tarefas revolucionárias do partido. Eu era um protótipo do pequeno-burguês vaidoso e convencido e fora um erro ter eu sido elevado à direção do CE, pois, quando muito, eu poderia trabalhar numa base do partido. Não me contive e explodi:

– O que temos de partido até aqui, em Pernambuco, é fruto de meus esforços e dedicação, dias e noites de trabalho, enfrentando a reação e as provocações e duras dificuldades, inclusive atentados contra minha vida. Não vim para o partido depois de estar ele organizado. Vim organizá-lo e ele está organizado, como você o encontrou. Além disso, não pedi para ser membro do CE, nem da Secretaria de Massas. Foram os camaradas da direção provisória que me escolheram, com a aprovação da massa do partido e aclamação em praça pública pelo povo. Mas, como não estou disposto a passar por humilhações como a que passei hoje pela manhã, renuncio a meu cargo de membro do CE e da Secretaria de Massas. Você pode tirar-me da direção do CE devido à sua estupidez e à sua tendência de senhor de escravo, mas não me tirará jamais a fibra de revolucionário e de comunista. E afirmo, perante os camaradas do CE, que, no CE, CM, CD, ou em qualquer base, ou isoladamente, saberei cumprir com o meu dever de comunista, como sempre cumpri, mesmo antes de me filiar ao partido, em 1930. Ademais, Arruda, se até aqui vinha tolerando a sua prepotência, era por respeito à direção nacional do partido, mas, como homens, somos iguais. Não tenho nenhuma vocação para a subserviência. Sirvo ao partido, não a você, pessoalmente.

Finda a discussão, o camarada Arruda exigiu que eu fizesse a minha autocrítica pelo desrespeito e desacato a um membro da direção nacional do partido.

Respondi-lhe que eu fora ajudante de carreiro muitos meses em minha infância e não me lembrava de que o carro andasse à frente dos bois. Ele é que fizesse honestamente a autocrítica de seus métodos ditatoriais, como dirigente do partido, dando-nos, assim, o exemplo. Reafirmei meu pedido de afastamento dos cargos.

Nem Arruda nem o CE poderiam me afastar do partido naquelas circunstâncias. Aquela direção não tinha capacidade nem energia para discordar do camarada Arruda, que, na prática, era quem dirigia o CE, enquanto esteve como assistente em Recife. Desgraçadamente, naquela época e ainda por muitos anos, Arruda dominou o partido. Muitos camaradas discordavam dele, mas faltava-lhes coragem política e ideológica para pôr as cartas na mesa. Arruda era o Stalin brasileiro no partido, porém sem a capacidade e a inteligência do camarada Stalin. Infelizmente ainda iria ter muitas discordâncias com Arruda nos anos de 1945 a 1957. Era um dilema para mim: ou me atritaria ou me curvaria à sua prepotência. Mas nunca tive temperamento para curvar-me, mesmo porque, assim pensava eu, curvando-me, não contribuiria para a harmonização e a democratização da vida interna do partido, de que tanto precisávamos.

O comício de encerramento da campanha eleitoral foi no município de Paulista, feudo dos Lundgrens. Foi aquele um dos últimos Comitês Municipais a se organizar na grande Recife. Isso porque os Lundgrens não permitiam um só comunista em sua fábrica, que possuía mais de 12 mil operários, sem contar os homens que trabalhavam em seu latifúndio. Nós, comunistas, não podíamos ficar esperando que desaparecesse o ódio hidrofóbico dos Lundgrens contra os comunistas para organizar o partido dentro de sua fábrica; então o fizemos discretamente, pois não queríamos que os operários mais esclarecidos e conscientes fossem demitidos. Organizamos o trabalho clandestino. Organizamos uma base num dia, outra duas semanas depois; assim, criamos um comitê de fábrica com bases do partido em todas as seções, com mais de cinquenta elementos. E resolvemos fazer o comício de encerramento da campanha na bastilha dos Lundgrens. Antes fizemos uma série de comícios preparatórios nos distritos e, por fim, um diante da fábrica, à hora da saída dos operários, convidando-os ao comício de encerramento da campanha.

Até então, a direção da fábrica ignorava completamente a existência de militantes comunistas dentro da empresa, pois todo o trabalho de agitação e propaganda era feito clandestinamente. Assim, minamos o feudo dos Lundgrens. No dia do comício, demos posse publicamente à direção do Comitê Municipal do PCB em Paulista. A direção da fábrica foi surpreendida com o nosso empreendimento e o comício transformou-se numa verdadeira festa popular, das mais animadas.

Salvo engano, o comício começou às sete horas do dia 18 de novembro de 1945, sem palanque, em cima de um caminhão, com operários e amigos que constituíam também a tropa de autodefesa. Iniciamos o comício precedido de imensa fogueteria. Praça superlotada, enorme entusiasmo do povo. Ao se anunciar o nome do velho operário José da Silva, que trabalhava na fábrica havia mais de vinte anos e era secretário político do comitê de empresa, a massa operária vibrou durante vários minutos. Esse operário, filho de operários, abriu o comício apresentando-nos ao povo de Paulista; a massa delirava. Como ele gozava de prestígio no meio de seus colegas, muito nos ajudou com sua experiência pessoal, não medindo nenhum sacrifício na execução de suas tarefas. O segundo orador foi o jornalista da *Folha do Povo* Cláudio Tavares e, a seguir, falou o presidente do Sindicato dos Tecelões de Recife que se congratulou com os trabalhadores da fábrica de Paulista por se terem filiado ao partido da classe operária:

– Todo operário digno de sua classe deve pertencer ao seu partido de vanguarda – afirmou.

A seguir, falou a companheira Adalgisa Cavalcanti, que foi muito aplaudida pela massa, especialmente pelas mulheres. Depois do bacharelando Rui Antunes, que mostrou a necessidade da reforma agrária radical, pregada pelo partido, coube a mim encerrar o comício. Falei em nome do CE, expliquei o programa mínimo do partido e seus objetivos, mostrei a diferença entre o Partido Comunista e os demais partidos.

– Nas chapas no nosso partido estão operários, camponeses, intelectuais que deram provas de amor à democracia e souberam, nos anos da reação, de 1935 a 1945, e durante todo o Estado Novo, manter-se firmes ao lado do povo.

Adiante, falei:

– E agora, meus amigos, permitam-me que aborde um problema local, que diz respeito ao operariado desta fábrica, aos camponeses deste município e ao povo em geral. Trata-se do homem mais poderoso deste município, que se diz humanista. Até mesmo alguns operários inexperientes, explorados, menos esclarecidos, caem no seu engodo. Troquemos em miúdos o humanismo do senhor Lundgrens, citemos apenas alguns exemplos do seu humanismo. O senhor Lundgrens, como todo capitalista e industrial, compra suas gigantescas máquinas e paga ao operário para limpá-las, lubrificá-las. O senhor Lundgrens tem esse zelo por sua maquinaria porque lhe custou muito capital e, se não for cuidadosamente tratada, ela enferruja e morre, isto é, não produzirá mais nada. Tudo isso é correto, estamos de pleno acordo com esse senhor. O que censuramos no senhor Lundgrens é não ter ele o mesmo zelo com a máquina humana, que é o operário, mais sensível do que a máquina metálica, sujeito a um constante desgaste físico devido às impurezas que absorve e à falta de alimentação adequada, capaz de restituir-lhe as energias que consome durante as horas de trabalho. E por que o operário não recupera as energias gastas no trabalho? Porque o salário que recebe pela venda de sua força de trabalho é pouquíssimo, não dá para alimentar-se como deveria, levando-o à debilidade física, à morte prematura. O senhor Lundgrens sabe disso, mas sabe também que a máquina humana não lhe custou dinheiro e, quando enferruja ou

morre, há centenas de outras para substituí-la e estas não lhe custam nada. Podem enferrujar ou morrer aos milhares, que ele terá outras tantas para substituí-las. Daí o carinho que tem o capitalista pela máquina mecânica, que lhe custou capital, e o total desprezo pela máquina humana, que fabrica, monta e que movimenta a máquina metálica. E onde está então o humanismo do senhor Lundgrens?
— Nos infernos! – respondeu a massa.
— Nos cofres! – responderam outras vozes.
— O mesmo acontece com os grandes fazendeiros. Nós sabemos e o povo também sabe que os grandes criadores de gado têm excelentes reprodutores que lhes custam centenas de contos de réis. Quando um desses reprodutores ou reprodutoras adoecem, o fazendeiro toma todas as providências; se não existe médico veterinário na fazenda, manda buscá-lo de avião onde houver. Tudo isso é correto. Entretanto, se o zelador desses animais adoecer, morrerá à míngua por falta de assistência médica e de remédio, pois o fazendeiro pecuarista não toma nenhuma providência. Pouco se incomoda. É que o gado lhe custa dinheiro e o homem que trata dos animais não lhe custa nada e já tem quem o substitua sem lhe custar um real. Estes, como o senhor Lundgrens, são também "humanistas". Mas, para concluir as minhas opiniões sobre o humanismo do senhor Lundgrens, quero apenas citar o fato conhecido por todo o povo de Paulista. Todos sabem que o senhor Lundgrens dispõe de gado leiteiro e sabem também que a população infantil de Paulista não bebe leite, uns porque não podem comprá-lo e outros porque não há leite natural à venda na cidade. E há crianças tuberculosas nesta cidade, que precisam de leite. O senhor Lundgrens sabe disto, entretanto, ao invés de fornecer leite a essas crianças tuberculosas, prefere que seus cavalos de corrida e animais de estimação bebam todo o leite. Eis, meus amigos, o "humanismo" do senhor Lundgrens. Tudo isso sem falar dos lucros extraordinários que arranca do suor dos operários e camponeses que trabalham em suas fábricas e terras.

A massa vibrava e exigia mais denúncias contra os Lundgrens. Pedia a realização de outros comícios antes de 2 de dezembro de 1945. Era impossível atendê-la. Mas aconselhamos a que fosse assistir ao comício de Prestes no parque 13 de Maio no dia 26 de novembro de 1945, que seria uma boa oportunidade para o povo de Paulista conhecer de perto o famoso Cavaleiro da Esperança. Ao falar em Prestes, a massa irrompeu em aplausos. Foi um comício dos mais entusiásticos que realizamos no interior do estado; nos rendeu mais de 3 mil votos para a legenda do PCB, ou seja, mais votos do que os votos de todos os candidatos reunidos.

Um fato que devemos ressaltar foi a venda de 3 mil exemplares da *Folha do Povo* no comício. Muita gente a comprava pagando o dobro do preço. Era a colaboração de todos para nos ajudar a eleger os nossos candidatos e a construir um poderoso partido. Inegavelmente, éramos o partido mais querido das massas populares e que lhes inspirava mais confiança, apesar dos ataques da reação, das suas calúnias e insultos.

Voltamos a Recife e, no dia seguinte, fomos a Goiana, onde realizamos um bom comício, estruturamos oficialmente o nosso Comitê Municipal e demos posse à sua direção publicamente. O meu objetivo ao dar posse em praça pública aos nossos organismos no interior do estado era torná-los cada vez mais conhecidos do povo e legalizá-los ao máximo. De volta a Recife, tivemos um comício em Igaraçu, com pouca massa e sem entusiasmo. Nessa cidade, não tínhamos partido organizado. Contávamos apenas com o apoio de elementos conhecidos, mas já comprometidos com outros partidos, eleitoralmente. À noite, realizamos um grande comício em Rio Doce, em Olinda e, no dia seguinte, seguimos para Garanhuns, onde fizemos um grande comício com muitos aplausos e muita provocação, cheio de incidentes sem gravidade. De Garanhuns seguimos para Canhotinho, onde realizamos um comício regular, sem aplausos e sem provocações. Em Catende, realizamos um grande comício com aplausos e apupos, sem outras consequências. A massa camponesa e os operários da Usina nos aplaudiram do princípio ao fim. Organizamos o Comitê Municipal, empossamos a direção publicamente e partimos para a cidade de Palmares, onde, apesar da reação latifundiária, realizamos um comício muito aplaudido e sem provocações.

No outro dia, seguimos para o município de Águas Pretas, onde não foi possível falar ao povo devido a uma chuva torrencial. Em Gameleira, realizamos um comício também sem provocações e, à noite, realizamos outro, quase sem luz, com pouca animação, em Ribeirão. Em Escada, fizemos um comício no pátio da Estação, com muita gente, muito entusiasmo, muitos vivas ao camarada Prestes e outros dirigentes comunistas; empossamos a direção do CM, da qual faziam parte dois operários da fábrica de tecidos daquela cidade, três assalariados agrícolas, um pequeno comerciante e cinco camponeses pobres, entre os quais meeiros e condicieiros. Dali, seguimos para a cidade de Cabo, onde a chuva desmanchou o nosso comício e nos impediu de ir à cidade de Barreiros, cuja estrada estava intransitável. Partimos para Recife a fim de realizar alguns comícios preparatórios de bairro no programa do grande comício "O Nordeste a Luiz Carlos Prestes". A nossa caravana era constituída por mim, José Ives, Mozart e um operário do qual não me recordo o nome. De Garanhuns a Recife, pelo sul do estado, percorrendo toda a zona canavieira, obtivemos resultados muito positivos não só pela propaganda que fizemos do nosso partido, tornando-o conhecido da população mais densa do estado, como pela sua consolidação e organização em toda a zona de assalariados agrícolas.

Em todas as cidades e sedes dos municípios, tivemos uma surpreendente votação nas eleições de 2 de dezembro, e, em alguns municípios, como Olinda, Jaboatão, Paulista, Cabo, Escada, Morenos, Lourenço, fomos majoritários. E, em outros, como Caruaru, Garanhuns, Gameleira, Goiana, Carpina, Pau d'Alho, Palmares, Catende e Ribeirão, tivemos uma boa votação, compensadora. Nos demais municípios, principalmente do agreste e do sertão, fomos derrotados. Mas, de todos os municípios, o que nos causou maior surpresa foi o do Rio Doce, onde recebemos 75 % da votação total, sem que nossa caravana tivesse passado por lá. Tudo indicava que teríamos um grande partido na zona da mata do sul do estado. Quanto às zonas do agreste e norte, não ficariam atrás: o que estava faltando eram quadros capazes e abnegados, que mergulhassem pelos canaviais adentro e pelos garranchos esturricados do agreste e da caatinga.

A situação do PCB nos estados do Ceará, do Rio Grande do Norte, da Paraíba e de Alagoas não era diferente da de Pernambuco. O partido crescia e se desenvolvia maciçamente nos lugares onde os comunistas levavam a sua mensagem de esperança, liberdade e confiança num futuro radioso para todo o povo brasileiro. Prestes era o grande líder da maioria do povo. Revivia os tempos da Coluna Prestes e da Aliança Nacional Libertadora.

Depois do pleito eleitoral de 2 de dezembro, já nas vésperas de minha partida para o Rio de Janeiro, o povo de Casa Amarela resolveu prestar-me uma homenagem. Tentei esquivar-me, porque me sentia cansado e doente. Mas não pude fugir àquela prova de amizade daquele grandioso reduto eleitoral de nosso partido. Tratava-se de um almoço ao ar livre, onde, além dos militantes do partido do bairro de Casa Amarela, havia representantes de organizações partidárias de todos os bairros. Como festa popular, foi uma das maiores que já vira até então. Eu não sabia como expressar meu agradecimento ao povo e aos companheiros. Pedi ao camarada Rui Antunes que agradecesse por mim aquela homenagem. Recusou-se, foi escolhido como orador oficial da festa e forçou-me a fazer a minha despedida coletiva e a agradecer aquela homenagem, que me emocionou desde a chegada ao local. Eu não sabia como iniciar nem como findar o discurso. Tinha um mundo de coisas para dizer, mas não sabia expressá-las. E não expressaria coisa alguma se o camarada Rui Antunes, em seu discurso, não me tivesse forçado. Confesso que quase chorei e, se não o fiz, foi por vergonha de chorar em público. Jamais em minha vida esperava ser deputado, tampouco esperava receber a votação que tive e, menos ainda, aquela homenagem no meio da qual havia homens e mulheres dos meios mais modestos, como eu. Tudo aquilo era surpreendente para mim. Eu tinha que dizer algo e disse. Procurei falar a verdade e não falar em tolices, nem ir além do meu nariz. Agradeci tudo quanto a classe operária e o povo fizeram para me eleger deputado federal. Sabia das minhas limitações para desempenhar as funções de representante do povo e pedi a colaboração de todos no cumprimento de meus deveres. Disse que tudo faria para não decepcionar a confiança que o proletariado e o povo depositaram em mim. E assim foi encerrada uma homenagem que guardo na consciência com a mais grata recordação e a mais profunda gratidão.

Gregório Bezerra, em 1923, no 21º Batalhão de Caçadores.

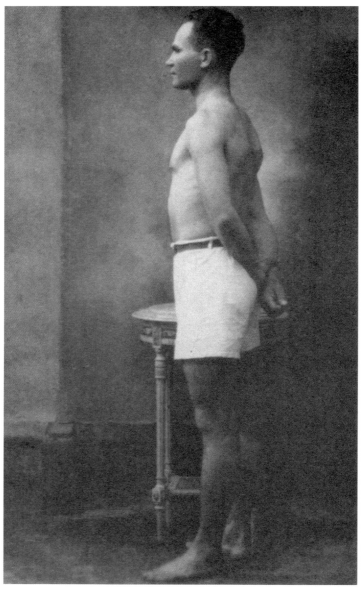

Em 1926, na Vila Militar, Escola de Sargentos de Infantaria, Rio de Janeiro.

Em 1927, no 2º Regimento de Infantaria, Rio de Janeiro, como instrutor (de pé, apontando para baixo).

Em 1927, na Vila Militar, Rio de Janeiro. Gregório é o primeiro da esquerda para a direita.

Em 1928, na Vila Militar, Rio de Janeiro. Gregório é o do meio, sentado na primeira fila.

Em 1932, à direita, acompanhado de um colega, em Fortaleza, Ceará, antes de ser deportado para o Rio de Janeiro após denúncia de que era comunista.

Em 1932, no quartel de artilharia da cidade de Itu, em São Paulo, após o término da Insurreição Paulista, entre dois outros sargentos.

Em 1936, no começo do interrogatório na Secretaria de Segurança Pública do Recife.

Em 1939, na prisão em Fernando de Noronha, à direita na primeira fila.

Em 1940, no arquipélago Fernando de Noronha, com "Os Diabos de Fernando", grupo de presos políticos que fundou o clube esportivo GAB (Grêmio Atlético Brasil). Gregório é o que está com a seta indicativa.

Em 1945, quando candidato a deputado federal.

Em 1945, com a comissão executiva do Comitê Estadual do PCB. Na segunda fila, de pé, Gregório é o quarto da esquerda para a direita.

Em Recife, no ano de 1945, Prestes e Gregório em comício do PCB

Em 1946, em comício no Parque 13 de Maio, com as mãos sobre a mesa. À sua esquerda, Adalgisa Cavalcanti e Diógenes Arruda Câmara (no canto da foto).

Ao lado: em 1946, de roupa nova para assumir o mandato de deputado federal.
Abaixo: em 1946, no Comitê Estadual do PCB em Pernambuco. Na primeira fila, da esquerda para a direita, sentados, Gregório é o primeiro e Prestes, o quarto.

Em 1948, preso no 15º Regimento de Infantaria, João Pessoa, Paraíba.

Em 1960, em Caruaru, Pernambuco, durante campanha para emplacar a candidatura do general Henrique Teixeira Lott e de João Goulart para a presidência e vice-presidência, respectivamente.

Foto de 1960 que acompanha o passaporte tirado para a viagem de Gregório ao Leste Europeu.

Em 1960, em Moscou, Rússia. Foto tirada durante a viagem para a URSS e outros países do Leste Europeu. Gregório é o quinto da esquerda para a direita.

Em outubro de 1964, Gregório (em pé, terceiro da direita para a esquerda) entre outros presos da Casa de Detenção do Recife.

Em 1967, na Casa de Detenção do Recife, aguardando julgamento.

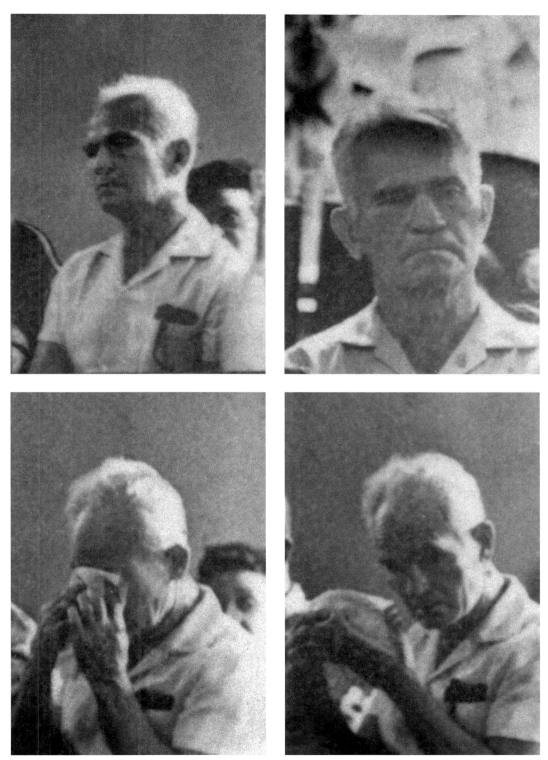

Gregório ouve a sentença que o condenou a 19 anos de reclusão. Auditoria da Justiça da 7ª Região Militar de Recife, 23 de fevereiro. Nas fotos ele demonstra cansaço e calor.

Em 1969, em Cuba, após a libertação dos presos políticos em troca do embaixador norte-americano Charles Burke Elbrick. Da esquerda para a direita: José Ibrahim, José Dirceu, Gregório Bezerra e Luís Travassos.

Em 1970, em Kiev, URSS, em conferência na Faculdade de Medicina, ao lado do médico pernambucano Aníbal Valença.

Em Moscou, no ano de 1972, onde permaneceu exilado até 1979.

Em 1972, durante visita a Miguel Arraes e família na Argélia.

Em 1973, em Volgogrado, com trabalhadores de vários países, visitando o monumento Mãe. Gregório é o sétimo da esquerda para a direita.

Em 1973, durante congresso de trabalhadores em Moscou.

SEGUNDA PARTE
1946-1969

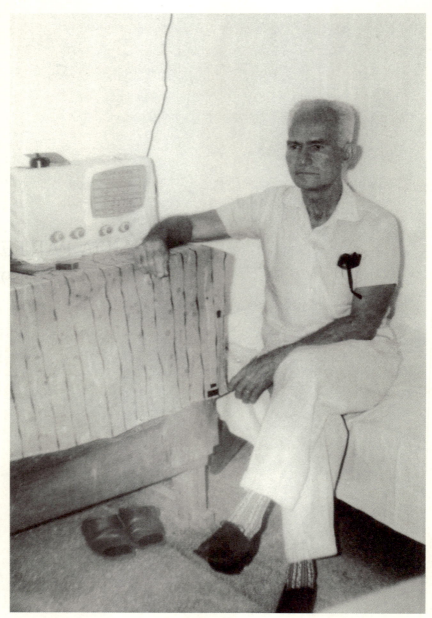
Gregório Bezerra na Casa de Detenção do Recife, no fim da década de 1960.

1

Parti numa manhã de sol para o Rio de Janeiro, triste por deixar aquele povo pernambucano tão bom e generoso quanto altivo e destemido nos momentos mais decisivos. E alegre pela confiança que me delegaram. Podia contar com a ajuda do meu partido e cumpriria com os meus deveres. Ao chegar ao Rio, apresentei-me aos camaradas Arruda Câmara, João Amazonas, Maurício Grabois, Pedro Pomar e outros. Fiquei morando provisoriamente na sede do Comitê Nacional do partido, na rua da Glória. Nesse mesmo dia, realizamos, com o camarada Maurício Grabois e outros, um comício em Madureira, do qual participaram alguns líderes operários. O comício foi mal preparado, numa hora imprópria e num local inconveniente. Pouca massa e sem entusiasmo. Nenhum orador conseguiu impressionar o público. Fiquei decepcionado com eles e comigo mesmo pela falta de ânimo. Parecíamos estafados. Não foi boa essa minha estreia como orador de massas nos subúrbios do Rio.

No dia seguinte, fui designado pelo Comitê Central para representar o camarada Prestes num comício no Anhangabaú, na capital paulista, onde, junto com José Maria Crispim, Milton Caires de Brito, o professor Cardógenas e outros, falaríamos sobre as atividades do PCB desde 18 de maio de 1945 até aquela data e agradeceríamos ao povo e ao proletariado paulista o magnífico apoio que deram ao partido antes, durante e depois do pleito de 2 de dezembro de 1945.

Ao chegar a São Paulo, fui entrevistado pelo *Hoje*, o jornal do Comitê Estadual, que, além de publicar minhas declarações a respeito do pleito eleitoral em Pernambuco e no Nordeste, estampou minha fotografia na primeira página como o deputado mais votado na Grande Recife e o segundo em todo o Estado de Pernambuco. Como a imprensa reacionária de Pernambuco há muito vinha me chamando de "tigre faminto do Nordeste", a imprensa local fez coro e publicou meu retrato na primeira página, dizendo que eu falaria ao povo paulistano naquela noite. Foi muito bom porque o meu nome, que já era conhecido no setor operário em virtude das calúnias e insultos da imprensa burguesa, provocou grande expectativa no povo paulistano e, principalmente, no proletariado. Todos queriam me ver e ouvir. Foi mais uma boa contribuição da imprensa capitalista em favor dos nossos comícios, visto que a nossa imprensa não alcançaria os setores que ela alcançava.

Às sete horas da noite, a avenida Anhangabaú já estava superlotada. Como sempre, o comício foi precedido de um barulhento foguetório, a que não faltaram lindos fogos de artifício. Às sete e meia da noite, foi iniciado o comício. Milton Caires de Brito fez uma brilhante exposição da nossa linha, em nome do Comitê Estadual de São Paulo. Terminou agradecendo ao povo e ao proletariado paulista a eficiente colaboração e solidariedade que o partido recebera de todas as camadas sociais do estado, com exceção dos tubarões e latifundiários. Foi um discurso vivo, bonito, completo e muitíssimo aplaudido.

Falaram a seguir: um operário representante dos metalúrgicos; o professor Cardógenas, que abordou os problemas sociais do Brasil, especialmente a questão do ensino; e o camarada José Maria Crispim, que falou em nome do PCB.

Então o camarada Milton Caires de Brito apresentou-me ao povo paulista como um representante da classe operária e do povo nordestino, principalmente do povo pernambucano, na Assembleia Constituinte e como representante de Luiz Carlos Prestes naquele comício. O povo encorajou-me logo com seus aplausos. Falei sobre a situação de fome, miséria e atraso do Nordeste. Afirmei que o nordestino era um povo operoso, mas abandonado. Disse que o Nordeste era uma das regiões mais atrasadas do Brasil, onde morriam de fome e de doenças ocasionadas pela fome milhares e milhares de crianças; uma região fornecedora de matérias-primas e de mão de obra baratas, que alimentavam os tubarões da indústria de São Paulo. O povo me aplaudiu entusiasticamente.

Afirmei que os magnatas da indústria de São Paulo, em relação ao Nordeste brasileiro, agiam como o imperialismo norte-americano em relação ao Brasil, isto é, importavam as matérias-primas quase de graça e, depois de manufaturadas, exportavam-nas a preços extorsivos, e o resultado era o pauperismo crescente daquela região e a migração para São Paulo e outros estados sulinos. Assim, não era por acaso que a maioria do proletariado de São Paulo era nordestina. Pedi que levantasse o braço quem fosse nordestino: mais de dois terços do povo que assistia ao comício. Estavam comprovadas as minhas declarações.

Em seguida, abordei a situação de semiescravidão da massa camponesa nordestina. Caracterizei as relações de produção no campo como semiescravistas e semifeudais. Em muitas usinas e na maioria dos engenhos, os trabalhadores agrícolas não recebiam seu salário em dinheiro, e sim em vales para os barracões das usinas ou dos engenhos, além dos maus-tratos físicos e morais que lhes eram infligidos pelos jagunços dos latifundiários. Disse que predominava nas terras dos latifundiários ou fazendeiros o regime da meia, da terça e do cambão ou condição. Essas relações de produção constituem verdadeiros roubos oficializados pelo governo, tanto estadual como federal.

Nem bem havia terminado as minhas denúncias, a massa começou a gritar num verdadeiro furacão de vozes:

– É verdade! É verdade!

– Aqui em São Paulo ainda há desses ladrões! – gritou alguém. Muitos afirmaram que sofreram a mesma escravidão nos estados onde trabalharam para os latifundiários, foram vítimas de espancamentos, amarrados nos mourões dos pátios dos engenhos. E se eu não tivesse pedido para continuar meu discurso, o povo iria longe em suas denúncias. Quando recomecei a falar sobre a fome, o atraso e a miséria dos milhões de camponeses pobres, um cidadão perguntou-me:

– Em sua opinião, como resolver essa situação angustiosa da massa camponesa?

Respondi-lhe que tal situação só podia ser resolvida através de uma reforma agrária radical.

– E o que vem a ser uma reforma agrária radical?

Respondi-lhe:

– Consiste no confisco de todas as terras dos latifundiários e sua distribuição gratuita a todos os camponeses sem terra e a todos os que nela queiram trabalhar. Consiste em eliminar definitivamente o latifúndio como classe. Consiste em ajuda técnica pelo Estado aos camponeses e fornecimento de sementes selecionadas. Criação de postos médicos e gabinetes dentários para atender às necessidades mais prementes nos casos de doenças. Garantias de preços mínimos para a produção. Facilidade de transporte para o escoamento das mercadorias às massas consumidoras. Criação de uma vasta rede de escolas para alfabetizar os filhos dos camponeses. Empréstimos pelos bancos do Estado a juros baixos e a longo prazo, a fim de que os camponeses possam comprar seus instrumentos de trabalho e os utensílios domésticos de que necessitam. Entretanto, para levar a cabo uma reforma agrária, é preciso, antes de tudo, unir e organizar a massa camponesa nos engenhos, nas usinas, nas fazendas, nos latifúndios e em todas as partes onde houver núcleos camponeses. Mas os camponeses, por si sós, não poderão fazer uma reforma agrária. Precisam da ajuda eficiente da classe operária e de todos os democratas e progressistas que não concordam com o sistema latifundiário nem com o atraso do nosso povo. A classe operária tem na massa camponesa o seu aliado principal, assim como o aliado principal da massa camponesa é o proletariado. Daí a imperiosa necessidade de uma poderosa aliança operário-camponesa para a grande conquista dos objetivos das duas classes cruelmente exploradas pelos capitalistas e pelos latifundiários.

Já no fim do comício, quando nos preparávamos para deixar o palanque, chegou-nos a notícia de que a polícia havia prendido alguns populares. Fomos à Secretaria de Segurança pleitear a libertação dos detidos. A má vontade dos policiais era grande. O comissário jogou para cima do delegado, que empurrou o problema para outro delegado. Este desapertou para outro comissário, e nesse jogo de "empurra-empurra" iam nos cozinhando em banho-maria, até que protestamos e exigimos respeito à nossa condição de deputado. Só ao amanhecer do dia conseguimos libertar os operários detidos.

A imprensa paulista comentou o comício, lamentando que os homens públicos do Brasil, e de São Paulo especialmente, dessem chance aos comunistas de abordar certos problemas sociais dos quais apenas eles deveriam tratar.

No dia 4 de fevereiro de 1946, assumimos as funções de deputado na Assembleia Nacional Constituinte. O Palácio Tiradentes estava repleto de pessoas de diversas categorias sociais. Todos os representantes foram aplaudidos à medida que eram chamados; entretanto, quando o presidente pronunciou o nome de Luiz Carlos Prestes, as galerias estremeceram num dos mais vibrantes aplausos jamais ouvidos no Palácio Tiradentes. Foi preciso o presidente fazer funcionar a campainha e pedir silêncio ao público para continuar a chamada dos deputados eleitos. Prestes foi o constituinte com maior número de votos em todo o país. Era uma das figuras mais simpáticas e respeitadas, a que mais atraía a curiosidade do povo, não só graças ao passado lendário da Coluna Prestes, como por sua posição patriótica na luta pela união nacional em torno do governo de Getúlio Vargas durante a guerra contra o fascismo, a luta pela Constituinte e contra o golpe militar de 29 de outubro de 1945. Era e é um patriota, contra quem a reação não podia dizer nada de mal, nem de sua honra, nem de sua dignidade moral, cívica e patriótica.

———

As minhas atividades na Assembleia Nacional Constituinte na elaboração da Constituição da República de 19 de setembro de 1946 foram, em linhas gerais, modestas. Isso porque não era possuidor de uma cultura à altura do cargo de constituinte, como também pelo acúmulo de tarefas partidárias e de massa que caíram sobre os meus ombros. Todavia, ajudado pela bancada comunista e pelo partido, pude desempenhar as minhas funções, não como desejava, mas como me foi possível.

Nossas tarefas eram gigantescas. Primeiro, em virtude do papel que nos cabia na elaboração da Constituição da República, o que não era pouco, pois tínhamos de intervir constantemente nos debates sobre projetos de leis, apresentando emendas a uns ou substitutivos a outros, e lutar com todo o ardor contra determinados projetos nocivos ou prejudiciais aos interesses do povo e da classe operária. Além dessas obrigações específicas, tínhamos as tarefas partidárias e de massas que se desdobravam em assistência às bases do partido, aos comitês distritais, municipais, estaduais, bem como aos comitês populares e democráticos de bairro, tínhamos de participar de comícios e de conferências sabatinas e atender, na Assembleia, às comissões de operários das fábricas, para ouvir-lhes as reclamações, os protestos, as denúncias e as reivindicações mais sentidas. Atendíamos também às comissões populares de donas de casa, comerciários, funcionários públicos, bancários, serventuários da Justiça, sindicatos e militares de todas as armas, marítimos, estudantes e favelados, todas com suas reclamações, seus protestos e suas reivindicações justas e oportunas; as mais justas, mais urgentes e mais chocantes eram os apelos cruciantes das comissões de favelados. Estes, quando nos procuravam, era para que apelássemos, como mandatários do povo, aos poderes competentes, às autoridades judiciárias e policiais, a fim de evitar, ou pelo menos sustar por algum tempo, os despejos em massa. Desgraçadamente éramos uma minoria e bem poucas vozes juntavam-se às nossas em defesa de milhares de favelados que eram despejados violentamente pela polícia, a qual, consciente ou inconscientemente posta a serviço dos capitalistas, cometia toda sorte de brutalidades e de depredações contra homens, mulheres e crianças. Isso nos custava tempo e trabalho; não podíamos deixar de atendê-los, pois, além do lado humano, éramos deputados do povo, isto é, éramos seus verdadeiros representantes. Dele recebemos o nosso mandato e queríamos cumprir com o nosso dever; e o cumprimos, até sermos cassados pelos inimigos do povo.

Além de tudo isso, queríamos estar entrosados com o povo, vivendo com ele, sentindo seus problemas, suas angústias e aprendendo com ele; enfim, queríamos ser fiéis e dignos da sua confiança e da nossa dupla responsabilidade de comunistas e de verdadeiros delegados do nosso povo. Assim nos diferenciávamos dos demais deputados na Assembleia Nacional Constituinte e éramos compensados pela grande confiança que o nosso partido e a nossa bancada desfrutavam no seio do povo brasileiro.

Prestes foi um gigante na feitura da Constituição da República de 19 de setembro de 1946. Jamais deixou passar gato por lebre nos diferentes projetos que eram debatidos. Participava vigorosamente de todos os debates na Assembleia Nacional Constituinte, ora apresentando emendas aos projetos de lei, ora apresentando substitutivos aos projetos dúbios ou nocivos aos interesses da classe operária e do povo. Além disso, arranjava tempo para falar em comícios, fazer conferências e sabatinas, ora na Guanabara, ora em Niterói e, aos domingos, quando não havia sessão na Assembleia, dava um pulo a São Paulo ou aos municípios mais importantes do Estado do Rio de Janeiro para participar de comícios e conferências. Era uma máquina de trabalho e um excelente exemplo para toda a nossa bancada comunista que, estimulada por ele, procurava dar o máximo em benefício do nosso povo. Dessa forma, nosso partido crescia em todos os setores trabalhistas e em todos os estados. E, com ele, crescia também o seu prestígio no seio das grandes massas populares. Eram estas que diziam:

– Agora temos deputados que nos defendam, temos um partido que nos apoia. É pena que sejam ainda tão poucos, mas nas próximas eleições serão muitos!

Nessa época, a direção do nosso partido era composta pelos camaradas Prestes, Arruda, João Amazonas, Grabois, membros do secretariado e da direção nacional, Pedro Pomar, Marighella, Giocondo Dias, Ivan Ribeiro, Leivas Otero, Agliberto Azevedo, Agildo Barata, José Maria Crispim, Milton Caires de Brito, Osvaldo Pacheco, Dinarco, Apolônio de Carvalho, David Capistrano e muitos outros espalhados pelas direções estaduais. Todos eles deram o máximo de suas energias para que a classe operária e o povo tivessem um partido à altura de suas aspirações, sob a liderança do camarada Luiz Carlos Prestes, líder inconteste do povo e do proletariado brasileiro.

Houve, infelizmente, muitos erros, muitas falhas e, aqui ou ali, desvios de esquerda ou de direita; mas, apesar disso, nosso partido marchava galhardamente para a frente, alcançando êxito sobre êxito, não só na sua construção, como no trabalho de massas. Enquanto isso, íamos superado os nossos erros, falhas e debilidades, à medida que penetrávamos cada vez mais no trabalho com as amplas massas e íamos assimilando os sábios ensinamentos marxista-leninistas.

A meu ver, uma das debilidades da direção nacional e do nosso partido foi ter-se preocupado muito mais com o seu crescimento quantitativo do que com o qualitativo. Houve, no meu entender, uma subestimação injustificada da educação ideológica e política dos quadros intermediários do partido. As ideias eram mal assistidas; os comitês distritais não tinham uma assistência à altura de suas funções, e o mesmo se dava com os comitês estaduais. Tudo isso em consequência da pobreza de quadros capacitados em todos os escalões do partido. Éramos, na maioria, analfabetos teoricamente; éramos um grupo de camaradas dedicados, dispostos a tudo, porém uns praticistas inveterados. Sabíamos transmitir as resoluções ou as tarefas práticas, mas tropeçávamos nos problemas teóricos.

Logo após a instalação da Assembleia Nacional Constituinte, convidaram-me – e aceitei – para residir com o camarada Prestes em sua casa, na rua Gago Coutinho, perto do largo do Machado. Tinha a tarefa de acompanhá-lo em todas as suas atividades práticas, principalmente na Assembleia Constituinte, comícios, sabatinas e em seus deslocamentos para os estados vizinhos e para as visitas a personalidades. Foi ótimo para mim, porque aprendi muito em sua companhia; sobre as dúvidas que ia tendo, pedia-lhe esclarecimento e ele me explicava; além disso, podia ouvi-lo constantemente falando nos comícios, conferências e sabatinas. Prestava-lhe grande atenção, tanto no que dizia ao povo como nas respostas que lhe dava quando arguido. Foi o meu professor. Além de tudo, tive a sorte de familiarizar-me com suas irmãs – Clotilde, Heloísa, Lígia – e com sua filha,

Anita Prestes. Éramos uma só família. Elas me consideravam como um irmão e eu as considerava como excelentes irmãs. Dedicava uma grande estima a Anita, como se fora minha própria filha. Era uma família simples e modesta. Lígia era a governanta da casa; além de dirigir os assuntos domésticos, era a responsável pela educação de Anita. A casa dispunha de dois pisos. No térreo, ficavam a sala de visitas, a sala de jantar, a cozinha, o banheiro, um quarto para motorista e uma pequena área à guisa de quintal. O piso superior dispunha de dois quartos grandes, um banheiro e uma pequena dependência onde ficava a biblioteca que servia também de gabinete de trabalho de Prestes. Os móveis eram modestos e relativamente confortáveis. Na sala de visitas, havia duas poltronas forradas de veludo, quatro cadeiras, uma pequena mesa de centro. Na sala de jantar, uma mesa retangular, doze cadeiras, quatro de cada lado e duas nas cabeceiras, uma cristaleira e um balcão. No quarto das moças, quatro camas, um armário coletivo, uma penteadeira e três mesinhas de cabeceira.

Eu era o primeiro a levantar, por causa de uma insônia perniciosa que sempre me atormentou desde as bárbaras torturas de que fui vítima em 1936. Descia, tomava meu banho, vestia-me, ia ao largo do Machado, comprava os jornais da manhã, lia o que mais me interessava. Lígia era a segunda; depois Prestes, Anita, Clotilde e Heloísa. Prestes lia rapidamente o que lhe convinha e anotava o que lhe interessava. Às sete horas, todos nós sentávamos à mesa para o café. Anita era a primeira a sair, ia para o colégio, que ficava no largo do Machado. Eu e Prestes, com o camarada Armênio Guedes, íamos para o Comitê Nacional quando não havia sessão pela manhã na Assembleia Constituinte. Clotilde e Heloísa faziam o trabalho de massas no setor feminino e colaboravam em outras tarefas partidárias. Armênio Guedes era o secretário de Prestes, fazia os trabalhos intelectuais do partido.

Defronte a nossa residência, havia uma casa de cômodos com dois andares: a sala da frente do andar superior era ocupada por três sujeitos que nos vigiavam dia e noite. Logo que havia algo de anormal, ou a polícia farejava algum movimento de massas, duplicava a vigilância, para melhor "nos proteger"... A polícia nos "protegia" e ainda "guardava" nossa casa. Estávamos "seguros".

O Comitê Metropolitano do Partido Comunista do Brasil organizou um comício no largo do Machado contra a carestia de vida e contra os traficantes do câmbio negro. Participaram desse comício os camaradas Pedro Braga, secretário político do Comitê Metropolitano, Iguatemi Ramos, Agildo Barata, membro do Comitê Central, Carlos Marighella, também membro do mesmo comitê, e eu, como representante do Comitê Estadual de Pernambuco. Todos nós fomos bem aplaudidos, graças aos assuntos que abordamos. Relacionamos o câmbio negro com as dificuldades das donas de casa.

Daí por diante, era convidado para participar de todos os comícios de bairro organizados pelos comitês distritais e populares de bairro. Mas, quando tudo ia marchando bem, surgiu uma grossa provocação contra o partido, contra o movimento operário e contra o camarada Prestes, pessoalmente, em consequência de uma conferência feita por ele aos serventuários da Justiça.

Prestes falou cerca de oitenta minutos, com palmas constantes do público que superlotava o recinto. Quando terminou, foi vivamente aplaudido. A seguir, dispôs-se a responder às perguntas. Surgiram muitas e Prestes respondeu a todas, sempre aplaudido entusiasticamente. De repente, surgiu uma pergunta formulada mais ou menos nos seguintes termos:

– Senador Luiz Carlos Prestes, se os Estados Unidos da América do Norte declarassem guerra à União Soviética, e o Brasil fosse arrastado para ela ao lado dos Estados Unidos, qual seria a posição do seu partido?

Prestes respondeu:

– Essa pergunta é capciosa e me parece provocativa; entretanto, vou respondê-la.

E mandou brasa. Começou dizendo que o PCB lutava pela paz mundial; se o governo do Brasil fosse arrastado numa guerra de agressão ao lado dos Estados Unidos contra a União Soviética ou qualquer outro país socialista, o PCB não vacilaria um minuto em empunhar as armas e lutar contra esse governo, para derrubá-lo e implantar um governo democrático popular que fizesse as pazes com todos os países e livrasse o nosso povo da catástrofe da guerra. Essa atitude seria ditada pelo mais puro e mais sagrado patriotismo.

A plateia aplaudiu delirantemente, mas os aplausos não anulavam o ódio dos inimigos do povo e da democracia. A resposta de Prestes foi o estopim que fez explodir uma das maiores ondas de provocações, calúnias e insultos contra o partido e contra o camarada Prestes, pessoalmente. Uniram-se todos os inimigos da democracia, do progresso e do bem-estar social do nosso povo para desfechar uma verdadeira onda de ataques, infâmias contra o nosso partido e contra todo o movimento reivindicatório do proletariado brasileiro. A imprensa a soldo do imperialismo e da burguesia reacionária publicou em grandes manchetes calúnias e insultos de toda natureza. Todos os meios de propaganda foram mobilizados contra nós, comunistas, e contra o movimento de massas.

Como não podia deixar de ser, a bomba estourou dentro da Assembleia Nacional Constituinte como um verdadeiro furacão. Eu, pessoalmente, nunca vira até aquele momento tanta hipocrisia, tanta desonestidade, tanta má-fé, tanto falso patriotismo, tanta falta de vergonha e tanta patifaria. Fiquei estarrecido ao ver um homem de bem, um verdadeiro patriota, um homem honrado, honesto e digno, receber de homens desonestos, de crápulas, de traidores da pátria e de exploradores do povo e da classe operária, insultos, calúnias e infâmias das mais torpes. Nós todos, Prestes e a bancada, estávamos preparados para enfrentar todas essas provocações, ataques e insultos; e o fizemos, embora revoltados, com muita calma. Mais uma vez, foi Prestes quem nos deu um exemplo dignificante, respondendo aos provocadores, sem lhes ceder uma linha, com toda a serenidade. Não perdeu por um só segundo o seu extraordinário equilíbrio. Vez por outra, eu não me continha e contra-aparteava o apartante, num tom raivoso. Os meus camaradas de bancada continham-me. Quando Prestes se dirigiu à tribuna de debates, todo o recinto da Assembleia caiu no mais profundo silêncio. Todo o recinto se voltou para a tribuna. Travou-se então o maior duelo parlamentar, talvez de toda a história brasileira. Jamais supus ouvir um debate tão longo, tão cheio de maldade e de subterfúgios. Logo que Prestes iniciou o discurso sobre o assunto em foco, começaram a surgir apartes que, aos poucos, iam aumentando, até chegarem a uma verdadeira chuva. Prestes, sereno, mas enérgico, respondia a todos, dando as respostas adequadas a cada um, dosadas de acordo com a maldade de cada aparteante.

Tenho em minhas mãos, no momento em que estou escrevendo estas memórias, o texto do duelo parlamentar, tal como foi publicado no *Diário do Congresso*. É um texto longo, mas vale a pena lê-lo. Pensei em transcrevê-lo aqui, mas desisti, porque é demasiado extenso. Infelizmente, muitas pessoas só ficaram conhecendo a posição de Prestes através da deformação feita pela imprensa reacionária, pelos poderosos inimigos do nosso partido. Até hoje, há quem fale do episódio sem se interessar pelo que Prestes realmente disse, limitando-se a discutir a posição que seus adversários, maliciosamente, atribuíram a ele!

Na pessoa de Prestes, a reação procurava golpear também o PCB e sua bancada. Com a provocação, os exploradores do nosso povo preparavam terreno para cassar os mandatos de seus representantes mais combativos no Parlamento. Apesar de, em nossa bancada, sermos uma pequena minoria, lutamos firmemente pela democracia, em defesa da pátria e dos interesses do povo brasileiro, contra a guerra e seus traficantes, o imperialismo e seus agentes internos, o fascismo e os exploradores do nosso povo.

Foi uma luta dura e desigual. Éramos uma pequena minoria de dezoito representantes, mas soubemos cumprir honradamente os nossos deveres de legítimos mandatários do povo.

Simultaneamente com as provocações surgidas em consequência da sabatina de Prestes, surgiram muitas outras provocações, ainda mais grosseiras, contra o PCB, preparadas pela própria polícia política, orientada pelos fascistas Pereira Lira (então chefe da Casa Civil do presidente da República General Eurico Gaspar Dutra), general Álcio Souto, coronel Ambassaí (delegado do Dops) e outros da mesma laia.

Recordo-me, por exemplo, da semana do quebra-quebra na Guanabara, organizada e executada pela própria polícia política, na vã tentativa de atrair e envolver os militantes do nosso partido e os elementos mais esclarecidos da classe operária e do povo, e dessa forma desencadear uma onda terrorista contra a vanguarda da classe operária e todo o movimento operário. Visavam principalmente os seus dirigentes mais destacados. A polícia política, para executar seus planos terroristas, mobilizou o que havia de alcaguetes policiais, alguns estudantes secundaristas desorientados e, juntamente com policiais disfarçados de operários, dividiram-se em grupos depredadores e saíram às ruas, praticando depredações em casas comerciais previamente escolhidas. A farsa foi tão grosseira e tão mal realizada, que logo eles caíram no ridículo; não conseguiram atrair nenhum popular, nem mesmo os elementos desajustados caíram na arapuca armada pela polícia. Os próprios policiais encarregados da manutenção da ordem assistiam de braços cruzados às depredações, sem tomar nenhuma providência, nem procuravam evitar o quebra-quebra das casas comerciais ou ao menos telefonar aos seus chefes, comunicando-lhes as ocorrências. Era uma complacência geral. Nunca havia visto uma polícia tão "boazinha"... Estava na cara de todos de onde partiam os atos terroristas. A finalidade era atrair para o plano depredatório a massa erária e o povo revoltado contra a carestia da vida, contra os tubarões do câmbio negro, e fazer do PCB, perante a opinião pública, um bando de terroristas e anarquistas e, dessa forma, desfechar ondas e mais ondas de prisões contra os militantes comunistas e os elementos mais esclarecidos da classe operária e do povo.

O tiro saiu pela culatra, porque o povo e a classe operária, orientados pelo Partido Comunista por meio de sua imprensa, da tribuna da Assembleia Constituinte e dos comícios de bairros e de fábricas, bem como em todas as concentrações de massa, não toparam as provocações policialescas do quebra-quebra; nem os elementos desajustados na vida participaram dele. Assim, em menos de uma semana, a polícia política recuou de seu plano sinistro contra o Partido Comunista e as massas populares.

Mas a polícia política, fracassando em seu plano terrorista, investiu furiosamente contra a imprensa popular do nosso partido, ora apreendendo edições inteiras, ora invadindo e assaltando nossas redações e oficinas, empastelando nossos materiais tipográficos, interditando a saída de nossos jornais. Isso não somente na Guanabara, mas na maioria dos estados em que se editava a imprensa do Partido Comunista. Não satisfeita com a sua sanha depredatória contra a nossa imprensa, desfechou ainda ondas e mais ondas de ações terroristas contra os nossos comícios e conferências. O que vale dizer, contra o povo e a classe operária. Os comícios eram realizados com o conhecimento da polícia, eram oficializados; apesar disso, quase sempre terminavam em correrias, espancamentos, bombas lacrimogêneas, tiros, ferimentos graves e mortes, como foi o caso da jovem comunista Zélia Magalhães, assassinada barbaramente num comício realizado na Esplanada do Castelo. Foi um duplo assassinato, pois as balas que perfuraram o ventre materno perfuraram também o corpo inocente de seu filhinho, às vésperas de nascer! Zélia, na opinião da polícia, precisava morrer; dava muito trabalho aos tiras policiais. Era uma jovem dinâmica, corajosa, inteligente, verdadeira líder feminina, e não era a primeira vez que enfrentava bravamente a fúria policial no setor juvenil. Ela estava na mira da reação e tombou heroicamente na luta em defesa das liberdades democráticas contra os provocadores de guerra, contra os opressores do povo e da classe operária. A jovem Zélia Magalhães desapareceu, mas em seu lugar surgiram dezenas e dezenas de bases do partido com o seu nome e em sua homenagem, não só na Guanabara, como em todos os estados da Federação brasileira. Glória eterna à querida combatente da classe operária e do povo sofrido do Brasil!

Direito de voto extensivo aos analfabetos, aos soldados, marinheiros, cabos, sargentos, suboficiais e alunos das Escolas de Guerra e da Escola Naval, maiores de 18 anos, das Forças Armadas brasileiras.

Eu era analfabeto até os 25 anos de idade; fui soldado, cabo e sargento durante 14 anos. Achava, naquela época, e hoje mais do que nunca, uma injustiça odiosa os analfabetos e os praças de pré das Forças Armadas do Brasil não terem o direito de votar e serem votados.

Vejamos o absurdo: o camponês é analfabeto, trabalha na roça diariamente, de sol a sol, para ele e para a sua família. Para os patrões, paga impostos e, quando atinge os dezoito anos, é convocado para servir as Forças Armadas do Brasil. Se houver guerras ou lutas internas, vai derramar o seu sangue e dar a sua vida em defesa da pátria ou da ordem instituída. Internamente contribui para a manutenção da ordem e da integridade nacional. Esse mesmo camponês analfabeto casa-se com uma moça também analfabeta; surgem os filhos; graças aos esforços de seus pais, os filhos alfabetizam-se e, quando alcançam os dezoito anos, tiram os títulos eleitorais, votam e podem ser votados, são cidadãos brasileiros para todos os efeitos. Entretanto, seus pais, que tudo fizeram para eles desde o seu nascimento até o momento de sua emancipação e para o resto da vida, ficam dentro do próprio lar numa posição de inferioridade perante os filhos, que conquistaram o direito de cidadania por serem alfabetizados, enquanto os pais, que são analfabetos, não são considerados cidadãos. O que vale dizer que os pais só têm deveres para com a pátria, mas não têm direitos. É, ou não é uma discriminação odiosa?

Mas vamos ainda considerar esse mesmo casal camponês que, apesar de analfabeto, é trabalhador caprichoso, inteligente, responsável e capaz de tomar iniciativas. É honesto, honrado e competente dentro de seu mundo de campônio. Cumpre todos os seus deveres diante da sociedade, mas, por ser analfabeto, não tem o direito de escolher e votar no candidato de sua preferência. Enquanto isso, há outros casais que não trabalham, nada produzem e, por vezes, não pagam impostos, verdadeiros parasitas que vivem nababescamente à custa do trabalho alheio, mas, pelo fato de saberem ler, escrever e contar, podem votar e muitas vezes são votados!

Quem merecia mais ter o direito de votar e ser votado? Uma camponesa com quatro, seis, oito, dez, e às vezes até mais filhos, que além de cuidar deles, alimentá-los, vesti-los, alfabetizá-los, ainda trabalha o dia todo, ajudando o marido no trabalho da lavoura, e, quando volta do roçado, ainda vai para a cozinha preparar o jantar para o marido e os filhos, e, aos domingos, dias santos e feriados, em vez do descanso natural e lógico, vai lavar a roupa dos filhos e do marido ou remendar os trapos da família? Ou a prostituta que nada produz, não paga impostos, não contribui de nenhuma forma para a Fazenda Nacional? Mas esta última criatura, se sabe ler e escrever, tem o direito de votar e ser votada.

Quem merecia mais ter o direito de votar e ser votado? Os operários analfabetos que trabalham nas oficinas, nas minas, nos transportes, nas fábricas, na construção civil, nas estradas de ferro e de rodagem, nos canaviais das usinas e dos engenhos, criando o progresso e a riqueza nacional, ou os parasitas, os desajustados, os ladrões e os viciados de todos os gêneros? Mas estes últimos, se sabem ler, contar e escrever (e alguns são até intelectuais), votam e são votados, como o deputado Barreto Pinto e outros.

Os jovens soldados que sabem ler, alguns são até cultos, e em sua maioria, antes de serem convocados para o serviço militar (dispostos a todos os sacrifícios que forem necessários) já votavam, perdem esse direito ao serem incorporados às Forças Armadas do Brasil, durante o tempo em que servirem ao Exército.

Os cabos desempenham uma tarefa importantíssima na caserna. São eles os monitores dos sargentos nos diferentes ramos das instruções militares; são responsáveis pela ordem e pela disciplina dos soldados nos alojamentos; são eles que rendem os postos de sentinela diurno e noturno; fazem o serviço de patrulhamento, comandam as suas esquadras etc. São jovens responsáveis, dedicados ao serviço de suas corporações militares a serviço da pátria.

Se pesam sobre os ombros dos cabos tantos encargos, o que dizer dos sargentos, sobre os quais pesam não somente a tarefa do preparo das tropas, de sua disciplina e coesão, mas ainda muitas outras responsabilidades?

Eu sentia esse problema desde soldado, cabo e sargento, e jamais me conformei com essa restrição aos praças de pré das Forças Armadas brasileiras.

O meu partido e a minha bancada acharam justa a minha sugestão de apresentar um projeto de lei para consideração da Assembleia, concedendo o direito de voto aos analfabetos e aos praças de pré das Forças Armadas, o que fiz com o máximo entusiasmo. Foi um dos trabalhos mais importantes que desempenhei até então na Assembleia Nacional Constituinte. E nele empreguei toda a minha revolta de não poder votar por ser analfabeto e depois por ser militar. Concentrei todo o meu recalque dos velhos tempos que sentia como soldado, cabo e sargento contra as injustas e odiosas restrições. Dei tudo o que podia dar dentro das minhas limitações na justificativa do projeto. Fui compensado pela feliz repercussão que ele teve na opinião pública, principalmente nos setores populares e no seio dos praças de pré. A própria imprensa brasileira, em sua maioria, comentou favoravelmente o projeto, embora certos jornais mais reacionários o tenham criticado. A nossa bancada foi felicitada por alguns constituintes mais progressistas.

O líder da maioria designou um dos representantes do Rio Grande do Norte para responder ao meu discurso.

Infelizmente, a maioria dos representantes da Assembleia Nacional Constituinte era profundamente reacionária. Por isso, rejeitou o direito de voto aos analfabetos, aos soldados e cabos, concedendo-o apenas aos sargentos e suboficiais e aos alunos das Escolas de Guerra e Naval. Mas, de qualquer forma, já foi um bom passo à frente. Estava aberto o caminho para a conquista do direito de voto para todos os cidadãos brasileiros, sabendo ler ou não, sendo ou não militares. Mesmo porque a culpa do cidadão não saber ler não lhe cabe, e sim aos governos que não sabem ou não querem dirigir a coisa pública em benefício de todo o povo.

Marcou-se um comício na praça Saenz Peña, na Tijuca, como parte da campanha "O petróleo é nosso". No comício deveriam falar os camaradas Prestes, Graciliano Ramos e Pedro Braga, do Comitê Metropolitano da Guanabara, e eu, além de alguns representantes do bairro. O camarada Prestes, não podendo comparecer, designou-me para representá-lo. A minha responsabilidade era grande por duas razões: uma, por representar Prestes num comício; a outra, por ter de falar ao lado de um intelectual como o escritor Graciliano Ramos. Eu era um semianalfabeto, representando um homem público como Prestes, falando ao lado do grande escritor e mestre da língua portuguesa! Era um abacaxi que só mesmo a disciplina partidária, a dedicação que tinha e tenho ao camarada Prestes e, sobretudo, ao meu partido, me obrigava a descascar. Todavia, como confiava mais na massa do que na minha competência, pus de lado a inibição. Cheguei ao comício às oito horas da noite, e lá já encontrei o camarada Graciliano Ramos. Abraçamo-nos fraternalmente, trocamos algumas ideias sobre as atividades de Prestes e do partido, sobre o seu crescimento vertiginoso, sobre as provocações policialescas dos últimos dias e também sobre o meu projeto de direito de voto aos analfabetos e aos praças de pré das Forças Armadas. Foi um bate-papo amistoso, com o qual eu só podia aprender. E o que mais me encantou foi a simplicidade e a modéstia de Graciliano Ramos.

O comício transcorreu num ambiente de alegria, entusiasmo e grande interesse por parte do público, comprovado no bombardeio de perguntas que nos fizeram.

O público estava muito interessado no problema do petróleo, queria saber se havia ou não petróleo no Brasil. Queria uma confirmação da nossa parte, e não tínhamos dúvida em afirmar que ele existia no solo brasileiro. E começamos mais ou menos com estas palavras: "Afirmamos com absoluta certeza ao povo brasileiro que existe petróleo no solo brasileiro". E acrescentamos: "O Brasil também é filho de Deus, e se Deus deu petróleo ao Paraguai, à Bolívia, à Argentina e à Venezuela, também há de ter dado ao Brasil; e depois da descoberta de petróleo em Lobato, no recôncavo baiano, nem os agentes do imperialismo norte-americano nem a imprensa reacionária poderão dizer agora, como diziam antes, que a luta pelo petróleo no Brasil é mero pretexto para a agitação comunista". Felizmente, patriotas teimosos, inconformados com as confusas teorias dos gringos norte-americanos e de seus agentes no Brasil, resolveram provar concretamente, perante a opinião pública do Brasil, que a existência de petróleo no solo brasileiro era uma realidade concreta. E por que se negava a existência dele no Brasil?

Porque somos um grande mercado consumidor da indústria do imperialismo ianque. E se chegarmos a extrair e a refinar o nosso petróleo, não só deixaremos de comprar o petróleo e seus derivados dos magnatas ianques, como criaremos condições de concorrência. Isso não é, de modo algum, interessante para os imperialistas. Daí também a grande campanha, em outras épocas, contra a siderurgia nacional, que, apesar de sua pequena produção, já começa a dar frutos. E daí, agora, a campanha negativista contra o nosso petróleo, financiada pelos magnatas norte-americanos, que tudo têm feito para entravar o nosso desenvolvimento e nos manter nas condições de país subdesenvolvido e dependente.

A campanha financiada pelo imperialismo contra a extração do nosso petróleo é tão sórdida que chega ao ponto de negar a capacidade técnica e a probidade dos engenheiros brasileiros para dirigir semelhante empreendimento. Houve mesmo quem dissesse descaradamente que, se o Brasil chegasse a extrair o seu petróleo, este custaria duas vezes mais caro do que o comprado dos Estados Unidos ou da Inglaterra. Poderá haver maior sordidez? Concitamos o povo a lutar sistematicamente em defesa do petróleo, que essa é uma luta patriótica em defesa de um patrimônio nacional. Todos os cidadãos têm o dever de lutar, com todas as suas forças, para extrair o sangue negro das entranhas da terra em benefício da nação. Explicamos que a campanha do petróleo não era monopólio dos comunistas, que todos os cidadãos tinham o dever de lutar por um patrimônio que é de todo o povo. Afirmamos que, mesmo que houvesse algumas desonestidades aqui e ali, o dinheiro ficaria girando internamente e não seria exportado em ouro para os magnatas estrangeiros.

O discurso do camarada Graciliano Ramos foi um poema de concitamento ao povo, principalmente à juventude e aos intelectuais: foi mais boa literatura do que agitação. Ele apelou para os intelectuais, para os estudantes e para todos os patriotas a fim de que empunhassem, juntamente com a classe operária, a bandeira da luta emancipadora do Brasil. Quando começou a falar, nosso palanque ficou superlotado de intelectuais de ambos os sexos A cada parágrafo seguia-se uma verdadeira chuva de palmas. Sua voz grossa e sonora, calma, completava a força do poema, expressando com vigor o seu sentimento patriótico e humanista, comovendo magnificamente os ouvintes.

Terminado o comício, levaram-nos a um bar para tomarmos refrigerantes e comermos alguns doces. Logo depois, Graciliano tentou sair, alegando que morava em Santa Teresa. Um amigo de Prestes comprometeu-se a levar-me em seu carro e outro levaria Graciliano à sua residência, e assim continuamos o bate-papo, que prosseguiria até as três horas da madrugada.

Nesse bate-papo falamos do futuro do Brasil, de suas imensas possibilidades naturais, do espírito criador de seu povo, de sua intelectualidade, da capacidade do proletariado brasileiro.

Em princípio de março de 1946, fui a Pernambuco para fazer uma prestação de contas das atividades da bancada comunista na Assembleia Nacional Constituinte. Foi uma inovação do PCB que deu excelentes resultados e muito agradou às massas populares. Pela primeira vez na história do Parlamento brasileiro, os representantes eleitos iam às praças públicas dar conta ao povo de suas atividades no Parlamento, como seus legítimos representantes.

Para se ter uma ideia do êxito, basta dizer que, após três comícios nos bairros do Largo da Paz, Praça da Casa Amarela e na Encruzilhada, fomos solicitados a fazer o mesmo em todos os bairros de Recife. Os municípios do interior, onde tínhamos partido organizado, não ficaram atrás: também exigiram a nossa presença.

Essa iniciativa do partido muito contribuiu para um bom recrutamento em massa de novos militantes e para fortalecê-lo organicamente. Até mesmo certos elementos ligados à pequena burguesia mais progressista comentavam favoravelmente a iniciativa, que tivera a coragem de ir à praça pública prestar conta ao povo do que fizera na Assembleia Constituinte, e lamentavam que os seus partidos não fizessem o mesmo.

Depois dessas prestações de contas nos bairros de Recife, seguimos para o interior do estado e realizamos comícios nos principais municípios onde tínhamos nos organizado. A repercussão era sentida por todas as zonas: sul, norte e centro do estado.

Com essa iniciativa, demos viva demonstração de que o nosso partido era o partido político da classe operária e das grandes massas populares. Era de fato um partido totalmente diferente dos partidos burgueses. Estes só se lembravam das massas nos períodos eleitorais e, logo após as eleições, viravam as costas para o povo; ao passo que o nosso partido, por meio de seus parlamentares e líderes populares, continuava permanentemente em contato com o povo, vivendo com ele, aprendendo com as massas, sentindo seus problemas, ouvindo suas queixas, suas reivindicações, seus protestos, em todos os momentos e em todas as situações. Com isso, demonstrávamos mais uma das grandes diferenças entre o Partido Comunista e os partidos das classes dominantes.

Para mim foi ótimo desempenhar essa tarefa porque, além de retomar contato com as amplas massas populares do meu estado, retomei também contato com os velhos e novos companheiros de luta revolucionária, aos quais dei conta também do que já havíamos feito na Assembleia Nacional Constituinte. Foi um trabalho positivo, não só porque nos credenciou mais diante da opinião pública, como fortaleceu o nosso partido.

De volta do interior do estado a Recife, o Comitê Estadual deu-me a tarefa de ir a Caruaru fazer uma série de conferências sobre o partido nos principais bairros e distritos do município e dar uma assistência orgânica ao Comitê Municipal, como também reestruturá-lo, o que foi feito com muito êxito graças à compreensão fraternal da maioria dos companheiros. Todas as conferências foram feitas ao ar livre e convocávamos todo o povo do bairro, fosse ou não comunista, fosse ou não simpatizante ou amigo do partido. A massa não partidária queria saber o que era o Partido Comunista, seus objetivos presentes e futuros, como funcionava, quais os deveres e direitos dos militantes; se o partido era contra Deus, contra a pátria e contra a família e a religião; se era verdade que, na Rússia soviética, os pais não tinham direito aos filhos; se era verdade que as pessoas velhas que não pudessem mais trabalhar eram mortas; se era verdade que, na URSS, quem não trabalhasse não comia, que não havia casamento, enfim, era uma verdadeira avalanche de perguntas, a maioria delas de pessoas simples, honestas e bem-intencionadas; outras, capciosas, espúrias e mal-intencionadas. A todas respondemos com muita franqueza e seriedade. A verdade é que as grandes massas populares ainda estavam envenenadas pelas mentiras, calúnias e infâmias da reação e da imprensa burguesa contra a União Soviética, o socialismo e o PCB. Era imprescindível um amplo, paciente e penoso trabalho com as massas para desintoxicá-las da propaganda dos inimigos da classe operária e do nosso povo e restabelecer a verdade sobre a União Soviética e o socialismo. Infelizmente, a nossa contrapropaganda era, e é ainda hoje, muito débil para poder contrabalançar a propaganda inimiga e atingir os setores a que esta chega com toda a facilidade. Assim, eu compreendia que nos cabia o dever revolucionário de internacionalistas de tudo fazer para desmascarar os fascistas e o clero reacionário que, escudado na religião, envenenava e entorpecia a consciência do povo, bem como a imprensa da reação, posta a serviço do imperialismo, do latifúndio e dos exploradores das massas populares.

Entretanto, à medida que íamos secando o pântano de mentiras, calúnias e infâmias, levando a verdade clara e concreta, íamos ganhando as massas para as nossas posições. Foi assim que, ali mesmo, naquela cidade católica de Caruaru, organizamos três bases do partido nos bairros principais, recrutamos mais de trinta novos militantes para as fileiras do partido e reestruturamos o Comitê Municipal.

Eu sabia que, no futuro, ia ouvir milhares de perguntas como aquelas, que já ouvira no passado durante a luta pela Constituinte e as eleições de 2 de dezembro de 1945 nos municípios de Goiana, Paulista, Carpina, São Lourenço, Timbaúba, Pesqueiro, Arco Verde, Garanhuns, Catende, Palmares e tantos outros. Há muito que estava preparado, política, moral e psicologicamente, para responder a todas as perguntas, das mais inocentes e honestas, feitas pelas massas sofridas, exploradas e enganadas pelas campanhas caluniosas, até as mais pérfidas e capciosas, feitas por provocadores a serviço da reação. Sempre parto do princípio de que a mentira só prevalece enquanto a verdade não chega.

Terminadas as minhas tarefas em Caruaru, voltei a Recife. Prestei conta à direção do Comitê Estadual sobre o trabalho no interior do estado e fiz algumas sugestões e observações sobre o trabalho de massa e de organização partidária.

Aproveitei o tempo que passei em Pernambuco para colher alguns dados sobre a situação dos habitantes das margens do rio São Francisco. Isso porque, como um dos membros da Comissão do Vale do São Francisco, estava preparando um trabalho que seria submetido à apreciação dos constituintes.

De Recife, parti para o Rio, e dei conta à Comissão Executiva do partido quanto ao trabalho de massas que realizamos, que foi considerado positivo e serviu de experiência para outros estados.

Nessa noite, acompanhei o camarada Prestes a Niterói, onde falamos ao povo num comício de prestações de contas na praça Caio Martins, lotada de espectadores. Falamos não somente sobre os trabalhos na Assembleia Constituinte, como também sobre as provocações na dita Assembleia em consequência da famosa sabatina de Prestes com os serventuários da Justiça, a que já nos referimos. Prestes, mais uma vez, respondeu a todas as perguntas e foi vibrantemente aclamado pelo povo. Após o comício, regressamos à Guanabara e, no dia seguinte, às oito horas da manhã, estávamos na Assembleia Constituinte, no desempenho de nossos deveres constitucionais.

Naquela noite, fui a um comício no Barreto, em Niterói, em defesa do petróleo e da economia nacional, e prestamos conta de nossas atividades na Assembleia Constituinte. As prestações de contas tinham "pegado". O povo estava ansioso para saber das coisas que lhe interessavam, e nem sempre a imprensa esclarecia devidamente as questões.

Os oradores desse comício foram os camaradas Claudino José da Silva, líder comprovado da classe operária, velho militante do partido e deputado eleito para a Constituinte; Irun Santana, médico militante do partido, líder do povo fluminense, membro da direção partidária local, e eu. Começamos o comício às oito horas e terminamos quase à meia-noite. A assistência vibrava e por vezes interrompia o orador, tamanho era o seu entusiasmo. Não havia mais dúvida: as massas estavam sendo ganhas para as nossas posições nacionalistas e democráticas, contra o imperialismo, contra as provocações de guerra, contra a carestia de vida e pelo bem-estar do povo. Onde quer que falássemos, éramos ouvidos com a máxima atenção e aplaudidos entusiasticamente.

No domingo seguinte, fui convidado, juntamente com a camarada Clotilde Prestes, a dar assistência a um comitê popular em Niterói. Ao chegarmos ao morro onde ficava a sede do comitê, fomos festivamente recebidos pelo público. Clotilde ganhou um lindo ramalhete de flores ofertadas por um numeroso grupo de moças e senhoras. Houve um longo debate sobre o custo de vida e as dificuldades da população daquele morro e dos outros morros vizinhos. A maioria dos problemas poderia ser resolvida com relativa facilidade. Só dependia de compreensão e boa vontade dos administradores locais.

A vida naqueles morros, como em todas as favelas que tive oportunidade de visitar no Distrito Federal, era mais ou menos idêntica à vida nos mocambos de Recife e de todo o Nordeste brasileiro. A fome, a falta de higiene, as doenças contagiosas, a promiscuidade, o alcoolismo, as crendices espalhafatosas, o analfabetismo, enfim, o atraso, os vícios e a miséria campeavam desenfreadamente em quase todos os lares.

Antes de abandonarmos o morro, visitamos dezenas de ruelas, becos e alguns barracos. Vimos centenas de crianças descalças, barrigudas, magricelas, face escaveirada, chupando o dedo, pálidas, olhos fundos, sujas, umas completamente nuas e outras vestidas com trapos. Esse quadro doloroso me fez lembrar das levas de nordestinos flagelados pelas secas e devorados pela fome descendo as estradas em busca de água e alimento.

No Nordeste, esse quadro se repete nos períodos de seca; é um panorama distante dos centros civilizados, mas ali, naqueles morros do Estado do Rio de Janeiro e da Guanabara, o quadro vergonhoso de miséria se encravava (e se encrava) no coração de uma das regiões mais civilizadas do Brasil, à vista das autoridades federais e do próprio Congresso Nacional, diante das pessoas ditas cultas e civilizadas, que vivem nababescamente e não tomam conhecimento do que se passa ao redor dos seus ricos palacetes. E se dizem patriotas, enquanto aqueles miseráveis são "párias". Até quando haverá palacetes e párias?

Apesar de estar habituado a ver a miséria e já tê-la sentido na própria carne, fiquei profundamente chocado com o que vi e voltei dali revoltado, convencido cada vez mais da necessidade imperiosa da substituição do regime de exploração do homem pelo homem. Comprometi-me comigo mesmo a fazer tudo o que dependesse de mim para unir e organizar as massas do povo na luta revolucionária: era e é a melhor maneira de dar a minha contribuição à libertação do povo brasileiro da fome, da miséria e do atraso.

Voltei com a camarada Clotilde Prestes, mal-humorado. Na sede do Comitê Estadual, assisti a uma reunião do Comitê Distrital do Partido de São Gonçalo. A reunião terminou cedo. Às cinco horas da tarde já estava indo para as barcas de Niterói quando, já perto da galeria Cruzeiro, encontrei o camarada Amazonas, que me pediu para substituí-lo num comício no Engenho de Dentro. Recusei, alegando que estava cansado e com muita fome, pois ainda não tinha almoçado, e acrescentei que desde as oito horas da manhã estava trabalhando, e ele, Amazonas, sabia disso. Tentou convencer-me, recusei mais uma vez. Aí ele apelou para a disciplina partidária, alegando que eu não tinha o direito de recusar uma tarefa do partido; retorqui-lhe que a tarefa não era minha, e sim dele; que convidasse outro ou fosse ele mesmo, que era o responsável. Alegou que ia partir às sete horas da noite para São Paulo e um representante da bancada comunista não poderia faltar no referido comício, e quanto ao problema do almoço, poderíamos almoçar juntos, que ele também ainda não tinha almoçado. Aceitei a tarefa e o almoço.

O comício versou sobre a prestação de contas do que já tínhamos feito na Assembleia Nacional Constituinte e sobre a campanha "O petróleo é nosso", que começava a avolumar-se.

Depois do comício do Engenho de Dentro, que terminou à meia-noite, um cidadão e sua esposa, ardorosos partidários da campanha "O petróleo é nosso", levaram-me à casa deles para tomarmos um chá. O que me ofereceram era mais um bom jantar do que outra coisa. Conversamos bastante sobre o que significaria para o progresso do Brasil a extração e o refino do nosso petróleo. Era um casal de nacionalistas sem defeito. Eram espíritas, aparentemente bem arranjados na vida. Achavam que Prestes era um verdadeiro médium, que só lhe faltava a prática, mas que a sua pregação era inspirada por um Ser Supremo; tanto assim, diziam, que Prestes é um homem sem ódio, sem rancor e que sabe mais do que ninguém perdoar seus inimigos. "Não vimos o que ele fez com Getúlio, depois de sofrer tanto na prisão, quando Getúlio passou a apoiar as Nações Unidas na guerra contra as potências do Eixo?" Os argumentos desse casal sobre determinados problemas da vida nacional encheram-me de otimismo na luta pela libertação do povo brasileiro da fome, da miséria e do atraso.

Já eram mais de quatro horas da madrugada quando me levaram em casa. As irmãs de Prestes estavam preocupadíssimas com a minha ausência; eram minhas irmãs de coração e de ideologia; eu tinha – e tenho – profunda admiração por todas, pela maneira atenciosa, delicada e fraternal como me trataram durante o tempo em que fui hóspede delas.

Prestes tinha ido a Belo Horizonte e chegou ao amanhecer de segunda-feira. Tomamos café e partimos para a sede do Comitê Central. Às duas horas da tarde já estávamos na Assembleia Constituinte, onde aproveitamos a hora do pequeno expediente. Abordei o problema das favelas de Niterói, com a intenção de forçar os deputados fluminenses a tomar posição diante do problema. Cheguei mesmo a sugerir a criação de uma comissão parlamentar para visitá-las, a fim de ver o estado de miséria em que vegetavam milhares de criaturas. A comissão não foi nomeada, todavia soube posteriormente que alguns funcionários da Saúde Pública do Estado do Rio andaram em algumas ruelas e becos daquelas favelas.

Em 22 de abril, segui para Recife a fim de, juntamente com o Comitê Estadual, preparar um comício gigantesco para o 1º de Maio, no qual falaria o camarada Prestes. Fizemos uma série de comícios preparatórios em todos os bairros de Recife e nos principais municípios do estado onde tínhamos partido organizado. Mandamos convites para as entidades trabalhistas de Natal, João Pessoa, Maceió etc. Queríamos fazer a maior festa de massa do Nordeste brasileiro de toda a sua história. Mobilizamos os sindicatos, os comitês populares de bairros, a União Feminina e todas as organizações de massa. Vieram caravanas de todos os estados do Nordeste e do interior de Pernambuco.

O governo do general Eurico Gaspar Dutra tinha proibido nacionalmente todas as manifestações operárias do 1º de Maio. Sua polícia política expedira essa ordem para todos os estados. Apesar disso, continuamos mobilizando as massas trabalhadoras e o povo pernambucano para comemorarmos o glorioso dia internacional do proletariado. As bases do partido, os comitês distritais, municipais e de empresa, foram mobilizados e todos compareceram com suas faixas e cartazes, exprimindo suas reivindicações, e com as palavras de ordem do partido. Assim, exatamente às dez horas da manhã do dia 1º de Maio de 1946, começou a maior concentração de massas da história de Recife. O *Repórter Esso* começou a divulgar, de cinco em cinco minutos, espalhafatosamente, a proibição do comício por ordem das autoridades federais e estaduais; mas, quanto mais ele divulgava a notícia da proibição, mais e mais a massa se concentrava no Parque 13 de Maio.

Ao meio-dia, recebi em minha casa uma comissão de mais de quarenta camaradas dos bairros de Recife para indagar se haveria ou não o comício. Respondi: "Tragam a massa para o Parque 13 de Maio e o comício será realizado, queiram eles ou não. Nós falaremos ao povo e aos trabalhadores. A palavra de Prestes será ouvida pelo povo nordestino". Mais tarde, recebi mais de trinta líderes sindicais e presidentes de comitês populares democráticos de bairro, me indagando a mesma coisa. A minha resposta foi a mesma. E, até as cinco horas da tarde, atendi a pessoas que, diante dos constantes comunicados do *Repórter Esso*, queriam ter certeza da realização do comício.

Às cinco horas, dirigi-me ao Parque 13 de Maio, que já estava superlotado. E a partir das seis horas já não era somente ele, era todo o largo do Hospício e a praça da Faculdade de Direito que estavam superlotados. Um verdadeiro oceano de homens e mulheres, como jamais se tinha visto numa concentração popular.

Dirigi-me ao palanque para afirmar que o comício seria realizado e pedi ao povo que se mantivesse na mais perfeita ordem possível, evitasse qualquer provocação de elementos perturbadores e mantivesse rigorosa vigilância. A massa vibrou entusiasticamente em apoio ao apelo que fiz.

Às seis horas da tarde, o chefe de polícia mandou um oficial da Polícia Militar me convidar para um entendimento a respeito do comício. Havia na Secretaria de

Segurança muitos oficiais, era grande o movimento nessa repartição. Ao chegar, tivemos um difícil diálogo.

O chefe de polícia falou:

– Senhor deputado, convidei-o aqui para fazer-lhe um apelo verbal. O senhor e o ilustre senador Luiz Carlos Prestes insistem em realizar um comício proibido pelas autoridades federais e estaduais. Como chefe de polícia, encarregado da manutenção da ordem pública e subordinado aos governos federal e estadual, apelo para o bom senso dos senhores, no sentido de que desistam do comício para evitar derramamento de sangue, com graves consequências para os senhores.

Respondi-lhe mais ou menos o seguinte:

– Senhor coronel, estamos de pleno acordo em que o senhor mantenha a ordem e nós queremos ordem para realizar o nosso comício com a mais perfeita disciplina. De nossa parte, ou da parte da massa concentrada no Parque 13 de Maio e suas vizinhanças, não partirá nenhuma desordem. Pode ficar absolutamente tranquilo.

O chefe de polícia insistiu:

– Senhor deputado, o comício foi proibido e eu tenho de cumprir as ordens que recebi das autoridades. Os senhores não podem realizar um comício proibido pelos governos da República e do estado. Tenho de manter e manterei a ordem a todo custo.

Respondi:

– Senhor coronel, dessa vez somos nós que apelamos para o bom senso dos senhores, que reflitam bem no que vão fazer. O povo está pacificamente concentrado na praça pública desde as dez horas da manhã, está disposto a ouvir a voz dos seus representantes e ouvirá. Nem os senhores nem força nenhuma nos impedirá de falar ao povo de Recife às oito horas da noite. Temos nossas imunidades e saberemos defendê-las. O que houver além da ordem que pleiteamos será por conta dos senhores.

O chefe de Polícia redarguiu:

– Então, os senhores insistem?

– Perfeitamente – respondi. – Vamos iniciar o comício dentro de duas horas.

Quando o coronel ia retorquir, o telefone o chamou. Era o general-comandante da 7ª Região Militar, que me chamava para dizer o seguinte:

– Senhor deputado, diante desse oceano humano concentrado no Parque 13 de Maio desde as dez horas da manhã, resolvi assumir a responsabilidade e permitir a realização do comício. Entretanto, os senhores serão responsáveis pela ordem durante a sua realização.

Respondi-lhe que nós nos responsabilizaríamos pela ordem, desde que S. Exa. fizesse retirar a Polícia Civil e Militar, bem como os elementos do Exército, do Parque 13 de Maio e de suas adjacências. O que foi feito. Retirei-me da Secretaria de Segurança profundamente alegre, porque íamos realizar o maior comício do Nordeste brasileiro, em plena ordem, mantida pelo próprio povo. Ao sair da Secretaria de Segurança, deparei com uma grande multidão, que, supondo-me detido, ia libertar-me e, ao encontrar-me na rua, levou-me em seus braços até o palanque, de onde dei conta ao povo do que se passou na Secretaria de Segurança, desde as seis horas até as sete e meia. O povo irrompeu num vibrante entusiasmo, vivando a liberdade, a democracia, o Dia Internacional dos Trabalhadores e a união do povo. A seguir, deu vivas ao camarada Prestes e a outros líderes do PCB. Logo após essas manifestações de regozijo do público, usei o microfone para dizer ao povo que a boa ordem do comício só dependia dele, povo, que éramos todos responsáveis e que eu tinha absoluta certeza de que tudo correria bem, como decorrera até aquele momento. A resposta foi uma salva de palmas geral, em aprovação ao nosso apelo.

A seguir passamos alguns discos com músicas patrióticas, depois os hinos do Estado de Pernambuco e o nacional. A multidão ouviu com o maior respeito. Depois, algumas músicas carnavalescas completaram a grande alegria do povo que, apesar do aperto, conseguiu abrir passagem, o que facilitou muito a chegada de Prestes ao comício.

A comissão de segurança esmerou-se em sua difícil tarefa e nela estava muito compenetrada, pois corriam boatos espalhados pelo inimigo de classe sobre ações terroristas contra Prestes e alguns líderes do partido. Fosse ou não guerra de nervos, tínhamos de tomar todas as medidas de segurança. E o nosso Comitê Estadual não subestimou possíveis atentados. Sabíamos naquela época, como sabemos hoje, que tínhamos e temos inimigos pérfidos, daí a nossa vigilância discreta, mas atenta.

Com a presença do camarada Prestes e de Pelópidas da Silveira, demos início ao comício. Coube a Pelópidas abri-lo e a Prestes encerrá-lo. Limitamos o número de oradores porque a massa vinha se concentrando desde as dez horas da manhã e muitas pessoas estavam cansadas, principalmente numerosas donas de casa – muitas delas moravam em subúrbios distantes e queriam ouvir a palavra de Prestes, que era o orador principal. E ouviram-no. É desnecessário comentar o entusiasmo do público diante dos dois oradores. Houve muita alegria, muito entusiasmo e muita ordem. O comício transcorreu na mais absoluta tranquilidade. O silêncio só era interrompido pelos aplausos. Não houve sequer um incidente no meio daquela colossal multidão. Foi uma prova frisante de que a desordem é irmã gêmea da reação e de seus agentes provocadores.

Entretanto, o que mais me encantou foi a magnífica firmeza da massa de vir ao comício sabendo-o proibido. Atendeu à convocação do partido e acatou sua decisão de não obedecer à ordem de proibição divulgada pelo *Repórter Esso*, a mando das arbitrárias autoridades. E ainda permaneceu o dia todo na praça pública, até o término do comício, quando os boatos alarmantes e desenfreados proliferavam. Não há dúvida de que foi graças à disposição corajosa do povo que a reação foi derrotada.

2

Logo após a promulgação da Constituição, em setembro de 1946, a Assembleia Constituinte passou a funcionar como Assembleia Legislativa ou Câmara dos Deputados. Os senadores foram atuar no Senado Federal. Câmara e Senado formavam o Congresso Nacional, ou seja, o Poder Legislativo.

Quando foi para o Senado, Prestes, que liderava nossa bancada comunista, passou a liderança para o deputado Maurício Grabois. Este desempenhou bem suas funções durante o tempo em que permanecemos na Câmara dos Deputados. Recomeçamos nossas intensas atividades, que aumentaram ainda mais com a aproximação das eleições para as Assembleias Legislativas dos estados e governadores. Nosso partido, que tinha lançado a palavra de ordem de um milhão de votos nessas eleições, não podia deixar de jogar todos os seus quadros na batalha eleitoral para atingir aquela meta. Foi assim que, logo em novembro de 1946, o partido designou-me para Recife, a fim de darmos início à campanha eleitoral em Pernambuco e nos estados vizinhos.

Em Recife, fizemos uma série de comícios em todos os bairros e distritos e organizamos uma caravana para percorrer todos os municípios onde tínhamos partido organizado ou pontos de apoio. Em todos esses comícios bem concorridos, já apresentávamos nossos candidatos às eleições de 15 de janeiro de 1947.

Parti depois para Alagoas, onde realizamos um grande comício em Maceió e outros em municípios vizinhos, todos concorridos e sem perturbação da ordem, ficando provado que estávamos ganhando o povo para as nossas posições, apesar das campanhas caluniosas contra o nosso partido e seus dirigentes.

De Alagoas, voltei a Recife e logo fui a João Pessoa, a fim de realizar comício nessa cidade, e também em Campina Grande e Itabaiana. De volta a Recife, participei de um comício em Goiana e logo depois em Carpina.

Em princípio de dezembro, voltei ao Rio para cumprir tarefas de deputado federal. Mas já no fim de dezembro achava-me de volta à capital pernambucana para, junto com os camaradas do Comitê Estadual, desfecharmos uma vigorosa campanha eleitoral até as eleições. Como deputado federal, e mais conhecido do que qualquer outro elemento nos municípios afastados da Grande Recife, fui destacado para atuar nos seguintes municípios: Paulista, Goiana, Gravatá, Carpins, Limoeiro, Pau-d'Alho, Timbaúba, Bezerros, Caruaru, São Caetano, Belo Jardim, Pesqueira, Arco Verde, Sertania, Garanhuns, Canhotinho, Quipapá, Catende, Palmares, Águas Pretas, Joaquim Nabuco, Gameleiras, Ribeirão, Cortês, Escada, Barreiros e Cabo.

Na campanha eleitoral no interior do estado, levávamos uma grande desvantagem, porque, além da reação dos latifundiários e do clero, ainda tínhamos contra nós os "votos de cabresto" (o morador em terras do fazendeiro ou do latifundiário é forçado a votar nos candidatos que lhe indicam). E havia os "currais eleitorais": os chefes políticos locais matam gado e concentram os eleitores do município em determinados quarteirões da cidade, onde lhes oferecem comida e pinga; esses eleitores, depois que comem e bebem, recebem as cédulas dos candidatos do "coronel" e vão depositá-las na urna do posto eleitoral, sem nem sequer saber em quem estão votando. Mesmo assim, conquistamos boa votação e recrutamos algumas centenas de novos militantes para o partido, além da propaganda que realizamos no meio da matutada e do povo em geral.

Nessa campanha eleitoral para a Assembleia Legislativa, elegemos oito deputados estaduais, e não elegemos mais porque, a meu ver, escolhemos mal nossos candidatos. Não fizemos uma escolha objetiva e lógica, como devíamos. É claro que tivemos excelentes candidatos, como David Capistrano, José Leite, Leivas Otero, Adalgisa Cavalcante, Sadu, Rui Antunes e alguns mais. Mas a maioria dos outros não tinha condição de se eleger nem de carrear votos para a legenda partidária. Foi uma falha que ainda repetimos na escolha de candidatos a vereador em Recife.

Mas voltemos à campanha eleitoral, porque houve fatos dignos de registro. Um deles, por exemplo, foi o comício de Catende, onde o Comitê Municipal fez uma boa propaganda, não somente na cidade, como nos distritos e pelos canaviais da usina. Os senhores de engenho, na vã tentativa de frustrar nosso comício, ofereceram um churrasco aos trabalhadores rurais e aos operários da usina. Sabendo disso, transferimos o comício das três horas da tarde para as sete horas da noite. Os trabalhadores comeram bastante carne, que há muito tempo não comiam, e às sete horas foram todos para o comício de barriga cheia, e assim puderam ouvir melhor a propaganda eleitoral e do partido.

Os usineiros e senhores de engenho cometeram o mesmo erro que os Britos em Pesqueiro, na campanha eleitoral de 1945. E quando, de propósito, referi-me ao churrasco, a massa de trabalhadores caiu na gargalhada. Eles pediram que voltássemos a realizar outros comícios em Catende, porque só assim teriam oportunidade de comer carne de novo, à custa dos patrões. Aproveitamos para dizer aos trabalhadores que aquela carne que eles comeram já tinha sido paga milhares de vezes por eles mesmos.

No dia do comício, pela manhã, fiz uma visita de cortesia ao prefeito, que era um major reformado da Força Pública de Pernambuco. Ele tinha por hábito fazer o seguinte: todas as mulheres bonitas e simpáticas que passavam perto dele transportando qualquer embrulho, ele as chamava ou mandava chamar ao seu gabinete, para aparentemente examinar os embrulhos, mas aproveitava para apalpá-las e convidá-las a ter relações sexuais com ele. Já tinha havido protestos, reclamações e até abaixo-assinados contra o tarado. Eu mesmo estava de posse de uma lista dessas e, na casa onde me hospedei, uma senhora me fez queixa dele. Achei melhor levar o fato ao conhecimento do interventor federal, que era o general Demerval Peixoto. Todavia, no dia seguinte, na estação, na hora de passar o trem que eu deveria tomar com destino a Recife, um operário da usina Catende procurou-me, muito aflito, dizendo que tinha sido multado em cinquenta mil-réis pelo prefeito, pelo simples fato de ter transportado a maleta de um passageiro que seguira para Maceió. Disse saber que o prefeito tinha proibido que se trabalhasse aos domingos, mas que seus filhos não tinham o que comer e que estava sem um tostão no bolso. Se não pagasse a multa, iria para a cadeia.

Segurei o operário pelo braço e fui falar com o prefeito, que se achava conversando com o chefe da estação, ali perto. Ponderei-lhe que dispensasse a multa do operário, pois se tratava de um pobre chefe de família cujos filhos estavam passando fome. Respondeu-me: "Multei e está multado. Não admito intromissões na minha administração e não tenho satisfação a dar a ninguém. Estamos conversados". Disse-lhe que não queria intrometer-me em sua administração nem estava pedindo satisfação de seus atos. Tinha-lhe feito um pedido em favor de um pai de família cujos filhos estavam passando fome e passariam muito mais se ele, prefeito, não cancelasse a multa e o metesse na prisão pelo "crime" de estar trabalhando no domingo. E apelei para o seu sentimento humano. O prefeito explodiu numa série de impropérios, obrigando-me a revidar. Juntou muita gente e o prefeito, supondo-se apoiado pela massa que nos ouvia, chamou-me de comunista, dizendo: "Todo comunista é contra a ordem, é contra Deus, contra a pátria e a família. Não estão vendo? Quer me dar ordens, só porque multei um comunista rebelde, que desrespeitou a lei divina. Não viram o que se passou na noite de ontem no comício? Intrigou o povo trabalhador com os usineiros e os senhores de engenho. Ai do povo se não fossem os ricos! Que seria dos trabalhadores se não houvesse usineiros e senhores de engenho, que dão trabalho a eles? Felizmente o comunismo ainda não tomou conta do Brasil, graças a Deus!". Respondi a ele com veemência, demonstrando o absurdo de suas afirmações, e terminei perguntando quem desrespeita a família, se são os comunistas ou aqueles que se aproveitam dos cargos públicos para abusar das mulheres alheias. "Quem faz isso?", perguntei. E a massa gritou: "É o prefeito, é ele, é ele!". O tarado fugiu debaixo de vaias.

Aproveitei o estado de ânimo da massa e apelei para o seu espírito de solidariedade em favor do operário, a fim de livrá-lo da prisão. Em menos de cinco minutos as contribuições ultrapassaram a importância da multa arbitrária. O operário estava salvo do cárcere e seus filhos iriam comer pelo menos durante alguns dias.

Voltei a Recife e, no dia seguinte, em companhia do camarada Alcedo Coutinho, fui ao palácio do governo falar com o general Demerval Peixoto, interventor federal no Estado de Pernambuco, para agradecer-lhe em nome do nosso partido a maneira imparcial como presidira o pleito eleitoral. Aproveitei o ensejo para denunciar as arbitrariedades e a conduta imoral do prefeito de Catende. Afirmamos-lhe que não nos movia nenhum ressentimento pessoal, mas cumpríamos a incumbência das famílias daquela cidade e entregamos-lhe um abaixo-assinado de mais de uma centena de famílias exigindo a demissão do tarado. O general nos agradeceu e mandou lavrar imediatamente um ato de demissão do prefeito. Os jornais da tarde e do dia seguinte publicaram a demissão do prefeito de Catende.

Depois da campanha eleitoral em Pernambuco, segui para Alagoas a fim de colaborar na campanha eleitoral naquele estado, juntando-me a José Maria Cavalcanti, André Papini, Murilo Rego e outros, todos membros do Comitê Estadual.

Em Maceió e nos municípios vizinhos, realizamos grandes comícios, com muito êxito. Só em Rio Largo houve uma tentativa, por parte do padre local, de frustrar nosso comício. O fato passou-se mais ou menos assim: o comício estava marcado para as cinco horas. O pároco, sabendo disso, programou uma procissão para a mesma hora. Mobilizou o que havia de beatas e beatos, filhas de Maria e o mais que pôde. Quando já passava das seis horas, e nosso programa estava em plena execução, veio a procissão em direção ao nosso comício. A banda de música um pouco atrás do andor, tocando hinos religiosos e uma grande massa de fiéis. Ao passar em frente ao nosso palanque, pedimos ao povo que interrompesse o comício e manifestasse seu respeito ao sentimento religioso daquela gente. A procissão passou, mas uma parte da massa que a acompanhava ficou no comício, que recomeçou. Não se passaram trinta minutos e ela voltou pelo mesmo itinerário. Repetimos o mesmo apelo. A massa obedeceu e a procissão passou, deixando conosco a maior parte das pessoas que a acompanhavam. Assim, o padre, sem querer, mobilizou público para o nosso comício. Revoltado com o seu fracasso, exibia e fazia seus fiéis exibirem o crucifixo para nós, gritando: "Viva Cristo-rei, viva Cristo-rei! Viva Cristo-rei". Os fiéis respondiam em coro: "Viva Cristo-rei, viva, viva Cristo-rei!". Todavia o pároco não se deu por vencido e, quando estávamos no auge do comício, as luzes se apagaram. Toda a cidade ficou no escuro. Estava na cara a sabotagem do padre.

Pedimos ao povo que permanecesse na praça, pois com luz ou sem luz continuaríamos o comício. De repente, apareceram centenas de archotes de jornal. A massa soube responder à sabotagem do padre, não só permanecendo na praça, como improvisando centenas de archotes para iluminar o nosso comício. Graças a essa iniciativa, o comício tomou uma feição mais entusiástica do que antes.

No dia seguinte, partimos para o interior do estado. Dormimos em Viçosa, onde realizamos um comício sem entusiasmo e com pouca plateia. Esforçamo-nos para arrancar alguns aplausos, mas nada conseguimos. O público estava apático, curioso e frio. Em Palmeira dos Índios, onde esperávamos alcançar um grande êxito, saímos correndo antes que fosse tarde; era grande a hostilidade contra nós. Chegaram ao cúmulo de nos negar hospedagem nos hotéis e nas casas de pensão, e o pior foi que mobilizaram os índios e lhes deram bebida para jogá-los contra nós. Se não saíssemos logo da cidade, seríamos rasgados a foice e facão pelos índios embriagados. Além disso, havia uma turma de pistoleiros prontos para nos liquidar na hora do comício.

De Palmeira dos Índios partimos para Arapiraca. Ali também não tivemos melhor sorte. Logo ao chegar, fomos bem recebidos. Fizemos uma série de visitas a algumas pessoas democráticas e progressistas, sobretudo aos plantadores de fumo, meeiros e arrendatários. A seguir, falamos com o delegado de polícia, porque já naquela altura corriam rumores de que o nosso comício seria dissolvido a cacete e ponta de faca. Já haviam dado início à destruição da nossa propaganda, rasgando acintosamente a maioria das nossas faixas.

O padre alardeava que "na terra de Deus os filhos do diabo não têm vez". Badalava o sino, incitando os fanáticos contra nós. Ao chegarmos à casa do nosso camarada secretário político do Comitê Municipal, encontramos já uma turma de provocadores, gritando: "Morram os comunistas e viva Cristo-rei!". Essa turma se avolumava cada vez mais. Depois, começaram a jogar pedras. Uma delas feriu a cabeça de uma criança, filha do casal, o que me obrigou a sair para a rua e pedir garantias ao delegado, para nós e para a família da casa onde nos achávamos hospedados. O delegado disse que não podia garantir nem ao comício nem a nós, porque não dispunha de soldados suficientes. Aconselhou-me a desistir do comício e a pedir garantias de vida ao chefe de polícia e ao secretário do Interior e da Justiça do estado, o que fiz no mesmo instante, mas sem resultado.

A massa de provocadores engrossava a todo momento; o padre incitava os fanáticos e repicava os sinos. Regressei à casa do nosso camarada. Sua esposa, em adiantada gravidez, estava num doloroso estado de aflição e apelava para nós. Mas que jeito? O telhado da casa e os vidros das janelas já estavam quebrados. As três crianças choravam, em pânico, agarradas à mãe. Nessa situação, resolvi sair à porta da rua a fim de apelar para os provocadores, dizendo-lhes que respeitassem pelo menos uma senhora grávida e suas crianças inocentes, uma das quais já ferida na cabeça por uma pedrada, e que estávamos dispostos a não realizar o comício, desde que eles cessassem de jogar pedras. Alguns deles me vaiaram e outros me jogaram pedras. Saquei do revólver e ameacei atirar no primeiro que me atingisse. Nesse momento, encostou o nosso carro. Entramos e batemos em retirada debaixo de vaias e pedradas. A capota ficou toda amassada.

A excursão ao interior de Alagoas foi um verdadeiro fiasco, principalmente naquela zona totalmente dominada pelo latifúndio. Fomos para uma velha cidade em decadência, São José dos Campos, de onde regressamos a Maceió, depois de quatro reveses, mas sempre dispostos a atacar tanto quanto possível as bastilhas latifundiárias e a levar a mensagem do nosso partido àquele povo sofrido, fanatizado e brutalizado pelo clero.

De Maceió, seguimos para Penedo, às margens do rio São Francisco, a segunda maior cidade do estado. Ao amanhecer, em companhia do camarada André Papini, realizamos uma série de visitas. Falamos com o delegado de polícia, que era capitão da Força Pública e nos recebeu muito bem. Ao comunicar-lhe nossas pretensões, respondeu que estava pronto a garantir o comício, mas que tivéssemos cuidado com os fanáticos da Igreja, pois Penedo era uma cidade católica e entre os católicos havia de tudo. "De tudo como?", perguntamos. "Bons e maus", respondeu-nos o delegado. Tomamos uma série de providências e medidas de autodefesa. Um grupo de companheiros e simpatizantes incumbiu-se de fazer uma vasta propaganda para anunciar o comício.

Às onze horas, achava-me no barbeiro, que era um camarada do partido. Entrou uma menina muito alegre e viva, a quem o barbeiro perguntou:

— Vocês vão ao comício?

A criança respondeu:

— Não sei se meus pais vão. Eu não vou, porque sou pequena e o bispo falou que na hora da missa nenhum católico podia ir ao comício dos comunistas, que eles são destruidores das obras de Deus, são contra a pátria e a família.

Levantei-me da cadeira, furioso. O barbeiro disse:

— Está vendo, companheiro, quanto o nosso povo está envenenado pelo clero? Até as crianças estão intoxicadas pelo bispo. Se você perguntar a qualquer pessoa se vai assistir ao comício, as respostas serão sempre iguais à dessa criança.

A garotinha olhou-me um pouco encabulada e perguntou-me:

— O senhor também é comunista?

Respondi:

— Sou, minha filha.

Levantei-a carinhosamente nos braços e beijei-a na face.

— O senhor é igualzinho a André Papini, quando me vê me suspende nos braços e me beija.

— E você conhece André Papini? – indaguei.

— Oxente, todos os dias, quando saio da escola, passo na casa dele. Os pais dele são muito bons para mim, me agradam muito. Eu não saio de lá.
— E você sabia que Papini é comunista? — perguntei.
— Sei, porque o bispo disse e ele também, e todo mundo em Penedo sabe que ele é comunista.

Fiquei encantado com a criança e louco para desmascarar publicamente o bispo.

À uma hora da tarde, almoçamos na casa de André Papini com toda a sua família, que era estimadíssima em Penedo. Conversamos sobre política, sobre o nosso atraso, num país tão rico em potencial como o Brasil. O velho pai de Papini conhecia os problemas de sua terra natal, sobretudo as angústias da massa camponesa. Abordamos o problema dos balseiros e barqueiros do São Francisco e da população ribeirinha. Comentamos a conduta do bispo em relação ao nosso partido, seu interesse pelo belo sexo e outros desvios seus. Depois disso, saímos às ruas para conhecer a cidade e fazer algumas visitas no setor comercial.

Às sete horas da noite, iniciamos o comício, enquanto o sino da igreja badalava em sinal de protesto contra a sua realização e a presença dos comunistas no coração da cidade de Penedo. As badaladas do sino contribuíram mais para avisar os habitantes da cidade da hora do comício do que para afugentar o público. Segundo pessoas insuspeitas, foi o maior comício realizado em Penedo até então, e a primeira vez que os comunistas tiveram a oportunidade de falar publicamente ao povo daquela região, em nome do PCB. O povo estava ansioso para ouvir as palavras dos "inimigos de Deus e da Família". Os insultos contra nós "bestas feras", "filhos do diabo", "inimigos de Deus e da Família" — estavam impressos nos boletins distribuídos pela reação, desde as três horas, nas ruas da cidade. E à noite jogaram os tais, aos milhares, das sacadas dos prédios da praça onde se realizava o comício. Algumas pessoas tentaram protestar, mas pedimos ao povo que os deixassem lançar panfletos à vontade, pois a mentira só prevalece enquanto a verdade não chega. E a verdade seria dita naquela noite ao povo de Penedo.

Tanto André Papini como José Maria Cavalcanti foram muito aplaudidos, principalmente Papini, que era filho da terra e bom orador. Coube-me a honra de encerrar o comício, o que fiz em nome do partido.

Antes de concluir as minhas considerações sobre o nosso partido, abordei a campanha caluniosa do bispo contra nós, comunistas, e o PCB. Afirmei:
— Quem tem liberdade tem o direito de escolher livremente a religião de sua preferência e o partido político que lhe convém. Nós comunistas não queremos impor a ninguém as nossas convicções políticas e filosóficas. Nós comunistas respeitamos o credo religioso de todo cidadão.

Pedi também que respeitassem os que são ateus. E continuei:
— Nós comunistas somos verdadeiros patriotas. Quem mais do que nós lutou no passado e continua lutando no presente por um Brasil desenvolvido e verdadei-

ramente independente? Quem mais do que nós lutou e continua lutando por uma reforma agrária radical e pela eliminação do latifúndio? Quem mais do que nós, comunistas, tem lutado contra a fome, contra a miséria e contra o atraso do nosso povo? Quais partidos políticos ou grupos políticos lutam por essas consignas? Não somos nós, os comunistas? Quem levantou publicamente o problema da siderurgia nacional, ainda no governo do sr. Washington Luís Pereira de Sousa, o que o levou a dizer publicamente que a campanha da siderurgia nacional era uma agitação comunista? Não fomos nós, os comunistas? Quem, senão nós, lutou de armas nas mãos em novembro de 1935 contra o fascismo e a guerra, por pão, terra e liberdade para o nosso povo? Qual foi o político que, do fundo do cárcere, incomunicável, condenado a 46 anos de prisão, levantou o problema da união nacional em torno de Vargas, durante a guerra contra o nazifascismo? Não foi o camarada Luiz Carlos Prestes? Não foi o Partido Comunista do Brasil quem levantou e propagou nacionalmente a campanha de "O petróleo é nosso"? Então, cidadãos, lutar, como temos lutado, por essas consignas nacionais é ou não é ser um bom patriota?

A massa respondeu: "É... é... é...".

— Então, quando nossos inimigos afirmam, desavergonhadamente, que somos contra a nossa pátria, estão nos caluniando. Não é verdade?

E a massa: "É... é... é...".

— Essas calúnias, ditas por pessoas ignorantes, que não sabem o que dizem, ainda podem e devem ser toleradas. Mas ditas por um bispo, chefe da Igreja de Cristo, devem ser repelidas como crime de calúnia e depõem contra a própria religião que o bispo tem o dever de respeitar!

O público compreendeu e irrompeu num estrondoso aplauso. Nesse momento, alguns fanáticos perdidos no meio da multidão tentaram protestar e foram energicamente repelidos e vaiados pelo público. Desapareceram.

Quanto à família, eu disse apenas que os comunistas de Penedo eram bastante conhecidos, principalmente André Papini, candidato do partido a deputado estadual, e que se alguém soubesse de algum fato desabonador da honra pessoal dele ou de qualquer outro comunista, podia denunciá-lo publicamente, ali mesmo, perante a multidão. E afirmei que, se aparecesse qualquer denúncia contra Papini, ele renunciaria ali mesmo à sua candidatura e à sua filiação ao Partido Comunista do Brasil. Fiz esse desafio baseado no comportamento dos camaradas de Penedo e na compreensão e no sentimento de responsabilidade partidária de cada um. E não me decepcionei. Ao contrário, a massa respondeu com vivas a André Papini e ao PCB.

Apoiado nessa disposição da massa, pedi-lhe que comparasse a conduta cívica, moral e revolucionária dos comunistas com a conduta dos que nos caluniavam. Disse que ninguém em Penedo tinha conhecimento de que André Papini, ou qualquer outro comunista daquela cidade, tinha filhos clandestinos. Entretanto, eram conhecidos os *oito* filhos do senhor bispo, de mulheres diferentes. E que o povo penedense julgasse a nós, comunistas, e ao bispo. Vozes da massa explodiram: "Já julgamos". Outras vozes soaram: "Somos católicos, mas não somos cegos. Somos amigos da verdade". Voltei à carga, dizendo que os padres condenam a mentira e a calúnia com penitências quando os fiéis afirmam no ato da confissão que mentiram ou caluniaram; mas qual era a autoridade do bispo para punir um fiel que porventura tivesse caluniado ou mentido?

Terminamos às dez horas. Grande parte do povo nos conduziu até a sede do Comitê Municipal. Todos nós estávamos encantados com o êxito do comício. Muitas pessoas foram à sede do comitê para nos parabenizar e alguns pediram que o Comitê Central mandasse vez por outra um representante à cidade para fazer comícios ou conferências, que o povo de Penedo merecia ser esclarecido e orientado. E exemplificaram com a multidão que compareceu, apesar da propaganda dos nossos opositores.

Após o comício, quando saímos para Maceió, uma turma de homens do povo nos fez parar o carro, avisando-nos de que a estrada estava cheia de tábuas com pregos para furar os pneus. Eles mesmos arranjaram ancinhos e saíram à frente, removendo as tábuas enterradas na areia.

O resultado da campanha eleitoral em Alagoas não foi ruim e teria sido bem melhor se não fosse a reação latifundiária e da Igreja naquele estado. Apesar disso, elegemos os camaradas Papini, José Maria Cavalcanti, Moacir e outro, cujo nome esqueço. Como era previsto, André Papini teve uma votação espetacular em Penedo.

Ainda sobre a campanha que precedeu as eleições de 15 de janeiro de 1947, devo registrar alguns fatos e incidentes que foram vividos com certa intensidade por nós, comunistas, membros do Comitê Estadual de Pernambuco. Quando foi iniciada a campanha eleitoral do estado, nosso intuito era apoiar um candidato a governador que apresentasse um programa mínimo, capaz de sensibilizar as camadas populares. Mas tanto o PSD como a UDN, que desejavam o nosso apoio, tinham receio de recebê-lo abertamente e queriam-no, mas clandestinamente. É claro que nós, comunistas, não podíamos aceitar tal cambalacho. Resolvemos então apoiar o engenheiro Pelópidas da Silveira, muito embora soubéssemos que seríamos derrotados por falta de recursos financeiros para desfecharmos uma vigorosa campanha eleitoral em todo o estado, principalmente nas zonas sertanejas do agreste e da caatinga, onde ainda não tínhamos atingido as amplas massas populares.

Pelópidas da Silveira tinha a seu favor um alto espírito democrático e nacionalista, a honradez e a capacidade técnico-profissional. Seu prestígio eleitoral se limitava à Grande Recife, onde era conhecidíssimo e seria vitorioso, sem a menor dúvida, como realmente foi. Mas no interior, a coisa se complicava, não só pela falta de meios, como também porque teríamos de penetrar nas bastilhas mais reacionárias do latifundismo.

Iniciamos nossa campanha na Grande Recife, de bairro em bairro, de distrito em distrito, de morro em morro, de alagado em alagado. E, a seguir, nos municípios vizinhos, Olinda, Paulista, São Lourenço, Jaboatão, Moreno, Cabo etc. Depois que cobrimos todos com a nossa propaganda eleitoral, ficou evidente que tudo caminhava bem na Grande Recife. Urgia ganharmos o interior do estado, onde a nossa campanha eleitoral estava muito fraca. O Comitê Estadual organizou uma caravana composta de nosso candidato a governador, o camarada David Capistrano, Rui Antunes, dr. Ladislau Porto e outros. Eu e alguns camaradas já estávamos engajados na luta eleitoral nos municípios de Igaraçu, Goiana, Itambé, Pau-d'Alho, Carpina, Limoeiro, Nazaré da Mata, Timbaúba, Vitória de Santo Antão, Gravatá de Bezerros, Bezerros, Gonçalves Ferreira, Caruaru, São Caetano, Antônio Olímpio, Belo Jardim, Sanharó, Pesqueira, Arco Verde e Sertania. De volta a Recife, fui designado para percorrer, com o camarada Etelvino Pinto, toda a zona da mata no sul do estado, até Garanhuns, compreendendo os municípios do Cabo, Ipojuca, Rio Formoso, Barreiros, Escada, Ribeirão, Frecheiras, Cortês, Gameleira, Joaquim Nabuco, Águas Pretas, Palmares, Catende, Maranhal, São Benedito, Quipapá, Canhotinho, Garanhuns, Lajedos, Lagos dos Gatos, Panelas de Miranda, Altinho, Agrestina, Belém de Maria e Cupira. Em alguns desses municípios, como Cupira, Panelas de Miranda, Belém de Maria e alguns outros, não conseguimos realizar comícios em virtude da pressão latifundiária.

Em Catende, onde tínhamos um Comitê Municipal numericamente pequeno, mas dinâmico e com relativo prestígio entre as massas trabalhadoras, e onde sempre realizamos bons comícios, eu teria de me encontrar com a caravana de Pelópidas da Silveira, que falaria ao povo da cidade pela primeira e última vez na campanha eleitoral. Fizemos uma vasta propaganda em toda a cidade e penetramos nos canaviais da usina, convidando os assalariados agrícolas para o comício. Os operários da usina Catende já estavam ganhos e muitos nos ajudaram na ornamentação e na propaganda do comício. O fato é que, às seis horas da tarde, a cidade começou a encher-se de homens e mulheres que chegavam de todos os locais de trabalho e residências.

Às oito horas, iniciamos o comício. Às oito e meia, surgiu, como por encanto, uma boiada. Pedi ao povo que se afastasse um pouco para dar livre trânsito aos bois. O povo atendeu e a boiada passou, tranquilamente. Recomeçamos o comício. De repente, outra boiada, ainda maior que a primeira. Mais uma vez, pedi ao povo que se afastasse para a boiada passar. E apelei para o delegado de polícia para que tomasse as providências cabíveis, pois o aparecimento de tantas boiadas, àquela hora da noite, estava me parecendo uma provocação preconcebida para perturbar o comício, ou mesmo dissolvê-lo. O delegado saiu, fingindo que ia tomar providências, e não voltou mais ao palanque.

Chegou a minha vez de falar. Passaram-se quinze minutos, e desembocaram na praça mais duas boiadas, uma em sentido contrário à outra. Estava na cara que a provocação era preparada pela reação latifundiária para dissolver o comício. Não vacilei em concitar o público a manter a ordem, já que a autoridade policial era conivente com a desordem. Aplaudiram-me. Convidei o povo para, comigo à frente, dispersarmos as boiadas e os boiadeiros. O povo acompanhou-me. Poucos minutos depois, boiadas e boiadeiros estavam espalhados pela periferia da cidade, totalmente descontrolados.

Um grupo de três boiadeiros foi empurrado pela massa e um deles tentou esfaquear um popular com uma peixeira. Avancei sobre ele, gritando. Ele investiu novamente contra o popular. Apontei-lhe o revólver e dei um tiro para intimidá-lo. Ele correu, mas foi detido por populares, que lhe tomaram a faca e o entregaram à polícia. Logo a seguir, outro grupo de boiadeiros, montado a cavalo, investiu contra um grupo de populares. Avançamos sobre eles e fomos deixá-los dentro da usina Catende.

Voltamos à praça e recomeçamos o comício, que se tornou mais animado do que antes, principalmente com a chegada da caravana de Pelópidas da Silveira, sob o estrépito dos foguetes.

O comício transformou-se numa vibrante festa de massa, sem a menor perturbação até seu encerramento. A imprensa reacionária e venal de Recife deu manchetes, torcendo a verdade dos fatos.

Os usineiros de Catende e de Roçadinho tinham armado uma provocação para dissolver nosso comício a patas de boi. Mas em vez das boiadas provocarem o pânico na massa, foi esta quem provocou pânico nas boiadas e nos boiadeiros. Era esse o comentário que se ouvia no dia seguinte em toda a cidade de Catende e nas cidades vizinhas, Belém de Maria, Águas Pretas, Maraial e Palmares. A imprensa local abriu manchete e o povo fez fila para comprar os jornais e ler a história do comício e do estouro das boiadas de Catende e Roçadinho.

A direção do PCB decidiu apresentar-me como candidato à Prefeitura Municipal de Recife. Na verdade, logo que souberam que eu era candidato à prefeitura de Recife, as massas vibraram de entusiasmo, dizendo que iam ter um prefeito diferente de todos que haviam passado por ali.

Os primeiros comícios realizados nos bairros da capital pernambucana comprovaram o contentamento e o entusiasmo das massas recifenses por minha candidatura. O otimismo dos comitês estadual e central e de todos os nossos amigos e simpatizantes era contagiante.

O povo congratulava-se com a iniciativa do partido. Acredito, sem a menor vaidade, mas cheio de emoção e gratidão, que jamais candidato algum foi tão bem aceito pelas massas em Recife. Desgraçadamente, corria a toque de caixa, na Câmara Federal, um projeto de lei cassando a autonomia de Recife, de São Paulo, de Santos e do Distrito Federal, bem como dos municípios mais importantes, onde o Partido Comunista desfrutava de grande prestígio.

Foi um golpe pérfido contra o partido e o nosso povo. Cassaram o direito das populações mais esclarecidas e mais capacitadas politicamente a eleger seus prefeitos. E por uma só razão: sabiam que os candidatos do PCB seriam vitoriosos nessas cidades (e foram realmente majoritários na votação para vereadores em Recife, em São Paulo, Santos, Santo André, Distrito Federal etc.). O governo, a burguesia reacionária e o imperialismo ianque viviam em pânico, com medo do povo e da ação dinâmica do partido.

Mais uma vez, na Câmara dos Deputados triunfou a inverdade contra a verdade, a injustiça contra a justiça. A lei reacionária, cassando a autonomia dos municípios mais importantes, foi aprovada aceleradamente, às vésperas do pleito eleitoral em Recife. O que sei é que essa lei reacionária causou um justo ódio nas massas populares, num grau tal que muitos eleitores rasgaram seus títulos eleitorais, expressando dessa forma a própria revolta.

Em Recife foi preciso que o Comitê Estadual mobilizasse todo o partido para explicar pacientemente ao eleitorado dos bairros, morros e alagados, que não devia destruir os títulos eleitorais, mas sim votar em massa nos candidatos do partido.

Lançamos a palavra de ordem de que a melhor resposta que poderíamos dar ao governo de Dutra e à reação era eleger a maioria absoluta dos vereadores, para que o prefeito nomeado pelo governo do estado tivesse de administrar a coisa pública de acordo com os interesses do povo.

Apesar da quantidade de títulos rasgados pela massa revoltada, obtivemos uma grande vitória. Elegemos 12 vereadores, para uma Câmara de 25, que era o número fixado pela Constituição Estadual. Como partido, éramos majoritários, e, como bancada, éramos decisivos.

Logo nos primeiros dias de março de 1947, o partido designou-me para dar uma ajuda aos camaradas de Vitória do Espírito Santo, onde me encontrei novamente com meu velho camarada de partido e companheiro de prisão José Francisco de Oliveira, dirigente do partido naquele estado e suplente do Comitê Nacional. Reuni-me com a direção e organizamos um plano de trabalho para minhas atividades políticas de massa. O plano constou de alguns comícios, conferências e visitas a vários setores operários, inclusive à Companhia Vale do Rio Doce. Em todos, deveríamos falar sobre a política do nosso partido, a campanha "O petróleo é nosso" e as reivindicações locais de cada município. Elaborou-se também um plano de finanças para melhorar a nossa *Folha Capixaba*. Depois que fizemos as conferências e a propaganda no interior do estado, sem nenhum incidente e com relativo êxito, realizamos o comício da capital, que obteve boa repercussão, sobretudo em virtude do problema do petróleo.

A seguir, iniciamos as visitas aos diversos setores de trabalho, inclusive aos portuários, quando tornei a vestir roupa de operário e passei o dia todo trabalhando, conversando e comendo com os trabalhadores. Tratava-se de um dia de salário dos portuários para a *Folha Capixaba*. O meu dia de trabalho foi apontado, mas o salário foi para a caixa do partido. Tivemos bons resultados. No dia seguinte, já fantasiado de deputado, visitei a Assembleia Legislativa do estado e algumas pessoas progressistas da cidade, mas não foi possível visitar os operários da Companhia Vale do Rio Doce, nem mesmo tive condições de conversar com eles, a não ser casualmente, com um ou outro, encontrado nas ruas da cidade. A direção da empresa ameaçava despedir qualquer operário que frequentasse os nossos comícios ou conferências.

De volta ao Rio, fiz um discurso na Câmara dos Deputados, levantando as reivindicações dos portuários e de protesto contra a direção da Companhia Vale do Rio Doce, incluindo reclamações e reivindicações dos operários daquela empresa.

Quando estava quase no fim dos meus argumentos, o camarada Arruda Câmara, de forma brutal e deselegante, mandou-me calar, fazendo "psiu" duas ou três vezes. Fiquei tão indignado que, embora estivesse para terminar as considerações que fazia, demorei-me na tribuna mais do que era necessário. E, quando acabei de falar, dirigi-me a ele, jogando-lhe a carteira de deputado e dizendo-lhe que eu não era seu empregado e que podia usá-la como quisesse. Só não se travou ali uma discussão desagradável por intervenção de Alcedo de Moraes Coutinho, que me arrastou para o café. Era o meu terceiro incidente com o camarada Diógenes Arruda Câmara; para evitar outros, estava disposto a renunciar ao meu mandato de deputado e até a sair do partido. Não o fiz, aconselhado por Alcedo e outros camaradas, segundo os quais minha renúncia poderia provocar alguns descontentamentos no seio do partido e das massas, principalmente no Nordeste; alegaram que o partido éramos todos nós e não somente Arruda Câmara. E apelaram para que eu não renunciasse ao mandato que me fora dado pelo povo pernambucano, que este não me autorizara a renunciar. Aceitei as ponderações, mesmo porque eu não tinha o menor desejo de deixar o partido, que há muito era o sangue do meu sangue e a carne da minha própria carne. E interroguei-me: onde iria ficar? Não tinha para onde ir e não queria renegar meu passado. Eu sabia que, isoladamente, nada podia fazer na luta revolucionária. E queria continuá-la. Acomodar-me não seria capitular aos pés dos piores inimigos do povo, da classe operária e principalmente da massa camponesa? Resolvi, então, continuar no partido, com Arruda ou sem Arruda, mesmo sabendo que não deixaria de atritar-me constantemente com ele. O certo é que a reação tinha agido comigo mil vezes pior do que aquele dirigente partidário.

Antes das eleições estaduais, o camarada Leivas Otero tinha passado uma temporada em Natal tentando reerguer o partido no Rio Grande do Norte. Infelizmente, não foi bem-sucedido. Em setembro, o partido designou-me para dar uma ajuda aos camaradas daquele estado. Apesar de não ter o nível do Leivas Otero, aceitei a tarefa, convencido de que a cumpriria, mesmo porque eu não recusava tarefas do partido. Ao chegar a Natal, reuni-me com Gilberto, Hiram Lima e Gelcino – este, velho militante do partido e meu companheiro de prisão em 1935. O Comitê Estadual tinha caído num sério desprestígio, estava desacreditado entre o povo rio-grandense. Devia ao comércio local, à imprensa do partido e à direção nacional, pois há mais de um ano não remetia as contribuições que deveria ter arrecadado.

O camarada José Costa tinha cometido alguns erros que violavam as normas do partido e por isso estava afastado da direção. Era militante firme, consciente, mas no momento não se podia contar com ele. Havia, no entanto, os camaradas Gilberto e Hiram Lima, que desfrutavam de certo prestígio entre o povo; foi com eles que iniciamos nosso trabalho nos bairros, o contato com alguns elementos desgarrados ou flutuantes e a realização de comícios e conferências. Quando não podíamos fazer tais atos públicos, provocávamos uma discussão na rua entre dois ou mais elementos previamente instruídos; assim, ia juntando gente e, no auge da discussão, aparecíamos e fazíamos rápidos discursos. Em pouco tempo começaram a surgir convites de bairros, principalmente do populoso bairro do Alecrim, para palestras políticas. Dessa forma, começamos um trabalho de recrutamento em massa para o partido. E com isso os militantes, acomodados por falta de atividades políticas, retomaram seu trabalho partidário.

Escrevemos à direção nacional do partido, pedindo material de propaganda, bem como a *Tribuna Popular* e a *Classe Operária*. Nossa imprensa voltou a ser vendida em Natal. As massas, apesar de pobres, apertavam mais o cinto e compravam nossos jornais. Recebiam e liam nossa propaganda. E assim começaram a surgir novamente impetuosas e dinâmicas organizações de base do partido.

Organizamos um comício central, no qual falaram os camaradas Gilberto e Hiram Lima, duas personalidades locais, e eu. Foi um grande comício, que contribuiu muito para recuperar o prestígio do partido. Suas bases compareceram com faixas, cartazes, *slogans* e palavras de ordem reivindicatórias. Logo após esse comício, no centro da cidade, recebemos muitos pedidos de filiação. Desses, 85% foram admitidos na organização.

Aproximava-se o carnaval e, nessa época, o povo cai num rigoroso regime de economia forçada para gastar nos três ou quatro dias de folia carnavalesca. Analisamos esse problema e chegamos à conclusão de que devíamos aproveitar a festa carnavalesca para fazermos finanças para o pagamento dos débitos do partido.

Que fizemos? Alugamos um vasto salão que abrangia todo um primeiro andar e realizamos ali um ativo de todo o partido, com simpatizantes e amigos; discutimos o problema do débito e a possibilidade de saldá-lo promovendo uma grande festa carnavalesca, dada a inconveniência de se fazer uma campanha de finanças às vésperas do carnaval. Para termos êxito, seria indispensável a colaboração de todos os militantes do partido, de nossos amigos e simpatizantes. Foi eleita uma grande comissão que se incumbiu de arranjar todos os meios materiais indispensáveis à festa, tais como móveis, um conjunto musical, bebidas e refrigerantes, sanduíches, salgadinhos, cachorros-quentes, bolos, café, leite, pão, manteiga, queijo, frangos assados, galinhas etc. Tudo isso foi conseguido gratuitamente nas fábricas de bebidas, de refrigerantes, nas padarias, confeitarias e outras casas comerciais, e, principalmente, nas casas dos companheiros, amigos e simpatizantes do partido. Tivemos a sorte de conseguir bons músicos e assim pudemos dispor de uma das melhores orquestras carnavalescas de Natal.

Todo o nosso êxito dependeria da má ou boa repercussão da primeira noite. Todo o partido e nossos amigos e simpatizantes deram tudo para o êxito da festa, tanto na organização como na propaganda. Foram organizadas comissões de segurança, higiene, recepção e controle, que funcionaram corretamente e se esforçaram para que os foliões tivessem o máximo de conforto.

O camarada José Costa, que estava afastado do partido, deu toda a colaboração possível, juntamente com a sua companheira. E, no fim da festa, fez publicamente sua autocrítica, o que muito contribuiu para fortalecer o partido perante o povo de Natal. Reingressou nas atividades partidárias como um de seus velhos dirigentes e continuou prestando relevantes serviços.

Como prevíamos, a primeira noite da semana carnavalesca foi um grande sucesso e serviu de propaganda para as noites seguintes. A comissão de higiene desdobrou-se no asseio do prédio, logo depois do primeiro baile. Às sete horas da manhã tudo estava pronto para o segundo grito de carnaval. E assim, até a madrugada da quarta-feira de cinzas, quando os foliões se retiraram, exaustos, mas alegres, felizes por terem dado expansão ao seu espírito brincalhão. Foi um êxito total, tanto econômico como político, e ultrapassou nossas expectativas.

Quase toda a importância apurada foi lucro. Só tivemos de pagar alguns pequenos consertos de móveis e de louças que se quebraram, principalmente copos. Deu para cobrir todas as despesas forçadas que fizemos e pagar todos os débitos do Comitê Estadual. O partido em Natal estava recuperado moral e politicamente. Durante a festa, em certos momentos de intervalo, fizemos propaganda do partido e, em consequência, recrutamos mais de uma dezena de operários, entre pedreiros, carpinteiros, sapateiros e outros.

Mas ainda tínhamos uma batalha que precisávamos travar: penetrar no bairro do Alecrim, que era totalmente dominado por um padre. Uma semana depois da festa carnavalesca, resolvemos fazer um grande comício no bairro, precedido por uma série de pequenos comícios e conferências nas ruas principais, já anunciando o comício central. O padre andava de rua em rua, de casa em casa, fazendo fofoca contra o comunismo e o nosso partido. Ele se dizia "pastor de Deus e de todos os habitantes do bairro" e afirmava que não admitia nenhum comunista na jurisdição de sua paróquia. Era um fascista dos mais fanáticos: no tempo da guerra fazia propaganda do nazifascismo e endeusava Hitler e Mussolini. Muita gente acusava-o de ser um dos espiões que apontavam os nossos navios de passageiros aos submarinos do Eixo.

De posse dessas informações e de outros desvios do padre, estávamos preparados para enfrentá-lo e desmascará-lo publicamente. Logo que o padre tomou conhecimento de que realizaríamos um comício no seu "reduto", ameaçou nos quebrar a pau, se tentássemos fazê-lo. Não admitia que os hereges, os inimigos de Deus e da Família, fossem envenenar seu rebanho de ovelhas, que, segundo ele, estava ganho para o reino de Deus. E concitou os carolas a não permitirem nossa permanência no bairro. Estava feito o desafio. Nós não podíamos recuar e o prestígio do padre estava em jogo. Defendíamos principalmente o direito dos moradores de terem o partido político que quisessem, de pensar e agir livremente.

Que fizemos: imprimimos milhares de boletins e os distribuímos largamente em toda a cidade, marcando o dia do comício e convidando o povo para participar. Fizemos uma boa pichação nas ruas e, à noite, pusemos boletins em todas as casas, casebres e barracos dos habitantes, anunciando o dia e a hora do comício e tomamos certas medidas de segurança, de autodefesa etc. Convidamos algumas personalidades e realizamos um grande ativo com todos os militantes da capital; não houve objeções, todos os camaradas concordaram e colaboraram para realizarmos o maior comício de massa do bairro do Alecrim, que era a cidadela da reação fascista.

O comício foi realizado de cima de um caminhão com alto-falantes e bem iluminado. Às sete horas da noite, demos início aos discursos. Ainda estávamos apreensivos, porque o sino da igreja badalava sem cessar desde as cinco horas da tarde, contra os comunistas. Contudo, apesar dos rumores de perturbação da ordem, já havia uma grande multidão, maior do que esperávamos, no local do comício. Era uma plateia descalça, a maioria em mangas de camisa e de calças remendadas; apresentavam uma fisionomia faminta e cheia de sofrimento. A maioria, desempregados. Muitos viviam de pequenos biscates e outros às custas da caridade pública. Era um povo proibido de trabalhar, de comer, de estudar e de morar. Suas habitações, sem higiene, sem água potável, sem vasos sanitários e sem luz, apresentavam um aspecto triste e desolador. As crianças, descalças, vestidas com verdadeiros trapos, eram magricelas, de faces escaveiradas, olhos profundos, nariz fino como uma lâmina de faca, pernas finas, opiladas, barrigudas e cheias de vermes. Todas sem pão, sem roupa, sem escola e sem vida. Seus pais só reivindicavam uma coisa: trabalho para ganhar o pão de cada dia, a fim de aliviar o sofrimento da fome, que estrangulava dia e noite sem cessar. Eram aquela massa abandonada pelos poderes públicos, da qual só se lembravam demagogicamente nas vésperas das eleições.

Essa massa estava descrente de tudo e de todos, até mesmo de seu "pastor", que jamais lhe apontara um caminho certo para a solução de seus problemas cruciantes. Essa gente, cansada de apelar para os poderes divinos sem resultado satisfatório, ansiava por uma mensagem nova, não como solução demagógica e imediata, mas como uma premissa para a concretização futura de suas aspirações. E foi este o nosso objetivo: transmitir para aquele povo sofrido não promessas que não tivéssemos condições de cumprir, mas o caminho a seguir para libertar-se daquela vida de miséria, atraso e fome.

Afirmamos que o povo já estava farto de promessas e que estas não enchiam a barriga vazia de ninguém. A massa gostou dessa expressão e aplaudiu com muito vigor. Aquele povo precisava ser esclarecido, e tudo fizemos para esclarecê-lo, orientá-lo e uni-lo. É claro que não podíamos fazer tudo de uma só vez, tínhamos de ser pacientes e perseverantes, para dar-lhe consciência da luta por suas reivindicações mais sentidas e imediatas.

Como em outros lugares, logo que iniciamos o comício, o sino da igreja, que já vinha badalando de dez em dez minutos desde as cinco horas da tarde, passou a badalar sem interrupção, em protesto contra a realização de um comício do "filhos do diabo", "para atazanar os cordeiros de Deus". E, como sempre, quanto mais os sinos tocavam, mais as ovelhas de Deus afluíam ao comício. Mas o melhor estava para acontecer.

O comício foi aberto pelo camarada Gilberto, em nome do Partido Comunista do Brasil. Ele falou sobre os objetivos do comício e sobre a situação dolorosa das massas desempregadas, que passavam privações até de alimentos. Foi muito aplaudido. A seguir falou o camarada Hiram Lima, que analisou a situação econômica, política e administrativa do estado, culpando os poderes públicos estaduais pelo desamparo total em que viviam as massas trabalhadoras do Rio Grande do Norte, principalmente o povo daquele bairro. Também foi muito aplaudido. A plateia começava a se empolgar. Depois falou um camarada médico; ele abordou o problema da saúde pública e criticou severamente o governo pela falta de assistência médica e hospitalar ao povo da capital e do interior do estado e, em particular, aos habitantes daquele bairro, onde não existia nem sequer um posto médico para atender aos casos mais urgentes que surgiam a todo instante. Falou também da falta de água potável e das fossas sanitárias no bairro. Como o camarada Hiram, foi entusiasticamente aplaudido. O público vibrava cada vez mais, o que era um bom sinal de que os oradores estavam despertando interesse e simpatia. A seguir, falou um democrata, que criticou os governos estadual e federal pela falta de visão administrativa; sustentou que eles empregavam verbas vultosas em obras suntuosas em detrimento de serviços públicos e obras de interesse geral e imediato para o povo. Criticou ainda o governo local e o prefeito da capital pelo descaso com o ensino primário, secundário e superior, em todo o Estado do Rio Grande do Norte. Como os demais oradores, foi também muito aplaudido. A massa esquentava e vibrava cada vez mais.

A seguir coube-me a palavra para encerrar o comício. Entre outras coisas, mostrei que os parlamentares dos partidos burgueses eram usineiros, industriais, grandes comerciantes, importadores, exportadores, banqueiros, donos de minas, grandes proprietários de prédios, donos de empresas de transporte, latifundiários e fazendeiros, senhores de engenho e agentes do imperialismo ianque etc. Disse que, quanto a nós, parlamentares comunistas, "só temos um interesse, que é defender intransigentemente os interesses do povo brasileiro; só temos compromisso com o povo e a classe operária, enquanto eles, os burgueses, estão cheios de compromissos entre si e com os grupos econômicos e políticos a que estão ligados umbilicalmente".

– Nada poderemos esperar deles, porque só legislam em seu benefício ou em benefício de sua classe. Só o nosso Partido Comunista, vanguarda política da classe operária e das massas sofridas, defende os interesses do povo e procura organizá-lo para lutar pelos seus direitos.

E acrescentei:

– O padre aconselha vocês a pedirem esmola, mas vocês não precisam de esmola, precisam é de trabalho para alimentar seus familiares. O padre aconselha vocês a terem paciência e fé em Deus, mas isso vocês têm tido até demais e a situação é cada vez pior. Ele aconselha vocês a se conformarem com a fome, mas será que ele se conformaria em passar fome dias e noites, como vocês? Será que a sua fé em Deus o levaria a se conformar em sofrer o que vocês sofrem? É muito fácil e cômodo, para quem tem a barriga cheia, aconselhar outros, que a têm vazia, a terem paciência e fé em Deus.

Ressaltei a seguir que o conformismo era o pior inimigo das massas trabalhadoras e o melhor amigo dos exploradores do povo e da classe operária; que quem aconselha o povo a se conformar com a fome, com a miséria, com o atraso, com o desemprego e com a opressão e a exploração patronal, não pode ser amigo do povo, muito menos dos trabalhadores; ao contrário, era amigo, sim, de seus opressores e de seus exploradores.

– A meu ver – disse –, o padre está mais a serviço dos ricos e do diabo do que a serviço de Deus e de sua Igreja. Nesse caso, está traindo ao senhor Deus e a todos vocês, que confiam nele.

A seguir afirmei:

– Meus amigos, não tenhamos medo do nosso Deus, ele não é tão ruim como alguém deseja, ele não pode ser um instrumento de opressão e de exploração a favor dos ricos, dos magnatas e dos tubarões, contra os seus filhos e, principalmente, contra nós, que somos o povo. O que se passa é que os exploradores das massas trabalhadoras utilizam o nome de Deus para explorá-las cada vez mais e aproveitam-se da fé cristã do povo para intimidá-lo e levá-lo a se conformar com a vida de miséria. Em nome de Deus, os exploradores do povo praticam crimes monstruosos, roubos escandalosos, calúnias desavergonhadas, infâmias e intrigas das mais terríveis e nojentas. Em nome de Deus, reduz-se um povo a uma situação cada vez mais calamitosa, como a de vocês! O nosso Deus é um Deus que não permite que o povo passe fome. O nosso Deus não admite, no seu reino, nem senhor nem escravos. Não admite homens excessivamente ricos e homens excessivamente pobres. Não admite riquezas de uns, à custa do trabalho dos outros. Não consente que uns morem em palacetes luxuosos e outros em casebres miseráveis. O nosso Deus exige que todo cidadão apto para o trabalho, trabalhe honradamente, e quem não trabalhar não come.

A massa explodiu em aplausos delirantes!

– Enfim, cidadãos, no nosso futuro reinado, não haverá duas classes, a dos exploradores e a dos explorados; existirá uma só classe: a de todo o povo trabalhador! Em nosso futuro reinado, haverá pão para todos, terra para todos que queiram trabalhar nela; escola para todos: primária, secundária, superior, técnica especializada etc. Ninguém viverá descalço nem vestido de trapos. Haverá harmonia, lealdade e camaradagem entre o povo laborioso.

Ao terminar, concitei o povo a organizar-se e disse que as portas do nosso partido estavam abertas para todos que desejassem orientação. Junto do palanque, havia três mesas à disposição de todos que quisessem inscrever-se no partido. Filiaram-se ali mesmo mais de quatrocentos novos militantes. O padre tinha razão em dizer que vínhamos desviar suas ovelhas do caminho do céu...

Logo depois desse movimento de massas em Natal, e com o partido já reorganizado, demos um giro pelos municípios do interior do estado onde havia elementos do partido: Mossoró, Macau, Areias Brancas, Parnaíba e outros. Foi uma viagem muito proveitosa. De volta a Natal, encontrei um telegrama dizendo-me que seguisse para Recife, onde cheguei na tarde do mesmo dia. No dia seguinte, parti para Caruaru, desta para Arco Verde e, a seguir, para Garanhuns. Em todas essas cidades, reforçamos os nossos comitês municipais com novos militantes, realizando comícios e conferências. De volta a Recife, realizamos algumas tarefas de massa. Dias depois, segui para o Rio, onde fiz um informe ao secretário de organização do Comitê Central sobre as minhas atividades nos estados nordestinos.

Quando reassumi as minhas funções na Câmara dos Deputados, estava-se preparando uma excursão da Comissão do Vale do São Francisco (da qual eu fazia parte) às obras da barragem e usina de Paulo Afonso. O deputado José Maria Alkmin, presidente da Comissão, convidara o presidente da República, general Eurico Gaspar Dutra, para a excursão, com o intuito de convencê-lo a liberar as verbas necessárias ao prosseguimento dos trabalhos. Dutra, porém, comunicou que só aceitaria o convite caso eu fosse excluído da comitiva dos deputados, pois não gostava de mim. A Comissão ficou num dilema: precisava das verbas, mas não podia me excluir da viagem. Levando em conta o interesse da população ribeirinha do vale do São Francisco e dos quinze milhões de seres humanos que seriam beneficiados com o desenvolvimento industrial da região, renunciei à viagem e desejei êxito à Comissão. Mesmo porque o tiranete Dutra não era absolutamente uma pessoa de quem eu gostasse de ter como companheiro de viagem... Fiquei, então, no Rio.

Prestes foi convidado a fazer comícios e conferências na cidade de Campos, no Estado do Rio de Janeiro. Formamos uma caravana composta por Prestes, João Amazonas, Armênio Guedes e eu. Ficamos hospedados numa residência familiar, onde saboreamos um delicioso dourado, que foi a melhor peixada que comi ao longo de minha vida de revolucionário.

Segui, depois, para São Paulo, onde realizamos vários comícios, nos bairros e nas fábricas. Em Santos, também fizemos diversos nos bairros, nos morros e nos locais de trabalho.

Em Santo André, onde se travava uma duríssima pugna eleitoral pela Prefeitura e pela Câmara de Vereadores, juntei-me com os camaradas Pedro Mota Lima, dinâmico e vibrante jornalista da *Imprensa Popular*, e Armando Mazzo, membro dos comitês estadual e central e candidato à Prefeitura municipal. Desfechamos uma vigorosa campanha eleitoral, não só na cidade como nos distritos. Levantamos, inclusive, a bandeira da emancipação do distrito de São Caetano, que, depois de Santo André, era o maior centro industrial do estado.

Armando Mazzo desfrutava de grande prestígio entre o povo e levava a vantagem de ter sido operário em uma das empresas daquele grande parque industrial. A luta pela Prefeitura foi encarniçada. A batalha da propaganda, com comícios, cartazes, faixas, inscrições murais, alto-falantes, rádio e imprensa, mais as visitas de casa em casa, parecia um dilúvio.

Fazia-se uma colagem de cartazes de madrugada e às sete horas da manhã já havia outros cartazes sobre aqueles; ao meio-dia já se sobrepunham outros, diferentes dos primeiros e dos segundos; às seis horas da tarde já eram os primeiros que prevaleciam. Venceria essa luta quem tivesse mais dinheiro para gastar, mais gente para trabalhar. No início da pugna, vencemos em comícios nas portas de fábricas, nos comandos de casa em casa, mas ficávamos aquém na propaganda com faixas, cartazes e alto-falantes e na profusão de boletins distribuídos por toda a parte na cidade e no município.

Na distribuição de boletins, Hugo Borghi levava nítida vantagem porque os distribuía de avião. Apesar da nossa falta de recursos, de transporte para nos locomover durante a batalha eleitoral, de veículos para o transporte de eleitores de suas residências até os postos eleitorais e todas as demais dificuldades, demos conta da nossa grandiosa tarefa.

O comício de encerramento, com a presença do camarada Prestes, contribuiu para a definição de muitos eleitores vacilantes. Armando Mazzo, candidato do PCB, obteve mais votos do que todos os demais candidatos reunidos; além disso, elegemos dezessete vereadores, a maioria da Câmara.

Na capital paulista elegemos dezenove vereadores, em Santos, dezesseis, e no Distrito Federal, vinte. Essas vitórias eleitorais, tão expressivas nas principais capitais do país e em outros municípios importantes, assustaram a burguesia reacionária, os fascistas, os imperialistas ianques e seus agentes, levando-os a tomar medidas concretas contra a posse dos candidatos do nosso partido. Nessa época, já estava em curso na Câmara Federal um projeto de resolução para cassar os mandatos dos parlamentares comunistas.

Logo que terminou a batalha eleitoral em São Paulo, parti para o Rio Grande do Sul a fim de participar da campanha eleitoral em Porto Alegre e Santa Maria, importante entroncamento ferroviário. Em Porto Alegre, encontrei com meu colega de bancada, Abílio Fernandes e o dinâmico e prestigioso dirigente sindical, o camarada Roberto Morena, que viria a ser eleito deputado federal no Rio de Janeiro em 1950.

Na tarde de minha chegada, realizamos um comício cheio de incidentes com a polícia no setor dos ferroviários: a polícia tentando dissolver o comício e os ferroviários e o povo resistindo a toda prova. Os policiais investiam contra o povo com toda a ferocidade. Este recuava para avançar mais ainda, enquanto nós falávamos à massa e protestávamos contra a arbitrariedade dos polícias. Nesse vaivém da massa, mais gente se juntava a nós e vaiava a polícia. E assim realizamos um comício cheio de pancadarias, socos e espancamentos a cassetete de borracha, e a massa resistiu bravamente até o fim. O comício programado para a noite foi realizado também debaixo de pau. Houve gente ferida e uma senhora grávida foi atropelada na correria e morreu, segundo me disseram, logo depois do comício. Aquela foi uma noite de luta do povo gaúcho com a polícia. Tudo isso enquanto a Constituição estava em pleno vigor! Na noite seguinte, partimos com o camarada Abílio para Santa Maria, onde chegamos na manhã seguinte.

Durante a viagem, por volta das onze horas da noite, apareceu um senhor ainda jovem e simpático que se disse delegado da polícia gaúcha. Declarou-se um democrata, disse que havia participado da Aliança Nacional Libertadora em 1935 e que simpatizava com a nossa luta. Não fazia nenhuma restrição ao Partido Comunista e achava um absurdo o projeto que visava a cassação do registro eleitoral do PCB. Mas, como autoridade policial, era forçado a cumprir as ordens que recebera do secretário do Interior e Justiça do estado: proibir o comício que iríamos fazer em Santa Maria.

Disse-lhe que, se de fato era um democrata e pensava como dizia pensar, não deveria cumprir as ordens absurdas que recebera, pois a Constituição nos garantia o direito de fazermos propaganda de nossos candidatos.

O delegado ainda tentou me convencer a desistir do comício. Pedi-lhe que falasse com o meu colega Abílio Fernandes, que estava no restaurante e era um dos responsáveis pelo Comitê Estadual do PCB no Estado do Rio Grande do Sul; o que ele decidisse seria cumprido. Ele me respondeu que já tinha falado com Abílio e que ele se mostrara tão intransigente quanto eu; que não tinha mais para quem apelar e que somente Deus podia evitar as graves consequências da "nossa teimosia". Respondi-lhe que seria melhor ele apelar para a sua própria consciência de democrata e de cristão.

Ao chegarmos a Santa Maria, já encontramos um plano de trabalho elaborado pelos camaradas para que nós o executássemos. À noite, discutimos com eles. Após a reunião, dividimos os grupos, cada um com seu material apropriado, e pusemos mãos à obra. Ao meio-dia, o delegado de polícia nos procurou para dizer que o comício estava liberado por força de um mandado de segurança requerido pelo partido em Porto Alegre. O rádio divulgou a notícia da liberação do comício e, com isso, cresceu ainda mais o entusiasmo popular.

Às sete horas da noite, a praça estava superlotada de gente, inclusive militares. Foi uma verdadeira festa popular de vibração só comparável à da massa pernambucana nos bons tempos. Aliás, há muita razão em dizer que o gaúcho é o pernambucano montado. O comício foi encerrado às onze horas da noite, sob o entusiasmo da multidão, que se dispersou dando vivas ao PCB, a Prestes e aos outros dirigentes comunistas.

Soube depois, já no Rio, que elegemos ali quatro vereadores. Parti do Rio para Fortaleza a fim de colaborar na campanha eleitoral da capital cearense. Mais uma vez, encontrei com o velho dirigente comunista José Francisco de Oliveira, o nosso "pai velho", que estava à frente do Comitê Estadual do Ceará. Ali encontrei uma excelente equipe de trabalho eleitoral, não só pela coesão, como pelo dinamismo e pela disciplina.

Em Fortaleza, tive dois encontros desagradáveis. Um deles no escritório do meu velho companheiro de luta antifascista de 1932 a 1934, dr. Jáder de Carvalho. Ele não estava no escritório, apenas seu auxiliar, um jovem estudante que gentilmente me atendeu. Mas quando lhe dei meu nome, o jovem empalideceu rapidamente e não respondeu mais nada do que lhe perguntei, limitando-se a fitar-me em silêncio. Mais tarde, comentando o ocorrido, vim a saber que esse jovem era filho do primeiro-tenente Xavier Sampaio, morto durante o tiroteio do Centro de Preparação de Oficiais da Reserva (CPOR) da 7ª Região Militar, por ocasião da Revolução de 24 de novembro de 1935. Naquele mesmo dia à tarde, encontrei-me com o sargento José Alexandre Vieira, com quem lutara corpo a corpo no levante do CPOR, no momento em que o primeiro-tenente Sampaio me alvejou, obrigando-me a revidar. Foram dois encontros muito desagradáveis para mim. É claro que, se soubesse que o jovem estudante era filho do primeiro-tenente Xavier Sampaio, eu não teria ido ao escritório do Jáder de Carvalho.

Realizamos uma reunião para a escolha definitiva dos candidatos a vereador. O Comitê Estadual, numa defensiva muito grande, achava que só elegeríamos quatro vereadores e não queria mais de cinco candidatos. Baseado na experiência de outras eleições em outros estados, propus que se candidatassem pelo menos dez, para elegermos no mínimo sete vereadores. Depois de muitos argumentos de ambos os lados, aceitaram sete candidatos. Resultado: elegemos sete candidatos e mais um oitavo por outra legenda. Nosso candidato a prefeito alcançou uma vitória esmagadora.

Durante a campanha, realizávamos uma média de quatro comícios por noite, cada um mais concorrido que o outro. Nosso jornal *O Democrata* duplicou a tiragem. Organizamos numerosos comandos para distribuir cédulas e fazer propaganda dos nossos candidatos de casa em casa, de rua em rua, de distrito em distrito e de bairro em bairro. Esses comandos funcionaram magnificamente.

Tudo corria bem para mim, até o dia do comício de encerramento da propaganda eleitoral, quando apareceram pichações pelas ruas chamando-me de assassino e concitando o povo a vingar de minha pessoa a morte do primeiro-tenente Sampaio. E ameaçavam dissolver o comício a bala, caso eu falasse nele. O secretariado do Comitê Estadual se reuniu e tomou uma posição defensiva, aconselhando-me a não participar do comício de encerramento em razão da pressão dos aliados e do próprio candidato a prefeito, Agrício Moreira da Rocha, que ameaçou não participar do comício, caso eu participasse dele.

Quando me avisaram da resolução do Comitê Estadual, meu impulso foi regressar imediatamente ao Rio, e só não o fiz porque não havia mais transporte naquela tarde. Um grupo de camaradas ofereceu-se para defender-me no comício. Não aceitei, pois estranhava que somente naquele dia meus inimigos quisessem me liquidar fisicamente, quando sabiam que eu estava em Fortaleza há mais de dez dias. Se de fato quisessem me matar, já teriam feito antes, nos inúmeros comícios que fiz durante a campanha do candidato a prefeito. Estranhei a conduta do candidato e do secretariado do Comitê Estadual, a reboque do Agrício, que até aquele momento não se separava de mim e fazia questão fechada de que eu falasse ao seu lado em todos os comícios, pedindo que eu o apresentasse ao público em todos eles e encerrasse todos aqueles de que participávamos.

Voltei à casa onde me hospedara e, à noite, fui à praça José de Alencar como um estranho espectador, a fim de assistir ao comício de encerramento. Após o comício, o candidato a prefeito mandou convidar-me para participar de um coquetel. Mandei dizer-lhe que, "como filho de uma família humilde de camponeses, não podia ombrear-me com um burguês rico; mesmo porque não queria comprometê--lo com seus amigos e aliados".

O resultado das eleições em Fortaleza não foi surpresa para mim. Tanto a vitória do sr. Agrício Moreira da Rocha para prefeito como a eleição espetacular de oito vereadores deveram-se ao prestígio do partido entre o povo e ao magnífico trabalho com as massas que realizamos. Confesso que voltei ao Rio alegre com a vitória e magoado com o candidato a prefeito.

3

A luta da reação contra o nosso partido continuava desenfreada dentro e fora do Congresso Nacional. Os fascistas, a burguesia reacionária, principalmente a burguesia rural, os agentes do imperialismo ianque e os fascistas teciam intrigas e vomitavam as mais torpes calúnias contra o nosso partido e a URSS. Souberam aproveitar um incidente que houve com o secretário da embaixada brasileira em Moscou para desfechar uma vergonhosa campanha contra a URSS, exigindo do governo brasileiro um gesto de "desagravo". Clamavam pela ruptura das nossas relações diplomáticas e comerciais. Houve mesmo alguns provocadores fascistas que insuflaram o governo a declarar guerra contra a URSS. Nossa bancada no Parlamento não podia assistir de braços cruzados a semelhante provocação. Não somente nas tribunas da Câmara e do Senado, como também em comícios, atos públicos e conferências, no Distrito Federal e na maioria dos estados, explicamos ao povo quem era o secretário da embaixada brasileira em Moscou e repelimos a provocação. O diplomata era um ébrio inveterado que vivia dando escândalos e provocando desordens nos cafés e nas ruas de Moscou e, por isso, numa dessas desordens, fora detido e considerado *persona non grata* pelo governo soviético. Explicávamos ao povo que a culpa não era do governo soviético, mas do governo brasileiro, que nomeara um indivíduo sem capacidade moral para representar o Brasil no exterior. Tratava-se de um provocador a serviço da reação e do fascismo, muito conhecido nos círculos da grã-finagem como "Pina-Gomalina".

Desgraçadamente, os agentes do imperialismo ianque e os fascistas de todos os quilates, incrustados em todos os postos-chaves do aparelho estatal e na própria direção do estado, levaram o governo reacionário e antissoviético do general Dutra a romper, em outubro de 1947, as relações diplomáticas e comerciais com a URSS. Estava dado o primeiro passo rumo a outras medidas de caráter ainda mais reacionário, como foi o fechamento da União da Juventude Comunista, da Confederação das Uniões Femininas, da Associação dos Amigos da URSS etc.

A reação desencadeara a ofensiva contra o nosso partido e o movimento de massas desde o início do governo de Dutra. Permanecemos obstinadamente na defensiva. Ainda nessa época, apesar das investidas governamentais contra nós, a linha política do nosso partido era de paz, ordem e tranquilidade. Essa linha, aceita sem restrições por todos os militantes, a meu ver, prejudicou o espírito de radicalização das amplas massas populares, principalmente de grande parte da classe operária que aceitava a orientação do partido.

Essa posição, a meu ver, apesar dos grandes movimentos de massa que realizamos, em vários pleitos eleitorais, e das vitórias que obtivemos, nos isolou um pouco dos setores mais radicais das massas populares. Tanto é verdade que, em alguns casos, os operários, não suportando mais os baixos salários, passavam por cima da orientação do partido e deflagravam greves.

Quando os operários entravam em greve, o partido, que antes lhes tinha desaconselhado essa forma extrema de luta, dava-lhes apoio, fazendo autocrítica na prática (e o proletariado reconhecia que o partido não o tinha abandonado). Mas o fato é que a orientação geral do partido, naquele momento, levou-o a se atrasar em relação à luta dos setores mais radicais da classe trabalhadora.

A meu ver, tínhamos cedido demais, em busca de uma união nacional que não conseguíamos fazer e, em consequência disso, nos isolamos bastante das massas sofridas, em virtude da nossa posição *reboquista* com relação à burguesia.

Em dezembro de 1947, a campanha pela cassação dos mandatos dos parlamentares comunistas estava a todo vapor. O governo reacionário do general Dutra empenhava-se a fundo na coisa. A luta iniciara-se na Comissão de Constituição e Justiça, presidida pelo deputado Agamenon Magalhães, que nos assegurou, em toda plenitude, o direito de defendermos os nossos mandatos sem nenhuma restrição. E quando os deputados reacionários protestavam, por qualquer motivo, ou alguns oradores excediam o tempo ou transgrediam as normas parlamentares – como eu mesmo, que já não estava ligado à boa ética da linguagem parlamentar –, Agamenon Magalhães respondia: "São nossos colegas, estão defendendo seus mandatos, a soberania do povo e da própria casa, ameaçados por um projeto de resolução inconstitucional". E ressaltava: "Enquanto eu for presidente desta Comissão, franquearei a palavra a qualquer colega para a defesa de seus direito ameaçados".

Agamenon Magalhães não estava isolado no combate à medida arbitrária: mais de uma centena de deputados democratas tentaram impedir que ela se concretizasse. Entre os que mais se destacaram na resistência, recordo aqui com muito prazer os nomes dos deputados Café Filho, Nestor Duarte, Hermes Lima, Nelson Carneiro e João Mangabeira, por exemplo. Mas os deputados reacionários, ávidos por se destacarem aos olhos de Dutra, ansiosos por prestar serviço à presidência da

República, desmandavam-se em insultos e calúnias contra a União Soviética e o PCB. Nossa bancada reagiu com firmeza e combatividade, denunciando o sentido profundamente antidemocrático do golpe que estava sendo vibrado no princípio da soberania popular.

A essa altura dos acontecimentos, é claro que o partido já não pensava mais em estender a mão ao governo em nome da união nacional. Lançamos, então, uma palavra de ordem que caiu no vazio: exigimos a renúncia de Dutra.

A reação cassara a União da Juventude Comunista, fechara a Associação Brasileira dos Amigos da URSS e a Federação das Uniões Femininas, rompera as relações diplomáticas com a URSS e cassara o registro eleitoral do partido. Estávamos às vésperas da cassação dos nossos mandatos. Ora, se não tínhamos tido força para evitar todos esses golpes reacionários que sucessivamente havíamos recebido do governo, menos força teríamos para exigir a renúncia do general Dutra. A meu ver, foi uma palavra de ordem errada, que nasceu morta. E, na prática, só serviu para uso interno do partido.

Poucos dias antes da cassação dos nossos mandatos, nossa banca foi avisada por telefone que robustos e truculentos policiais estavam expulsando os moradores da favela do Hipódromo da Gávea. Os brutamontes enchiam caminhões com homens, mulheres e crianças, sem levar em conta estado de saúde ou grau de parentesco, misturavam tudo. Mães aflitas procuravam seus filhos, e estes procuravam por seus pais. E lá se iam todos, mergulhados naquela confusão. Para aonde iam? Ninguém sabia. Os que protestavam eram presos e espancados barbaramente a sabre e a cassetete de borracha.

Pediram-me que fosse até lá a fim de evitar brutalidades contra os moradores. Ao chegar ao local, a polícia tentou barrar-me os passos. Exibi a minha carteira de deputado federal e aleguei que estava designado pela Câmara Federal e, em nome dela protestava contra as violências que eles, policiais, estavam praticando. É claro que não evitei os despejos, mas evitei pelo menos que prosseguissem os bárbaros espancamentos.

Ainda não havia dois meses que ali mesmo, bem pertinho da favela do Hipódromo, quase defronte da lagoa Rodrigo de Freitas, realizara-se uma exposição de cães de raça, em que estes desfilaram em tapetes de veludo. Muitos foram transportados em aviões de luxo em companhia de seus donos ou de acompanhantes especializados. Esses cães se alimentavam de filé mignon, vitaminas e leite, tomavam banho de sol e de raios ultravioleta, eram cuidadosamente banhados, perfumados e penteados; como os cavalos dos ricos, dispunham de médicos, enfermeiros e empregados para tratá-los. Enfim, recebiam tudo que faltava às famílias faveladas. Era essa a civilização cristã-ocidental? Eu rezaria centenas de padre-nossos, de joelhos no chão e tantas ave-marias quantas fossem necessárias, se isso pudesse apressar o seu fim!

Eram dois mundos diferentes: o mundo dos cavalos e cães de estimação, dos privilegiados da vida, e o mundo das criaturas humanas vítimas do cruel regime da exploração do homem pelo homem.

No dia seguinte pela manhã, muito cedo, deparei com um drama simples e angustioso. Ao passar pela rua das Laranjeiras, pertinho do largo do Machado, ouvi de uma pequena multidão estarrecida, que ali se concentrava, o seguinte fato: uma doméstica que dera à luz clandestinamente uma criança, para encobrir a vergonha ou não perder o emprego, colocara o filho numa caixa de madeira e a depositara na porta de uma casa residencial, com a intenção, sem dúvida, de que o bebê fosse recolhido por pessoas caridosas. Desgraçadamente, porém, em vez da proteção humana, a criança encontrou a agressão feroz dos vira-latas famintos que perambulavam pelas ruas fuçando os depósitos de lixo em busca de algo para comer: descobriram a criança e a estraçalharam, disputando-a. Quando os transeuntes notaram que se tratava de uma criança o que estava sendo devorado pelos cães, já era tarde demais. Dela restava apenas uma mãozinha ligada a parte do braço e uma parte da perninha. O resto do corpinho tinha sido devorado. Eu ia chegando no momento em que dois cidadãos tomaram dos vira-latas os únicos despojos que restavam da criança.

O fato foi noticiado pelos jornais. Recortei as notícias e preparei-me para falar na Câmara de Deputados sobre esse fato e sobre o drama da favela do Hipódromo da Gávea, comparando a vida nababesca dos animais dos ricos com a vida de miséria, fome e atraso das massas sofridas.

Nessa época eu me preparava para apresentar à consideração do plenário da Câmara Federal um projeto de lei que ampliava o Departamento Nacional da Criança e criava um dispositivo legal de proteção às mães solteiras e a todas as crianças abandonadas, prevendo a construção de berçários e creches em todos os locais de trabalho onde houvesse mais de quarenta mulheres trabalhando, quer nas repartições públicas, quer nas empresas particulares. Aproveitei como justificativa e argumento o caso da criança devorada pelos cães na rua das Laranjeiras, e as crianças abandonadas que perambulavam pelas ruas e dormiam ao relento, nas calçadas, nas escadas, nos bancos de jardim: crianças sem pai, sem mãe, sem amparo de ninguém, totalmente abandonadas, sem carinho, sem brinquedos, sem amor e sem o calor da solidariedade humana, crianças que viviam na promiscuidade, na escola do vício e do crime.

Ressaltei o problema das mães solteiras, que, tendo de trabalhar fora, eram obrigadas a deixar seus filhos trancados ou amarrados num apartamento durante dez ou doze horas, por falta de creches e berçários. Acentuei que a causa principal da criminalidade infantil era a falta do amparo materno, a indiferença dos governos.

Aquela era a última oportunidade que eu tinha para falar no plenário da Câmara Federal, pois já sabíamos que nossos mandatos seriam cassados dentro de poucos dias. Aproveitei o ensejo da justificativa do meu projeto de lei sobre o Departamento Nacional da Criança e mandei brasa contra o governo, criticando-o severamente pela falta de tirocínio administrativo, por seus excessos, suas arbitrariedades e pela tremenda repressão contra as massas trabalhadoras do campo e da cidade.

Nessa época, o governo do general Dutra estava gastando bilhões de cruzeiros para subornar deputados e senadores a fim de que votassem pela cassação dos mandatos dos representantes comunistas. Denunciei o derrame de dinheiro na compra dos votos de parlamentares. Dinheiro, afirmei, que daria para construir dezenas de creches e berçários. Critiquei os magnatas donos de cavalos de corrida e de animais de estimação, que prezavam muito mais seus animais do que as crianças.

Foi a minha despedida do Congresso Nacional. O projeto foi muito comentado pela imprensa e por parlamentares. Os jornais mais progressistas disseram que a minha despedida fora uma despedida feliz; outros jornais, reacionários, criticaram-me pela "falta de ética" e pela linguagem agressiva e insultuosa às autoridades governamentais. Censuraram e lamentaram que os parlamentares "capazes e cultos" não tivessem levantado tais problemas, deixando que o fizesse um deputado semianalfabeto como Gregório Bezerra.

Alguns deputados me felicitaram. Outros, como Juracy Magalhães, disseram que o projeto tinha caráter demagógico, era mal redigido e estava mal justificado, com fins exclusivamente agitativos e propagandísticos. E acrescentaram: "Felizmente, dentro de poucos dias, estaremos livres desses insolentes".

Uma surpresa agradável me foi proporcionada por um de meus colegas mais ferrenhamente anticomunistas: o deputado padre Arruda Câmara. Esse parlamentar assistiu atentamente ao meu discurso, do princípio ao fim, e por duas vezes requereu à mesa a prorrogação da sessão, para que eu pudesse concluir a minha fala. E, quando terminei, foi um dos primeiros a bater palmas, o que me causou admiração.

Nossos mandatos foram finalmente cassados no dia 8 de janeiro de 1948. Avisados de que eu seria preso logo após a cassação do meu mandato, alguns deputados me ofereceram abrigo em suas fazendas: agradeci-lhes, mas disse-lhes que não pretendia me ocultar. Nesse dia, o boato da minha prisão era voz corrente e só não fui preso porque saí da Câmara em companhia de alguns deputados amigos e de Pedro Pomar que, eleito na legenda do PSP em São Paulo, não foi cassado.

Durante a batalha da cassação, a casa de pensão que havia defronte a residência do senador Luiz Carlos Prestes passou a ter um movimento bastante incomum de "hóspedes" encarregados de nos proteger. Depois do dia 8 de janeiro de 1948, duplicou a vigilância dos nossos "protetores". Nessas alturas, o camarada Prestes já tinha mergulhado na clandestinidade. Todavia, eu e Armênio Guedes continuávamos morando com a família dele.

A polícia política me acompanhava por toda a parte, o que não era segredo para ninguém, muito menos para o partido. Enquanto isso, eu me preparava para seguir para Recife, mas só consegui passagem para o dia 18 de janeiro. O partido achava que eu deveria ir para outra região do país onde fosse menos conhecido, pois seria uma temeridade voltar a Pernambuco, onde era odiado pela reação – tanto do governo como da burguesia.

Minha companheira me telegrafou, pedindo-me que eu não voltasse a Recife, onde elementos suspeitos já tinham me procurado várias vezes, até em casa. Mas como nordestino e pernambucano que sou, ligado às amplas massas populares, achava que o meu setor de atuação deveria ser mesmo o Nordeste e, principalmente, Pernambuco.

No dia 16 de janeiro, às sete horas da noite, estava jantando com a família Prestes quando o *Repórter Esso* noticiou espalhafatosamente um incêndio no 15º Regimento de Infantaria, em João Pessoa. Dizia o *Repórter Esso* que todo o quartel estava transformado numa gigantesca fogueira cujas labaredas eram vistas a dezenas de quilômetros. E afirmava: "Trata-se de uma sabotagem dos comunistas em represália ao Exército, contra a cassação dos mandatos dos seus parlamentares". As irmãs de Prestes disseram: "Já começaram as provocações contra o partido". Respondi: "Já começaram tarde". Mas estava longe de supor que, pessoalmente, iria pagar muito caro por tal provocação. No dia seguinte, pela manhã, os jornais falavam do incêndio e diziam que, segundo as autoridades militares e civis, tratava-se de um plano terrorista dos comunistas em represália às cassações dos seus mandatos. E já noticiavam a prisão da maioria dos deputados comunistas da Assembleia Legislativa de Pernambuco.

Tomamos café em companhia do deputado Pedro Pomar, quarto secretário da mesa da Câmara Federal, em cuja companhia saí com destino ao seu escritório parlamentar, na tentativa de evitar a minha prisão, que era esperada para qualquer momento. Ao meio-dia, o camarada Pedro Pomar, de volta da Câmara dos Deputados, pegou-me no escritório para irmos almoçar. Desgraçadamente, ao chegarmos à Cinelândia, defronte ao antigo Senado da República, o automóvel de Pomar não estava no lugar previamente determinado, o que nos forçou a esperar alguns minutos. Subitamente, fui cercado por uma numerosa turma de policiais. Pedro Pomar protestou e eu tentei reagir, mas fui dominado pelos policiais. Nesse momento chegou o carro de Pomar. Consegui entrar no automóvel, onde ele já estava protestando contra os policiais que tentavam arrancar-me do carro. Um deles, que meteu a mão pela portinhola do carro tentando arrastar-me, teve os dedos quebrados, pois bati com ela na sua mão. Pedro Pomar comprometeu-se a levar-me à Polícia Central. Ao chegarmos lá, fui arrastado de dentro do automóvel, com toda a violência, e levado até o segundo andar do prédio, onde me meteram num cofre de aço que não tinha mais de 60 centímetros de profundidade e de largura e não chegava a 1,2 metros de altura. Tinha apenas um orifício de cerca de 5 centímetros, onde coloquei o nariz para poder respirar. O calor era insuportável e faltava-me a respiração.

Resolvi, enquanto podia, pôr a boca no orifício e gritar com toda a força, e o fiz até que chegou o delegado do Dops, o dr. Fredigal, que mandou abrir a porta do cofre e perguntou-me: "Por que está gritando tanto? O que quer?". Respondi: "Estou passando mal, não posso respirar". E exigi que me pusessem em outra prisão, onde pudesse pelo menos respirar. Nessa altura, eu já tinha a cabeça e o ombro esquerdo fora do cofre e segurava o delegado pelo paletó. Prometeu resolver o problema se eu ficasse "quietinho". E mandou-me tirar a cabeça e o ombro da porta e o largar. Recusei-me. Ele ordenou aos tiras que me empurrassem para dentro do cofre, mas eu o segurei pela beca com toda a força de que dispunha. E aí começou o jogo de empurra, para dentro e para fora. Se a porta do cofre fosse mais larga, eles teriam me posto para dentro com o delegado e tudo... Nesse instante, chegou o célebre comissário Borer, que, depois de confabular com seu chefe, transferiu-me para outra prisão, onde pelo menos eu podia respirar.

Durante o atrito com o delegado e os tiras, o dr. Fredigal disse que nada tinha a ver comigo, que eu tinha sido preso por ordem do ministro da Guerra, general Canrobert Pereira da Costa, e estava à disposição dele. Na madrugada do dia seguinte, 17 de janeiro, fui conduzido algemado, em um tintureiro, para o aeroporto Santos Dumont, de onde saí, de avião, sem saber para onde me levavam. Somente às dez horas da manhã, quando o avião chegou ao aeroporto militar de Salvador, tive uma vaga ideia do meu destino. Mas não sabia se ficaria em Salvador ou se me levariam para outro lugar.

Ali recebi o primeiro ato de solidariedade. Eu tinha muita fome e muita sede. Não almoçara nem jantara no dia anterior. Ao chegar ao aeroporto, fomos a um bar. Os tiras pediram laranjada, o encarregado respondeu-lhes que não tinha e virou-se para mim, perguntando: "E o senhor, o que deseja?". Respondi-lhe que desejava uma laranjada, mas, como não tinha, me contentaria com um refrigerante qualquer. O jovem encarregado do bar respondeu: "Para o senhor, tem". Foi aos fundos do bar, espremeu duas laranjas, encheu um copo duplo e deu-me para beber, diante dos tiras, que, enfurecidos, berraram: "O senhor disse que não tinha laranjada, e como é que teve para esse comunista?". O jovem respondeu: "Disse, e de fato não tenho". "E como teve para o comuna?" O rapaz respondeu: "As laranjas são minhas e faço delas o uso que quiser. Sou senhor do meu nariz". Os tiras ameaçaram prendê-lo na primeira oportunidade.

Já passava de onze horas e a tripulação do avião resolveu almoçar ali mesmo. Novamente o rapaz do bar veio até mim e avisou-me que não comesse nada, pois ele me traria outro copo de laranjada. Recusei o almoço e tomei a laranjada, de gole em gole, sob os olhares raivosos dos tiras, que ficaram mais furiosos ainda com o moço do bar.

O avião levantou voo e às quatro horas da tarde estávamos chegando a João Pessoa. O campo estava superlotado de militares. Fiquei estarrecido com o aparato bélico: oficiais, sargentos, cabos e soldados armados até os dentes. Jipes militares, carros blindados e batedores com suas máquinas barulhentas. Tudo dava o aspecto de uma grande operação militar em preparação. Só faltava mesmo o inimigo, que não aparecia... Depois de outras medidas de precaução, empurraram-me para dentro de um jipão, todo fechado, cercado de soldados com baionetas e metralhadoras apontadas para mim.

O jipão saiu, com os batedores à frente, atrás e nos flancos. Só então compreendi que o inimigo era eu. Um pobre comunista algemado, escoltado por um regimento de infantaria em pé de guerra... Pobre Exército! Fiquei abismado com tamanha "honra"... E perguntei a mim mesmo qual seria o meu destino e qual tinha sido o meu crime. Cheguei à conclusão de que o meu único crime era ser comunista, e sentia-me orgulhoso disso e de pertencer ao PCB.

Chegamos finalmente ao velho quartel do 15º Regimento de Infantaria, onde, depois de mais uma demonstração de força, trancaram-me num xadrez previamente preparado para mim. Estava isolado do mundo, à mercê dos gorilas fantasiados de soldados.

Mais tarde, o general Adriano Mazza e o coronel Armando Batista, cada um em sua vez, entraram no meu cubículo. O general apresentou-se:

— General Adriano Mazza, presidente da Comissão Policial Militar de Inquérito.

E logo o outro:

— Coronel Armando Batista, comandante do 15º Regimento de Infantaria.

Levantei-me da velha cama de ferro, empestada de percevejos, perfilei-me também e respondi:

— Deputado comunista Gregório Bezerra.

— Como? — arguiu-me o general.

Repeti-lhe:

— Deputado Gregório Bezerra, eleito pela legenda do PCB nas eleições de 2 de dezembro de 1945.

— Está bem! Mas seu mandato foi cassado, não sabia?

— Claro que sabia — respondi-lhe —, mas meu partido impetrou um mandado de segurança no Supremo Tribunal Federal e, enquanto não for decidido, sou senhor das minhas imunidades.

— Seu partido já não existe mais, foi fechado.

— Meu partido sempre existiu, desde que foi fundado, em 25 de março de 1922.

— Está fora da lei e seus membros estão sujeitos às penas dela, não sabia?

— Leis absurdas e discriminatórias. Nós, comunistas, não as cumprimos.

O general retirou-se. No dia seguinte, ele e o coronel Armando Batista vieram novamente à minha cela.

— Está disposto a trabalhar? — perguntaram-me.

— Depende do trabalho, general.

Um pelotão armado de baioneta calada escoltou-me até uma pequena sala do pavilhão térreo onde havia cinco homens de pé. O general Adriano Mazza perguntou-me:

— Conhece esses senhores?

— V. Exa. fala comigo, general?

— Sim, é contigo mesmo que estou falando.

— V. Exa. me dá licença para responder?

— Pois não.

— Senhor general, peço a V. Exa. que respeite suas estrelas de generalato, como eu tenho sabido respeitar o meu mandato de deputado comunista.

— Como!? — perguntou-me o general.

Respondi-lhe com a mesma frase. Então entrou no jogo o coronel Armando Batista:

— O senhor não conhece esses cavalheiros?

Dei-lhe a mesma resposta que dera ao general Adriano Mazza. Os oficiais irritaram-se com as minhas palavras e a maioria retirou-se da sala. O general e o coronel ficaram mudos, olhando um para o outro e depois para mim, enquanto os cinco cidadãos sorriam de satisfação, suponho que agradecidos pela minha resposta.

Estava travando uma luta muito superior à minha capacidade, mas eu era um militante comunista, sabia que o que estava em jogo era o prestígio do meu partido. Tinha de defendê-lo a todo custo. Fui retirado da sala e levado para a cela, submetido a rigorosa incomunicabilidade e preparei-me psicologicamente para o pior.

Até então eu sabia que estava atuando bem, porque o riso de satisfação dos cinco cavalheiros com os quais fui acareado, o protesto dos oficiais contra a minha resposta e a maior rigidez de tratamento a que me submeteram atestavam a justeza da minha conduta. Mas ainda não sabia o motivo real da minha prisão. Não lia jornais, não sabia de nada, não falava com ninguém; tudo estava vedado para mim. Só tinha um caminho: portar-me com toda a dignidade revolucionária e defender o meu partido sem a menor vacilação.

Depois de 23 dias de total isolamento, fui levado para interrogatório num vasto salão onde já estava a oficialidade do 15º Regimento de Infantaria, os sargentos e os praças. O recinto estava superlotado. Ao centro de uma mesa retangular, estava sentado o general Adriano Mazza e, ao seu lado, o coronel Armando Batista e o capitão Renato de Moraes. Numa mesa menor, uma máquina de escrever; um capitão servia de datilógrafo. Um silêncio tumular. O oficial de dia, que comandava a escolta, mandou fazer alto e apresentou-se ao general Adriano Mazza. Este mandou o oficial abaixar a mão e ordenou que a escolta ficasse à minha retaguarda, em posição de descanso. A seguir, foi servido um cafezinho à oficialidade. O general ofereceu-me um. Não aceitei e agradeci-lhe a gentileza. Depois disso, o general Adriano Mazza endireitou-se, ajeitou o colarinho da túnica, puxou-a para baixo, retemperou a garganta, olhou para mim e disse:

— Sr. Bezerra, o senhor foi detido por ordem de S. Exa. o general Canrobert Pereira da Costa, digníssimo ministro da Guerra, a pedido de S. Exa. o senhor general Gil Castelo Branco de Almeida, comandante da 7ª Região Militar. Isso porque o senhor foi acusado, junto com outros elementos que estão detidos, de ter incendiado o quartel do 15º Regimento de Infantaria, sediado em João Pessoa.

Nesse momento chegou o promotor Eraldo Gueiros Leite, da Justiça Militar da 7ª Região, a quem fui apresentado pelo general Mazza, que acrescentou:

— Veja o senhor, o problema é tão sério que S. Exa. o senhor presidente da República tirou-me das minhas funções para nomear-me presidente do Inquérito Policial Militar e designou como meu assessor técnico o promotor da Auditoria de Guerra da 7ª Região Militar, o senhor dr. Eraldo Gueiros Leite. E eu, em minha dupla autoridade de general e de presidente do Inquérito Policial Militar, estou aqui para apurar a verdade e entregar os culpados à Justiça Militar.

Confesso que, quando vi o dr. Eraldo Gueiros Leite na Comissão de Inquérito Policial Militar como representante da Justiça Militar, pensei tratar-se de um caso muito sério. Jamais poderia supor que no Exército, do qual participei durante catorze anos, houvesse oficiais de patente superior que se prestassem a servir de joguete nas mãos de politiqueiros ou representantes da justiça que se curvassem diante de militares prepotentes para juntos desempenharem um papel tão sujo como foi a farsa do 15º Regimento de Infantaria. Mas quando o general Adriano Mazza dramatizou com toda a eloquência o incêndio do 15º Regimento de Infantaria e repetiu que estava ali para apurar a verdade sobre o incêndio e entregar os culpados à justiça, compreendi que o caso não era tão sério como eu supunha de início. Tratava-se, isso sim, de uma farsa mal-engendrada contra o PCB e seus militantes, e para manter-me durante longos anos na prisão.

O general disse-me que nas primeiras sindicâncias, feitas cuidadosamente, eu fora apontado como planejador e executor do incêndio do 15º Regimento de Infantaria, em represália às Forças Armadas do país, por terem sido cassados os mandatos dos parlamentares do PCB. Respondi-lhe que ele já errara ao começar o processo do modo como o fazia. Alguns oficiais se irritaram.

— Como? — perguntou-me o general.

Então repeti:

— V. Exa. começou errando, porque deveria ter iniciado o inquérito pelo círculo dos oficiais, a começar pelo senhor coronel Armando Batista, comandante do Regimento.

Houve novos protestos de oficiais. Continuei:

— V. Exa. não encontrará um só comunista que, direta ou indiretamente, tenha sido conivente com esse crime. Os incendiários estão aqui, dentro do quartel. Não somos nós, os comunistas, que incendiamos vosso quartel. Ao contrário, o incêndio foi planejado e executado contra nós. Nós comunistas revolucionários lutamos para transformar esse regime de exploração do homem pelo homem num regime socialista, no qual não haja mais exploradores nem explorados. Nós comunistas, senhor general, não somos terroristas nem sabotadores, tampouco incendiários. Não usamos esses métodos de luta, porque eles só servem para reforçar a reação e justificar seus golpes criminosos contra os melhores filhos do povo e da classe operária. O incêndio de um quartel não resolve o problema da revolução brasileira. Se resolvesse, nós, os comunistas, o faríamos sem a menor vacilação e sem nenhum sentimentalismo pequeno-burguês. Se o incêndio de um quartel resolvesse a derrubada do governo Dutra, eu não viria do Rio de Janeiro, a mais de 2 mil km de distância, para incendiar o 15º Regimento de Infantaria, em João Pessoa. Eu teria incendiado o Palácio do Catete, onde vive e trabalha o general fascista Eurico Gaspar Dutra, presidente da República.

Novos protestos dos oficiais.

Afirmei que estava depondo para salvaguardar a responsabilidade do partido e não para me defender, pois o incêndio do 15º Regimento de Infantaria era um crime premeditado e executado contra os comunistas, para nos incompatibilizar com as Forças Armadas e, em particular, com o Exército nacional, e nos pôr, perante a opinião pública, como um bando de anarquistas e incendiários. O incêndio visava também justificar a onda de terror contra o movimento operário, contra os comunistas e contra os democratas; e que o general procurasse os autores do incêndio dentro do quartel, pois lá os acharia.

Apesar dos protestos de grande parte da oficialidade, quando afirmei que os responsáveis estavam entre eles, a maioria não parecia convencida de que elementos estranhos tivessem tocado fogo em seu quartel. Tive a impressão de que era de dúvida a expressão fisionômica da maioria dos oficiais presentes.

De repente, uma das portas do salão se abriu e entrou um grupo de onze prisioneiros de fisionomia abatida, entre os quais um cabo e um soldado, que se perfilaram diante do promotor Eraldo Gueiros Leite. Este me perguntou:

— Conhece esses homens, Gregório?

Disse que não e que, se os conhecesse, também negaria.

— Por quê? – perguntou o promotor.

— Porque não sou policial nem alcaguete para acusar quem quer que seja.

A seguir, o promotor Eraldo Gueiros Leite perguntou aos prisioneiros, um por um, se algum me conhecia. Uns, timidamente, afirmaram que sim; outros negaram com toda a firmeza. O promotor irritou-se e bradou: "Como não o conhecem?". E voltou a perguntar novamente, um por um, se me conheciam. A resposta foi outra vez não.

– Está vendo, Gregório? Só muito pau fará que eles contem a verdade... – bradou o promotor.

Fiquei estarrecido e disse-lhe estranhar que um representante da Justiça Militar fosse favorável à tortura de prisioneiros para extorquir confissões. "É porque você não sabe quem são esses canalhas! Com eles só muito pau!" E falava com ódio. Repliquei-lhe que esse era um método fascista de interrogatório, e que me espantava ver em pleno regime constitucional um procurador da Justiça aplicar tortura para arrancar confissões de crimes não cometidos. Ele riu sarcasticamente e afirmou, pela terceira vez: "Só com muito pau confessarão a verdade". Vendo que por esse caminho não o convenceria, apelei para os seus próprios interesses: que meditasse na responsabilidade de jovem jurista, filho de uma ilustre família muito conceituada na sociedade pernambucana; que não manchasse essa reputação, seria sua melhor herança. Ele se limitou a repetir o que dissera antes. Argumentei ainda: mais do que eu, ele sabia que o Código Penal Militar e a própria Constituição da República condenavam a tortura; que nenhum juiz, em sã consciência, poderia condenar réus cujas confissões tivessem sido arrancadas por esse método. A resposta dele foi: "Vejamos, Gregório".

Segui para o meu cubículo, bastante preocupado com a atitude do promotor Eraldo Gueiros Leite em relação aos demais presos envolvidos na farsa do incêndio do 15º Regimento de Infantaria. Eu já sabia que eles estavam sendo torturados, pois suas fisionomias angustiadas denotavam sofrimentos atrozes.

Mais ou menos 30 ou 35 dias depois, apareceu, colocado por baixo da porta da minha cela, um exemplar de um jornal católico da Paraíba reproduzindo a denúncia que o promotor Eraldo Gueiros Leite havia apresentado contra mim. Fiquei surpreso, pois pensei que ele acabaria desistindo de reproduzí-la. Li e reli várias vezes a peça acusatória, preparando-me para rebater todas as falsas acusações que o promotor faria.

Dias depois, adoeci. Sentia muita dor de cabeça e em todo o corpo, tinha disenteria de sangue, não conseguia comer e estava com febre. Pedi assistência médica, mas o médico do regimento não se dispôs a me atender. Pedi que, se não quisesse me atender, que me permitisse receber cuidados de outro, se não ele estaria responsabilizado pela minha vida. Acabou vindo e me examinou, conscienciosamente, deu-me remédios e melhorei.

Quando já estava melhor, veio me ver o coronel Armando Batista, comandante do regimento, exigindo que eu tomasse providências contra a minha filha, que teria escarrado na face de um dos seus oficiais. Respondi que minha filha era uma moça educada e nunca faltaria com o devido respeito a quem o merecesse; se, por acaso, ela tinha agido como ele dizia era porque o oficial não a tinha respeitado. Em tal caso, o oficial tinha desonrado a farda e merecido a atitude que minha filha teve. Aproveitei para protestar contra o fato de estar preso há mais de sessenta dias, com a minha prisão preventiva já decretada, e ainda não ter podido receber visita dos meus familiares. Mas o coronel limitou-se a dizer:

— Ordens são ordens!

A partir dessa discussão, a boia, que já era ruim, piorou muito. Além do mais, as refeições, péssimas, começaram a atrasar. Um dia, o almoço chegou às quatro horas da tarde. O soldado que o trouxe disse: "Essa boia está tão suja que eu, se fosse o senhor, não comia". Um oficial ouviu e mandou que o soldado se recolhesse imediatamente ao xadrez. Prevenido pelo praça, examinei a comida com atenção. Passei o dorso da colher por cima da carne e verifiquei que havia asperezas estranhas. Acreditei que fosse areia, mas, levando a boia para perto da janelinha da cela, percebi que se tratava de vidro ralado. Protestei energicamente, chamei o médico, mostrei-lhe a comida. Ele olhou e disse:

— De fato, tem uma areiazinha aqui.

— Areiazinha nada, doutor! Isso é vidro moído! Estão tentando me matar. E o senhor fica responsável pelo que me possa acontecer.

Após esse período de incomunicabilidade no quartel de João Pessoa fui transferido para Recife, escoltado por todo o 15º Regimento de Infantaria, por causa de um boato que corria de que a massa da cidade, insuflada pelo partido, tentaria me arrancar dos braços dos meus carcereiros.

O partido, porém, não tinha preparado nenhuma operação bélica: tinha era organizado uma manifestação de solidariedade a mim. Quando cheguei, escoltado, começou um foguetório enorme em toda a cidade, inclusive na periferia. A imprensa conservadora comentou o fato, lamentando que o comunista Gregório Bezerra tivesse sido saudado daquela forma, com tantos foguetes, numa manifestação mais ruidosa do que aquelas com que tinham sido recebidos outros hóspedes, muito mais ilustres, na história da cidade.

No dia seguinte, diante do quartel da Companhia de Guardas da 7ª Região Militar, formou-se uma multidão compacta. Uma quantidade crescente de pessoas pedia autorização para visitar-me. O oficial do dia era um tenente simpático, que me conhecia; ele veio a minha cela e disse:

— Gregório, tem aí fora uma porção de gente querendo visitar você. Mas eu tenho ordens para só deixar entrar pessoas da sua família.

Respondi:

— Todos que estão aí fora, tenente, são membros da minha família.

Ele retrucou:

— Isso não é possível, Gregório. Tem gente aí fora de todos os tipos: tem gente bem vestida, branca, mas também tem pretinhos descalços e esfarrapados.

Não me dei por achado e falei:

— Tenente, mande entrar primeiro os pretos e esfarrapados, que são os parentes mais próximos. Depois mande entrar os outros, que também são parentes. São todos da minha família.

Ele sorriu e disse:

— É por isso que tu estás aqui, Gregório...

Mas deixou entrar todo o mundo. E passei o dia recebendo visitas de grupos de até quinze e vinte pessoas.

Durante as visitas, camaradas do partido foram me ver e fiquei espantado de ouvir que alguns estavam pensando que eu poderia ter mesmo incendiado o quartel do 15º Regimento de Infantaria. Disse-lhes que isso era um absurdo, que o partido nunca me perdoaria se eu realmente tivesse feito uma loucura daquelas. Expliquei-lhes que tudo não passava de uma monstruosa calúnia fascista.

No dia seguinte foi adotada a norma de só permitir que viessem me ver, de fato, pessoas da minha família.

Reclamei contra a má qualidade da comida que me davam e também contra a estreiteza e a má iluminação da cela. Prometeram-me uma transferência para uma cela mais arejada, acenaram com uma melhora da boia. Mas ocorreu uma explosão no depósito de material bélico que havia em Deodoro, perto do Rio, e logo a imprensa difundiu a acusação de que se tratava de "mais um ato de sabotagem dos comunistas", mais uma ação terrorista de vingança contra a cassação dos mandatos. Desencadeou-se nova onda de repressão, houve numerosas prisões. No quartel onde eu estava, o ambiente ficou carregado. Dias depois, ocorreu outra explosão, essa na fábrica de pólvora dos Lundgrens, perto de Recife. Em seguida, houve um incêndio na Sambra, em Areias, um subúrbio de Recife. Explodiu uma turbina na usina Catende. Tudo era atribuído aos comunistas e eu via nos olhos dos militares que suspeitavam de mim, desconfiavam que eu tivesse algo a ver com aquilo. Mas, aos poucos, os incidentes foram sendo esclarecidos e foi-se percebendo que não se tratava de nenhuma conspiração diabólica.

Enquanto essas suspeitas não se dissipavam, porém, minha situação foi ficando cada dia mais difícil. Tratavam-me cada vez pior. E a boia – apesar dos meus protestos incessantes – tornava-se cada dia mais repugnante.

Um dia, não deu mais para engolir: recusei a boia. O soldado comunicou o fato ao oficial do dia. Este veio ao xadrez, mandou formar a guarda, calar baionetas, entrou na cela e indagou por que eu recusava a comida. Respondi:

— Está ruim, fria e mal preparada.

Ele fez menção de forçar-me a comer, eu resisti. Sucederam-se movimentos inevitavelmente bruscos de um lado e do outro e a comida acabou caindo sobre o rosto dele. Isso o enfureceu, ele se atracou comigo. Outro oficial veio em socorro do colega e o conflito ameaçava assumir dimensões mais sérias, quando houve a interferência de um major, que nos separou e pediu aos oficiais que me deixassem. Protestei, exigi que chamassem minha esposa e meus advogados, disse que estava ameaçado de nova agressão.

No dia seguinte, transferiram-me para o quartel do 7º Regimento de Obuses, em Olinda. Fiquei numa cela mais arejada e menos escura do que aquela onde tinha ficado na 7ª Companhia de Guardas. Em sua maioria, a oficialidade me tratava com consideração.

Fui levado à Auditoria da 7ª Região Militar para o início do sumário de culpa. Submeteram-me a interrogatório: nome, nome do pai e da mãe, local e data do nascimento, profissão... Quando chegamos à profissão houve um pequeno incidente, pois respondi "comunista" e os inquisidores disseram que "comunista" não era profissão; mas finquei pé, alegando que, no meu caso, era, já que eu era funcionário do partido.

Na ocasião, pude ver pela primeira vez detidamente os demais acusados, examinei as fisionomias de cada um deles e vi que estavam de moral baixo, alguns com aspecto doentio.

Dias depois, voltei à auditoria, pois iam ser ouvidas as testemunhas de acusação. A primeira delas foi o coronel Armando Batista, comandante do 15º Regimento de Infantaria. Declarou que, tendo tomado conhecimento, por intermédio do investigador Irineu, da presença do agitador comunista Gregório Bezerra em João Pessoa, mandara que o referido investigador o seguisse, discretamente, apurando então que o agitador se reunira com outras pessoas, entre as quais o civil Clóvis Faria de Oliveira, na casa do padrinho deste. Levando em conta a extrema periculosidade de Gregório Bezerra, o coronel, prevenido, havia tomado as providências que considerara necessárias: colocara seu quartel em rigorosa prontidão. O Serviço Secreto do Exército tivera conhecimento da existência de um plano comunista de subversão da ordem no Nordeste, sobretudo em Recife. Os comunistas queriam vingar-se da cassação dos mandatos de seus parlamentares e não desistiam de implantar, por meio de um levante, um regime de tipo comunista no Brasil. O coronel mandara que se constituíssem dois cordões de sentinelas, um interno e outro externo, em seu quartel. Mandara que os muros do quartel, com dois metros de altura, permanecessem iluminados. Apesar de todas essas medidas de segurança, Gregório Bezerra e os demais acusados, audaciosamente, burlaram o cordão externo das sentinelas, saltaram o muro iluminado, enganaram as sentinelas do cordão interno e serviram-se de uma escada para ingressar no cassino dos oficiais e ter acesso ao forro do quartel. Servindo-se de uma bisnaga vermelha, que continha material inflamável soviético, Gregório Bezerra preparara terreno para seus cúmplices, que o seguiam e que com fósforos, também soviéticos, atearam fogo no recinto. O objetivo do grupo de incendiários subversivos era destruir documentos que comprometiam o partido e estavam guardados nos cofres do quartel. Outro objetivo era provocar uma explosão no depósito de armamentos e munições, que era o maior de toda a 7ª Região Militar, de modo que, por ocasião da deflagração do levante comunista que se daria seguramente em Recife, os militares do 15º Regimento de Infantaria de João Pessoa não estariam em condições de socorrer seus colegas sediados na capital pernambucana. Além disso, o coronel admitia que os comunistas teriam interesse em liquidar fisicamente toda a soldadesca do regimento e provocar impacto na população pobre da região através da carnificina.

O depoimento do coronel se alongava e trazia sempre novas surpresas para mim. O depoente disse, por exemplo, que a tarefa de provocar a explosão fora atribuída ao soldado Hernandes, que, refletindo, medindo a extensão da catástrofe e o número de mortes que provocaria, arrependera-se e deixara de executá-la; o soldado teria sido, então, assassinado pela mão ou por ordem de Gregório Bezerra.

Um dos meus advogados perguntou ao coronel se ele me conhecia pessoalmente. Ele respondeu que acompanhava minha carreira de agitador comunista e que, uma feita, durante um comício que eu tinha realizado em João Pessoa, chegara a preparar uma seção de metralhadoras para varrer os agitadores à bala e liquidar-me, só não o fazendo em virtude da interferência de amigos. Acrescentou que se arrependia de ter-me poupado a vida, naquele momento. A pedido de meus patronos, o coronel fez com que essa declaração constasse em seu depoimento e assinou-a.

Seguiu-se ao do coronel Armando Batista, o depoimento do capitão Renato Ribeiro de Moraes, que era fiscal do Regimento. Declarou o capitão que, quando se dera o incêndio, estava de férias, na praia, e ouvira pelo rádio, no *Repórter Esso*, a notícia do que estava acontecendo no quartel. Então, dirigira-se imediatamente para o local do sinistro, na intenção de salvar o que houvesse para ser salvo. Ao chegar ao quartel, encontrara já o Corpo de Bombeiros dando combate às chamas. Tomou logo providências para que as ações de salvamento se tornassem mais eficientes: fez com que os soldados do fogo se deslocassem do flanco direito para o flanco esquerdo. Como faltou água subitamente, o capitão verificou os hidrômetros, apurando que tinham sido previamente avariados, o que comprovava a sabotagem. O caráter criminoso do incêndio se teria manifestado, além disso, na rapidez com que o mesmo se propagara, nas proporções que o fogo assumira, destruindo o reboco das paredes e fazendo com que os cofres ficassem inteiramente retorcidos.

Meus advogados, depois de rápida conversa comigo, pediram para fazer-lhe uma pergunta e indagaram:

— Se o objetivo dos incendiários acusados era destruir os documentos que estavam nos cofres do quartel, por que o depoente desviara a ação dos bombeiros no combate às chamas do flanco direito, onde ficavam os referidos cofres, para o flanco esquerdo, onde não havia nada de importante e o fogo mal havia chegado?

O capitão titubeou e acabou respondendo que o fizera para evitar que o fogo se estendesse na direção do depósito de armamentos e munições.

Meus advogados, Carlos José Duarte e Aristides Saldanha, fizeram outra pergunta a respeito da existência de irregularidades na economia do quartel, de menções feitas a um desvio de verba de duzentos a trezentos contos de réis e a problemas na contabilidade relativa a material (calçados, roupas etc.). O depoente respondeu que essa era uma questão interna do quartel, não tinha nada a ver com o processo. Devo dizer que, na época, meus patronos admitiam a hipótese de o incêndio ter sido provocado por oficiais corruptos com o objetivo de encobrir falcatruas, mas eu tinha a opinião de que o incêndio teria sido provocado com objetivo essencialmente político, que era uma provocação contra o partido.

Em geral, o depoimento do capitão repetiu muitos aspectos do depoimento do coronel. Ambos disseram que me conheciam como agitador perigoso, manifestaram acentuada hostilidade em relação à minha pessoa e disseram-se convencidos de que eu era o culpado tanto do incêndio como da morte do soldado Hernandes.

A terceira testemunha de acusação foi o investigador Irineu, que colaborava com o serviço secreto militar. Declarou que, tendo recebido ordens do coronel Armando Batista para vigiar-me, seguira meus passos até a véspera do incêndio, quando, então, perdera contato comigo.

Meus advogados estranharam que a escada apresentada como corpo de delito, sendo uma escada de madeira, tivesse sido poupada pelas chamas, em meio a um fogaréu tão violento que destruíra o reboco das paredes e retorcera o metal dos cofres.

Por intermédio dos meus advogados, requeri que se oficiasse à polícia política do Rio de Janeiro para saber se eles tinham informações a respeito da minha permanência na então capital do país. Requeri também que se solicitasse das empresas de ônibus que exploravam as linhas interestaduais e das empresas de aviação, marítimas e ferroviárias as listas de passageiros saídos do Rio nos dias que se seguiram ao da cassação dos mandatos dos deputados comunistas. As listas vieram: meu nome não constava delas. E a polícia política do Rio confirmou, honestamente, que eu tinha permanecido na cidade durante o período das atividades criminosas que eram atribuídas a mim em João Pessoa, na Paraíba. Antes da chegada dessas informações, porém, o processo continuou seu curso. E as suspeitas contra mim eram fortalecidas por declarações de altas patentes militares, entre as quais o general Armando Mazza, o general Gil Castelo Branco de Almeida e o general Canrobert Pereira da Costa. O próprio presidente da República, general Eurico Gaspar Dutra, afirmou uma vez, no

Teatro Municipal do Rio de Janeiro, que "somente os vermelhos teriam tanta frieza para cometer um crime tão monstruoso como fora o incêndio do 15º Regimento de Infantaria".

O juiz-auditor perguntou-me se não ia apresentar testemunhas de defesa, mas disse-lhe que não, porque não queria prejudicar ninguém. Ele me informou de que era um direito meu e explicou que as testemunhas, depondo em juízo, não estariam cometendo crime nenhum. Disse-lhe: "Talvez não, aos olhos de V. Exa., mas serão consideradas criminosas por outros militares".

De vez em quando eu era levado à Auditoria da 7ª Região Militar para as audiências do meu processo. Era sempre acompanhado de uma escolta. Um dia, numa dessas audiências, apresentei um requerimento solicitando uma diminuição no número de soldados, pois não merecia escolta tão numerosa: expliquei que era um homem com senso de responsabilidade, um político, e aduzi que não pretendia fazer nada contra as Forças Armadas, pois era militar. Nem eu nem o Partido Comunista pretendíamos promover a minha fuga: queríamos que o processo fosse até o fim e tudo se esclarecesse. Aproveitei ainda para solicitar que os depoimentos de todas as testemunhas, tanto as de acusação como as de defesa, fossem fornecidos à imprensa, para que o povo pernambucano pudesse ter um amplo conhecimento dos fatos acerca do incêndio do 15º Regimento de Infantaria.

Inicialmente, o juiz-auditor não queria receber meu requerimento, alegando que ele deveria ter sido apresentado por meus advogados e não por mim pessoalmente. Retorqui que meu direito de requerer estava garantido pela Constituição da República e pelo Código Militar; se ele não o aceitava, eu pedia autorização para passá-lo aos meus advogados. O juiz estendeu a mão e pegou o requerimento para ler; leu-o e opinou para os demais membros do Conselho:

— O requerimento do acusado está em termos, pode ser aceito e apensado aos autos.

Mas preveniu-me:

— O acusado não se iluda! O grau de sua periculosidade é conhecido e nós não relaxaremos nas medidas de segurança que seu caso exige.

Aproveitei para dizer algumas palavras, replicando às calúnias que haviam sido assacadas contra mim na sala de audiências em outras ocasiões:

— V. Exa. vê que não estou, absolutamente, procurando transformar este tribunal em teatro para fazer a apologia do "imperialismo russo", como chegaram a dizer aqui outro dia. Estou empenhado em contribuir para o esclarecimento da verdade e para que se faça justiça.

Aproveitei a hesitação dos juízes e falei durante uma boa meia hora, sem que me cassassem a palavra. No final, o presidente do Conselho, que era um coronel, esbravejou:

— O senhor tem uma bicaria muito grande e sabe muito bem defender a sua pele! Mas até hoje não teve a dignidade de defender os demais corréus, suas vítimas, que estão penando por sua causa!

— Minhas vítimas, vírgula, senhor coronel! Eles são vítimas de oficiais de patente superior à sua, de oficiais que o senhor não tem o poder de julgar.

Até então, eu tinha me calado quanto ao nome dos verdadeiros responsáveis pelo incêndio. Mas, atacado em minha dignidade, naquele momento, levado pelo impulso da minha resposta ao coronel, citei os nomes:

— Os meus corréus são vítimas é do capitão Renato Ribeiro de Moraes, do coronel Armando Batista, comandante do 15º Regimento de Infantaria, do general Adriano Mazza, presidente do Inquérito Policial Militar, do general Gil Castelo Branco de Almeida, comandante da 7ª Região Militar e do próprio ministro da Guerra, general Canrobert Pereira da Costa!

O promotor Eraldo Gueiros Leite, que na inquirição tinha sido assessor jurídico do general Mazza, ergueu-se e solicitou ao auditor militar que eu fosse autuado em flagrante delito pelo crime de calúnia contra altas autoridades do Exército nacional. Aos gritos, pediu que eu fosse removido da sala de audiências.

Respondi que assumia a responsabilidade pelo que dissera e admitiria ser condenado a trinta anos de prisão por calúnia, mas queria que os membros do Conselho verificassem nos autos se não havia elementos que comprovavam o que eu afirmara. Pedi-lhes que vissem se não havia nos autos um radiograma do comandante da 7ª Região Militar dirigido ao Ministério da Guerra solicitando minha prisão *24 horas antes da ocorrência do incêndio do 15º Regimento de Infantaria*. O Conselho verificou que havia nos autos, efetivamente, uma cópia do referido radiograma.

Houve um momento de inegável perplexidade. Servi-me dele para atacar:

— V. Exa. senhor promotor tem muita responsabilidade pelo que ocorreu nesse processo e pelos sofrimentos dos meus corréus. Lembro-me de ter ouvido de V. Exa. a expressão: "Só muito pau fará com que eles contem a verdade!".

Voltei-me em seguida para o juiz-auditor e disse:

— V. Exa. senhor juiz-auditor também tem certa responsabilidade na coisa, pois recebeu a denúncia do promotor, mesmo sabendo de antemão que se tratava de uma farsa.

Enquanto isso, a principal testemunha da carga que tinham feito contra mim, Clóvis Faria de Oliveira, chorava como uma criança. Em prantos, passou-me um bilhete, pedindo-me que solicitasse, através dos meus advogados, sua hospitalização, porque estava com os ouvidos supurados, muito doloridos, de maneira que não podia dormir à noite. No mesmo bilhete, o pobre homem pedia perdão por tudo aquilo que tinha dito contra mim no processo.

Encaminhei o bilhete aos meus advogados e esclareci que não tinha raiva dele, Clóvis. Disse-lhe que sabia que ele também era uma vítima dos verdadeiros incendiários, dos criminosos que tinham posto fogo no quartel.

Meus advogados, Carlos José Duarte e Aristides Saldanha, pediram ao Conselho a hospitalização de Clóvis Faria de Oliveira. O advogado de Clóvis estava ausente, mas um outro advogado protestou e acusou meus patronos de faltar à ética profissional, imiscuindo-se na área de trabalho de um colega. Meus advogados retrucaram que estavam agindo com mero intuito humanitário, para suprir uma lacuna evidente do trabalho do outro em prol dos ideais da Justiça. O outro advogado se aborreceu, houve um bate-boca entre eles. Depois de alguns minutos de duelo verbal, com fórmulas jurídicas e retóricas de que não me recordo, o causídico ofendido pediu ao Conselho que entregasse o patrocínio da causa de Clóvis Faria de Oliveira aos meus advogados, mas estes recusaram, observando que havia incompatibilidade entre os interesses da defesa de Gregório Bezerra, acusado por Clóvis, e os interesses da defesa do próprio Clóvis. As defesas colidiam. Meus patronos propuseram, contudo, que fosse pedida à Ordem dos Advogados de Pernambuco a indicação de um causídico para assumir o encargo de defender meu corréu.

O juiz-auditor, tenso, procurando contornar o incidente surgido entre os advogados, dirigiu-se a Clóvis, perguntando-lhe:

— O senhor tem condições de se defender hoje, aqui, por conta própria?

Clóvis respondeu:

— Ah, seu dotô, saiba vosmecê que não senhor...

O juiz insistiu:

— Mas o senhor não teve condições para acusar Gregório Bezerra e outras pessoas pelo incêndio no quartel do 15º Regimento de Infantaria?

E Clóvis:

— Saiba vosmecê que, da mesma forma cum'eu acusei o siô Gregório Bezerra e outros, eu acusava Jesus Cristo e até vosmecê...

O juiz não conteve um movimento de surpresa:

— Como?!

— Ah, seu dotô, saiba vosmecê que eu passei quatro dias sem cumê e sem bebê, decorando as coisa que o capitão Renato e o coroné Armando Batista me mandaro decorar contra o siô Gregório Bezerra. Mas a verdade é que eu nem conhecia pessoarmente o siô Gregório Bezerra e nunca tinha mi riunido com os demais companheiros que foram preso cumigo...

Essa confissão de Clóvis explodiu como uma bomba. Não era mais possível levar a farsa adiante, pois as declarações do pobre homem foram ouvidas não só pelos juízes como pela imprensa e por todas as pessoas que tinham vindo à audiência.

O promotor Eraldo Gueiros Leite, perturbadíssimo, solicitou que Clóvis fosse submetido a um exame de sanidade mental, pois lhe parecia desequilibrado. Meus advogados declararam não fazer objeção à medida solicitada pelo promotor, mas ironizaram:

— Até bem pouco tempo, o ilustre representante do Ministério Público vivia dizendo que Clóvis, viga mestra da acusação, era a pessoa mais equilibrada de todo o processo...

O juiz-auditor designou um advogado de ofício para Clóvis e encerrou a sessão. Clóvis foi examinado durante 42 dias por uma junta psiquiátrica nomeada pelo Conselho e os médicos constataram que ele era perfeitamente normal. Não estava louco: fora forçado a mentir.

No quartel do 7º Regimento de Obuses, tudo continuou a correr normalmente, na mesma rotina de sempre. Mas num belo dia de sol, quando o corneteiro acabou de tocar o rancho para os praças, a guarda passou pelo corredor onde ficava a minha cela, conduzindo soldados que estavam presos, e um dos soldados jogou-me um pequeno embrulho, amarrado com linha de costura. Desembrulhei-o, fui para perto da janela, onde era mais claro, e li o seguinte: "Tenha cuidado no banho de sol e não saia da cela de noite. Se quiserem forçar você a sair, grite". O bilhete não tinha assinatura, mas era claramente um gesto de solidariedade.

Mais tarde, o encarregado da faxina também me preveniu de que eu devia ter cuidado. E à tarde recebi a visita da minha companheira, que estava muito preocupada e me disse que, caso viessem me tirar da cela à noite, eu devia recusar e pedir para falar com o auditor. Meus advogados também souberam de algo e passaram a me visitar com mais frequência.

Dois ou três dias depois dessas advertências, houve um incidente: um oficial que tinha demonstrado antipatia por mim estava de serviço e veio me buscar, às oito horas da manhã, para o banho de sol. Recusei-me a sair. Ele insistiu. Nova recusa. Perguntou:

— Por que não quer sair?

Respondi:

— Porque estou indisposto.

— Mas tem de sair. São ordens!

— Não cumpro ordens absurdas. Não posso ser obrigado a tomar banho de sol!

Ele tentou abrir a grade da cela para entrar e eu gritei:

— Tenente, se o senhor entrar para me tirar à força para o banho de sol eu vou considerar isso uma agressão e vou me defender com toda a energia que ainda tenho!

Com o barulho, vieram muitos soldados e sargentos. E acabou chegando o coronel-comandante. O coronel mandou o grupo se dispersar e o oficial do dia lhe comunicou que eu me recusava a sair para o banho de sol. O coronel me perguntou qual era a razão da recusa e eu respondi:

— Estou indisposto. E aproveito a oportunidade para dispensar o banho de sol durante o resto do tempo que ainda tenho de permanência aqui, pois estou próximo do julgamento e não quero criar dificuldades para o senhor ou para os oficiais.

O coronel me aconselhou a mudar de opinião, dizendo que o sol fazia bem, mas reconheceu que o banho de sol não era obrigatório e que eu tinha o direito de dispensá-lo. O oficial de dia teve de engolir a decisão de superior hierárquico.

Fiquei meditando: por que o oficial se empenhara tanto em me tirar para o banho de sol? Acho que estavam me armando uma cilada: eu saía, um soldado da escolta disparava contra mim pretextando uma tentativa de fuga, o perigoso incendiário Gregório Bezerra morria e o soldado era promovido a cabo...

Finalmente, chegou o dia do julgamento. A imprensa noticiou o acontecimento. Quando cheguei à auditoria, fortemente escoltado, às oito horas manhã, lá já estava concentrada uma verdadeira multidão, que me recebeu com palmas. A massa superlotava o pátio interno do velho casarão onde a auditoria funcionava e estendia-se por uma parte da avenida Conde de Boavista. Emocionou-me a solidariedade daquele povo generoso e amigo.

Antes de começarem os trabalhos, fui avisado por meus advogados que não teria o direito de defender-me pessoalmente, não poderia fazer uso da palavra para a minha defesa política; a defesa seria exclusivamente jurídica e seria feita por meus advogados, nos quais eu depositava completa confiança. Fui avisado, além disso, de que o partido, diante das circunstâncias, havia concordado com a medida. Ficava, pois, impossibilitado de acusar diante da massa os verdadeiros criminosos, os autênticos culpados do incêndio do quartel do 15º Regimento de Infantaria. Não estava convencido da justeza da decisão, mas acatei a resolução do partido, disciplinadamente.

Feita a chamada dos acusados, foi dada a palavra ao escrivão para proceder à leitura dos autos do processo. Depois, foi franqueada a palavra ao promotor, dr. Eraldo Gueiros Leite, que se limitou a historiar as funções de promotor, explicando que não tinha somente a tarefa de acusar, mas de esclarecer, pesquisar os autos do processo para melhor orientar os julgadores a fim de que estes pudessem decidir melhor, de acordo com suas consciências. Historiou o processo, o trabalho exaustivo que tivera, as noites indormidas e as contrariedades, e terminou dizendo que diante da montanha de provas que a defesa do acusado apresentara, não tinha mais condições de sustentar a denúncia que apresentara contra o réu Gregório Bezerra e os demais réus; e terminou jogando o abacaxi azedo para cima do Conselho, pedindo-lhe justiça.

Diante dessa acusação mixuruca e quase humilde do promotor, que foi mais uma confissão de arrependimento do autor do que propriamente uma acusação, os debates sobre o processo, que seriam calorosos, tornaram-se frios. Apesar disso, meus defensores fizeram uma excelente defesa, tanto no terreno jurídico como no terreno político e ideológico.

À uma hora da tarde, a sessão foi interrompida para o almoço. Como tinha muita gente querendo falar comigo, deixei de almoçar para conversar com os interessados. E aproveitei para agradecer a solidariedade que me prestaram e estavam prestando, desde a minha prisão, na Guanabara, até aquele momento. Afirmei que sabia que seria absolvido naquele processo; sabia que deveria minha liberdade ao povo de Recife e que tudo faria para continuar merecendo a estima e a confiança que me dedicava. Pedi-lhe que transmitissem aos que estavam do lado de fora e aos que não puderam vir, meus agradecimentos e votos de dias melhores para todos. Nesse momento, o oficial que comandava a minha escolta aproximou-se de mim, convidando-me delicadamente para entrar, porque os trabalhos iam recomeçar. Mais tarde houve outra interrupção dos trabalhos, e aproveitei para recomeçar a conversa com o povo.

O partido tinha desfechado nacionalmente uma grande campanha popular pela paz, contra a guerra e a bomba atômica e aproveitei para conclamar o povo a lutar por isso e contra o imperialismo norte-americano. Disse que a campanha pela paz era uma das tarefas fundamentais do partido, de todos os patriotas, democratas e progressistas, de todos os que a amam e odeiam a guerra. Disse que a guerra era a morte, a destruição, enfim, um crime coletivo contra todos os princípios da dignidade humana. Por isso mesmo, devemos lutar pela paz, que é a vida, o sossego e a possibilidade, para todos nós, de trabalhar e construir um futuro radioso para toda a humanidade.

Novamente, o jovem oficial dirigiu-se a mim dizendo que o auditor estava reclamando, porque eu estava fazendo agitação dentro da própria auditoria militar. Respondi:

– Não estou fazendo nenhuma agitação, sr. tenente, estou convidando o povo a lutar pela paz, contra a guerra, a bomba atômica e o imperialismo.

Respondeu-me o oficial:

– Mas é proibido. O senhor não pode fazer suas proclamações aqui, dentro da auditoria.

Convidou-me a entrar. Eu não podia recusar, mesmo porque não queria criar nenhum problema e sabia que, como preso, não podia ir além dos limites que me eram permitidos.

Reabertos os trabalhos, os advogados fizeram a defesa de seus clientes; não houve réplica. O Conselho retirou-se para a sala secreta para deliberar.

Eram três horas da madrugada quando o Conselho voltou ao salão do julgamento para a leitura do veredicto. Fui absolvido, como os demais acusados, por unanimidade de votos, por falta de provas.

Foto de Anita Prestes em 1946, oferecida por ela a Gregório.

4

Depois de lida a sentença que me absolvia dos crimes que me tinham sido imputados, ao invés de ser posto em liberdade ali mesmo, na auditoria, fui recolhido ao quartel do 7º Regimento de Obuses, onde ou comandante ou o oficial do dia teriam de assinar o alvará de soltura. Isso deu tempo para o partido mobilizar uma caravana de mais de quarenta automóveis e preparar rapidamente um plano para me assegurar a liberdade.

Sabíamos que alguns militares, apoiados por elementos do serviço secreto do Exército e da polícia política, inconformados com a minha absolvição, estavam se preparando para me sequestrar.

A caravana de automóveis concentrou-se perto do portão do quartel do 7º Regimento de Obuses. Quando, ao amanhecer, o oficial do dia me retirou do xadrez e me conduziu, escoltado, até o portão, a caravana se pôs imediatamente em movimento e o carro de um amigo me recolheu. Logo percebemos que éramos seguidos por diversos outros carros, mas os da nossa caravana manobraram com tanta precisão que cercaram o veículo onde eu me encontrava e o isolaram dos perseguidores. Mais adiante, numa curva da estrada, antes do varadouro, alguns dos nossos carros bloquearam propositadamente a estrada, enquanto o automóvel que me levava se esgueirava, ziguezagueando entre casas humildes, de gente do povo. Atrás das casas passava o rio Beberibe, e o carro pôde atravessá-lo por uma ponte rústica construída previamente, de maneira improvisada, com toros de madeira, por alguns operários do partido, desejosos de me assegurar a liberdade. Do outro lado do rio, enquanto ouvíamos a zoeira das buzinas dos carros dos nossos perseguidores exigindo passagem, partimos a toda velocidade para um lugar onde troquei de carro (o primeiro já tinha cumprido sua honrada tarefa).

Foi assim que, já inteiramente camuflado de bigode, óculos e chapéu, desapareci do horizonte visual dos meus perseguidores: eles me perderam de vista até o dia

18 de setembro de 1957, quando voltei a ser preso, na cidade de Serra Talhada, no Estado de Pernambuco, conforme contarei depois, quando chegar o momento.

Depois de dezoito meses de cárcere, num processo grotesco, comecei um período de nove anos de dura clandestinidade.

A princípio, os camaradas colocaram-me na casa de um operário pobre, ele e a mulher acolheram-me com simpatia, mas aos poucos fui sentindo que estava me tornando um estorvo para a família: o casal tinha um filhinho, que precisava de leite e mingau, e eu era mais uma boca para comer. Eu não produzia, não ajudava nas despesas da casa e não compreendia por que o Comitê Estadual do partido não ajudava também! Um dia, constrangido, pedi ao companheiro operário que me abrigava que levasse um bilhete a um camarada da direção estadual, o Nelson, que veio me ver, ouviu-me, achou justas as minhas críticas ao Comitê Estadual e prometeu tomar providências. Mas os dias passavam e não era tomada providência alguma. A dona da casa já me olhava com o semblante carregado. Tornei a solicitar uma conversa com a direção, veio outro camarada do Comitê Estadual que prometeu medidas imediatas – e nada.

A situação já estava se tornando insustentável, a mulher já discutia com o marido, e eu, apesar da solidariedade inabalável do companheiro, não podia mais atrapalhar de tal maneira a sua vida. Mandei dizer à direção estadual do partido que esperaria quatro dias e depois sairia da casa de qualquer maneira, por minha conta e risco, e o Comitê Estadual responderia pelo que pudesse me acontecer.

Passaram-se os quatro dias. O quinto amanheceu chovendo. Pedi ao meu anfitrião que me buscasse um táxi e saí disfarçado. A chuva caía pesadamente: era a própria natureza me protegendo contra a tiragem... Dirigi-me para a casa do meu irmão. Desci na rua Paço da Pátria, atravessei a rua do Alecrim, o pátio do Terço e emboquei na rua do Forte. No trajeto, cruzei com vários conhecidos, que não me reconheceram.

Com a chuva, os tiras que deviam estar encarregados de vigiar a casa do meu irmão provavelmente tinham buscado abrigo. Meu mano estava na porta, embevecido, olhando a água correr. Empurrei-o com porta e tudo, entrei na casa, ele ficou meio apalermado e veio atrás de mim, perguntando o que é que eu queria. Não respondi, fui direto à sala de jantar onde estavam minha companheira, minha irmã e minha cunhada: ninguém me reconheceu. Só quando abri o bico é que todos se deram conta de quem eu era; aí foram muitos beijos e abraços, preparou-se um cafezinho quente, feito no capricho, para espantar o frio e comemorar o reencontro.

Fiquei oculto num quarto para não ser visto pelos vizinhos, que vinham frequentemente à casa do meu irmão. Mandei avisar ao camarada Nelson, do Comitê Estadual, que estava lá; no dia seguinte à noite ele veio me buscar, mas queria me levar de volta para a casa onde eu tinha ficado antes e não me conformei. Discutimos, e ele, afinal, me colocou em outra casa, de uma família de quatro pessoas, às margens do Capibaribe. Permaneci nessa casa, hospitaleira e amiga, durante algum tempo; todos me tratavam muito bem e o partido me dava assistência. Afeiçoei-me muito à filha da dona da casa, uma menina de 12 anos que me chamava de "tio". Quando saí, levei muita saudade.

Ainda estive em outras casas – sempre recebendo apoio do camarada Nelson –, até partir, em fins de agosto de 1949, com destino ao Centro-Sul do país. Antes da partida, despedi-me da minha companheira em Olinda: nem ela nem eu sabíamos que seríamos obrigados pela repressão a passar vários anos sem nos ver.

Segui para Maceió, onde fiquei oito dias; depois, peguei um avião de carga para Belo Horizonte.

Em Belo Horizonte, defrontei-me com uma situação imprevista e bastante desagradável: apresentei-me na casa cujo endereço me havia sido indicado e a jovem senhora que me atendeu, e a quem entreguei o bilhete que trazia, leu-o e disse-me:

– O senhor está enganado, não conheço a pessoa que escreveu isso, nem estou esperando pessoa alguma.

Ainda procurei insistir, mas ela foi inflexível:

– Deram-lhe o endereço errado, meu senhor.

Numa tentativa de procurar contato com a direção do partido, fui à redação do jornal *O Popular*, que era o nosso jornal de massa na cidade. Na ausência do gerente e do diretor, fui recebido por um jovem, a quem expus a minha situação e pedi que me colocasse em contato com algum dirigente comunista. O rapaz, atendo-se às normas de segurança do trabalho partidário, explicou-me:

– Nós, aqui, não conhecemos nenhum elemento do Partido Comunista. Nosso jornal é independente e somos apolíticos. Não podemos ajudá-lo.

Olhei, desolado, para os retratos que estavam pregados à parede na sala da redação: fotos de Marx, Engels, Lenin, Stalin e Prestes. Balancei a cabeça e falei:

– Olhe, eu sou um perseguido político, não posso ficar perambulando pelas ruas e não posso deixar que me prendam. Compreendo a sua situação, mas faça um esforço para compreender a minha. Quando é preciso, eu também sou apolítico; mas agora é a hora de sermos políticos. E vocês são tão políticos quanto eu!

O rapaz não cedeu nem um milímetro: por razões claramente políticas, insistia em se declarar apolítico. Tinha razão.

Minha última tentativa: procurei a casa de Armando Ziller, prestigioso líder bancário, companheiro que eu conhecia e me conhecia; ele poderia me ajudar naquela hora difícil. Fui recebido pela filha dele, uma menina encantadora. O pai não estava e a mãe me recebeu, um tanto desconfiada. Expliquei-lhe a situação, ela me fez entrar e sentar, disse que o marido só chegaria à noite. Depois que a linda garota saiu para o colégio, percebi que a sra. Ziller estava preocupada comigo.

Afinal, eu era um estranho, ela estava sozinha em casa, não podia deixar de sentir-se intranquila. Lá pelas três horas, resolvi dizer-lhe quem eu era: a desconfiança se dissipou e ela me abraçou fraternalmente. Trouxe-me toalha e sabonete para eu tomar um banho, serviu-me um belo almoço. Sua filha voltou da escola e ela lhe confiou o segredo, a garota foi gentilíssima, tocou várias músicas no piano para mim, inclusive um frevo pernambucano.

Armando Ziller chegou tarde da noite. Sua esposa lhe disse:

— Tenho uma surpresa para você.

Mostrou a visita que tinha chegado. Mas eu estava disfarçado e ele hesitou. Somente depois que eu falei é que ele me reconheceu, pela voz:

— Gregório Bezerra!

Abraçamos-nos e ele resolveu comemorar nosso reencontro com uma pinga Morrinhos. Bebemos a cachacinha e ele me perguntou se não era a melhor do mundo. Confessei que não era um conhecedor, pois não aprecio bebidas fortes. Mas acrescentei que já tinha ouvido dizer que as melhores cachaças eram a Cara Preta de Pernambuco, a Serra Grande de Alagoas e outras pingas nordestinas. Ziller riu:

— Isso é bairrismo puro! Aliás, o nordestino é caracteristicamente bairrista...

— É uma opinião sua, muito discutível — retruquei, brincando. Depois, conversamos muito sobre a situação política e o partido.

No dia seguinte, instalaram-me na casa de uma família pequena e simpática como a de Ziller. Restabelecido o contato com o partido, fiquei esperando até o começo de setembro de 1949, quando me enviaram para Goiás, via Araguari. De Araguari, fui de trem para Anápolis e depois prossegui de ônibus para Goiânia.

Em Goiânia, fui fraternalmente recebido pelos camaradas, que me colocaram a par do que estava acontecendo com o partido lá em Goiás. Ele tinha chegado a ser um bom partido de massas, mas sofrera os efeitos do golpe da reação que o pusera na ilegalidade. As dificuldades do trabalho clandestino foram enfrentadas com espírito sectário e aos poucos foi se generalizando na direção uma atitude rotineira, passiva, resignada: não se fazia mais nenhum esforço consequente para movimentar o partido. As organizações do interior do estado iam desaparecendo por falta de assistência. Os contatos com os pontos de apoio eram feitos através de cartas enviadas pelo correio; ou então a direção mandava recados quando, por acaso, havia portador, isto é, quando alguma pessoa conhecida e de confiança viajava para o local onde vivia o destinatário.

Propus a realização de um ativo que reunisse os militantes organizados existentes em todo o estado; os camaradas aceitaram. Ao invés de fazermos a convocação por cartas ou por recados, decidimos procurá-los pessoalmente.

No dia 5 de janeiro de 1950, depois de um intenso trabalho de preparação, conseguimos reunir 42 comunistas de 10 municípios em uma chácara perto de Goiânia e demos início ao nosso ativo. Os trabalhos foram abertos por um excelente camarada, o companheiro Abrão. Fui apresentado aos demais com o nome de "Estêvão", que passei a usar dali por diante. Falaram, em seguida, o camarada José, o camarada Roberto e vários outros. As intervenções me impressionaram pelo esforço autocrítico, pela preocupação dos companheiros de analisar corajosamente as causas das deficiências que vinham sendo notadas no trabalho do partido. O ativo começou frio como uma pedra de gelo, mas pouco a pouco foi esquentando e terminou quente como brasa!

Entre as resoluções, decidiu-se: 1) reorganizar o partido em todos os municípios onde tivesse havido um comitê municipal ou distrital, tivesse existido uma organização de base ou existisse um grupo de militantes (até mesmo um único militante); 2) conseguir no mínimo 100 assinaturas pela paz mundial e contra a guerra, contra a bomba atômica (campanha de atendimento ao Apelo de Varsóvia) onde houvesse 5 militantes, 75 assinaturas onde houvesse 3, 50 onde houvesse 2 e 25 assinaturas onde houvesse apenas 1 militante; 3) pagar as dívidas de dinheiro que Goiás tinha em relação ao partido, saldar os débitos referentes às publicações *Novos Rumos* e *Estado de Goiás*, aumentando, além disso, em 20% as nossas cotas de contribuição e evitando, a todo custo, novos atrasos; 4) recuperar todos os militantes flutuantes e recrutar novos para o partido, à base das lutas em defesa dos interesses populares de cada região, de cada município e de cada localidade onde vivesse algum militante nosso.

Realizamos em Campinas, com a mobilização dos companheiros tanto da cidade quanto de Goiânia, mais a colaboração dos estudantes, um comício de lançamento da nossa campanha pela paz, contra a guerra e a bomba atômica. No auge do comício, a polícia apareceu e procurou dissolver a manifestação, com a violência costumeira. Houve correrias, vaias, protestos, golpes de sabre da parte dos policiais, revide popular com pedradas. Resultado: quinze prisões, vários feridos. Em sua imensa maioria, os presos eram estudantes. As famílias condenaram a violência, os estudantes ameaçaram fazer passeatas para exigir a libertação de seus colegas encarcerados; os moços (e moças) acabaram sendo soltos logo. E a campanha pela paz ficou lançada publicamente.

No domingo seguinte, repetimos a dose em Goiânia, com idênticos resultados: intervenção policial, violências, prisões, protestos, revolta das famílias, pressão estudantil, libertação dos detidos, notoriedade para a nossa campanha.

Depois, fui a Rio Verde, onde obtive precioso apoio de espíritas e protestantes para a coleta de assinaturas ao pé do Apelo de Varsóvia.

Quando regressei a Goiânia, o trabalho do partido tinha melhorado muito e a polícia já não estava mais prendendo os partidários da paz. Parti para nova viagem, fui a Morrinhos, onde consegui respostas razoáveis na reanimação do partido; mas os resultados de uma ida minha a Goiatuba e a Buriti mostraram-se pouco compensadores. Com o apoio dos companheiros de Itumbiara, fiz um bom trabalho de arregimentação dos camponeses da fazenda Brasil e de outras fazendas vizinhas.

De volta a Goiânia, participei de uma ampla reunião com os camaradas do partido, que foi chamada de "O pleno da disparada". Como a época era dura, havia rumores de que a polícia estava mobilizada para nos pegar, e não queríamos nos arriscar a perder o que já tínhamos conseguido com o nosso trabalho. Os companheiros, então, tomaram medidas excepcionais de segurança e o pleno se realizou com muito êxito, em perfeita ordem e sob a proteção de algumas armas de cano curto e cano longo.

Logo em seguida, fui para o setor de Trindade, Nazário, Firminópolis, Anicuns e Palmeiras de Goiás. Em Nazário, reuni-me com quatro camaradas, que me colocaram a par da situação local.

Ouvi com atenção o que me diziam e, no final, perguntei-lhes:

— Quais são as possibilidades de organizarmos aqui um bom partido, com raízes no campo?

Abanaram a cabeça, pessimistas:

— Ah, companheiro... Aqui é difícil.

— Por quê?

— A reação aqui é muito dura!

Indaguei:

— O delegado de polícia é muito reaça?

— Não, isso não. Ele é até simpatizante. Contribui para o partido.

— E o promotor?

— Ah, esse é até membro do partido! Só não veio à reunião de hoje porque viajou para Goiânia.

— E o juiz de direito?

— É um democrata. Leu o programa do partido e disse que está de acordo com o essencial do que está ali.

— E o prefeito?

— O prefeito foi eleito com o nosso apoio. Também é um democrata. E tem uma posição anti-imperialista.

Passei a mão pela cabeça e falei:

— Companheiros, diante do que acabo de ouvir, só posso chegar à conclusão de que a reação, aqui, só existe mesmo é na cabeça de vocês!

Fiz-lhes então uma preleção sobre o sentido da nossa luta e a importância do trabalho de massas que poderiam realizar, se tivessem disposição e coragem, e se correspondessem à responsabilidade que lhes cabia como comunistas.

De Nazário, voltei para Goiânia e de lá segui para Rio Verde. Lá, já dispúnhamos de um eficiente ponto de apoio. A comunidade espírita, que via em Prestes um "enviado de Deus", nos ajudava na coleta de assinaturas pela paz. A comunidade protestante não ficou atrás. Resultado dessa emulação: foram colhidas mais de duzentas assinaturas de apoio ao Apelo de Varsóvia.

Em Rio Verde, no dia 3 de janeiro de 1951, o partido comprou fogos e organizou a "Festa dos três L" (Luiz Carlos Prestes, Liebknecht e Rosa Luxemburgo). O foguetório começou às oito horas da manhã. Os pecuaristas da região, que esperavam a assinatura de Vargas para um projeto de lei sobre a pecuária, pensaram que o projeto já tinha sido assinado e, para comemorá-lo, também soltaram todos os fogos que tinham. Com isso, sem querer, nos ajudaram a festejar os "três L"...

Depois de prestar conta do meu trabalho aos companheiros de Goiânia, fui à fazenda de um camarada, nas imediações de Santa Helena, e ajudei a organizar ali a primeira liga camponesa do município. Mais de 90% dos camponeses eram analfabetos, mas tinham uma consciência muito aguda dos seus problemas, eram dinâmicos e sentiam-se revoltados contra os "tatuíras", quer dizer, contra os latifundiários, os grandes fazendeiros. O camarada que tinha me convidado para o encontro convocou os camponeses com três tiros de "ronqueira" e me apresentou como se eu fosse seu primo. Conversamos muito. Os camponeses reivindicavam a diminuição do arrendamento das terras: pretendiam pagar 20% pelas terras boas, 10% pelas terras médias e 5% pelas terras ruins (isso em lugar da meia, da terça e do cambão ou condição). Além disso, queriam que a prefeitura do município desse escola de alfabetização para seus filhos. Fizeram-me muitas perguntas sobre a "Lei do Comunismo", sobre a diferença entre o que era uma liga camponesa e o Partido Comunista etc. No fim, ficou fundada a Liga e o meu "primo" foi eleito presidente dela. Discordei da escolha, porque ele era um fazendeiro médio, um patrão, mas os camponeses insistiram e fizeram questão da presidência dele, porque lhes inspirava confiança.

Mais tarde, estive também em Anápolis, onde a reação era forte. Anápolis era, com exceção de Goiânia, a maior e a mais rica cidade do estado. Tinha ótimo clima e solo fertilíssimo, intenso movimento comercial e pequenas indústrias de beneficiamento de arroz, café, algodão, cerâmicas, marcenaria, movimentação bancária etc. Trabalhamos intensamente, mas não pudemos encerrar nossa campanha com um comício no centro da cidade como pretendíamos, porque a polícia proibiu; encerramo-la com uma reunião bastante concorrida na chácara do camarada Aloísio Crispim.

Voltei a Santa Helena. Estávamos já em meados de 1951. A Liga Camponesa tinha crescido, já se discutia a respeito da conveniência de ela ser desdobrada em duas, para facilitar as reuniões. Realizou-se uma assembleia, fiz uma palestra sobre a reforma agrária; no final, os camponeses recolheram-se às suas palhoças e eu fui para a cidade, dormi numa pensão e, no dia seguinte, fiquei esperando o companheiro Hermírio, com quem precisava conversar antes de regressar a Goiânia.

Às dez horas da manhã, estava sentado em uma mesa quando chegou um cabo de polícia do destacamento local. Deu-me bom-dia. Respondi-lhe delicadamente. Ele falou:

– Seu moço, o sinhô é daqui de Santa Helena, é?
– Não, moro em Goiânia.
– Tem parentes aqui, tem?
– Sou primo do fazendeiro Hermírio, vim visitá-lo. Ele deve chegar da fazenda daqui a pouquinho.
– O sinhô pode mi amostrá seus documento, pode?
– Não os tenho comigo, deixei-os em Goiânia.
– Tá ruim! O sinhô num carrega documento, tá ruim... Não me leve a mal, mas como é seu nome?
– Estêvão Fonseca.
– O sinhô pode me acompanhá até a delegacia? O delegado qué falá com o sinhô.
– Não vou, não! Se o delegado quiser falar comigo, que venha aqui, eu estarei às suas ordens. Lá, não vou, não.
– Mas ele qué que o sinhô vá falá cum ele lá na delegacia.
– Lá, não vou, não!
– Pois tem de ir.
– Não vou, já disse!
– Pois o sinhô vai, por bem ou por mal, tá ouvindo?
– Não vou, nem por bem nem por mal!

A essas horas, já tinha juntado muita gente, inclusive dois vereadores do PSD que se diziam simpatizantes do partido. O cabo tentou me segurar, empurrei-o para trás, dizendo que não me tocasse. Estabeleceu-se entre nós uma áspera discussão. A massa tomou partido pró e contra mim. Os vereadores procuraram intervir a meu favor. Dois tatuíras disseram:

– Isso é um desrespeito a uma autoridade.

Retruquei-lhes:

– Desrespeito é o roubo da meia, da terça e do cambão, que vocês tiram dos camponeses sem terra! É o assalto a mão armada contra os posseiros, para se apoderar das suas terras e da sua produção!

Juntou mais gente. Chegaram mais dois soldados e disseram para o cabo:

– Vamo levá o home, seu cabo. O delegado qué o home lá.
– Vamo – disse o cabo.
– Não vou – respondi.

Os vereadores disseram:

– Vamos, sr. Estêvão, prometemos que nada lhe acontecerá.

Nesse momento chegou o meu "primo" Hermírio, o presidente da Liga Camponesa, que se solidarizou comigo e disse:

– Eu estou com o meu primo Estêvão. Se ele está preso, eu estou também com ele.

Uma voz do meio da massa gritou:

— Vosmecê também é comunista, seu Hermírio?

— Sou! Me honra ser comunista, pertencer ao Partido Comunista, e trabalhar pela reforma agrária.

— Vosmecê não é fazendeiro?

— Sou. E quando a lei do comunismo vier, eu vou ser o primeiro a repartir a minha propriedade com os camponeses que trabalharem nela. Eu estou de acordo que as terras devem ser de quem trabalhar nelas. Logo devem ser dadas aos camponeses, porque são eles que trabalham nelas.

Hermírio era um espírita. Ele não cobrava arrendo de seus trabalhadores, ou melhor, os moradores de sua fazenda não pagavam-no, davam-lhe o que queriam. Ele se mantinha com a renda de suas 150 cabeças de gado e dos porcos que criava. Era intransigente com o cambão, a meia, a terça e o arrendo extorsivo das terras. E quando o delegado falou que estava admirado de ver um homem de bem, um fazendeiro, metido com os comunistas e com histórias de ligas camponesas, Hermírio respondeu-lhe:

— Sou contra a exploração do homem por outro homem. Quando Deus fez o mundo, não fez a partilha da terra entre ricos e pobres. Esta foi feita para alimentar seus filhos e os animais. Os sabidos foram se apossando das terras e explorando os mais fracos e mais tolos. Os malvados tomaram as terras do povo camponês para explorá-los. Mas nós, os camponeses arreunidos nas Ligas, apoiados pelos trabalhadores, vamos retomar a nossa terra e reparti-la. Eu tenho minha propriedade e estou pronto a dividi-la com os camponeses que trabalham nela logo que sejam confiscadas as terras dos latifundiários.

Novamente os vereadores e alguns amigos do companheiro Hermírio nos convenceram a ir até a delegacia junto com eles, a fim de evitarmos um atrito de sérias consequências entre nós e os três policiais.

Ao chegarmos à delegacia, tive um diálogo muito azedo com o delegado, que era um terceiro-sargento da Polícia Militar do estado. No meio da discussão, o delegado de polícia me chamou de agitador comunista e disse que eu estava perturbando a ordem pública no seu município, tirando o sossego entre os camponeses ricos e pobres, insuflando estes contra os fazendeiros e intrigando uns contra os outros. Respondi-lhe que me sentia muito honrado de ser tachado de agitador comunista e de ser odiado pelos tatuíras e por todos os exploradores dos camponeses e do proletariado, inclusive por ele, que era um instrumento dos tatuíras contra a massa camponesa. Chamou-me de afoito e advertiu-me, dizendo que eu estava falando com uma autoridade e que eu o respeitasse como tal. Retorqui-lhe que eu tinha por norma respeitar as autoridades, mas quando estas cometem arbitrariedades perdem o direito de ser respeitadas.

— Tal como o senhor, que me prendeu arbitrariamente, cumprindo ordens dos latifundiários e dos fazendeiros de Santa Helena, que roubam a meia, a terça parte da produção dos camponeses e cobram um arrendo extorsivo das terras.

— Cale-se, seu atrevido!

— Atrevido é o senhor, que fecha os olhos para o roubo dos tatuíras contra os camponeses arrendatários e me prende porque procuro orientá-los, uni-los e organizá-los contra seus espoliadores. Esses ladrões e opressores, em vez de serem presos pelo senhor, mandam me prender; e o senhor obedece cegamente, sabendo que está cometendo uma injustiça e ferindo a própria Constituição da República no seu artigo 141.

O delegado, não tendo mais argumentos, limitou-se a dizer:

— Não admito agitação comunista aqui no município.

— Senhor delegado, eu não fiz propaganda comunista em seu município. Fiz propaganda em defesa da reforma agrária, em defesa da paz, contra o latifúndio, contra a guerra e o imperialismo ianque, e isso não é propaganda comunista, é um dever de todos os patriotas que amam verdadeiramente o Brasil.

— O senhor é muito audacioso, até dentro da delegacia está fazendo propaganda comunista! Posso mandar quebrá-lo de pau. É bom, porque acabará com essas insolências enquanto é tempo, está ouvindo?

— Senhor delegado, se mandar me espancar, o senhor se arrependerá da hora em que nasceu, posso lhe garantir.

— Está me ameaçando?

— Estou respondendo às suas ameaças.

— Cale-se!

— Enquanto for provocado, terei de falar.

Meu "primo" Hermírio entrou no jogo, dizendo:

— Se o senhor mandar bater no meu primo, mande bater em mim também.

— Muito me admiro, sr. Hermírio, que o senhor esteja metido com comunistas.

— O senhor deveria estar admirado se eu estivesse do seu lado e dos tatuíras. Mas eu estou é com o povo, com os meus irmãos camponeses e com os trabalhadores, que são explorados pelos latifundiários e pelos capitalistas, que vivem à custa do suor dos trabalhadores do campo e da cidade.

— O senhor é comunista também?

— Eu sou comunista e me orgulho de estar preso junto com o meu primo Estêvão!

A massa, que estava do lado de fora, bateu palmas. O delegado irritou-se e mandou o cabo dispersá-la. O cabo disse:

— Vamo, debanda! Num tão vendo o delegado mandá?

A massa recuou um pouco e avançou novamente. O cabo não tinha muita autoridade para fazer a massa recuar.

Já passava das doze horas. O delegado estava nervoso e indeciso, quase em pânico. O destacamento policial era pequeno. A delegacia era de madeira, não oferecia a menor resistência. O delegado temia que, logo que a massa camponesa soubesse da prisão de Hermírio, viesse libertá-lo. O que era bastante provável. Ele não tinha condição de resistir a um possível ataque dos camponeses para libertar Hermírio e a mim. O delegado, então, chamou o cabo, dizendo que ia almoçar e tomar algumas providências e que dentro de uma hora estaria de volta. Uma hora depois, o delegado voltava, muito preocupado. Requisitou uma camionete e um jipe e nos conduziu presos para Rio Verde, onde havia uma companhia de polícia e a cadeia era segura.

Durante a ausência do delegado, enquanto Hermírio conversava com os soldados, eu consegui destruir um material que era muito comprometedor, inclusive algumas instruções sobre fabricação de explosivos que, se fossem descobertas, me comprometeriam profundamente. Minha sorte foi o delegado não ter me revistado.

Em Rio Verde, não fomos trancados na cadeia. Ficamos no Corpo da Guarda, onde o delegado revistou minha maleta. Não encontrou nada que me comprometesse. O que havia de mais era uma coleção da revista *Problemas*. O delegado perguntou-me:

– De quem são estes livros?

– São meus – respondi-lhe.

– Para que o senhor os quer?

– Para ler e estar em dia com a situação política e econômica do país.

– São livros de propaganda comunista.

– Já lhe disse que sou comunista e toda a literatura socialista me interessa.

– Mas é proibida por lei toda a literatura comunista.

– E publicada legalmente, inclusive a revista *Problemas*. Ela é legal, impressa e vendida legalmente nas bancas.

– Com que finalidade o senhor conduz tantas?

– Para ler e me instruir.

Um cabo, que acabava de render os postos de sentinelas e assistia ao nosso diálogo, disse:

– Comunista comigo é no pau ou na bala! Não sei por que essas pestes ainda existem.

Olhei para ele, com ódio, e disse:

– Estou falando com o seu chefe. Quando quiser falar com você, estalo os dedos.

Travou-se uma violenta discussão entre nós, cujos termos não cabem aqui. Mas terminou com as seguintes frases:

– Comunistas não deviam ser presos, deviam ser logo mortos. Se me mandarem prender um comunista, eu passo fogo nele e digo que reagiu à prisão. E é o que essa peste está querendo.

Eu não tinha outro remédio senão desafiá-lo a cumprir a ameaça ali mesmo, ou quando fosse posto em liberdade.

O delegado saiu para entender-se com o seu colega e superior, um capitão-comandante de uma companhia de polícia sediada em Rio Verde. Esse oficial era espírita, muito amigo de uma senhora espírita que encabeçava a luta pela paz em Rio Verde.

Às seis horas da tarde, chegou uma comissão de solidariedade do Comitê Municipal, que perguntou qual solidariedade nós queríamos. Respondi-lhe:

– A melhor solidariedade que pode vir de vocês é nos arrancarem da cadeia de qualquer jeito, o mais cedo possível, porque não posso chegar preso em Goiânia.

Às sete horas da noite já havia uma grande concentração popular em frente à cadeia. Às sete e meia, o delegado de Rio Verde mandou nos pôr em liberdade. Aproveitamos o ensejo da concentração para fazermos um comício de agradecimento ao povo pela solidariedade que nos prestou desde a nossa chegada de Santa Helena até aquele momento. Abordamos os problemas da paz, do petróleo e da reforma agrária.

Nesse dia, o que mais me surpreendeu foi a coragem e a firmeza do companheiro Hermírio, e mesmo a sua confiança no Partido Comunista.

No dia seguinte, segui para Jataí, de onde, depois de dar assistência às bases do partido, segui para Mineiros em companhia de um companheiro da cidade, a fim de ligar-me a outros militantes e fundarmos uma base. Infelizmente, não os encontramos e foi marcada outra tentativa na minha volta. Voltei a Jataí e desloquei-me para Caiapônia, onde me reuni com os camaradas, e marcamos uma assembleia no campo para a minha volta de Baliza, Aragarças e Barras. Em Caiapônia, perdi dois dias por causa do temporal. Chovia muito. A estrada estava intransitável, os caminhões encalhados no lamaçal. Para ganhar tempo, segui a pé até um povoado existente entre Caiapônia e Aragarças. Nesse lugarejo, segundo o camarada Seixas, havia pelo menos três militantes do partido, ainda do tempo da legalidade; deu-me o nome de um deles, chamado Paraíba, que havia deixado de trabalhar na construção da estrada Brasil Central para estabelecer-se como comerciante no referido povoado. Eu teria de andar, no mínimo, 24 quilômetros. Ao chegar, não tive dificuldade para localizar o camarada Paraíba. Ele era muito conhecido pelos habitantes do povoado. Além disso, era o maior comerciante local. Tinha uma casa de negócios de secos e molhados, uma padaria, uma farmácia, uma fazendola e uma casa de jogo. Era quase um monopolista do comércio local.

Quando me apresentei, dizendo meus objetivos partidários e de massas, prontificou-se a dar-me toda a ajuda necessária para o cumprimento de minhas tarefas. Só não podia, disse ele, entrar para o partido. Indaguei-lhe o motivo e ele respondeu-me o seguinte:

– Meu companheiro, eu fui explorado desde a minha infância até poucos anos atrás. Hoje, eu sou o explorador. Um explorador consciente. A força do nosso partido reside na luta contra a exploração do homem pelo próprio homem, na luta contra esse regime. Tenho três casas comerciais, uma fazenda e ainda uma casa de jogo. Além disso, tenho três amantes, além da minha esposa, que você vai conhecer amanhã. Um elemento que viola os princípios morais do nosso partido e fere as suas leis estatutárias não pode, de jeito nenhum, ser membro do PCB. Estou disposto a ajudá-lo porque tenho consciência de que é o único partido que luta em defesa do povo e da classe operária, que luta contra o latifúndio, contra o imperialismo, contra a fome, a miséria e o atraso do nosso povo. Mas não posso entrar nele, porque eu não me corrijo e nem quero. Como membro do partido, eu o desmoralizaria com minha conduta. Praticamente, eu sou um ladrão. Comecei a negociar de uns três ou quatro anos para cá. Iniciei com uma mixaria de dinheiro. Hoje, tenho um movimento que vale mais de 1 milhão de contos. De onde tirei essa fortuna? Do povo.

Quando ia terminando a palavra "povo", entrou um camponês barbado, cabeludo, com um velho chapéu na cabeça, calça remendada no joelho, paletó roído no cotovelo e na gola, alpercatas velhas nos pés. Ele falou:

— Boas noites, seu Paraíba.
— Boa noite, seu José Antônio; o que é que o traz até aqui?
— Eu vim buscar a minha mezinha. Já chegou?
— Já, seu Zé – respondeu Paraíba.
— Quanto custa?
— 24 mil-réis, seu Zé.

Seu Zé pôs a mão no bolso, tirou um lenço muito desbotado, desatou-o e pegou um maço de cédulas. Tirou uma nota de cinquenta mil-réis, entregou-a a Paraíba e disse:

— O sinhô pode tirar os vinte mil-réis que tô lhe devendo desde a vez qui o sinhô não tinha trocado.

Paraíba restituiu-lhe seis mil-réis. Ele agradeceu, deu boas-noites e retirou-se. Paraíba disse-me:

— Está vendo, companheiro, esse matuto é um dos fazendeiros mais ricos da região. Sovina como ele só; só não come o que caga porque fede! Sabe quanto ele me pagou a mais por aquele vidrinho de remédio?

— Não – respondi-lhe.

— Pagou dezoito mil-réis a mais. A mezinha me custou apenas seis mil-réis. É assim que estou fazendo a minha fortuna. Roubando! E sou, dos comerciantes, o que mais barato vende. As minhas mercadorias não são suficientes para quem as quer. Como vê, não posso entrar para o partido. Não tenho moral para tanto.

O dia amanheceu. Não dormimos nada à noite, porque ela foi curta para que Paraíba pudesse contar as suas histórias, desde meninote no Estado da Paraíba até aquele momento. No correr desse dia, Paraíba mobilizou os antigos militantes do partido para uma reunião à noite. Compareceram seis ou sete. Organizamos uma base, mas Paraíba ficou de fora, não podia entrar para o partido. Estava atolado na podridão do oportunismo até a medula. Contudo, gostava do partido e reconhecia a sua ação benéfica em defesa dos oprimidos e do povo sofrido. Prontificou-se a ajudar-me a construir o partido em seu lugarejo e afirmou:

— Você está garantido. Pode ficar o tempo que quiser. Ninguém o incomodará. As despesas correrão por minha conta. Amanhã vou levá-lo à minha fazenda para você instruir os camponeses.

Paraíba me parece ter sido um dos homens mais francos que conheci em toda a minha vida de revolucionário. Ele não se autoflagelava. Dizia o que era. E também não procurava dar de si mesmo uma imagem melhorada, retocada: confessava claramente que não se corrigia nem tinha vontade de se corrigir.

Mais tarde, fui em missão do partido a Aragarças e a Baliza. Subindo o rio Araguaia de canoa, vi em ambas as margens centenas de barcos de garimpeiros. Entrei em contato com eles, fiquei impressionado com a obsessão que mostram: se falam, falam de diamantes; se comem, o tema dos diamantes aparece entre as mastigações; se bebem, os diamantes surgem entre os goles; se dormem, sonham com diamantes; e se brigam uns com os outros, é por causa dos diamantes... Em geral, são honestos, leais, mas difíceis de organizar, pois têm muita mobilidade: um dia estão num lugar, no dia seguinte já foram para outro. É um povo nômade. Mas são patriotas, muitos aceitam em princípio os ideais do socialismo e todos são extremamente hospitaleiros.

Na volta, passei por Parnamirim e segui, de caminhão (naquele tempo não havia linha de ônibus ali), para Caiapônia, onde organizamos uma liga camponesa. Em seguida, voltei a Santa Helena, para não deixar dúvidas quanto à minha disposição de continuar o trabalho lá, apesar da minha prisão. Na fazenda Brasil, a massa camponesa festejou o dia 13 de Maio, a data da libertação dos escravos, com mobilização de sanfoneiros, pandeiristas, violonistas, violeiros repentistas e encenação de uma peça teatral, representando — sob aplausos entusiásticos — a luta de camponeses pobres contra fazendeiros ricos e a luta de escravos contra seus proprietários. Lembro-me de uma cena que fez vibrar o público: um escravo doente, chicoteado, obrigado a trabalhar, acabava cravando a enxada na cabeça de seu verdugo. Após a peça, fiz uma palestra chamando a atenção para a relação que havia entre a exploração de hoje em dia e a de antigamente. A festa prosseguiu, na maior animação.

Entre uma e duas horas da madrugada, vimos chegar a polícia para acabar com os festejos, por solicitação dos fazendeiros. João Gomide, da Liga Camponesa, argumentou que não havia crime algum na comemoração: era uma festa de camponeses para camponeses, que estava transcorrendo em perfeita ordem; tratava-se de um feriado nacional, comemorado pelo próprio governo federal, como também pelo governo estadual. Falou da importância do dia 13 de Maio.

Nesse ponto, um soldado perguntou:

– U qui foi qui aconteceu nu dia 13 de maio?

Explicamos que era o dia em que a princesa Isabel tinha assinado o decreto que libertara os escravos negros. E aproveitamos para convidar todos a participar da festa. Nisso, um soldado já estava dançando com uma moça e outros já estavam provando um golinho de Cinzano. A comissão de recepção acabou convencendo os soldados e os policiais a integrar-se nas comemorações: eles comeram, beberam, dançaram. Um deles até se embriagou e foi posto para dormir. A festa prosseguiu até o sol raiar. E teve uma excelente repercussão em toda a região.

Voltei a Goiânia. O Comitê Estadual do partido em Goiás passou a ter um novo secretário-político, o camarada Gomes, que tinha sido meu companheiro de prisão na ilha Grande. Era um sujeito generoso, moderado, muito dedicado à nossa causa. Fui, então, enviado ao setor de Anápolis, Jaraguá, Barranca, Ceres, Itapaci, Nortelândia, Uruaçu, Amaro Leite e Porangatu, onde já tinha chegado a picada da estrada que liga Goiás a Belém do Pari. Os camaradas deram-me duas calças e duas camisas cáqui, tipo campanha. Parti muito animado, pois era o setor das minhas ambições desde que chegara no estado.

Cheguei à Colônia Agrícola Nacional de Goiás (Cang) e dei início à minha atividade, apoiado na colaboração que um camarada que era farmacêutico, o camarada Patrício e o camarada Geraldo Tibúrcio me davam. Organizado o partido por lá, fui para Goiás Velho. A essa altura dos acontecimentos, nosso movimento de luta pela paz não se apoiava mais no Apelo de Varsóvia e sim no mais recente Apelo de Estocolmo. Não tínhamos dúvida de que, caso o imperialismo norte-americano conseguisse fazer com que a "guerra fria" se transformasse em "guerra quente", piorariam ainda mais as condições de trabalho político do PCB; a repressão que se desencadearia contra nós, comunistas brasileiros, seria ainda mais virulenta do que aquela que já conhecíamos. Logo após o lançamento do Apelo de Estocolmo, em março de 1950, começara a guerra da Coreia (em junho do mesmo ano), demonstrando concretamente que a paz mundial não estava assegurada. Os comunistas mobilizaram-se, então, no mundo inteiro, para impedir a deflagração de uma guerra atômica. E a nós, em Goiás, coube a tarefa de obter, para o Apelo de Estocolmo, duas vezes mais assinaturas do que as que tínhamos conseguido que fossem colocadas ao pé do Apelo de Varsóvia.

Em Xixá, com a ajuda do jovem dentista Cláudio, filho de um admirador de Prestes, colhi numerosas assinaturas de camponeses pobres, mas fui mal acolhido pelos fazendeiros e comerciantes. Consegui ajudar a fazer com que uma antiga associação mista de operários e camponeses se reorganizasse, mas pouco depois o novo presidente da associação, pressionado pelos ricos e poderosos, comunicou que ia renunciar:

– Não quero me prejudicar por causa dos outros. Não sou besta.

A associação era um instrumento importante na luta dos trabalhadores contra a exploração de que eram vítimas. Critiquei a fraqueza do presidente demissionário e fui logo procurar o secretário para convocar uma assembleia. No sábado de manhã, quando eu estava aguardando Cláudio, um cabo de polícia do destacamento local entrou na saleta do consultório dentário, deu-me bons-dias e perguntou:

— Moço, o sinhô é daqui, é?

Respondi:

— Não, sou de Goiânia.

— U qui é qui tá fazendo aqui?

— Estou visitando meu amigo Cláudio, colhendo assinaturas pela paz mundial, contra a bomba atômica, ajudando a reorganizar a associação dos trabalhadores de Xixá para o povo poder lutar melhor pelos seus direitos.

— U sinhô tem licença das otoridades pra fazer tudo isso, tem?

— Não tenho nem preciso ter. Para se fazer o bem não é preciso ter licença das autoridades ou de quem quer que seja.

— U sinhô pode me amostrá os seus documentos, pode?

— Não estão aqui comigo. Deixei-os em Goiânia.

— Mas o sinhô não pode viajá sem documentos.

— Tanto posso que estou aqui e, até hoje, ninguém me exigiu documentos em parte alguma do Brasil.

— Onde é qui o sinhô tá hospedado?

— Na casa do meu amigo Cláudio.

Fez-me ainda outras perguntas, que deixei de responder, dizendo-lhe que não tinha o hábito de me confessar.

— Então o sinhô vai falar cum o delegado.

— Não tenho nada a dizer ao delegado.

— Mas ele qué falá com o sinhô.

— Mas eu não quero falar com ele.

Nesse momento, chegou o delegado e perguntou-lhe:

— Por que não levou o homem, cabo?

— Ele não qué ir não, sinhô.

— Como não! Ele lá pode desrespeitar uma autoridade?

— Não posso desrespeitar uma autoridade no cumprimento dos seus deveres, mas posso deixar de acatá-la em suas arbitrariedades. Não tenho negócio a tratar com o senhor. Não tenho queixas a lhe fazer nem socorro a lhe pedir, eis porque não fui falar com o senhor. É um direito que tenho.

— Mas eu sou o delegado, mandei intimá-lo, o senhor tinha de obedecer. Era uma ordem transmitida por uma autoridade. O senhor vai!

— Não vou!

— Leve o homem, cabo!

Este tentou agarrar-me, dei-lhe um empurrão. O delegado pôs a mão no punho da Parabellum e disse:

– Leve esse atrevido!

O cabo fez outra tentativa para segurar-me. Desviei-me. O delegado gritou:

– Afaste-se dele! Quero ver se ele vai ou não vai!

E ameaçou, me apontando a Parabellum.

– Não vou, e se você errar o tiro não dará o segundo. Não pratique desordens. Não matei, não roubei, não faltei com o devido respeito às famílias. Estou cumprindo um dever cívico e patriótico e apelo para o povo para ele testemunhar a minha conduta aqui, desde que cheguei. Outra coisa não tenho feito, senão esclarecer o povo na luta pela paz, pela reforma agrária, contra roubo dos lotes e tentar dar vida à Associação dos Trabalhadores de Xixá.

Não havia dúvida de que, se não fosse o apoio da massa, principalmente da professora, que era muito estimada no povoado, e do pai de Cláudio, a coisa teria sido pior. O delegado apelou para ambos, tachando-me de agitador comunista a serviço da Rússia. Disse que a luta pela paz, pela reforma agrária e a reorganização da Associação dos Trabalhadores não eram mais do que propaganda comunista. Que eu era um comunista e estava no povoado de Xixá a serviço do comunismo. Ouviram-se algumas vozes:

– Se isso é ser comunista, nós também devemos ser comunistas.

Eu disse ao delegado que era realmente comunista e a massa respondeu:

– E o comunismo é bom mesmo!

Continuei dizendo que, por ser comunista, é que estava em Xixá, esclarecendo o povo contra a guerra e em defesa da paz, contra o latifúndio e pela reforma agrária, em defesa dos moradores de Xixá. Como cidadão e patriota, tinha o direito de ser comunista, porque isso não era proibido ao cidadão. Entretanto, não tinha feito nenhuma propaganda comunista. Novamente partiram da massa vários aplausos. A essa altura, o delegado ordenou ao cabo que dispersasse a massa, o que não foi possível, porque esta continuava a aplaudir-me cada vez mais. O delegado já não sabia o que fazer. Alguém cochichou em seu ouvido. Ele terminou apelando para a professora, para o juiz de paz e para o velho pai do camarada Cláudio, em cuja casa eu me achava hospedado. Estes me levaram até a delegacia, prometendo libertar-me logo que tomassem a minha filiação e o delegado tentou tomá-la. Neguei-me a dá-la.

O delegado tinha mandado pedir reforços no município de Goiás Velho, mas os reforços não podiam vir logo, por falta de transporte e por causa do estado da estrada, cujas quatro léguas tinham se tornado praticamente intransitáveis.

Fiz, então, um discurso, concitando o povo a defender os seus direitos. Os comerciantes locais, liderados pelo padre, queriam cobrar quarenta contos de réis de cada morador do povoado pelos lotes onde os pobres tinham construído suas casas; denunciei esse assalto. Afirmei que, se o delegado fosse mesmo uma autoridade, em lugar de pretender prender quem defendia a população, deveria prender os ladrões que assaltavam o povo. Uma comissão organizada pelo partido, com o apoio de simpatizantes e pessoas do povo, veio me oferecer solidariedade. Comecei a discutir com meus amigos a possibilidade de sairmos todos dali, assaltarmos as casas comerciais dos "tubarões" e distribuirmos as mercadorias ao povo. O delegado, ouvindo isso, não aguentou mais: colocou-me em liberdade. E desapareceu.

Começou a correr o boato de que ele tinha ido pedir a ajuda de grandes fazendeiros e estava reunindo a jagunçada para me liquidar. Falavam também que estavam para chegar os reforços pedidos. Ainda conversei com o secretário da Associação dos Trabalhadores de Xixá, explicando-lhe como convocar a assembleia para eleger um novo presidente. Por fim, deixei o local, acompanhado de um camarada designado pelo Comitê Municipal do partido, que conhecia muito bem a região.

Partimos em direção às matas do rio Urus. Dormimos ao relento, devorados pelas muriçocas. De manhã, comemos um pouco de beiju e um taco do jabá que meu companheiro tinha trazido. Mais tarde, depois de termos andado muito, estávamos com o estômago roncando de fome. Vendo um poço do rio Urus, meu companheiro tirou do bolso uma banana de dinamite e falou:

— Agora nóis vai cume um cuzido de peixe.

Espantei-me:

— Como? Nós não temos panela, nem sal, nem tempero...

— Deixe cumigo, cumpanheiro.

Acendeu o estopim, jogou a banana de dinamite no fundo do poço, deu-se a explosão. Tiramos a roupa, pulamos na água e juntamos os peixes. Ele pegou alguns e explicou:

— Perto daqui tem uma famia; eu dou peixe pra ela, ela me dá os mantimento.

Menos de meia hora depois, estava de volta com todo o material. Fizemos um cozido de juntar água na boca. Comemos até não poder mais. Enquanto comíamos, ele comentou:

— Sei que é proibido a gente matá peixe cum bomba. E tenho pena dos peixim pequininim qui também morre na explosão. Mais num é todo dia a gente faz isso, né? Só faz quando tem precisão. E agora, se a gente num fizesse, num comia esse cuzidão...

Na casa da família com quem ele tinha feito o trato do peixe, meu companheiro ficou sabendo que a patrulha policial do reforço tinha chegado e já tinha partido em minha perseguição. Tinha se dividido: um grupo fora na direção de Itapaci, via Uruana, e outro seguira na direção de Goiânia. Com isso, resolvemos voltar tranquilamente a Xixá. Cláudio e seu pai voltaram a me acolher. No dia seguinte, fui para Goiás Velho; e de lá, alguns dias depois, segui para Nazário. Antes de regressar a Goiânia, ainda estive em Firminópolis, Anicuns e Palmeiras de Goiás, falando em defesa da paz mundial, pela reforma agrária, bem como dando minha contribuição para a campanha "O petróleo é nosso".

———

De volta a Goiânia, tive de me afastar por algum tempo do trabalho de massas, pois fui mobilizado pelo partido a participar de uma campanha de finanças lançada pelo Comitê Central. Para mim, a tarefa de finanças é a mais difícil das tarefas de partido; sem a inestimável colaboração do camarada Abrão, não sei como teria me saído.

Terminada a campanha, voltei ao trabalho de massas com grande alegria. A direção estadual queria que eu conhecesse todo o estado e designou o camarada Zé Basílio para me acompanhar numa longa viagem por Goiás. Zé Basílio era um camponês viúvo, pai de três filhos, militante da zona de Firminópolis e residente em Barreiros: era um autêntico líder dos trabalhadores da região. Ele nos arranjou um cavalo para a viagem que carregaria as nossas coisas e nós revezaríamos na montaria.

Partimos rumo ao rio Turvo. A quase vinte léguas de Firminópolis, demos com um povoado cuja população humilde nos acolheu com simpatia. Viviam da pequena agricultura, da pesca, da criação de porcos, cabras e aves; teciam suas próprias roupas. Estavam isolados do mundo, sedentos de notícias. Quando falei de São Paulo, de Minas Gerais, do Rio Grande do Sul, alguns me perguntaram:

– Onde fica essa nação? Que nação é essa?

A esmagadora maioria deles não sabia ler. Todos assinaram o Apelo de Estocolmo a rogo. Depois de nos ouvir falar das ameaças contra a paz mundial, passaram a achar que éramos enviados de Cristo para unir o povo contra a guerra, contra a peste e contra os malfeitores.

De lá, seguimos na direção do rio dos Pilões, fomos bater num latifúndio imenso, propriedade de um tal coronel Clarimundo. Os camponeses tinham muito medo dele. Ouviram-nos falar do Apelo de Estocolmo, mas explicaram que só assinariam se o coronel Clarimundo assinasse. Temiam ser expulsos das terras do latifundiário.

Fomos procurar Clarimundo em sua casa. Quando chegamos, soubemos que o filho do fazendeiro estava muito doente. A família estava fazendo "quarto" ao enfermo, como se faz no campo. Um capataz da fazenda nos conduziu ao patrão, que nos perguntou o que queríamos. Expliquei:

– Sr. Clarimundo, queríamos a sua assinatura para apoiar um movimento de defesa da paz mundial, que está ameaçada. O senhor sabe que a guerra só interessa aos monopólios, aos fabricantes de armamentos e de munição. Os povos só têm a sofrer com a guerra. Uma nova guerra, com armas atômicas, poderia destruir tudo sobre a Terra. Seria um crime monstruoso contra a humanidade! Por isso, é preciso mobilizar todo o povo, tanto os pobres como os ricos, para impedir que os imperialistas deflagrem a guerra.

Falei longamente, pois percebi que tinha um bocado de gente me ouvindo e sabia que os camponeses desejavam assinar o Apelo de Estocolmo. Queria que os trabalhadores vissem que o latifundiário não era tão poderoso como eles supunham. Ele me respondeu:

— Meu filho, você está errado. Está cometendo um pecado "rabudo" perante Deus e Maria Santíssima. Está se opondo à vontade divina. Tudo que acontece no mundo é permitido por Deus, Nosso Senhor. Se uma folha seca se desprende da árvore, caindo no chão, é pela vontade divina. Se um fio de cabelo cai da nossa cabeça, é pela vontade divina. Portanto, se a guerra vier, agora ou mais tarde, é porque Deus quer castigar os hereges, os pecadores; quer punir os cristãos que desobedeceram aos Seus mandamentos. A guerra virá para liquidar os inimigos de Deus, da pátria e da família. A guerra será mandada por Deus para acabar com o comunismo ateu da Rússia, que está ameaçando o mundo. Você, com o seu movimento, está mais a serviço de Prestes e de Stalin, dos inimigos de Deus!

Quando ele acabou de falar, disse-lhe:

— Sr. Clarimundo, em sã consciência, o senhor é a favor da guerra?

Ele reafirmou suas ideias. Pedi, então, que ele me permitisse contestá-las. Supondo-me esmagado por seus argumentos e por sua autoridade, o homem me autorizou a falar. E eu falei:

— Sr. Clarimundo, o senhor disse que tudo que acontece no mundo é permitido por Deus, corresponde à vontade divina. Que nós não devemos nunca nos opor ao que acontece, porque corresponde ao que Deus quer, não é mesmo?

— Perfeitamente.

— Então, se o comunismo ateu triunfou na Rússia soviética foi porque Deus quis. Se os exércitos soviéticos esmagaram o nazismo, foi porque Deus quis. Se nós, comunistas, estamos recolhendo assinaturas pela paz e contra a guerra é porque Deus consente, portanto trata-se de uma campanha que corresponde à vontade divina. E, quando se recusa a assinar o Apelo de Estocolmo, o senhor me parece estar cometendo um pecado mais "rabudo" do que o meu.

A massa que nos ouvia em silêncio começou a se mover, muitos esfregaram as mãos e ficaram nos olhando sem pestanejar, dando sinal de que aprovavam meus argumentos. Continuei:

— Tenho a impressão, sr. Clarimundo, de que há uma grande contradição entre a sua pregação teórica e a sua maneira de agir. Na teoria, o senhor diz que a gente nunca deve se opor ao que acontece. Na prática, entretanto, o senhor não segue o seu princípio. Seu filho adoeceu e o senhor mandou vir dois médicos para curá-lo. Um dos médicos foi chamado em Firminópolis. Agora, os dois médicos estão lutando contra a enfermidade. Meu companheiro e eu também somos pais e sabemos a tristeza que é estar com um filho doente; desejamos de todo o coração que o jovem se recupere. Mas, de acordo com a sua teoria, o senhor está cometendo um pecado "rabudo", porque está se opondo à vontade do seu Deus, que fez com que o moço adoecesse.

O homem empalideceu. Prossegui:

– Será que o Deus a que o senhor se refere é o mesmo Deus do povo, o Deus de todos nós, dos trabalhadores? Sim, porque o nosso Deus, sr. Clarimundo, é um Deus de paz, justiça, progresso. O nosso Deus não acha justo que uns enriqueçam à custa da exploração do trabalho dos outros, não aprova nem a meia, nem a terça, nem o cambão ou condição, não aprova os arrendamentos, não aprova a pobreza em que a gente está obrigada a viver. O nosso Deus é contra a guerra, é pelo bem-estar. O nosso Deus não criou a terra para ela ser apropriada por uns poucos: ele a criou bem grande para que qualquer camponês trabalhador pudesse ter a sua porção.

O fazendeiro baixou a cabeça e disse:

– Tudo isso não passa de pregação comunista e eu não discuto com comunistas. Sei que entre os comunistas existem homens sérios, que se desviaram do caminho de Deus. Mas não estou em condições de polemizar com o senhor, pois estou muito perturbado da cabeça; às vezes nem sei mesmo o que estou dizendo. Por isso quero que a nossa discussão se encerre agora, não quero mais ouvi-lo.

Senti que o tatuíra estava derrotado; a massa estava inteiramente do nosso lado. Querendo ostentar perante seus moradores a generosidade senhorial que lhe convinha, Clarimundo nos convidou para jantar e dormir na fazenda, disse que já era tarde e já tinha mandado preparar as camas. Agradecemos pela hospitalidade oferecida, mas não aceitamos.

– Como o senhor se nega a dar o seu voto a favor da paz, contra a guerra e a bomba atômica, nós lhe agradecemos, mas não podemos aceitar sua oferta de pousada.

Ele ainda insistiu, falou que havia onças-pintadas nas matas. Mas finquei pé:

– Temos mais receio das feras humanas do que das selvagens. A onça só ataca quando está faminta, ao passo que o homem pode atacar a qualquer instante.

Os camponeses nos acompanharam até o portão da casa-grande e se despediram entre manifestações de apreço. Uma mulher disse que ia rezar para que não nos acontecesse nada de mal. E um homem falou:

– Foi priciso ocêis vim aqui pru mode da gente ouvi uma fala comu essa!

───────

Não posso deixar de recordar aqui, ainda, outros episódios das minhas andanças pelo interior de Goiás, colhendo assinaturas de apoio ao Apelo de Estocolmo. Não muito longe da fazenda do coronel Clarimundo, perto da serra da Guarita, Zé Basílio e eu chegamos à casa de um grileiro, chefe de uma família grande, que ouviu minhas explicações a respeito da luta pela paz, contra a guerra atômica, e no final me falou, secamente:

— Não assino nada pela paz. Sou pela guerra. Se fosse em defesa da guerra, eu assinava. E estamos conversados!

Uma onda de indignação me subiu ao rosto. Fiquei irritadíssimo com o homem. Porém me controlei, meti a mão dentro da pasta que transportava, tirei outra lista do Apelo de Estocolmo e disse, enfaticamente:

— Também trago comigo listas para os que são favoráveis à guerra. O senhor assina?

— Assino.

Entreguei-lhe a lista, que o homem assinou sem ler. Em seguida, os demais membros da família também assinaram. Não conseguimos convencer o grileiro (que tinha ligações com a polícia do município de Iporá) da justeza da causa pela paz, mas, com o nosso ardil, aproveitamos sua orgulhosa burrice e o fizemos assinar o Apelo de Estocolmo.

Na mesma região da serra da Guarita, encontramos uma casa diante da qual um homem armado até os dentes estava construindo um carro de boi. Saudou-me polidamente, mas com a fisionomia fechada. Explicamos a razão da nossa presença no lugar, expusemos as motivações do movimento pró-paz. Ouviu-nos com atenção e falou:

— Vou assinar a lista, porque estou vendo que os senhores são homens sérios, que querem o sossego de todos. Seria uma judiação os senhores virem de tão longe e eu não assinar. Mas me desculpem a ignorância: essa história de paz não vai resolver os problemas do povo. O que resolve é todo mundo se unir e fazer o que o povo russo já fez em 1917: acabar com a exploração. É só fazendo a revolução que a gente pode impedir a guerra.

Compreendi que se tratava de um homem esclarecido e, dali por diante, passei a chamá-lo de companheiro. Na medida em que percebia que nós pensávamos como ele, o homem se animava e sorria. Até que perguntou:

— Vocês também são do partido de Luiz Carlos Prestes?

Confirmada a sua suposição, abraçou-nos, emocionado. Era o camarada José Vicente, amigo do companheiro Abrão, de Goiânia. Em 1946, ele dirigira a Liga Camponesa da serra da Guarita. Andava armado até os dentes porque um grupo de grileiros ameaçava matá-lo. Assegurou-nos que venderia muitíssimo caro sua vida e fez para nós uma demonstração de pontaria que nos deixou para lá de espantados: descarregou o revólver numa cruz feita por nós numa árvore e não errou um só tiro; depois, com a carabina, desenhou a bala uma espécie de rosa na árvore. Ficou feliz de retomar a ligação com o partido, por nosso intermédio. Por sua indicação, procuramos seu compadre Valadão, que nos ajudou a reorganizar a Liga Camponesa, pondo assim, nas mãos dos posseiros, um instrumento de luta capaz de ajudá-los a defender-se dos grileiros.

Também me lembro da acolhida que nos deu uma grande família de cearenses, que, acossados pelo flagelo da seca, tinham ido para Goiás e fundado um pequeno povoado de oito a dez casas, inclusive uma casa de farinha. Quando me viram raspando mandioca para ajudá-los na preparação de uma farinhada (recordando os meus tempos de "menino espevitado", como dizia meu tio Evaristo), os cearenses me perguntaram se eu também era da roça e, informados de que eu era de Pernambuco, me fizeram dezenas de perguntas. Falamos sobre o Brasil, sobre os problemas sociais, sobre a paz e a guerra, sobre a Rússia e o comunismo, sobre o imperialismo. Eles pensavam que imperialismo "fosse esse negócio de rei e rainha, príncipe e princesa"... Eram gente boa, humilde, trabalhadora e honrada.

Deixando-os, chegamos a uma fazenda onde fomos recebidos na casa do fazendeiro. A família dele formava um quadro encantador: a mulher era jovem e bonita, loira e corada; segurava nos braços uma criança linda, saudável e sorridente. A única coisa que destoava – a meu ver – era o coração empedernido do dono da casa. Fiz-lhe a habitual exposição dos nossos objetivos, pedi-lhe que assinasse o Apelo de Estocolmo, mas o fazendeiro recusou. Sua esposa intercedeu, falou que tinha horror à guerra, pediu para ele assinar, mas o fazendeiro fincou pé. Durante a nossa discussão, perguntou-me:

– Por que a Rússia invadiu a Coreia?

Respondi que a Rússia não tinha invadido a Coreia, que não havia soldados russos lá. Havia, isso sim, soldados norte-americanos. Acusei os Estados Unidos de pretender usar a Coreia como base para atacar a China e a União Soviética. Fiz um pequeno resumo da história recente da Coreia, da luta contra a ocupação japonesa. Depois fiz uma rememoração da linha coerente que a política exterior da União Soviética vinha mantendo desde 1917 em torno da defesa da paz. Quando terminei, o homem disse:

– O senhor tem uma conversa muito aprumada. Já foi militar?

– Sim. Fui primeiro-sargento do Exército.

– Logo vi. A gente percebe que o senhor é um homem sério e fala com seriedade. Mas como já disse que não assinava, não assino.

Não consegui a assinatura, mas mereci um delicioso cafezinho, oferecido pela dona da casa.

Minha viagem com Zé Basílio durou quase três meses. Nela colhi cerca de 10 mil assinaturas pela paz e contra a bomba atômica. E conheci um pedaço pouco conhecido do Brasil, porém muito importante. Conheci lugares e pessoas, descobri novos aspectos do nosso povo e da nossa gente. Um dos tipos humanos mais interessantes que fiquei conhecendo foi o "solitário". Foi numa ocasião em que o nosso cavalo estava doente, recusava-se a andar, tínhamos de empurrá-lo ou puxá-lo. Ziguezagueando pela mata, chegamos a um pequeno rancho, iluminado por um fogaréu, no meio da noite. O solitário nos mandou entrar, explicou que o fogo era para espantar as onças, ofereceu arroz sem sal. Começamos a conversar, eu lhe falei da situação mundial, do perigo de guerra, da bomba atômica, do imperialismo norte-americano. Ele comentou:

— Esses gringo americano vão acabá qui nem Riter i Mussulini.

De cócoras, bem no estilo que tanto impressionara Euclides da Cunha (descrito em *Os sertões*), o solitário picava fumo para fazer cigarro de palha de milho. Perguntou-nos se conhecíamos São Paulo e se conhecíamos um homem chamado Prestes.

Indaguei:

— Júlio Prestes?

— Não.

— Prestes Maia?

— Também não.

— Luiz Carlos Prestes?

— Esse!

Seus olhos se iluminaram, um largo sorriso dominou a sala semiescura.

— Vancês cunhece?

Respondi:

— Somos soldados de Prestes, soldados do partido de Prestes, soldados da classe operária e do povo trabalhador.

— Antão vancês são da Lei do Comunismo? São comunistas?

— De carne e osso e de corpo presente.

— Pois nóis agora vamo cumê é um churrasco!

Deu um pulo de lado, com o facão na mão, retirou da prateleira duas costelas de porco, partiu-as e jogou-as dentro da panela de arroz. Com isso, o arroz ficou temperado, muito gostoso. Nosso novo amigo tinha sido soldado da Coluna Prestes, tinha feito a marcha com Prestes de São Paulo até o Maranhão e de lá até a Bolívia. Depois tinha voltado para o Brasil e se fixado como arrendatário no município de Firminópolis. Tornara-se o arrendatário mais bem arranjado da região: tinha mulher bonita, mangueiro de porco com mais de trinta capados, fruteiras, lavouras e uma varjada de canas e bananeiras. Dava gosto ver o farturão! Um dia o proprietário foi ver a prosperidade dele, gostou de tudo, inclusive da mulher. Passou a impor-lhe exigências cada vez maiores. No fim, tomou-lhe tudo: a propriedade, as benfeitorias e até a companheira. Foi a Firminópolis apresentar queixa às autoridades, acabou sendo preso e levou uma violenta surra (acusado, entre outras coisas, de ser comunista). Quando saiu da cadeia, pensou em matar o fazendeiro. Mas refletiu, desistiu e abandonou o lugar onde sofrera tanto e fora tão humilhado:

– E agora me acho nesses ermo, trabaiando pra melhorá a vida.

Tinha de pagar 30% de arrendamento, o que era uma exploração desavergonhada levando-se em conta as condições de isolamento em que vivia. Perguntei-lhe se não tinha medo das onças. Respondeu que tinha:

– Mas pobre vive sempre com medo. Na cidade, tem medo do patrão, da polícia e da justiça. Aqui, pelo menos tô livre da polícia...

E sorriu um sorriso de poucos dentes.

O solitário não aceitou minha sugestão de ir conosco para Goiânia, porém nos acompanhou até uma corrutela nova, um embrião de povoado às margens do rio dos Pilões; havia corrido a notícia de que a zona ali estava "bamburrando" muito, que havia diamante e cristal de rocha em profusão, que tinham surgido até algumas pepitas de ouro, de modo que os garimpeiros afluíam de toda a parte: do Piauí, da Bahia, de Mato Grosso, de Minas, de outros garimpos de Goiás e, sobretudo, do Maranhão. Conversamos muito com os garimpeiros, que nos acolheram calorosamente. Fiz-lhes a minha habitual preleção sobre a guerra atômica que nos ameaçava e sobre a luta pela paz. Todos assinaram o Apelo de Estocolmo.

Paralelamente ao duro trabalho dos garimpeiros, os habitantes do povoado plantaram alguma coisa nas terras devolutas. E, como costuma acontecer, logo apareceram aventureiros que se diziam donos daquelas terras e passaram a cobrar 20% da produção agrícola e 10% dos minérios que fossem extraídos.

Denunciamos o absurdo dessa exploração e acusamos os grileiros de serem ladrões descarados. Realizamos uma assembleia para discutir o problema e, bem no meio dela, apareceram os dois grileiros, que vinham justamente receber o dinheiro do arrendo. Protestaram, em tom arrogante, contra a realização da assembleia, que se fazia sem o consentimento deles. Aí começou uma discussão. Os garimpeiros disseram que não eram escravos de ninguém, que não precisavam de autorização para se reunir. E acrescentaram que não reconheciam mais que os dois grileiros fossem realmente proprietários das terras: não pagariam mais arrendo. Os dois ladrões ameaçaram com a polícia e a justiça, disseram que aquilo "cheirava a comunismo". Os trabalhadores replicaram:

– Cheira ou feda a comunismo, ninguém vai pagá mais nada!

De repente, a massa investiu contra seus exploradores, tomou-lhes as armas e o dinheiro que traziam (não era muito), os cavalos em que tinham chegado e até as roupas que vestiam. Foram castigados fisicamente e só não morreram porque intercedemos. Foram embora depois de terem levado, seguramente, o maior susto de sua vida.

Quando o solitário se dispôs a voltar para o seu rancho, fomos com ele a uma casa de secos e molhados, compramos tudo aquilo de que precisava para a volta. Quando tiramos o dinheiro para pagar, o comerciante disse:

— Já está pago. Enquanto vocês permanecerem aqui, não terão despesa nenhuma. Vocês são nossos hóspedes. Vocês não disseram, mas eu sei que são comunistas; só os comunistas têm peito para vir de tão longe para alertar o povo da roça contra os gringos americanos e contra a roubalheira dos grileiros. Não sou comunista porque tenho medo de ser preso e de viver perseguido, como vocês. Mas admiro a luta do partido, leio a revista *Problemas,* acompanho as campanhas desde 1945. Vocês despertaram a gente deste povoado.

O solitário arrumou tudo direitinho na sua matula, abraçou-nos fraternalmente e partiu. E o homem da mercearia, simpatizante do partido, nos deu indicação de antigos comunistas que talvez pudéssemos encontrar na região do Manchão do Vaz.

De fato, localizamos, em Manchão do Vaz, um farmacêutico indicado pelo comerciante. E, na margem direita do rio Claro, fomos acolhidos por uma família dirigida por uma mulher de forte personalidade, exímia pescadora, ótima trabalhadora agrícola, respeitada por todos os habitantes das vizinhanças, ser humano de uma coragem física e moral admirável. Contou-nos que o partido, lá, tinha sido muito forte. Havia a praça Luiz Carlos Prestes, as avenidas João Amazonas e Maurício Grabois. E perguntou:

— Você deve conhecer Gregório Bezerra, Alcedo Coutinho, Agostinho de Oliveira, que também foram eleitos em dezembro de 1945?

— Conheci e conheço todos eles. Estão trabalhando firmes na luta do partido contra a guerra, o imperialismo e o latifúndio.

— O deputado Gregório Bezerra continua preso na Paraíba?

— Não, já está solto.

— Ele também continua no partido?

— Continua o mesmo de sempre. Não mudou nada.

— E o senador Luiz Carlos Prestes, está no Brasil ou na União Soviética?

— Está no Brasil, dirigindo o partido.

— Você é da direção do partido em Goiás?

— Não, sou apenas um soldado do partido.

— É uma pena que você não possa demorar mais tempo por estas bandas, pois faria um bom serviço. O povo destes lugares é um povo bom. Só falta um companheiro como você, para explicar para ele a verdade. Eu não sei explicar. Além do mais, não disponho de tempo.

Infelizmente, não podíamos nos estabelecer no local, pois tínhamos de voltar para Goiânia, onde outras tarefas políticas nos esperavam. Em Manchão do Vaz, não conseguimos fazer muita coisa, pois todos se colocavam na dependência da palavra de um certo sr. Moisés, que era praticamente o dono do município de Iporal e estava ausente, na época. Mesmo assim, sem ter tido ocasião de falar com o tal, consegui algumas assinaturas ao pé do Apelo de Estocolmo (lembro-me, com particular clareza, do apoio que me deu uma família espírita). Outra coisa importante para nós que se passou em Manchão do Vaz foi a cura do nosso cavalo, que foi eficientemente tratado por um veterinário prático que havia por lá.

Dos inúmeros episódios vividos na minha viagem em companhia de Zé Basílio, quero recordar ainda um, que me deixou uma grata recordação: a salvação de uma vida. Chegamos, certa feita, à casa de um casal de camponeses. O homem estava desesperado, sua mulher tinha parido uma criança que nascera morta. A mulher estava desenganada. Fedia como se todo o corpo tivesse apodrecido. Disse ao camponês que não era médico, mas tinha alguma prática de enfermagem, podia tentar lavar a mulher dele por dentro, limpar-lhe o útero; se ela tivesse um organismo resistente, poderia sobreviver. Ele me autorizou a agir: "Deus há de ajudar a ela e ao sinhô, que vai fazê essa obra di caridade".

Utilizei uma bexiga de cristel e algodão em caroço (na falta de algodão hidrófilo). Com água morna, limpei-a, a princípio externamente, depois injetando a água no útero, até tirar tudo aquilo que havia de podre dentro dela. Apliquei-lhe uma injeção, uma ampola de 2 mil unidades de penicilina, que trazia comigo. Matamos uma galinha, demos de comer à mulher. A febre baixou, ela se recuperou, ficou agradecidíssima: disse que me devia a vida, passou a me considerar como pai. Chorou muito no dia em que partimos.

5

Ainda fiz diversas outras viagens durante os anos da minha permanência em Goiás. Estive, por exemplo, em Uruaçu. Em Nortelândia, quando me dirigia ao quilômetro 147, isto é, à Colônia Agrícola de Goiás, escapei por pouco de ser preso por uma patrulha; o cabo que a comandava explicou para o camarada que me ocultara nos fundos de sua casa: "A ordem que temos é para liquidar esse perigoso comunista". Perto de Porangatu, fui atacado por uma forte dor no fígado; comprei remédios muito caros e pouco eficazes. Gastei todo o dinheiro que levava comigo e fui obrigado a vender por 1,5 contos meu relógio folheado a ouro. Em Campinas, o dr. Rubem me operou imediatamente, extraiu-me o apêndice que já estava preto como carvão.

Recuperado, ainda estive em Pires do Rio, Goiandira e Catalão, depois em Cristalina e Paracatu, já em Minas Gerais. Estive também em Hidrolândia, Morrinhos, Buriti, Goiatuba, Itumbiara e Meia Ponte. Foi nessa época que o companheiro Antônio Barbosa (que era diretor, redator, repórter e tipógrafo do nosso jornal de massas em Catalão) foi assassinado a tiros pela polícia. O incidente teve repercussão. Três camaradas, enviados pelo Comitê Estadual a Catalão, foram presos e barbaramente espancados; infelizmente, o comportamento deles diante da violência policial ficou aquém do que se deveria esperar de militantes comunistas.

Preocupada com o desenvolvimento teórico dos quadros do partido, a direção nacional organizou o "curso Stalin", que devia ser dado em todos os Comitês Estaduais. Para Goiás, foi mandado como professor um camarada de nome Vilar. Logo na seleção dos companheiros que deveriam participar do curso, tive um atrito com ele. Travamos um diálogo sobre vários temas, extraídos da leitura de trechos de algumas obras marxistas. Eu sempre fui um "atrasadão" no terreno teórico, embora soubesse aplicar na prática a linha política do PCB. Mas o camarada Vilar era um elemento muito arrogante, autoritário e autossuficiente. O fato é que surgiu uma discussão azeda entre nós.

Fui aceito, afinal; e o secretariado me incumbiu de, junto com o secretário de organização, escolher o local do curso. Além disso, eu e o camarada Zé Basílio ficamos encarregados da segurança. Escolhido e preparado o lugar, providenciamos tudo o que era necessário para o período de confinamento dos 22 companheiros que seriam mobilizados.

Iniciou-se, então, a concentração. Reunimos-nos para discutir o regimento interno, inclusive as normas disciplinares. Foram eleitas as comissões de alimentação e de higiene. A comissão de segurança, que já estava funcionando também, foi submetida à ratificação do coletivo.

Dormimos e, no dia seguinte, logo após o café da manhã, realizou-se a solenidade de abertura do curso. Foram explicadas as suas razões, frisando-se o peso da nossa responsabilidade: deveríamos nos empenhar ao máximo para assimilar os conhecimentos que nos fossem ministrados e respeitar rigorosamente as normas de segurança para corresponder à confiança com que o partido nos distinguira e também para fazer jus ao patrono do curso, camarada Stalin. Depois, começaram as instruções.

Tudo marchava bem. Eu me considerava um dos alunos mais fracos intelectualmente, mas esforçava-me para corresponder à confiança depositada em mim e para responder corretamente às perguntas do camarada instrutor. Não queria fazer feio perante meus colegas, mesmo porque sabia que o instrutor não simpatizava comigo e eu não desejava que ele supusesse que estava com má vontade. Além de tudo, eu queria avançar no terreno teórico para desempenhar melhor as minhas tarefas de massa e ajudar melhor os militantes do partido e a sua direção.

Íamos bem. O instrutor transmitia as aulas de forma viva e com clareza. Eu sentia entusiasmo em ver o progresso dos meus colegas e a segurança com que respondiam ao camarada Vilar, o qual, vez por outra, procurava enrolar pedantemente alguns companheiros.

Um dia, apareceu uma proposta para a criação de um jornal mural, aprovada por unanimidade. Surgiu a ideia de dar nome a ele, mas as sugestões não foram aprovadas. O camarada M. J., jovem membro da direção do Comitê Municipal e efetivo do Comitê Estadual, muito inteligente, dinâmico e corajoso, propôs que o jornal fosse chamado *O Educador Stalinista*. Eu propus *A Voz do Coletivo*. Postas em votação as propostas, houve empate. Vilar sugeriu que M. J. e eu defendêssemos verbalmente nossas sugestões. Cada um de nós fez sua defesa como pôde. Novamente a votação acusou empate.

O camarada Vilar afirmou, então, que caberia a ele, como instrutor e responsável pelo curso, desempatar. Antes de tudo, chamou a atenção de todos para o que iria dizer a respeito das duas propostas. "Temperou" a garganta, engoliu a saliva, pigarreou mais uma vez, olhou-me fortemente e falou mais ou menos o seguinte:

– Camaradas! Estou estarrecido com a conduta antistalinista do camarada Estêvão (era meu "nome de guerra"). Todos nós vimos com que veemência o camarada defendeu a sua proposta antistalinista. Se nós, e eu, pessoalmente, não conhecêssemos o camarada e o seu passado de luta, eu proporia, agora mesmo, a sua expulsão do PCB e do curso Stalin. Mas advirto o camarada para tomar cuidado com a sua posição.

Após ouvi-lo ainda desfechar uma chuva de argumentos contra a minha proposta e contra mim, não o deixei terminar seus insultos e suas "bestialogias". Revidei seus argumentos com toda a energia e não fui mais longe para não faltar com o devido respeito ao coletivo. Afirmei que ele, Vilar, não estava à altura das funções de instrutor político e faltava-lhe autoridade política e moral para propor minha expulsão do partido e do curso Stalin. Que não o temia, nem a ele nem a seus argumentos. E que a estima que eu merecia do partido não tinha sido conquistada por carreirismo nem por bajulações. Tinha sido conquistada no trabalho com as massas, enfrentando os golpes da reação com toda a firmeza, sem vacilar um minuto no cumprimento do dever revolucionário. E o desafiei a propor, ali mesmo, a minha expulsão do partido.

Confesso que fiquei traumatizado, mais ainda porque esperava que o secretariado do Comitê Estadual discutisse com o camarada Vilar a sua falsa interpretação a meu respeito. O secretariado lavou as mãos e nada disse a ele, para logo em seguida destituir-me da comissão de segurança, sem nem sequer consultar o coletivo. Uma vez mais, tanto o secretariado como o coletivo engoliram a pílula dosada por Vilar, que passou a manobrar à sua vontade. (*O Educador Stalinista* foi então aprovado, com o apoio do camarada Vilar.)

Fiquei numa excitação nervosa desesperada, não dormi durante a noite, pensando no que deveria fazer. Meu primeiro ímpeto foi abandonar o partido e o curso. Mas, refletindo melhor, concluí que se os abandonasse, nada mais faria do que satisfazer ao camarada Vilar. Além disso, a minha saída do local poderia prejudicar a realização do curso, com possibilidade de a reação descobrir a concentração e, em consequência disso, eu ser acusado de delação. Também não deixaria de ser uma falta de disciplina e revelaria baixo nível político e ideológico. Foi pensando nesses assuntos e em muitos outros, que resolvi ficar e me preparei para novas investidas do camarada Vilar, que daí para a frente vingou-se, fazendo-me perguntas sucessivas, uma em cima da outra, até que alguns colegas bradaram: "Assim também é demais!".

Eu sabia que o objetivo das perguntas era desmoralizar-me perante meus colegas de curso e, como não queria dar prova de incapacidade, estudava com afinco todas as aulas até alta madrugada, a fim de responder corretamente, "em cima da bucha", às perguntas que me fossem feitas. Passei a não falar com Vilar. Limitava-me a responder às perguntas em aula. Fora desta, silenciava a todas as tentativas que ele fazia, até o fim do curso.

Dias após o incidente, surgiu a proposta de um concurso obrigatório para os alunos do curso. Tratava-se de escrever um artigo, e os melhores seriam publicados no mural. Aquele que escrevesse o melhor ganharia um prêmio: a autobiografia do camarada Stalin. M. J. escreveu sobre a classe operária. Eu escrevi sobre o trabalho no campo. Novamente, empatamos. Na segunda votação, para o desempate, ele me venceu. Dessa feita, Vilar fez um comentário demagógico a respeito do meu artigo e propôs que fosse enviado para o Rio, a fim de ser publicado na *Voz Operária*. Compreendi o ranço demagógico e saí do recinto enojado.

A bem da verdade, devo confessar que eu era um ardoroso stalinista. Não era um fanático, mas tinha profunda admiração pelos feitos positivos de Stalin, não só durante a preparação da Revolução Bolchevique de 1917, como na dolorosa guerra civil e intervenção armada das potências capitalistas, bem como na luta contra a sabotagem e o trotskismo, e logo após o desaparecimento do imortal Lenin, na luta titânica pela construção e consolidação do primeiro Estado socialista. Admiro, sobretudo, a luta heroica do partido e de todo o povo soviético durante a grande guerra patriótica, que culminou com o esmagamento do nazifascismo e com a reconstrução do glorioso Estado socialista soviético.

Tudo isso me enchia de entusiasmo e animava-me a penetrar profundamente na massa camponesa para esclarecê-la, uni-la e organizá-la contra o latifúndio, o imperialismo e a reação, e pelo socialismo. Dessa forma, quem agia como eu não podia ser antistalinista. Pelo contrário, eu achava que a melhor forma de ser stalinista era cumprir rigorosamente as resoluções do PCB e aplicar corretamente sua linha política no trabalho concreto com as massas.

É claro que nenhum comunista consciente concordou com os erros do camarada Stalin, os quais só vieram a público depois de sua morte, com a ascensão ao poder do velho e admirável camarada Nikita Kruchov, a quem rendo as mais sentidas homenagens.

Findo o curso, retomei minhas andanças por Goiás e acabei atacado simultaneamente pela febre amarela, febre tifóide e por uma nefrite. O partido me deu todo o apoio, providenciou assistência médica, mas como eu não melhorava, mandou-me para Uberlândia. Quando finalmente comecei a me recuperar, graças aos antibióticos, aos cuidados dos médicos e à atenção de d. Célia (dedicada senhora que zelava pela minha alimentação), tinha ficado reduzido a 48 dos 76 quilos que pesava antes. D. Célia foi maravilhosa em sua paciência: devo-lhe a vida. No momento em que redijo estas minhas memórias, penso nela com infinita gratidão. Somente eu sei o trabalho que lhe dei!

Recuperado, precisei fazer força para convencer os camaradas da direção estadual a retomar o trabalho com a massa camponesa. Afinal, mandaram-me para Anápolis. Na época, o Comitê Municipal da cidade era dirigido por Declier Crispim, filho de Aloísio Crispim. Declier era um companheiro admirável, estimado por todos em Anápolis. Herdara as qualidades do pai: era honrado, eficiente, modesto e tinha uma confiança inabalável na vitória final do socialismo. Sua morte prematura, ocorrida quando eu já não estava mais lá, constrangeu todo o partido em Goiás e foi lamentada por todos que o conheciam.

Com Declier, trabalhamos na organização da massa trabalhadora da região de Anápolis. Fundamos uma organização feminina com base na luta das mulheres por reivindicações específicas, tais como maternidades, escolas de alfabetização, posto médico e gabinete dentário. Fundamos um núcleo muito ativo de partidários da paz. Reorganizamos as oficinas do nosso jornal, *A Frente Popular*. Combatíamos de forma sistemática a elevação do custo de vida, responsabilizando os tubarões do comércio por tal fenômeno. Criamos um cursinho sobre os estatutos e o programa do partido para todos os militantes de base.

Os companheiros preocupavam-se com a minha saúde (já então recuperada) e também com a minha segurança. A direção do Comitê Municipal recebeu uma carta na qual se informava que eu estava na mira dos pistoleiros da reação. Mandaram-me, então, de volta a Goiânia. Mas lá, também, corriam alguns rumores a meu respeito. O fato é que eu estava queimadíssimo. Os rumores transformaram-se em notícias, segundo as quais eu teria sido descoberto pelo serviço secreto do Exército, que não me perdoava desde a malograda farsa do incêndio do 15º Regimento de Infantaria de João Pessoa.

Diante das informações que corriam e do perigo que me ameaçava, a direção nacional determinou que eu fosse para Belo Horizonte. Pouco tempo depois, abandonei a capital mineira e fui para a Guanabara. Após um mês, estava em São Paulo e participei de um curso de capacitação política que me ajudou a compreender certos problemas políticos até então confusos em meu pensamento. Foi mais proveitoso que o curso Stalin dado pelo camarada Vilar, em Goiás. Os camaradas que deram aulas no curso de São Paulo tinham mais gabarito e mais experiência de vida partidária. Entre eles, destaco Carlos Marighella e Mário Alves, ambos trucidados mais tarde pelos bandidos policiais da ditadura militar fascista.

Após concluir o curso, a direção nacional do partido perguntou onde eu pretendia atuar.

– Sou um soldado do partido, atuarei em qualquer setor que me for confiado – respondi.

Assim, fui designado para atuar na região norte de São Paulo e segui para São José do Rio Preto. Viajei sem novidades até São Carlos, mas nessa estação ganhei a companhia de um policial. Sentou-se ao meu lado e procurou dialogar comigo. Tentei fugir das suas investidas, mas o tira era teimoso. Perguntou se eu era paulista e respondi que era cearense, de Baturité. Disse que ia a Mirassol, a convite do meu sobrinho.

– O senhor é comerciante ou agricultor?
– Sou as duas coisas. Sou um pequeno sitiante. Trabalho na agricultura e, nos dias de feira, negocio com cereais.
– Como vai a política no seu estado?
– Não sei.
– Como assim, o senhor não tem partido?
– Não tenho, nunca tive nem quero ter.
– O senhor não é eleitor?
– Sou, mas voto só para cumprir o dever.
– O senhor já veio a estes lugares?
– Não, nunca tinha vindo.
– Não tem medo de se perder?
– Não, porque o meu sobrinho deve estar me esperando na estação.
– E se não estiver?
– Indagarei ao chefe da estação. Meu sobrinho é conhecido.

Houve ainda algumas perguntas e respostas e outros rodeios, até a chegada do trem a São José do Rio Preto, onde o tira saltou, prontificando-se a ajudar-me no caso de eu não encontrar o meu parente. Entregou-me um cartão em que constavam o seu nome e a sua profissão. Era policial, lotado na delegacia de São José do Rio Preto.

Deixei o trem partir e, mais adiante, numa curva muito fechada, o trem diminuiu a velocidade. Saltei do trem em movimento, livrando-me do meu "confessor". Um pouco mais tarde, encontrei a casa que me era destinada, pertencente a um casal português. No dia seguinte, estabeleci contato com os camaradas do Comitê Regional, com os quais passaria a atuar. No norte paulista, mais do que em Goiás e em Mato Grosso, os latifundiários temem a massa camponesa unida e organizada. Tudo fazem no sentido de obstaculizar qualquer tentativa de organização dos camponeses, utilizando não só a polícia, mas também seus capatazes e capangas.

É sabido que, onde o partido atua corretamente, defendendo os interesses das amplas massas e de todo o povo, aguçam-se as contradições de classe. Os ferozes golpes da reação são o prêmio que o partido recebe. O militante deve encarar essa situação com realismo, receber esses golpes como um estímulo à sua atuação e redobrar suas energias no trabalho político. Os golpes constituem a confirmação concreta do árduo trabalho no seio das grandes massas sofridas. Às vezes, são inevitáveis alguns ligeiros retrocessos; mais tarde, porém, voltamos à carga com mais segurança e o sucesso é compensador. Tal era a situação que muitas vezes se verificou em diversas usinas de açúcar, em fazendas de café ou de criação. No norte paulista, as tarefas partidárias clandestinas – reuniões para discussão dos problemas do partido, definição de tarefas ou realização de palestras políticas – eram relativamente fáceis. Mas não podíamos – nem era recomendável – reunir clandestinamente as massas. O meio mais prático que encontrávamos era em piqueniques, por ocasião de festas religiosas ou ainda nos aniversários de pessoas de prestígio. Depois de fazermos uma boa convocação, fazíamos conferências sobre a reforma agrária, a paz, contra a carestia e os tubarões. Nessas ocasiões, levantávamos os problemas políticos e econômicos que mais interessavam à população local.

Quando acontecia algo de anormal nas cidades ou no campo, era mais uma ocasião para reunir a massa. Mandávamos brasa contra os responsáveis e aproveitávamos a ocasião para abordar os problemas do povo com mais força. Assim, apesar das dificuldades, conquistamos para o Comitê Regional muitos assalariados agrícolas, colonos das fazendas de café, e reintegramos muitos militantes que, desde que o partido fora posto na ilegalidade, em 1947, estavam flutuando. Reorganizamos muitos comitês municipais e distritais. Reestruturamos numerosas bases que tinham se dissolvido por falta de assistência. Graças a essa reorganização das estruturas partidárias, pudemos penetrar no interior das fazendas de café e discutir com os colonos e outros trabalhadores seus problemas e suas reivindicações imediatas. Tudo isso marchava num ritmo lento. Não porque o quiséssemos, mas porque a realidade nos impunha. Por muito que tentássemos fazer avançar nosso trabalho, continuávamos à mercê da situação objetiva.

Por essa altura, deu-se um acontecimento inédito na história do país que abalou toda a população: o suicídio do presidente Getúlio Vargas. A morte de Vargas chocou profundamente o povo brasileiro. Foi um impacto que emocionou a gregos e troianos, a amigos e inimigos do suicida, e marcou a consciência nacional. Aproveitamos a situação de estarrecimento para ganhar as ruas e as fazendas, fazer comícios e conferências nacionalistas, explicando ao povo as causas do suicídio de Vargas e denunciando os principais responsáveis. Mandamos imprimir dezenas de milhares de cópias do seu testamento e não só o distribuímos fartamente, como explicamos minuciosamente os motivos do suicídio. Apontamos o imperialismo ianque e seus testas de ferro no Brasil como os culpados. O imperialismo e os entreguistas estavam inconformados com as medidas nacionalistas de Vargas, tais como a limitação da remessa de lucros e outras em defesa da soberania nacional, e por isso forçaram-no ao suicídio.

Desde que começou a conspiração contra Vargas e suas medidas nacionalistas, vínhamos realizando conferências e comícios. O povo passou a dar apoio cada vez maior à luta contra os entreguistas e o imperialismo norte-americano e estava disposto a defender Getúlio, caso ele quisesse resistir aos gorilas militares e à burguesia entreguista, que conspiravam de forma cada vez mais aberta. Em nosso setor, a massa camponesa estava disposta a marchar para a capital do estado e a hipotecar sua solidariedade concreta ao general Estillac Leal, então comandante da 2ª Região Militar e partidário da defesa de Vargas. Desgraçadamente, o presidente, coerente com a sua classe, preferiu matar-se a dar mais alguns passos ao lado do povo, em defesa da soberania nacional. Se Vargas tivesse querido resistir, teria contado com a maioria do povo.

O testamento nacionalista do presidente Getúlio Vargas contra o imperialismo ianque e seus agentes no Brasil foi a maior confirmação da campanha nacionalista que o nosso partido estava conduzindo. Sem querer, ele confirmou tudo o que dizíamos e mostrou que a orientação dada pelo partido era justa e oportuna. Ganhamos, assim, maior apoio do povo em todo o país. Os queremistas foram forçados a reconhecer que o nosso partido tinha toda a razão quando empunhava a bandeira de luta nacionalista no Brasil. Certas personalidades tinham chegado a dizer, na época em que lançamos essa palavra de ordem, que não era mais do que campanha de agitação e propaganda política. Mas após a morte de Vargas, após seu testamento, compreendiam que a penetração de grupos norte-americanos em nosso país era ainda mais profunda do que as denúncias que tínhamos feito publicamente. Alguns desses cavalheiros nos parabenizaram e passaram a apoiar nossa campanha, mas de forma dissimulada, dizendo que tinham medo de ser tachados de comunistas, criptocomunistas ou, ainda, prestistas.

A campanha nacionalista trouxe resultados positivos para o partido, que se reforçou política e organicamente e fez um trabalho magnífico entre as massas populares. Como resultado desse trabalho, na campanha eleitoral de 1954, nossos candidatos eram vigorosamente aplaudidos quando abordavam as questões nacionalistas, a reforma agrária radical, a questão crucial do aumento do custo de vida e a brutal exploração feita pelo patronato das cidades e do campo. Dessa maneira, nossos candidatos tiveram uma votação expressiva no pleito eleitoral desse ano.

O Congresso de 1954 do PCB, esperado havia muito, despertou grande interesse entre os militantes. Esperava-se, com justa razão, que em todos os escalões fossem democratizados os métodos de trabalho. Em nossa região, os quadros dirigentes desdobravam-se na tarefa de organizar as assembleias de base, as conferências distritais e municipais e a conferência regional. Coube-me, entre outras, a tarefa de conseguir os meios financeiros para cobrir as despesas resultantes do trabalho de preparação do Congresso.

Logo depois das assembleias de base, das conferências distritais e de zona, foi realizada a conferência regional, na qual fui eleito delegado. Tal fato era esperado pelos camaradas dos escalões inferiores, já que eu tinha recebido o mandato de todas as organizações presentes. Até então, tudo parecia normal. Eu próprio estava entusiasmado, porque era a primeira vez que ia participar dos debates no órgão máximo do partido, o que sempre desejei. Além disso, merecera a preferência dos meus camaradas das bases da região e tinha o desejo de corresponder à confiança que tinham depositado em mim.

Os camaradas da região achavam – e tinham razão – que alguns elementos da direção eram muito rígidos e por isso deveriam ser substituídos por outros, mais flexíveis e com maior capacidade de comunicação com o partido e com o povo. Faziam certas restrições aos camaradas Arruda Câmara, Grabois e outros, por causa de sua inflexibilidade no meio partidário. Pessoalmente, apesar dos constantes atritos que vinha tendo desde 1945 como o camarada Arruda, mesmo considerando-o mandonista e prepotente, sempre o vi como um quadro valoroso, que devia ser mantido na direção suprema do partido. Achava, porém, que precisava ser severamente criticado.

Às vésperas da realização do Congresso Nacional do PCB, o primeiro-secretário regional foi chamado a São Paulo pela direção nacional. Quando voltou, reunimos-nos para tomar conhecimento das novas medidas de segurança e de outros assuntos políticos, e para saber o dia da viagem para a capital bandeirante. Nosso secretário disse:

– Camaradas, vamos realizar o Congresso Nacional do nosso partido, mas, desde já, comunico aos camaradas delegados que não irão participar do Congresso.

E, olhando para mim, disse:

– Nem mesmo você. Daqui, somente eu, porque sou o primeiro-secretário.

– Então o Comitê Central não vai realizar um Congresso, mas uma farsa de Congresso – retruquei.

– O camarada dá por escrito essa declaração?

– Dou e repito: é uma farsa de Congresso o que a direção nacional vai realizar. – E prossegui: – Têm razão os camaradas que acham que deve haver substituição nos quadros da direção nacional do partido, pois eles violam premeditadamente os estatutos, à mercê das vontades dos camaradas Arruda Câmara, Grabois, João Amazonas e Pedro Pomar.

Nosso secretário político perguntou:

– Está criticando a direção nacional do partido?

– Estou. E pode levar esse fato agora mesmo ao conhecimento dela.

A vontade de participar dos debates do Congresso para levantar certas infrações aos estatutos, de ser realmente o porta-voz dos camaradas que me haviam indicado como delegado, era grande. Mas, desgraçadamente, fui colocado perante um fato consumado. Diógenes de Arruda Câmara era o homem forte do partido. Usava e abusava dessa posição, colocando tudo à mercê de sua vontade.

A manobra criou um sério descontentamento dentro do partido naquela região. Alguns elementos das organizações intermediárias se afastaram do partido; e a crise só não foi pior porque agimos a tempo e com muita prudência. Explicamos pacientemente as dificuldades que o partido tinha para reunir mais de cem delegados durante seis ou mais dias, naquelas condições de dura clandestinidade.

―――――――

Durante a campanha eleitoral na região norte de São Paulo, assisti a três fatos interessantes. Achava-me em Votuporanga, no cumprimento das minhas tarefas. Os políticos janistas estavam preparando um grande comício, com a presença do então candidato. Às vinte horas, Jânio subiu ao coreto. Estava de barba crescida, cabeludo e tinha não só a roupa empoeirada, como ele próprio estava coberto de pó. A multidão era colossal. Jânio jogava os cabelos ora para a frente, ora para trás. Havia um orador no palanque, mas a massa só olhava para Jânio. De repente, ele meteu as mãos no bolso, tirou um pão endurecido e começou a comê-lo diante da multidão. Esta olhava para ele, louca para ouvi-lo falar. Havia um grupo de senhoras perto de mim. Elas não tiravam os olhos dele. Penalizadas ao vê-lo destacar com os dentes o pão duro que comia gulosamente, uma delas disse:

– Coitadinho! Até parece Jesus Cristo cercado pelos pescadores! Esse homem vai fazer um bom governo. Vou votar nele. É este que deve merecer os votos do povo, porque conhece as suas necessidades! Não vê como está comendo um pão duro? Ele não tem "bondade"; se fosse outro, estaria banqueteando-se no hotel.

As outras senhoras fizeram coro e continuaram num longo diálogo em favor de Jânio. De repente, ele teve ou fingiu ter uma vertigem. Veio um enfermeiro e aplicou-lhe uma injeção. Poucos minutos depois, sacudiu a cabeça para a frente e para trás. Um cidadão exclamou:

– O homem é um verdadeiro artista. Vai vencer de vento em popa, não há quem o segure. É um político perigoso.

Até Jânio começar a falar, a multidão estava apática, mas logo começou a vibrar. Ele também se entusiasmava e mandava brasa contra seus opositores. Em pouco tempo, a praça estremecia com os aplausos do público e, como sempre, Jânio soube tirar o máximo proveito.

Na mesma campanha eleitoral, estava, dessa vez, em Fernandópolis. Era uma cidade nova e a que mais crescia na região norte de São Paulo. Ainda estavam estendendo a rede elétrica. Os janistas tinham preparado o comício, havia uma colossal massa de propaganda. Às dezenove horas, o povo superlotava a praça e as ruas vizinhas. Às vinte horas, Jânio chegou ao local do comício. Não houve entusiasmo, mesmo após o primeiro orador ter tentado alguns gracejos. A plateia continuava fria como gelo. O político paulista inquietou-se. Falou o primeiro orador, falou o segundo e a indiferença continuava. Algumas pessoas começaram a retirar-se do comício. Jânio não esperou o outro orador. Pegou o microfone e começou a falar. Houve algumas palmas, mas predominava a indiferença. Jânio fez um gesto, parou de falar e olhou para a multidão, que era, na maioria, constituída de camponeses. Olhou para as terras em volta, olhou para os postes de iluminação e disse:

— Ai desses latifundiários exploradores do povo! Ai desses exploradores dos meus irmãos camponeses! Se eu for eleito governador de São Paulo, esses postes serão poucos para enforcar todos os ladrões e latifundiários, se continuarem escravizando os camponeses e explorando cruelmente o povo paulista!

Não terminou a palavra "paulista" e a praça estremeceu sob uma chuva de aplausos, das mais vibrantes que vi em todas as campanhas eleitorais. E a massa só parou para comentar:

— Esse homem é comunista. Só os comunistas têm peito de atacar os latifundiários desse jeito, defender os camponeses e combater os exploradores do povo. É nele que vou votar.

Outros comentaram:

— Já ganhou o meu voto.

O resto da noite e pela semana adentro ainda se comentava o discurso explosivo de Jânio. Toledo Piza e Ademar de Barros iam cheirar o pó da derrota. Jânio estava eleito governador do Estado de São Paulo. Nenhum dos candidatos tinha conquistado como ele a simpatia dos eleitores do norte paulista.

O outro fato deu-se com Ademar de Barros, na cidade de São Carlos. Os ademaristas tinham feito uma grande propaganda com o objetivo declarado de abafar todos os comícios dos seus adversários. Pela propaganda, parecia que abafariam mesmo. Toda a cidade estava ricamente enfeitada. Havia faixas, cartazes e placas sobre os feitos e o que pretendia fazer o candidato, se fosse eleito. As pichações que anunciavam o comício foram as mais artísticas, ricas e espalhafatosas que vi em todas as campanhas eleitorais. Várias escolas de samba foram trazidas da capital paulista e tomaram conta da cidade. Era uma verdadeira festa carnavalesca. Com a chegada de Ademar, as escolas de samba concentraram-se nos cantos da praça.

Por volta das oito e meia da noite, chegou o candidato com uma grande comitiva, mais uma escola de samba à frente, com batedores e alguns caminhões à retaguarda, soltando fogos de artifício dos mais variados coloridos. O candidato subiu triunfalmente ao palanque, ricamente ornamentado. Um grupo de jovens, enrosado com os ademaristas, rompeu em aplausos. Era a claque ademarista, que o precedia em todos os comícios e era rigorosamente treinada. O orador que estava no uso da palavra disse:

— Meus amigos, não tenho mais nada a dizer. O meu chefe, o nosso chefe, falará por mim e por todos nós.

Apresentou o candidato ao público, enaltecendo os milagres do passado governo de Ademar, prorrompendo nos mais rasgados elogios à honradez, à honestidade ilibada do candidato. Segundo o apresentador, estava ali um novo Messias: só ele poderia salvar São Paulo e o Brasil da praga comunista que andava solapando a ordem e a compreensão entre fazendeiros e camponeses. Ademar começou a falar, congratulou-se com o povo de São Carlos por ter-lhe oferecido aquela oportunidade e pela festa tão engalanada. Disse:

— Estou emocionado com a fidalguia do povo de São Carlos! Diante desta demonstração espontânea, não tenho dúvidas da vitória da minha candidatura ao governo do Estado de São Paulo!

E prosseguindo, falou:

— Dizem que sou ladrão; que roubei isto e aquilo. Admitamos que eu seja ladrão. Mas no meu governo fiz muita coisa — e enumerava seus feitos, como prédios e outras obras. — E os que dizem que eu sou ladrão, o que fizeram?

O público não respondeu. Ademar prosseguiu:

— Não fizeram nada, não construíram nada, mas o dinheiro do estado desapareceu, seus cofres estão limpos, nem sequer um cruzeiro. O estado está na bancarrota. Esses são os honestos e eu sou o ladrão!

E por aí seguiu, lavando a roupa suja dos seus opositores. Seu discurso, do princípio ao fim, foi de ataque e defesa. Apesar da claque bem treinada, não foi tão aplaudido como esperava.

Quando Ademar começou a prometer o paraíso na terra se fosse eleito, eu me retirei, pensando nesses discursos cheios de demagogia e impregnados de anticomunismo sistemático, nas escolas de samba regiamente pagas, na gigantesca caravana de automóveis, no oceano de propaganda feita das mais variadas formas, e perguntava-me: até quando o povo será iludido com esse tipo de promessa salvadora, quando o processo eleitoral será, de fato, expressão da vontade do povo? Quando poderemos competir em condições de igualdade com os outros partidos políticos? Quando e como poderemos conquistar ao menos a legalidade para o nosso partido? Até quando persistirá a imoralidade de compra de votos?

De Votuporanga, fui para Araraquara, entroncamento ferroviário importantíssimo do norte de São Paulo, cidade politicamente conservadora, onde os integralistas tinham tido certa força. O Comitê Municipal do partido, constituído por camaradas jovens e dinâmicos, enfrentava os provocadores e fazia propaganda dos nossos candidatos, os candidatos das "panelas vazias". Preparamos ali um grande comício de encerramento da nossa campanha eleitoral, e a propaganda foi tão intensa que elementos de outros partidos comentavam:

— Tá! Não dizem que o PCB foi posto na ilegalidade? Mas olhem a propaganda dos comunistas: é maior que a de todos os outros partidos juntos!

O comício começou atrasado por causa da confusão criada pelos provocadores. Decidi ir ao lugar, para ajudar os companheiros mais jovens, que não tinham experiência. Dirigi-me a um grupo de ferroviários que estava vaiando o nosso candidato a vereador, discuti com eles: "Por que vocês estão vaiando um candidato que é operário como vocês?". Discutimos durante algum tempo e a turma dos ferroviários foi ganha não só para aplaudir o candidato como para votar nele.

Falou Ariel Tomazine, que fez um bom discurso. Depois foi dada a palavra à camarada Elisa Branco. Ao invés de abordar os problemas vividos pelo povo e suas reivindicações mais sentidas, nossa companheira iniciou seu discurso falando da União Soviética. Os provocadores recomeçaram as vaias e passaram à agressão física. Alguns provocadores, chefiados por vereadores, avançaram para o palanque, tentando agredi-la. Ela não vacilou: chapuletou uma cadeira na cabeça de um vereador reacionário que ficou enfiada em torno do pescoço do homem, à guisa de colarinho. A pancadaria se generalizou. Houve intervenção do corpo de bombeiros, que lançou jatos de água sobre gregos e troianos. Os provocadores queriam linchar Elisa Branco, mas os nossos companheiros a defenderam com energia. Houve muitos feridos, braços e pernas fraturados, cabeças quebradas, narizes sangrando. Perdi os óculos e uma caneta Parker; ganhei algumas escoriações. Nossa firmeza valeu, pois ganhamos votos para os nossos candidatos.

Como, de madrugada, circulou o boato de que aquela perturbação da ordem havia sido dirigida pelo ex-deputado comunista Gregório Bezerra, eu, Estêvão, precisei sair imediatamente da cidade: fui para São Carlos, segui de lá para Mirassol e instalei-me na capital bandeirante.

Passei dois meses na cidade de São Paulo. Depois fui para o norte do Paraná. No ônibus em que viajava iam também dois grileiros, conversando. Pela conversa que ouvi, percebi que a situação dos posseiros era dramática na região. Um dos grileiros perguntou ao outro como ia a questão dele com os "intrusos" que tinham ocupado as terras que lhe pertenciam; o outro respondeu que tinha liquidado tudo.

— A questão?
— Os intrusos.
— E os corpos?
— Pergunte aos peixes do rio.

Contei a conversa aos companheiros que me acolheram em Londrina e um deles disse que se lembrava de ter lido na *Gazeta de Londrina*, poucos dias antes, que tinham sido recolhidos no rio Paraná, em redes de pescadores, cinco ou seis cadáveres, amarrados num só feixe por uma corda.

Os camaradas do Comitê Regional puseram-me a par das dificuldades da região e do partido, que estava numa crise financeira grave. Seu crédito estava bastante abalado: devia a Deus e ao diabo. Nossos contribuintes mais compreensivos eram constantemente procurados e já estavam recebendo de cara fechada nossos representantes, em virtude das visitas repetidas. Discutimos e elaboramos um plano para enfrentar essa situação.

Normalizada a situação financeira, fiz um giro pela região, entrando em contato com os companheiros de diversos municípios. Voltei a Londrina e de lá fui para Maringá. Instalei-me no centro de uma rica região agrícola: Alto Paraná, Paranavaí, Pirabiru, Campo Mourão, Cascavel, Toledo, Engenheiro Beltrão, Mamboré, Cianorte, Terra Nova. Toda a produção dessa zona se escoava para Maringá.

Lançamos-nos ao trabalho e aos poucos o partido começou a crescer em toda a região. Dávamos especial importância à organização dos posseiros contra a grilagem. Sempre que possível, explicávamos aos trabalhadores a importância da união de todos eles para poderem enfrentar os grileiros, os jagunços, os donos de cartório, os juízes corruptos, a polícia. Uma vez, em Cascavel, fui chamado à parte por um camponês, que me disse:

— Eu conheço você, Gregório. Fui operário na fábrica de fiação e tecelagem de Paulista. Em 1945, votei em Prestes para o senado e em você para deputado federal. Depois, fui expulso da fábrica e acabei vindo bater com os costados aqui por estas bandas. Aqui tenho prosperado: colhi boas safras, possuo algumas vaquinhas e um mangueiro de porcos. Conte comigo, farei tudo para ajudar meus irmãos posseiros e o partido.

Esse companheiro, de fato, nos prestou depois boa ajuda.

De volta a Londrina, fui mandado em missão ao norte, à fronteira do Paraná com São Paulo. Passei por Cornélio Procópio, onde fiz algumas palestras; recrutei alguns novos militantes no município açucareiro de Bandeirante; visitei colônias de café em Cambará e expliquei a linha do partido aos camponeses das margens do rio Paranapanema. Quando regressei a Maringá, vinha com duas publicações que haviam de facilitar minhas tarefas de agitação e propaganda: *Novos Rumos* e *Terra Livre*.

Em Cascavel, realizou-se uma assembleia da União dos Posseiros que mobilizou mais de cem camponeses, inclusive posseiros da serra do Boi Preto. A massa ficou entusiasmada com *Terra Livre*. Todos queriam o jornal, apesar de mais de 80% serem analfabetos. Sugeri que os que não soubessem ler se agrupassem em torno de um posseiro que lesse em voz alta.

À noite, após o jantar, foi organizado um desafio entre dois violeiros repentistas: um representava os posseiros e outro os grileiros. A plateia delirava quando seu repentista esmagava o opositor. Para ser franco, achei o duelo muito fraco; ficava muito aquém daquilo que fazem os nossos repentistas do Nordeste. Mas, como diz o ditado, "em terra de sapo, de cócoras com eles"... O importante é que a plateia vibrava.

Em minha atividade na região de Campo Mourão, Mamboré e Toledo, passei por algumas situações difíceis. Lá existiam alguns posseiros enriquecidos que também se tornavam grileiros. Precisava estar atento para não me iludir com os posseiros ricos fantasiados de posseiros pobres. Uma vez, escapei por pouco de um grupo de pistoleiros; consegui me esgueirar, mas saí com um balaço no corpo. Um posseiro pobre me transportou até Pirabiru, onde fui tratado.

Lançamos uma campanha – muito bem-sucedida – pela sindicalização em massa dos camponeses. Em menos de três meses, só o sindicato de Londrina já contava com mais de 18 mil associados. Com a ajuda dos advogados, começamos a intimar os fazendeiros a comparecer à Justiça. Os fazendeiros, irritados, comentavam:

– A geada não é nada. A geada só mata café novo, de um a dois anos. E o governo indeniza, a gente acaba não perdendo nada. O pior é a praga do comunismo, que está se alastrando pelo norte do Paraná! Os sindicatos já estão mandando em tudo, os peões, os colonos e os demais trabalhadores não nos respeitam mais, querem discutir de igual para igual com os patrões. Quem já viu semelhante absurdo? Só mesmo uma ditadura militar para dar jeito nessa baderna!

Mas ainda não foi daquela vez que veio a ditadura pela qual os fazendeiros ansiavam; o que veio foi uma campanha eleitoral. Estávamos em 1955. O PCB apoiou, acertadamente, a candidatura de Juscelino Kubitschek à presidência da República. Impulsionamos uma gigantesca campanha de massas que desempenhou um papel importante na luta do nosso candidato e contribuiu para a vitória dele.

No Paraná, sabendo do nosso apoio a Juscelino, Moisés Lupion procurou-nos, buscando uma aliança. Lupion tinha sua vitória eleitoral praticamente assegurada no estado, contava com o voto majoritário em mais de 80% dos municípios nos quais o PCB pudera obter informações. Mas era um cruel grileiro: no passado, sua polícia tinha massacrado dezenas de posseiros. Estes dedicavam, pois, com toda a razão, um ódio de morte a Moisés Lupion.

Na discussão que tivemos com Lupion, fixamos duas condições para dar-lhe o nosso apoio: primeiro, que a sua polícia não atacasse mais os posseiros; segundo, que, quando tomasse posse como governador, desse título de propriedade aos posseiros. As duas coisas deveriam ser declaradas publicamente em seus comícios. Lupion aceitou.

Sabíamos que ele não cumpriria a segunda promessa, isto é, não daria os títulos de propriedade. Mas também era certo que, enquanto fosse candidato, trataria de conter a polícia, impedindo-a de atacar os posseiros. Provavelmente frearia inclusive durante os primeiros meses do seu governo. E nós teríamos mais tempo e melhores condições para ampliar o movimento das uniões de posseiros e preparar as organizações a fim de enfrentar as futuras investidas policiais. O difícil era ganhar a massa dos posseiros para o apoio ao sanguinário inimigo.

Fui mandado para a zona de Cascavel, Campo Mourão, Toledo, Mamboré e Engenheiro Beltrão. Com a preciosa ajuda de um camarada que tinha sido posseiro, consegui acesso a numerosos grupos deles. Expunha-lhes a nossa posição e eles me interpelavam:

— O senhor é amigo nosso ou é amigo dos grileiros e do bandido do Moisés Lupion?

— Sou amigo de vocês e, por todos os motivos, sou inimigo de Moisés Lupion e de todos os grileiros. Mas o problema de que a gente está falando é político, e política a gente faz com lógica, sem esquentar a cabeça. Moisés Lupion vai ser eleito de qualquer maneira, com ou sem o nosso apoio. Com ele, Lupion vai ficar mais ou menos comprometido, não vai poder botar a polícia em cima de vocês durante a campanha eleitoral, nem durante os primeiros meses do governo. E nós precisamos desse tempo para nos organizar melhor. Se a gente não apoiar Lupion, o que é que vai acontecer? Pressionado pelos grileiros, ele pode nos atacar logo; e a gente ainda não está organizada para poder se defender. Então, nós precisamos dessa trégua.

— Por que não votamos em Oto Mader?

— Porque ele é apoiado pela UDN, que é um partido ainda mais reacionário que o PSD. Se ele fosse eleito, seria duas vezes pior que Moisés Lupion.

Houve ainda muita discussão. Os posseiros aceitavam bem a ideia de votar em Juscelino, mas tendiam a achar que seria melhor votar em branco para o governo do estado. Acabaram decidindo por maioria, numa assembleia, que votariam em Lupion.

Depois de percorrer vários municípios (Paranavaí, São João, Alto Paraná, Marialva e outros), regressei a Maringá, onde pretendia descansar. O casal que me acolheu tinha duas crianças, que estavam gripadas e choravam de frio. Como não tínhamos abrigos, fui buscar alguns jornais para cobri-las. Esqueci-me de que guardava minha pistola escondida no meio dos jornais (para que as crianças não a pegassem), puxei a papelada, a pistola caiu e disparou. A bala me rompeu o joelho, saiu pela parte inferior da coxa e ainda me arrebentou o cotovelo direito. O dono da casa me acudiu, passou um garrote acima do joelho e outro acima do cotovelo para deter o jorro de sangue. Depois chamou um médico, que me levou para a casa de saúde. Mais tarde, quando a transferência se tornou possível, levaram-me para Londrina, onde esperei os ferimentos cicatrizarem.

Passei mais de dois meses com o braço e a perna engessados. Tive medo de ficar aleijado, mas reagi, fiz exercícios e, pouco a pouco, fui recuperando a mobilidade tanto do braço como da perna. Retomei minhas tarefas, ainda de muletas.

Fui mandado, então, a Porecatu. Tinha muita vontade de ir lá, pois havia sido travada na região uma luta que durara dezoito meses. Um punhado de bravos combatentes (entre os quais alguns comunistas) havia mostrado à massa dos posseiros que, unidos e organizados, os camponeses podiam resistir e enfrentar até mesmo destacamentos da polícia militar. A luta de Porecatu só terminou quando os posseiros – os maiores interessados – começaram a abandonar a região, vendendo suas terras e transferindo-se para outras zonas. Pouco a pouco, foram se afastando da luta, mas não foram batidos nem presos.

Em 1969, quando ouvia falar muito de guerrilhas e via tantos jovens de diferentes correntes de esquerda empenhados na preparação da luta, sem contar com o apoio de uma poderosa organização à sua retaguarda, ficava sempre profundamente penalizado; não por sentimentalismo pequeno-burguês, mas por ver tanta energia e tanta coragem desperdiçadas. Acreditava, sem vacilação, na honestidade desses jovens, no elevado espírito patriótico e no desprendimento deles. Todos lutavam contra o fascismo, contra o imperialismo ianque e a reação. Sonhavam com um Brasil verdadeiramente democrático. Mais tarde, foram forçados a parar para refletir, pois se deram conta do fato de que estavam com a cabeça muito alta, mas sem apoio nos pés. Os equívocos desses jovens me faziam lembrar da nossa precipitação em 1935 e também da guerrilha de Porecatu, no Paraná.

Em fins de 1955, quando tive ocasião de ir a Porecatu, a situação do partido era difícil; tinham saído de lá muitos dos nossos militantes quando terminara a luta armada. Ficara pouca gente para servir de ponto de apoio para o trabalho de reconstrução do partido e dos sindicatos.

Não pude permanecer durante muito tempo no Paraná. O senador Oto Mader, irritado com a sua fragorosa derrota eleitoral, denunciou da tribuna do Senado a minha presença no norte do Paraná. A imprensa reacionária (*O Globo*, *A Noite*) deu destaque à denúncia. Desconfio de que algumas informações veiculadas pelo senador fascista lhe foram fornecidas por um ex-membro do partido que fora afastado meses antes, quando descobrimos que mentia, que fingia dar assistência às organizações de base pelas quais deveria zelar, além de manter contatos suspeitos com um coronel do Exército. Chamava-se Clóvis, o homem. Suponho que ele ajudou o senador Oto Mader e a imprensa reacionária a divulgar detalhes relativos aos meus movimentos no norte do Paraná.

Como não sabíamos quais endereços a polícia poderia conhecer, a situação nos pareceu sumamente insegura. Do norte do Paraná, passei para Jacarezinho e depois segui para São Paulo. De São Paulo fui para a Bahia.

Na Bahia, o partido atravessava uma fase de luta interna extremamente destrutiva; os choques entre os militantes não pareciam divergências surgidas entre companheiros, e sim combates desonestos entre inimigos ferozes. Havia se disseminado um espírito claramente liquidacionista.

Fiquei amargurado com as retaliações pessoais, com os insultos dirigidos contra os dirigentes e, em especial, contra Prestes. Entristecia-me ver que alguns companheiros, a pretexto de usar a liberdade de crítica, a pretexto de defender suas opiniões, promoviam uma evidente desagregação do partido. Com isso, serviam ao inimigo de classe!

Era a época das discussões sobre Stalin e o stalinismo, da revisão dos métodos baseados no "culto da personalidade". Alguns companheiros reagiam muito mal à tomada de consciência daqueles aspectos tão dolorosos da nossa experiência e se perguntavam:

– Para que reuniões? Para que pagar mensalidade? Para que vender a *Novos Rumos*? Para continuar tapeando a classe operária e o povo em nome de um partido que não existe mais?

No entanto, o partido existia e, para nós, era fundamental assegurar sua sobrevivência. O então secretário político do PCB na Bahia me deu exemplo de firmeza. Procurei me empenhar, de corpo e alma, na defesa do partido. Desenvolvi intensa atividade nesse sentido em Salvador (juntamente com uma companheira muito firme e dedicada) e também em Feira de Santana. Depois fui a Alagoinhas, Bonfim e Juazeiro da Bahia. Mais tarde, fui a Jequié, Conquista, Nova Conquista e Cachoeira. Não fui a Ilhéus e Itabuna porque a direção, naqueles municípios, estava com os liquidacionistas e sabotou a minha ida.

Em outra viagem posterior, fui a Juazeiro. Recife ficava longe, mas de Juazeiro me parecia tão perto... Fazia já quase dez anos que não via minha família. Era sogro e não conhecia nem minha nora nem meu genro. Não conhecia nenhum dos meus netos. Tinha uma vontade enorme de conhecê-los, de beijá-los!

A direção estadual não queria assumir sozinha a responsabilidade de me autorizar a ir a Recife, ver a família. E os camaradas do Comitê Central, embora reconhecessem a justeza da exigência que lhes expunha, do ponto de vista dos sentimentos, consideravam a coisa uma temeridade, do ponto de vista da segurança.

Em Recife, nessa época, muitos camaradas tinham caído nas mãos da polícia pernambucana e sido barbaramente espancados. Caíram alguns aparelhos do partido, inclusive uma escola de capacitação política. O bacharel Álvaro da Costa Lima chegou a escrever um livro sobre a "liquidação" do partido em Pernambuco. Meu encontro com os familiares tornava-se, portanto, extremamente arriscado. Mas eu não me conformava.

Estava, pois, em Juazeiro. Depois de ter assistido às assembleias de base e à conferência municipal, enviei todos os documentos ao Comitê Estadual. Tomei a deliberação de ir a Recife. Disse ao primeiro-secretário do Comitê Municipal que ia me ausentar de Juazeiro durante quinze dias e que, se não regressasse dentro daquele período, ele deveria comunicar ao Comitê Estadual o meu desaparecimento, pois estaria preso ou morto.

Parti para Recife de ônibus, dormi em Salgueiro, de onde saí de madrugada, para chegar à noitinha. Fui direto à casa do meu filho, bati à porta e fui atendido pela minha nora. Ela se mostrava um pouco indecisa; perguntei onde estava Jurandir, meu filho. Enquanto ela respondia, eu já estava dentro da casa. Disse-lhe quem eu era e ela ficou estupefata, abraçou-me, beijou-me e empurrou-me para o banheiro, pois eu estava ensopado de suor e poeira. Quando saí do banho, a minha companheira já estava me esperando na sala de jantar e conversamos bastante. Meu filho chegou, jantamos, e depois segui para a casa da minha filha, onde matei as saudades que me roíam o coração e o pensamento: fiz tudo o que sonhava fazer com meus netos. Beijei-os, apalpei-os, abracei-os e rolei no chão à vontade. Tive a sorte de merecer logo a simpatia deles. Não sabiam que eu era o avô, tratavam-me por tio. Estava feliz.

No sexto dia da minha estada com a família, logo pela manhã, chegou uma vizinha, muito amiga da minha filha. Ela deu a seguinte notícia:

– Jandira, minha filha, o teu pai está em Alagoas. A polícia militar seguiu para prendê-lo; reze para que ele não seja preso!

Estava no quarto, ouvindo todo o diálogo. Minha filha respondeu à boa vizinha:

– Eu não creio que meu pai esteja em Alagoas.

– Está, Jandira! Olhe o que diz o jornal sobre ele!

Segundo o jornal, eu tinha chefiado um conflito na Assembleia Legislativa de Alagoas, no qual um deputado morreu e algumas pessoas, entre as quais o jornalista Márcio Moreira Alves, tinham sido feridas. Dizia-se, ainda, que eu era hóspede do governador do estado e que teria um plano terrorista contra a oficialidade do 20º Batalhão de Caçadores, contra deputados e senadores da UDN daquele estado. Eu não conhecia pessoalmente o governador e nem sequer tinha passado por Alagoas. Devo essa calúnia a Carlos Lacerda e ao meu ferrenho inimigo político Juracy Magalhães.

Diante dessa situação, considerando o risco de uma batida policial na casa da minha filha, achei prudente retirar-me. À noitinha, depois de reunir-me com os familiares, saí com destino a Caruaru e dali tomei um ônibus com destino a Petrolina. Parei para almoçar em Sertânia e prossegui em direção a Custódia. Logo no início dessa parte da viagem, iniciou-se um debate entre dois passageiros a respeito do direito de voto aos praças de pré e aos analfabetos. Quase todos os passageiros se interessaram pelo debate e davam as respectivas opiniões. Eu ouvia. Várias vezes perguntaram o que pensava sobre o assunto. Respondia que era apolítico e que não tinha formado uma opinião.

– Mas o senhor é contra ou a favor do direito de voto aos militares e aos analfabetos?

– Não pensei ainda nesse assunto. Não sou político nem quero saber de política.

Deixavam-me de lado, mas a discussão prosseguia entre os passageiros, cada um desenvolvendo seus argumentos. A viagem prosseguia; passamos por Custódia e mais um povoado, onde o ônibus foi abastecido de gasolina, e seguimos para

Serra Talhada. O debate prosseguia. Tornaram a perguntar qual era minha posição e novamente fugi do debate. Era quase meia-noite quando novamente pediram minha opinião.

– Omito-me de opinar. Vejo que há opiniões diferentes da minha e não pretendo contrariar ninguém.

Quase todos bradaram:

– Fale, dê sua opinião. Por não ser político, é imparcial; queremos ouvi-lo.

Estava sendo praticamente obrigado a falar. Dei minha opinião e justifiquei por que era favorável ao direito de voto dos analfabetos, soldados, cabos e sargentos das Forças Armadas. Caíra na arapuca que tinham armado contra mim. Estava descoberto e identificado pela minha voz. Um dos passageiros que tinha aberto o debate sobre o direito de voto dos militares e dos analfabetos era investigador de polícia e estava indo de férias para Salgueiro. O outro era promotor em Santa Maria da Bela Vista. Os dois tinham desconfiado de mim, mas não tinham certeza e armaram a provocação para poderem identificar-me pela voz. O investigador Fontenelle conhecia-me, segundo ele mesmo viria a declarar depois, havia muito tempo, dos comícios, dos atos públicos e das prisões. O promotor tinha sido preso político, envolvido no movimento revolucionário da ANL em 1935. Depois da anistia, trabalhou como repórter da *Folha da Manhã* e acompanhou todo o processo sobre o 15º Regimento de Infantaria; publicou integralmente as minhas declarações na Auditoria de Guerra da 7ª Região Militar. Assim, estava mais ou menos a par da minha fisionomia e, no ônibus, reconheceu-me. No entanto, não tinham certeza absoluta e por isso abriram a discussão sobre o direito de voto dos militares e dos analfabetos. Eles sabiam que, na Assembleia Nacional Constituinte, fora eu quem tinha apresentado o projeto de lei concedendo o direito de voto aos militares e aos analfabetos.

O ônibus chegou a Serra Talhada às duas horas da manhã. O promotor Josias Burgos e o policial Fontenelle foram me denunciar ao comandante da Volante da Brigada Militar daquela cidade. Mas, até aquele momento, eu não sabia de nada. O ônibus ficaria em Serra Talhada até de manhã. Como não havia vagas nas pensões, os passageiros ficaram perambulando pela praça principal. Alguns – entre eles, eu – ocupamos os bancos. Logo cedi meu banco a algumas moças e senhoras que estavam de pé. Resolvi bater à porta da casa que ficava defronte ao banco para pedir abrigo para o grupo feminino. Expliquei que viajávamos desde a madrugada do dia anterior e que as senhoras precisavam de toalete. Fui gentilmente atendido. As senhoras entraram na casa e o dono desta convidou-me. Agradeci e voltei ao banco, onde me deitei, depois de forrá-lo com jornais. Notei que havia um movimento desusado na praça, mas pensei que era apenas um problema de vigilância entre os passageiros e não me incomodei. Pouco a pouco, o dia foi clareando. Estava com muita fome e fui a uma barraca, onde tomei um cafezinho. Depois, dirigi-me para o ônibus, pois já era quase a hora da partida. Já perto da porta, vi um pelotão da Polícia Militar num ângulo da praça. Marchava em direção ao ônibus, mas não desconfiei de nada. Quando o pelotão chegou ao ônibus, o oficial que o comandava ordenou alto e, dirigindo-se a mim, colocou-se em posição de sentido, fez-me continência e falou:

— Bom dia, Gregório!

Reconheci o tenente. Em 1935, quando era primeiro-sargento da polícia pernambucana, ele fora meu companheiro de prisão. Estivera também envolvido no movimento revolucionário da ANL e passara algum tempo comigo na Casa de Detenção do Recife. Respondi à sua saudação e o tenente falou:

— Gregório, sei que você é um homem de bem e um idealista honrado. Sei que você não é bandido nem malfeitor. Mas tenho ordem do general Cordeiro de Farias e do secretário do Interior e Justiça, bem como do chefe de polícia, para prender você. Além de estar processado e com mandato de prisão preventiva, você é ainda procurado pelo serviço de segurança do Exército e está implicado nos acontecimentos da Assembleia Legislativa do Estado de Alagoas. Peço que não reaja à prisão. Será muito desagradável para mim trocar tiros com você, que considero meu amigo. Sou militar, como você já foi. Cumpro ordens, me compreenda. É o que lhe peço. Você foi denunciado pelo dr. Josias Burgos, promotor de Santa Maria da Bela Vista, e pelo investigador Fontenelle, que viaja para Salgueiro, de férias.

— Não tenho condições de reagir à prisão e considero-me preso. Mas lamento que um bacharel, um promotor e um representante da Justiça, se rebaixem à categoria de delator e alcaguete da polícia.

Antes que pudesse terminar o que tinha a dizer, o tira Fontenelle aproximou-se, dizendo:

— Eu também o conheço, Gregório...

Respondi-lhe:

— Por enquanto, estou falando com o seu chefe. Quando chegar a sua vez, estalo os dedos.

O bacharel e o tira saíram, desconfiados como dois vira-latas. Os passageiros, estupefatos com a minha prisão, bem como os curiosos que se iam juntando, comentavam:

— O homem foi preso porque é um idealista!

— É um homem correto, não vimos como ele se comportou no ônibus?

As mulheres disseram:

— É um senhor distinto, muito respeitador, atencioso e gentil.

Outros afirmaram:

— Esse homem é um comunista. Os jornais falam muito dele.

O tenente enquadrou-me no pelotão e fui conduzido até a cadeia local. Mandou lavar o xadrez, armou uma rede nova, vinda da sua casa. Revistou minha maleta e não encontrou nada de comprometedor. Mandou sua esposa fazer café, que tomei, e comi pão com manteiga. A seguir, foi telegrafar ao governador do estado e, quando voltou, informou-me que no máximo ao meio-dia deveríamos partir para Recife. Às dez horas, no avião do governador especialmente enviado para mim, partimos para Recife.

Durante as horas que passei na cadeia de Serra Talhada, refleti sobre o comportamento que deveria ter no interrogatório. Estive sempre consciente das consequências que poderiam surgir se caísse nas mãos da reação, o que agora acontecia. Como já disse antes, a direção do partido temia a minha liquidação física. Por isso, preparei-me física, moral e psicologicamente para morrer com a dignidade de um comunista. Era essa a disposição com que estava armado para enfrentar o delegado Álvaro da Costa Lima e seus comissários, na noite de 18 para 19 de setembro de 1957, na delegacia de Caxangá.

Tinha a esperança de, logo ao chegar em Recife, encontrar conhecidos que pudessem comunicar minha prisão a companheiros e amigos. Mas a reação não estava de acordo com o meu pensamento. O avião em que viajávamos não aterrissou no aeroporto de Guararapes, mas sim no de Encanta-Moça, totalmente interditado até a avenida de Boa Viagem. Fui envolvido por um aparato policial espantoso. Nem mesmo quando respondia ao processo sobre o incêndio do 15º Regimento de Infantaria em João Pessoa vira semelhante dispositivo. Depois de preenchidas as formalidades burocráticas, fui tirado do avião e meteram-me num jipe militar, fortemente escoltado. O caminho escolhido pela reação também não coincidiu com o meu pensamento. Em vez de seguir diretamente para o centro da cidade, o carro tomou a direção de Afogados, estrada dos Remédios, João Alfredo, Zumbi e Ipotinga, chegando assim à delegacia de Caxangá. Um grupo de comissários estava à minha espera, tratando-me com muita aspereza. Às vezes faziam perguntas às quais eu não respondia. Alguns diziam:

– Mais tarde responderá.

Continuei calado. Sentia fome e sede, mas não falava.

6

Por volta das oito horas da noite, chegou o bacharel Álvaro da Costa Lima, acompanhado por um grupo de comissários e investigadores, entre eles o famoso Chico Pinote. Por ordem do delegado, fui tirado da cela. Saí com absoluta tranquilidade e fui conduzido à presença do delegado de Ordem Política e Social. Este me mandou sentar, olhou para mim, ajeitou-se e disse:

— Sr. Bezerra, o senhor tem um cartaz muito grande no estado e aqui na polícia. Mas vejo que está com a cabeça branca e pretendo respeitar esses seus cabelos brancos. Peço-lhe, da sua parte, que respeite a minha autoridade de delegado de Ordem Política e Social e, por isso, o meu direito de interrogá-lo.

Respondi:

— Sempre respeitei as autoridades quando elas me respeitam. O meu ódio contra a polícia não é por me prender e interrogar; até aí, é dever dela. O meu ódio é contra os torturadores policiais, contra os assassinos. O senhor sabe que a polícia pernambucana já matou centenas de presos políticos, torturou milhares de outros. Eu mesmo já fui barbaramente torturado. Tive um irmão que, durante quinze dias, aqui nesta mesma polícia, foi cruelmente torturado até a morte. E o senhor sabe disso.

— Nossos métodos de interrogatório agora são científicos. Estamos humanizando a nossa polícia.

A seguir, perguntou-me se estava disposto a prestar declarações, ao que respondi afirmativamente, com base nas declarações do delegado. E seguiu-se o diálogo:

— Vamos começar pela sua vinda a Recife. Quando chegou a esta cidade?

— Há mais ou menos seis ou sete dias.

— Veio rearticular o partido que nós destruímos?

— Não. Vim visitar minha família, que há dez anos não via.

— Quais são os comunistas que o senhor conhece em Recife e no estado?

— Não conheço nenhum. Estou afastado das atividades do partido desde que fui preso em janeiro de 1948.

— O senhor sabia da liquidação do Partido Comunista em Pernambuco?

— Não sabia e não acredito que o partido tenha sido ou venha a ser liquidado.

— Por que faz essa afirmação com tanta segurança, se está desligado do partido há dez anos?

— Porque sou comunista e sei que enquanto houver explorados e exploradores haverá o partido em toda a parte.

— Com quem se ligou durante os dias em que esteve em Recife?

— Não me liguei com ninguém, a não ser com meus familiares.

— É sabido que o senhor andava e deve andar ainda com o sr. Carlos Prestes. Ele está em Pernambuco?

— Não sei onde está o senador Luiz Carlos Prestes.

— Como não sabe, se o senhor o acompanhava por toda a parte?

— Durante a legalidade do partido, acompanhei-o a alguns lugares, inclusive a Recife. Mas, desde que entramos na ilegalidade, não o vi mais.

— O senhor não morou na casa dele, na rua Gago Coutinho, em Laranjeiras?

— Fui hóspede da família Prestes quando éramos parlamentares. Depois, ele entrou na clandestinidade e eu fui preso, acusado de ter incendiado o quartel do 15º Regimento de Infantaria em João Pessoa.

— Prestes está no Brasil ou em Moscou?

— Não sei.

— Onde se hospedou quando chegou ao Estado de Alagoas?

— Não estive em Alagoas e, por isso, não me hospedei em parte alguma.

— O senhor dirigiu ou apenas participou do conflito na Assembleia Legislativa daquele estado?

— Não dirigi nem participei do conflito na Assembleia alagoana. Sou comunista e não serei jamais instrumento das classes dominantes. Sou instrumento, isso sim, do proletariado e das massas sofridas do Brasil. A estas servirei até o fim da minha vida.

— O senhor não era, antes e durante os acontecimentos da Assembleia, hóspede do governador Muniz Falcão?

— Essa história de ter sido hóspede do governador Muniz Falcão só pode ter saído da imaginação doentia do sr. Carlos Lacerda e de Juracy Magalhães, meus inimigos políticos. Eu nem sequer conheço o sr. Muniz Falcão.

O delegado fez ainda outras perguntas relacionadas ao assunto, mas respondi que aguardaria a oportunidade de esclarecer esse problema para quando tivesse de ser ouvido pelas autoridades alagoanas, caso fosse transferido para aquele estado. Continuou a interrogar:

— Nega que esteve em Salvador e participou de vários plenários do Comitê Estadual da Bahia?

— Realmente, estive em Salvador, não para participar de reuniões do partido, mas para vender algumas coisas que comprei em Feira de Santana, a fim de conseguir dinheiro suficiente para a viagem até Recife.

— Eu quero é saber das reuniões do Comitê Estadual do PCB, das quais o senhor participou, em Salvador.

— Já lhe afirmei que não participei e nem sequer conheço os membros do Comitê Estadual da Bahia.

— Tenho provas de que o senhor participou de três plenários do Comitê Estadual em Salvador e vou trazer à sua presença pessoas que confirmarão a sua participação nas referidas reuniões.

— Sr. delegado, peço-lhe que traga esses caluniadores. Faço questão de ser acareado com eles.

Fez ainda muitas perguntas sobre esse tema. Pedi desculpas por não poder esclarecer o assunto, mas disse que estaria pronto para responder quando fosse interrogado pelas autoridades baianas. O fato é que o delegado estava a par do meu roteiro, conforme se verá pelo desenrolar do interrogatório.

— Está disposto a dizer algo sobre as suas atividades no Estado de Goiás?

— Nada fizemos nesse estado senão orientar, esclarecer, unir e organizar uma boa parte das massas camponesas em ligas ou quaisquer outras formas de associação para que, dessa forma, possam lutar contra a meia, a terça e o cambão, e sobretudo pela reforma agrária radical, pelas reivindicações mais sentidas e pelo direito do camponês de vender livremente seus produtos a quem lhes oferecer um preço mais compensador. Ensinamos as massas camponesas a reivindicar escolas de alfabetização, postos médicos, gabinetes dentários e estradas. Ensinamos, ou pelo menos tentamos ensinar, as massas do campo e das cidades a lutar pela paz, contra a guerra e a bomba atômica, contra o imperialismo ianque; a lutar em defesa do petróleo e da economia nacional. Organizamos dezenas de uniões e ligas camponesas para que possam lutar e conquistar as reivindicações mais sentidas do campesinato goiano e, principalmente, a reforma agrária radical. Criamos mais de uma centena de núcleos de conselhos partidários da paz e fundamos uniões de posseiros para a defesa de suas vidas e de suas terras, contra os assaltos dos grileiros e da sua jagunçada...

Nessa altura, o delegado interrompeu-me:

— Veja como agora agimos democraticamente. Até dentro desta delegacia o senhor está fazendo exibições subversivas e nada lhe acontece.

— Não estou me exibindo, estou respondendo à sua pergunta.

— Pelo que diz, o PCB é muito forte em Goiás.

— Não sei.

— Como não sabe!? Sem o apoio do partido, vocês não poderiam fazer o que fizeram.

— Sr. delegado, lembre-se de que, desde o início, eu declarei que estou desligado do partido há dez anos.

— Quando saiu de Goiás? Para onde foi?

— Para São Paulo.

— Fazer o quê?

— Pretendia tomar conta de um aviário.

— De quem?

— De quem quisesse os meus serviços.

O delegado parou para folhear uma resma de papéis datilografados, puxou uma folha, leu-a e perguntou:

— Quando chegou ao Estado do Paraná, ligou-se com quem?

— Com ninguém.

— Quais pessoas conhecia em Londrina, Cornélio Procópio, Apucarana, Maringá e outras cidades do norte paranaense?

— Não conhecia ninguém nesses municípios.

— E como se tornou tão conhecido nessa região?

— Se fosse tão conhecido assim, teria sido preso pelas autoridades policiais daquele estado, como fui agora, em Serra Talhada.

— Quais foram as suas atividades entre os posseiros e os trabalhadores agrícolas no norte paranaense?

— Procurei orientar os posseiros para que se organizassem em ligas ou uniões de posseiros, para defenderem suas vidas e suas terras contra os assaltos dos grileiros e, por vezes, da própria Polícia Militar do estado, sempre a serviço de poderosos espoliadores. Como filho do campesinato brasileiro que sou, e como militante comunista, procurei dar toda a minha solidariedade aos meus irmãos camponeses de toda aquela vasta região e sinto-me feliz e honrado por ter contribuído para evitar o massacre de muitos posseiros. Estes, graças às suas uniões de todos por um e um por todos, graças ao nível de compreensão que já atingiram, são capazes de se defender. Agora mesmo, segundo a imprensa, os posseiros estão em luta contra seus inimigos em três municípios da região de Cascavel. Quanto aos trabalhadores agrícolas das fazendas de café, não fiz mais do que colaborar para a reorganização dos sindicatos de Londrina, Nova Fátima, Porecatu e outros. A organização em sindicatos é um direito dos trabalhadores agrícolas para se defenderem da brutal exploração dos fazendeiros e lutarem pelas reivindicações e defesa dos seus direitos garantidos pela legislação trabalhista e previdenciária rural. Os fazendeiros gritam e protestam porque estavam acostumados a usar e abusar das massas trabalhadoras, estavam acostumados a colocá-las à mercê de suas ganâncias, sem respeitar os mínimos direitos. Hoje, são obrigados a cumprir os preceitos das leis trabalhistas rurais. Daí a gritaria contra os sindicatos rurais e todas as formas de organização das massas camponesas, tachando-as de comunista. O que, diga-se de passagem, para nós, é um motivo de orgulho. Se tudo isso que eu francamente expus constitui crime, serei criminoso e sinto-me honrado em sê-lo. E, quando for solto, continuarei a colaborar com as massas sofridas e injustiçadas, cumprindo assim o meu dever de patriota e militante comunista.

– O que diz a respeito das numerosas bases do partido que o senhor organizou na região norte paranaense?

– Esse é um problema interno do movimento comunista e só a ele prestarei contas, quando for posto em liberdade.

– O senhor diz que está desligado do Partido Comunista há dez anos e agora diz que só prestará contas ao movimento comunista?

– Afirmei que estava desligado do partido, mas não do movimento comunista.

O interrogatório sobre minhas atividades no norte paranaense continuou e, para livrar-me desse assunto, disse que responderia quando fosse interrogado pelas autoridades policiais do Estado do Paraná, se fosse transferido para lá. As perguntas continuaram até o dia amanhecer. Antes de dar por encerrado o interrogatório, foram feitas as seguintes perguntas:

– Foi torturado aqui?

– Não.

– Sofreu alguma coação para depor?

– Também não.

– Posso publicar essas palavras?

– Pode.

O fato de não ter sido torturado foi uma surpresa para mim. Antes de voltar à cela, o delegado avisou-me que ainda naquele dia seria ouvido pelo coronel chefe de polícia e, logo a seguir, deveria seguir para a Guanabara, onde estava com prisão preventiva decretada. Respondi:

– Agradeço o aviso. Sei que serei posto em liberdade no Rio de Janeiro e, assim, poderei voltar legalmente a Recife.

– Se tiver a audácia de voltar a Recife, será preso novamente.

– Tantas vezes seja preso, outras tantas serei posto em liberdade. Serão dois trabalhos: um de me prenderem e o outro de me soltarem.

– Vejamos, Gregório.

– Vejamos, sr. delegado.

Foi um duplo desafio.

Fui conduzido à Secretaria de Segurança à tardinha. Para manter minha prisão em sigilo, não fui posto no xadrez. À noite, fui apresentado ao coronel Baldo, chefe de polícia. Fez-me poucas perguntas, dentre as quais destaco as seguintes:

– O senhor já foi militar?

– Fui, durante quinze anos.

– Por que abandonou a farda?

– Porque participei do movimento revolucionário da ANL.

– Foi condenado a quantos anos?

– A 28 anos.

– Quando foi posto em liberdade?

– Em 19 de maio de 1945, depois da derrota do nazifascismo, com a anistia dada por Vargas.

– Desde quando milita nas fileiras do seu partido?

– Desde janeiro de 1930.

A seguir, apresentou-me aos delegados da capital, pois todos eles estavam na sala. A um deles, apresentou-me dizendo:

– Este é o dr. Trindade Henrique. Conhece-o?

– Foi meu carcereiro na Casa de Detenção do Recife. Como fascista que era, durante três anos e seis meses, castigou cruelmente muitos companheiros de prisão.

Trindade Henrique saiu, desconfiado. Foi seguido pelos demais delegados. O coronel concluiu o interrogatório perguntando se tinha sido torturado ou sofrido alguma coação para depor, ao que respondi negativamente. Depois, continuamos algum tempo a conversar:

– Eu não consinto que torturem presos políticos. Enquanto for chefe de polícia, agiremos pela inteligência. Agora, uma pergunta fora do assunto: o seu partido, sem dúvida, apoiará a candidatura do general Henrique Teixeira Lott para a presidência da República, não?

– Estamos muito longe do pleito eleitoral, mas se o meu partido apoiar a candidatura do ilustre general Henrique Teixeira Lott para a presidência da República, trabalharei dia e noite para a sua vitória.

– Por quê?

– Porque é um grande patriota, um nacionalista e um militar honrado e honesto. Fui soldado de Sua Excelência quando ainda era primeiro-tenente no Serviço Geográfico Militar e venho acompanhando seus pronunciamentos em defesa do petróleo e da reforma agrária, bem como outros pronunciamentos progressistas.

Depois disso, o coronel despediu-se de mim, dizendo:

– Amanhã cedo o senhor seguirá para a Guanabara, onde está envolvido no processo da direção nacional do seu partido. Desejo-lhe boa viagem.

Ao chegar ao aeroporto Santos Dumont, tive outra surpresa: fui apresentado pelo célebre Chico Pinote a um grupo de investigadores, que me receberam normalmente, sem hostilidades. Fui conduzido numa camionete até a Polícia Central, onde me puseram na sala dos detidos, ao invés de me trancarem no xadrez. Chegando à sala, fui apresentado a uma pessoa que lá estava:

— Esse é um dos seus colegas, Molotov.

"Molotov" era um companheiro que fora preso em Minas Gerais; era conhecido no nosso partido como "Vermelhinho". Esse companheiro me apresentou aos demais presentes, de forma coletiva, pois lá havia mais de sessenta detidos; e assim confraternizamos. Na sala reinavam a ordem, o asseio, a camaradagem e o respeito mútuo. Havia tabuleiros de xadrez, damas e gamão; havia baralhos e jogava-se buraco e canastra. Não se jogava a dinheiro, pois, além de ser proibido, havia um acordo nesse sentido entre os detidos. A situação que eu estava vendo na Polícia Central causava enorme surpresa para mim. Nosso camarada "Vermelhinho" era respeitado e acatado por todos, era a vedete entre os presos.

Por volta das onze horas da noite, fui chamado. Supus que ia prestar um depoimento. Nada disso. Levaram-me a uma sala ampla, onde havia uma gigantesca turma de comissários e investigadores. Fui submetido a um verdadeiro bombardeio de perguntas, especialmente sobre a luta interna no partido e a denúncia do culto à personalidade de Stalin. Registro algumas perguntas de que me lembro:

— O senhor é stalinista ou kruchovista?

— Sou um comunista internacionalista, portanto marxista-leninista.

— O senhor é prestista ou agildista?

— Sou partidarista, luto pela unidade partidária. Sou, portanto, prestista.

— É a favor ou contra a liquidação do partido?

— Creio que a resposta foi dada. Todavia, reafirmo: sou intransigentemente contra a liquidação do partido.

— Por quê?

— Porque, como comunista, considero uma traição à classe operária e ao internacionalismo proletário liquidar o PCB.

— Quando e por que se filiou ao PCB?

— Filiei-me em janeiro de 1930 porque sou contra a exploração do homem pelo homem, que é a causa do atraso, da fome e da miséria do nosso povo, e o único partido que luta com toda a fidelidade pelo regime socialista em nossa pátria é o PCB.

— O senhor já lutou muito, tomou muita cadeia e está com a cabeça branca. Não pensa em abandonar a luta ou, pelo menos, descansar uma temporada, principalmente depois da denúncia de Kruchov ao culto à personalidade de Stalin?

— Creio que os senhores estão equivocados. Eu nunca estive tão disposto como agora para, juntamente com as massas sofridas e espoliadas, com as camadas progressistas, democráticas e nacionalistas, lutarmos juntos pelo bem-estar do nosso povo, pela completa emancipação da nossa pátria, contra o imperialismo e o latifúndio. Quando estou cansado, as próprias autoridades repressoras me submetem a um repouso forçado, muito além do que mereço.

Ante essa resposta, um dos investigadores levantou-se e, colérico, disse que eu estava utilizando a tolerância que me tinham concedido para ironizar a ação repressiva das autoridades policiais contra a desordem, a anarquia e o comunismo, a serviço do imperialismo russo. Essa atitude levou o chefe dos policiais a dizer:

– O detido está respondendo às perguntas que lhe foram feitas, segundo as suas convicções. Não podemos forçá-lo a dizer o que nos interessa. Quem não quiser ouvi-lo tem o direito de retirar-se.

Surgiram ainda muitas outras perguntas, algumas provocativas, como esta:

– Quanto recebe o PCB de Moscou para trabalhar a favor do comunismo internacional, a serviço do imperialismo russo?

Não pude conter um risinho. Minha vontade era dar uma resposta longa e pesada, mas resolvi responder razoavelmente:

– Meu partido recebe do "imperialismo russo" um pouquinho menos do que o senhor recebe do imperialismo ianque para prender, torturar, perseguir e matar os militantes comunistas quando caem em suas mãos.

Houve alguns que protestaram contra a minha "insolência".

Ao fim de tudo, o responsável pela sabatina disse:

– Ouvimos a sua declaração, as suas respostas às perguntas que lhe foram feitas. Mais ou menos, já sabíamos das suas posições. O senhor afirmou categoricamente que se orgulhava de ser um militante comunista e de atuar nas fileiras do PCB. Acrescentou que estava disposto a servi-lo até a morte e renunciou a todos os seus interesses pessoais em favor dos interesses do seu partido; disse que era comunista, marxista-leninista, que lutou e lutará contra o regime capitalista, a favor do socialismo. Achamos muita franqueza em suas afirmações diante da polícia. Agora, porém, o senhor vai ouvir também as declarações de um velho policial que há 39 anos não faz outra coisa senão lutar contra o comunismo, perseguir e prender comunistas. Não sei exatamente quantos prendi, mas, se tivesse anotado, passaria de mil. Assim como o senhor se orgulha de ser um ativista do seu partido, eu me orgulho de ser um ativo policial contra o comunismo e não descansarei enquanto não for liquidada a praga comunista.

– Nem Hitler nem Mussolini acabaram com o comunismo. Ao contrário, os comunistas de todo o mundo ajudaram heroicamente a liquidar o nazifascismo como força econômica e militar organizada.

– Ouvimos as suas declarações sem interrompê-lo. Tenho o direito de não ser interrompido. Previno o senhor e, por seu intermédio, seus companheiros de que estamos bem preparados para reprimir com a máxima energia qualquer tentativa dos comunistas contra as instituições democráticas.

A seguir, ordenou meu recolhimento à sala dos detidos.

Estava exausto. Praticamente há quatro dias não dormia. Tinha viajado de Recife a Caruaru e, na modesta casa em que fiquei, não havia cômodos, por isso tinha passado a noite conversando com o casal de companheiros. No ônibus, não pude dormir por causa da discussão sobre o direito de voto dos militares e dos analfabetos. Em Serra Talhada, praticamente não dormi. Em Recife, passei a noite sendo interrogado. Na Secretaria de Segurança Pública, além do barulho propositado dos tiras, puseram uma lâmpada de 500 velas perto do meu rosto, durante toda a noite. Assim, além do calor infernal, havia falta de ar. Suei terrivelmente. Eu não podia mover-me, enquanto os tiras se revezavam constantemente para tomar ar fresco. Foi nessa angustiosa situação que, às cinco horas da manhã, saí para o aeroporto. Aqui esperava tomar um bom café para matar a fome que me devorava, pois nada tinha comido desde a cadeia de Serra Talhada. Mas somente comi quando foi servida a refeição, em pleno voo, dentro do avião. Devo dizer que devorei tudo que estava à minha frente e ainda mais, o mesmo aconteceu com o almoço. Na sala dos detidos, não pude dormir; primeiro, porque havia muitos companheiros que perguntavam sobre tudo e sobre nada; e depois, quando saí da sabatina com os investigadores, já eram mais de duas horas da madrugada. Quando voltei à sala dos detidos, muitos companheiros estavam interessados em saber o que se passara comigo. Não querendo decepcioná-los – porque a maioria era constituída de jovens – procurei transmitir-lhes o que tinha ocorrido. Aproveitei a oportunidade para dar esclarecimentos sobre o nosso partido.

Às nove horas da manhã fui chamado para ser posto em liberdade. Eita palavra bonita! O partido, tendo tomado conhecimento de minha estada na Polícia Central, pediu a um jovem advogado que requeresse, a toda pressa, um *habeas corpus*. Por sorte, o requerimento caiu nas mãos de um juiz digno e verdadeiramente democrático que, além de despachar favoravelmente o pedido, foi com o meu advogado à Secretaria de Segurança Pública, a fim de providenciar a minha liberdade, logo na tarde do dia em que cheguei à Guanabara. Só não saí no mesmo dia porque, quando eles chegaram à Central de Polícia, o secretário de Segurança já tinha saído. Mas, de toda forma, fui solto no dia seguinte.

Às nove horas da manhã, fui direto à redação da *Imprensa Popular* e tomei contato com um camarada da direção do partido. Ele disse que eu deveria passar para a clandestinidade até nova orientação do partido. Discordei:

– A polícia me legalizou publicamente. Não pode haver maior legalização do que ser preso e solto. Foi a própria Justiça que me legalizou!

Até aquela altura, apesar de não ser da direção do partido, eu era o militante mais odiado e perseguido pela reação, que acabara de me legalizar. Não havia nenhum motivo para, voluntariamente, ilegalizar-me de novo. Achava mesmo que as direções partidárias também deviam sair da ilegalidade, pois alguns dirigentes conhecidos já estavam atuando legalmente, no trabalho de massas. Mesmo assim, fui para a casa do camarada indicado. Mas não ia como clandestino e sim como cidadão livre.

Nesse mesmo dia, à tarde, havia um comício nacionalista programado na Cinelândia. Era promovido pela corrente nacionalista do coronel Canabarro. Fui assistir. Havia poucas pessoas e os discursos eram muito sectários, chegando a ser ameaçadores. Não gostei, mas fiquei até o fim. A imprensa localizou-me. Publicaram uma fotografia minha, indicada por uma seta e, na legenda, um comentário: entre todos os espectadores, o mais atento era eu. Esse acontecimento me legalizou ainda mais. No dia seguinte, fui à Câmara Federal e ao Senado, onde tomei café com deputados e senadores. Dei entrevistas a vários jornais, inclusive à *Imprensa Popular*. Para todos os efeitos, estava legalizado. Comecei a ser mobilizado para falar em atos públicos e em comícios nos bairros cariocas e em Niterói.

Tinha sido avisado de que deveria permanecer na Guanabara a fim de ser ouvido na Justiça sobre o processo da Direção Nacional do partido. No dia indicado, compareci, juntamente com a cúpula partidária. Aguardávamos a chegada de Prestes, a quem, havia mais de dez anos, eu não via. Esse encontro foi muito proveitoso. Além do bate-papo fraternal e amigo, pude orientar-me melhor sobre a luta interna, o trabalho de massas e, sobretudo, passei a ter uma ideia mais precisa sobre a situação política geral do país. Pude inteirar-me de quanto tinha sido danosa a atividade da corrente liquidacionista dentro do partido. No entanto, fiquei otimista, pois contactei a maioria da direção nacional e vi que ela estava cada vez mais firme, coesa e dedicada. Em resumo, encontrei uma direção mais experimentada. Como sempre, Prestes era um exemplo para todos nós.

Depois de prestarmos as declarações, saímos em grupos de três, quatro ou cinco companheiros, palestrando pelas ruas, em direção ao centro da cidade. Nesses contatos e conversas, definiu-se a necessidade de nos engajarmos na tarefa de participar da campanha pela renovação dos títulos eleitorais, iniciada em fins de 1957. Nessa altura, as massas eleitorais estavam profundamente desiludidas do processo eleitoral. Decepcionadas ante as manobras das classes dominantes, mostravam pouco interesse pela política que se podia fazer. Nessas condições, o número de eleitores alistados era muito pequeno. Nosso partido encarou esse problema com muito carinho, em todos os estados, definindo tarefas no nível das massas para renovar os títulos eleitorais e/ou mobilizá-las para inscrever-se como eleitoras. Após dez anos de dura clandestinidade, foi por meio desse trabalho que, pouco a pouco, fomos nos entrosando com as grandes massas populares. Em recintos fechados, atos públicos ou pequenos comícios de bairro, em formas de luta e trabalho ainda bastante tímidas, penetrávamos lentamente nos locais onde estava a massa. Era um bom começo, considerando as condições de que saíamos. De início, não falávamos em nome do Partido Comunista Brasileiro. Falávamos, genericamente, em movimento comunista. Assim, íamos conquistando a posição de semilegalidade e as praças públicas.

Depois de ter me desembaraçado dos problemas com a Justiça, voltei a Pernambuco, onde o partido, de 1947 a 1957, sofrera rudes golpes. Ao chegar a Recife, liguei-me com os camaradas da *Folha do Povo*. Eram os próprios camaradas da direção estadual que dirigiam o jornal. Visitei a Assembleia Legislativa e conversei com os deputados Paulo Guerra e Miguel Arraes, entre outros legisladores democratas. Falei também com os jornalistas que faziam a cobertura da Assembleia. Meu objetivo era legalizar-me ao máximo, pois assim poderia enfrentar melhor as tarefas partidárias e de massas. Quando cheguei à redação da *Folha do Povo*, fui detido por um grupo de investigadores do Dops. O delegado Álvaro da Costa Lima concretizava, assim, a sua ameaça. Não me alterei com a detenção. Sabia que a situação política era diferente e, por isso, não demoraria muitos dias na prisão. Assim foi. Nesse mesmo dia, na Assembleia Legislativa do estado, alguns deputados protestaram energicamente contra a minha prisão. A imprensa oposicionista também tomou posição, atacando a polícia e a falta de liberdade em Pernambuco. Os camaradas agiram imediatamente junto dos advogados e de personalidades e assim, antes do anoitecer, fui posto em liberdade. Novamente, a polícia, sem querer, legalizava-me ainda mais. As massas pernambucanas, em especial o povo sofrido da Grande Recife, tomou conhecimento de que eu me encontrava na cidade.

A direção do partido utilizou-me não só para as tarefas de massas, mas também para a reorganização das bases partidárias. Entre as primeiras tarefas estavam as de reorganização das associações de bairros e a campanha de renovação dos títulos eleitorais e de inscrição de novos eleitores. As massas estavam muito decepcionadas e não era fácil motivá-las para a luta eleitoral. Além disso, não tínhamos dinheiro. Mas, apesar de tudo, nos lançamos ao trabalho.

As "classes produtoras" que se opunham ao governo de Cordeiro de Farias e ao senador Etelvino Lins estavam articulando a apresentação de candidatura própria para as eleições. Dentro dessa perspectiva, defendiam uma posição progressista em relação ao desenvolvimento de Pernambuco e do Nordeste. Namoravam-nos, buscando nosso apoio. Nessas condições, não tivemos dúvida em apelar para que eles financiassem as despesas do alistamento eleitoral, especialmente no respeitante ao transporte. Assumiram a responsabilidade em relação às despesas de substituição do velho título de eleitor pelo novo. Entusiasmaram-se quando dissemos que, dos 80 mil eleitores potenciais, mais de 90% eram do PSD. Acrescentamos ainda:

– Em geral, o eleitor vota no candidato do partido que o alistou.

Foi assim que conseguimos uma boa equipe de alto-falantes, com a qual pudemos cobrir todos os bairros e ruas da capital, concitando as massas a se alistarem e a substituírem os velhos títulos pelos novos. Com as facilidades obtidas no respeitante ao transporte – tínhamos conseguido caminhões para transportar os interessados até o palácio da Justiça –, conseguimos mobilizar uma massa considerável para o alistamento eleitoral. Concentrávamo-na em determinados pontos, onde o caminhão passava para levá-la ao local onde se procedia à troca dos títulos eleitorais. Conseguimos abrir um pequeno escritório para atender aos pedidos de informação, controlar o movimento das massas e fornecer os esclarecimentos necessários, além de centralizar a coordenação da campanha. Ficamos essencialmente com as tarefas de agitação e propaganda, enquanto nossos aliados das "classes produtoras" assumiam as tarefas de natureza burocrática.

A batalha eleitoral de 1958, em Pernambuco, travava-se entre a UDN e o PSD. O candidato do PSD, Jarbas Maranhão, tinha posições políticas mais resolutamente democráticas que as do candidato da UDN, Cid Sampaio. Não fosse seu envolvimento com Etelvino Lins, creio que Jarbas Maranhão poderia ter tido nosso apoio. Mas de que adiantava um candidato pessoalmente democrático e até nacionalista se ele era comprometido com o situacionismo?

Cid Sampaio era usineiro, banqueiro e comerciante, mas combatia o código tributário do general Cordeiro de Farias. Mostrou-se muito dinâmico na campanha de alistamento eleitoral.

Nós comunistas fomos convidados a participar de reuniões com representantes das "classes produtoras" e elementos de diversas forças políticas que apoiavam a candidatura de Cid Sampaio ao governo de Pernambuco. Na hora da reunião, dois ou três membros dessas classes se levantaram e disseram que não se sentariam na mesma mesa que os comunistas. Nossos camaradas disseram que não tinham pedido para ir à reunião, tinham sido convidados; desejaram aos demais bom proveito no encontro e retiraram-se. Poucos dias depois, recebemos pedidos de desculpas e novo convite para parlamentar.

O diálogo não era fácil. Sucederam-se as reuniões. Numa delas, houve uma tentativa de rifar a candidatura de Cid Sampaio. Os representantes do PCB afirmaram que, se o candidato não fosse Cid Sampaio, os comunistas não poderiam apoiar a coligação eleitoral. A candidatura foi, então, mantida.

Logo após a oficialização da candidatura de Cid Sampaio, fui procurado pelo chefe da propaganda eleitoral do candidato, sr. Albano, com a sugestão de que o PCB fizesse uma campanha de finanças para custear as despesas da propaganda de Cid. Expliquei ao homem que os comunistas não podiam pedir às massas trabalhadoras que financiassem a propaganda eleitoral de um capitalista, banqueiro e usineiro; disse-lhe que, se pedíssemos não só o seu voto, mas também o seu escassíssimo dinheiro, a massa se incompatibilizaria com o candidato e nossos adversários políticos tirariam proveito disso.

À medida que a campanha eleitoral avançava, crescia a popularidade do nosso candidato. O próprio Cid Sampaio, por seu dinamismo, por sua habilidade, por sua inteligência, contribuía para o avanço. Cordeiro de Farias e Etelvino Lins não conseguiam impedi-lo de tornar-se cada vez mais popular no estado. Nosso programa era inegavelmente mais avançado que o de Jarbas Maranhão.

Etelvino Lins lançou, então, uma campanha agressiva de acusações contra Cid Sampaio, chamando-o ora de comunista, ora de criptocomunista, ora de "inocente útil". Cid Sampaio respondeu, contra-atacando. E o duelo entre as duas raposas políticas – a de Sertânia (Etelvino) e a da Usina Rosadinho (Cid) – contribuiu para avivar o interesse da massa pelo pleito. Ao acusar Cid Sampaio de ser comunista, Etelvino Lins ajudou a popularizar seu adversário, pois tornou o rico usineiro mais aceitável aos olhos do eleitorado pobre e explorado.

Cid Sampaio sabia que precisava do nosso apoio, mas ao mesmo tempo estava inquieto. Não nos recebia no seu escritório da rua da Aurora e sim no comitê eleitoral que funcionava na rua do Hospício, esquina com a avenida Conde da Boavista.

Uma vez, um grupo de jovens estudantes foi procurar o sr. Oscar Amorim com um pedido. Eles eram madeira de lei, participavam abnegadamente de todas as nossas atividades. Nosso maior problema era o da locomoção rápida, pois não tínhamos veículos. Os estudantes pediram ao sr. Amorim que lhes emprestasse um jipe. O velho tubarão do comércio pernambucano atendeu ao pedido, mas impôs uma condição: que o comunista Gregório Bezerra não utilizasse o carro e nem sequer colocasse as mãos nele. Os jovens me comunicaram a exigência e eu os tranquilizei: prometi e cumpri a promessa de que não me serviria do veículo.

Em setembro, a campanha atingiu o ponto culminante. As pesquisas de opinião davam ao nosso candidato uma vantagem bem acentuada. Mas mostravam também que cerca de 20% do eleitorado ainda estava indeciso. A campanha de propaganda e agitação tornou-se mais intensa tanto de um lado como de outro. Os comícios eram mais numerosos. A imprensa falada e escrita era largamente utilizada, procurando influenciar a porção do eleitorado que ainda estava indecisa. Nossa grande vantagem era que o programa de Cid Sampaio sensibilizava as amplas massas.

Nos últimos dias da batalha eleitoral, a convite do Comitê Eleitoral, Prestes foi a Recife para participar de alguns comícios. As "classes produtoras", a maioria dos aliados de Cid Sampaio e ele próprio foram contra a presença do camarada Prestes em Recife; opunham-se, sobretudo, à participação do nosso secretário-geral nos comícios. Para nós, a situação era clara. Apoiávamos o candidato da coligação eleitoral como comunistas. Prestes, sendo secretário-geral do PCB, tinha pleno direito de intervir na campanha. Não podíamos nos subordinar a ninguém, especialmente aos anticomunistas sistemáticos que apoiavam Cid Sampaio. Além disso, tínhamos os nossos candidatos ao legislativo estadual e federal. A presença dele em Recife era uma reivindicação das massas trabalhadoras da cidade. Sabíamos também que a recomendação de Prestes faria com que boa parte do eleitorado vacilante se decidisse.

Quando soube o dia e a hora da chegada de Prestes, sem perder um segundo, mobilizei todo o serviço de alto-falantes da campanha eleitoral e joguei-o nas ruas e nos bairros da Grande Recife, desde as nove horas até as dezenove, convidando o povo a homenagear o Cavaleiro da Esperança no aeroporto de Guararapes e a ouvi-lo nos comícios do largo da Feira, em Casa Amarela, na praça da Convenção, em Beberibe e na rua do Taborda, em Santo Amaro. Na tarde desse mesmo dia, fui convidado a conversar com o sr. Cid Sampaio. Quando cheguei ao escritório do candidato, fui recebido pelo sr. Albano, chefe da propaganda falada e escrita. A seguir, apareceu o candidato, muito nervoso, com as mãos na cabeça. Disse mais ou menos o seguinte:

— Sr. Gregório, estamos perdidos! Perdemos a campanha que já estava ganha. Nossos aliados, especialmente o dr. José Lopes de Siqueira Santos, ameaçam romper comigo porque o senhor utilizou os alto-falantes, a serviço do seu partido, para convidar o povo a homenagear o sr. Luiz Carlos Prestes e anunciar os comícios.

Respondi com toda a tranquilidade, dizendo que não tinha utilizado o serviço de alto-falantes para fazer propaganda do PCB, mas sim para propaganda da campanha eleitoral. E continuei:

— A vinda de Prestes a Recife, ao invés de desgastar o candidato, como andam dizendo levianamente, vai fortalecer ainda mais a sua posição, principalmente perante o proletariado pernambucano. Se o senhor não quiser participar dos comícios programados para hoje, ao lado do camarada Prestes, lamento muito. Peço-lhe, entretanto, que mande um representante da sua confiança para sentir, ver e ouvir o maior entusiasmo da massa em toda a campanha eleitoral. Quanto à ameaça do sr. José Lopes de Siqueira Santos de retirar o apoio ao senhor, vou lamentar muito se não for concretizada. O senhor perderia alguns votos de cabresto do usineiro mais reacionário, mais cruel, tirânico e explorador de camponeses, mas, em compensação, ganharia dezenas de milhares de votos dos camponeses e operários agrícolas, que só não votam em seu nome porque é apoiado pelo sr. José Lopes. Não tenha dúvida, ele é o usineiro mais odiado pelo campesinato pernambucano.

Eu não sabia que o usineiro José Lopes estava ouvindo. Foi o sr. Albano que me disse, logo depois da conversa. Confesso que teria sido mais cauteloso, se soubesse. Mas as afirmações já tinham sido feitas e eram verdadeiras.

Cid Sampaio mostrava-se agora mais calmo e mais lógico. No entanto, disse:

— Não participarei dos comícios programados para hoje.

— Lamento muito, dr. Cid. O senhor vai perder os maiores comícios de bairro de toda a campanha eleitoral.

Cid Sampaio grelou os olhos para mim e disse:

— Não por mim.

Voltei ao Comitê Eleitoral, tomando as últimas providências para os comícios. Tínhamos conseguido maquinaria nova e possante para a transmissão dos três que faríamos.

Às sete horas da noite, cheguei ao largo da Feira, em Casa Amarela. A praça já estava superlotada. Muitos estavam trepados nos muros das casas que circundavam-na.

Na vetusta igreja da praça, cujos sinos tantas vezes haviam repicado contra a presença de Prestes, havia pessoas até mesmo nos telhados. O mesmo sucedia com o gigantesco muro do cemitério que flanqueava o lado esquerdo. Um lugar que vagasse era disputado com unhas e dentes. As informações que nos chegavam dos outros locais de comício eram igualmente animadoras. Há dez anos as massas não ouviam os líderes comunistas. A nova oportunidade que agora surgia mostrava claramente que os trabalhadores e largos setores da população estavam ansiosos para vê-los e ouvi-los, em especial o Cavaleiro da Esperança.

Prestes chegou ao comício às oito horas. Quando sua presença foi anunciada no palanque, a massa irrompeu numa manifestação de entusiasmo que só parou quando o locutor pediu silêncio para anunciar o nome de outras personalidades. Lá estavam o grande democrata e nacionalista dr. Pelópidas da Silveira e ainda um observador enviado pelo dr. Cid Sampaio. Este, vendo o extraordinário espetáculo, informou ao candidato qual era a situação. O dr. Cid, muito interessado em ganhar a confiança do povo, não quis perder a oportunidade de falar ao magnífico oceano popular ali reunido, embora perdendo alguns aliados sem nenhuma penetração eleitoral. Ainda que anticomunista até a medula, foi ao comício e falou ao lado de Prestes, de David Capistrano, de Paulo Cavalcanti e de outros comunistas, dos quais a reação tinha um ódio zoológico.

Nosso candidato recebeu, nesse e nos outros comícios da noite, os maiores e mais vibrantes aplausos de toda a campanha eleitoral. Ficava claro, assim, que o dr. Cid Feijó Sampaio já podia considerar-se eleito, pois tinha ganhado a simpatia do povo. A ida de Prestes a Recife contribuiu para a definição do eleitorado que ainda vacilava. Nos comícios dos outros bairros – o da praça da Convenção, em Beberibe, e no de Santo Amaro – não foi menor o entusiasmo popular. A massa vibrava constantemente e a multidão não era menor que a de Casa Amarela. Até parecia uma disputa espontânea entre as massas dos três bairros. Nessa magnífica emulação, crescia a popularidade de Cid Sampaio.

Quase no fim do comício de Santo Amaro, fui avisado de que estavam tramando meu sequestro. Um grupo de camaradas e amigos encarregou-se de garantir minha segurança. Francamente, não dei muita atenção ao aviso. No entanto, tomei algumas precauções. Saí do comício antes do encerramento e, ao invés de ir para casa, segui, juntamente com dois companheiros, para um local entre Jaboatão e Tigipió. Às sete horas do dia seguinte, já estava no desempenho das minhas tarefas no Comitê Eleitoral, onde, mais uma vez, fui felicitado pelo chefe de propaganda de Cid Sampaio pelo sucesso dos comícios do dia anterior. À noite, participei de outro comício, na Boa Viagem. Fui novamente avisado de que corria o risco de ser sequestrado. Perguntei ao transmissor do aviso se conhecia a pessoa que estava espalhando o boato e recebi como resposta a explicação de que ouvira comentários nesse sentido de um grupo de pessoas de quem estava perto. Pedi que procurasse localizar essas pessoas e que, logo depois, viesse me avisar. Não vi mais o meu informante. O que posso dizer é que, até o fim da campanha, tais boatos se repetiram, mas nada aconteceu. Creio que os boatos tinham simplesmente a finalidade de me intimidar. Durante a campanha, os votos eram disputados como diamantes nos garimpos. Meu sequestro não somaria a favor dos opositores, mas, se conseguissem me intimidar, pelos menos afastariam um propagandista ativo. Por outro lado, na hipótese de se concretizar o sequestro, não era difícil prever que se desencadearia uma operação infernal contra os opositores. Tal raciocínio me fortalecia e me convencia cada vez mais de que, no auge da campanha, seria muito difícil se cumprirem as ameaças. Se efetivamente quisessem fazê-lo, melhor teria sido logo no início e não agora, quando as largas massas já estavam mobilizadas.

Faltando poucos dias para o término da campanha eleitoral, verificou-se uma manobra grosseira com o objetivo de desgastar a crescente popularidade do candidato que apoiávamos. A esposa de Cid Sampaio dera auxílio material a algumas das famílias recifenses mais necessitadas. Nos morros e alagados de Recife viviam – e até hoje vivem – milhares de pessoas que, por causa da violenta exploração a que são submetidas, estavam em situação de mais profunda miséria. Tomando por base o gesto da sra. Sampaio, a reação, oficial ou oficializada, sob orientação dos situacionistas, começou a promover a mobilização daquela massa para que se dirigisse à casa do candidato oposicionista. A massa foi avolumando-se mais e mais. Em pouco tempo, formou-se uma multidão de milhares de pessoas. Evidentemente, a família de Cid Sampaio não tinha nada mais para distribuir. A massa, que se avolumava cada vez mais, pedia, já em desespero, algo para comer, vestir ou calçar. Os mais exaltados começaram a pular o muro residencial e a invadir o rico lar. Alguns deles, consciente ou inconscientemente, deram início a alguns atos depredatórios. O espírito da massa não era depredatório. Estavam ali porque precisavam remir algumas de suas necessidades mais prementes. Tinham sido influenciados pelos provocadores a soldo dos nossos adversários políticos. A maioria dos presentes constituía o eleitorado de Cid Sampaio e não estava ali para fazer depredações, mas existia uma pequena minoria – ou melhor, alguns elementos – que, conscientes ou não, procuravam criar uma situação explosiva e depredar o palacete do candidato que apoiávamos. Foi nessa situação que a família de Cid Sampaio e seus amigos apelaram para mim, baseados na grande simpatia que as grandes massas sofridas, injustiçadas e exploradas de Recife me dedicavam. Era necessário convencer a multidão a dispersar-se e aliviar a situação angustiosa da família sitiada.

Não me fiz de rogado nem vacilei sequer um minuto. Em primeiro lugar, porque atuava em nome do Comitê Eleitoral, apoiando um candidato que merecera a confiança da organização. Em segundo lugar, porque logo vi naquela gigantesca concentração uma grosseira chantagem dos nossos opositores para desgastar o prestígio do nosso candidato perante a massa. Assim, montei imediatamente um serviço de alto-falantes no jipe e dirigi-me a toda velocidade para a praça do Monteiro. Ao chegar, fui calorosamente recebido. Isso facilitou a minha tarefa. Vi e senti que a disposição daquela gente não era de hostilidade para com o candidato. Estavam ali porque tinham sido iludidos em sua boa-fé, manobrados por elementos a serviço dos nossos adversários políticos. Era uma tentativa de incompatibilizar nosso candidato com as largas massas. Seguindo tal raciocínio, perguntei:

— Quem convocou vocês para vir receber auxílio da família Cid Sampaio? Fomos nós que convidamos?

A resposta não se fez esperar:

— Não! Não!

— Então, meus amigos, vocês foram enganados criminosamente pelos agentes da reação, para desgastar o nosso candidato. Os opositores, sabendo que o nosso candidato está vitorioso e que a vitória não é somente dele, mas sobretudo de todo o povo, das massas espoliadas, mentiram desavergonhadamente a vocês. Convidaram vocês a vir receber donativos na residência do futuro governador, que vai ser eleito por vocês. Os opositores sabem que Cid Sampaio não pode solucionar o problema da fome, do atraso e da miséria que campeia dia e noite nas casas de vocês. Por isso mandaram vocês aqui, com a criminosa intenção de criar um atrito de sérias consequências. E isso só não se concretizou graças à compreensão humanista de Cid e de seus familiares e, sobretudo, à atitude pacífica e ordeira de vocês, ao grau de amadurecimento político, à honradez e à honestidade de todos. A reação queria que Cid Sampaio e seus familiares, assombrados com as exigências de vocês, chamassem a polícia para dispersá-los a cassetetes, a coronhadas de fuzis e a bombas lacrimogêneas. O objetivo é claro: com essa provocação, queriam que vocês se incompatibilizassem com o nosso candidato. No entanto, meus amigos, somente o Governo do estado, a Assembleia Legislativa e a Prefeitura Municipal de Recife têm, no momento, condições de resolver os problemas de desemprego, fome e miséria que a maioria de vocês está sofrendo. Se quiserem, vamos agora mesmo em passeata até o palácio do governo, à Assembleia Legislativa e à prefeitura de Recife, exigir pão, trabalho e roupas. Somente esses poderes, juntos, poderão solucionar a situação calamitosa de vocês.

Fui ouvido e aplaudido pela massa, sem que se verificasse nenhuma provocação contra mim. Terminei pedindo que, se não quisessem seguir em passeata, que se dispersassem. Disse, ao finalizar, que deveríamos continuar organizados para, após a posse do novo governo, exigir deste o cumprimento da plataforma. No meio daquela confusão, uma senhora ficou gravemente ferida, atropelada por um automóvel. Apelei para a família do candidato, pedindo um carro para transportá-la ao pronto-socorro e fui atendido imediatamente. Ao mesmo tempo, Cid Sampaio e seus amigos comunicaram que iriam, em comissão, ao comércio e à indústria solicitar donativos para que eu mesmo os distribuísse entre as pessoas mais necessitadas. Comuniquei isso à massa, prometendo que, no dia 2 de outubro, eu procederia à distribuição dos gêneros obtidos para esse fim. Assim, a massa dispersou-se, dando vivas ao candidato. Essa provocação foi um tiro que saiu pela culatra: voltou-se contra os provocadores.

Em nome do candidato, uma comissão de alto nível angariou donativos (gêneros alimentícios, fazendas, calçados etc.) do comércio e da indústria para a distribuição ao povo, que ficou marcada para o dia 2 de outubro. A senhora do candidato desenvolveu intensa atividade na organização de tudo. Três caminhões Mercedes-Benz ficaram completamente lotados de sacolas. Mas aí surgiu um grande problema que, até então, ninguém tinha previsto: o dia 2 era véspera de eleição e a lei proibia qualquer modalidade de propaganda eleitoral imediatamente anterior ao pleito.

Assumi a responsabilidade de ir ao largo da Feira para falar com a massa, que já estava reunida no local. Era uma tarefa espinhosa. Fui e expliquei a situação, com toda a franqueza; disse que não podíamos correr o risco de dar aos nossos adversários a chance de anularem as eleições. Propus outro dia, no mesmo local e hora, para a distribuição. Surgiram algumas provocações, como era de prever, e houve até ameaças de peixeradas. Mas a própria massa me defendeu e não houve maiores consequências. Depois da esmagadora vitória do nosso candidato nas urnas, realizou-se, com efeito, a distribuição prometida.

Etelvino Lins sofreu uma derrota fragorosa. O delegado da Ordem Política e Social, sr. Álvaro da Costa Lima, teve ocasião de ver que tinham sido apressadas suas declarações a respeito da liquidação do partido em Pernambuco; no novo governo, teria de deixar a delegacia e por isso, no apagar das luzes do governo do general Cordeiro de Farias, recebeu como prêmio um cartório de tabelião.

Alguns dias depois da eleição, os provocadores voltaram a atacar: espalharam o boato de que Cid Sampaio ia distribuir donativos à população no morro de Santa Tereza. Formou-se uma compacta multidão, que se recusava a abandonar o local. Fui procurado por um representante do governador recém-eleito, que me pediu que fosse convencer a massa a se dispersar. Era mais de meio-dia. Como não dispunha de nenhum veículo, puseram à minha disposição aquele mesmo jipe que o sr. Oscar Amorim emprestara aos estudantes com a condição de que eu não tocasse nele...

Fui ao morro, a massa me acolheu com a costumeira simpatia. Fiquei revoltado com a situação daquela pobre gente, cujas esperanças e necessidades vitais eram objeto de descarada manipulação. Denunciei furiosamente o ato desumano praticado pelos agentes da reação contra a massa. Depois de me assegurar de que a multidão tinha compreendido a infâmia de que fora vítima e estava calma, dialoguei com ela durante algum tempo. Concitei a massa ali, e mais tarde também em outros morros, a não aceitar nenhuma convocação do tipo daquela, e sugeri que, se possível, castigasse os provocadores que tentassem enganá-la. O diálogo resultou em uma boa propaganda para o PCB, pois numerosos populares me fizeram perguntas sobre o meu partido e aproveitei para explicar como ele funcionava e qual era o seu programa.

De volta, entreguei o jipe ao sr. Oscar Amorim, que se admirou com a rapidez da entrega e ofereceu: "Como não estou precisando dele agora, pode usá-lo por mais tempo". Agradeci e declinei a oferta.

Encontrei-me também com o sr. Albano, chefe da propaganda eleitoral de Cid Sampaio, que me convidou para almoçar com ele em sua casa, no Rio de Janeiro, quando fosse àquela cidade. Aceitei o convite, sem crer que esse almoço se realizaria algum dia.

Ilustração feita por Luiz Arrais.

7

Logo depois de ter sido diplomado pela Justiça Eleitoral, Cid Sampaio fez uma viagem de recreio: foi à Europa (e visitou, inclusive, a União Soviética; se não me engano, foi até a China).

Também fiz minha viagem de "recreio": fui à cidade de Olímpia, no interior de São Paulo. Ali pronunciei algumas palestras sobre as experiências da luta eleitoral em Pernambuco e reencontrei velhos amigos, abracei bons camaradas, alguns dos quais fazia mais de dez anos que eu não via, como o companheiro Câmara Ferreira, com quem tinha estado preso na ilha Grande e de quem eu era o admirador número 1 desde a Colônia Dois Rios. Penso agora, com saudade, nesse bravo combatente, trucidado pelos fascistas em 1970. E recordo o abraço que nos demos, em 1958, em São Paulo.

De volta, passei pela Guanabara, onde visitei velhos amigos e companheiros e também tive alguns bate-papos sobre nossas experiências na batalha eleitoral e o bombardeio de votos nas urnas contra Etelvino Lins e o general Cordeiro de Farias. Um dia, indo a Copacabana, encontrei o sr. Albano, que me abraçou cordialmente e me levou ao seu apartamento, onde almoçamos e recordamos histórias – velhas e novas – de campanhas eleitorais. Assim, pagou o almoço que me tinha prometido e que eu pensava que não teria oportunidade de cobrar.

Voltando a Recife, reentrosei-me com o Comitê Eleitoral e recomecei o trabalho de massa. Vez por outra, era mandado para o interior do estado a fim de dar assistência às nossas organizações partidárias e de massa. Assim correu o tempo, até a volta de Cid Sampaio da Europa, para assumir o governo do estado. No dia de sua posse – que se realizou na Faculdade de Direito – deram-se dois fatos interessantes. O primeiro e mais importante foi o lançamento pelo Comitê Eleitoral da candidatura de Miguel Arraes de Alencar para a prefeitura de Recife. Arraes era nosso aliado desde os tempos da campanha "O petróleo é nosso", quando essa luta era apresentada pela reação como sinônimo de comunismo e dava muita cadeia e espancamento. Muitos patriotas, sobretudo da classe operária, sofreram duramente essa repressão. Foi nessas duras condições que Arraes assumiu a presidência desse grande movimento nacionalista em Pernambuco. Era deputado da Assembleia Legislativa, eleito com o nosso apoio, e vinha tendo brilhante atuação em defesa dos interesses do povo e da nação. Na campanha eleitoral de Cid Sampaio, havia sido uma das figuras mais atuantes no interior do estado. Por essa razão, não fora reeleito deputado estadual, pois nem sequer tivera tempo para a sua própria campanha eleitoral. O Comitê Eleitoral fez um balanço do seu comportamento político e resolveu lançar sua candidatura para as próximas eleições municipais em substituição ao eminente nacionalista dr. Pelópidas da Silveira. Ao mesmo tempo, o Comitê Eleitoral encarregou-me da duríssima tarefa de organizar a campanha desse candidato. Digo duríssima porque não dispúnhamos de meios financeiros e o próprio candidato, do ponto de vista econômico, era um "zé-ninguém". Como iniciar a propaganda eleitoral? Poderíamos contar com o apoio do governador Cid Sampaio? Concluímos que somente as massas poderiam dar resposta a essas interrogações. Assim, o melhor era não perder tempo. A primeira medida foi imprimir um panfleto com a palavra de ordem "Cid no governo, Arraes na prefeitura", que distribuímos no próprio dia da posse do novo governador, tanto para o povo que superlotava a praça para a cerimônia de posse como em todos os bairros de Recife. Assim se lançou a campanha pela candidatura de Arraes para a prefeitura.

Estávamos convencidos do apoio do povo para o nosso candidato e acreditávamos que ganharíamos o apoio do governador Cid Sampaio para a candidatura. Contávamos também com o apoio de outras personalidades para o reforço dessa campanha. Com essa perspectiva, lançamos-nos para as ruas, morros e alagados, de dia e de noite. No início, muitas pessoas acharam graça e não levaram a sério a campanha iniciada. Outras disseram que os comunistas estavam malucos, que iríamos tomar uma "lavada", o que, segundo esses observadores, ensinaria os comunistas a não serem audaciosos.

O segundo fato verificado na tarde da posse do novo governador ocorreu no fim do ato. Estava conversando com o dr. Pelópidas da Silveira, sua digníssima esposa, mais o dr. Josué de Castro e outras personalidades, quando bruscamente o sr. João Cleófas de Oliveira, saindo pela entrada principal da Faculdade de Direito, viu-me, aproximou-se e disse:

— Gregório, meu amigo, muito devemos a você pela magnífica festa a que estamos assistindo! Quero fazer minha autocrítica na prática. Vamos tirar uma fotografia juntos!

Ao mesmo tempo que assim falava, chamou um fotógrafo, pôs o braço sobre o meu ombro e, ao lado de Pelópidas, de d. Marilu e de Josué de Castro, mandou bater a fotografia. Registro o episódio para que os leitores possam aquilatar o comportamento político de um cidadão das classes dominantes em certos momentos históricos. Mais adiante, veremos seu comportamento modificar-se totalmente.

Após a posse de Cid Sampaio entrei a fundo na campanha eleitoral em favor de Miguel Arraes para a prefeitura. Dia e noite, percorria os bairros de Recife, morros, alagados, sem esquecer os bairros de classe média. Aos poucos, sentimos que a massa ia sendo conquistada, mas, ao mesmo tempo, víamos que éramos fracos na propaganda e na agitação, pois não dispúnhamos de transporte nem de meios para montar mais alto-falantes. Conseguimos dois caminhões que nos serviam de palanque. Mas mesmo esses caminhões não estavam disponíveis no momento em que os quiséssemos. Quando a campanha ia se aproximando do fim, requisitamos o velho carro do candidato, com motorista e tudo. Assim, pudemos montar mais um serviço de alto-falantes, podíamos realizar dois comícios por dia, além de alguns comícios volantes. Cobríamos uma área maior a cada dia. De qualquer maneira, estávamos muito aquém do que considerávamos necessário. E, além de tudo, encontramos uma nova dificuldade: o velho carro do candidato tinha um traço muito burguês, pois trabalhava bem no asfalto, mas nos bairros pobres empacava constantemente. Tínhamos de empurrá-lo, gastando com isso as energias físicas e os nervos, além de perdermos um tempo enorme, tempo esse que era muito precioso. Era um deus nos acuda. Quantas vezes, depois dos comícios, só conseguíamos chegar às duas ou três horas da madrugada ao Comitê Eleitoral, porque o carro enguiçava quase de minuto a minuto! Era uma sorte se, altas horas da madrugada, conseguíamos quem nos ajudasse. Na maior parte das vezes, éramos o motorista mais eu a empurrá-lo, só nós dois. Ainda bem que esse companheiro era de uma paciência invejável e tinha um zelo quase irritante pelo carro do patrão.

Quando conseguimos mais um jipe, o velho carro de hábitos burgueses ficou trabalhando só no seu ambiente, isto é, no asfalto. A verdade é que, sem atoleiros nem buraqueiras, o carro deu conta do recado, trabalhando sem dar problemas. A campanha pela prefeitura continuava. O novo governador estava de acordo com o nosso candidato, mas considerava prematuro iniciarmos desde então a campanha. Fomos só nós, desde o começo nas ruas e nos bairros. Foi uma campanha para, de início, popularizar o candidato. Continuamos anunciando o apoio do governador Cid Sampaio, mas, a essa altura, ele sugeriu um "candidato de conciliação", alegando que Arraes era muito radical e, em certos círculos, era tido como comunista. Assim, poderia não ser eleito, o que representaria um duplo desgaste: para o governo Cid Sampaio e para nós, comunistas. Mas nós continuamos firmes com Arraes. O candidato mais forte que se opunha a Arraes era o sr. Antônio Pereira, apoiado pelo PSD. Nessas condições, pela importância política que tinha a prefeitura de Recife, Cid Sampaio teve de se decidir, apoiando efetivamente a candidatura de Arraes. Quando isso se deu, faltava menos de um mês para o término da campanha eleitoral. Contávamos nessa altura com seis jipes equipados de alto-falantes e realizávamos pelo menos quatro comícios por noite, além dos pequenos comícios diurnos. Estávamos presentes em praticamente todas as concentrações populares: cais do porto, fábricas, feiras livres, bairros etc. Para essa atividade, enfrentávamos as mais duras dificuldades econômicas.

O governador Cid Sampaio começou a participar dos comícios eleitorais em favor de Arraes quando já faltava pouco para o encerramento da campanha. Não contávamos com ornamentações espetaculares nem com conjuntos musicais, menos ainda com artistas do rádio e da televisão, o que ocorria com o candidato do PSD. Esse foi um problema, porque o sr. Cid queria falar só em palanques, ainda que fossem modestos, e queria um conjunto musical, ainda que composto por cangaceiros do baião ou violeiros repentistas. De qualquer maneira, tínhamos dificuldades para conseguir tudo que era necessário para uma boa campanha, pois não dispúnhamos de recursos financeiros para tanto. Diante dessas dificuldades e conhecendo o grande prazer que causavam ao governador os aplausos vibrantes da massa, organizamos um comício na rua da Lama, um dos setores onde ele, em sua campanha para o governo do estado, tinha sido aplaudido com mais entusiasmo. Mas, dessa vez, o nosso pessoal não deu chance. O tom de suas palavras também já não era o mesmo. Quando acabou de falar, estava decepcionado com a frieza da massa. Dirigiu-se a mim e perguntou:

— Por que o povo está tão frio? Será por falta de popularidade do candidato?

— Nada disso, governador. O povo está frio e não aplaudiu com entusiasmo porque o tom das suas palavras é diferente daquele que V. Exa. usava quando era candidato. São as suas palavras que não têm a mesma veemência e o mesmo calor. Além disso, o povo tem mais capacidade de observação do que supomos. Já falam por toda a parte que, quando V. Exa. era candidato, não se importava de falar de cima de caixotes ou de tamboretes e cadeiras, mas agora só quer falar de palanques. Se tiver dúvida, faça uma experiência.

Olhou-me admirado e respondeu:

— Não quero mais palanques. Falarei de cima dos caminhões.

No dia seguinte, nos quatro comícios programados, preparamos uma boa turma para puxar os aplausos, pois o governador participaria de todos. Deu certo. Logo que Cid Sampaio subiu no caminhão, a massa vibrou e disse:

— Agora sim! É o mesmo homem! Viva o nosso governador!

O coro foi geral e só parou quando o locutor pediu silêncio para anunciar a presença do governador, o que já era desnecessário. Mesmo assim, pronunciou as seguintes palavras:

— Atenção! Muita atenção, senhores e senhoras! Muita atenção, povo de Santo Amaro! Vai falar neste bairro, apoiando a candidatura de Miguel Arraes para prefeito da capital pernambucana, Sua Excelência o dr. Cid Sampaio, governador do estado, eleito por vocês!

Nessa altura, o locutor foi interrompido por uma verdadeira chuva de aplausos. Cid Sampaio começou a falar com a mesma veemência, no mesmo tom de voz da época em que era candidato. Seu discurso foi constantemente interrompido pelos aplausos delirantes. E assim continuou até o encerramento da campanha eleitoral, a mais dura de que participei do ponto de vista econômico.

Finalmente, chegou o dia do pleito eleitoral. O entusiasmo do povo nos deixava otimistas. Arraes estaria eleito não como queríamos, mas dentro das nossas possibilidades. Era o candidato do tostão contra o candidato dos milhões. Os resultados confirmaram nossos cálculos, dando a Arraes uma maioria de vinte e poucos mil votos. Mais uma vez, as massas sofridas de Recife davam provas do seu amadurecimento político com a eleição de um cidadão democrata e nacionalista para governar Recife e zelar pelos interesses coletivos dos seus habitantes. Comprovava-se, por outro lado, que nós, comunistas, não estávamos malucos quando lançamos a candidatura de Arraes para a prefeitura de Recife. Tínhamos e temos, isso sim, um pouco de audácia. Aliás, na luta pelos interesses do nosso povo e da nossa pátria, devemos ter audácia, muita audácia.

Destaco com admiração e respeito a colaboração eficiente dada por Pelópidas da Silveira, Paulo Cavalcanti, Carlos Duarte, João Guerra, Gilberto Azevedo, Aloísio Falcão e, de maneira especial, o faro político de David Capistrano da Costa, Hiram Lima, José Leite Filho e alguns outros, pois, como dirigentes, desdobraram-se no cumprimento de suas tarefas para o êxito da campanha eleitoral de 1959. Assim, a prefeitura de Recife passava das mãos do honrado e operoso Pelópidas da Silveira para as do dinâmico e não menos honrado dr. Miguel Arraes de Alencar.

Depois da vitoriosa campanha que levou Arraes à prefeitura de Recife, retomei minhas atividades partidárias. Andei pelo interior de Pernambuco, passei por Caruaru, São Caetano, Belo Jardim e Pesqueira (feudo dos Britos, onde ajudei a organizar uma liga camponesa). Depois estive em Alto da Serra, Arcoverde, Sertâria, Serra Talhada e Pedra do Buíque (onde também ajudei a organizar uma liga camponesa, que foi dissolvida meses depois pelo prefeito, com apoio da Polícia Militar). Voltei a Recife e minha viagem seguinte levou-me a Garanhuns, para assistir à posse do novo prefeito, que tinha sido eleito com o apoio dos comunistas; o bispo da cidade mandou recado à comissão organizadora dizendo que não participaria de um banquete ao lado do comunista Gregório Bezerra. O recado gerou um bate-boca entre o vereador que me acompanhava e um colega dele. Disse a todos que não pretendia prejudicar o brilhantismo da festa e me retirei para que o bispo pudesse comparecer ao local. Quando ia saindo, um sargento do Exército apontou sua Parabellum para mim, gritando:

– Afastem-se todos, que agora eu vou costurar a bala esse bandido comunista!

Fui obrigado a avançar sobre ele para evitar que disparasse a arma. A massa acorreu e segurou-o. Nisso, chegou o delegado de polícia, que tentou me revistar. Protestei:
– O senhor devia revistar e desarmar o meu agressor! Estou desarmado.
Para comprovar o que dizia, abri o paletó.
Solidários comigo, alguns populares me levaram para um bar, onde bebi um refrigerante e passamos a comentar o incidente. Não tornei a ver o tal sargento valentão.
Retornei a Recife. Em seguida, fiz outras viagens: a São Lourenço, a Paudalho, a Carpina, a Limoeiro e a Timbanda. Mais tarde, dirigi-me à zona canavieira de Catende. Em Pesqueira, realizamos uma impressionante assembleia da liga camponesa, que estava crescendo e enfrentava um problema sério: não conseguia instalar uma sede na cidade. A sede funcionava na residência do presidente da liga, que, além de ser insuficiente, ficava em local desfavorável. Discutimos a maneira de instalá-la na cidade; assim, quando os camponeses viessem à cidade nos dias de santo de guarda ou aos domingos, iriam à missa, rezariam, confessariam, comungariam, pagariam suas promessas e depois, já com a alma descansada, poderiam ir tratar de seus interesses materiais e informar-se acerca de seus direitos e possibilidades concretas de luta.
Em Arcoverde, quando procurava ajudar os companheiros na preparação da festa do 1º de Maio, o delegado local procurou-me e ameaçou-me de prisão, caso voltasse à cidade. Disse-lhe que voltaria sempre, que a comemoração do 1º de Maio não era nenhum crime e que o governador Cid Sampaio também ia comemorar a data em Recife. O delegado disse-me que os fazendeiros estavam inquietos com a minha presença e revistou-me para ver se eu estava armado. Não estava.
Voltei a Pesqueira, onde estavam surgindo problemas com o bispo. Iniciara-se um período de seca e o campesinato pobre do agreste e do sertão entrou a passar fome. O bispo conseguira uma grande quantidade de charque e gêneros alimentícios (feijão, farinha, milho, leite em pó) e ia distribuir os donativos à massa flagelada, mas só queria salvar o corpo dos que já tinham a alma garantida, isto é, só queria dar alimentos aos que confessavam e comungavam. Isso provocou enérgicos protestos. Sua Excelência Reverendíssima recuou, mas tratava-se de um recuo tático, limitado: passou a haver discriminação na quantidade, de maneira que os católicos recebiam mais e os não católicos recebiam menos. Surgiram atritos entre os flagelados e as pessoas que distribuíam a comida. O Comitê Municipal do partido prestou toda a solidariedade à massa flagelada, mas orientou-a no sentido de evitar atritos mais graves.
O bispo de Pesqueira passou a atacar ainda mais furiosamente a liga camponesa e o "agente do imperialismo russo Gregório Bezerra". Precisamos contra-atacar e desmascaramos o ilustre prelado como instrumento consciente dos latifundiários. O conflito refletiu-se na luta da liga camponesa de Pesqueira para alugar uma casa que lhe servisse de sede: soubemos de uma casa que estava vaga, perto da vetusta

e abandonada igreja de São José e mobilizamos-nos para alugá-la. Mas havia oposição da parte dos nossos adversários. O presidente da liga, que se chamava José Alexandre, fez uma promessa a são José, seu homônimo e santo de devoção: se o santo obrasse o milagre de a casa ser alugada pela liga, ele promoveria o conserto e a pintura das paredes da igreja e repararia as calçadas em frente do templo. Os carolas também fizeram promessas, com o objetivo de impedir que a casa fosse cedida em aluguel à liga. Criou-se na população um ambiente de expectativa: de que lado ficaria são José?

São José não nos deixou na mão. Como carpinteiro que era, foi fiel às suas origens de classe e tomou posição em favor dos trabalhadores. A casa foi alugada à liga camponesa. São José deu sua contribuição à nossa luta para forjar a aliança operário-camponesa. José Alexandre pagou, corretamente, sua promessa: organizou um pequeno mutirão, rebocou e caiou as paredes da igreja, consertou a calçada. E, no dia da inauguração da nossa sede, fizemos celebrar missa na igreja – renovada – de São José.

O bispo não compareceu à cerimônia de inauguração da sede da liga apesar de convidado. Mandou seu secretário, um padre jovem, que fez um discurso violentamente anticomunista (não foi aplaudido em nenhum momento).

Depois da posse de Miguel Arraes na Prefeitura Municipal do Recife e depois de uma boa rodada pelo interior do Estado de Pernambuco, fui convidado – e aceitei com a máxima satisfação – a fazer uma excursão pela nova China de Mao Tsé-tung, passando pela Checoslováquia e pela União Soviética. Esse convite foi o maior prêmio de toda a minha vida. Nessa época, eu tinha uma verdadeira admiração pelo Partido Comunista Chinês e pelo seu chefe, Mao Tsé-tung, mas principalmente pelo seu povo, em razão do seu glorioso passado revolucionário. A longa luta revolucionária chinesa jamais se apagou da minha memória. Mas, se eu amava realmente o Partido Comunista Chinês, o povo e seus dirigentes, o que poderia dizer do Partido Comunista da URSS, do seu magnífico povo e do seu glorioso Exército? O que poderia dizer do povo que fez e consolidou o primeiro Estado socialista soviético do mundo? O que poderei dizer do heroísmo do seu Exército e do seu povo, que, orientado e dirigido pelo partido comunista marxista-leninista, esmagou a hidra fascista e libertou a humanidade da escravidão terrorista do nazismo alemão, criou o mundo socialista e marcha vitoriosamente para adiante, construindo a sociedade comunista? Entusiasmado para ver e conhecer esses povos, seus países e seus partidos, tomei todas as providências para conseguir meus documentos o mais rápido possível e seguir para o Rio de Janeiro, a fim de juntar-me à delegação, composta de cinco camaradas chefiados pelo bravo Lincoln Oeste. Esse heroico militante revolucionário veio a ser mais tarde assassinado pelos bandidos da ditadura fascista.

De posse das passagens, seguimos, via Dacar e Madri, para Paris, onde dormimos; no dia seguinte, partimos para a Checoslováquia. Quando nosso avião aterrissou no aeroporto checo, o comandante gritou: "Primeiro Estado socialista da Europa!". Confesso que fiquei tão emocionado que, se alguém me perguntasse algo, não seria capaz de responder nada. Ao descer do avião, fomos recebidos por um grande grupo de jovens sorridentes, amáveis e gentis, que nos acompanhou a um hotel grande, luxuoso e muito confortável. Foi reservado para a nossa delegação, composta de 52 latino-americanos, todo o quinto andar, servido por magnífica equipe de moças admiravelmente bonitas, simpáticas e atenciosas. Tudo que estava vendo me causava forte impacto. Até então, jamais em minha vida tinha visto tanto conforto e tanta fartura, jamais tivera um tratamento tão fraternal e amigo como em Praga, onde passamos oito dias, durante os quais conhecemos a cidade e entramos em contato com o povo. Lembro-me de ter visto museus, monumentos, universidades, escolas, castelos, palácios, igrejas e mosteiros, mas, de tudo o que vi, o que mais me encantou foram as crianças de Praga. Um verdadeiro encanto! Quando percebiam que estávamos olhando para elas, essas crianças sadias, coradas, saudavam-nos com seus lindos sorrisos de felicidade. Sem querer, lembrei-me das crianças abandonadas, famintas, que conheci na minha adolescência em Recife, perambulando pelas ruas, analfabetas... Que contraste!

De Praga, voamos para Moscou. Chegamos à noitinha. Fazia frio e caía neve. Achei uma beleza a neve caindo! Estava muito curioso para ver a cidade de que a reação mais falava. Fomos à praça Vermelha, ao Kremlin, vimos as igrejas, o museu histórico, o magazine *Gum*, as estações do metrô, o teatro Bolshoi; voltamos pela rua Gorki, olhando os prédios imensos, os monumentos, as praças e as alamedas. Tudo nos causou magnífica impressão.

Partimos depois para a nova China. Fomos fraternalmente recebidos no aeroporto de Pequim pelos camaradas chineses. Tivemos ocasião de passear pelo centro da cidade e visitar uma parte da velha e legendária Muralha da China. Fomos ver um balé no teatro de Pequim. Fizemos um giro pelo interior do país e visitamos fábricas, empresas, cooperativas camponesas, centrais hidrelétricas, museus, universidades, criações imponentes da jovem República Popular da China. Os camaradas chineses que nos conduziam prestavam sempre homenagem à ajuda fraternal que tinham tido dos companheiros soviéticos para conseguirem alcançar os bons resultados que nos mostravam.

Paralelamente, entretanto, começaram a dar a entender – discretamente – que havia algo de ruim nas relações entre as duas poderosas direções partidárias. Depois da publicação do folheto "Viva o leninismo", sentimos o aguçamento das divergências. As delegações de convidados estrangeiros, inclusive a nossa, passaram a ser "trabalhadas". Ora coletiva, ora individualmente, éramos chamados para conversas políticas nas quais os companheiros chineses iam definindo suas posições com menor discrição.

Uma vez, fui convocado para uma troca de ideias com um camarada importante (suponho que fosse da direção do PC chinês) que me falou de uma porção de coisas que não entendi direito. Percebi o sentido geral da preleção, contudo. Deixei claro que não opinaria sobre as questões levantadas por ele a não ser na discussão interna do meu partido. Disse-lhe que o PCB defendia e praticava o internacionalismo proletário, era fiel aos princípios defendidos pelo PC da União Soviética e rejeitava qualquer luta que enfraquecesse a unidade do movimento comunista internacional. O camarada chinês lamentou minha posição, pediu-me que pensasse mais detidamente no assunto. Repliquei que minha posição era clara e nada tinha a reexaminar enquanto a questão não fosse discutida internamente pelo meu partido.

Pensei que, depois disso, eles me mandariam de volta para o Brasil. Mas, ao contrário, se já me tratavam bem, passaram a me tratar ainda melhor. (Na ocasião, aliás, eu estava longe de imaginar que as divergências assumiriam as deploráveis proporções a que chegaram mais tarde e que provocariam o nocivo fracionamento ocorrido no movimento comunista mundial, com o consequente entravamento da revolução e em proveito do imperialismo ianque.)

Prosseguindo nossa excursão pelo interior do país, chegamos a Xangai, antigo paraíso da burguesia internacional. Visitamos longamente a cidade, seus museus e monumentos, suas escolas e fábricas, igrejas budistas e católicas, fomos ao balé, ao circo e ao cinema. Depois, nosso guia nos levou a um belíssimo parque às margens do rio Ipu, onde se encontrava uma verdadeira multidão de crianças, homens e mulheres de todas as idades. O guia nos contou:

– Antigamente, em todas as entradas desse parque havia a inscrição: "É proibida a entrada de cães e de chineses".

Durante a nossa permanência em Xangai, um camarada da nossa delegação adoeceu. Os médicos fizeram o possível para curá-lo antes de partirmos para Pequim, no entanto não o conseguiram. Levaram-no para o hospital do partido, onde ficou em tratamento, e nós regressamos a Pequim, tendo em vista nosso regresso ao Brasil. Eu esperava que o chefe da nossa delegação interferisse junto aos camaradas chineses, solicitando que um de nós ficasse com o companheiro doente. Como não o fez, eu mesmo falei com o encarregado da delegação logo que chegamos a Pequim. Não houve dificuldade. No dia seguinte pela manhã, voltei a Xangai, onde fui recebido por um intérprete, levado diretamente para o hospital e alojado no mesmo quarto do meu colega. Não poderia ter sido melhor o tratamento a nós dispensado. Nada nos faltou.

Uma tarde, quando passávamos pelo bosque do hospital, vimos descansando numa cadeira de balanço, sob uma árvore muito frondosa, um cidadão chinês que devia contar no mínimo 70 anos de vida. Era um combatente veterano da guerra civil revolucionária; deveria ter sido desde o início, e creio que era ainda, um dirigente político de alto gabarito. Ele nos convidou delicadamente para conversar e mandou trazer duas cadeiras de balanço. Sentamo-nos e, logo em seguida, veio uma jovem com uma bandeja, servindo-nos café. Nosso anfitrião saboreou o café, estalou a língua e disse:

– Café saboroso como este só no Brasil! Aliás, jamais entendi por que vocês jogam café no oceano e o queimam nas locomotivas. Por que, em vez de desperdiçar tanta riqueza, não o exportam para os países que desejam comprá-lo? Nós, por exemplo, somos 700 milhões de pessoas, gostaríamos de comprar o café, o algodão, o cacau do Brasil, em troca de máquinas agrícolas, tratores, locomotivas, caminhões etc., coisas de que vocês tanto necessitam.

Eu quase sumi de vergonha. Ele notou minha reação e disse:

– Não se sinta molestado com o que lhe disse, camarada! Nós sabemos que vocês, lutadores, assim como a maioria do seu povo, não são culpados. Sabemos também que boa parte da população brasileira não toma café porque não pode comprá-lo, e o seu governo, em vez de baixar o preço do produto, prefere jogá-lo no oceano ou queimá-lo nas locomotivas. Nós conhecemos as causas de tudo isso: são parecidas com as causas da miséria em que vivíamos antes de 1949.

Ficamos ouvindo o veterano combatente nos contar muitas histórias da Revolução Chinesa, da longa marcha, episódios extraordinariamente interessantes da história do país. Creio que temos muito a aprender com a história da Revolução Chinesa, se a estudarmos sem perder de vista as condições concretas específicas do nosso país.

Graças à dedicação dos camaradas médicos, das enfermeiras e dos excelentes servidores, meu companheiro de delegação ficou bom e regressamos a Pequim. Tínhamos passado quatro meses e meio no interior da China.

De Pequim, voltamos a Moscou, de onde nos mandaram a Leningrado. Realizei o velho sonho de ver com meus olhos o famoso Palácio de Inverno, o histórico Palácio Smolni, o cruzador Aurora, a fortaleza de Pedro e Paulo. Passeamos pela cidade, olhando tudo com autêntico embevecimento. Fomos ver até a histórica choupana onde Lenin escreveu *O Estado e a revolução*. Passamos seis dias inesquecíveis em Leningrado.

De novo em Moscou, depois de ter assistido ao balé *O lago dos cisnes* e ter passeado pela cidade, preparava-me para uma excursão a Volgogrado quando recebi um telegrama da minha filha, pedindo que eu retornasse o mais rápido possível a Recife, a fim de participar da campanha eleitoral do general Henrique Teixeira Lott, candidato à presidência da República. A campanha estava muito fraca em Recife e os janistas estavam dizendo em seus comícios – conforme contava a minha filha – que eu tinha viajado para a União Soviética exatamente para não participar da propaganda do candidato.

Pedi aos camaradas soviéticos para regressar imediatamente ao Brasil e, de regresso, entrosei-me de corpo e alma na campanha de Lott e Jango.

Por que nós democratas de diferentes partidos, nacionalistas, socialistas, comunistas não conseguimos eleger o general Lott em 1960? Sobre essa campanha muito já se falou. A questão foi bastante discutida, a pergunta mereceu inúmeras respostas.

O general Lott era um patriota profundamente franco, honrado, sem experiência na vida política – e enfrentava um demagogo muito hábil e cheio de experiência. O presidente Juscelino Kubitschek só muito tardiamente deu apoio à candidatura Lott. O PSD sofreu um fracionamento eleitoral. Boa parte do PTB traiu seu candidato nominal à presidência da República em favor da "dobradinha Jânio-Jango". Houve, além disso, escassez de recursos financeiros para desfechar a gigantesca campanha eleitoral necessária no país inteiro. Os pronunciamentos de Lott em favor da reforma agrária radical e em defesa da Petrobras, além de outros de cunho nacionalista e progressista, exatamente por serem sinceros, assustavam determinados setores ligados ao imperialismo, desgostavam áreas conservadoras do PSD e dificultavam a obtenção de recursos provenientes dos ricos para sua campanha. Jânio Quadros, por sua vez, precisamente por ser um demagogo astuto, podia explorar nos comícios a simpatia das massas populares pela Revolução Cubana, falando de sua ida a Cuba e à União Soviética, sem que com isso deixassem de afluir para sua campanha recursos oriundos de círculos milionários e de organizações ligadas ao imperialismo.

E foi assim que o povo brasileiro perdeu a oportunidade de ter um excelente presidente da República.

O saldo positivo da campanha foi que, apesar da derrota de nosso candidato, conseguimos difundir, numa escala nunca antes alcançada na história de nossa pátria, os ideais e os princípios do nacionalismo.

Lembro-me de alguns incidentes da campanha eleitoral, por exemplo uma conversa que tive com o senador Barros de Carvalho a respeito das dificuldades que estávamos encontrando para fazer a campanha do general Lott. O chefe do PTB em Pernambuco, sentindo-se criticado, disse:

– Já fiz muito pela campanha do nosso candidato à presidência; só do meu bolso, gastei 200 mil cruzeiros.

– E o que significa tal importância para uma campanha eleitoral da envergadura desta que estamos fazendo, senador? Em sua campanha para o Senado, sei que o senhor gastou cem vezes mais.

Ele coçou a cabeça e disse:

– Precisamos conversar sobre esse assunto mais devagar.

Lembro-me também de um dia em que chegou ao nosso comitê um caminhão superlotado de propaganda; disseram-nos que era material pró-Lott-Jango. Alegramo-nos muito, pois nos faltavam cartazes, fotografias, faixas, placas, escudinhos etc. de nossos candidatos. Descarregamos os caixotes e os colocamos no depósito do comitê. Horas mais tarde, abrindo os caixotes, todos continham propaganda de...

Jânio e Jango. Irritamos-nos e rimos ao mesmo tempo. Fomos tapeados. Xingar? Não adiantaria nada. Jogamos o material no rio Capibaribe.

Recordo ainda que, no dia em que Jânio ia realizar o comício de encerramento da sua campanha em Recife, na praça Dantas Barreto, chegamos a programar e a realizar com êxito doze comícios nos pontos principais dos bairros mais populosos da cidade para evitar a descida de eleitores para o centro e esvaziar o comício do nosso adversário. Nossos melhores oradores de massa se mobilizaram: líderes estudantis, intelectuais democratas, nacionalistas, companheiros como David Capistrano, Hiram Lima e outros. Foi uma noite movimentada em todos os bairros da capital pernambucana. A praça Dantas Barreto ficou vazia. No dia seguinte, a imprensa anunciou que o comício de Jânio não se realizou "devido à chuvarada"...

Apesar de tudo, Jânio ganhou. As massas da Grande Recife estavam com Lott, mas não votavam, porque, em sua maioria, não dispunham de títulos eleitorais.

Aproveitando o ascenso democrático que se verificava em nosso país, a direção nacional do PCB desfechou uma campanha de massa (a terceira) pelo registro eleitoral do nosso partido. Fui encarregado de elaborar um plano de trabalho de massas para legalizar publicamente a coleta de assinaturas pelo registro eleitoral do partido. Programamos uma série de comícios em todos os bairros da Grande Recife.

Nessa época, o governador de Pernambuco era o Cid Feijó Sampaio, eleito com o nosso apoio em 1958. O chefe de polícia era o então capitão Costa Cavalcanti, que, ao assumir o cargo, declarara ter sido nomeado com a missão específica de combater o comunismo. Durante a campanha eleitoral, embora o Cid Sampaio tivesse apoiado Jânio Quadros, e nós, o general Lott, não houve (descontados incidentes irrelevantes) violência contra os comunistas. Agora, porém, tratava-se de uma campanha de massa pela legalidade do PCB. Como se comportariam Cid Sampaio e seu chefe de polícia? Cumpriria Costa Cavalcanti a missão de combater o comunismo? Que forma assumiria o combate ao comunismo dirigido por ele?

Demos início ao cumprimento de nossas tarefas, realizando comícios e colhendo assinaturas. Comunicávamos às autoridades policiais, em obediência à lei, os locais, os dias e as horas de nossos comícios e conferências. O êxito da nossa campanha foi enorme, comovedor. Muita gente queria assinar nossas listas; infelizmente, mais de dois terços dos interessados não podiam assiná-las por serem analfabetos. Acabamos superando, apesar de tudo, nossa cota de assinaturas.

Quase no final da nossa campanha, num grandioso comício, em Nova Descoberta, no populoso bairro de Casa Amarela, ocorreu uma grosseira provocação policial. Uma malta de bandidos agrediu fisicamente os oradores do comício, disparando armas de fogo, numa vã tentativa de dispersar o público e dissolver o comício. Felizmente, graças à firmeza e à audácia dos oradores e dos organizadores do comício, a provocação não surtiu o efeito que pretendia. Houve protestos enérgicos contra os provocadores e chegaram vários carros com policiais que, de forma mais ou menos discreta, restabeleceram a ordem. O comício prosseguiu mais animado do que antes. E com um público maior, pois o tiroteio servira para atrair mais gente.

De maneira geral, descontado esse incidente, o governo de Cid Sampaio respeitou, portanto, nosso direito de colher assinaturas e realizar comícios e conferências, nosso esforço para conquistar a legalidade.

Nossas relações com Cid Sampaio não eram das piores, mas também não podiam ser consideradas boas. Defendíamos interesses de classes distintas e, com o ascenso do movimento de massas, era lógico que marchássemos em direções diferentes.

E 1962 foi um ano muito rico na movimentação de massas. Foi o ano de duas importantes campanhas eleitorais. Na primeira, a frente eleitoral nacionalista de Recife elegeu o dr. Pelópidas da Silveira para prefeito e o dr. Antônio Carlos Cintra do Amaral para vice-prefeito da cidade. E, na segunda, o nacionalista e democrata Miguel Arraes foi eleito governador do Estado de Pernambuco, competindo com dois candidatos usineiros: João Cleófas e Armando Monteiro Filho.

A campanha de Arraes foi uma luta duríssima. Conhecíamos bem nossas dificuldades econômicas, por isso começamos cedo o trabalho. Enquanto a UDN discutia para decidir se lançava ou não João Cleófas, enquanto nossos opositores se digladiavam, nós impulsionávamos a propaganda de Arraes no meio das massas da Grande Recife, esclarecendo os objetivos da nossa campanha, progressista e nacionalista, demonstrando a qualidade do nosso candidato com sua excelente gestão à frente da prefeitura de Recife.

Eu conhecia Arraes desde 1935, quando fui instrutor do Tiro de Guerra nº 333. Arraes destacara-se, então, como um dos melhores atiradores, pontual, disciplinado, esforçado e inteligente. Tornei-me logo um admirador dele não só por seu comportamento como aluno mas, sobretudo, pelas ideias democráticas e progressistas que já na época defendia.

O Comitê Estadual do partido encarregou-me da campanha eleitoral – não porque eu fosse o mais competente dos companheiros – longe disso! –, mas porque era o que tinha mais experiência e também o mais ligado ao povo. Como soldado do partido e amigo de Arraes, aceitei a tarefa com a melhor disposição. Conhecia a popularidade de Arraes em Recife, mas preocupavam-me o voto de cabresto do interior e o analfabetismo de grande parte da população.

Além de Arraes, apoiávamos Paulo Guerra, do PSD, para vice-governador, e José Ermírio de Moraes, industrial nacionalista, para o Senado. Apesar de Paulo Guerra ser um grande latifundiário conservador e de José Ermírio de Moraes ser um industrial muito rico, os adversários passaram a caracterizar nossa chapa como "comunista". E até Cid Sampaio, que recebera nosso apoio em 1958 e fora acusado de "comunista" e "criptocomunista" por Etelvino Lins, passou a empregar os mesmos meios contra os nossos candidatos.

Dispúnhamos de oito jipes e seis caminhões, além de uma boa turma de locutores munidos de alto-falantes. Nossos adversários dispunham de vastíssimos recursos: a competição era desigual. O Instituto Brasileiro de Ação Democrática (Ibad), órgão financiado pelo imperialismo ianque e por correntes ultraconservadoras, derramava rios de dinheiro, subornava candidatos, cabos eleitorais e eleitores.

Além disso, chegou a Recife o Rosário em Família. Inicialmente, o pessoal do Rosário fazia sua pregação religiosa nos lugares por onde já tínhamos passado. Depois, começaram a fazê-la nos próprios locais onde estavam sendo realizados os nossos comícios, ou então muito perto. Adotamos a seguinte tática: quando o Rosário aparecia, interrompíamos o comício, pedíamos ao povo que respeitasse o sentimento religioso dos católicos e ouvisse com atenção a pregação religiosa, mas permanecesse na praça para ouvir depois também a palavra dos candidatos do "tostão contra o milhão" (esse era o nosso *slogan* na época). A massa aplaudia e atendia ao nosso apelo. Aos poucos, verificamos que o Rosário em Família, ao invés de tirar a nossa plateia, contribuía para aumentá-la, pois uma boa parte da massa dos católicos, que não era atraída pelo comício, vinha para a solenidade religiosa e acabava ficando no local para ouvir nossos candidatos. Levantávamos então as reivindicações mais sentidas dos habitantes dos bairros e a popularidade dos nossos candidatos aumentava. Quando o Rosário se deu conta do fato de que estava nos ajudando, passou a fugir de nós. E fomos nós, então, que passamos a seguir as pegadas do Rosário em Família, realizando nossos comícios...

À medida que se multiplicavam as acusações de "comunistas" e "criptocomunistas" formuladas por nossos adversários contra nossos candidatos, fomos levados a replicar com energia. Entre os acusadores, além de Cid Sampaio, achava-se João Cleófas. Passei então ao contra-ataque, perguntando ao povo se bastava um candidato aparecer ao lado de um comunista para ser considerado comunista. Se o critério era aquele, então João Cleófas também era comunista (e exibia a foto que ele tinha feito questão de tirar ao meu lado, com o braço posto sobre o meu ombro, por ocasião da posse de Cid Sampaio como governador). Isso desmoralizava o anticomunismo dos nossos adversários.

Nas campanhas eleitorais, os candidatos das classes dominantes são levados a buscar os votos populares e interessam-se por gente que normalmente ignoram. Durante a campanha eleitoral, muitos senhores bem-postos na vida, ambicionando um posto eletivo, passam a oferecer "carona" em seus luxuosos carros para populares que estejam parados num ponto à espera do ônibus. Conversam com pessoas a quem normalmente nunca dirigiriam a palavra, pagam café, cerveja ou lanche para chefes de famílias pobres. Apresentam-se como delicados, gentis, amáveis, generosos. Toda essa "generosidade" é provisória e desaparece assim que cessa a campanha eleitoral. Mesmo enquanto dura, a "generosidade" desses cavalheiros é interesseira: eles estão sempre de olho no número de votos que podem conseguir com seus gestos humanitários e nas vantagens eleitorais que podem obter com cada ato de (aparente) solidariedade humana ou ajuda ao próximo. Essa mesquinharia e esse "pragmatismo" sempre me inspiraram desprezo.

Lembro-me de um episódio bem típico desse fenômeno, que se deu na campanha eleitoral de 1962. Um dia, chegou ao nosso comitê eleitoral uma família de cinco pessoas; o chefe da família (que se chamava Pedro Caetano) nos disse:

— Nós não somos eleitores. Somos analfabetos. Estamos passando fome. Viemos pedir uma ajuda. Pelo menos um pouco de pão pra matar a fome das crianças. Fomos pedir auxílio no comitê do dr. João Cleófas, mas, como somos analfabetos e não votamos, os homens nos botaram pra fora.

Nós do comitê ficamos com pena do homem e da família dele; cotizamo-nos e entregamos a ele o produto da coleta. Enquanto isso, algumas senhoras que tinham assistido à cena correram a um bar que ficava próximo, compraram leite e pão, que as crianças consumiram gulosamente. Os pais ficaram tão emocionados com o gesto de solidariedade humana desinteressada que emudeceram. Em seguida, pedi ao companheiro que dirigia um dos veículos de que dispúnhamos que levasse a família à choupana onde ela morava.

No dia seguinte, de manhã, ao chegar ao comitê, encontrei o mesmo Pedro Caetano da véspera, que me deu bom-dia e disse:

— O senhor sabe que uma mão lava a outra; vim fazer a limpeza do comitê. Não me ofereci para fazer ontem porque estava com muita fome. Hoje estou com a barriga cheia, posso fazer o serviço.

O homem era tão franco, trabalhava com tamanha boa vontade, que acabei por colocá-lo como zelador do comitê, transferindo o companheiro que estava antes como zelador para a seção de agitação e propaganda. Ganhamos um amigo fiel e dedicado. E, quando terminou o pleito, conseguimos empregá-lo no Departamento de Limpeza Pública da Prefeitura Municipal do Recife.

Outro incidente: um dia, entrou um cidadão no nosso comitê eleitoral dizendo que estava com muita pressa. Pediu material de propaganda dos nossos candidatos. Demos-lhe. Queria mais; alegou que morava em Salgueiro, que lá não havia material de propaganda nem de Arraes nem de Ermírio de Moraes. Para azar do homem, estava presente no comitê um companheiro que era dentista, que residia e trabalhava em Salgueiro e logo desmascarou a história. O cidadão ficou tão perturbado que, receando uma grossa vaia, disparou escada abaixo, tropeçando nas pessoas que subiam, até terminar esparramado no solo. Era um sabotador, provavelmente pago pelo comitê de Cleófas para apanhar e destruir uma parte do nosso escasso material de propaganda. Acabou desmoralizado: levou um susto e uma lição.

Quando a campanha já se aproximava do final, o governador Cid Sampaio, estando na cidade de Salgueiro, numa roda de "coronéis" latifundiários, em face da pergunta acerca de quem venceria o pleito, respondeu:

– Nossa campanha está se desenvolvendo muito bem e não tenho dúvida de que vamos vencer. Nosso candidato é um homem de bem, é um usineiro rico, proprietário de terras e prédios, um político de tradição, já está praticamente vitorioso. Nosso adversário é um pobretão, um "zé-ninguém". Está derrotado.

A frase foi aproveitada por nós. Além de pedir o voto do povo para o "candidato do tostão contra o milhão", passamos a pedi-lo também para o "candidato zé-ninguém".

No final da campanha, pedimos a Prestes que viesse a Recife. Como das vezes anteriores, nossos aliados mais vacilantes se opuseram e tentaram nos pressionar para evitar a vinda do nosso secretário-geral, mas não transigimos. Prestes veio e foi recebido por uma entusiasmada multidão no aeroporto dos Guararapes. Vieram recebê-lo também Pelópidas Silveira e Miguel Arraes. E a presença de Prestes representou boa ajuda na campanha.

Chegamos ao dia das eleições, que afinal transcorreram em ordem. O eleitorado portou-se corretamente e cumpriu de maneira honrada seu dever cívico. Foi grande a torcida das massas por ocasião da votação no pleito. A expectativa crescia com o início da apuração dos votos e intensificou-se da metade da apuração para o fim, quando João Cleófas começou a passar à frente de Arraes. Até então, a corrida vinha sendo equilibrada, ora com Arraes à frente, ora com Cleófas assumindo a dianteira.

Quando o candidato usineiro atingiu a casa dos 20 e poucos mil votos à frente de Arraes, muitos de seus partidários começaram a festejar a vitória. E o próprio Cleófas, ao atingir a vantagem de 29 mil votos, viajou para o Rio e para São Paulo, onde deu entrevistas à imprensa falada e escrita a respeito de sua vitória no pleito de Pernambuco. Afirmava que o candidato esquerdista, apoiado pelos comunistas, estava definitivamente derrotado e que Pernambuco se livrara da praga comunista.

Nessa fase da apuração, muitos dos nossos aliados, e até mesmo alguns companheiros do partido, supunham perdida a batalha eleitoral. Era desoladora a fisionomia e o estado de espírito da massa eleitora. Todos se admiravam do meu otimismo e me perguntavam se eu não tinha nervos. Eu respondia que tinha nervos, mas que ficava mais nervoso com o pessimismo deles; explicava que havia mais de 160 urnas para serem apuradas e que essas urnas eram as urnas da poeira, dos morros e dos alagados, onde o eleitorado votara maciçamente em Arraes; por isso, eu não tinha dúvida de que, logo que fossem abertas aquelas urnas, o nosso "zé-ninguém" ultrapassaria Cleófas.

Dois ou três dias depois desse diálogo, percorri todas as juntas apuradoras, vi com tristeza o abatimento na fisionomia de nossos partidários e ouvi os comentários sobre a vitória do candidato usineiro e a derrota de Arraes. Ao chegar à última sala das juntas apuradoras, fui abordado por um grupo de jovens estudantes nacionalistas e outras pessoas que trabalharam muito durante a campanha eleitoral e que me disseram:

— Estamos perdidos, companheiro Gregório! João Cleófas está com mais de 30 mil votos na frente de Arraes e já estamos quase no fim da contagem de votos. Agora a repressão contra nós e os democratas vai ser duríssima. O que faremos?

Respondi:

— Vamos nos unir cada vez mais e mobilizar as massas para enfrentá-lo, isso na hipótese de João Cleófas, apelidado de João Três Quedas por já ter perdido três eleições, triunfar. Entretanto garanto a vocês que o nosso "zé-ninguém" será vitorioso. Voltem para as suas casas, tomem dinheiro emprestado, vendam ou empenhem o que tiverem de valor, reúnam o capital e apostem no Arraes, aproveitando a euforia dos cleofistas.

Nesse momento, o cleofista Clodomir Monteiro, que me ouvia, propôs uma aposta entre nós dois. Disse-lhe que não dispunha de dinheiro, mas podia oferecer meu suéter e meu relógio. Apostei meu relógio contra o relógio de pulso dele, folheado a ouro, e os depositamos num cartório do Palácio da Justiça. Então, disse-lhe publicamente:

— Vou ganhar e guardar seu relógio folheado a ouro para, quando a reação disser que estamos recebendo o ouro de Moscou para sublevar o país, eu ter como mostrar de onde vem o ouro.

O jornal *Última Hora* publicou a aposta, o que fez crescer o movimento de apostas de ambos os lados. Poucos dias depois, as juntas apuradoras começaram a abrir as urnas dos bairros pobres e, à medida que as iam apurando, crescia a votação de Arraes e minguavam os votos do candidato dos milhões. Era de fato uma nobre vingança das massas duramente espoliadas contra seus espoliadores. Quando o candidato do tostão embeiçou taco a taco com seu rival, alguns de seus adeptos tentaram desistir das apostas. Era tarde! Arraes disparou na dianteira até o fim da contagem dos votos.

Quando Arraes emparelhou com Cleófas, as massas saíram em passeata pelas ruas principais de Recife soltando fogos de artifício. Foi o início da confraternização do povo recifense, prevendo a magnífica vitória de seu candidato. E logo que Arraes tomou a dianteira de seu opositor, para então derrotá-lo definitivamente, os estudantes, juntamente com as massas, invadiram o nosso Comitê Eleitoral e carregaram-me para a frente do Palácio da Justiça, onde me prestaram comovente homenagem. A seguir, transportaram-me até a Certam, na avenida Guararapes, onde me brindaram com outra homenagem em regozijo pela vitória de Arraes e do magnífico povo pernambucano.

Quando a Justiça Eleitoral diplomou Arraes governador do estado, nós comunistas, mais os nossos aliados, promovemos uma gigantesca festa carnavalesca, com a participação dos clubes, blocos, maracatus e outras associações carnavalescas; não faltaram no desfile bonitos cartazes e lindas faixas com *slogans* artisticamente escritos. Mas o que mais empolgou e arrancou aplausos da grande massa foi a fantasia de um gigantesco Zé-Ninguém desfilando pelas ruas principais de Recife. Foi uma grande noite de Carnaval, na qual o povo pernambucano expressou entusiasticamente a alegria de sua grandiosa vitória política.

Para a posse de Arraes, além da mobilização das massas da Grande Recife, vieram caravanas do interior do estado, centenas de ônibus lotados de camponeses pobres, principalmente assalariados agrícolas, para assistir à posse do "zé-ninguém" e ouvir de viva voz sua mensagem de esperança. Também vieram caravanas dos estados vizinhos; não faltaram os peritos bacamarteiros do município de Caruaru, simbolizando as festas juninas da matutada nordestina.

A posse foi realizada na Assembleia Legislativa e, durante a cerimônia, nuvens e nuvens de fogos de artifício subiam ao céu constantemente. A festa não era de Miguel Arraes, era do povo. Logo depois da solenidade de posse, a nova comitiva governamental saía do Palácio Joaquim Nabuco para o Palácio do Governo, na praça Princesa Isabel, onde se concentrava um verdadeiro oceano humano, que aguardava a chegada de seu governador para homenageá-lo e ouvi-lo em sua mensagem de um futuro de liberdade, justiça e trabalho para todos. Logo que Arraes chegou à sacada do palácio para saudar a multidão, um ensurdecedor aplauso explodiu, durando minutos, e só terminou porque o locutor pediu silêncio várias vezes, a fim de que Arraes pudesse falar ao seu povo. Assim que iniciou seu discurso, subiram ao céu nuvens e nuvens de fogos, acompanhados pelo bombardeio de bacamarteiros de Caruaru e outros municípios, que chegaram inesperadamente. Foi, sem dúvida, uma grande mensagem de confiança e esperança ao campesinato pernambucano. Arraes não frustrou as expectativas nele depositadas pelo povo pernambucano em seu curto período de governo, que foi *o mais democrático e humano de Pernambuco*.

8

Ao apagar das luzes do governo de Cid Sampaio, o José Lopes da Siqueira Santos, dono da usina Estreliana, juntamente com seus capangas, matou covardemente cinco camponeses indefesos dentro de sua usina. Isso porque os cinco trabalhadores agrícolas foram pedir ao patrão o pagamento da diferença salarial, que não tinham recebido. O facínora José Lopes perguntou a um homem do grupo quem os chefiava; este respondeu que não tinham chefe e tinham ido pedir o pagamento porque seus filhos estavam com fome, precisavam comer um "feijãozinho". Como resposta, recebeu uma rajada de metralhadora, disparada pelo dono da usina. O camponês foi atingido pela frente e caiu de costas aos pés do seu matador; os quatro restantes foram fuzilados pelas costas, quando tentaram fugir. Não escapou nenhum. Estavam desarmados; alguns possuíam apenas quicés de picar fumo de rolo. Esse massacre bárbaro de assalariados agrícolas continua impune até hoje e serviu de escola para ferimentos graves e assassinatos de dezenas de camponeses pobres durante o ano de 1963, entre os Estados de Pernambuco e Paraíba.

Nessa época, eu me achava girando pelas zonas do agreste e do Sertão do estado. Voltei a Recife para ir a Ribeirão, onde se dera o massacre dos cinco camponeses desarmados. As autoridades fizeram um arremedo de inquérito, só para inglês ver, e tudo ficou na mesma. Esse bárbaro crime serviu para despertar a unidade dos camponeses pobres e dos assalariados agrícolas.

Desgraçadamente, alguns meses após a posse de Miguel Arraes, o administrador e os pistoleiros da usina Caxangá, de propriedade do Júlio Maranhão, mataram o delegado sindical do município de Ribeirão e feriram gravemente um companheiro seu. O usineiro providenciou imediatamente um caixão rústico, improvisado, e mandou enterrar a vítima no pátio de sua usina. Revoltados com o covarde assassinato, os operários e os trabalhadores agrícolas da usina, que já estavam em greve havia quase dez dias, desenterraram o corpo do irmão tombado na luta e levaram-no para a sede do sindicato rural, onde lhe deram um caixão decente e velaram seu corpo toda a noite. Sepultaram-no no dia seguinte no cemitério local, com a presença de milhares de camponeses e da maioria da população da cidade. Houve muitos discursos, inclusive um discurso meu, condenando a onda de assassinatos de camponeses, praticados por usineiros ou a mando deles. O enterro foi precedido de grande agitação e concentração de camponeses no pátio da usina Caxangá, onde concitamos a massa a sindicalizar-se, concentrando-se cada vez mais nos sindicatos rurais não só para a defesa de seus interesses mas também para revidar a matança de camponeses pelos usineiros e por seus capangas. Ressaltamos, então, que qualquer crime ou agressão física praticados pelos usineiros, senhores de engenho ou latifundiários, devia ser revidado na mesma medida – olho por olho, dente por dente –, como única solução para estancar a onda sanguinária e terrorista do patronato rural. Propusemos também que o caixão fornecido pelo usineiro fosse colocado na porta do escritório da usina, onde tombaram as duas vítimas, e guardado dia e noite por uma gigantesca turma de camponeses e assalariados até a vitória total e a consecução das reivindicações pleiteadas, bem como a punição severa dos criminosos. Apelamos para a solidariedade de todas as categorias do campesinato e para a solidariedade do proletariado pernambucano, em ajuda de seu principal aliado. E assim, graças à firmeza da massa grevista e à sua unidade, graças à solidariedade de seus irmãos camponeses e da classe operária, através de seus sindicatos, a greve saiu vitoriosa depois de quase um mês de duração. Isso serviu de estímulo para a corrida aos sindicatos na zona açucareira do estado.

Durante os dias tumultuosos na usina de Caxangá, o governo do estado mandou um destacamento da Polícia Militar. Pela primeira vez na história de Pernambuco, a polícia atuou no sentido de manter a ordem justa, sem espancar nem prender camponeses, pois, até então, a polícia vinha sendo usada para defender os latifundiários e o patronato espoliador dos camponeses. Essa orientação democrática do governo de Arraes evitou muitos conflitos na região canavieira e as sérias consequências que poderiam advir daí, por isso o patronato rural o tachou de "governo comunizante".

Como resultado das vitórias alcançadas, elevou-se o número de sindicalizados em luta pelo pagamento do salário mínimo, pelo repouso semanal remunerado, por férias e, principalmente, pela reforma agrária.

Nós sabíamos que os patrões ruralistas se opunham tenazmente à sindicalização porque estavam seguros de que a massa camponesa, unida e organizada nos sindicatos, constituiria um poderoso obstáculo à cruel opressão e exploração que havia centenas de anos lhe era imposta. O salário mínimo, nessa época, era de 450 cruzeiros antigos para toda a região açucareira do estado. A maioria dos patrões não tomava conhecimento dessa realidade e continuava pagando a seus trabalhadores um salário de fome, que variava de 150 a 250 cruzeiros antigos para os homens e metade dessas quantias para as mulheres e os menores, embora a produtividade destes últimos fosse a mesma dos homens; segundo a lógica dos patrões, as mulheres e os menores não precisavam de "tanto dinheiro". Como podemos ver, esses senhores, além de burlar a lei do salário mínimo, ainda roubavam das pobres operárias e dos menores a metade do seu minguado salário. Violavam a lei e cometiam uma odiosa discriminação. Ao mesmo tempo que denunciávamos esses fatos, exigíamos que os sindicatos discutissem com o patronato o pagamento de salário mínimo igual para trabalho igual. Em caso de resistência, declarávamos greve como solução mais rápida e, simultaneamente, levávamos os infratores à Justiça do Trabalho, contando, para isso, com uma excelente equipe de advogados. E a Justiça cumpriria honradamente sua nobre missão.

A luta que tratávamos no campo não objetivava somente a sindicalização, mas incluía salário mínimo, reformas de base (principalmente a reforma agrária radical), aplicação da legislação trabalhista na zona rural e outras reivindicações imediatas que sempre tinham prioridade, tais como salário igual para trabalho igual, pagamento em dinheiro, abolição do vale para o barracão, jornada de trabalho de oito horas, pagamento de horas extras, assistência médica, hospitalar e dentária (pois, para esse fim, era descontada uma taxa da folha de pagamento do trabalhador, sem que este usufruísse de tais benefícios), aviso-prévio no caso de despejo, indenização por tempo de serviço prestado ao patrão, pagamento na boca do cofre pelas benfeitorias realizadas pelo trabalhador e por seus familiares na propriedade patronal. Todos esses direitos eram burlados pelos empregadores ruralistas. De todas essas burlas, a mais cínica, descarada e imoral era o pagamento em vale para o barracão, que obrigava o trabalhador a comprar gêneros alimentícios de terceira qualidade e a pagar como se fossem de primeira na casa de comércio do patrão, e ele ainda era roubado no peso e no "pulo do lápis", pois pagava 900 g por 1 kg – e isso nos barracões mais "honestos", porque na maioria deles 1 kg não chegava a pesar 800 g... Além disso, o dono do barracão, quando somava as compras, sempre se "enganava" em 10%, 15% e até 20% a mais contra o pobre trabalhador, que, em geral, não sabia fazer contas. Muitos passavam anos sem ir ao comércio, porque não pegavam sequer num tostão em dinheiro. Essas vítimas da burguesia rural não tinham a quem apelar. Estavam amordaçadas e atoladas até a garganta nos feudos dos engenhos, das usinas e dos latifúndios. Tinham medo dos capatazes, dos feitores, dos gerentes e dos patrões, dos soldados da polícia, do delegado, do promotor, do juiz etc. Era necessário despertá-los, encorajá-los, esclarecê-los, uni-los e organizá-los nos sindicatos ou em qualquer organização de massa. E foi o que fizemos, apoiados no ascenso democrático do país, na portaria do Ministério do Trabalho que concedia aos trabalhadores rurais o direito à sindicalização e na orientação democrática do governo de Miguel Arraes.

Percorremos toda a região açucareira do estado e alguns municípios do agreste, andando dia e noite, de canavial em canavial, de engenho em engenho, de usina em usina, de fazenda em fazenda, explicando a todos a necessidade de se organizarem. Sabíamos que aquele fluxo de liberdade não ia durar para sempre; sabíamos que, mais cedo ou mais tarde, viria a revanche da reação. Mas nosso dever era fazer o máximo para conscientizar as massas exploradas, partindo das lutas econômicas nos sindicatos para as lutas políticas e para as grandes soluções revolucionárias.

Em março de 1963, já tínhamos conseguido fazer com que o salário mínimo de 450 cruzeiros estivesse sendo pago em 97% da zona açucareira do estado de Pernambuco e, em fins de abril, essa situação pôde ser consolidada. O patronato rural capitulou diante da lei e da unidade da massa camponesa sindicalizada. Mas a luta prosseguia, pois a maioria dos patrões não se conformava e usava elementos ignorantes, ainda não esclarecidos, e corrompia determinados indivíduos para criar confusões e intrigas, difundindo descrença no meio da massa e disseminando desconfiança contra as direções sindicais. Eu não era dirigente sindical nem pertencia a nenhum dos sindicatos que ajudara a organizar, mas trabalhava sem parar, esclarecendo os camponeses no sentido de controlarem cada um dos dirigentes sindicais. Preparávamos a massa para manter a máxima fiscalização na aplicação das verbas e nos entendimentos entre seus delegados e os patrões. Se um delegado vacilasse, insistia eu, eles, os camponeses, deviam protestar imediatamente e convocar uma assembleia para destituí-lo.

As massas de assalariados agrícolas estavam radiantes com a conquista do salário mínimo, do repouso semanal, das férias remuneradas e do respeito aos dias santos e feriados nacionais. O mais importante foi a compreensão que tiveram de que não deviam parar naquilo que já tinham conquistado, que deviam prosseguir com mais empenho ainda na luta por suas reivindicações. A situação dos trabalhadores, apesar das conquistas, continuava a ser profundamente insatisfatória. A inflação corroía-lhes os salários, precisavam lutar por novos níveis, mais elevados. Quando, porém, se reivindicou um salário de 950 cruzeiros, o patronato rural pôs-se a vociferar e acusou os comunistas de induzir os camponeses a tentar "tomar conta de tudo". Não era, evidentemente, o caso. Mas, à medida que nos acusavam, os patrões procuravam desviar a discussão sobre a justeza das reivindicações dos camponeses, fazendo-a girar em torno de outros temas.

Organizou-se, então, uma greve. Preparamos piquetes, discutimos longamente com os trabalhadores a situação, explicando-lhes a necessidade de se prepararem para resistir à pressão patronal durante um tempo que se poderia alongar. Dissemos que, para contar com o apoio maciço da população, os grevistas deveriam manter-se dentro da lei, zelar pelo patrimônio público e evitar provocações.

Quando o movimento grevista eclodiu, todos se surpreenderam com a sua extensão: 200 mil trabalhadores rurais paralisaram toda a região açucareira do estado de Pernambuco. Escolhemos um bom momento para a greve: era a época da moagem, os canaviais estavam cheios de cana cortada, secando no palhado, sem transporte. Se a greve durasse, a cana secaria e os usineiros teriam um grande prejuízo.

Durante a greve, ocorreram alguns incidentes, felizmente contornados a tempo. Em Xexéu, distrito de Águas Pretas, um senhor de engenho, conduzindo um caminhão de cana, desobedeceu ao sinal de um piquete grevista e, em lugar de parar o caminhão, avançou sobre o piquete e fugiu a toda velocidade, dando tiros; seguiu na direção da usina Santa Teresinha, de propriedade dos irmãos Queiroz. Por sorte, os grevistas não foram atropelados. Enraivecidos, porém, os companheiros do piquete de greve arrancaram as pranchas do pontilhão existente no local e as jogaram dentro do rio, alegando que assim impediriam agressões de outros senhores de engenho que viessem em outros caminhões. Fui informado da atitude desses companheiros e dirigi-me ao local. Encontrei-os em estado de nervosismo, já armados de foice. Pedi-lhes calma, disse-lhes que não adiantava pensar em perseguir o agressor para se vingar, insisti na ideia de que devíamos manter o caráter pacífico da greve. A conduta ordeira dos grevistas dava ampla popularidade ao nosso movimento, todos viam que a greve era contra os patrões exploradores, e não contra o povo. E, se viesse um veículo trazendo um médico para atender a uma pessoa doente, como ele poderia passar, se o pontilhão tinha sido destruído pelos grevistas? Meus argumentos acabaram por convencê-los. Arrependidos, os companheiros arregaçaram as calças acima dos joelhos, meteram-se no rio e, em menos de uma hora, refizeram o pontilhão.

Outro incidente: num engenho, se não me engano em Gameleira, os encarregados do gado leiteiro entraram em greve e recusaram-se a tirar o leite das turinas. O proprietário procurou a direção do sindicato para discutir. Os dirigentes do sindicato não queriam ceder aos pedidos do homem, mas solicitaram minha opinião. Disse que, a meu ver, devíamos liberar os encarregados do gado leiteiro do compromisso. Se o leite não fosse tirado, as turinas seriam prejudicadas e poderiam adoecer. Os consumidores – particularmente as crianças e os enfermos, os velhos e os dietéticos – seriam prejudicados. E nós defendíamos o interesse do povo. Os companheiros concordaram com o meu ponto de vista e os encarregados foram liberados só para tirar o leite.

De vários engenhos, chegavam-nos solicitações de patrões desejosos de arriar seus animais de cela para poderem percorrer suas propriedades. As direções sindicais responderam que não tinham nenhuma objeção a fazer, uma vez que os animais recebessem os arreios postos pelas mãos de seus próprios donos.

A greve durou quatro dias. Foi a maior greve feita pelo campesinato brasileiro ao longo de sua dolorosa história. Foram alcançadas conquistas importantes. Estabeleceu-se uma tabela reguladora das tarefas correspondentes à jornada de trabalho de oito horas, regulando tanto o corte de cana como a capinagem, o plantio e a roçagem das matas (sem tolher a possibilidade do trabalhador de escolher entre ser diarista ou tarefeiro). A tabela fixava a quantidade de feixes de cana que, de acordo com a densidade e limpeza dos canaviais, um trabalhador poderia, em condições normais, cortar e amarrar durante oito horas de trabalho. As tarefas da capinagem, por sua vez, eram medidas por braças, cada braça medindo 2,20 m; variavam de 8 a 12 braças, conforme a natureza do solo e a densidade dos matos. O mesmo critério vigorava para os contratos de roçagem das matas.

Essa tabela foi longamente debatida pelos representantes dos sindicatos, do patronato e do Ministério do Trabalho, com a participação do próprio governador do estado, Miguel Arraes de Alencar. Sua conquista foi um dos resultados mais importantes da greve. Outro resultado foi o aumento do salário: o patronato foi levado a pagar, em três prestações trimestrais, inclusive as diferenças salariais atrasadas.

Lentamente, o nível de vida dos trabalhadores começou a melhorar; começaram a comer mais e melhor. Passaram até a poder vestir-se melhor. Alguns substituíram as camas de varas por camas de madeira com colchões. Compravam mesas e cadeiras, até filtros para a água. Multiplicaram-se, no meio deles, os rádios transistores. Os mais jovens compravam bicicletas.

Mas não foram apenas os trabalhadores que se beneficiaram com o novo estado de coisas. A melhoria das condições de pagamento dos trabalhadores deu um gigantesco impulso ao setor dos comerciantes e dos pequenos empresários de transportes coletivos. O movimento de compra e venda nas feiras chegava a lembrar um formigueiro: era um nunca acabar de gente entrando e saindo das lojas, das mercearias, dos açougues, dos bares, dos hotéis baratos, dos barracos de comida, das sapatarias, das casas de móveis, das oficinas de consertos, das alfaiatarias. Era um vaivém, uma lufa-lufa de cansar a vista dos observadores. Antes, essa gigantesca multidão, submetida ao barracão do senhor de engenho ou usineiro, não dispunha sequer de um real, mesmo que fosse para comprar o mínimo do mínimo do que necessitava. Agora, tinha a liberdade de escolher produtos e mercadorias, não aceitava mais as imposições de seus exploradores.

Certo dia de feira, eu estava conversando com o secretário do sindicato de Palmares, à porta de um açougue. Entrou um camponês, olhou as peças de carne penduradas pelos ganchos, agradou-se de uma delas e disse ao açougueiro:

— Seu moço, quanto custa esse "taco" de carne?

— Qual deles?

O camponês apontou com o queixo:

— Esse qui tá pindurado junto da venta de vosmecê.

O açougueiro olhou, admirado, para o camponês e disse:

— Quer um quilo ou meio?

— Seu moço, tô mandando o sinhô pesá o taco todo!

O açougueiro estava abismado. Pesou.

— Três quilos e setecentos gramas. Leva?

— Imbruia. Eu agora tenho dinheiro pra comprá carne, feijão, arroz, macarrão e inté uma garrafa de vinho pra tomá uma sangria com a muié e os minino.

Assim dizendo, meteu a mão no bolso e de lá tirou um maço de notas de mil cruzeiros antigos, pagou ao açougueiro e continuou a explicação:

– Eu agora vejo carne, tenho vontade de comê, compro e como com minha famia. Antigamente eu via, juntava água na boca, vontade de come ela, cadê dinheiro pra comprá? Agora tá tudo desmudando. Meus fiu mais piqueno já pode bebê um leitinho de gado quando aparece de venda e, quando não chega, a muié dá leite de lata. Nóis inté já combinô de comprá uma cabrinha de leite pra mode os bichinho tomá leite todos os dias da sumana. Quem quer isso é o nosso sindicato, pai Arraia e a lei dos comunista, qui tá chegando pra nóis tudinho. Qui Deus apresse ela! Eu e a muié já tamo nela e, quando os minino tomá tamanho, também vai tudinho pra ela, qui é a lei do povo trabaiadô.

Ainda sobre a melhoria das condições de vida que vinha sendo conquistada, reproduzo aqui a argumentação apresentada por um trabalhador, numa assembleia:

– Se desde 1945, quando os comunistas estavam na legalidade, tivéssemos tomado o conselho deles, não teríamos penado tanta fome nem os nossos filhos teriam morrido à míngua, sem assistência médica. Poderiam estar vivos, poderiam ter escolas e hoje estaríamos mais bem organizados em nossos sindicatos e em nosso partido. Mas, naquele tempo, estávamos com medo do comunismo e dos comunistas. Acreditávamos mais nas mentiras dos padres e dos patrões do que nas verdades dos comunistas. Por isso fomos roubados em nossos salários e não recebíamos em dinheiro. O pagamento era feito em vale para o barracão e éramos roubados na má qualidade dos gêneros alimentícios e das mercadorias, no peso e no "pulo do lápis". Quando íamos fazer as contas com o patrão, ainda ficávamos devendo, principalmente os trabalhadores com famílias numerosas. Era uma escravidão danada! Não tínhamos direito a assistência médica, hospitalar, dentária ou jurídica – e não tínhamos a quem apelar. Hoje estamos garantidos, temos tudo que nos negaram durante mais de quatrocentos anos, temos até escolas para os nossos filhos e, se os adultos quiserem aprender, também para eles teremos escolas. Somente agora, depois que os comunistas e outros políticos elegeram o Miguel Arraes para governar o estado, temos a liberdade de ouvir os comícios e as conferências dos comunistas, esclarecendo-nos, unindo-nos, organizando-nos em sindicatos, para assim lutarmos pelo salário mínimo e por outros direitos que até então nos eram negados. Se não fossem eles e o Miguel Arraes, que nos deu a liberdade e o direito de reunião, de discussão e de luta pacífica pelas nossas reivindicações, nós continuaríamos na peia dos senhores de engenho, dos usineiros e dos fazendeiros. Nosso dever agora é aproveitar a liberdade que temos para fortalecer mais ainda o nosso sindicato e o nosso partido. Não devemos deixar nenhum trabalhador fora dos sindicatos. Se alguém não quiser sindicalizar-se, devemos fazer o possível para convencê-lo, mostrar que, fora da organização sindical, o trabalhador acaba por servir ao lado do patrão, contra os interesses da sua classe. Nesses casos, devemos denunciar tais elementos em todas as assembleias sindicais de engenhos para que todos os trabalhadores saibam que, em tal ou qual engenho, fulano ou sicrano são elementos do patronato, antissindicalistas. Não há direito sem dever: se eles são beneficiados com a nossa luta, devem lutar também. Não podem ter duas caras.

Em fins de dezembro de 1963, o custo de vida já tinha superado em mais de 30% o aumento salarial obtido em novembro. Para exemplificar, basta dizer que um quilo de charque custava de 800 a 900 cruzeiros antigos em novembro e em dezembro já chegava a custar 1.100 cruzeiros. O feijão, o arroz, o açúcar e a farinha de mandioca subiam de preço numa disparada maluca. Falo apenas dos produtos básicos indispensáveis à alimentação das pessoas que tinham o privilégio de trabalhar.

Diante dessa situação, começamos a prevenir os assalariados agrícolas para se prepararem para novas lutas salariais, pois a carestia de vida já tinha engolido o salário obtido. Dizíamos aos trabalhadores que eles não podiam ganhar menos do que custava um quilo de charque.

O Natal de 1963 foi, assim, uma época de apreensões, mas ao mesmo tempo de alegria pelo que tinha sido conquistado. Mereci a honra de ser convidado por numerosas famílias de assalariados agrícolas para passar a noite de Natal com elas. Não assumi nenhum compromisso, porque seria impossível visitar tantas casas numa única noite. Mas sentia-me curioso para ver como eles se tinham preparado para a festa, após a melhoria de vida que tinham conquistado.

Decidi visitar algumas famílias, de preferência as mais modestas e mais numerosas, que residiam nas margens dos caminhos mais afastados. Desse modo, surpreendi algumas famílias. Mas também fui surpreendido por elas: surpreendi-me com o que vi de espontaneidade, de pureza fraternal e de comovedora acolhida. Infelizmente, não tenho capacidade para expressar, tal como gostaria, o que vi de grandioso humanismo nos lares modestos, porém asseados, desses trabalhadores. Fui recebido em todas as casas como um pai muito estimado, que havia anos não era visto pela família. As donas de casa e suas filhas desdobravam-se em gentilezas. Os maridos ou filhos mais velhos corriam aos jiraus de bambu, traziam fogos de artifício para soltar nos terreiros cuidadosamente varridos, anunciando a minha chegada, como se eu fosse uma grande personalidade. Voltavam logo, com uma garrafa de bate-bate de maracujá na mão, para comemorarmos. Diziam:

— Este é o Natal mais alegre, mais rico e mais feliz da nossa vida!

E acrescentavam:

— Graças a Deus, ao pai Arraia e ao nosso Partido Comunista.

Lembro-me de d. Totonha me mostrando uma mesa cheia de bolos, pés de moleque, tapiocas de coco, pães, bolachas e frutas, alegrando-se do "farturão" que podia oferecer aos amigos. Lembro-me de "seu" José e de d. Teresinha, da filha deles, Belinha, que me convidou para vir comer canjica e pamonha com eles no dia de São João e que estava para completar 15 anos de idade naquela época. D. Teresinha me apresentou ao genro, de quem gostava muito ("esse é o mesmo que o meu fio"), e à filharada:

– Veja, companheiro Gregório, como os meus fio tão tudo vistido, com sapato novo nos pé, tudo com a barriga cheia e com saúde. Nem quero me alembrá do ano passado, que foi uma desgraceira feia...

"Seu" José trouxe uma porção de vizinhos e, a pedidos, fiz uma palestra sobre a sindicalização e a reforma agrária radical. Comemos, bebemos e conversamos muito. Quando quis ir embora, não deixaram:

– Tem muita gente marvada qui tem raiva di vosmicê purque trabaia em nosso benefício. Si li pegam numa iscuridão dessas, li matam. Aí, o qui qui vai sê da gente?

Respondi que o partido tinha muitos outros companheiros, mais jovens e mais capazes do que eu, eles poderiam me substituir. Os camponeses, contudo, fecharam questão:

– Mas nóis tá custumado é cum vosmicê e temo obrigação di zelá pela sua vida cumo a da gente. Sai agora não; só adespois de quebrá o jejum e o sol raiá.

Resultado: fiquei lá até as seis horas da manhã e tomei café antes de partir. Ao me despedir deles, estava tão emocionado que quase não consegui falar.

Nos dias que se seguiram ao da festa do Natal, participei de concentrações onde se discutiram os problemas da massa camponesa e a reforma agrária radical, em Sertãozinho, em Gameleira e no município de Cortês. Passei o dia 31 em Panelas de Miranda, com meus irmãos, cunhados, primos e sobrinhos; no dia seguinte, fui para Belém de Maria, onde se realizou um comício bastante concorrido na sede do sindicato.

Seguiram-se tarefas em Palmares, Catende, Águas Pretas e Joaquim Nabuco. No dia 6 de janeiro, voltei a Recife para prestar contas ao partido e rever a família. Sentia-me sobrecarregado de trabalho, pesava sobre mim um acúmulo de tarefas; precisava da ajuda de um camarada que fosse destacado pela direção do Comitê Estadual para dar assistência aos comitês distritais e municipais, pois isso me liberaria para seguir adiante no meu trabalho de agitação e de criação de novos núcleos partidários. Infelizmente, não havia quadros para esse trabalho e, quando havia, eles não queriam sair do asfalto, não queriam embrenhar-se nos caminhos lamacentos dos canaviais e perder-se na escuridão da noite, no campo. Pedi, então, dispensa das reuniões do secretariado do Comitê Estadual para poder dispor de mais algum tempo para o trabalho de massas.

Desde a fundação do PCB, nunca tínhamos tido na região canavieira, no agreste e na caatinga condições tão favoráveis para organizarmos um gigantesco movimento sindical. A carestia obrigava os trabalhadores a mobilizar-se na luta por melhores salários.

O governo de João Goulart, pressionado pelas massas trabalhadoras, decretou novo salário mínimo para o país. À zona canavieira coube um teto de 1.050 cruzeiros antigos. Os assalariados agrícolas se alegraram, mas os empregadores deram mostras de insatisfação: logo depois da decretação dos novos níveis de salário mínimo, começaram a surgir propostas dos representantes dos patrões, encaminhadas aos sindicatos de trabalhadores, no sentido de desfecharmos juntos uma campanha pelo aumento do preço do açúcar (a fim de que os novos preços, segundo eles diziam, assegurassem o pagamento do novo salário). Rechaçamos essas propostas, pois lutávamos contra a carestia de vida e sabíamos que não interessava às massas populares uma elevação nos preços das mercadorias.

Em Pernambuco, o governo de Miguel Arraes criou uma comissão de revenda e colonização como instrumento de luta contra a corrida aumentista. Foi organizada uma vasta rede de revenda de mercadorias indispensáveis, vendidas ao preço do seu custo real, acrescido apenas de uma pequena porcentagem destinada a compensar a quebra de peso ou eventual deterioração. Essa rede foi montada em todos os bairros da Grande Recife, bem como em todas as cidades e distritos do litoral pernambucano. Essa iniciativa do governo de Arraes beneficiou as massas sofridas e freou em parte a voracidade dos comerciantes desonestos.

O ano de 1963 tinha sido um ano de grandes vitórias na luta dos trabalhadores rurais. Fora conquistado o Estatuto do Trabalhador Rural, consagrando a aplicação da legislação trabalhista e previdenciária no campo e regulamentando a sindicalização nesse setor. Apoiada no Estatuto do Trabalhador Rural, a União dos Lavradores e Trabalhadores Agrícolas do Brasil (Ultab), juntamente com a Superintendência da Reforma Agrária (Supra), lançara uma campanha nacional pela sindicalização dos trabalhadores rurais. Também fora criada a Confederação Nacional dos Trabalhadores Agrícolas (Contag), que englobava 41 federações estaduais (das quais 23 já eram reconhecidas pelo Ministério do Trabalho e as outras 18 vieram a ser reconhecidas depois). A Ultab, que era majoritária na ocasião da fundação da Contag, realizou excelente trabalho de frente única, conseguindo constituir uma direção ampla, da qual participavam quase todas as correntes que atuavam entre o campesinato pobre. Lamentavelmente, as ligas camponesas, dirigidas pelo nosso aliado e amigo Francisco Julião, não participaram da fundação da Contag; tinham deslizado para o "esquerdismo".

A criação da Contag deu um impulso gigantesco ao movimento camponês em todo o país. Foi um dos fatores que encorajaram o presidente da República, sr. João Goulart, a assinar o decreto de desapropriação das terras de mais de 500 hectares junto das estradas, dos grandes açudes e das concentrações populacionais. Essa medida, embora limitada, abria caminho para a realização de profundas reformas democráticas, capazes de atender a uma aspiração maior das forças progressistas do país: a transformação das vetustas estruturas agrárias do Brasil.

Em janeiro de 1964, após a decretação do novo salário mínimo, os assalariados agrícolas estavam provisoriamente satisfeitos. No entanto a cúpula sindical e mais precisamente o Conselho Sindical dos Trabalhadores (Consintra), lançou a palavra de ordem de protesto com greve contra os novos salários em apoio aos operários. Foi imposta uma greve aos assalariados agrícolas como forma de solidariedade aos seus irmãos operários. Fui chamado ao Comitê Estadual para discutir o problema. Minha posição era contra a greve, porque entendia que *não devíamos abusar do direito de greve* e, sobretudo, porque *não devíamos brincar com greves*. Para mim, era evidente que a massa dos assalariados não toparia, de boa vontade, uma greve desse tipo. Iriam, se fosse necessário, mas era por disciplina e pela confiança que tinham no partido. Por gratidão ao governador Arraes, paralisariam o trabalho, mas sentindo um certo constrangimento. Fui derrotado, porém. Voltei aos canaviais para cumprir uma resolução que achava injusta. Entrei nesse trabalho, amargurado. Como pensava, a decisão foi um impacto para os trabalhadores agrícolas. Não compreendiam os motivos para uma greve desse tipo. A massa estava resistindo e só paralisou o trabalho porque insistimos com bastante veemência no sentido da solidariedade proletária que deve caracterizar todos os trabalhadores da cidade e do campo. Insistimos em mostrar aos trabalhadores rurais que eles vinham recebendo a solidariedade do proletariado urbano e, nessas condições, não podiam deixar de dar todo o apoio aos irmãos operários em luta por melhores salários por mais um pedaço de pão aos seus familiares.

O apelo à solidariedade proletária foi ouvido. Os trabalhadores rurais paralisaram o trabalho, mas disseram:

– Nós apoiamos a greve porque somos operários e precisamos fortalecer a nossa unidade e sabemos que o nosso partido e o nosso governo apoiam a greve. Mas que vamos perder, vamos, porque ela não tem cabimento agora. Só o que é pior é que os senhores de engenho, os usineiros e os fazendeiros vão ficar mais afoitos contra nós, assim como o patronato urbano contra os nossos irmãos das cidades. Muitos trabalhadores ficarão desanimados com a derrota.

Parou tudo. Os canaviais ficaram desertos durante três dias. Mas, ao mesmo tempo, o patronato rural e o urbano, bem como importadores, exportadores, banqueiros e agiotas, uniram-se e passaram à ofensiva. Contra o movimento paredista, levantaram a ameaça do *lockout*. Mas o movimento era dirigido sobretudo contra o governador Miguel Arraes. O Consintra reuniu-se com o secretário assistente do governador e com o secretariado ampliado do Comitê Estadual. Fui convocado às pressas para a reunião. Quando cheguei ao local, a reunião, que versava sobre o ultimato das "classes produtoras", já estava no fim. Desgraçadamente, capitulamos entre o ultimato: treze votos contra dois. Ao terminar a votação, meu querido e saudoso camarada e amigo David Capistrano da Costa, secretário político do Comitê Estadual, convidou-me para, junto com os demais camaradas, ir até o

Palácio do Governo para levarmos a decisão ao governador Miguel Arraes de Alencar. Recusei-me, explicando que jamais daria velório a um governo a quem eu tinha dedicado o melhor das minhas energias físicas e morais. Disse que ia voltar naquele mesmo momento para os canaviais para desfazer o que tinha feito sob constrangimento. Pagamos para ver e tínhamos perdido. As massas trabalhadoras não iam nos perdoar por termos deixado escapar uma das melhores oportunidades para a sua total libertação. Desejei saúde ao camarada Capi, ele partiu para o Palácio do Governo e eu para os canaviais. Passaram-se quase oito anos até que nos pudéssemos encontrar novamente. E foi nessa magnífica cidade, que é Moscou, que novamente pudemos conversar de maneira amistosa sobre variados assuntos da vida partidária, sobre o nosso estado e o nosso país.

Quero deixar aqui a minha homenagem ao querido camarada e amigo, o revolucionário David Capistrano da Costa. Sempre tive e até hoje tenho o maior respeito e admiração por sua brilhante atuação revolucionária ao longo da vida dedicada à causa comunista. David Capistrano da Costa, dirigente comunista, foi, enquanto jovem, primeiro-cabo aluno da Escola de Aviação Militar. Participou valentemente da revolução nacional libertadora de 27 de novembro de 1935, ainda aluno da referida escola. Com a derrota da insurreição armada, foi preso e posto em liberdade dois anos depois. Perseguido pela polícia política do fascista Filinto Müller, foi para a Espanha republicana, então em luta contra os bandos fascistas do general Francisco Franco e de Benito Mussolini. Na Espanha, incorporado às Brigadas Internacionais, lutou em defesa do governo da Frente Popular. Capistrano participou de numerosos combates, tendo sido muitas vezes citado por seus atos de bravura. Derrotado o governo republicano espanhol, David Capistrano foi para a França. Com a deflagração da Segunda Guerra Mundial pelo nazifascismo em 1939 e posterior ocupação da França, foi encarcerado num campo de concentração hitlerista como prisioneiro de guerra. Mas dali fugiu para juntar-se aos heroicos *maquis* franceses a fim de, juntamente com eles, lutar contra os ocupantes alemães.

Capistrano voltou à sua pátria em fins de 1942 para continuar a luta antifascista e patriótica ao lado de seus camaradas de 1935. Ao chegar ao Brasil, porém, foi novamente preso e recolhido ao presídio político de Ilha Grande, no Estado do Rio de Janeiro. Ali, pude novamente encontrar Capistrano. Na condição de prisioneiro, revelou-se o destemido combatente comunista de sempre e, sobretudo, mostrou-se excelente companheiro, fraterno, disciplinado, modesto, inteligente, zeloso da unidade e da coesão entre os presos, estudioso da teoria marxista-leninista. Com o esmagamento do nazifascismo, no dia 18 de abril de 1945 fomos postos em liberdade. Um mês depois, no cumprimento de tarefas partidárias, mais uma vez nos separamos. Eu segui para o Nordeste e Capistrano para outra parte. Em maio de 1946, encontramos-nos novamente, dessa vez na capital pernambucana, ele já como primeiro-secretário do Comitê Estadual de Pernambuco do Partido

Comunista Brasileiro. Nessa época, eu tinha sido destacado pelo Comitê Central para trabalhar na campanha eleitoral para governador do estado e para as eleições da Assembleia Legislativa. O camarada David era um dos candidatos à Assembleia, tendo sido eleito com uma quantidade impressionante de votos. Empossado, foi escolhido para chefiar a bancada comunista, formada por dez deputados. Teve uma atuação das mais brilhantes como representante do povo pernambucano. Mesmo seus opositores reconheciam e comentavam as qualidades políticas de David Capistrano. Esse camarada fez do legislativo estadual uma tribuna de agitação e de educação política para as amplas massas de trabalhadores da cidade e do campo. Defendeu vigorosamente os interesses do povo, combateu energicamente o sistema latifundiário e lutou pela reforma agrária radical. Com a máxima energia, combateu e denunciou a corrupção. Com igual força e decisão, condenou as tentativas dos ianques de manter a ocupação do território brasileiro com suas bases aeronavais. Foi um entusiástico propagandista da campanha "O petróleo é nosso" e por todos os meios lutou para a criação da Petrobras.

A situação no meio camponês, onde eu atuava, começou a tornar-se bastante aguda a partir de fevereiro de 1964. Foi lançada uma campanha de boatos que corria desenfreadamente, anunciando um golpe militar contra o honrado governador Miguel Arraes de Alencar e contra o presidente da República, João Goulart. Depois da assinatura do decreto-lei sobre a desapropriação dos terrenos com mais de 500 hectares situados às margens das vias de comunicação, açudes e concentrações populacionais, a campanha tornou-se especialmente intensa. A burguesia rural e urbana vinha, havia muito tempo, sonhando com uma ditadura militar que esmagasse os movimentos operário e camponês, ambos em franco desenvolvimento na época. Passaram a agir abertamente, entusiasmados com os conspiradores militares. Em Pernambuco, não era segredo a compra de armamento por usineiros, senhores de engenho e fazendeiros. Também não era segredo a complacência – melhor seria dizer a conivência aberta – do IV Exército, cujo comandante não escondia sua posição contrária ao governo estadual. Na verdade, toda a reação se unia na conspiração. A ala mais reacionária da Igreja católica também não via com bons olhos o despertar da massa camponesa. A imprensa reacionária abria as baterias contra as conquistas e o avanço da luta dos trabalhadores das cidades e do campo. O governador Miguel Arraes era constantemente atacado; dizia-se que ele estaria mancomunado com os comunistas, estaria "cubanizando" o estado a serviço de Moscou. Fomentavam a intranquilidade e a confusão, inventando casos de ataques físicos, sugerindo que as famílias já não podiam dormir em paz. Falavam constantemente em desordens e anarquia provocadas pelos comunistas, solapando a vida pacata e a obediência que reinavam antes entre empregadores e empregados. O apelo final era claro: só a intervenção do Exército poderia impor a ordem, garantir a vida e a propriedade.

A campanha de boatos era a preparação psicológica para o golpe militar, já em marcha acelerada. Nossa tarefa, nessas condições, era lançar uma vigorosa contraofensiva, opondo-nos à agitação promovida pela burguesia ultrarreacionária a serviço do imperialismo ianque, unindo e organizando setores cada vez maiores do campo, orientando e preparando psicologicamente o povo para compreender a situação real que atravessávamos. Sabíamos que a derrubada de Miguel Arraes e Jango seria a implantação da ditadura terrorista voltada contra os movimentos operário e camponês, contra as liberdades democráticas e, sobretudo, contra o nosso partido, o qual se encontrava decididamente na vanguarda da classe operária e do campesinato, bem como das amplas massas populares. Conhecíamos muito bem o ódio do patronato rural contra os assalariados agrícolas e o campesinato pobre, um ódio que crescera em virtude das grandes vitórias que tínhamos alcançado. Sabíamos que esses exploradores sonhavam com uma violenta repressão. Daí o nosso dever de alertar o povo para o perigo verdadeiro e para a necessidade de preparar-se para, a todo custo, defender as conquistas até então alcançadas. E no cumprimento dessa tarefa mergulhamos por dias e noites ininterruptas. Dizíamos:

– Cada camponês, cada assalariado agrícola, cada operário e cada cidadão democrata e progressista têm o dever de defender, de armas na mão, o governo de Arraes e o presidente Goulart, ainda que com o sacrifício da própria vida. Querem derrubá-los porque nos deram a liberdade de lutarmos unidos pelos nossos próprios direitos. Nunca, durante mais de quatrocentos anos, tivemos nenhum direito. Querem derrubar Arraes e Goulart para que voltemos a ser escravos, como antes. Querem que voltemos a morrer de fome e de miséria, como antes. Querem que, como antes, trabalhemos de sol a sol, querem roubar a metade do nosso salário, querem voltar a impor-nos o vale do barracão. Querem, enfim, submeter-nos ao chicote do feitor, como antes. Vão tirar a vingança, porque conquistamos, pela primeira vez, a liberdade e o direito de vivermos com dignidade. Por tudo isso, é necessário duplicar e fortalecer cada vez mais o nosso sindicato e o nosso partido. Só assim poderemos repelir os golpistas se eles tentarem derrubar o nosso governo e o presidente. Lembrem-se, companheiros, de que a liberdade é o maior bem do ser humano. Armem-se como puderem para defender o pão, a terra e a liberdade, perigosamente ameaçados pela reação interna e externa. E nós não estamos sós; conosco estão a classe operária e o movimento estudantil, os democratas e os nacionalistas.

Dizia essas coisas convencido de que conseguiríamos armas e de que o golpe não era iminente. A massa estava decidida a defender Arraes e Goulart e só não os pôde defender porque não havia armamento. Fatos como a concentração de marinheiros no Palácio dos Metalúrgicos, o comício de 13 de março e a ida de Jango ao Clube dos Sargentos debilitavam o dispositivo militar do presidente; na mesma medida, fortalecia-se o esquema dos golpistas e dos conspiradores. Em Pernambuco, as "classes produtoras" sentiam-se fortalecidas com a vitória alcançada com o ultimato (episódio que já foi descrito anteriormente). A conspiração tomou novo impulso, principalmente na zona rural. As massas camponesas tinham conhecimento de que o patronato estava se armando. Tal situação me obrigou a procurar o secretário-assistente do governador Arraes, com o objetivo de verificar a possibilidade de conseguir algumas armas. Expliquei a situação em que nos encontrávamos e disse:

— Vocês são governo, têm um serviço de informações completo e certamente estão mais bem informados do que eu sobre o armamento do patronato contra o governador. Os assalariados agrícolas e os camponeses pobres estão prontos para defendê-lo, mas, para isso, precisamos de armas. Não se podem enfrentar fuzis, metralhadoras, tanques e aviões com enxadas, estrovengas e foices.

O secretário-assistente prometeu levantar a questão com o governador. Já não era a primeira vez que eu apresentava o pedido, mas tudo continuava na estaca zero.

Poucos dias antes do golpe, Miguel Arraes transferiu o governo para a cidade de Palmares, o maior centro canavieiro do estado, onde eram maiores e mais bem organizadas as associações de assalariados agrícolas. Organizamos uma grande concentração popular para receber o governador. Estava na sacada da prefeitura quando o ilustre governador chegou. Fui cumprimentado e, logo a seguir, pedi-lhe permissão para dizer mais ou menos o seguinte:

— Sr. governador, veja esta multidão que o está aplaudindo com a mais profunda gratidão pelo apoio que tem recebido de seu governo, nas justas lutas que trava em defesa dos seus interesses. Essa massa sabe que estão preparando um golpe para derrubar o governo e está disposta a defendê-lo sem medir sacrifício. Só pede armas para enfrentar os golpistas. Se V. Exa. não confiar nos comunistas, deposite-as em poder dos delegados de sua confiança para, na hora exata, irmos buscá-las a fim de repelir os assaltantes golpistas.

Arraes olhou para mim, olhou para a massa e disse apenas:

— Vou pensar.

— Pense, senhor governador, atenda a essa massa, que é a sua amiga leal.

Depois, retirei-me, indo misturar-me com a massa.

Passei a trabalhar dia e noite, alertando e preparando as massas, ainda que apenas pudesse fazê-lo psicologicamente. Fiz reuniões com as OOBB, com os comitês distritais e municipais, com os delegados e com as direções sindicais da zona em que atuava. Fazia uma média de seis comícios e conferências por dia, aproveitando todas as concentrações de trabalhadores. O trabalho era intenso, mas sentia-me compensado pelo estímulo que recebia do partido e do povo. Não tinha lugar certo para comer: comia a boia fria com os trabalhadores. Dormia nos canaviais ou nos bosques quando pressentia algum risco. A direção do partido tinha considerado o problema da minha segurança e propôs que um grupo me acompanhasse. Rejeitei, porque, numa emboscada, ninguém defende ninguém. Eu achava que estava bastante bem defendido, porque, durante o dia e até certa hora da noite, era protegido pela própria massa.

A meu ver, confiamos demasiado no dispositivo militar dos nossos aliados e subestimamos o dispositivo de nossos inimigos. Estávamos com a cabeça cheia dos êxitos parciais. Nosso partido não estava preparado para a luta armada e, em consequência, não preparou a classe operária e as massas trabalhadoras para enfrentar o golpe. Outro fator de nossa fraqueza era a nociva falta de unidade entre as forças de esquerda. Os golpistas souberam aproveitar-se de todas essas debilidades e alcançaram uma vitória tranquila.

Quando se deu o golpe, no dia 1º de abril de 1964, eu estava reunido com mais de oitenta militantes do partido e delegados sindicais de Palmares, discutindo algumas medidas práticas imediatas. Decidimos paralisar o trabalho em todos os engenhos e usinas da zona açucareira do sul do estado e convocar os trabalhadores em pontos previamente determinados. Por decisão da reunião, fui encarregado de tentar, mais uma vez, conseguir armas do governo estadual. Parti imediatamente e estava confiante no sucesso dessa missão, pois o golpe era, agora, um fato consumado. Para chegar à capital do estado, tive de furar a barreira das tropas do Exército, que já tinham ocupado o posto fiscal de Prazeres. Era de manhã, muito cedo. A cidade de Recife estava calma; fui para casa, a fim de trocar a chapa do jipe e tomar café. Em menos de uma hora, tendo me despedido dos meus familiares, estava pronto para procurar contato com os camaradas do Comitê Estadual. Estranhei a calmaria da cidade. Fui até a redação da *Folha do Povo*, mas não encontrei nenhum camarada. Perguntei ao porteiro se tinha algum recado para mim: nada. Quando vou saindo, dou de cara com o camarada Diógenes de Arruda Câmara, que diz:

— Vim apresentar-me para a luta. Cumprirei qualquer tarefa que o partido me confiar. Disponham de mim para tudo!

Eu tinha o pé atrás com relação a esse companheiro, conforme já contei, mas, diante de sua atitude de homem de partido, passei a respeitá-lo como verdadeiro revolucionário comunista, embora discordando de seus métodos de trabalho.

Quero também deixar registrada a magnífica conduta revolucionária do ex-cabo Ananias. Esse querido companheiro e amigo fiel desde os tempos da revolução nacional libertadora de 24 de novembro de 1935, dos longos e amargos anos da prisão na Casa de Detenção do Recife e na ilha de Fernando de Noronha e desde as grandiosas campanhas de massa, já em liberdade, pela eleição de Arraes, sempre teve comportamento exemplar. Agora, mais uma vez, encontrava-me com ele. Enquanto continuava à procura dos camaradas do Comitê Estadual, cruzei com o ex-cabo Ananias, que disse:

– Estou aqui pronto para a luta! Quero ajudá-lo no que for possível. Sou um soldado do povo e do partido! Esta é a nossa vez e não devemos perdê-la!

Emocionado, abracei o companheiro, pedindo-lhe para continuar ligado à sua base, esperando as instruções do partido.

Dirigi-me ao Sindicato dos Bancários, sempre à procura dos camaradas do Comitê Estadual. Quando me aproximava do local, vi que havia uma situação anormal. Um companheiro visivelmente nervoso veio ao meu encontro e, ao mesmo tempo que me empurrava para a rua, disse:

– Camarada Gregório, vá embora! Rápido, rápido, porque o sindicato já está ocupado pelo Exército!

Diante dessa situação, resolvi dirigir-me diretamente ao Palácio do Governo a fim de cumprir a tarefa dada pelos trabalhadores agrícolas de Palmares. Logo ao chegar ao palácio, fiquei animado, vendo muitos soldados da Polícia Militar limpando e lubrificando fuzis e metralhadoras. Pensei que estavam se preparando para resistir aos golpistas. Encostei o jipe e subi correndo as escadas. Dirigi-me à sala do secretário-assistente, mas a porta estava fechada. Sem perda de tempo, subi para falar diretamente com o governador. Ao chegar à sala vizinha ao gabinete do governador, deparei com três gorilas carrancudos. Olharam-me e penetraram no gabinete do governador, de onde saíram dois cidadãos: o diretor dos portos e um amigo de Arraes. Ambos estavam pálidos e nervosos. Nada disseram a mim, nem era preciso: compreendi que o governador Miguel Arraes estava preso. Regressei a Palmares de mãos completamente vazias e frustrado.

Quando cheguei a Palmares, a cidade já estava ocupada pelo 20º Batalhão de Caçadores, cujas tropas estavam nos principais pontos, inclusive no Sindicato Rural. Procurei contato com a direção do Comitê Municipal, mas este já tinha tomado rumo ignorado. Dirigi-me à casa de um companheiro que deu informações sobre a ocupação da cidade e a dispersão dos camaradas do comitê. Pedi ainda ao companheiro que, enquanto eu comia, fosse encher o tanque do jipe, mas ele respondeu que o posto estava sob controle dos militares e, se fosse lá, poderia ser preso. Assim, não insisti. Acabei de lanchar e dirigi-me ao posto de gasolina, onde havia uma fila, esperando o atendimento. Furei a fila, dizendo: "Serviço urgente". Fui atendido. Saí atrás de vários veículos do Exército, em direção à ponte do Japuranduba, onde havia um piquete militar de controle. Notei que os veículos que iam à minha frente buzinavam três vezes. Segui o exemplo e passei, normalmente.

Depois de passar pelo controle, dirigi-me aos engenhos de Catende, Palmares, Águas Pretas, Gameleira, Ribeirão e alguns outros, onde havia concentrações de massa à minha espera, conforme tínhamos combinado antes. Diante da impossibilidade de conseguir armas, ia desfazendo as concentrações. Na sede do sindicato de Ribeirão, encontrei mais de duzentos trabalhadores esperando as armas que eu tinha ido buscar; não fora possível trazê-las... Falei rapidamente com os trabalhadores reunidos. Recomendei aos casados e aos mais velhos que voltassem para suas casas e, no dia seguinte, se a cidade não fosse ocupada pelo Exército, retornassem. A massa queria seguir para Recife, mesmo desarmada. É claro que eu não poderia permitir uma coisa dessas, pois seria um assassinato em massa. Mas muitos insistiam, dizendo que as foices e estrovengas também eram armas. Assim, fui obrigado a recorrer à disciplina, explicando:

— Se tivermos possibilidade de resistir, é aqui mesmo que devemos resistir. Quando muito, em Palmares, mas a cidade já está ocupada pelo 20º Batalhão de Caçadores, de Maceió. Essa cidade também pode ser ocupada. Contra o Exército, não se pode resistir com foices e estrovengas.

Assim dizendo, recomendei que ficassem em suas casas, prontos para qualquer eventualidade. Admirei a disposição dos trabalhadores, mas a verdade é que não havia nenhuma condição real de resistirmos.

Já passava da meia-noite quando parti para o município de Cortês, contatando os secretários das bases e os delegados sindicais ao longo do caminho. Na sede do sindicato, em cuja direção se encontrava o secretário do Comitê Municipal, encontrei mais de duzentos trabalhadores reunidos, pedindo armas para repor "pai Arraia" no poder. Fiz uma ligeira palestra explicando as dificuldades para conseguir armas. Apelei para a unidade e a coesão dos trabalhadores agrícolas em torno do sindicato e do partido, para defendermos todos juntos as conquistas do povo. Disse ainda que, mesmo não sendo possível rechaçar imediatamente o golpe que derrubou Arraes e Jango, os gorilas não poderiam ficar eternamente no poder.

— Eterno é o povo. Eterna é a verdade. Por isso, cedo ou tarde, o pai Arraia de vocês voltará a governar o estado, em condições mais favoráveis para vocês e para todo o povo brasileiro. Nosso partido sempre esteve do lado de vocês e continuará sempre ao lado das massas sofridas. Até a vitória, companheiros!

Pronunciei essas palavras profundamente angustiado. Tinha feito o possível para mobilizá-los e prepará-los espiritualmente para a luta. E, justamente quando era chegado o momento, não tinha armas! Era forçado, então, a desmobilizá-los, porque, de outro modo, seria um massacre criminoso e inútil. Naquele momento, era um dever sagrado evitar o banho de sangue que o patronato rural e os gorilas golpistas pretendiam dar na laboriosa massa de trabalhadores agrícolas. E considero que o trabalho feito foi o meu mérito. Sentir-me-ia profundamente constrangido e cheio de remorsos se tivesse abandonado os trabalhadores à mercê da própria sorte, deixando-os para serem trucidados pelos generais e coronéis lacaios do imperialismo ianque.

9

Eu sabia, desde que deixara Recife, que, de um momento para outro, poderia ser preso ou assassinado. Aliás, conforme já repeti várias vezes nestas memórias, sempre desenvolvi minha atividade com plena consciência dos riscos. Nessa época, cerca de dez dias antes do golpe, o usineiro José Lopes de Siqueira Santos, covarde matador de camponeses indefesos, organizara um bando de pistoleiros que tinha a tarefa de dar caça ao comunista Gregório Bezerra. Agora, o 20º Batalhão de Caçadores marchava atrás de mim com a mesma finalidade. Mesmo assim, consegui percorrer alguns municípios antes de ser preso, conforme já descrevi antes. Mas, como não poderia deixar de ser, acabei caindo nas mãos de um grupo de investigadores da polícia perto da usina Pedrosa, no município de Cortês. O grupo era comandado pelo capitão Rego Barros, da Força Pública, e estavam todos armados de metralhadoras. Meia hora depois, já no município de Ribeirão, fui violentamente tomado das mãos do capitão Rego Barros por um destacamento do 20º Batalhão de Caçadores e pelo grupo de bandidos armados por José Lopes de Siqueira Santos. Queriam trucidar-me ali mesmo e só não o fizeram por causa dos enérgicos protestos do capitão da Brigada Militar de Pernambuco, que disse:

— Sou capitão da Força Pública do Estado de Pernambuco e estou a serviço do Exército e do novo chefe de polícia, coronel Ivan Rui. Dele recebi ordens para efetuar a prisão do sr. Gregório Bezerra e levá-lo à sua presença. Os senhores querem trucidá-lo e me desfeitearam. Não posso opor resistência diante da enorme superioridade de forças. Entretanto comunicarei ao meu chefe o desfecho da minha missão. Tenho o dever de advertir que cometerão um crime se executarem este homem sem que ele seja previamente julgado. Além disso, protesto contra a desfeita que me fizeram.

A atitude corajosa do capitão Rego Barros fez com que os assaltantes vacilassem e acabassem por não cumprir a sinistra vontade. Fui conduzido à presença do coronel-comandante do 20º Batalhão de Caçadores, já acantonado em Ribeirão. O coronel mandou-me para o general Justino Alves Bastos, comandante do IV Exército. Fui conduzido na carroçaria de um caminhão, com os pés e as mãos algemados, o pescoço e as pernas amarrados, sob forte escolta. Na sede do IV Exército, fui inicialmente recebido pelos coronéis Ibiapina e Bandeira. Dirigiram-me as seguintes palavras:

— Sargento Gregório Bezerra! Bandido! Assassino covarde! Traidor da pátria e do Exército! Tu querias entregar o Brasil à Rússia soviética, bandido! Agora, estás seguro em nossas mãos e não escaparás! Desta vez, receberás o castigo merecido pelos crimes cometidos desde 1935 contra a pátria! Vais pagar caro, bandido! Jamais voltarás a trair a pátria a serviço de Moscou!

Os insultos e calúnias prosseguiam. Muitos militares assistiam à cena. O coronel Ibiapina continuou sua alocução.

— Olhem para este bandido! Durante a revolução comunista de 1935, matou mais de 120 soldados, cabos, sargentos e oficiais, porque não aderiram à revolução comunista a serviço do imperialismo russo! É um traidor da pátria! É um assassino frio e cruel! Em 1948, incendiou o quartel do 15º Regimento de Infantaria, em João Pessoa, para matar os soldados que estavam dormindo, apoderar-se das armas e fazer a revolução comunista! Este bandido é um monstro! Tenho nojo de ti, Gregório!

Supus que toda essa encenação e demonstração do ódio mais bestial e primitivo, assim como o aparato bélico que me cercava, eram uma preparação psicológica para o meu fuzilamento. Assim, protestei energicamente:

— Não sou traidor da pátria; ao contrário, sou um verdadeiro patriota. Participei do movimento revolucionário de 1935 pela verdadeira independência nacional, contra o fascismo e a guerra. A acusação de ter mandado matar soldados, cabos, sargentos e oficiais por não terem aderido à revolução nacional libertadora é completamente falsa. Não passa de uma calúnia, uma mentira. Como comunista e patriota que sou, também tenho nojo e ódio dos fascistas e dos agentes da CIA fantasiados de coronéis e generais.

Nessa altura, fui impedido de falar por uma coronhada no peito e outra na face direita. Caí com os dentes partidos e sangrando pela boca. Os pulsos também sangravam, em consequência das algemas. Foi nessas condições que fui conduzido ao general-comandante do IV Exército. Perguntou-me:

— Que estava fazendo na zona canavieira do estado?

— Mobilizando os assalariados agrícolas e a massa camponesa para defender o governo legalmente constituído, para defender a Constituição da República contra o golpe militar realizado a serviço do imperialismo ianque.

— Onde estão os depósitos de armas e munições sob a sua responsabilidade?

— Que depósitos de armas e munições, senhor general?
— Os que estão em seu poder.
— Não os tenho, senhor general. Se os tivesse, não estaria aqui, em sua presença, não estaria sendo agredido, humilhado e insultado pelos coronéis Ibiapina e Bandeira.
— Onde estaria então?
— Estaria na rua, de armas na mão, junto com as massas. Estaria resistindo ao golpe militar, defendendo as instituições democráticas, lutando contra o imperialismo e o latifúndio, causas do atraso do nosso povo.

Fez-me ainda muitas outras perguntas e depois ordenou meu recolhimento na fortaleza das Cinco Pontas. Fui levado para lá, mas o comandante recusou, alegando que não havia celas vazias. Fui então conduzido para o quartel de Motomecanização, no bairro da Casa Forte.

Ao chegar a essa unidade do Exército, ainda no pátio do quartel, estava à minha espera o comandante, coronel Villocq. Recebeu-me a golpes de cano de ferro na cabeça, tendo eu por isso desmaiado. Enquanto esse sádico me batia com a barra de ferro, outros me desferiam pontapés e coronhadas por todo o corpo, especialmente no estômago, barriga e testículos. Fui arrastado pelas pernas e jogado num xadrez. Ali, os verdugos diziam que eu ia receber uma "sessão espírita", ou seja, a continuação dos espancamentos. O tarado Villocq babava pelos cantos da boca, qual um cão hidrófobo. Continuava a bater-me com o cano de ferro, a desferir pontapés. Eu estava estendido no solo, já banhado em sangue. Meu torturador tinha o rosto, as mãos e a túnica salpicados com meu sangue. Mas ainda não se satisfazia a sua sanha demente. Dizia:

— Isto é o início, bandido! É só para esquentar! Tu vais me pagar o velho e o novo! — e desferia novos golpes.

Vendo-me estendido no solo do xadrez, ordenou que seus lacaios me segurassem para poder continuar golpeando meu estômago, barriga e testículos. E cada vez lhe escorria mais baba pelos cantos da boca, batizando-me com termos pornográficos que nem as mulheres mais decaídas do baixo meretrício seriam capazes de pronunciar.

Atitudes que apenas uma cabeça degenerada até um grau patológico extremo podia conceber foram praticadas por Villocq contra mim. Por várias vezes, tentou introduzir a barra de ferro em meu corpo, mas não o conseguiu, porque eu concentrava toda a minha força para defender-me de semelhante ignomínia. Quando já estava todo machucado na cabeça e no baixo ventre, os dentes todos arrebentados e a roupa encharcada de sangue, despiram-me, deixando-me com um calção esporte. Deitaram-me de barriga. Villocq pisou na minha nuca e mandou seu grupo de bandidos sapatearem sobre meu corpo. A seguir, puseram-me numa cadeira e três sargentos seguraram-me por trás, enquanto Villocq, com um alicate, ia arrancando meus cabelos. Logo depois, puseram-me de pé e obrigaram-me a pisar numa poça de ácido de bateria. Em poucos segundos, estava com a sola dos pés em carne viva. Toda a pele tinha sido destruída. A dor que senti era tanta que, se estivesse com as mãos livres, apesar de todo amassado, seria capaz de agarrar-me com Villocq e morrermos juntos.

Meu estado se agravava. O sádico Villocq não queria assumir sozinho a responsabilidade da minha morte. Laçaram-me o pescoço com três cordas e obrigaram-me a passear sobre pedregulhos britados para, segundo Villocq, "aliviar a dor dos pés". E assim fui arrastado pelas principais ruas do bairro da Casa Forte. Um sargento segurava a corda pela direita, outro pela esquerda e o terceiro por trás. As cordas me apertavam cada vez mais a garganta e eu procurava contrair os músculos do pescoço, pois, apesar dos sofrimentos, queria viver. Foi um desfile doloroso. O coronel sádico parou o desfile em frente ao CPOR e concitou oficiais, alunos e soldados a me lincharem. Não foi atendido, o que o deixou ainda mais furioso. O desfile prosseguiu. Num cruzamento, mandou-nos parar, fez parar o trânsito e recomeçou a bater-me, chamando o povo para fazer o mesmo.

— Linchem este bandido! É um monstro! É um incendiário! Queria fazer a revolução comunista a serviço de Moscou! Queria entregar o Brasil à Rússia soviética! Tinha um plano para incendiar o bairro da Casa Forte e matar todas as crianças queimadas! Matemos este bandido! Venham, batam até ele morrer! Vinguemos os crimes que ele cometeu; agora está amarrado, não pode reagir! Vamos, batam!

Ninguém o aplaudiu. Ninguém o atendeu. Enfurecido, o coronel espumava pelos cantos da boca. Concentrava a raiva contra mim. Pulava na ponta dos pés para dar mais força aos seus golpes. Dizia à massa para apreciar o espetáculo, mas esta virava a cara. A atitude das pessoas ali presentes dava-me forças para resistir física e moralmente. Isso enfurecia mais e mais meu torturador. Olhava para mim e gritava:

— Eu sou ibadiano, filho da puta! — e, para confirmar, golpeava-me.

Os sargentos respondiam:

— Nós também somos ibadianos, Gregório! Tu querias nos intrigar com os nossos oficiais, bandido! Vais pagar caro!

O desfile prosseguiu. Chegamos à praça da Casa Forte e Villocq fez outro comício concitando os populares a me trucidarem. Foi mais uma frustração para o verdugo. Um dos sargentos propôs, então, que me arrastassem até a casa de Villocq. Quando lá chegamos, estavam muitas pessoas, sobretudo senhoras e moças. O carrasco Villocq fez mais uma exibição. Empinou o peito cheio de medalhas e apresentou-me ao público:

— Este é o bandido comunista Gregório Bezerra! Estava planejando incendiar o bairro e matar todas as crianças! Agora, vai ser enforcado na praça! Venham assistir!

Enquanto Villocq falava, várias senhoras choravam convulsivamente. A esposa do monstro caiu numa profunda crise de choro. Ante tal situação, Villocq disse:

— Você está chorando por este bandido? — e golpeava-me, esguichando sangue, tingindo suas mãos, salpicando seu rosto e sua túnica. Aos gritos, prosseguia: — Este é o tratamento que damos aos comunistas! — e batia-me, tal como uma cozinheira trata um bife para amaciá-lo.

Eu tinha muito sangue coagulado no pescoço, dando a impressão de que tinha sido semidegolado. O coronel sádico tentou encobrir o sangue e, para isso, dirigiu-se a uma senhora que usava um lenço encarnado; arrancou-o violentamente e com ele amarrou meu pescoço. Nessas alturas, eu já nem sentia mais dor. Tinha vontade de beber muita água, vontade de vomitar. Não enxergava mais nada, pois a vista tinha se escurecido. Ouvia vozes que pareciam muito distantes. Fazia força para abrir os olhos, mas não conseguia. Meus pés, em carne viva e cheios de pedra britada e grãos de areia encravados, já não doíam, estavam dormentes. Minhas pernas pareciam arrastar toneladas. Todo o meu corpo tremia, sentia muito frio e muita sede.

Fui salvo pelo clamor público. Homens e mulheres de todas as condições sociais, padres, freiras, protestantes, espíritas, horrorizados ante o espetáculo infernal, foram ao general Justino Alves Bastos, comandante do IV Exército, pedindo que ordenasse a suspensão da prática de circo romano em pleno século XX. Outros tantos telefonaram, protestando contra semelhante atentado à dignidade humana, perpetrado em plena cidade e à luz do dia. As emissoras de rádio anunciavam, de instante a instante, que eu estava sendo trucidado na praça da Casa Forte pelo coronel Villocq e outros militares. Diante de tal situação, o general Justino Alves Bastos foi obrigado a tirar-me das garras de Villocq, ainda que tivesse sido ele a entregar-me ao torturador. O coronel Ibiapina, comparsa de Villocq (porque mandou muita gente para as garras deste e transformou o Quartel de Motomecanização numa gigantesca câmara de tortura), foi ao encontro de Villocq. Mandou parar o desfile macabro, tirou as cordas e o lenço do meu pescoço e disse:

— Assim é demais! Ainda tenho de interrogá-lo; depois, façam dele o que quiserem!

Fui levado à fortaleza das Cinco Pontas, onde, três horas antes, tinham recusado minha presença. Estava todo arrebentado. Tinha duas fendas na cabeça, os dentes quebrados, o rosto deformado e cheio de hematomas; os pés estavam em carne viva e cheios de pedrinhas encravadas; as articulações e a caixa femural estavam inchadas e tinha o pescoço esfolado em consequência do atrito das cordas. Tal era a minha situação. Tinha febre, sentia muito frio, muita vontade de beber água e de vomitar. Jogaram-me um balde de água e um enfermeiro fez um curativo e uma rápida limpeza no rosto e pescoço. Não fez nada nos pés. O objetivo era apenas diminuir o aspecto deplorável do rosto para que a televisão pudesse mostrar que eu continuava vivo. Mesmo assim, quando o filme foi apresentado ao público, este sentiu um choque profundo, tão deplorável era o meu estado.

Como resultado dos bárbaros espancamentos acima descritos, fiquei com o sistema nervoso completamente abalado. Uma insônia perniciosa me persegue, a próstata está arrebentada, apesar das duas operações a que me submeti; o coração está afetado; os rins e os intestinos trabalham preguiçosamente. Tenho um zumbido nos ouvidos que me enerva constantemente. Esta última anormalidade é o resultado das aplicações de "telefonemas", ou seja, fortes pancadas com as mãos espalmadas nos ouvidos. Foi graças à solidariedade do glorioso Partido Comunista da União Soviética e do magnífico povo soviético, à dedicação e à capacidade dos seus médicos que pude recuperar-me em mais de 60%. Estou pronto para voltar ao meu país e recomeçar a luta ao lado do povo oprimido e explorado. Confio cada vez mais na ação unida e organizada das amplas massas populares e considero da máxima importância a formação da frente patriótica e antifascista que agrupe todas as forças que lutam contra a ditadura e o imperialismo.

Trancado numa cela medieval da velha fortaleza das Cinco Pontas, meu estado físico era tal que não era capaz de mover-me. Depois de me deixarem deitado, tive muitas dificuldades para levantar. O corpo estava todo arrebentado, as articulações inchadas, a pele esfolada, os pés em carne viva. Apenas os braços e as mãos estavam um pouco melhor. Assim, cheio de febre, com sede e vontade de urinar, só depois de muito esforço consegui sentar na cama e dali descer ao chão. Depois, lentamente, arrastando-me apoiado nas nádegas, pude chegar até o banheiro. Tomei muita água e depois tentei urinar. Foi aí que começou meu maior suplício, talvez o mais angustiante: não podia urinar! Fazia força, contorcia-me em dores, suava, fazia massagens na próstata, mas tudo em vão. Da cama ao vaso sanitário, de volta à cama, sempre arrastando-me sobre as nádegas, tantas idas e vindas, tanto desejo de urinar, mas era incapaz de expelir a urina. Já desesperado, apliquei uma massagem forte, com toda força que tinha e senti que, por dentro, algo se tinha rompido. Fazendo pressão, começaram a pingar gotas de sangue. Durante quase duas horas, fui conseguindo, dessa forma, arrancar, pouco a pouco, urina e sangue. Fiquei tão cansado que tive de voltar à cama. Algum tempo depois, voltei ao banheiro e, sempre por meio de massagens, já conseguia expelir um jato fino. Dessa maneira, consegui aliviar um pouco a bexiga e, apesar da febre, tomei um banho. A água fria fez-me bem, pois o jato de urina e sangue engrossou mais. As pedrinhas que não estavam encravadas também saíram das plantas dos pés. Tudo isso me deu certo alívio. O corpo estava limpo, livre do sangue e da terra. Já depois do banho, saía mais urina do que sangue, o que me deixou mais animado. Já amanhecia o dia. O primeiro dia de prisão passara enquanto me esforçava para conseguir urinar.

Tocou a alvorada e, uma hora mais tarde, o rancho. Era a hora da xepa. Estava deitado e ouvi o comandante da guarda dizer:

– Guarda em forma! Em direção ao xadrez, marche!
Já diante da cela, ordenou:
– Guarda! Alto! Direita, volver! Descansar! Calar baioneta!
O oficial de dia chegou, abriu a grade. Um soldado entrou com um caneco de café e um pedaço de pão, pôs tudo perto da cama e saiu. O sargento comandou a retirada. Sentei-me, bebi o café, mas não toquei no pão, pois, além de não sentir fome, tinha os dentes arrebentados e a boca ferida doía-me muito. O dia foi passando, e eu ia a cada instante à privada para urinar. Já saía pouco sangue, o que me deixava contente. Um pouco mais aliviado da bexiga, comecei a fazer massagem nas articulações. Tinha muitas dificuldades, pois não podia flexionar o tronco. Apesar da febre, do frio e das dores, sabia que o pior estava superado. Mas o problema da próstata continuava. A urina vazava independentemente da minha vontade.

No quarto dia, sentia-me bastante melhor das dores. A febre ia baixando e já sentia um pouco de fome. Comia o pão ensopado no café, pois não podia mastigar. Assim, cada dia que passava, ia me recuperando. Estava contente, pois sabia que, mais cedo ou mais tarde, poderia recomeçar a luta junto das massas sofridas. Os pés foram desinchando e, aos poucos, as pedrinhas iam sendo rejeitadas pelo organismo. Eu não podia arrancá-las, porque não conseguia flexionar o tronco. Quando tomava banho, algumas caíam pela força da água. Minha alimentação continuava a ser café e pão, porque a gororoba, além de ruim, teria de ser mastigada, o que não era possível. Quando conseguia engolir algo, o estômago reagia. Sentia azia e dores.

No dia 8 ou 9 de abril, o capitão-comandante da cavalaria motorizada chegou até a grade da minha cela e perguntou se eu estava melhor, ao que respondi afirmativamente.

– Então prepare-se para receber a visita da sua filha. Mas previno-o de que só poderá levantar-se da cama quando a sua filha estiver dentro da cela e a grade novamente trancada. E não tente agredir a guarda. Estamos conversados?

– Sou um prisioneiro político responsável. Sei por que estou preso e sei por que me fizeram passar pelo que passei. A guarda não é culpada pelos meus espancamentos.

Minha filha entrou. Abraçou-me e beijou-me, em prantos. Pedi-lhe, baixinho:

– Não chore, minha filha! Assim você não me ajuda e me deixa demasiadamente emocionado, o que não é bom para o meu estado de saúde. Seja forte diante das realidades da vida. Estou vivo e viverei ainda muitos anos para ver o futuro radioso do nosso povo sofrido. O que eu preciso agora, mais do que tudo, é do seu carinho, da sua ternura de filha querida e amorosa. Estou tranquilo e feliz porque cumpri o meu dever revolucionário e vejo você como é, como minha filha. Me beije e me abrace ternamente, como você sempre fez nas horas mais amargas da minha vida. Esse é o melhor remédio para a minha recuperação! E, agora, tire algumas pedrinhas e grãos de areia dos meus pés, que estão me incomodando, e leve com você, como lembrança do curativo que me fez no fundo do cárcere da velha fortaleza das Cinco Pontas.

Ela tirou, com um broche de fantasia que levava na blusa, algumas pedrinhas e grãos de areia dos meus pés, sob o olhar curioso da guarda, de baioneta calada, em frente da grade.

Jandira pediu roupa para lavar.

— Que roupa, minha filha?

— A que você vestia quando foi preso.

— Ficou ensopada de sangue. Arrancaram tudo do meu corpo e me vestiram este calção. É toda a roupa que tenho.

Ela começou a chorar novamente. As lágrimas corriam dos seus lindos olhos azuis como dois pequenos córregos. Enchi-me de orgulho de ser pai de uma pessoa tão humana e amorosa como a minha querida Jandira. Esgotou-se o tempo da visita. Despedimo-nos com um abraço e um beijo, cheios de ternura. Estava profundamente comovido, porém bem-disposto e muito confiante no futuro. Tinha visto, beijado e abraçado a criatura mais querida da minha vida, depois da minha inesquecida mãezinha. Essa visita me deu maior determinação para que eu tudo fizesse no sentido de ser digno dos meus filhos, do meu povo sofrido e do meu partido. Foi um estímulo magnífico que deu a confirmação concreta de que eu não estava só. Três horas depois, recebia água de coco, caldo de lima, pomada para os pés, escova de dentes, remédio para a boca e gengivas. Só a escova de dentes não me serviu, pois os dentes estavam arrebentados.

Quatro dias mais tarde, recebi a segunda visita da minha filha. Meu estado de saúde era bem melhor. Os tornozelos, os joelhos e a bacia estavam desinchando e doíam menos. Os pés estavam secando, aos poucos cicatrizavam. O estômago e os intestinos também se recuperavam e conseguia urinar melhor, embora ainda com sangue. De uma forma geral, sentia que o corpo estava reagindo bem. Já conseguia comer algumas coisas. Ainda não conseguia andar, pois as articulações não tinham flexibilidade. Na terceira visita, minha filha falou das pessoas que tinham ido oferecer solidariedade e que poderiam ajudar-me na recuperação da saúde. O que muito me impressionou foi o fato de que essas pessoas não eram do partido e nada tinham com ele. Eram pessoas que, chocadas com a criminosa violação dos direitos mais elementares, queriam ser úteis a uma das vítimas. Essas provas de solidariedade espontânea de pessoas simples do povo encorajavam-me no sentido de ser cada vez mais decente e mais correto nas minhas convicções, ser mais decidido e firme para enfrentar os inimigos do povo e do Brasil.

Em suas visitas, Jandira cuidava dos meus pés. Munida de uma pinça, arrancava as pedrinhas que estavam encravadas, arrancava pedaços de carne morta, punha pomada, fazia curativos. Ela mesma ficava entusiasmada com os resultados de seus curativos. Eu, é claro, ficava ainda mais entusiasmado. Cuidava também da minha alimentação. Continuava a trazer sucos de lima, de abacaxi, água de coco. Às vezes levava canja ou caldo de carne com verduras. Assim, ia-me recuperando. O corpo ganhava energias para a recuperação. Os maiores problemas, agora, eram os ossos da bacia e a insônia. Esta aumentava à medida que eu ia recuperando a saúde, e isso me deixava muito nervoso.

Logo nos primeiros dias da minha prisão, alguns militares do Esquadrão da Cavalaria Motorizada fizeram gestos de simpatia por mim. Logo depois, porém, surgiu uma sórdida campanha contra mim em todas as unidades e subunidades do IV Exército. O centro da campanha era a calúnia de que, durante a revolução de 24 de novembro de 1935, eu teria matado mais de 120 soldados, cabos, sargentos e oficiais no quartel de Socorro, porque não queriam aderir à insurreição "comandada por Moscou". Outra calúnia era relativa ao incêndio que eu teria provocado no 15º Regimento de Infantaria em João Pessoa, com o objetivo de matar os soldados enquanto dormiam e apoderar-me do armamento. Uma terceira calúnia era que eu tinha um plano para incendiar vários bairros burgueses de Recife e matar as crianças. Diariamente, em todos os quartéis do IV Exército, durante a instrução moral e cívica, essas calúnias eram comentadas com o objetivo evidente de preparar psicologicamente os jovens militares na mais grosseira e primária forma de anticomunismo. Eu não era mais do que um bode expiatório nessa vasta e sórdida campanha. Muitos soldados, cabos, sargentos e até jovens oficiais, inclusive a maioria dos que estavam na fortaleza das Cinco Pontas, passaram a tratar-me com aspereza e a torcer a cara quando me viam. Só o comandante, vez por outra, me cumprimentava.

A imprensa nacional mais democrática e progressista, juntamente com os intelectuais, abriu uma vasta campanha de denúncias contra a tortura e o assassinato de presos políticos nos quartéis das Forças Armadas e nas masmorras policiais. A campanha foi especialmente forte em Recife, pois aqui o terrorismo anticomunista era desenfreado. A campanha obrigou o governo do marechal Castelo Branco a nomear uma comissão de militares para averiguar a veracidade das denúncias. Para Recife foram indicados os generais Ernesto Geisel e Olímpio Mourão Filho, que estiveram na fortaleza das Cinco Pontas, entraram na minha cela e viram o meu estado. Quando chegaram ao Rio, porém, negaram que eu tivesse sido torturado. A imprensa e a intelectualidade democratas, inconformadas com os resultados da viagem da comissão, continuaram a denunciar a tortura e o assassinato de presos políticos. Os atos de tortura tornavam-se cada vez mais requintados e perversos. Eram denunciados casos de tortura de jovens, moças e rapazes de 15 e 16 anos, submetidos a sevícias extremamente bárbaras e humilhantes. Uma nova comissão foi criada com a tarefa de percorrer os quartéis e averiguar as denúncias. Em Recife, a comissão era composta por desembargadores, jornalistas, representantes da Igreja católica, por juristas e advogados. Fazia parte dessa comissão, entre outros, o sr. João Roma, ex-delegado do Dops, convertido ao espiritismo para purgar seus grandes pecados. Devo dizer, a bem da verdade, que essa figura foi incansável na busca da verdade a respeito da tortura e dos crimes praticados nos quartéis contra os presos políticos.

A comissão chegou ao quartel das Cinco Pontas numa quarta-feira, dia de visitas. Minha filha e uma sobrinha estavam tirando algumas pelancas dos meus pés quando a comissão chegou à minha cela. Algumas personalidades da comissão já me conheciam, inclusive o sr. João Roma, o qual fez as apresentações. Não me fiz de rogado nem medi as palavras. Disse tudo que tinha de dizer e mostrei as cicatrizes do corpo e dos pés, que ainda não estava todo cicatrizado. Mostrei os dentes, todos quebrados. Pedi que visitassem as outras vítimas, nos outros quartéis e na velha Casa de Detenção do Recife, onde se encontrava a maioria dos maltratados, e dei os nomes dos que sabia terem sido torturados. Os jornalistas bateram várias fotos, inclusive uma em que eu estava abraçado à minha filha, novamente em prantos, comovida com as minhas declarações. Foi um grande dia para mim, pois disse o que tinha a dizer, fiz o que podia para que o público tomasse conhecimento da verdade sobre as prisões, a tortura e o assassinato de presos políticos nos quartéis das Forças Armadas e nas masmorras policiais.

Durante a minha permanência no quartel das Cinco Pontas, tive três companheiros. O primeiro foi o jovem trotskista Joel Silveira, das ligas camponesas do nosso querido amigo Chico Julião. Esse companheiro muito me ajudou no tratamento dos pés. Era um jovem inteligente, alegre, fraternal, solidário, conversador e contador de anedotas. O que mais o acabrunhava era a saúde precária do seu velho pai. Fora isso, não tinha problemas. Discutia os problemas políticos, discordava em parte do nosso partido, mas não atacava. Eu procurava entendê-lo, mas não conseguia, porque não achava solidez no que ele dizia. Vez por outra, entrávamos em polêmica. Nesse terreno, ele me batia pela sua persistência, mas não me convencia. Era um mestre em tergiversação.

Joel era noivo de uma jovem muito delicada, atenciosa, gentil e humana. Tornamos-nos amigos, pois admirava a simplicidade e a simpatia da moça. Contou-me algo sobre a repercussão da minha prisão no seu povoado, especialmente sobre as declarações que prestei à comissão de alto nível.

Alguns dias depois de Joel, chegaram mais dois companheiros, ambos deputados estaduais da Paraíba. Tinham sido presos em João Pessoa e mandados para Fernando de Noronha e, dali, para Recife, onde estavam à espera de serem interrogados. Não foi bom o comportamento dos dois jovens parlamentares. Conversei com Joel e tentamos ajudá-los politicamente, mas não conseguimos nenhum resultado. Pouco tempo depois, eram transferidos e postos em liberdade. Joel também foi transferido, dali a alguns dias, para a Companhia de Guardas. Fiquei novamente sozinho, à espera do interrogatório. Nessa altura, já conseguia andar, embora com dificuldade. O inchaço das articulações ia desaparecendo pouco a pouco. Os pés iam ganhando um solado novo e bonito. Os ferimentos da cabeça e a gengiva já estavam cicatrizados. Os intestinos funcionavam, embora preguiçosamente. Só duas coisas me aperreavam: a bexiga e a insônia. A bacia ainda estava incomodando, mas ia melhorando pouco a pouco. Fazia ginástica diariamente: no começo, deitado na cama ou no chão; depois que os pés estavam quase bons, fazia de pé. Após a ginástica, tomava banho e ia para junto da grade apanhar sol, pois não me era permitido ir ao pátio.

Certo dia, quando estava tomando banho de sol junto da grade, apareceu o coronel Ibiapina. Pela primeira vez, com um sorriso de crocodilo, cumprimentou-me. Fiquei desconfiado, pois sei que alegria de pobre dura pouco. Mais tarde, o coronel voltou. Chegou-se junto da grade e perguntou-me como estava passando. Respondi-lhe secamente, pois estava em guarda contra esse oficial, não só pelos insultos e calúnias contra mim mas, sobretudo, pelo que se sabia dos métodos humilhantes e insultuosos que costumava utilizar nos interrogatórios, especialmente quando se tratava de comunistas. Eu estava preparado, tanto moral como psicologicamente, para enfrentá-lo. Em fins de setembro de 1964, chegou o momento de ser interrogado. Já se tinham passado quase seis meses duríssimos de prisão, com todas as consequências que dela derivaram.

Fui transferido para a Companhia de Guardas, onde seria interrogado. Ao chegar, meteram-me numa solitária verdadeiramente imunda, com fezes e urina por toda parte. Não media mais do que 2 metros de fundo e 1,20 metro de largura. Eram nove horas quando, pela primeira vez, fui chamado para o interrogatório. Às treze horas, a sessão foi suspensa para o almoço e fui novamente conduzido à solitária. Notei que, além das imundícies, havia uma verdadeira praga de baratas, percevejos e pulgas. Não me deram comida e, às duas horas da tarde, o interrogatório prosseguiu, terminando nesse dia só às onze horas da noite. De novo na solitária, continuava o meu jejum. Por fora da grade, puseram um balde velho, cheio de furos, que devia servir para defecar e urinar. Mas como poderia defecar num balde que estava fora da grade? De qualquer maneira, na época isso não era um grande problema, pois, em consequência do funcionamento preguiçoso dos intestinos, às vezes eu passava até dez dias sem evacuar.

No dia seguinte, o interrogatório começou mais cedo, mas, quanto ao resto, tudo correu como no dia anterior. Tarde da noite, acompanhado por um sargento, fui novamente recolhido ao antro de imundícies. O sargento que me acompanhava observou o estado da cela, pôs um lenço no nariz e falou com o colega que comandava a guarda. Este providenciou um colchão velho, colocando-o na solitária.

Aproveitei o gesto de generosidade e pedi para ir ao sanitário, pois não evacuava havia cinco dias. O sargento respondeu:

— Deixe o coronel sair.

Algum tempo depois, regressava, dando ordens para que me escoltassem até o toalete. Quando eu estava voltando, um sargento me entregou um pão com muita manteiga e carne por dentro, dizendo em voz baixa:

— É o que podemos fazer por hoje. Estamos entusiasmados com o seu comportamento. Boa noite!

Passei, de fato, uma noite melhor. Pelo menos, foi possível estirar as pernas. Na manhã seguinte, o corpo estava mais disposto para enfrentar o interrogatório dos meus verdugos. Na sala do interrogatório, o coronel Ibiapina colocou nesse dia, além da escolta com baionetas caladas, três brutamontes armados de metralhadora INA e porretes. Com toda essa encenação, convidou Villocq para me interrogar. Felizmente, ele se recusou. Já não havia mais o que perguntar, mas continuava a repetir as mesmas questões: a revolução da ANL, em 1935, o incêndio do 15º Regimento de Infantaria de João Pessoa e as articulações do PCB antes do golpe militar de 1º de abril de 1964, quem financiava o partido, as ligações entre o governador Miguel Arraes e o partido e outras perguntas provocativas e capciosas. Penso que respondi a essas perguntas como devia ser, de forma honrada. O coronel Ibiapina perguntou-me qual regime político eu preferia, o de Cuba de Fidel Castro ou a ditadura militar do Brasil. Respondi, sem vacilar, que preferia o regime vigente na Cuba socialista. Foi feita a mesma pergunta, agora sobre o "regime moscovita", ao que respondi:

— Sempre lutei e luto pelo socialismo, que já existe na URSS.

As provocações se sucediam. Numa dada altura, perguntaram-me se preferia o "regime de Moscou" ou o "regime de Pequim", ao que respondi: o de Moscou. O sádico Villocq assistiu a todas essas perguntas e ouviu todas as respostas, mas nada disse nem perguntou. Foi bom, pois eu estava decidido a nada responder ao meu carrasco. Sobre os acontecimentos da revolução de 24 de novembro de 1935 foram feitas várias perguntas. Certa vez, já tarde da noite, o coronel Ibiapina, já cansado ou fingindo cansaço, disse ao capitão que datilografava o interrogatório para que insistisse ainda uma vez sobre o assunto. Recusei-me a fazer declarações, alegando que os fatos de que falava já tinham sido objeto de julgamento e que, por eles, eu tinha sido injustamente condenado. Além disso, nada tinham a ver com o atual inquérito. A seguir, foram feitas várias perguntas à queima-roupa, às quais respondi com a preocupação de salvaguardar os interesses do partido. Aliás, o coronel Ibiapina, em seu relatório sobre o resultado final do inquérito policial militar, afirma, com razão, que eu seria capaz de tudo para servir ao partido.

Na tarde do terceiro dia, finalmente, terminou o interrogatório. Dessa vez, puseram-me numa cela onde estavam quase vinte companheiros, dos quais eu conhecia a maioria. Todos já tinham ouvido algo sobre o meu longo interrogatório, sabiam que eu não comia e sabiam das condições do antro em que, durante três dias, estivera encerrado. Assim, logo à minha chegada, ofereceram-me o que tinham de melhor para comer. Manifestaram-me uma solidariedade total. Mas o que eu mais necessitava, naquele momento, era de um bom banho para livrar-me do mau cheiro e das imundícies da solitária. Depois do banho, comi algumas frutas, tomei café e iniciamos um bate-papo animado e fraterno. Contudo, logo depois, fui retirado para o Corpo da Guarda e novamente levado para a fortaleza das Cinco Pontas. Lá chegando, tomei outro banho e troquei de roupa. Estava tranquilo, pois tinha passado por mais uma dura etapa da minha vida sem capitular e isso me dava força moral.

O objetivo principal dos gorilas militares, tanto antes como durante o inquérito, era desmoralizar-me; nesse sentido, tinham feito tudo. Submeteram-me a duras provas, verdadeiramente terríveis; apesar disso, minha moral revolucionária foi ainda mais dura. Os gorilas foram batidos e eu fui premiado com a simpatia do povo e a confiança do meu partido. Por isso, estava feliz.

Logo nos primeiros dias de outubro fui novamente transferido, dessa vez para a medieval Casa de Detenção do Recife. Fui apresentado ao coronel Olinto Ferraz, diretor do presídio. Ele perguntou se eu já o conhecia, ao que respondi negativamente. Replicou:

– Então o senhor não tem boa memória. Faça um esforço e vai se lembrar!

– Não conseguirei, senhor diretor.

– Somos velhos conhecidos. Em 1946, cumprindo ordens do governo e do chefe de polícia, interceptei o senhor na estrada de São Lourenço, perto da fábrica de tecelagem e fiação do Camaragibe. O senhor estava indo fazer um comício de propaganda e agitação do seu partido. Eu era primeiro-tenente da Brigada Militar do estado e o senhor era deputado federal. Se eu tivesse ido ao local onde o senhor queria fazer o comício, o senhor o faria, como já tinha feito em Vila do Cabo e Paulista, porque tinha o apoio dos camponeses e dos operários. Na fábrica de Camaragibe também, o senhor tinha o apoio dos operários. Para evitar conflitos de consequências imprevisíveis, resolvi empiquetá-lo na estrada, logo depois da ponte de Caxangá. Graças à sua reflexão, naquela época foi possível evitar uma situação desagradável para ambos e para os operários. Agora, novamente, estamos frente a frente, numa situação desagradável para o senhor. Todavia, dentro das normas carcerárias, espero que nos entendamos. O senhor já foi militar e sabe o que é disciplina.

Após essa apresentação, mandou-me recolher na segunda galeria do Raio Oeste, onde estavam os presos políticos. Fui morar na cela 7. O coronel Olímpio não foi um tirano. Dava a César o que era de César e a Deus o que era de Deus. Quando reivindicávamos algo justo, dentro das possibilidades, procurava atender-nos. De nossa parte, como presos políticos, procurávamos manter uma conduta correta.

Assim levávamos a vida de presidiários. Tínhamos direito a duas visitas de familiares por semana, banho de sol diário pela manhã e podíamos ler jornais, livros e revistas, embora só depois de passados pela censura. Podíamos receber a visita dos nossos advogados a qualquer hora do dia. Não há dúvida de que, como prisão, o tratamento que recebíamos não era dos piores.

Na cela 7, entre os presidiários, eu era o único que tinha experiência de vida carcerária. Por isso, fui eleito encarregado do coletivo local. A primeira medida que adotamos foi fazer faxina diária na cela, pois havia ali muitas baratas, pulgas e percevejos. Em uma semana, podíamos dormir sem ser incomodados. Encontramos mais dificuldade para exterminar as baratas, pois estas vinham de outras celas. Nossas relações com os presos de delito comum eram de respeito mútuo. Gozávamos até de certa simpatia dos prisioneiros, principalmente daqueles mais esclarecidos. Entre os prisioneiros de delito comum, eram frequentes as brigas e havia até casos de esfaqueamento por causa de jogatina, pederastia e comércio de maconha. A delação proliferava entre eles, mas respeitavam-nos e alguns nos admiravam. Compreendiam que a nossa luta os beneficiaria quando chegássemos à vitória. É claro que entre os presos comuns havia elementos nocivos e desajustados que, de seres humanos, só tinham a aparência. Muitas vezes, os elementos mais sensatos procuravam-nos para consultas sobre algumas questões. Quando não seguiam nossa opinião e entravam pelo cano com suas pretensões, vinham novamente e, com toda a franqueza, reconheciam que, se tivessem seguido nosso conselho, não teriam sido prejudicados.

Num dos dias de visita, quando estava conversando com a minha companheira, aproximou-se o jovem Jarbas de Holanda, que disse:

– Vem comigo; quero te apresentar a um jornalista do *Correio da Manhã* que deseja falar contigo.

Era o jovem e fogoso jornalista e escritor Márcio Moreira Alves, a quem denunciei, de forma concreta, os atos de torturas e as morte de presos políticos nos quartéis das Forças Armadas e nas masmorras da ditadura. Pedi ao jornalista democrata e progressista que, em nome das vítimas, denunciasse esses crimes por meio da imprensa. Na época, ainda existia certa liberdade e não seria difícil fazê-lo. Mais tarde, o bravo jornalista publicou um livro, *Torturas e torturados**, o qual constitui um verdadeiro libelo contra os crimes da ditadura militar.

Certo dia, fui novamente conduzido para a Companhia de Guarda, para a mesma sala onde anteriormente tinha sido interrogado. Os tiras apresentaram-me a um oficial, que me mandou sentar perto de um birô e disse aos tiras para ficarem

---

* Rio de Janeiro, Idade Nova, 1966. Disponível em <http://www.marciomoreiraalves.com/livro.1996.htm>. Acesso em abril de 2010. (N. E.)

junto da porta. Minutos depois, mudava para outra sala, ao lado. Entraram vários oficiais e sargentos só para me verem. Alguns deles me cumprimentaram com gestos simpáticos e só um deles foi grosseiro, dirigindo-me palavras insultuosas, ao que respondi no mesmo tom. Pouco mais tarde, chegou o capitão Porto Carreiro, auxiliar do coronel Pais. Cumprimentou-me com seriedade, mas sem arrogância, e começou o interrogatório.

As perguntas eram sobre as minhas atividades junto das massas camponesas, particularmente entre os assalariados agrícolas. Respondi, de forma franca, tudo que deveria responder em defesa da massa camponesa. Ressaltei que toda a minha atuação naquele setor tinha sido legal, apoiada na Constituição e nas leis trabalhistas. Sobre a minha atuação nos sindicatos rurais, disse ao capitão, havia um equívoco, pois eu não era filiado a nenhum deles e não era minha área de atividade. O que eu tinha feito fora trabalhar, dias e noites seguidas, em toda a zona canavieira do estado para esclarecer e conscientizar, unir e organizar os trabalhadores. Assim, se algum dirigente sindical ou delegado de engenho pedia a minha colaboração, dava-a de boa vontade para que as massas pudessem ver satisfeitas as suas reivindicações imediatas.

– Que reivindicações eram essas, pelas quais o senhor concitava os camponeses e os assalariados agrícolas à luta?

– O direito de sindicalização rural, que antes não era reconhecido aos camponeses, o pagamento do salário mínimo, que não recebiam e, quando o reivindicavam, eram expulsos da propriedade, salário igual para trabalho igual, tanto para homens como para mulheres, repouso semanal remunerado, direito a férias anuais, jornada de oito horas, princípio que era sistematicamente violado pelo patronato, pagamento em dinheiro, em vez do vale para o barracão, onde os trabalhadores eram roubados de todas as maneiras, até no "pulo do lápis"...

– O que é o "pulo do lápis"? – perguntou, rindo.

– Quando o dono do barracão ou o gerente faz a soma das compras dos trabalhadores, aproveita-se da ignorância deles e aumenta 5%, 10% e até 15% as contas. Os camponeses chamam a isso o "roubo do pulo do lápis". Por isso mesmo, para acabar com a ignorância, os camponeses reivindicam escolas. Postos médicos e gabinetes dentários também, assim como créditos bancários baratos e a longo prazo para os pequenos e médios camponeses, fornecimento de sementes selecionadas, adubo, assistência técnica aos arrendatários, garantia de preços mínimos. Essas eram as principais reivindicações, bem como a aplicação da legislação trabalhista no campo e a reforma agrária.

– O que é a reforma agrária e o que vocês entendem por reforma agrária radical?

– Por reforma agrária radical nós entendemos a confiscação de todas as terras dos latifundiários e a entrega delas aos camponeses, gratuitamente. A divisão da terra será reconhecida por lei e cada camponês receberá o título de propriedade. A lei reconhecerá as posses e as ocupações de terras dos latifundiários e do estado que anteriormente se tenham verificado, recebendo os ocupantes também o título legal de propriedade. Além disso, é preciso dar apoio e assistência aos camponeses, então com terra, para que possam efetivamente produzir e para que o fruto do seu trabalho seja para o seu próprio benefício. Assim, é preciso abolir as formas semifeudais de exploração, como a meação, a terça e todas as formas de prestação de serviços gratuitos. Os créditos baratos e a longo prazo permitirão que os camponeses comprem sementes, ferramentas, adubo e tudo o mais de que necessitem. As obras públicas, tais como estradas e sistemas de irrigação, tornarão possível que novas terras sejam produtivas. A garantia de preços mínimos assegurará a renda e dará confiança ao seu trabalho. De forma geral, falando apenas dos aspectos mais importantes, eis o que entendemos por reforma agrária radical, pela qual lutam os camponeses, apoiados na compreensão democrática do nosso povo, apoiados por todos os democratas e patriotas, especialmente pelos comunistas. Assim, o Brasil poderá ver-se livre da tutela do imperialismo ianque, inimigo número um do nosso desenvolvimento.

Perguntou-me que espécie de ajuda recebíamos do governador Miguel Arraes de Alencar para fazer uma campanha de agitação e propaganda tão intensa pela sindicalização em massa e pela reforma agrária radical. Respondi que a grande ajuda que recebíamos do honrado governador Miguel Arraes de Alencar era o respeito que ele tinha pelas liberdades democráticas de todos os cidadãos, seu profundo respeito pela Constituição e pelas leis vigentes. Por isso mesmo, o governador foi batizado de comunista e deposto pelo golpe militar de 1º de abril de 1964. Aproveitei para, mais uma vez, denunciar os crimes praticados contra os camponeses e os assalariados agrícolas pelo usineiro José Lopes de Siqueira Santos, da usina Estreliana, e por Júlio Maranhão, da usina Caxangá, durante o ano de 1963. Afirmei que o patronato rural estava habituado a explorar e a oprimir desenfreadamente a massa camponesa e, para isso, não parava diante de nenhum obstáculo. Assim, quando um assalariado agrícola, para aliviar a fome que o estrangulava, a ele e aos seus filhos, reivindicava uma melhoria salarial, lutava por mais uma migalha de alimento, o patrão não hesitava em chamar a polícia, em lançar seus bandos de pistoleiros para prender, espancar e matar os menos conformados.

Quando os usineiros gritavam aos quatro cantos, por meio da imprensa, que o governo do estado e os comunistas estavam "cubanizando" Pernambuco, era porque, pela primeira vez na história, um governo estadual demonstrava respeito pelos trabalhadores; pela primeira vez, a polícia era usada não para reprimir, mas para manter a ordem, muitas vezes contra usineiros inescrupulosos, não permitindo que estes explorassem os trabalhadores. A polícia não era mais um instrumento de opressão; sob o governo de Arraes, era um instrumento de garantia dos direitos de todo o povo. Tais foram as declarações que prestei sobre as minhas atividades entre os assalariados agrícolas e os camponeses pobres de Pernambuco. A bem da verdade, devo dizer que não fui coagido nem ameaçado. Disse o que queria dizer.

Estava preso havia já mais de dois anos e, até então, não tinha advogado: em primeiro lugar, porque ainda não havia começado o processo de formação de culpa e, em segundo lugar, porque sabia que, com ou sem advogado, meu caso já estava decidido – eu seria condenado a vinte anos de prisão. Alguns jovens estudantes, encabeçados por Jarbas de Holanda, foram em comissão até o dr. Juarez, causídico de alto gabarito, para convidá-lo a fazer a minha defesa judicial. Ele aceitou de bom grado e foi visitar-me, já com a procuração em seu poder. Perguntou se eu o aceitava como advogado de defesa.

– Como não, doutor! Tenho muita honra! Só não tenho dinheiro para lhe pagar.

– Deixe isso comigo. Isso é um problema meu e dos estudantes.

O dr. Juarez era um velho conhecido. No processo-farsa sobre o incêndio do 15º Regimento de Infantaria de João Pessoa, atuara como advogado de defesa de um dos acusados e, desde essa época, nos conhecíamos. Trocamos algumas ideias sobre a minha situação atual. Ele conhecia o relatório do coronel Ibiapina e pediu-me mais alguns dados que permitissem uma melhor orientação para a defesa. Por várias vezes, veio visitar-me e, durante o processo de formação de culpa, atuou como um causídico que preza sua profissão e respeita a si próprio.

Antes de terminar a formação de culpa, foi decretado mais um ato institucional; em consequência, houve muitas prisões, sobretudo de intelectuais. Meu advogado foi preso pelo delito de ser meu advogado e de querer defender-me como devia. Passou vários dias no xadrez, tendo como único vestuário as cuecas e sofrendo duras ameaças de tortura se continuasse a agir como vinha fazendo até então. Logo que foi posto em liberdade, veio visitar-me, dizendo que não tinha mais condições de continuar sendo meu advogado.

– Já que não posso defender-te como devo, desisto da causa.

O advogado pediu-me desculpas e despediu-se de mim. Fiquei grato pela lealdade demonstrada e pela sua franqueza. O que tinha provocado a represália das autoridades sobre meu advogado foram as perguntas embaraçosas que este andara fazendo às testemunhas de acusação. Havia empresários que estavam a par das transações feitas pelo coronel Ibiapina para comprar terras. Creio que foi isso que feriu em cheio a "honestidade ilibada" do coronel, o "baluarte contra a corrupção"...

Estava novamente sem defensor e passavam-se os meses. Mas eu não estava preocupado com isso. Cedo ou tarde, teria um advogado constituído pelo partido e, para o caso presente, já sabia que seria condenado a vinte anos de prisão. Certo dia, estava conversando com a minha companheira, pois era dia de visitas, quando uma senhora grávida*, já caminhando com dificuldade, aproximou-se e disse:

– Gregório, sei que você está sem advogado. Venho me oferecer para fazer a sua defesa. Você me aceita como a sua defensora?

---

* Trata-se da dra. Mércia Albuquerque. Ver p. 634-40. (N. E.)

Olhei para a majestosa figura de senhora grávida, às vésperas de dar à luz, e respondi emocionado e com muito respeito, pois a oferta espontânea vinha numa situação política pesada, na qual muitos advogados fugiam de mim, com receio de passar pelos vexames a que tinha sido submetido o dr. Juarez:

– Aceito, com todo o prazer, a senhora como a minha defensora. Só lhe peço que não se decepcione com a minha condenação a vinte anos, pois isso é inevitável, ainda que fosse defendido pelo melhor advogado do Brasil.

– Voltarei amanhã com a procuração para você assinar, certo?

E, de fato, no dia seguinte estava novamente ali. Passei a ter uma defensora e uma amiga correta e pontual durante todo o tempo em que fiquei na Casa de Detenção.

Alguns meses depois da minha chegada à Casa de Detenção, agravou-se o meu estado de saúde. Surgiu uma arteriosclerose e o coração batia dolorosamente. A insônia constante não me permitia descansar como devia. A próstata também me atormentava dia e noite. A situação da minha saúde me deixava num estado nervoso extremo, como uma pilha. Tinha de fazer um esforço extraordinário para não explodir com os companheiros de cela, que nada tinham que ver com o meu nervosismo. Aliás, o que muito me ajudava era o espírito de tolerância, camaradagem e compreensão política que existia entre todos nós. As condições de carceragem eram, para nós, melhores do que para os prisioneiros comuns. As celas deles tinham o dobro de pessoas das nossas. Todo o presídio vivia superlotado: sua capacidade era para 400 detentos, mas lá estavam mais de 1.300. As reivindicações para melhorar a situação dos alojamentos eram praticamente impossíveis de serem atendidas. Mas, em face do agravamento do meu estado de saúde, levantei a questão ao nosso coletivo. Havia uma pequena cela, vizinha àquela onde estávamos; para benefício geral, seria melhor que eu fosse transferido para ela. O coletivo concordou em pleitear a cela e fui falar com o diretor da prisão. Este respondeu:

– Sei que os senhores estão mal alojados, mas, no momento, não tenho onde pô-los. Tenham um pouco de paciência e, logo que haja uma oportunidade, a situação de vocês será melhorada. Quanto ao senhor, vou atendê-lo, uma vez que se trata de caso urgente.

De fato, a cela vizinha foi desocupada e transferi-me para lá. Forçado pelas circunstâncias, tornei-me quase um privilegiado. Passava o dia com os demais companheiros e, à noite, recolhia-me ao meu cubículo. Durante um curto período, foi outro companheiro para a minha cela, mas, logo que a vizinha ficou um pouco mais desafogada, com a libertação de outros, passei novamente a estar só.

Certa vez, fui chamado à Delegacia Auxiliar (Dops), cujo delegado era Álvaro da Costa Lima, talvez o mais famoso policial de quantos passaram por aquela repartição, verdadeira câmara de tortura. Continuava, como sempre, auxiliado pelo famoso Chico Pinote, velho policial frio e matreiro, cheio de experiências acumuladas ao longo de uma vida policialesca. Ao chegar, fui recebido por Álvaro de Costa Lima, que disse:

– Nada tenho com o senhor. Seu problema é com o senhor coronel Fontine, encarregado do inquérito policial militar sobre as cadernetas de Prestes e outros documentos subversivos.

Fiquei surpreso, pois não ia enfrentar o célebre titular do Dops e, além disso, ia depor num processo do qual nada sabia.

O coronel Fontine chegou, sentou-se no birô, abriu uma pasta e retirou vários cadernos datilografados. Folheou um e, olhando-me de cima a baixo, pigarreou e disse:

– O senhor tem um cartaz muito grande aqui na polícia e no Exército. Mandei chamá-lo porque quero ouvi-lo sobre o processo a que respondem, entre outros, os senhores Luiz Carlos Prestes e Astrojildo Pereira.

O coronel teceu elogios à cultura e à inteligência de Astrojildo Pereira, a quem já tinha ouvido. E prosseguiu:

– Tenho de fazer um interrogatório, pois seu nome consta de algumas anotações de Prestes e de outros documentos que foram apreendidos no arquivo do senhor David Capistrano da Costa, membro da direção nacional do seu partido. Desejo fazer algumas perguntas. O senhor responderá se quiser. Apenas, será chamado muitas vezes.

Disse que não me negaria a depor. Estava disposto a responder às perguntas que me fizesse. Assim, começou:

– O senhor é membro do Comitê Central?
– Não.
– Como? O senhor não é da direção nacional do seu partido?
– Não, senhor. Pertenço apenas à direção do Comitê Estadual de Pernambuco.
– Conhece as anotações registradas nas cadernetas de Prestes?
– Não.
– Por que nega?
– Porque, além de não as conhecer, não sou membro da direção nacional do partido.

Mostrou-me, depois, várias anotações manuscritas. Segundo o coronel, eram do próprio punho do camarada David Capistrano e registravam alguns resumos de minhas intervenções sobre o movimento camponês. Neguei as afirmações. Insistiu mais uma vez, perguntando se conhecia a letra de Capistrano, ao que respondi afirmativamente; por isso mesmo, sabia que aquela não era a escrita dele. A seguir, perguntou sobre as reuniões do Comitê Estadual e do Comitê Municipal de Recife e sobre resoluções adotadas nelas. Disse que não tinha participado das reuniões mencionadas nem tinha tomado conhecimento delas, pois dedicava-me exclusivamente ao movimento camponês. Assim terminou meu interrogatório. Não fui coagido e respondi o que queria.

10

A formação de culpa no processo sobre a "subversão" no estado prosseguia de forma lenta, pois a maioria das testemunhas arroladas não tinha pressa para depor nem vocação para acusar. Tal situação perdurou por muito tempo, mas, a partir de certa altura, a Justiça começou a ouvi-las por precatórias. As testemunhas que moravam na capital foram intimadas a depor na Auditoria de Guerra da 7ª Região Militar. Mesmo assim, os trabalhos avançavam lentamente. Eu gostava dessa morosidade, pois assim podia estabelecer muitos contatos, tanto com os companheiros que estavam no mesmo processo quanto com os que estavam em liberdade. Também esperava um *habeas corpus* que me pusesse em liberdade. Essa hipótese poderia vir de um momento para outro, pois já estava preso havia mais de três anos sem julgamento. De todos os que respondiam a esse processo, eu era o único que estava preso desde o começo. Por duas ou três vezes, o pedido de *habeas corpus* tinha sido rejeitado pelo Superior Tribunal Militar, mas esperava que, por decisão do Supremo Tribunal Federal, a ordem acabasse saindo, o que, como se verá adiante, realmente acabou por acontecer.

O inquérito policial militar sobre a "subversão no meio rural" foi finalmente concluído e remetido à Auditoria da Guerra da 7ª Região Militar. Era um processo volumoso, no qual estava envolvida quase uma centena de pessoas de todo o Nordeste, mas especialmente de Pernambuco, da Paraíba e do Rio Grande do Norte. De início, o processo correu regularmente, mas, a partir de certo momento, caiu de novo em banho-maria. Com a lentidão do processo, tive oportunidade de travar conhecimento com alguns aliados do movimento camponês que, até aquela altura, não conhecia pessoalmente. Tive a honra de ser apresentado ao jovem sacerdote Antônio Henrique Pereira Neto, com quem estabeleci excelente amizade. Tratava-se, na época, de um dos assessores do grande humanista d. Hélder Câmara, arcebispo de Olinda e Recife. Esse sacerdote foi sequestrado na noite do dia 26 de maio de 1969 e assassinado com três tiros, depois de ter sido barbaramente torturado, arrastado pelas ruas desertas do Engenho do Meio, subúrbio de Recife. Mais adiante, voltarei a abordar esse revoltante e doloroso episódio. O padre Antônio Henrique Pereira Neto não estava envolvido no processo. Ele comparecia às audiências com o objetivo de prestar assistência espiritual a pessoas de sua amizade que respondiam ao processo sobre "subversão na zona rural".

Para os presos, as audiências eram uma espécie de recreio, pois encontrávamos pessoas amigas que iam prestar declarações ou companheiros que estavam no processo. Estávamos proibidos de conversar e travar contatos com pessoas de fora, mas era sempre possível, durante as audiências, encontrar um jeitinho para trocarmos ideias e informações. Isso era muito salutar, pois era um meio de extravasar minhas mágoas contra a ditadura.

Minha defensora, dra. Mércia, desdobrava-se para conseguir minha liberdade. Já tinha requerido três vezes o *habeas corpus*. Tinha-se deslocado ao Rio, conversado com juristas, advogados e ministros do Superior Tribunal Militar. Tinha falado com os ministros Peri Bevilacqua e Olímpio Mourão Filho. O primeiro era um liberal democrata, muito conceituado na caserna e nos meios intelectuais; o segundo, um fascista, autor do celebérrimo plano Cohen, que levou Getúlio Vargas ao golpe fascista de 1937. O requerimento de *habeas corpus* encaminhado pela persistente advogada foi à decisão e, apesar de todos os esforços e movimentação, foi rejeitado por 3 votos a 2.

Os dois processos continuavam cochilando nas gavetas da Auditoria da 7ª Região Militar. Parecia que ninguém tinha pressa em movimentá-los. Certo dia, porém, o Supremo Tribunal Federal concedeu-me o *habeas corpus* por unanimidade de votos, pois havia mais de três anos que estava preso sem julgamento. O *habeas corpus* saiu, mas eu fiquei, porque o dr. Eraldo Gueiros Leite, procurador do Superior Tribunal Militar, lacaio dos gorilas militares e meu acusador no processo do 15º Regimento de Infantaria de João Pessoa, ao tomar conhecimento de que o *habeas corpus* estava no Supremo Tribunal Federal para ser julgado, voou a toda pressa a Recife e, a toque de caixa, arranjou uma *nova ordem de prisão preventiva* na Auditoria da 7ª Região Militar. Assim, no mesmo dia em que foi publicada a concessão do *habeas corpus* pelo Supremo Tribunal Federal, a Auditoria de Guerra da 7ª Região Militar publicou o seguinte comunicado: "Foi concedido o *habeas corpus* ao acusado Gregório Bezerra, o qual deixa de ser posto em liberdade por ter sido decretada nova prisão preventiva contra ele". E assim foi que tive de continuar no repouso forçado até o dia 7 de setembro de 1969, data em que fui posto em liberdade. Mas disso tratarei na devida altura.

O primeiro processo recomeçou a andar. Dispensaram muitas testemunhas de acusação e começaram a ouvir as de defesa, também em número muito reduzido, duas ou três para cada acusado. Assim, a coisa começou a caminhar com certa rapidez. Quando chegou a minha vez, recusei-me a indicar as testemunhas. Aleguei que havia muitas pessoas que gostariam de depor a meu favor, mas eu não queria indicá-las, uma vez que isso poderia prejudicá-las mais tarde.

– Como? – indagou o juiz-auditor, dando a entender que não estava compreendendo o que se passava.

– Porque não quero que essas pessoas sejam batizadas de comunistas e presas como subversivas por terem deposto a meu favor neste processo.

– Mas não é nenhum crime depor a favor dos réus na Justiça!

– Para a Justiça, não, mas para as forças repressoras, é.

As audiências das testemunhas de defesa duraram alguns meses. A fase seguinte foi a da autodefesa dos acusados. Quando chegou a minha vez, não me defendi: acusei meu sádico torturador e seu grupo de lacaios; denunciei a tortura e as mortes de presos políticos nos quartéis do Exército, da Marinha e da Aeronáutica; denunciei os crimes praticados pelos usineiros José Lopes de Siqueira Santos, Júlio Maranhão e outros matadores de camponeses indefesos; denunciei a opressão que pesa sobre as massas camponesas e as obriga a uma vida de miséria e de fome e as condena ao atraso; denunciei a cruel exploração de que são vítimas os homens do campo; chamei a atenção da Justiça para a matança impune de assalariados agrícolas e camponeses pobres praticada pelos senhores de engenho e latifundiários. A imprensa que fazia a cobertura do processo publicou partes das minhas declarações. Recebi felicitações de advogados, jornalistas, companheiros e amigos que ouviram meu depoimento.

Restava-me, agora, esperar o dia do julgamento. A condenação a vinte anos já estava selada, pois eu era alvo do ódio implacável dos militares mais reacionários desde 1935. Mas estava absolutamente tranquilo, pois sabia que a tempestade não era nem será jamais eterna. Contava com a simpatia de todos os que se opunham à ditadura militar terrorista que assaltou o poder no dia 1º de abril.

O segundo processo, que vinha marchando a passos de cágado, começou a arrastar-se ainda mais lentamente. Já não havia pressa, a decretação da prisão preventiva dava folga aos meus carcereiros. Além disso, não era fácil ouvir as testemunhas, a maioria das quais não era de Recife (e algumas nem sequer eram do estado). Minha defensora se desdobrava, amiudava as visitas e juntava dados para a defesa jurídica do primeiro processo, cujo julgamento se aproximava. Ela não era ainda uma grande advogada e ainda não dominava bem todas as sutilezas jurídicas. Em compensação, era extremamente esforçada e solícita. Além disso, contava com a excelente ajuda do seu colega e amigo dr. Paulo Cavalcanti, homem culto, inteligente e honrado, um dos maiores causídicos do foro de Pernambuco, altamente conceituado entre a intelectualidade do estado. A dra. Mércia, assistida por seu eminente colega, fez uma grande defesa no dia do meu julgamento. Ela foi mais do que minha advogada, foi uma amiga sempre presente, a quem eu estimava como uma filha.

Numa audiência do processo sobre a "subversão" no meio rural, meu amigo e companheiro Chico Julião, que já respondia ao processo em liberdade, convidou-me para ser uma de suas testemunhas de defesa. Tratava-se de um processo que corria no foro comum contra as ligas camponesas. Aceitei com todo o prazer, pois tratava-se de depor a favor de um democrata e patriota verdadeiro. Para mim, seria a oportunidade de demonstrar solidariedade a um companheiro de luta com a envergadura de Chico Julião, que, como eu, também era vítima da ditadura militar terrorista. Por outro lado, era mais uma oportunidade para, de dentro do Palácio da Justiça, denunciar a tortura e os assassinatos praticados pelos militares contra os presos políticos, bem como os crimes dos usineiros contra os assalariados agrícolas e camponeses pobres. E foi o que realmente fiz, tendo ainda apontado, mais uma vez, a situação de extrema miséria das massas camponesas graças à brutal exploração a que são submetidas pelos latifundiários e senhores de engenho. Defendi Julião e defendi a reforma agrária radical, na lei ou na marra, pois é a única solução para a libertação da massa do campo e para o desenvolvimento do país. Meu depoimento foi ouvido por juízes, promotores, advogados, homens da imprensa falada e escrita, amigos e conhecidos de Julião e mesmo por simples curiosos que, conhecendo meu drama do dia 2 de abril de 1964 no Quartel de Motomecanização do IV Exército e pelas ruas do bairro da Casa Forte, tinham se deslocado até o foro.

Depois de depor, fomos para uma sala vizinha, onde estavam juízes, promotores, advogados, jornalistas e pessoas do foro. Senti respeito e admiração ao ver quanto de brasilidade existe nos representantes da Justiça. Fizeram-me perguntas sobre a vida nas prisões, se líamos a imprensa diária, se podíamos receber livros e revistas, se podíamos receber visitas de outras pessoas, além dos familiares, e diversas outras. Um dos presentes disse:

— O senhor já cumpriu muitos anos de prisão e espera ser condenado a muitos outros. Ainda tem esperança de alcançar a liberdade? E, nessa hipótese, deixará de lutar?

— Eu não tenho a esperança, tenho a certeza absoluta de conquistar a liberdade, porque ela não depende inteiramente da ditadura militar, é patrimônio do povo e o povo luta para conquistá-la e a conquistará definitivamente. Se, antes disso, eu conseguir a liberdade, continuarei lutando ao lado das massas laboriosas do campo e das cidades, juntamente com todos os patriotas, para que todo o povo tenha liberdade.

— Tem jeito, não! Esse nasceu para agitador! — comentou um dos presentes.

Outro respondeu:

— É o sangue nordestino fervendo em suas veias!

Depois de um ano e poucos meses de residência forçada no meu "palacete às margens do Capibaribe", o diretor, coronel Olímpio Ferraz, foi substituído por Moacir Sales, delegado de polícia. Não houve grandes alterações na vida carcerária logo em seguida a essa substituição. Mas, passado algum tempo, a gororoba, que já não era boa, começou a piorar, quantitativa e qualitativamente. O material de limpeza foi diminuindo. Começaram a desaparecer artigos como a creolina para os sanitários. As condições pioraram: nas celas superlotadas, havia presos que dormiam no cimento úmido porque não havia colchões nem qualquer outro agasalho. As celas e galerias transformaram-se em focos de pragas. Pulgas, baratas, percevejos surgiam em quantidades assustadoras. Para agravar mais ainda as condições, veio a ordem para suspender o banho de sol para os presos do Raio Leste, pois estes tinham reclamado da situação higiênica e alimentar. Era o castigo. O descontentamento aumentava. O diretor era abertamente tachado de ladrão. Houve mais castigos e mais protestos. A comida piorou mais ainda: nas refeições, passaram a pagar somente miúdo de gado e houve redução de quase metade no pão, que, aliás, era ruim e azedo. Tornaram-se frequentes as brigas entre os pagadores e os guardas acompanhantes, de um lado, e os presos trancados, de outro. Os protestos avolumavam-se. A diretoria resolveu suspender as visitas para todo o Raio Leste como castigo coletivo aos protestos.

A opressão, a sujeira, os castigos e a fome geraram o espírito de revolta. Eram dezenas de presos que nos procuravam, buscavam conselhos. Estavam dispostos a partir para as depredações, incêndios, agressões físicas. Opinamos contra tal plano tenebroso e aconselhamos, como melhor forma de protesto, uma greve geral de fome contra a boia, contra os castigos corporais e pelo restabelecimento das antigas condições.

— E como devemos decretar a greve? — perguntaram.

— Formem uma comissão pequena, com os elementos mais firmes e mais bem-dispostos, com representantes de cada galeria. Essa comissão deve combinar tudo com um ou dois elementos de cada cela, de preferência os mais combativos. Feito isso e bem combinado, a comissão responsável poderá marcar o dia da deflagração da greve de fome. É preciso que, em cada cela, haja pelo menos um prato com a boia do dia anterior para exibi-la às autoridades que comparecerem nas portas das celas. Ninguém pode receber a boia e os que receberem devem ser castigados como furões de greve e traidores dos companheiros. Nenhuma agressão física contra os guardas nem contra a diretoria. Nenhum insulto que ofenda a moral dos funcionários ou as autoridades do presídio que procurarem vocês para um entendimento, mesmo que sejam da diretoria. Não saiam da cela se forem chamados pela diretoria para saber o que se passa. Se algum guarda entrar na cela, tomem-lhe as chaves e deixem-no preso com vocês. Não o maltratem. Quando a greve for deflagrada, todos os presos de cada galeria, um de cada vez, devem subir nas grades e gritar, com toda a força, para a rua: "Socorro! Socorro! Estão nos matando de fome! Ajudem! Estamos morrendo de fome!". Vai juntar muita gente e o escândalo será terrível. O diretor vai tentar um entendimento com vocês. Não aceitem. Exijam a presença do chefe de polícia, do secretário do Interior e Justiça e do governador Paulo Guerra. Tratem essas autoridades com o máximo respeito, mas denunciem com firmeza a roubalheira, os castigos corporais, a má qualidade da comida. Mostrem as imundícies que são as celas e as galerias. Se possível, mostrem as pulgas, os percevejos e as baratas. Durante os entendimentos, a gritaria deve cessar, mas, se não forem atendidos nas suas reivindicações, recomecem com mais vigor. É o que aconselhamos como amigos.

Os grevistas seguiram nossos conselhos, agiram tal e qual tínhamos falado. Deflagrada a gritaria, começaram as tentativas de entendimento. O diretor tentou tirar alguns dos grevistas para saber o que se passava. Recusaram-se a sair das celas. Foi o próprio diretor, juntamente com um auxiliar direto, um policial lotado na Delegacia de Roubos e Furtos, conversar com os grevistas. Estes disseram:

– Não queremos entendimentos com ladrões de boias e carrascos. Queremos falar com o chefe de polícia, com o secretário do Interior e Justiça e com o governador.

A gritaria continuava assustadora. Lá fora, na Estação Central, na rua da Detenção, na ponte 6 de Março, na rua da Aurora, na ponte da Boa Vista, na praça Joaquim Nabuco e nas proximidades, aglomerava-se a multidão escandalizada. O movimento grevista ganhou tais proporções que o governador Paulo Guerra, acompanhado de seus secretários e da imprensa, compareceu à medieval Casa de Detenção. Dialogaram com os presidiários comuns e estes narraram tudo que se passava e as razões desse espetacular movimento. Exibiram os pratos com a boia do dia anterior, o pão microscópico, duro e azedo. Apresentaram as reivindicações: melhoria da boia e do pão, suspensão dos castigos corporais, volta do banho de sol e das visitas, material higiênico suficiente para limpeza das celas para acabar com as pulgas, as baratas e os percevejos. Nesse momento, alguns detentos foram à frente da delegação governamental, estenderam os braços, abriram as mãos e delas saltavam pulgas para todos os lados. A delegação ficou estarrecida com a cena, pois as pulgas pulavam até na direção das autoridades. Os percevejos passeavam tranquilamente pelas mãos e pelos braços de seus captores. As baratas, fedorentas, amedrontadas, voaram para todas as direções, agarrando-se aos torsos nus dos detentos ou nas roupas limpas dos ilustres visitantes, sem qualquer discriminação. As autoridades, já apavoradas com o bafo quente e fétido que exalava das celas, viram-se, de repente, assaltadas por pulgas e baratas, que não souberam respeitar as imunidades de tão importantes personalidades. Diante disso, a comitiva afastou-se daquele antro. Só os jornalistas, com suas máquinas fotográficas, enfrentaram, do começo ao fim, o mau cheiro e o assalto dos insetos repugnantes. Mas o movimento foi coroado de pleno êxito. O governador Paulo Guerra, num rasgo de sensatez, cedeu a todas as reivindicações apresentadas pelos presidiários, reparando assim uma clamorosa injustiça.

A greve de fome dos presidiários em protesto contra a boia e as péssimas condições na Casa de Detenção do Recife foi unida e disciplinada, apesar de terem participado elementos de nível muito heterogêneo. Devo destacar que os jornalistas e a imprensa, que publicaram matérias e fotos sobre o presídio logo à tarde e na manhã seguinte, contribuíram, direta ou indiretamente, de forma magnífica, para a vitória da causa dos detentos. Nossas velhas experiências de lutas grevistas nos anos de 1935 a 1945 foram úteis para os presos comuns em sua luta reivindicativa em 1965. O governador demitiu o diretor e seu comparsa, nomeando, em substituição, dois coronéis da Brigada Militar: Vasco para diretor e Neri para diretor administrativo. Não foram maus administradores. Tinham respeito pelos direitos humanos e, dentro das normas carcerárias, facilitavam o que era possível no sentido de dar aos presidiários um mínimo de tranquilidade. Infelizmente, isso não foi compreendido por uma boa parte dos detentos, que foram abusando mais e mais da tolerância da direção.

A jogatina era praticada pelos presos, mas, no início, eles eram cautelosos. Pouco a pouco, o jogo foi sendo mais aberto e generalizado. A jogatina generalizada dava origem a muitas brigas, algumas das quais sangrentas. Começaram a surgir com mais frequência casos de facadas e peixeiradas. O comércio da maconha ampliou-se assustadoramente. O número de viciados aumentou e foi a maior fonte de brigas sangrentas entre os detentos. O viciado muitas vezes não tinha dinheiro para comprar um cigarro e descontrolava-se, ficava agressivo, tentava assaltar ou roubar, era capaz de matar e morrer para conquistar um cigarro de maconha. A pederastia também se desenvolveu de maneira escandalosa e era outra fonte de brigas sangrentas e mesmo mortais. As brigas podiam ocorrer entre os pederastas ativos em disputa dos passivos ou entre os "casais" enciumados, em que o ativo quase sempre liquidava o passivo por "infidelidade". Houve também assassinatos entre profissionais do roubo, por delação. Na realidade, em toda a minha longa vida de prisioneiro político, nunca vi tantas peixeiradas e estocadas como nos cinco anos e meio que passei na Casa de Detenção do Recife.

A direção castigava os brigões que não morriam, transferindo-os de celas e até mesmo de raio. Procurava exercer vigilância contra a jogatina e o comércio de maconha, mas não alcançava resultados satisfatórios, porque a maior parte da maconha era introduzida por funcionários, que ganhavam 300, 400 e até 500 cruzeiros antigos por cada pacote. Alguns soldados que davam guarda nas guaritas por cima da murada também passavam os pacotes de maconha. Outro meio era jogar o pacote, embrulhado com uma pedra, em local e hora previamente combinados.

Os dias iam passando, apesar dos conflitos, no mesmo ritmo monótono, como sempre acontece dentro das prisões. Um grupo de presos comuns que trabalhava na torrefação de café e desfrutava de certa confiança da direção resolveu quebrar a monotonia. Planejou uma fuga espetacular, com arrombamento da muralha. Os presos escolheram um domingo, dia de visitas, para executar o plano. Logo ao amanhecer, saíram para a torrefação, que ficava junto do muro. Começaram o arrombamento e, às onze horas, o rombo já tinha chegado ao reboque externo. Deixaram o trabalho e voltaram às celas para se preparar. A fuga deveria ocorrer na hora das visitas. Desgraçadamente, por acaso ou por delação, o rombo do muro foi descoberto. Mas os autores, por serem audaciosos e valentes, estavam decididos a fugir mesmo na marra. O plano de fuga sofreu algumas alterações. Resolveram fugir por cima do muro, enfrentando sentinelas das guaritas e arame farpado eletrificado.

No cumprimento do novo plano, invadiram a casa de força, deram uma violenta porretada na nuca do encarregado, desligaram as chaves elétricas e subiram num galpão ao lado do muro. Quando conseguiram alcançar o muro, estavam quase em frente da guarita. A sentinela tentou interceptar os fugitivos. Travou-se uma rápida luta. Soou o alarme e foram enviados reforços ao local. Travou-se um rápido tiroteio, revólveres contra fuzis. A sentinela caiu, gravemente ferida na barriga. Os fugitivos subiram pela rede de arame farpado e pularam para "o mundo". O rebuliço interno e externo era grande.

Dois dos fugitivos foram presos logo, dentro da Estação Central. Um tinha conseguido tomar um carro com destino à Paraíba, mas foi preso no mesmo dia, em Campina Grande. Terence, o mais equilibrado e inteligente de todos, tinha ficado enganchado na cerca eletrificada. Quando ligaram novamente a corrente, foi violentamente jogado ao solo, quase fulminado. Foi levado para a enfermaria do presídio e dali seguiu para o hospital. O último nem tinha conseguido sair do presídio, pois destroncou o pé logo quando estavam subindo no galpão. Juntamente com os dois presos capturados na Estação Central, eles foram recolhidos no isolamento. Como consequência da situação criada com a tentativa de fuga, o secretário do Interior e Justiça determinou a suspensão das visitas aos prisioneiros comuns. Os prisioneiros não se conformaram com essa decisão e foram até o coronel Vasco pedir que autorizasse as visitas. Desobedecendo às ordens de seu superior, o coronel permitiu as visitas, o que lhe valeu a demissão do cargo de diretor da Casa de Detenção.

A demissão do coronel Vasco foi mal recebida por muitos dos presos. Surgiu um movimento exigindo a permanência do diretor. Como não foram atendidos, os presos começaram a recorrer à baderna. Nós tínhamos sido consultados sobre esse assunto e dissemos que éramos contra. Argumentamos com objetividade, procuramos analisar friamente a situação, mas eles estavam decididos a brigar, não queriam mais nos ouvir. Perguntaram se éramos amigos da onça ou deles. Respondemos que éramos amigos deles e, justamente por essa razão, aconselhávamos a desistir do movimento.

— Por quê? — perguntavam.

— Porque vocês não têm razão. O coronel foi demitido porque violou uma ordem do seu chefe. O diretor é um subordinado do chefe de polícia e do secretário do Interior e Justiça. Eles proibiram as visitas em consequência de uma tentativa de fuga violenta quase no horário de visitas. Qualquer autoridade tomaria uma medida dessas. O governo não recuará no ato de demissão nem pode concordar com a sua nova nomeação. Vocês se dizem amigos do coronel. Para não criar problemas maiores, é melhor evitar qualquer baderna. Vocês estão desarmados, enquanto a polícia está armada até os dentes. A esta hora, ela pode estar toda de prontidão e disposta a esmagar o movimento. Basta que a polícia jogue meia dúzia de granadas lacrimogêneas e nós ficaremos todos sufocados.

Infelizmente, não aceitaram nossos argumentos. Partiram para a luta, desarmados, praticaram algumas depredações, tentaram agredir alguns guardas e procuraram os alcaguetes com o objetivo de eliminá-los. Estes conseguiram fugir para o pavilhão administrativo. Apoderaram-se da cabine de chefia da guarda e tentaram abrir ou arrombar a fechadura do grosso portão de ferro que separa o pavilhão administrativo dos raios, mas foi diante desse portão que o movimento foi barrado. A Polícia Militar tinha cercado todo o presídio e uma parte dela começou a abrir fogo contra os presidiários que não estavam no movimento, mas trabalhando nas oficinas, lavanderia, alfaiataria etc. Outro grupo de policiais começou a disparar nas janelas dos raios e a fuzilaria durou mais de uma hora, sem nenhuma necessidade, pois os presos não tinham armas. O tiroteio cessou quando o coronel Olímpio Ferraz começou a dialogar com os presidiários. Se esse oficial tivesse, logo no início, conversado com os presos, a baderna poderia ter sido evitada, pois seu prestígio era grande. Para os amotinados, o resultado foi totalmente negativo. Morreu um preso que nada tinha a ver com o movimento e oito ou nove ficaram feridos. Os rebelados foram postos em isolamento e o banho de sol e as visitas foram suspensos para todos. Todas as regalias ficaram suspensas, bem como os trabalhos nas oficinas. Apenas os da cozinha e da faxina podiam sair; mesmo assim, eram rigorosamente revistados tanto na entrada como na saída. Todas as celas foram submetidas a uma revista a pente-fino.

O coronel Olímpio foi novamente indicado para a direção do presídio e, em um mês, a situação estava totalmente normalizada. A onda de brigas foi amainada, a jogatina ocorria de forma muito cautelosa e o vício da maconha estava bastante moderado. A pederastia continuava, mas sem a repetição das cenas trágicas. A ação da Igreja católica, através do grande humanista d. Hélder Câmara, arcebispo de Olinda e Recife, foi de grande importância para o fim da situação de tensão dentro do presídio. Um grupo de moças e senhoras, creio que do Departamento de Assistência Social, com seu trabalho abnegado, muito contribuiu para a solução de alguns problemas dos presos comuns. Elas providenciavam, por exemplo, por intermédio dos encarregados dos cartórios de Justiça, os alvarás de soltura para os presos que estavam acabando de cumprir suas penas ou já as tinham cumprido. Aliás, havia muitos presos nessa situação, pois, por falta de recursos, não podiam tomar as providências necessárias. Foram também providenciados *habeas corpus* para os que já se encontravam presos havia muito tempo sem culpa formada e sem prisão preventiva decretada. Ajudavam também os recém-libertos com hospedagem provisória, passagens para o interior e ofertas de emprego. Algumas providências também foram tomadas com os familiares dos presos, como matrícula em escolas para os filhos, hospitalização, cuidados médicos etc. Dentro das condições existentes, os sucessos alcançados por esse grupo de moças e senhoras foi extraordinário, sobretudo pelo sentido humanitário de suas ações, que se transmitia para os detentos. A ação das assistentes sociais, o apoio espiritual e, por vezes, material da Igreja, sob a direção do eminente d. Hélder Câmara, juntamente com a atuação equilibrada do coronel Olímpio como diretor, ajudaram a desanuviar em mais de 70% o ambiente tenebroso que chegou a existir entre os presidiários da medieval Casa de Detenção do Recife, a maior escola de vícios e crimes que tive a infelicidade de conhecer durante meus longos anos de prisão por atividades políticas em diversos cárceres da reação.

Durante a estada na prisão, fui entrevistado por um escritor e jornalista norte-americano, filho do ex-secretário de Estado dos Estados Unidos da América do Norte, John Foster Dulles. O tema da entrevista era a atuação do Partido Comunista Brasileiro no movimento camponês desde a sua fundação até o golpe de abril de 1964 e, em particular o meu trabalho com os assalariados agrícolas. Concordei imediatamente com a entrevista, pondo apenas uma condição, a de que as minhas palavras não fossem deturpadas. Minha defensora já tinha me avisado de que a entrevista seria ouvida tanto pelo promotor quanto pelo juiz-auditor, o que realmente aconteceu. Entre as muitas perguntas, registro algumas de que me lembro:

1. Como viviam os assalariados agrícolas e os camponeses pobres durante o período das ligas camponesas e a partir da sindicalização rural?

2. Qual foi a atuação do PCB nos meios rurais desde a sua fundação até o golpe de 1964?

3. Pode falar detalhadamente sobre a sua atividade entre os trabalhadores agrícolas e os camponeses pobres?

4. Quais foram as lutas mais importantes dos camponeses pela terra e pelas liberdades?

5. Onde se encontrava quando foi aprisionado pelas tropas do Exército?

Na entrevista, narrei tudo que sabia sobre o atraso e a vida de fome e miséria, sobre a opressão a que eram e ainda são submetidos os camponeses pobres e os assalariados agrícolas brasileiros. Falei especialmente da dolorosa situação das crianças, vegetando à mercê do tempo, famintas, descalças, despidas, analfabetas, habitando casebres cobertos de palha, sem agasalhos, devoradas pela tuberculose, pela esquistossomose e sem nenhuma assistência médico-sanitária, quer do governo, quer de qualquer outra instituição. Falei dos milhões de crianças condenadas à morte prematura pelo desprezo a que foram relegadas pelo regime de exploração do homem pelo homem. Exemplifiquei com a vida da minha própria família, acrescentando que centenas de milhares de famílias camponesas, nos períodos de seca ou de entressafra açucareira, perdiam milhares e milhares de crianças por causa da fome e de doenças provocadas pela subnutrição. Nessa altura, o entrevistador franziu a testa e disse, na sua linguagem enrolada e, para mim, confusa:

– É inclível! É inclível!

– É incrível para o senhor e para os seus compatriotas, pois são um povo bem alimentado. Mas, para nós, brasileiros, e particularmente para a massa camponesa, espoliada e oprimida pelos latifundiários e pelo patronato rural, é uma cruel realidade. Se eu disser que milhares de famílias camponesas só comem carne quando conseguem caçar alguns ratos nas suas armadilhas, o senhor vai exclamar que é impossível. Entretanto, é uma realidade concreta!

Meu entrevistador fez uma cara de repugnância. E prossegui:

– Em seu país, todas as crianças camponesas tomam leite. No Brasil, principalmente na zona das secas, nem água elas têm, morrem de sede. Em seu país, todas as crianças têm escolas. Aqui, mais de 90% da população infantil do campo é analfabeta. As crianças do seu país são alegres, bonitas, coradas, robustas e sadias. Aqui, a maioria das crianças filhas de camponeses e operários são tristonhas, feias, choronas, pálidas, magricelas, doentias, angustiadas, infelizes, pois têm fome e carecem de tudo! E falo apenas das crianças. Se fosse falar dos pais, capazes de todos os sacrifícios para aliviar o sofrimento dos filhos, o senhor ficaria estarrecido!

Passei a falar das ligas camponesas. Esse tipo de organização, com esse nome, começou a surgir depois de 1945. Antes, existiam organizações com o mesmo objetivo reivindicativo, porém com outros nomes. Essas primeiras formas de organização tinham, quase sempre, o nome de um santo ou santa, por exemplo: Uniões Camponesas Santa Teresinha, Irmandade Camponesa Santa Madalena, Associação Camponesa São João e outros tantos, conforme as preferências da massa. A utilização de nomes religiosos tinha por objetivo proteger-se da reação governamental, latifundiária e da própria Igreja, que, naquela época, era totalmente contra qualquer organização camponesa. A Igreja era instrumento consciente dos latifundiários e do patronato rural. Assim, não podia deixar de ser sistematicamente anticomunista e classificava qualquer luta reivindicativa dos camponeses de "agitação comunista". Defendia a repressão violenta de qualquer tipo de organização e movimento em defesa dos interesses da massa. Depois da gigantesca vitória das

Nações Aliadas contra o fascismo e o nazismo, houve um afluxo de liberdade em quase todos os países. O avanço da democracia se refletiu também no Brasil. Sob forte pressão das massas, foram libertados os presos políticos depois de mais de dez anos de prisão. O Partido Comunista foi legalmente reconhecido após 23 anos de dura clandestinidade. Foi a partir de então que se organizou a atuação dos comunistas no campo.

Fiz então para o sr. John W. Foster Dulles um resumo histórico das atividades do PCB na organização do campesinato a partir de 1945, falei da criação da Ultab, contei o desenvolvimento de algumas lutas e prestei homenagem aos setores do clero católico, que, dando início à mais bela autocrítica de sua história, passaram a lutar do nosso lado em favor dos camponeses pobres.

No meu resumo histórico, recordei velhas batalhas, anteriores ao período que se iniciara em 1945, para que o entrevistador se inteirasse de como é antiga a tradição da luta camponesa em nosso país, para que ficasse sabendo como é falsa a tese de que a nossa tem sido uma história "incruenta".

Em 1936, por exemplo, foi organizado um movimento guerrilheiro no sul do Estado da Bahia. No primeiro encontro, os guerrilheiros foram vitoriosos, prendendo um pelotão da Polícia Militar da Bahia e pondo o restante em fuga. Mas, depois, foram enviadas à região novas forças militares, que, comandadas pelo capitão Liberato de Carvalho, cercaram a floresta onde se encontrava a base guerrilheira, com ordem de avançar com toda a ferocidade, matando todos os que encontrassem pela frente. A ordem foi rigorosamente executada e jamais se soube com exatidão quantos camponeses foram assassinados. Dois dos mais destacados combatentes, Antônio dos Santos e Rútilo Barbosa, foram mortos de forma extremamente cruel: o primeiro foi queimado vivo e o segundo foi esquartejado. O dirigente comunista da guerrilha, José Martins, conseguiu fugir e atuou nas fileiras do partido até morrer de morte natural.

Na região de Dourados, em Mato Grosso, desenvolveu-se uma luta guerrilheira, comandada por Silvino Jacques, que conseguiu resistir durante vários meses graças à sua mobilidade. Infelizmente, acabou derrotada pelas tropas do Exército, enviadas para combatê-la. Na década de 1940, destacou-se a luta dos camponeses de Formoso, Estado de Goiás. Foi uma luta defensiva dos posseiros contra os grileiros e seus jagunços. Houve choques armados. Os camponeses conseguiram derrotar os jagunços, apesar dos insistentes ataques dos grileiros.

Contei ainda ao sr. John W. Foster Dulles que, em fins de setembro de 1957, os posseiros do norte do Paraná (de Engenheiro Beltrão e Mamborê) repeliram a bala os grileiros e seus capangas. Com o apoio da população, ocuparam as cidades desses municípios e puseram em fuga as autoridades locais, que se haviam acumpliciado com os grileiros. A reação pediu apoio ao Exército para liquidar os posseiros, mas Sua Excelência, o então ministro da Guerra, general Henrique

Teixeira Lott, respondeu que o Exército brasileiro tinha missões bem mais nobres a cumprir e não transformaria seus oficiais em capitães do mato. Chamei a atenção do historiador norte-americano para a diferença entre a atitude do general Lott e a de outros generais, mais tarde...

Depois de prestar minhas declarações, disse ao meu entrevistador:
— Gostaria, agora, de lhe fazer uma pergunta. Por que o governo do seu país invadiu o Vietnã?

Ele fechou a cara e não respondeu.

Alguns meses mais tarde, o sr. John W. Foster Dulles apareceu de novo para me fazer novas perguntas, procurando completar algumas informações e esclarecer alguns detalhes. Procurei dar os esclarecimentos que ele desejava. No fim, prometeu enviar-me um exemplar do livro, quando saísse, assegurando-me que eu não me arrependeria das declarações que lhe fizera. Elogiou minha boa memória e despedimos-nos amistosamente.

Quando o Conselho de Justiça da 7ª Auditoria Militar fixou o dia do meu julgamento, eu estava com quase uma dezena de advogados, inclusive com a lendária figura do eminente jurista Sobral Pinto. Nunca me senti tão honrado, tendo tantos causídicos e juristas tão eminentes a me defender, além dos vários outros que se tinham prontificado a fazer o mesmo. O dr. Sobral Pinto, que era a figura mais destacada, não pôde comparecer no dia do julgamento, pois tinha sido operado da garganta. Telegrafou ao Conselho de Justiça, pedindo adiamento, mas não foi atendido. Os outros advogados combinaram comigo para dizer ao Conselho, no momento oportuno, que meu defensor seria unicamente o dr. Sobral Pinto, com o qual tinha sérios compromissos e que não aceitava ser defendido por nenhum outro advogado. Cumpri à risca o combinado, pois, além de ser uma forma de protesto contra a prepotência do Conselho, não atendendo à solicitação do dr. Sobral Pinto, era também uma bela prova de solidariedade dos demais advogados ao seu eminente colega, ausente por enfermidade.

A situação criada gerou apaixonados debates. O julgamento, que deveria demorar seis ou sete dias, ultrapassou os dez dias. O Conselho não recuou, nomeando então um advogado de ofício. Recusei, alegando que nada tinha contra o advogado, mas só aceitava ser defendido pelo dr. Sobral Pinto. O Conselho impôs sua decisão. Os trabalhos prosseguiram. Após a leitura do processo, fez uso da palavra a acusação, pela voz do promotor Henrique Aciolli.

O processo era volumoso e envolvia quase uma centena de pessoas, mas a maioria delas estava ausente. Alguns tinham seguido o caminho do exílio e outros, com receio de serem condenados, não compareceram ao julgamento. Apenas os que tinham certeza da absolvição estavam presentes, sendo eu a única exceção, pois era o único que, desde 1964, estava preso. Todos os demais responderam ao processo em liberdade ou se ausentaram. O governador Miguel Arraes, Francisco Julião, Gildo Guerra, David Capistrano da Costa, Enildo Carneiro, figuras centrais do processo, bem como dezenas de outros, estavam ausentes. Entre os presentes, recordo-me da imponente figura do dr. Pelópidas da Silveira e de Paulo Cavalcanti. Sendo eu o único prisioneiro, muitas das atenções e simpatias recaíam sobre mim, tanto dos homens da imprensa como dos curiosos e também dos advogados. Assim, apesar de ter recusado a defesa dos demais advogados, todos acabaram por defender-me com bastante veemência. Quero destacar com a mais profunda gratidão e respeito Vivaldo Vasconcelos e Raul Lins e Silva pela excelente e comovedora defesa que fizeram. Só homens dotados de profunda convicção marxista-leninista seriam capazes, naquele momento, de me defender com tanta bravura cívica, política e moral. Sou muito grato aos queridos camaradas e amigos Vivaldo Vasconcelos e Raul Lins e Silva! Para mim, a atitude deles como defensores da classe operária e do povo brasileiro será sempre um exemplo que procurarei seguir para honrar a sua memória, pois, em vida, souberam honrar o nome de militantes comunistas e de verdadeiros defensores dos oprimidos.

Para mim, o julgamento não passava de uma simples formalidade. Já sabia que seria condenado a vinte anos de prisão e que o Conselho iria apenas referendar uma decisão que já estava tomada pelos gorilas militares. Todavia, talvez para prestigiar o advogado indicado por ele mesmo ou então em represália à atitude de impugnação adotada por mim, o Conselho condenou-me apenas a dezenove anos. Alguns fotógrafos, presentes ao julgamento, bateram fotos. Oficiais que estavam ali presentes avisaram que "não deviam popularizar" meu nome, mas algumas fotos acabaram publicadas.

Quando foi lida a sentença, perguntaram-me:

– Como se sente?

– Absolutamente tranquilo. Fui condenado, mas sinto-me moral, política e ideologicamente mais livre que o Conselho. Este não fez mais do que referendar a condenação.

Minha filha e algumas amigas suas que se encontravam no julgamento começaram a chorar após a sentença. Pedi-lhes que não chorassem, que a tempestade não duraria muito.

– Hoje, eles estão com a palavra. Amanhã, ela será nossa.

Disse isso não tanto para consolá-las, mas porque estava realmente convicto de que o regime ditatorial e terrorista não podia ir muito longe. Sou obrigado a reconhecer que errei na previsão. Contudo estou otimista, pois vejo e sinto que a ditadura militar fascista que tiraniza a maior parte do nosso povo é cada dia mais repudiada pelas massas trabalhadoras e por todos os patriotas, anti-imperialistas e democratas.

O segundo processo sobre a chamada subversão no meio rural marchava sonolentamente. De vez em quando, a largos espaços, havia uma audiência, mais para afirmar sua existência do que para concluí-lo. Quando passaram para a fase de ouvir testemunhas de Alagoas, da Paraíba e do Rio Grande do Norte, as audiências se espaçaram ainda mais. Essas audiências eram, para mim, uma oportunidade de ver uma pequena parte do mundo e, sobretudo, de trocar algumas palavras com o jovem padre Antônio Henrique Pereira Neto, de quem me tornei fiel admirador pelo espírito humanitário e pela aguda percepção que ele tinha das realidades da vida. Não era um comunista, mas penso que marchava nesse sentido. Travei conhecimento com ele na época em que comecei a responder ao processo. De início, trocávamos apenas ligeiros cumprimentos, com pequenos gestos de cabeça. Foi pouco a pouco que ganhamos confiança mútua e pudemos estreitar nosso conhecimento. Certa vez, com muita humildade, ele disse:

— Tenho um profundo respeito pelo comportamento de vocês quando caem nas mãos das autoridades repressoras. Rezo ao Senhor, implorando que Ele dê ânimo e alivie seus sofrimentos. Admiro a luta de vocês em defesa dos humildes e dos oprimidos e tenho desejo de seguir seu caminho, mas ainda receio fraquejar. Peço a Deus que me ajude.

Em outra ocasião, conversamos sobre o problema das crianças abandonadas. Disse o padre Antônio:

— Estou profundamente impressionado com a multidão de crianças pernambucanas abandonadas, perambulando pelas ruas. Não têm o amparo dos pais, dos amigos, de ninguém! Sem abrigo e sem agasalhos, estão inteiramente à mercê do tempo, estão na escola do vício e do crime! O que podemos fazer para salvá-las?

Senti que essas palavras brotavam das profundezas do jovem e bondoso coração do eclesiástico. Com todo o respeito, disse:

— Estamos marchando no mesmo rumo para solucionar esse problema, padre. Os senhores seguem o seu caminho; nós, o nosso. Mas, juntos, poderemos alcançar mais rápido nosso objetivo.

Sentia que havia muitas coisas que cada um de nós devia dizer, mas o diálogo era logo interrompido pela chegada de policiais:

— O senhor não pode conversar com pessoas estranhas a esta auditoria!

Nós nos despedíamos com um ligeiro piscar de olhos.

Na noite do dia 26 de maio de 1969, esse jovem sacerdote foi sequestrado quando saía de uma reunião com estudantes católicos. Como assessor de d. Hélder Câmara para assuntos da juventude, dava assistência espiritual aos jovens estudantes. A nota do Conselho Presbiteral da Arquidiocese, assinada por d. Hélder Câmara, divulgada no dia 27 de maio, afirma que "a vítima, entre outras torturas, foi amarrada e arrastada pelas ruas desertas de Recife e recebeu três tiros na cabeça". Antes da morte do padre, o Palácio de Manguinhos, sede do Arcebispado, tinha sido pichado com inscrições favoráveis ao governo militar. A casa da rua Jeriquiti, onde funciona a secretaria regional da Conferência dos Bispos, também foi crivada de balas, bem como a residência de d. Hélder Câmara, na igreja das Fronteiras, que também foi pichada. O líder estudantil Cândido Pinto, amigo de d. Hélder Câmara, foi vítima de atentado a bala, em plena rua central de Recife; ficou com a medula seccionada e, consequentemente, com invalidez perpétua. D. Hélder Câmara denunciou toda essa onda de atentados terroristas, afirmando que existia uma lista de trinta nomes, o primeiro sendo o do próprio arcebispo (e o segundo o do jovem padre assassinado), que deviam ser eliminados.

Na minha defesa política, acusei meus torturadores e os assassinos de trabalhadores agrícolas, bem como fiz a denúncia das condições de miséria e atraso da massa camponesa. Logo a seguir, o partido pediu que eu fizesse um resumo dessa denúncia, incluindo traços da minha autobiografia, com o objetivo de publicar um folheto, o que realmente aconteceu. Por sua simplicidade quase humilde e pelo realismo, o folheto ganhou larga repercussão entre os patriotas e os democratas, principalmente nos meios estudantis. Um desses folhetos foi descoberto nas mãos de um cabo do Exército, na Guanabara, e isso serviu de pretexto para mais um inquérito policial militar para apurar a origem do folheto. Fui chamado para depor perante uma comissão de três oficiais. Um deles, se não me engano um tenente-coronel, após preencher certas formalidades, começou a interrogar-me:

— Conhece este folheto?
— Conheço.
— Quem é o autor?
— Eu mesmo.
— Concorda com tudo o que está escrito nele?
— Perfeitamente.
— Onde foi impresso?
— Não sei.
— Quem o levou para imprimir?
— Não sei.
— Como é que não sabe, se foi o senhor que o escreveu?
— Entreguei a um desconhecido, na Auditoria de Guerra, quando tinha ido ouvir uma audiência.
— Em que empresa tipográfica foi impresso?
— Não sei.
— Foi impresso em Pernambuco ou em outro estado?
— Não sei.
— Em que dia e mês o senhor entregou o manuscrito para ser impresso?

— Não me lembro.
— Assume a responsabilidade pela autoria e impressão do livro?
— Perfeitamente.
— Nós já sabíamos que as suas respostas seriam mais ou menos essas!

E com isso terminou o interrogatório. Não sofri coações nem houve pilhérias, mas respeito mútuo. Quando voltei à prisão, alguns companheiros acharam que eu devia ter negado tudo. Justifiquei, dizendo que não poderia negar uma coisa que eu tinha feito conscientemente e com o objetivo de divulgar amplamente. Se negasse, seria incoerência minha e só criaria confusões.

O inquérito sobre o folheto não teve maior repercussão. Tudo ficou no interrogatório. O processo batizado de "subversão nos meios rurais" também foi arquivado, conforme fui informado logo após o julgamento, por falta de base de sustentação. O processo anterior, sobre a "subversão no estado", tinha praticamente esgotado o conteúdo do segundo, pois a maioria dos acusados já tinha sido julgada. Baseado nessa fundamentação, o dr. Paulo Cavalcanti conseguiu o arquivamento do processo. Como principal acusado nesse processo e em virtude das atividades que tinha desenvolvido no campo, esperava uma larga condenação. O arquivamento foi, para mim, um enorme benefício que devo à capacidade jurídica do grande causídico pernambucano dr. Paulo Cavalcanti.

Em 1968, agravou-se meu estado de saúde, com alterações de pressão arterial. Comecei a sentir algo anormal no coração e a próstata era um velho problema, que, desde os bárbaros espancamentos de abril de 1964, nunca mais me deixara. Havia dias que conseguia urinar quase de forma normal, mas em outros quase não conseguia e sentia muitas dores. Durante o dia, suportava melhor a situação, porém, à noite, era obrigado a levantar-me de instante a instante, dirigindo-me ao toalete sem conseguir urinar. A situação da minha saúde deixava-me muito nervoso, agravando ainda mais a insônia. Era, de fato, uma situação duríssima e eu não sabia como resolvê-la.

Certa noite, acordei sentindo-me muito mal, com febre e muitas dores na cabeça e por todo o corpo. Quanto tentei urinar, só saiu sangue. Voltei para a cama e, num vasilhame, juntei urina para ser examinada no dia seguinte. Logo que amanheceu, comuniquei ao guarda que estava doente e, por isso, precisava de um médico. Logo este chegou e informei-o da minha situação. Fez alguns exames, mediu a pressão, tomou o pulso, auscultou o coração, deu-me uma injeção, aplicou uma sonda na via urinária e receitou-me um mundo de remédios. Proibiu qualquer esforço físico e aconselhou uma operação na próstata logo que melhorasse. Assim, passei algum tempo mais aliviado, se bem que as complicações da próstata e da bexiga continuassem. Decidi apresentar a questão da operação ao partido depois de ter conversado com meu filho. Foi providenciado um médico especialista e a solução estava nas mãos do Conselho de Justiça da Auditoria da 7ª Região Militar. Passou-se quase um ano desde que fiz o pedido e, durante o período, tive outra crise, com as mesmas características, porém mais aguda. O especialista providenciou um exame clínico meticuloso e novamente foram receitados quase os mesmos remédios e mais algumas injeções paliativas. Com todas as informações clínicas, o médico especialista foi visitar-me e, depois, dirigiu-se ao Conselho de Justiça, solicitando urgência na solução do pedido de autorização para operar. Passaram-se meses até que fui examinado por uma junta médica militar. Só dois meses depois desse exame seria dada a autorização para a operação!

Depois de tanto tempo de espera, faltava resolver apenas um problema, que eu achava o mais difícil, mas acabou sendo o mais fácil: o dinheiro para a estada no hospital, para os medicamentos e tudo o mais que fosse necessário. Graças à solidariedade de amigos e patriotas, a soma necessária foi conseguida e até ultrapassada com relativa facilidade. Fui transferido para o hospital Centenário e operado. Segundo meu filho, a operação não foi das mais difíceis, mas também não foi fácil. Meu cirurgião e seus auxiliares, além de competentes, foram bastante cuidadosos, o que muito contribuiu para que tudo corresse bem. A única complicação que poderia surgir devia-se à minha idade avançada e ao estado de fraqueza em que me encontrava. Aliás, isso foi dito pelo médico antes de operar. Preferi enfrentar com tranquilidade os riscos da operação, pois, de outra forma, poderia viver mais algum tempo, mas com grande sofrimento. Assim, graças à competência do especialista e de seus auxiliares, tudo correu bem.

11

Logo depois da operação, recebi uma transfusão de sangue que provocou em mim uma horrorosa sensação de frio. Meu corpo começou a tremer demasiadamente, o que obrigou meu cirurgião a aplicar algumas injeções e a adotar ainda algumas outras medidas acalentadoras. Passada a crise, o médico indicou um enfermeiro de sua absoluta confiança para assistir-me, dia e noite, até a retirada da sonda do canal urinário. Esse enfermeiro foi de uma dedicação extraordinária. Passou o tempo todo comigo, fosse de dia ou de noite, sentado numa cadeira. Levantava-se apenas para endireitar o corpo, para ir ao toalete e para as refeições. Não dormia, apenas cochilava. Qualquer movimento que eu fazia era seguido com toda a atenção. Tomava-me o pulso, a temperatura e a pressão, endireitava-me na cama para ficar mais confortavelmente instalado e trocava a roupa de cama. Tinha pena dele e fazia o possível para não me movimentar e deixá-lo cochilar mais à vontade.

Quando eu já estava fora de perigo, pedi ao enfermeiro que fosse dormir em sua casa, pois meu filho poderia substituí-lo. Aceitou, mas retirava-se só às dez horas da noite e, no dia seguinte, estava presente às seis horas da manhã. Nunca tinha visto um profissional tão responsável e tão dedicado. Foi um excelente enfermeiro que me assistiu durante toda a temporada que passei no hospital Centenário.

Minha guarda era feita por quatro guardas-civis. Não eram maus, mas também não eram gentis. No começo, queriam que a janela do meu quarto ficasse fechada tanto de dia como de noite. Mas o calor que fazia era intolerável e protestei. Não me atenderam. Comuniquei ao médico a situação e propus que me transferissem para a enfermaria da Casa de Detenção. Ali pelo menos poderia respirar um pouco de ar. O médico mandou abrir as janelas e disse:

— Meu cliente veio aqui para se curar, e não para ficar doente e de castigo. Se pensam que ele vai fugir, fiquem na porta, observando-o, pois essa é a missão dos senhores!

Recebia, diariamente, as visitas de alguns comissários de polícia e dos chefes dos guardas encarregados da minha vigilância. Um dia, propuseram minha transferência para um quarto mais arejado e confortável, nos fundos do hospital, dizendo que, além de fazer menos calor, ali seria menos barulhento, pois ficaria longe do trânsito. Como sei que, quando a esmola é muito grande, o pobre desconfia, agradeci a "gentileza" e preferi ficar no mesmo quarto.

Pondo de lado a modéstia, devo dizer que era muito estimado entre os presidiários comuns da Casa de Detenção. Recebi deles uma oferta rica e comovente: quando souberam que eu tinha sido operado e precisava de sangue para repor o que tinha perdido, fizeram uma fila enorme para doar sangue. O grupo de enfermeiros que se dirigiu à Casa de Detenção para recolher o sangue dos presidiários ficou admirado com o número de voluntários doadores. Todos queriam contribuir com seu próprio sangue para o meu restabelecimento. Foram recolhidos mais de seis litros de sangue e só não houve mais porque não quiseram recolher. Esse gesto humanitário dos presidiários comuns da Detenção do Recife encheu-me de emoção e de profunda gratidão. Deu-me mais ânimo e muita confiança na justeza da luta do partido em defesa de todos os oprimidos e injustiçados pelo regime de exploração dos homens pelos próprios homens, que é a causa fundamental dos males que sofre a maioria da humanidade e é, ainda, o principal responsável pelas dezenas de milhares de presos comuns que superlotam as prisões brasileiras. A maioria dos que padecem os horrores da prisão não estaria lá se houvesse liberdade e justiça, se houvesse o direito ao trabalho e à educação para todos. Numa palavra, se houvesse direitos e deveres iguais para todos.

Desde alguns meses antes de ser hospitalizado para a operação, vinha recebendo visitas de jovens pertencentes a grupos de esquerda que se ofereciam para arrancar-me do cárcere. Rejeitei todas as propostas, pois, além de não ser uma ação organizada pelo partido, seria à sua revelia. Logo depois da operação, as propostas tornaram-se ainda mais insistentes. Minha posição continuava a mesma. Recomendava que nada fizessem no sentido da minha fuga, pois eu não fugiria sem uma orientação do partido ao qual estava conscientemente subordinado. Além disso, não queria criar dificuldades para os médicos nem prejudicar meu filho, que me visitava constantemente, sem falar da assistência que ele vinha dando desde a minha prisão. Não poderia aceitar propostas de fuga feitas por jovens dos diferentes grupos, sobretudo porque eu era sistematicamente contra tudo e todos que provocassem o fracionamento do partido, especialmente quando este precisava, mais do que nunca, de unidade política, orgânica e ideológica para ser capaz de desenvolver uma ação capaz de enfrentar com firmeza e coesão as investidas da ditadura militar terrorista que assaltou o poder em abril de 1964. Sabia que esses jovens eram dirigidos por Carlos Marighella, Mário Alves e mais uma dezena de bravos camaradas da direção nacional, mas sabia também que esses dirigentes tinham agido conscientemente para fracionar o partido. Sabia também que todos estavam agindo de boa-fé em relação a mim, mas não podia aceitar suas propostas. Era um problema de consciência e lealdade em relação ao meu partido. Além disso, eu tinha a ilusão de que, conforme evoluísse a situação política, poderia conseguir a redução da minha pena para menos de um terço da condenação. Nessa perspectiva, seria relativamente fácil obter a liberdade sem o sacrifício da vida dos jovens. Diante da minha intransigência, os jovens foram me deixando de lado, batizando-me de "velho revisionista", o que, para mim, pouco ou nada significava.

No dia em que voltei do hospital, fui recebido fraternalmente por dezenas de presidiários comuns, com votos de pronto e completo restabelecimento. Alguns dos presidiários entraram na minha cela logo que o guarda abriu a grade, limparam as paredes e o teto, lavaram a janela e o toalete e levaram a minha cama para o sol, limparam-na e trouxeram-na de volta. Só depois dessa operação-limpeza é que voltei ao meu velho cubículo e continuamos o bate-papo amistoso. Às cinco horas, todos foram recolhidos e trancados nas respectivas celas. Foi mais uma prova de solidariedade dos presidiários comuns ao companheiro político dentro das grades da Casa de Detenção do Recife.

Minhas boas relações com os presos comuns da Detenção trouxeram, na época da Páscoa, uma surpresa agradável e honrosa. Fui convidado por um dos detentos para assistir ao ato religioso relativo à data, que seria celebrado por d. Hélder Câmara, arcebispo de Olinda e Recife. Vinha acompanhando com interesse a atuação desse eclesiástico, principalmente seus pronunciamentos humanitários após o golpe de 1964. Não o conhecia em pessoa e a Páscoa seria uma ocasião para ver essa figura, que se tinha tornado célebre em defesa dos presos políticos torturados e assassinados nas prisões da ditadura fascista. Fui, vi e ouvi a pregação, destinada não apenas aos presos comuns mas também aos religiosos das igrejas de Nossa Senhora do Carmo, Santa Teresinha e algumas outras, que formavam uma verdadeira multidão.

Quando d. Hélder terminou a solenidade religiosa, desceu do palanque e começou a atravessar a multidão, andando na direção em que eu me achava. Supus que viesse cumprimentar algumas personalidades que se encontrassem perto de mim e, assim, procurei dar-lhe passagem. Ele parou bem na minha frente e disse:

— Gregório, meu amigo, eu o estava vendo de longe, com a sua cabeça branca, e vim cumprimentá-lo. Como vai a saúde?

— Eu também estava vendo e ouvindo a sua pregação religiosa e aproveito para agradecer, em nome dos meus companheiros e em meu nome pessoal, de todo o coração, os seus pronunciamentos humanitários em defesa dos presos políticos torturados e assassinados nas prisões da ditadura militar terrorista que assaltou o poder em 1964. Nós, os prisioneiros políticos, jamais esqueceremos a sua voz de protesto contra os crimes praticados pelos militares em diferentes quartéis das Forças Armadas. Muita saúde e longa vida é o que lhe desejamos de todo o coração!

Foi o que pude dizer, surpreso e emocionado pelo honroso cumprimento. O momento era impróprio para um diálogo mais longo e despedimos-nos emocionados.

O acontecimento inesperado deixou-me pensando quanto os dirigentes da Igreja católica, com o imenso prestígio que desfrutam, poderiam contribuir para arrancar as massas sofridas e atrasadas do nosso país da fome, da miséria e da espoliação a que se encontram submetidas há longos séculos. Depois do encontro casual, passei a ser cumprimentado por numerosas senhoras e cavalheiros que, admirados, assistiram ao meu ligeiro diálogo com o eminente prelado. Algumas dessas pessoas me cumprimentavam sempre e procuravam conversar quando nos encontrávamos no pátio interno da prisão. Estou convencido de que os pronunciamentos corajosos de d. Hélder Câmara, desde a sua chegada a Recife, em abril ou março de 1964, muito contribuíram para despertar o sentimento patriótico e humanitário de muitos de seus pares e de milhares de cidadãos, antes conformados ou indiferentes diante do terrorismo da ditadura entreguista e espoliadora. Para constatar essa verdade, basta comparar a posição da Igreja antes de 1964 e de então até o presente. D. Hélder ergueu bem alto a bandeira da defesa dos oprimidos e dos perseguidos políticos contra a tortura, os sequestros e os assassinatos. D. Hélder e outros líderes da Igreja, com seus pronunciamentos e ações, muito contribuíram para frear as mãos assassinas na desenfreada matança clandestina de adversários políticos de todas as condições sociais, inclusive da própria Igreja, como foi o caso do padre Antônio Henrique Pereira Neto, do jesuíta João Bosco Penido Burnier e outros. A violência perpetrada contra os eclesiásticos encontra-se de forma mais completa no manifesto da Conferência Nacional dos Bispos do Brasil intitulado "Aos cristãos é proibido ter medo".

A decretação do AI-5 acabou com uma das ilusões que eu ainda conservava, a de que acabaria conseguindo, legalmente, a libertação, pois a condenação não tinha sustentação legal. A liquidação das ilusões causou prejuízos nos meus planos de tratamento da saúde; meu estado era bastante precário. Sentia dores cruciantes nos ossos da bacia e na coluna vertebral. Os sistemas circulatório e nervoso continuavam a dar mais complicações, resultando tudo isso em terríveis insônias. Para minha felicidade, uma médica capaz e humana, sem ter nenhum compromisso político conosco, sabendo da minha situação, fez-me uma visita e prontificou-se a dar-me assistência efetiva. De fato, logo após os exames iniciais de pressão, pulso e coração e após um prolongado interrogatório, deu-me uma carrada de remédios, exigindo que eu os tomasse seguindo pontualmente as suas indicações. Apesar da minha rebeldia em relação aos remédios, fiquei encantado com o gesto autoritário, quase ditatorial, porém humano, da médica e segui à risca as suas indicações. Atenuaram-se gradativamente as dores e sentia-me um pouco melhor, apesar de a insônia continuar sem nenhuma diferença. A essa querida médica devo, em grande parte, a possibilidade que tenho, agora, de estar rascunhando estas notas para o conhecimento, pelo partido e por meus amigos, da valorosa solidariedade que ela me prestou na Casa de Detenção. Tornamos-nos amigos; ela, levada pelo sentimento humanitário, e eu, pela profunda gratidão à sua grande solidariedade.

Durante os últimos dois anos que passei na Detenção, todos os domingos recebi a visita da médica, a qual fazia o exame e constatava a lenta, mas contínua melhora da minha situação geral. Gostava das visitas, não apenas pela orientação sobre meu estado de saúde mas também pelas discussões muito interessantes que mantínhamos, especialmente sobre os problemas africanos. A doutora interessava-se particularmente pelas então colônias portuguesas na África, Angola e Moçambique. Sobre essa matéria, ela sabia onde metia o nariz. Foi, para mim, uma excelente médica, uma irmã dedicada e querida, uma grande amiga. Sou muito grato à minha querida médica, a quem desejo muita saúde e longa vida! Um dia, quando raiar o sol da liberdade em nossa pátria, demonstrarei a minha profunda gratidão, toda a estima e admiração que lhe tenho. Desejo que seja sempre humana com seus clientes e com o povo sofrido que tão bem conhece.

A atividade fracionista desenvolvida por Carlos Marighella e outros membros da direção nacional criou uma situação pesada, muito confusa, nas fileiras do partido e em certos setores da população. Eu não sabia o que se passava na cúpula partidária e, quando se consumou a divisão, isso foi um impacto angustioso, pois estimava-os como dirigentes capazes e como pessoas. Até hoje, não compreendi o comportamento daqueles valorosos camaradas que, até aquela data, vinham dando tudo o que podiam pelo desenvolvimento político, ideológico e orgânico do partido. Sempre lutaram pela unidade da ação, pela coesão do PCB. Quando essas qualidades de militante eram mais necessárias do que nunca, sobretudo nos membros da direção máxima, para sermos capazes de repelir os violentos golpes da gorilagem, numerosos camaradas, liderados por Marighella, racharam o partido. Do fundo do cárcere onde me achava, repeli todas as tentativas divisionistas de me ganharem para suas posições aventureiras. Naquela época, eu não entendia a atitude daqueles dirigentes, e hoje, mais do que nunca, não a posso aceitar. Sabia e sei que semelhantes condutas apenas ajudam, como ajudaram, a ditadura terrorista e fascista que tiranizava e continua tiranizando a maior parte do nosso povo. Para ser franco, somente após a realização do VI Congresso, quando vieram cair em minhas mãos a Resolução e outros documentos, compreendi que a divisão no partido tinha sido mais danosa do que supunha.

Já me referi antes às insistentes visitas e propostas de estudantes de diferentes grupos esquerdistas na vã tentativa de me ganhar para suas posições equivocadas. Quando perceberam que estavam martelando em ferro frio, deixaram-me em paz. Mas foi por pouco tempo. Agora, voltavam com propostas mirabolantes de fuga. Não aceitei essas propostas, pois não eram amparadas pelo PCB. Fui muito franco com eles, pedindo que não insistissem, pois só fugiria com a cobertura do partido.

Em fins de 1968, recebi a visita de duas jovens da Guanabara. Ambas tinham estado detidas no campo do Botafogo por ocasião da violenta repressão da ditadura militar contra o movimento estudantil. Conversamos muito. Eram muito jovens e muito entusiasmadas, mas ainda imaturas politicamente. Tinham fibra revolucionária e o ímpeto característico da juventude, mas não tinham a vivência da prática de luta política do dia a dia. Estavam dispostas a enfrentar a luta de qualquer forma, desse no que desse. Odiavam a reação e os gorilas militares que as tinham humilhado quando estiveram presas. Iam partir para a luta conscientes do que poderia acontecer. Dialogamos muito; respeitavam meus argumentos, mas não as convenci. Estavam decididas pela luta armada em qualquer terreno. Tinham de ir à forra das humilhações, dos insultos e dos vexames que sofreram no campo de concentração de Botafogo, onde estiveram detidas. Uma das jovens chamava-se Iara, filha de Zilda Xavier. Da outra não consegui decorar o nome.

As jovens achavam que não devia haver ataques de lutadores contra lutadores. Discordavam dos ataques que os jovens esquerdistas faziam ao partido, assim como dos que este fazia no confronto com eles. Argumentavam que muitos jovens desconheciam o passado de lutas do partido em defesa da classe operária e das massas trabalhadoras. Respondi atenciosamente que concordava com os argumentos, mas, infelizmente, não tinha sido o partido que tinha tomado a iniciativa dos ataques. Disse-lhes que, de fato, os ataques em nada beneficiavam os lutadores; ao contrário, somavam a favor da ditadura, enfraquecendo os diferentes grupos. Que cada um seguisse o caminho que parecesse mais correto até a lógica da história mostrar o rumo certo. Mas não podia concordar com o desperdício inútil de energias físicas e morais da juventude em lutas sem perspectiva de vitória, pois não estavam apoiadas nas largas massas populares da cidade e do campo. *Nenhum partido político isolado das massas populares será capaz de realizar uma revolução.* Os jovens, embora sendo idealistas, valentes e patriotas, eram poucos, sem nível organizativo e, principalmente, sem o apoio das amplas massas populares. Por último, apelei para que refletissem. Despedimos-nos de maneira amigável.

Alguns meses após esse diálogo, recebi a visita da companheira Zilda Xavier, mãe de Iara, enviada por Carlos Marighella. Conversamos sobre assuntos relacionados com a luta contra a ditadura e a onda de repressão violenta que estava sendo espalhada por todo o país. Discutimos sobre o problema da divisão do partido, provocado por Marighella e outros. Ela achava justa a posição de seu líder, mas discordava dos ataques contra o partido e sobretudo contra Prestes. Segundo a companheira Zilda, Marighella não atacava o partido e dava orientações ao seu grupo no sentido de defender Prestes. Essa orientação foi confirmada, posteriormente, por Ricardo Zarattini, que acrescentou ainda a posição antimaoista consciente e a defesa do Partido Comunista da União Soviética como linha de Carlos Marighella.

Nossa conversa prosseguiu, com trocas de experiências sobre o trabalho no campo e entre as massas femininas. Falamos ainda das perspectivas pouco animadoras que existiam agora, depois do AI-5, para a minha possível libertação. Quase no fim, ela me ofereceu em nome de Marighella, uma ajuda de 10 milhões de cruzeiros e os homens que fossem necessários para preparar a minha fuga. Agradeci a oferta e disse:

– Tenho todos os motivos para não gostar de cadeia, mas não fugirei à revelia do partido. Quando a proposta for feita por ele, não vacilarei um segundo.

A companheira Zilda achou correta a minha posição e despedimos-nos como irmãos, como companheiros de lutas, embora com divergências. No entanto, passados alguns meses, voltou a visitar-me e a insistir no plano de fuga; agora, sem qualquer compromisso político, segundo ela dizia. Tratava-se de uma questão de honra para Marighella. Ele queria arrancar-me da prisão a qualquer preço. Tanto empenho e tanta insistência deixaram-me comovido e prometi pensar no assunto e consultar o partido. Na realidade, eu já tinha um plano e estava dando os primeiros passos para concretizá-lo, com o apoio do partido. Zilda despediu-se, contente com a minha resposta. Pela primeira vez, beijou-me fraternalmente e prometeu voltar logo para saber da minha decisão.

No início de setembro de 1969, o mundo foi surpreendido pela espalhafatosa notícia do sequestro do embaixador norte-americano pela ação coordenada de diversos grupos esquerdistas. De fato, foi uma ação bem planejada e rigorosamente executada, coroada de êxito. Em troca do representante da mais poderosa nação capitalista do mundo no Brasil, os dirigentes dos grupos de esquerda exigiram a libertação de quinze prisioneiros políticos que deveriam ser enviados para o México, Argélia ou Chile, enfim, para um país que os recebesse. O México, honrando suas tradições de solidariedade, ofereceu-se imediatamente para receber os prisioneiros da ditadura fascista brasileira. Para a libertação do embaixador, foi ainda exigida a publicação de um manifesto político em toda a imprensa falada e escrita do país. A lista dos presos políticos só seria fornecida após a satisfação das exigências pelo governo brasileiro.

Os gorilas tiveram de reunir-se para discutir as exigências. Segundo soubemos, houve resistências de alguns em aceitar as condições impostas pelos dirigentes esquerdistas. Mas o patrão norte-americano parece ter ordenado a aceitação das condições e assim foram divulgados pela rádio e pelos jornais os nomes dos prisioneiros a serem trocados pelo gringo ianque. Quando a lista chegou ao meu conhecimento, tive uma surpresa, pois sabia que o partido não tinha participado da ação de sequestro e por isso não esperava ser incluído entre os quinze.

Um fato comovente que se verificou com a situação criada pelo sequestro foi a torcida dos presidiários comuns, desejosos de verem meu nome na lista dos que seriam libertados em troca do "gringo americano", como eles diziam. Muitos diziam:

— Arruma as malas, pai veio! Dessa vez, o sinhô sai! Chegô a sua vez!

E ainda outros:

— Vai cum Deus, pai veio, e alembre-se de nóis, qui fiquemo penando nessa cadeia braba!

Tudo isso se passou antes da publicação dos nomes.

Quando foi publicado o manifesto, com os nomes, os prisioneiros comuns correram para me abraçar e apertar a mão emocionados. Eu sabia que era estimado, mas não tanto quanto eles demonstraram naquela ocasião. Não sabia como corresponder a tamanha prova de solidariedade fraternal de uma massa cuja maioria era de desajustados na vida! Quase entorpecido pela emoção, pude reverter os agradecimentos ao partido, que, apesar de todos os erros e falhas, foi capaz de me educar politicamente, transformando o revoltado que eu era num revolucionário consciente e humano. E foi nesse ambiente de euforia e emoção que recebi a visita do diretor da Detenção. Em particular, disse:

— Sei que o senhor é muito estimado pelos presidiários comuns, mas sou forçado a tomar algumas medidas de segurança a seu favor, porque, o senhor sabe, entre os detentos existem elementos viciados, capazes de tirar a vida de qualquer pessoa por um cigarro de maconha. De hoje até a sua saída, que será amanhã ou depois, nenhum preso comum poderá visitá-lo.

Pediu-me ainda que não fosse assistir a um jogo de futebol, do qual eu era o patrono. Colocou dois guardas na porta da minha cela e despediu-se, desejando-me boa viagem.

Logo que foi divulgado o rol dos prisioneiros a serem libertados, com meu nome encabeçando a lista, o povo concentrou-se defronte da Casa de Detenção, ansioso por me ver e saudar. Numerosos jornalistas pediam, por intermédio dos guardas, a preferência para ouvir minhas declarações. Respondia que, se dependesse da minha vontade, falaria a todos. A massa aumentava à medida que se aproximava a hora da minha saída. Como os desejos da reação nunca coincidem com os do povo, não demorou que a polícia tentasse dispersar a multidão. Foi impotente. Logo veio a gorilagem militar para fazer o que a polícia não tinha conseguido. Foi uma pena...

Por volta das dezenove horas do dia 6 de setembro, chegou a escolta da Polícia Federal, de dois ou três carros. Fui algemado, jogado para dentro de um carro blindado e guardado por três policiais armados até os dentes. Pilheriavam e insultaram-me como quiseram. Ao chegar ao portão interno do presídio, o Corpo de Guardas já estava formado e em posição de sentido. Lá, encontrava-se a diretoria e também a minha advogada, dra. Mércia, a quem entreguei uma declaração definindo minha posição política em face dos acontecimentos que provocaram a liberdade de quinze prisioneiros políticos, inclusive a minha. Transcrevo-a aqui, integralmente.

Declaração ao povo brasileiro
Soube da inclusão do meu nome no rol dos presos políticos que devem ser libertados em troca da entrega, vivo, do embaixador norte-americano pela rádio. Estou preso há mais de cinco anos, sem contato com ninguém, a não ser com meus familiares.
Por uma questão de princípio, devo esclarecer que, embora aceite a libertação nessas circunstâncias, discordo das ações isoladas, que nada adiantarão para o desenvolvimento do processo revolucionário e somente servirão de pretexto para agravar ainda mais a vida do povo brasileiro e de motivação para maiores crimes contra os patriotas.
Respeito o ponto de vista daqueles que impuseram à ditadura a forma de libertar inúmeros revolucionários que sofrem nos cárceres do atual regime militarista, mas mantenho-me na firme convicção de que somente a união de todas as classes e camadas sociais não comprometidas com a ditadura entreguista é que decidirá a instauração no Brasil de um regime de plena liberdade, de livre desenvolvimento econômico, de paz e de nacionalismo. Só o proletariado, o campesinato, as forças organizadas da classe média urbana, os estudantes, os intelectuais, o clero progressista e as camadas e os setores esclarecidos das Forças Armadas que se opõem à atual ditadura serão capazes de, unidos, implantar no Brasil um regime verdadeiramente democrático.
Aceitando a minha libertação, faço questão de declarar que não abdicarei jamais dos princípios marxista-leninistas que orientam a luta dos povos contra o imperialismo e a reação. Mesmo longe do Brasil, farei tudo para participar da luta do nosso povo por sua libertação final. Não quero que, nesta hora, minha atitude ponha em risco a vida dos demais presos políticos a serem libertados. Nem desejo, como humanista que sou, o sacrifício desnecessário de qualquer indivíduo, ainda que seja o embaixador da maior potência imperialista de toda a história. Luto, por princípio, contra sistemas de força. Não luto contra pessoas, individualmente. Só acredito na violência das massas contra a violência da reação.
Esta é a declaração que julgo dever fazer no momento em que me preparo para deixar a minha pátria.
Viva o povo brasileiro!
Recife, 6 de setembro de 1969
Gregório Bezerra

Depois de feita a declaração, os policiais tiraram-me do carro, entenderam-se com a diretoria do presídio e puseram-se em outro carro. Logo que saímos para a rua, os policiais, um de cada lado e outro por trás, levantaram-me e disseram:
– Olhe para a sua massa... Veja a sua multidão... Fale para ela!

Não havia ninguém, é claro. Da massa que, durante 36 horas, ficara concentrada restaram apenas papéis, latas de conserva vazias, pedaços de pão...

Olhei para as pontes 6 de Março e Boa Vista. Tudo deserto. E os policiais com o mesmo tipo de provocação. Sentaram-me então com a costumeira violência e partimos. Ao chegarmos à praça Siqueira Campos, sob uma árvore escura, trocaram-me novamente de viatura e, logo que passamos a ponte Mocatalambó, nos Afogados, mais uma troca. Confesso que não entendi todas aquelas mudanças. E seguimos, ziguezagueando pelas ruas e becos mais escuros, até chegarmos ao aeroporto militar dos Guararapes, onde fui fichado e fotografado mais de vinte vezes.

Eram cerca de dez e meia da noite quando chegou um avião de transporte do Exército e fui conduzido para ele. Deparei com os jovens companheiros, todos de pés e mãos algemados, como eu. Olharam-me com muita simpatia, risos de alegria e solidariedade. Saudei-os:

– Boa noite, meus amigos!

Como resposta, os oficiais que comandavam a escolta ordenaram silêncio, dizendo:

– Psiu! Psiu!

Fiz-me de desentendido, perguntando à toa:

– Não se pode falar aqui?

– Não! E estamos entendidos! – foi a resposta brutal.

Sentaram-me entre um cabo e um sargento. Veio um oficial com dois auxiliares e revistaram-me todo. Encontraram, como material subversivo, tabletes de remédio para o coração passados por um médico da Aeronáutica poucas horas antes de eu sair da prisão, pois as autoridades judiciárias da região haviam informado que eu estava com o coração afetado. Quando apreenderam os remédios, tentei explicar tudo isso. Responderam-me:

– Não interessa! Temos médico no avião! Cale-se!

Por volta das duas horas da manhã do dia 7 de setembro, comemoramos o Dia da Pátria com um "lauto jantar": um pão duro, azedo e microscópico e uma caneca de água. Como fui o último a entrar no avião, nem a isso tive direito. A essa hora, fazia frio. Tinha comigo uma coberta de flanela que minha filha me dera antes de sair da prisão. A jovem Maria Augusta tinha as pernas descobertas e deveria estar sentindo mais frio que os outros. Tentei passar-lhe a coberta. O militar sentado entre nós impediu.

– Por quê? – perguntei surpreendido.

– Não interessa. Cale-se!

Assim, tivemos de aguentar quase toda a madrugada e o começo da manhã num avião que não tinha toalete e onde se urinava por uma espécie de funil.

Eram cerca de nove horas quando chegamos à bela capital mexicana. Depois de preenchidas as formalidades entre as autoridades mexicanas e brasileiras, aquelas entraram no avião e saudaram-nos cordialmente. Ao ver-nos de pés e mãos algemados, ficaram estarrecidas com a perversidade dos gorilas brasileiros. Libertaram-nos imediatamente, dizendo:

– Aqui vocês são cidadãos livres! Estão sob a proteção do povo e do governo mexicanos! Estão garantidos!

Começamos a conversar amistosamente. Sentia-me num mundo diferente, depois de quase seis anos de sofrimentos no cárcere. Sentia o calor da solidariedade humana e a hospitalidade do magnífico povo mexicano. Os 22 dias que passei na bela capital mexicana confirmaram inteiramente o conceito que já antes fazia da hospitalidade do seu povo e, especialmente, minha admiração pela desassombrada juventude mexicana, por seus intelectuais progressistas, pelos homens e mulheres da imprensa, pelos médicos, capazes e humanos.

Quando descemos do avião, vimos ao longe um colorido encantador de homens e mulheres de todas as condições sociais que tinham ido ao aeroporto levar o calor de sua solidariedade. Para nós, banidos da pátria, tal demonstração foi não só motivo de alegria mas sobretudo um magnífico estímulo para, com maior ânimo e firmeza, prosseguir na luta contra a ditadura, contra o imperialismo e pelo socialismo. O povo mexicano sabe bem o que é o imperialismo espoliador. Sabe o que tem sido a luta pela soberania de sua pátria. Daí a alta compreensão e solidariedade que vem prestando, ao longo dos anos, a todos os perseguidos políticos que batem às suas portas em busca de um refúgio provisório e reanimador de energias para, na primeira oportunidade, recomeçar a luta com maior ímpeto e decisão.

Desembaraçados das formalidades da alfândega, fomos cercados por jornalistas e fotógrafos de quase todos os países, fazendo as mais variadas perguntas, segundo os interesses de sua imprensa, tirando fotografias em todas as posições e gestos, inclusive sorrisos. Delegações da massa entregaram-nos flores, carinho e muita alegria. Já passava do meio-dia quando chegamos ao hotel que o governo mexicano tinha reservado para nós. Era um hotel muito confortável, onde nada nos faltou. A alimentação era excelente, bem como os quartos e as camas. Podemos dizer que tivemos um tratamento de fidalgos. Só podemos mesmo agradecer ao governo mexicano a solidariedade fraternal que nos deu durante o tempo que lá ficamos. Tivemos toda a liberdade para falar e expressar nosso pensamento da forma que quiséssemos. Demos entrevistas coletivas e individuais sem qualquer restrição. Fizemos declarações contra a ditadura fascista brasileira, denunciando seus crimes e torturas.

Quanto ao nosso grupo, apesar de todas as divergências políticas, sempre recebi de todos um tratamento altamente fraternal e amistoso. Durante mais de um mês juntos, no México e em Cuba, recebi sempre muita atenção, respeito e estima.

Guardo, por todos, uma profunda admiração e muita simpatia. Entre todos, devo destacar a jovem companheira Maria Augusta, a quem estimei e estimo como se fosse minha filha. Sua fibra de jovem revolucionária, sua firmeza de caráter e seu espírito coletivista me encantaram. Sua confiança num futuro radioso para o nosso povo dava a todos maior decisão de prosseguir na luta. Poderia destacar outros, como Ricardo Zarattini. No entanto, posso dizer que todos foram idênticos quanto à correção e ao companheirismo. Desejo muita saúde a todos esses queridos camaradas. Espero vê-los em breve, na barricada comum contra a ditadura e contra o imperialismo ianque, pela paz e pelo socialismo!

Quero destacar aqui, além da solidariedade e da hospitalidade dos mexicanos, o apoio material e moral que nos foi prestado pelos companheiros brasileiros exilados no México desde 1964. Cito nomeadamente meu velho amigo Chico Julião, líder nacional das ligas camponesas e deputado federal, o padre Lago, de Belo Horizonte, Clodomir Moraes e sua companheira. Quero destacar de forma especial a atuação do companheiro Isaac e de sua companheira Léa, os quais, desde a minha chegada à capital mexicana até o momento da partida, me deram preciosa ajuda em tudo, em particular quanto à saúde. Não mediram tempo nem trabalho para que eu recuperasse a saúde, que estava bastante precária. Quando o problema ultrapassava suas possibilidades, eu apelava para o Partido Comunista Mexicano. Este, além de solucionar os problemas apresentados, destacou um funcionário que conhecia bem os médicos especializados. Graças à dedicação desses companheiros, posso dizer que, quando segui para Havana, estava com a saúde já em via de recuperação. Durante os 22 dias que passei no México, não me faltou assistência médica de nenhuma espécie, fosse dentária, ocular e, se quisesse, até hospitalar, que era a recomendação dos médicos. Aos queridos camaradas brasileiros Isaac e Léa, ao casal mexicano, devo, finalmente, a oportunidade que tive de conhecer os belos lugares históricos da capital mexicana, como a bela e riquíssima catedral, as pirâmides, o famoso parque Chapultepec e outros pontos de rara beleza. Falta-me gabarito para expressar, como gostaria de fazê-lo, a minha profunda gratidão aos meus queridos camaradas. Sei que não precisam dos meus agradecimentos por palavras. A forma como gostaria de agradecer a todos, é voltar ao nosso país, logo que as condições permitam, ligar-me às amplas massas sofridas, espoliadas e oprimidas e, junto delas, cumprir meu dever de patriota e revolucionário. A isso me proponho, enquanto viver. É o que prometo a vocês e a todos os que me ajudaram.

Ainda durante o tempo que passei no México, recebi uma carta e tomei conhecimento de outra, ambas muito honrosas para mim. A primeira, escrita pelo valoroso patriota e vibrante jornalista e escritor Márcio Moreira Alves, refere-se à minha humilde pessoa. Transcrevo, a seguir, essa carta, pois trata-se de reparar uma injustiça cometida por um patriota que, entorpecido nas posições da classe privilegiada, desconhecia os problemas que afetam as largas massas trabalhadoras da cidade e do campo, principalmente a luta de classes. No entanto, em contato com as massas sofridas do nosso povo, encontrou as realidades concretas da vida. Dotado de grande sensibilidade humana, transformou-se num bravo lutador antifascista e anti-imperialista, pelas liberdades democráticas e pela verdadeira emancipação nacional. Eis a carta:

Santiago, 11 de setembro de 1969
Meu caro Julião,
Cheguei a Santiago na véspera da estupenda comemoração da Semana da Pátria que o movimento revolucionário proporcionou a quantos lutam pela derrubada da ditadura e pelo Brasil socialista. Assim que se tornou clara a vitória completa dessa ação – que ficará como um marco na história brasileira, semelhante ao assalto de Moncada na história de Cuba –, confesso que passei a desejar que os prisioneiros viessem para o Chile. Tenho entre eles alguns amigos, como o Flávio Tavares e o Wladimir, e conhecidos como o Travassos e o José Dirceu. Entre eles, tenho, sobretudo, um homem a quem devo a reparação de uma injustiça, tanto mais dura quanto realizada enquanto ele estava preso. Trata-se de Gregório Bezerra e é, em parte, para tentar remediá-lo que te escrevo. Gostaria que o procurasses para dizer o seguinte: quando republiquei parte da famosa calúnia segundo a qual haveria ele assassinado, em 1935, inimigos adormecidos, não apenas era mal informado como, politicamente, malformado. Naquela época, minha posição ia pouco além da de um intelectual liberal que, por motivos de comprometimento humano, desencadeava uma campanha contra a tortura de prisioneiros políticos. Dentro desse esquema, trazia ainda o peso do preconceito contra o PC e, por extensão, contra os seus militantes. Isso, é claro, não é desculpa, e sim mera constatação. Diga-lhe, ainda, que é muito difícil a conversão em um revolucionário de quem desfrutou dos imensos privilégios que o sistema social satélite da América Latina reserva para as suas pequenas classes dominantes. Trato, entretanto, de percorrer esse caminho, e o exemplo de dignidade e coragem que Gregório soube dar ajuda-me a vencer os tropeços e tentações. Creio ser essa a melhor reparação que um lutador da sua qualidade poderia receber.
Outro assunto que me leva a escrever rapidamente, apesar do acúmulo de trabalho que aqui encontrei, é o futuro dos companheiros recém-chegados. Vivem eles, no momento, a euforia da libertação e gozam das atenções que a imensa notoriedade de sua libertação lhes trouxe. Ambas passam depressa, como sabes ainda melhor do que eu. Imagino que terão, em breve, de enfrentar as vicissitudes da sobrevivência em um país onde são raras as oportunidades de trabalho para um estrangeiro e severa a vigilância da CIA. Assim, à medida que a necessidade se ofereça, proponho-me buscar, entre os exilados do Chile, algum apoio financeiro para eles, que encaminharia por teu intermédio. É evidente que o pessoal daqui já está bastante sobrecarregado, mas creio que poderíamos fazer

um esforço. Por outro lado, o que creio ser mais importante, poderíamos buscar-lhes colocações fora do México. Não tive ainda contato com o Miguel sobre o assunto, mas estou certo de que se prontificará a fazer *démarches* na Argélia. [...]

Meu caro Julião, pode ser que ainda não seja o fim, mas certamente chegamos ao princípio do fim. A vitória será custosa e sangrenta, mas virá seguramente. A demonstração de maturidade do grupo que raptou o embaixador, libertando gente de todas as organizações, foi uma lição maravilhosa que os jovens deram aos velhos agarrados às suas posições pessoais ou organizacionais. Somente uma frente de todas as organizações revolucionárias do Brasil será capaz de conseguir a derrota da ditadura e do imperialismo e a construção de um país novo, justo, socialista.

Um grande abraço do
Márcio

Não me senti atingido pelas referências que o autor da carta faz aos crimes atribuídos a mim, tanto no *Correio da Manhã* como na obra *Torturas e torturados*. O livro foi um grande libelo contra as forças repressoras da ditadura militar fascista. Registro o documento porque ele reflete a franqueza e a coragem política do seu autor e também a sua evolução política. Por tudo isso, sou um dos mais entusiásticos admiradores desse valoroso patriota.

Aproveito esta oportunidade para transcrever outro documento que, para mim, é de suma importância. Trata-se de uma carta do honrado patriota dr. Miguel Arraes de Alencar, ex-governador do Estado de Pernambuco, deposto pelos gorilas militares em abril de 1964, hoje exilado na Argélia, de quem fiz várias referências elogiosas nestas *Memórias* por seu magnífico comportamento à frente do governo.

Argel, 9/9/69
Meu caro Gregório,
Envio, por seu intermédio, um grande abraço a todos os companheiros que o acompanharam nessa viagem inesperada para fora da prisão e do Brasil. Em toda parte, os brasileiros e os companheiros de outras nacionalidades não escondem a satisfação pelo acontecimento.

Quanto a mim, tenho os mesmos e outros motivos para participar dessa satisfação geral. Sei muito bem que esse ato de contestação da ditadura e do imperialismo deve ser seguido de outros e sobretudo de uma vigorosa ação de massa, capaz de instalar e de sustentar um governo popular no nosso país. Mas, apesar do pouco que isso possa representar diante do muito que se tem a fazer, o ato sacudiu muita gente e muita gente pode despertar e enxergar melhor a verdadeira situação do país.

Alegra-me que tenha sido solicitada a libertação de companheiros de diferentes organizações e tendências. Isso não pode ter sido apenas um gesto cavalheiresco para com alguns militantes que se destacaram na luta. É uma proposta de unificação de esforços na luta anti-imperialista, feita antes e muitas vezes em palavras. Agora ela assume um aspecto diferente, porque está feita em forma de ação.

Conheço as inúmeras dificuldades para um acerto entre todas as nossas forças. Você conhece as que tínhamos já antes de 1964, num pequeno estado e com muito menos gente... No entanto, sou dos que acham que esse acerto é possível e sobretudo dos que acreditam que o povo irá se unindo, apesar das nossas possíveis divergências. Seremos compelidos a nos unir – por gosto ou contra a vontade – se quisermos ficar com ele, como é, sem dúvida, o propósito de todos. Mas, para cumprir nosso dever de militantes, devemos lutar para que nossos esforços sejam somados, em lugar de despendermos energias em disputas desnecessárias no nosso próprio campo.

Não estou querendo ensinar padre-nosso a vigário, mas apenas lhe dar conta da minha posição. Faço-o não por imposição da disciplina por sua qualidade de meu comandante no 333, mas porque a autoridade advinda de sua vida política pode contribuir para um bom encaminhamento de nossa luta. Da sua e da dos demais companheiros que o acompanharam.

Gostaria de receber notícias suas, de suas necessidades imediatas e do que precisam os demais companheiros. Não obstante as dificuldades que se tem no exterior, sempre é possível dar uma mão aos amigos. Teremos satisfação em fazê-lo, todos os que se encontram por essas bandas de cá.

Você deve estar vendo Julião. Procure enquadrá-lo e botá-lo no bom caminho. Recomendações gerais.

Um grande abraço do amigo de sempre,
M. Arraes

Não querendo cansar os possíveis leitores, aqui paro de citar cartas, neste meu trabalho tão rústico quanto seu autor. Foram realmente boas as surpresas que, depois de longos anos de prisão no Brasil, me esperavam na bela capital mexicana.

Ao deixarmos o México rumo a Havana, tive outra surpresa honrosa. Desembarcamos no dia 29 de outubro pela manhã e tivemos a honra de sermos recebidos pelo camarada Fidel Castro e outros dirigentes do Partido Comunista de Cuba, por personalidades revolucionárias do Estado, representantes do "Granma" e do glorioso Exército rebelde. Foi um encontro emocionante e estimulante para todos nós, pois estávamos *tête-à-tête,* dialogando fraternalmente com os heróis da vitoriosa Revolução Cubana, que transformou a ilha dominada, espoliada e oprimida pelo imperialismo norte-americano e por seu lacaio, Fulgencio Batista, no primeiro país socialista do continente americano, nas barbas dos gringos. Estávamos "mirando" o grande espelho que é a Cuba socialista para todos os lutadores antifascistas e anti-imperialistas da América Latina. Para mim, foi um dia grandioso não apenas porque fui fraternalmente abraçado pela gigantesca figura de revolucionário que é Fidel e pelos demais expoentes da Revolução Cubana mas, sobretudo, porque uma das minhas grandes aspirações era conhecer a Cuba revolucionária. Eu queria ver e ouvir os heróis da Revolução Cubana vitoriosa. Agora, estava vendo, ouvindo e conversando fraternalmente com eles, como se fôssemos velhos amigos. Na realidade, éramos mais que amigos, porque éramos todos comunistas.

Depois dos cumprimentos, Fidel e sua comitiva nos conduziram a uma sala reservada do aeroporto, onde ele nos brindou com uma magnífica conferência sobre episódios da luta revolucionária, sobre a tomada do poder, as manobras e as sabotagens, a investida dos bandos contrarrevolucionários apoiados pelo imperialismo ianque, o desembarque na praia Girón e as grandiosas batalhas da alfabetização e da produção. Foi uma exposição para ninguém botar defeito: clara e concreta. Pela exposição tomamos conhecimento das grandes dificuldades pelas quais tiveram de passar os camaradas cubanos e ainda daquelas que, no futuro, teriam de enfrentar. Ficamos sabendo dos grandes êxitos alcançados, largamente compensadores em relação às dificuldades. Sentimos a magnífica disposição de superar todos os obstáculos, não deixando nenhuma dúvida de que o povo cubano, guiado por seu partido e encabeçado pelo camarada Fidel Castro, estava ganho para transformar a Cuba revolucionária no primeiro baluarte socialista da América. Posteriormente, o informe político do primeiro Congresso do Partido Comunista Cubano, apresentado por Fidel Castro, comprovou as palavras ditas na conferência com que nos brindou no aeroporto em outubro de 1969. Ao terminar sua vibrante exposição, Fidel Castro disse:

— Aqui vocês terão toda a nossa solidariedade: escolas para quem estuda ou quer estudar, empregos para os que precisarem, assistência médica e hospitalar para todos, casa e comida para todos e ajuda para voltarem ao Brasil quando quiserem.

E, virando-se para mim, continuou:

— Sei que você se destina a Moscou, lá terá um tratamento mais eficiente. Mas, se quiser ficar aqui, faremos o possível para a recuperação da sua saúde. Não lhe faltará nada.

Dirigindo-se novamente a todos, prosseguiu:

— Agora, vocês vão descansar numa praia. Não lhes faltará nada. Terão tudo para repousar confortavelmente até que se normalize a situação de todos.

Durante os dias que passei em Havana, de fato, não nos faltou nada. Muita comida saborosa, frutas à vontade. Cigarros e charutos dos melhores para os fumantes. As casas onde nos alojaram eram verdadeiros palacetes, muito confortáveis. Antes da Revolução, pertenciam à grã-finagem privilegiada. Hoje são patrimônio do povo cubano e dos atropelados políticos que batem às portas hospitaleiras da pérola socialista das Antilhas. Durante a nossa permanência, visitamos o chamado "cinturão verde de Havana", onde vimos belíssimos pomares frutíferos e granjas hortícolas, de gado bovino e suíno, a maioria das quais já modernizadas. Aviários modernos em pleno funcionamento, uma plantação nova e vasta de café que nos encantou os olhos e outras iniciativas agropecuárias não apenas confirmaram o entusiasmo dos camaradas cubanos mas levaram-nos à conclusão de que eles eram até muito modestos no balanço de suas realizações.

Ainda no território livre da América, tivemos oportunidade de visitar a Embaixada do Vietnã. Fomos recebidos pelo próprio embaixador, que nos deu as boas-vindas à gloriosa pátria de Maceo, Martí e Mella, os heróis revolucionários de ontem, e do herói revolucionário de hoje, o camarada Fidel. O embaixador falou ligeiramente das lutas heroicas do povo vietnamita contra o imperialismo francês e norte-americano, afirmando que, apesar das dificuldades, o povo vietnamita, com a eficiente ajuda dos países e dos povos socialistas, dos partidos comunistas de todos os continentes e, principalmente, com a colaboração eficiente da URSS, esmagaria o imperialismo ianque, tal como esmagou o imperialismo francês.

No dia 8 de novembro, fui avisado pelo companheiro cubano que nos dava assistência de que deveríamos partir no dia seguinte para a União Soviética. Parti às cinco horas da manhã rumo ao aeroporto José Martí, acompanhado pelos jovens camaradas com quem saíra do Brasil. Despedi-me deles com muita gratidão e saudades pelo tratamento fraternal que me dedicaram durante toda a temporada que passamos juntos. Cheguei a Moscou e fui atenciosamente recebido por dois camaradas soviéticos, os quais me conduziram, cuidadosamente, para uma sala muito confortável. Lá mesmo tomei um calmante para o coração, que vinha me incomodando desde que deixara Havana. Logo que o remédio começou a fazer efeito, seguimos para o hotel do partido, onde fui imediatamente medicado. No dia 13, fui à policlínica e de lá saí, numa ambulância, para o hospital. Durante quarenta dias, fui submetido a um rigoroso tratamento, após o qual segui para o sanatório Púchkin, onde passei a receber tratamento preventivo, que até hoje continua, com excelentes resultados para a minha saúde.

EPÍLOGO

Desde fins de 1969, vivo em Moscou. Tenho acompanhado de perto o magnífico progresso da União Soviética. Antes de conhecer este país, já sabia da fabulosa ajuda que dá aos lutadores antifascistas e anti-imperialistas de todo o mundo. Mas, vivendo em Moscou, pude verificar que o sentimento internacionalista proletário do povo soviético é ainda maior do que eu imaginava. Faz muitos e muitos anos que venho sendo chamado de "fanático" pela admiração que dedico à URSS. Desde há muitos e muitos anos que venho me opondo resolutamente a todas as formas de antissovietismo. E continuarei a me opor. Agora com a vantagem de conhecer melhor o país, seu povo e seu partido leninista, que deram aos povos do mundo inteiro a prova de que o socialismo era possível e o exemplo de como se pode chegar a ele.

Quando criança, sofri muita fome e muita sede. Vi dezenas de crianças morrerem de fome e sede nos minifúndios vizinhos ao da minha avó. Na minha família mesmo, morreram dois de meus irmãos por falta de alimentação, e só não morremos todos porque meus pais dispararam para a zona da mata, onde pelo menos tínhamos água para beber. Não sei expor em linguagem literária todos os aspectos do drama das crianças abandonadas e subnutridas do meu país: não sou escritor nem intelectual, sou apenas semialfabetizado. Entretanto, conheço por experiência própria a situação do menor abandonado; depois de ter sido escravo de uma família de latifundiários, fugi e tornei-me vendedor de jornais. Comia quando podia, dormia onde o sono me vencia. Nunca esquecerei a dureza das situações com que me defrontei nem os sofrimentos de meus companheiros. E não posso deixar de sonhar com o dia em que o Brasil terá também um regime socialista, capaz de assegurar um futuro radioso para todas as crianças.

O que vi na URSS me anima a continuar a lutar pelo socialismo, se possível com empenho ainda maior do que antes. Aqui, uma habitação mobiliada, com telefone, rádio e televisão, custa, no máximo, 7% do que ganha um trabalhador. Aqui, a assistência médica, hospitalar, dentária e sanitária em geral está efetivamente assegurada para todos. Mesmo para os estrangeiros que vivem no país, como é o meu caso. Devo minha vida, praticamente, aos médicos soviéticos: acolheram-me com excepcional zelo em seus hospitais, em diversas ocasiões, e por diversas vezes me operaram.

Vejo frequentemente brasileiros aqui em Moscou. Também tenho tido ocasião de ver brasileiros quando viajo, não só por diversos países europeus, mas também por Cuba ou pela África. Naturalmente, conversamos sobre a nossa pátria. Lamentamos a atual situação do Brasil, o sofrimento das massas trabalhadoras exploradas e oprimidas. Sabemos que o socialismo no nosso país não será uma imitação do socialismo implantado na União Soviética, que ele corresponderá às peculiaridades do nosso povo e da nossa cultura. Sabemos também que o socialismo no Brasil não poderá ser implantado de repente, que, para chegarmos a ele, precisaremos antes percorrer uma longa estrada. O que nos preocupa de maneira mais urgente é a falta das liberdades democráticas, a violência brutal assumida pela repressão. Sinto-me moralmente obrigado a lutar com todas as minhas forças para denunciar os crimes praticados pelos torturadores para impedir que eles se repitam.

Há algum tempo, li num livro de Pierre Vidal-Naquet uma frase sobre a tortura que me parece justíssima: "A tortura começa como um método de interrogatório, desenvolve-se como um método de opressão e, finalmente, transforma-se num Estado clandestino, que corrói as próprias raízes da vida de uma nação".

Recordo também uma frase de um brilhante jornalista brasileiro, Luís Edgar de Andrade: "Cem anos se passarão e jamais esquecerei os gritos que ouvi durante toda uma noite numa prisão brasileira".

Luís Edgar de Andrade, como humanista que é, não esquecerá jamais o que ouviu naquela noite. Eu também nunca esquecerei o que vi e ouvi durante os quase 23 anos que passei em diferentes celas de diferentes prisões na minha terra. Nunca esquecerei meu irmão José Bezerra, trucidado por um grupo de policiais criminosos, chefiados pelo delegado Ranulfo Cunha. Nunca esquecerei os camaradas Luís Bispo, José Maria, Abelardo Fonseca, torturados até a morte na masmorra da rua da Aurora, em Recife, em 1936. Nunca esquecerei a bárbara tortura a que foram submetidos Caetano Machado, Pascasso Fonseca, Manoel Batista Cavalcanti, Epifânio Bezerra, Mota Cabral, Sebastião Acile e outros dirigentes do partido em Pernambuco naquela mesma época. E nunca esquecerei as sevícias monstruosas do período que se seguiu a 1964.

Na escalada terrorista do Estado Novo getuliano, era a polícia política que se incumbia de prender, torturar e matar prisioneiros. Essa lúgubre tarefa era exclusivamente sua. A partir de 1964, entretanto, a repressão começou a envolver as Forças Armadas nessa miserável atividade. Comprovou-se a verdade enunciada por

Pierre Vidal-Naquet: já não bastava que a tortura fosse um método de opressão, era preciso que ela se organizasse como um Estado clandestino. Já não bastava que os torturadores fossem vulgares delinquentes, bandidos truculentos, era preciso que eles fossem coordenados e dirigidos por técnicos, por oficiais das Forças Armadas treinados no exterior, formados por aqueles mesmos tecnocratas norte-americanos que tentaram dobrar o povo vietnamita. Já não bastava o Departamento de Ordem Política e Social (Dops), eram necessários o Destacamento de Operações de Informações e o Centro de Operações de Defesa Interna (DOI-Codi) e a Operação Bandeirante (Oban), isto é, o Estado clandestino.

Para combater esse Estado clandestino, tratei de recolher amplo material informativo sobre as vítimas da tortura e os torturadores. Possuo atualmente um amplo *dossiê*; ainda não sei como vou utilizá-lo. No momento em que dou os retoques finais nestas minhas *Memórias,* achamos-nos no segundo semestre de 1978 e a imprensa brasileira já está falando do assunto com crescente desenvoltura: os jornais e as revistas estão lembrando os casos de prisioneiros políticos que foram assassinados ou então "desapareceram" nas mãos de seus verdugos. *É imprescindível que todos os democratas mobilizem todas as suas energias para que crimes assim nunca mais voltem a ocorrer.*

Folheio meu *dossiê* ainda incompleto, a parte sobre os torturadores. Lá estão Sérgio Paranhos Fleury, o comandante Clemente José Monteiro (ilha das Flores), os majores Maranhão e Fontenelle. Lá estão, sob a rubrica "PM da Vila Militar", o coronel Ari Pereira de Carvalho, o major Lacerda, o major José Ribamar Zamith, o capitão Lauria, o tenente Alton, o major Podesta, o capitão Ronald Carvalho Cruz, o coronel Câmara, os sargentos Peveleri, Valdemar Souza Alves, Cláudio Araújo Cardoso, Nei da Rocha Mendoza e Adílson Cardoso Guimarães Silva. Lá estão também, sob a rubrica "PE, Barão de Mesquita, Rio", o coronel Nei Antunes, o capitão Lessa, o sargento Antunes e o detetive Timóteo. Sob a rubrica "Cenimar – ilha das Flores", acham-se o tenente Coutinho (médico), o capitão Miguel Sá Ginestra, o capitão Adriano, o comandante Damásio, o comandante Marinho, o agente Solimar (que se apresenta como "dr. Cláudio"), do Dops, e um capitão de Fragata que se apresenta com os nomes de Alfredo, Mitre, Roberto, Paulo e outros. Sob a rubrica "Dops – Rio", ao lado do nome do inspetor José Pereira Vasconcelos, aparece um certo Teobaldo Lisboa, funcionário da Justiça que pediu para ser transferido para a seção de tortura (uma vocação para torturador, portanto!).

Sei que muitos oficiais se recusaram a participar dessa monstruosidade que é a tortura; sei que muitos comandantes de unidades resistiram a pressões no sentido de permitirem que seus quartéis fossem utilizados para práticas infames e violência contra prisioneiros. Os torturadores são uma minoria, mas causaram enorme dano à reputação das Forças Armadas. E essa é mais uma razão para que seus nomes não sejam esquecidos.

Também não se pode esquecer o nome das vítimas. Recordo aqui com imensa saudade o nome dos revolucionários que conheci e que morreram nas mãos da repressão. Recordo Célio Guedes, recordo numerosos outros companheiros que "desapareceram", entre os quais nove membros do Comitê Central do PCB: Walter Ribeiro, Luís Inácio Maranhão, David Capistrano, João Massena Melo, Élson Costa, Itair Veloso, Orlando Bonfim, Jaime Miranda e Hiram Lima.

Nove membros do nosso Comitê Central trucidados pela reação! Nove patriotas, nove lutadores, dos melhores que a vanguarda da classe operária já teve, suprimidos fisicamente, assassinados e, ainda por cima, sonegados às famílias. Onde está o corpo deles? Onde os assassinos os enterraram?

A relação das vítimas é imensa. Muitos dos lutadores que a reação matou eram militantes do PCB: além dos nove membros do Comitê Central acima referidos, lembro Montenegro de Lima e o já citado Célio Guedes. Outras organizações, outras tendências e outras correntes de pensamento, entretanto, também tiveram seus mártires. Basta recordarmos os sargentos Manuel Raimundo Soares e João Luís Alves, o operário Eliseu Milo, o estudante Chael Schreider, o capitão Carlos Lamarca, o jornalista Mário Alves, o também jornalista Joaquim Câmara Ferreira e o ex-deputado Carlos Marighella. Lembremos-nos ainda do jornalista Vladimir Herzog, do deputado Rubens Paiva, do operário Manuel Fiel Filho, do padre Antônio Henrique Pereira Neto. E não podemos esquecer o caso de frei Tito de Alencar Lima, que ficou tão traumatizado pela tortura a que o submeteram que acabou se suicidando.

Não cabe aqui uma relação completa de todos os nomes de lutadores assassinados pela reação, muito menos uma relação dos nomes dos *muitos milhares* de brasileiros que foram submetidos à tortura e à violência. Mas acho que devemos nos preocupar com a organização de um *dossiê* – tanto quanto possível completo – das vítimas desse período tão doloroso da nossa história.

Durante esses quase nove anos de permanência em Moscou, fui obrigado a passar boa parte do tempo em tratamento de saúde, internado em hospitais. Os médicos soviéticos tiveram um bocado de trabalho para me recolocar em forma, depois dos maus-tratos que me foram impostos pela repressão no Brasil. Quando já tinha conseguido um apreciável grau de recuperação, tive um pequeno derrame e fiquei parcialmente paralisado. Os médicos me examinaram e acharam que eu talvez precisasse ser operado; explicaram-me que só me operariam se eu estivesse de acordo, pois a operação no cérebro comportava risco de vida. Disse-lhes que não me interessava viver na triste condição de inválido, paralítico. E acrescentei:

– Mesmo que as chances de sobrevivência e de êxito na operação sejam de apenas 1%, quero ser operado.

Felizmente, a operação não foi necessária. Deram-me remédios e recomendaram-me exercícios que passei a fazer, religiosamente, até sentir – depois de muitos meses – que podia contar outra vez com o meu braço direito.

Estou com 78 anos, mas ainda me sinto forte. Meus principais problemas de saúde são a próstata, que vez por outra me leva ao hospital, e a insônia, que me priva do repouso noturno. Mas procuro reagir, não me entrego. Faço diariamente uma boa caminhada, que às vezes se estende a oito e mesmo a dez quilômetros. Leio sempre o que me chega do Brasil, procuro me manter em dia para poder participar das reuniões do Comitê Central do meu partido, para o qual – muito honrosamente para mim – fui cooptado.

Espero não só poder voltar para o Brasil, como, na ocasião da volta, achar-me em condições de retomar meu posto na luta ao lado das massas sofridas.

Jogando xadrez, no exílio, na URSS.

Em 1973, em Volgogrado, com uma delegação de trabalhadores, em frente ao Monumento dos Heróis. Gregório é o oitavo da esquerda para a direita.

Em 1973, com membros do Congresso Nacional, em visita ao mausoléu de Lenin na Praça Vermelha.

Em 1973, com o dirigente comunista David Capistrano em Moscou.

Em 1974, no casamento de Rosa Prestes e João Massena Melo Filho, na URSS (ela é a quarta da esquerda para a direita; ele, o quinto). À direita na foto, os pais da noiva, Luiz Carlos Prestes e sua esposa, Maria Prestes. Padrinhos do casamento, dra. Nádia Cristiano (segunda da esquerda para a direita) e Gregório Bezerra (terceiro da esquerda para a direita).

Em 1974, Gregório e sua professora de russo Capitolina Kulakova, com quem tinha aulas na casa de Luiz Carlos Prestes, em Moscou.

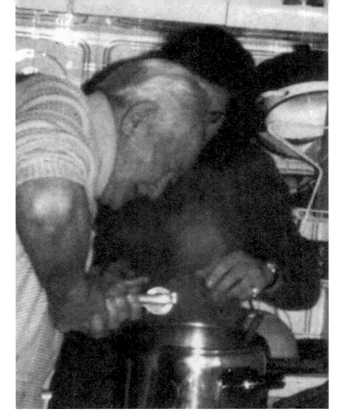

Em 1978, em Milão, preparando uma feijoada.

Em 1978, jogando xadrez com Yuri, filho de Luiz Carlos Prestes.

Em novembro de 1979, no Diretório Central dos Estudantes da Universidade Federal de Pernambuco, no dia de sua chegada a Recife após retorno do exílio.

Em outubro de 1979, no retorno do exílio, leva flores a dom Paulo Evaristo Arns (à direita), arcebispo de São Paulo. Ao centro, na foto, o jornalista Vanderley Caixe.

Em 1979, no lançamento da primeira edição de seu livro de memórias, no Rio de janeiro.

Em novembro de 1979, na companhia de sua esposa Maria da Silva, a dona Maroca, na residência do Jardim São Paulo.

Em 1980, durante conversa com membros da Comissão de Anistia Nacional, no apartamento de Branca Moreira Alves, no Rio de Janeiro.

Em 1980, em Recife, com Prestes (ao centro) e Cristiano Cordeiro (à direita).

Em março de 1980, Gregório participa de ato público onde se posiciona a favor de Prestes e da "Carta aos comunistas", afastando-se do Comitê Central do PCB.

Em 1980, com Prestes, em ato público realizado em Recife para a defesa da "Carta aos comunistas".

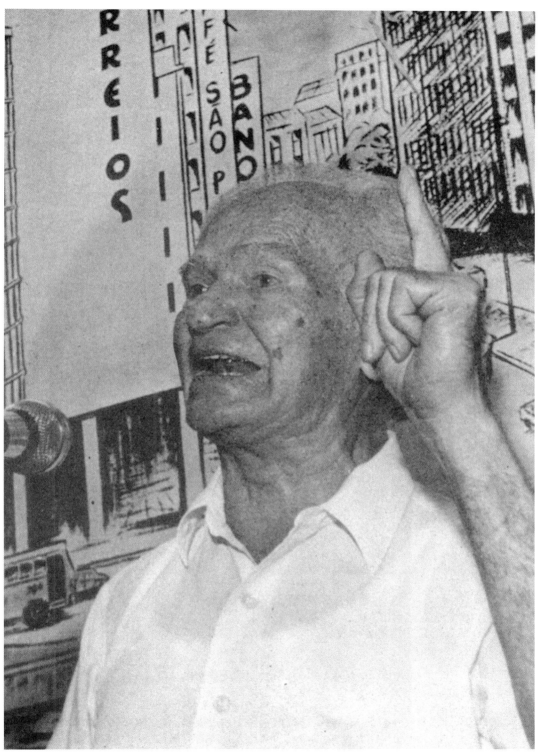

Em 1982, no Batutas de São José, durante o lançamento de sua candidatura a deputado federal nas eleições de 15 de novembro.

Em março de 1982, foto feita para a campanha a deputado federal.

Em junho de 1982, pronunciando-se na Convenção do PMDB, no lançamento de sua candidatura a deputado federal.

Em 1983, Gregório e sua esposa, Maria da Silva, durante as comemorações do seu 83º aniversário.

Oscar Niemeyer apresenta o projeto do Memorial Gregório Bezerra a Sergio Miranda e Luiz Carlos Prestes Filho.

Ilustrações de Carlos Latuff, 2008.

No alto, carteira de habilitação. No meio, ficha de filiação partidária ao PMDB. Embaixo, título eleitoral, expedido em 1958. (O ano de nascimento real de Gregório Bezerra é 1900, porém sua certidão foi datada como 1901, o que provocou sucessivos erros em todos os documentos posteriores.)

CRONOLOGIA

13/3/1900: Nasce Gregório Bezerra, em Panelas, a 200 quilômetros de Recife.

1905: A seca que assola a região faz morrerem dois de seus irmãos, e sua família foge para a Zona da Mata.

1905: No Engenho Brejinho, Gregório começa a trabalhar juntando bagaço, cortando cana e, por fim, reunindo os bois para transportá-la.

1907: Perde seus pais. Órfão, vai morar com a avó até 1910.

1910: Vai para Recife como empregado doméstico de uma família de latifundiários.

1912: Foge do trabalho devido aos maus-tratos que sofria e passa a viver de fretes.

1916: Torna-se ajudante de pedreiro, mas também arruma sacos nos armazéns e descarrega carvão.

1917: Começa a participar de movimentos reivindicatórios como operário da construção civil. Participa de manifestações de rua por melhores condições de trabalho e, em uma delas, é preso e condenado a sete anos de reclusão – dos quais cumpre quase cinco.

1922: Ainda analfabeto, Gregório alista-se no exército.

1925: Recebe carta da irmã e é humilhado por não saber ler. Decide se alfabetizar e enfrentar o curso da Escola de Sargentos de Infantaria.

1927: É promovido a sargento-instrutor.

29/6/1929: Casa-se com Maria da Silva.

1930: Ingressa no Partido Comunista Brasileiro (PCB); é incorporado ao 28º Batalhão de Caçadores, em Aracaju. Matricula-se na Escola de Educação Física do Exército, em Fortaleza.

1932: Torna-se instrutor de Educação Física no Colégio Militar de Fortaleza.

1935: Torna-se um dos dirigentes da Aliança Nacional Libertadora (ANL). É expulso do exército. Tem início o levante antifacista. Gregório é preso, barbaramente torturado, processado e condenado a 28 anos de prisão pelo Tribunal de Segurança Nacional.

1945: Com a derrota do nazifascismo na Segunda Guerra Mundial, Gregório é anistiado e posto em liberdade. Volta a Recife para reorganizar o partido em todo o Nordeste. O PCB é legalizado depois de 23 anos de clandestinidade.

2/12/1945: Eleições. Gregório é eleito deputado federal e recebe o maior número de votos de Recife. Discursa na Assembleia Nacional Constituinte, destacando o direito de votos para analfabetos e praças das Forças Armadas, bem como a ampliação do Departamento Nacional da Criança e a criação de um dispositivo de proteção a mães solteiras e crianças abandonadas.

1947: O PCB é colocado na ilegalidade.

8/1/1948: O mandato dos deputados comunistas é cassado.

16/1/1948: Acusado de incendiar o quartel do 15º Regimento de Infantaria, de João Pessoa, Gregório é preso no Rio de Janeiro.

1949: Gregório é julgado e absolvido, por unanimidade dos votos, por falta de provas. Começa a viver na clandestinidade.

1949-1957: Viaja por Goiás, Minas Gerais, São Paulo, Mato Grosso, Paraná, Bahia e outros estados nordestinos para cumprir seus deveres de militante comunista. Une grande parte da massa camponesa, organiza centenas de associações e ligas camponesas e dezenas de sindicatos rurais. Consegue mais de dez mil assinaturas pela paz e contra a guerra e a bomba atômica (campanha de atendimento ao Apelo de Varsóvia).

1957: Em Juazeiro, na Bahia, sente saudades da família, que não encontra há dez anos, e vai para Recife. No dia 18 de setembro, é reconhecido e preso em Serra Talhada, Pernambuco. Após interrogatórios, é transferido para o Rio de Janeiro, onde é libertado por falta de acusação formal, saindo da clandestinidade. É preso novamente e colocado em liberdade após sete horas, devido à ação de solidariedade de democratas e da imprensa independente. As prisões e a mídia ajudam Gregório a se legalizar publicamente.

1958-1959: Gregório está presente nas campanhas que elegem Pelópidas da Silveira como prefeito de Recife e Cid Sampaio como governador de Pernambuco.

1959: Ganha viagem para China, Checoslováquia e URSS.

1963-1964: O movimento camponês brasileiro conta com mais de 1.200 sindicatos rurais organizados, existem mais de 2,2 milhões de trabalhadores assalariados, 43 federações rurais e a Confederação Nacional dos Lavradores Agrícolas do Brasil.

1/4/1964: Golpe militar.

2/4/1964: Gregório é apanhado por um grupo comandado pelo capitão Rego Barros, no município de Ribeirão, Pernambuco. É preso, duramente torturado e arrastado com três cordas no pescoço pelas ruas do bairro de Casa Forte. É salvo pelo clamor público.

1967: É condenado a dezenove anos de prisão.

1969: É um dos presos políticos trocados pelo embaixador norte-americano sequestrado Charles Burke Elbrick. Sai da prisão e é enviado para o México, de onde vai para Havana e, depois, para Moscou.

1969-1979: Em Moscou, recebe cuidados médicos e passa a viver na cidade, sempre se deslocando para outros países socialistas ou com alto nível democrático. Entra em contato com trabalhadores, participa de congressos e faz inúmeras palestras.

1979: Fim do AI-5, liberdade da imprensa e anistia.

29/9/1979: Volta ao Brasil. O livro *Memórias*, escrito durante o exílio, é impresso pela primeira vez, e Gregório circula pelo país para lançá-lo.

1981: Tira o seu título de eleitor (cassado com o exílio), filia-se ao PMDB e candidata-se a deputado federal. Torna-se suplente.

1982: Engaja-se no processo de reconquista democrática e participa de campanha eleitoral no Estado de Pernambuco.

13/3/1983: Completa 83 anos. É organizado um dia de manifestações no Centro de Arte Popular de Olinda. Um resumo de sua trajetória, intitulado *A história de um valente*, é publicado e distribuído.

21/10/1983: Gregório morre em São Paulo. Seu corpo é velado na Assembleia Legislativa de Pernambuco; a ocasião reúne milhares de pessoas.

A advogada Mércia Albuquerque visita Gregório Bezerra na Casa de Detenção do Recife, no fim da década de 1960.

ÍNDICE ONOMÁSTICO

Acioli, Pedro – Instrutor político do Partido Comunista do Brasil (PCB). Preso e torturado após o levante de 1935. 250-1

Albuquerque, Mércia – Advogada, defensora de Gregório Bezerra, entre outros presos políticos, durante a ditadura militar. 547, 552, 554, 577

Albuquerque, Milton Cavalcanti de – Comandante da 7ª Região Militar. 251

Albuquerque, Newton Cavalcanti de – Diretor da Escola de Educação Física do Exército. 214, 265

Alkmin, José Maria – Político, exerceu, entre outros, o cargo de vice-presidente do general Castelo Branco. 395

Almeida, Gil Castelo Branco de – General, chefe do gabinete militar durante a presidência de José Linhares. 410, 417, 419

Alves, João Luís – Sargento morto pela ditadura militar brasileira. 572

Alves, Márcio Moreira – Jornalista e político cujo discurso contra o regime militar em 1968 é conhecido por ter servido de pretexto para deflagrar o AI-5. 471, 544, 580

Alves, Mário – Dirigente do PCB e um dos fundadores do Partido Comunista Brasileiro Revolucionário (PCBR). Foi torturado até a morte, no Dops carioca, em 1970. 457, 570, 590

Alves, Valdemar Souza – Sargento do Exército, servia na Polícia da Vila Militar, no Rio de Janeiro. 589

Amaral, Antônio Carlos Cintra do – Jurista, professor universitário e político, exerceu diversos cargos públicos e foi perseguido pelo governo militar após 1964. 507

Amazonas, João – Dirigente do PCB até 1962, quando rompeu com a direção e se tornou um dos fundadores do Partido Comunista do Brasil (PCdoB). Cassado em janeiro de 1948. 355, 360, 372-3, 396, 461

Amorim, Oscar – Líder da classe empresarial pernambucana. 487, 492-3

Andrade, Luís Edgar de – Jornalista, trabalhou, entre outros, no *Jornal do Brasil*. 588

Antunes, Nei – Coronel da Infantaria do Exército, atuou no 1º Batalhão da Polícia do Exército em 1969-70. 589

Antunes, Rui da Costa – Advogado, redator-chefe e diretor do jornal *A Folha do Povo*. Deputado estadual de Pernambuco, cassado em 1948. 309-10, 333, 336, 378, 386

Arcoverde, Viana – Dirigente das Ligas Camponesas. 325

Arraes, Miguel – Líder do Partido Socialista Brasileiro (PSB), foi três vezes governador de Pernambuco. 351, 485, 495-9, 501, 507, 509-15, 518522-4, 526-30, 542, 546, 564, 582-3

Assis, Júlio Pacheco de – Coronel e comandante do 12º Regimento de Infantaria de Belo Horizonte. 209

Azevedo, Agliberto de – Militar, dirigente do PCB e um dos líderes da insurreição de 1935. Em 1950, foi preso, interrogado e torturado. 242, 278, 282, 288, 290, 300

Azevedo, Gilberto – Ex-deputado estadual de Pernambuco, ligado a Miguel Arraes. 499

Barata, Agildo – Militar, um dos tenentes revolucionários liderados por Juarez Távora. Participou do levante de 1935. 242, 278, 282, 288, 290, 300, 311, 360-1

Barbosa, Antônio – Militante comunista filiado ao PCB, morto pela polícia em 1953, aos 23 anos. 453

Barreto, Dantas – General, ocupou o cargo de ministro da Guerra durante a gestão do marechal Hermes da Fonseca e governou Pernambuco de 1911 a 1915. 107-8, 127

Barreto, João de Deus Mena – General, comandante do 2º Regimento de Infantaria em 1922, participou da repressão ao levante militar no Forte de Copacabana. Integrante da Junta Governativa Provisória de 1930. 206

Barros, Ademar de – Político conservador, aderiu ao golpe militar de 1964 enquanto governador de São Paulo. Teve seu mandato cassado em 1966. 463-4

Bastos, Justino Alves – Comandante do 3º Exército durante a presidência do marechal Castelo Branco. 532, 535

Batista, Armando – Coronel e comandante do 15º Regimento de Infantaria. 408-10, 412, 415-7, 419-20

Batista, Elisa Branco – Militante comunista filiada ao PCB. 465

Batista, Fulgêncio – Ditador cubano, deposto em 1959 pelas forças revolucionárias comandadas por Fidel Castro. 583

Beer, Max – Historiador marxista de origem austro-húngara. Integrou o Partido Comunista Alemão de 1929 a 1933. Autor, entre outras obras, de *A história do socialismo e das lutas sociais*. 217

Besouchet, Alberto Bomilcar – Militar e militante comunista, participou do levante de 1935. 236, 241, 248

Bevilacqua, Peri Constant – Ministro do Superior Tribunal Militar no governo Castelo Branco, manifestou-se contra o julgamento de civis por autoridades militares. Com o AI-5, foi afastado do cargo. Filiou-se ao Movimento Democrático Brasileiro (MDB) e lançou o Comitê Brasileiro pela Anistia em 1978. 552

Bezerra, Epifânio – Participou do levante de 1935. 285, 588

Bezerra, José Augusto – Militar e político comunista, participou do levante de 1935. 247-9, 257

Bezerra, José Lourenço – Irmão de Gregório Bezerra, torturado e morto pela polícia em 1936. 138-9, 143, 148, 150, 180, 190, 206, 208, 210, 236, 261-3, 588

Bispo, Luís – Operário torturado e morto em 1936, na Secretaria de Segurança Pública. 251, 263, 588

Bonfim, Orlando – Advogado, jornalista e político militante do PCB. Foi morto pelas autoridades militares e seu corpo nunca foi encontrado. 590

Bonorino, Laurentino Lopes – Militar responsável pela direção do Curso Especial de Educação Física no Espírito Santo, criado em 1931. 214

Borghi, Hugo – Aviador e político varguista, liderou o movimento "Queremos Getúlio" em 1945. 396

Braga, Pedro – Secretário político do Comitê Metropolitano do PCB. 361, 367

Bragança, Isabel de – Princesa imperial do Brasil, assinou a Lei Áurea em 13 de maio de 1888, abolindo a escravidão. 110, 439

Brito, Milton Caires de – Político filiado ao PCB, deputado de 1946 a 1948. Foi diretor da *Revista Brasiliense* em São Paulo. 355-6, 360

Café Filho, José Fernandes Campos – Presidente da República de agosto de 1954 a novembro de 1955. 402

Câmara, Diógenes Arruda – Dirigente do PCB. No fim do Estado Novo, teve importante papel na reorganização do partido. Preso e torturado no Doi-Codi-SP em 1964. 389, 461, 528

Câmara, Dom Hélder – Bispo católico, arcebispo emérito de Olinda e Recife. Foi um dos fundadores da Conferência Nacional dos Bispos do Brasil (CNBB) e defensor dos direitos humanos durante o regime militar. 551, 559, 560, 565-6, 571-2

Caminha, Moacir – Professor e militante anarquista, dirigiu os periódicos *Voz do Graphico*, *O Combate* e *Remodelações*. 216

Capistrano, David – Membro da direção nacional do PCB, desaparecido durante a ditadura militar. 195-7, 506, 523-5, 549, 564, 590

Cardoso, Cláudio Araújo – Sargento, integra a lista de torturadores no dossiê de Gregório Bezerra sob a rubrica "PM da Vila Militar". 589

Carneiro, Nelson – Político e jornalista com larga atuação parlamentar. 402

Carvalho, Antônio Barros de – Político e proprietário de terras, foi deputado e senador por Pernambuco. 505

Carvalho, Apolônio Pinto de – Militante do PCB e da ANL e um dos fundadores do PT. Recebeu o título "herói de três pátrias" pela participação no levante de 1935, na guerra civil espanhola e na resistência francesa durante a Segunda Guerra Mundial. 360

Carvalho, Ari Pereira de – Coronel, integra a lista de torturadores no dossiê de Gregório Bezerra sob a rubrica "PM da Vila Militar". 589

MEMÓRIAS 615

Carvalho, Benedito de – Militar e membro do PCB, participou do levante de 1935. 242, 278, 283

Carvalho, Felizberto de – Jornalista, músico, professor e autor de livros didáticos. 194

Carvalho, Jáder de – Advogado, jornalista, professor e escritor filiado ao PCB. 216, 224, 398

Carvalho, José Avelino de – Militar, participante do levante de 1935. 247-9, 597

Carvalho, Liberato de – Militar que comandou movimento de guerrilha no sul da Bahia em 1936. 562

Castelo Branco, Humberto de Alencar – Primeiro militar eleito presidente após o golpe de 1964, que levou à deposição de João Goulart e à promulgação do AI-1. 316, 539

Castro, Fidel – Revolucionário cubano, primeiro presidente do Conselho de Estado da República de Cuba. 542, 583-5

Castro, Josué de – Médico e professor, autor de *Geografia da fome*. Teve seus direitos políticos cassados pela ditadura enquanto atuava como embaixador do Brasil na ONU. 496

Castro e Silva, João Moreira de – Comandante da Companhia de Metralhadoras Pesadas. 203

Cavalcanti, Adalgisa – Militante do PCB, primeira deputada estadual de Pernambuco. 311-3, 333, 378

Cavalcanti, José Maria – Membro do Comitê Central do PCB, foi preso com toda a direção do partido e expulso em 1962. 257, 380, 383, 385

Cavalcanti, Manuel Batista – Militante comunista, dirigente do PCB. 251

Chiang-Kai-Chek – Militar e político chinês, assumiu a liderança do Kuomintang em 1925. 294

Churchill, Winston – Estadista britânico, consagrado principalmente por sua atuação como primeiro-ministro durante a Segunda Guerra Mundial. 294

Coimbra, Estácio de Albuquerque – Advogado, exerceu diversos cargos políticos, como governador e vice-presidente no governo de Artur Bernardes. 214

Cordeiro, Cristiano – Líder popular em Pernambuco, um dos fundadores do PCB. 230, 255, 304, 598

Correia, Ari – Subcomandante da Companhia de Metralhadoras após 1932. 218

Correia, Eudoro – General, diretor do Colégio Militar de Fortaleza e prefeito de Recife de 1911 a 1915. 108, 218, 222, 226-7

Costa, Canrobert Pereira da – Militar, combateu o movimento constitucionalista de 1932. 407, 410, 417, 419

Costa, Élson – Membro do Comitê Central do PCB, desaparecido no período da ditadura militar. 590

Costa e Silva, Artur da – Militar e político. Segundo presidente imposto após o golpe militar de 1964. 316

Costa Neto – Coronel da Brigada Militar, preso após o levante de 1935. 248, 255

Coutinho, Alcedo – Médico, filiado ao PCB, participou do levante de 1935. Deputado constituinte por Pernambuco em 1946. 255, 271, 304, 311-3, 380, 450

Coutinho, Lamartine – Militar e político filiado ao PCB, participou do levante de 1935. 255

Crispim, José Maria – Militar e político, dirigente do PCB até 1952, quando foi expulso do partido, acusado de defender ideais trotskistas. 355-6, 360

Cruz, Ronald Carvalho – Nome que integra a lista de torturadores no dossiê de Gregório Bezerra sob a rubrica "PM da Vila Militar". 589

Cunha, Euclides da – Escritor, sociólogo, jornalista, historiador, geógrafo, poeta e engenheiro brasileiro. Autor, entre outros livros, de *Os sertões*. 448

Cunha, Olímpio Falconieri da – Militar tenentista. 218

Cunha, Ranulfo – Delegado de polícia que participou do espancamento de José Bezerra, irmão de Gregório Bezerra. 261, 588

Dias, Giocondo – Militar filiado ao PCB, foi eleito secretário-geral do partido em 1980. Faleceu como seu presidente de honra em 1987. 242, 301, 360

Dimitrov, Jorge – Líder revolucionário e um dos fundadores do Partido Comunista búlgaro, em 1919. 289

Duarte, Carlos José – Advogado filiado ao PCB, vereador na Câmara Municipal do Recife eleito em 1947. 417, 419

Dulles, John Foster – Secretário de Estado dos Estados Unidos de 1953 a 1959. 560

Dutra, Eurico Gaspar – Militar e político, ministro da Guerra durante o governo de Getúlio Vargas e presidente do Brasil de 1945 a 1951. 218, 292, 316, 363, 374, 388, 395-6, 401-3, 405, 411, 417

Facone, Trajano – Político e jornalista nordestino, opositor do governo de Dantas Barreto. 127

Falcão, Aloísio – Jornalista e assessor especial de Miguel Arraes. 499

Falcão, Muniz – Governador de Alagoas, empossado em 1955. 476

Farias, Muniz de – Militar pernambucano, participou do levante de 1935. 239, 241, 243-4, 248, 255, 304, 311

Farias, Cordeiro de – Militar e político tenentista, aderiu ao governo Vargas em 1930 e apoiou a ditadura militar a partir do golpe de 1964. 473, 485-6, 492, 495

Fernandes, Abílio – Militante e político filiado ao PCB, atuou como deputado constituinte entre 1946 e 1948. 397-8

Ferraz, Olinto – Militar e diretor da Casa de Detenção do Recife. 543

Ferreira, Joaquim Câmara – Jornalista, integrante do PCB e posteriormente da Ação Libertadora Nacional (ALN) dirigida por Carlos Marighella. Torturado e morto em 1973. 590

Ferreira, Leal – Capitão e comandante da Primeira Companhia do 21º Batalhão de Caçadores. 209-10

Fiel Filho, Manuel – Operário metalúrgico, membro do PCB, torturado e morto em 1976. 590

Fleury, Sérgio Paranhos – Delegado do Dops de São Paulo durante a ditadura militar. 589

Fonseca, Abelardo – Militante comunista, torturado até a morte no Recife, em 1936. 588

Fonseca, Clodoaldo Barros da – Militar e político, governador de Alagoas de 1912 a 1915. Apoiou o levante tenentista. 192

Fonseca, Pascácio – Membro do Comitê Regional do Partido Comunista no Nordeste. Em 1936 foi preso na Casa de Detenção do Recife, onde resistiu à tortura para denunciar outros participantes do levante de 1935. 229, 243, 288-9

Franco, Francisco – Ditador fascista espanhol, governou de 1939 a 1975. 524

Geisel, Ernesto – Quarto presidente militar imposto após o golpe de 1964. 539

Ghioldi, Rodolfo – Ativista político, dirigente do Partido Comunista da Argentina. Contribuiu na organização do levante de 1935. 279-80, 288

Ginestra, Miguel Sá – Capitão, integra a lista de torturadores no dossiê de Gregório Bezerra sob a rubrica "Genimar – ilha das Flores". 589

Goebbels, Paul Joseph – Ministro da propaganda na Alemanha Nazista. 289

Goering, Wilhelm Hermann – Político e líder militar alemão, membro do Partido Nazista. 289

Gomes, Eduardo – Aviador, militar e político, comandante do 1º Regimento de Aviação contra o levante de 1935. 316

Gonçalves, Sócrates – Capitão-aviador, participou do levante de 1935. 242, 282

Gorki, Máximo – Escritor, dramaturgo e ativista político russo. Um dos maiores representantes literários do regime comunista. 212, 217, 254

Goulart, João (Jango) – Político e presidente do Brasil, empossado em 1961 e deposto pelo golpe militar de 1964. 196, 345, 505-6, 522, 525-6, 530

Grabois, Maurício – Deputado constituinte, dirigente do PCB e um dos fundadores do PCdoB. Desaparecido em 1973 no comando da Guerrilha do Araguaia. 355, 360, 377, 450, 461

Guedes, Armênio – Jornalista, foi secretário de Luiz Carlos Prestes e dirigente do PCB. 361, 396, 406

Guedes, Célio – Militante do PCB, torturado e morto pelo governo militar em 1972. 590

Guedes, Mário Pinto – Major, comandante do 28º Batalhão de Caçadores. 213

Guerra, Paulo – Vice de Miguel Arraes na governança de Pernambuco, foi empossado governador após pressão dos golpistas de 1964. 485, 507, 556-7

Guimarães, Nestor Duarte – Jurista e político sob a legenda do MDB. 402

Guttman, José – Militar comunista, participou do levante da Praia Vermelha em 1935. 282

Henrique, Trindade – Carcereiro de Gregório Bezerra na Casa de Detenção do Recife. 254-5, 257, 258-60, 265-6, 272, 430, 480

Henrique, Valdemar Diniz – Militar, participou do levante de 1935. 249

Herzog, Vladimir – Jornalista, professor e dramaturgo. Sua morte nas dependências do Doi-Codi em 1975 impulsionou o movimento pelo fim da ditadura militar. 590

Hitler, Adolf – Líder do Partido Nazista, governou a Alemanha durante a Segunda Guerra Mundial. 223, 228, 264-5, 279-81, 289, 291, 293-4, 299, 303, 328, 392, 482, 524

Holanda, Jarbas de – Jornalista, à época filiado ao PCB. Vereador de Recife, foi cassado e preso em 1962. 544, 547

Jacques, Silvino – Militar, durante o movimento constitucionalista de 1932 esteve a favor de seu padrinho Getúlio Vargas. 562

Julião, Francisco (Chico) – Advogado, político, escritor e dirigente das Ligas Camponesas. 522, 540, 554, 564, 580-1, 583, 632

Kruchov, Nikita – Secretário-geral do Partido Comunista da URSS de 1953 a 1964. 456, 481

Kubitschek, Juscelino – Político e presidente do Brasil de 1956 a 1961. 196, 467, 505

Lacerda, Carlos Frederico – Proprietário do jornal *Tribuna da Imprensa* e político da UDN. 471, 476

Lacerda, Fernando de – Militante e dirigente do PCB. 300

Lamarca, Carlos – Capitão do Exército brasileiro, integrante da Vanguarda Popular Revolucionária (VPR), assassinado pela ditadura militar em 1971. 590

Lampião (Virgulino Ferreira da Silva) – Líder cangaceiro pernambucano. 272

Leal, Newton Estillac – General, ministro da Guerra durante o segundo governo Vargas. 460

Leão, Eurico de Souza – Advogado, chefe da polícia pernambucana responsável pela derrota de Lampião. 322

Leite, Eraldo Gueiros – Promotor, presidente da Comissão de Inquérito Policial Militar, responsável pela acusação de Gregório Bezerra. 410-2, 419-20, 420, 552

Leite Filho, José – Militante comunista filiado ao PCB, redator da *Folha do Povo* e deputado estadual de Pernambuco. Perseguido e preso em 1947. 378, 499

Lenin, Vladimir Ilitch – Revolucionário e chefe de Estado russo, primeiro presidente do Conselho dos Comissários do Povo da União Soviética. 161-2, 168, 170, 174, 182, 212, 217, 254, 352, 427, 456, 504

Lima, Álvaro da Costa – Delegado do Dops, anticomunista ferrenho. 470, 474-5, 485, 492, 548

Lima, Felipe Moreira – Político e militar, interventor federal pelo Ceará. 223, 228

Lima, Francisco de Assis (Chico Pinote) – Investigador e suposto torturador na Era Vargas. 475, 480, 548

Lima, Hermes – Político, jornalista e jurista, participou da formação da UDN. 402

Lima, Pedro Mota – Dirigente do PCB na década de 1940. 300, 396

Lima, Tito de Alencar – Frade católico preso em 1968. Suicidou-se em 1974, em decorrência de transtornos psicológicos provocados pelas torturas a que foi submetido. 590

Lins de Albuquerque, Etelvino – Político, promotor público e delegado de polícia. Governador de Pernambuco em 1945 e de 1952 a 1955. 245, 249, 307, 485-7, 492, 495, 508

Lott, Henrique Teixeira – Militar nacionalista, candidatou-se à Presidência da República em 1960. 480, 505-6, 563

Lupion, Moisés – Empresário e político paranaense. 467-8

Macedo Soares, José Carlos de – Jurista, nomeado ministro do Interior e da Justiça no primeiro governo de Getúlio Vargas. 271

Machado, Caetano – Militar e dirigente do PCB, participou do levante de 1935. 243, 245, 247-8, 255, 264, 588

Mader, Oto – Senador paranaense, concorreu à presidência em 1955 apoiado pela UDN. 468-9

Mangabeira, João – Jurista e político que atuava na UDN. 402

Magalhães, Agamenon – Jurista e político varguista. 402

Magalhães, Juracy – Militar e político anticomunista durante o regime militar brasileiro. 264, 311, 405, 471, 476

Magalhães, Ururaí – Chefe da Comissão de Abastecimento e Preços durante o governo de Juscelino Kubitschek. 196

Magalhães, Zélia – Militante comunista morta a tiros pela polícia aos 36 anos. 364-5

Maranhão, Jarbas – Político pernambucano sob a sigla do PSD. 486

Maranhão, Luís Inácio – Membro do Comitê Central do PCB, capturado e morto pela ditadura. 590

Marighella, Carlos – Dirigente comunista ligado ao PCB e fundador da ALN, um dos principais organizadores da luta armada contra o regime militar brasileiro. 283, 290, 300, 360-1, 457, 570, 573-5, 590

Marques, Colatino – Coronel, comandante interino da 7ª Região Militar. 240

Martins, José – Dirigente comunista de movimento guerrilheiro organizado no sul da Bahia em 1936. 562

Mazzo, Armando – Militante do PCB e líder sindical na cidade de Santo André; elegeu-se prefeito em 1947, mas teve seu mandato cassado antes da posse. 396-7

Médici, Emílio Garrastazu – General, terceiro presidente imposto após o golpe de 1964, promulgou o AI-5. 316

Meireles, Ivo – Médico e político filiado ao PCB. 284, 300, 304, 311

Mello, Othon Bezerra de – Empresário, industrial e político pernambucano. 321

Melo, João Massena – Membro do Comitê Central do PCB. Preso pela ditadura, desaparecido desde 1974. 590

Mendes, Pedro Wilson – Militante filiado ao PCB. 216, 225-6

Mendonça, Carneiro de – Militar e interventor do Colégio Militar do Estado do Ceará. 221-3

Mendoza, Nei da Rocha – Integrante da lista de torturadores no dossiê de Gregório Bezerra sob a rubrica "PM da Vila Militar". 589

Milo, Eliseu – Operário militante do PCB, morto pela reação. 590

Miranda, Jaime – Jornalista, membro do Comitê Central do PCB. Preso pela ditadura, desaparecido desde 1975. 590

Monteiro, Clemente José – Comandante militar, integra a lista de torturadores no dossiê de Gregório Bezerra. 589

Monteiro, Clodomir – Estudante, partidário do candidato João Cleófas. 511

Monteiro, Góis – General e político varguista. 228

Monteiro Filho, Armando – Engenheiro e político pernambucano sob a sigla do PSD. 507

Moraes, Clodomir – Assessor e organizador das Ligas Camponesas. 580

Moraes, José Ermírio de – Industrial paulista, candidatou-se à Presidência da República em 1984 sob a sigla do PTB. 507

Morena, Roberto – Dirigente sindical, membro da direção do PCB. 290, 397

Mota, Jeová – Militar de liderança integralista em Fortaleza durante o governo Vargas. 228, 256

Mourão Filho, Olímpio – Militar integralista, que participou ativamente do golpe de 1964. 539, 552

Müller, Filinto – Político e militar tenentista, chefe da polícia no primeiro governo Vargas, apontado como "patrono das armas" dos torturadores no Brasil. 289, 292, 294, 524

Mussolini, Benito – Político italiano, líder e fundador do Partido Nacional Fascista. 228, 264-5, 328, 392, 482, 524

Nabuco, Joaquim – Político, diplomata e historiador pernambucano do século XIX. Uma das figuras-chave do pensamento liberal e abolicionista no Brasil. 110

Nogueira, Outubrino Pinto – Militar, diretor da Escola de Sargentos de Infantaria. 197

Nunes, João – Coronel da Polícia Militar de Pernambuco. 272, 274

Oliveira, Agostinho Dias de – Militante e dirigente do PCB, eleito deputado federal por Pernambuco em 1946. 311-3

Oliveira, João Cleófas de – Político e empresário pernambucano varguista. 496, 507-11

Oliveira, José Francisco de – Militante socialista, ficou preso na Casa de Detenção do Recife. 259, 288, 388, 398

Otero, Leivas – Militar e membro da direção central do PCB. Participou do levante de 1935. 275, 278, 282, 360, 378, 390

Pacheco, Osvaldo – Líder operário de Santos (SP), membro do secretariado e da direção nacional do PCB. Deputado constituinte em 1946. 360

Paiva, Rubens – Engenheiro civil, político e empresário, desaparecido durante o regime militar. 590

Papini, André – Membro do Comitê Estadual de Pernambuco do PCB. 380, 382-5

Peixoto, Demerval – Interventor federal de Pernambuco entre 1946 e 1947. 379-80

Perdigão, João – Administrador da Casa de Detenção do Recife durante a primeira pena de Gregório Bezerra. 167, 175

Pereira, Antônio – Político que se opunha à candidatura de Miguel Arraes ao governo de Pernambuco em 1962. 128, 142, 149, 497

Pereira, Arquimínio – Primeiro-tenente, comandante da seção de tanques da Companhia na qual Gregório Bezerra atuou em 1923. 189

Pereira, Astrogildo – Escritor e dirigente anarquista; rompeu com o anarquismo e participou da fundação do PCB em 1922. 218, 221

Pereira, Eduardo Carlos – Professor catedrático do Colégio Pedro II, autor do livro *Gramática expositiva*. 194

Pereira, Zilda Xavier – Militante do PCB e posteriormente da ALN. Presa política torturada. 574-5

Pereira Neto, Antônio Henrique – Sacerdote, assistente de dom Hélder Câmara na Arquidiocese de Olinda e Recife. Torturado e morto pelo Comando de Caça aos Comunistas em 1969. 551-2, 565, 572, 590

Pessoa de Queiroz – Família proprietária do conglomerado Sistema Jornal do Commercio de Comunicação, sediado em Recife. 129

Petáin, Philippe – Militar francês, líder do governo instaurado na França durante a ocupação nazista em 1940. 294

Pinheiro, Glauco – Militante comunista filiado ao PCB. 309

Pinto, Heráclito Fontoura Sobral – Jurista reconhecido pela defesa dos direitos humanos e dos perseguidos políticos durante o governo Vargas. 563

Piza, Vladmir de Toledo – Político sob a sigla do PTB, concorreu contra Jânio Quadros pelo cargo de governador de São Paulo em 1955. 463

Pomar, Pedro – Membro do Comitê Central do PCB e um dos fundadores do PCdoB, assassinado em 1976 no episódio que ficaria conhecido como Chacina da Lapa. 355, 360, 405-6, 461

Prestes, Anita Leocádia – Historiadora e pesquisadora, filha de Olga Benário Prestes e Luiz Carlos Prestes. 361

Prestes, Luiz Carlos – Conhecido como "Cavaleiro da Esperança", foi militar e secretário-geral do PCB e formou o contingente rebelde chamado Coluna Prestes. Eleito senador com o fim do Estado Novo e líder da bancada comunista na Assembleia Constituinte de 1946. 230, 238, 247, 256, 262, 295, 298-300, 302-4, 307, 310-3, 324, 328, 334-6, 344, 355-6, 358-9, 360-3, 367, 369, 371, 373-7, 384, 396-8, 405-7, 430-1, 439, 444, 446, 448, 450, 466, 469, 476, 484, 487-9, 510, 549, 574-5, 593-4, 598-9

Quadros, Jânio – Político e 22º presidente do Brasil entre janeiro e agosto de 1961. 505-6

Queiroz, José Pessoa de – Militar, sobrinho do presidente Epitácio Pessoa, comandante da 1ª Companhia de Carros de Assalto. 186

Queiroz, Rachel de – Escritora cearense, integrou a formação do primeiro núcleo do PCB em Fortaleza. 223-4

Queiroz Saião, João Siqueira de – Comandante do 21º Batalhão de Caçadores, em 1927. 206, 209, 211, 214

Rabelo, Manuel – General democrata e antifascista, comandante da 7ª Região Militar de Recife. 227-8, 231, 233

Ramos, Graciliano – Escritor, jornalista e político, filiou-se ao PCB em 1945. 367-8

Ramos, Iguatemi – Batalhador em defesa da classe operária brasileira. 361

Reed, John – Jornalista, escritor e ativista norte-americano. 217

Rego, Murilo – Membro do Comitê Estadual do PCB em Alagoas. 380

Reis Neto, Malvino – Chefe fascista da polícia do Rio Grande do Norte. 233-5, 241, 248-9, 250-1, 257, 263, 271

Ribeiro, Ivan – Dirigente do PCB. 278, 282, 360

Ribeiro, Jair Dantas – General e ministro da Guerra no governo de João Goulart. 196, 211, 213

Ribeiro, Walter – Membro do comitê central do PCB, desaparecido durante a ditadura militar. 590

Rolim, Inácio de Freitas – Primeiro-tenente da Escola de Sargentos de Infantaria. 196

Roosevelt, Theodore – Presidente dos Estados Unidos entre 1901 e 1909 pelo Partido Republicano. 294

Rosa e Silva, Francisco de Assis – Advogado e político ultraconservador e oligárquico, dono do jornal *Diário de Pernambuco*. 102, 107

Saldanha, Aristides – Advogado, jornalista e político, membro do PCB. 417, 419

Salgado, Plínio – Político fascista, fundador do Partido de Representação Popular (PRP). Apoiou o golpe militar de 1964 e juntou-se à Aliança Renovadora Nacional (Arena), obtendo dois mandatos na Câmara Federal. 223, 265, 325, 328-9

Sampaio, Cid – Usineiro, um dos fundadores da UDN, eleito governador de Pernambuco com o apoio do PCB. Apesar de opor-se ao movimento militar, filiou-se à Arena. 345, 486-93, 495-500, 506-8, 510, 513

Sampaio, Xavier – Tenente morto durante movimento revolucionário em 1935. 240, 245, 249, 398-9

Santana, Irun – Médico sanitarista, militante do PCB, fundador da União Nacional dos Estudantes (UNE). 371

Santos, Antônio dos – Camponês queimado vivo pelas forças militares do capitão Liberato de Carvalho durante movimento guerrilheiro no sul do Estado da Bahia. 562

Santos, José Lopes de Siqueira – Usineiro reacionário, aliado de Cid Sampaio nas eleições para o governo de Pernambuco. 488, 531, 546, 553

Schreider, Charles Chael – Estudante torturado e morto pela repressão em 1969. 590

Selva, Santos – Coronel e político de linha ultraconservadora. 102, 107, 119

Silva, Adílson Cardoso Guimarães – Sargento integrante da lista de torturadores no dossiê de Gregório Bezerra. 589

Silva, Claudino José da – Líder operário, militante do PCB e deputado de 1946 a 1948. 371

Silva, Raul Lins e – Advogado dedicado à causa dos direitos humanos. 564

Silveira, Joel – Militante trotskista, membro das Ligas Camponesas. 540

Silveira, Pelópidas da – Engenheiro e político democrata e nacionalista. Prefeito aliado do governador Miguel Arraes, foi preso e teve seu mandato cassado em 1964. 376, 385-7, 489, 496, 499, 507, 510, 564

Silvino, Antônio – Caudilho sertanejo célebre no Nordeste. Em 1937 recebeu indulto do presidente Getúlio Vargas. 166, 170, 177, 179, 244

Soares, Manuel Raimundo – Sargento torturado e morto devido à participação no movimento de resistência à ditadura militar. 590

Souto, Álcio – General pró-Alemanha durante a Segunda Guerra Mundial, chefe do gabinete militar no governo Dutra. 363

Souza, Álvaro de – Um dos comandantes do 3º Regimento de Infantaria no Rio de Janeiro. 242, 278, 282

Souza, Washington Luiz Pereira de – Governador de São Paulo de 1920 a 1924 e último presidente da Primeira República do Brasil. 214-5

Stalin, Josef – Dirigente bolchevique, secretário-geral do Partido Comunista da União Soviética e do Comitê Central de 1922 a 1953. 224, 279, 281, 294, 317, 326, 332, 427, 444, 453-4, 470, 481

Távora, Juarez – Militar favorável ao governo Vargas na Revolução de 1930. Em 1945, filiou-se à UDN em oposição ao Estado Novo. 311

Tourinho, Antônio Bento – Um dos presos políticos na ilha de Fernando de Noronha em 1939. 275

Trajano, Antônio – Professor e autor de livros didáticos de matemática adotados pela Família Real Brasileira e pela Escola Militar. 194

Tsé-Tung, Mao – Influente político, teórico do comunismo e líder revolucionário chinês do século XX. Fundador da República Popular da China em 1949, liderou a Revolução Cultural em 1966. 501

Vargas, Benjamim – Coronel, irmão de Getúlio Vargas. Eleito deputado constituinte pelo PRR em 1934 e nomeado diretor do Departamento Federal de Segurança Pública em 1945. 218

Vargas, Getúlio – Líder civil da Revolução de 1930 e presidente da República de 1930 a 1945. Em 1937, implantou o Estado Novo por meio de um golpe. Assumiu a presidência novamente em 1951 e ficou no cargo até 1954, quando cometeu suicídio. 214, 218, 292, 294, 329, 358, 459-60, 552

Vasconcelos, José Pereira – Inspetor do Dops-Rio, integra a lista de torturadores no dossiê de Gregório Bezerra. 589

Vasconcelos, Vivaldo – Advogado, membro do PCB. 564

Veloso, Itair – Membro do comitê central do PCB, desaparecido durante a ditadura militar. 590

Veríssimo, Nestor – Coronel antifascista e diretor do presídio do arquipélago de Fernando de Noronha e da Colônia Agrícola do Distrito Federal, em Ilha Grande. 275, 280-2, 284-5, 287, 289

Vidal-Naquet, Pierre – Historiador e intelectual francês, participou da resistência contra a ocupação nazista na França. 588-9

Vilanova, Azambuja – Coronel integralista, nomeado interventor federal de Pernambuco no governo de Getúlio Vargas. 256, 264

Villocq Viana, Darcy – Tenente-coronel, comandante do quartel do bairro de Casa Forte, em Recife, onde torturou Gregório Bezerra. 533-5, 542

Wanderley, Wandenkolk – Delegado do Dops durante a ditadura. 249-50, 261

Zamith, José Ribamar – Oficial do Exército brasileiro, acusado de torturas durante a ditadura militar. 589

Zarattini, Ricardo – Fundador do PCR. Um dos presos políticos trocados pelo embaixador dos Estados Unidos Charles Burke Elbrick. 575, 580

Ziller, Armando – Líder sindical e militante do PCB. 427-8

ANEXOS

Gregório Bezerra na Casa de Detenção do Recife, no fim da década de 1960.

INTEGRIDADE E GRANDEZA*
Florestan Fernandes

Gregório Bezerra cresceu, ao longo de sua vida, além e acima dos padrões humanos de integridade e grandeza da sociedade brasileira. Não cheguei a conhecê-lo, mas sempre o admirei com respeito: ele fazia parte do pequeno grupo dos que não cedem e não se vergam, sendo ele próprio a mais bela e forte irradiação do *ser Povo*, do transfigurar a dureza da vida em beleza humana, em ação política consciente contra a miséria e a degradação dos oprimidos. Ele era uma força telúrica e social, sempre pronto para todos os sacrifícios e todas as lutas, no combate sem tréguas para o qual arrastava, pela palavra e pelo exemplo, os deserdados da terra, incendiando mentes e corações com a chama de seu ardor revolucionário.

É parte de nossa memória histórica a coragem com que enfrentou o suplício público. Cenas brutais, embora comuns em todo o Brasil e particularmente no Nordeste da cana, com sua longa tradição de *pisas* e da violência que desaba de cima para baixo em função da vontade de tiranetes sanguinários, eclodiram pelas ruas de uma cidade que não merecia aquela nódoa. A consciência nacional foi ferida, mas se esclareceu: os donos do poder mostraram o que eram – a que vinham – e como iriam conduzir a República institucional em relação ao "Povo insubmisso". Foi um verdadeiro calvário, que tocou aos cristãos e aos ateus, e colocou, acima do desmascaramento da natureza íntima do golpe de Estado, a figura exemplar do supliciado. Arrastado como um cão raivoso, Gregório Bezerra mostrou que o ser humano se suplanta na desgraça e que não há violência que possa abater um caráter firme e decidido.

Outras violências vieram depois – e muitas ainda mais brutais e assustadoras. Contudo, nenhuma se comparou a essa, pelo ódio extravasado, pelo banqueteamento público na

---

* Publicado originalmente na página 3 do jornal *Folha de S.Paulo*, em 27 de outubro de 1983, o artigo integra o livro de Florestan Fernandes, *Que tipo de República?* (2. ed., São Paulo, Globo, 2007, p. 269-73), com prefácio de Fábio Konder Comparato e apresentação de Antonio Candido. Sociólogo, Florestan foi professor catedrático da Universidade de São Paulo e é autor de vasta obra, como do clássico *A revolução burguesa no Brasil* (São Paulo, Globo, 2006). (N. E.)

carne e na pessoa do vencido, pela ausência de civilização no massacre da vítima indefesa. Esta, porém, não se despojou de sua dignidade humana, ferida mas não destruída e tão pouco acovardada. Posto à prova, mostrou-se à altura dos seus pares ancestrais e retirou do sofrimento a mais contundente humilhação dos carrascos: revelou a ira popular e o orgulho imbatível do ser espoliado, que derrota o inimigo voltando contra ele a vergonha da desonra, da covardia atroz e da desumanidade bestial. De Norte a Sul ficou claro que se fizera o processo de um regime e que o mártir era, por seu desassombro e capacidade de resistência civil, um herói político puro e intemporal. As circunstâncias converteram o seu sacrifício em realidade histórica, porém o que estava em jogo era o símbolo vivo perene de um povo insurgente.

Esse poderia ser o clímax de uma vida e o ponto final grandioso da trajetória de Gregório Bezerra. Em um dado momento, ele livrou uma Nação – ou a parte maior da Nação, que não se deixou corromper pelas ilusões que alimentaram e deram corpo à tirania – do complexo de culpa, do rancor contra si mesma despertado pela submissão passiva, da vergonha coletiva compartilhada por milhões de impotentes. Todavia, aquele não foi um momento ocasional, um acidente pessoal e histórico, o ápice de uma vida devotada *aos outros* e à redenção dos oprimidos. Era o próprio medo de ser de um homem que não se via como herói e repetiria, se fosse preciso, mil ou cem mil vezes atos como aquele (ou ainda maiores). Os limites de sua natureza humana transcendiam ao episódio e, se houve engrandecimento, este sim constituía um produto acidental da história. A medida do homem do povo marcava os ritmos pessoais de Gregório Bezerra e estabelecia um estarrecedor contraste com os "donos do poder", vaticinando que em sua luta contra o Brasil a República institucional nascia condenada ao malogro.

Os aspectos que desnudam essa particular grandeza humana se tornaram bem conhecidos graças à publicação das *Memórias* de Gregório Bezerra (editadas em dois volumes, em 1979 e 1980, pela Civilização Brasileira). Não vem ao caso varar as páginas dessa linda lição de vida, repetir o que a crítica já ressaltou. Mas não iria mal evocar pelo menos dois tópicos das *Memórias*. Um deles afeta a infância e a mocidade de Gregório Bezerra. Como ele se solta do chão nativo e amadurece. O calibre de suas ilusões e aspirações. Um sólido rebento popular, uma longa e obstinada vocação para vencer a pobreza, a exclusão e a marginalização, mantendo em toda a plenitude a impulsão do *ser gente* na órbita histórica do mundo do Povo. São límpidas e belas as páginas em que podemos acompanhar a gradual projeção humana de Gregório Bezerra a partir do arcabouço do existir comunitário primordial, do qual nunca se desprendeu pelos conteúdos da razão; converteu-se no *homem do Povo* que saiu de um ambiente intelectual estreito, mas que sustentou sua identidade originária com orgulho e dela retirou a sua força psicológica criadora e rebelde. Por isso, mais tarde, principalmente nas duras tentativas de combater a última (ou mais recente) ditadura, ele não fala *para* o Povo – é o próprio Povo que fala pela sua voz. Daí a facilidade com que aparentemente era "seguido". Ele extraía da substância do seu ser o que todos queriam e exprimia esse querer comum com as palavras políticas que os outros não sabiam dizer (ou apenas conheciam por intuição, mais ou menos parcial e obscuramente).

O outro tópico diz respeito ao significado desse homem para a esquerda brasileira, que sempre usou uma telegrafia estranha para se isolar da massa popular. Por sua própria natureza íntima, Gregório Bezerra não era domesticado nem domesticável. O seu senso de disciplina obrigava-o a palmilhar humildemente certos caminhos que ele reprovava ou, pelo menos, com os quais não poderia ser conforme sem mutilações. Militante firme, exemplar, que dava de si tudo que tinha, no entanto ele era o contraste natural e incisivo de qualquer modalidade de comunismo enlatado.

Referindo-se a 1947, por exemplo, Gregório Bezerra afirma: "Essa posição, a meu ver, apesar dos grandes movimentos de massa que realizamos, em vários pleitos eleitorais, e das vitórias que obtivemos, nos isolou um pouco dos setores mais radicais das massas populares. Tanto é verdade que, em alguns casos, os operários, não suportando mais os baixos salários, passavam por cima da orientação do partido e deflagravam greves. Quando os operários entravam em greve, o partido, que antes lhes tinha desaconselhado essa forma extrema de luta, dava-lhes apoio, fazendo autocrítica na prática (e o proletariado reconhecia que o partido não o tinha abandonado). Mas o fato é que a orientação geral do partido, naquele momento, levou-o a se atrasar em relação à luta dos setores mais radicais da classe trabalhadora. A meu ver, tínhamos cedido demais, em busca de uma união nacional que não conseguíamos fazer e, em consequência disso, nos isolamos bastante das massas sofridas, em virtude da nossa posição *reboquista* com relação à burguesia" (p. 402). A sua integridade e objetividade qualificam também o diagnóstico referente à contrarrevolução em 1964. "A meu ver, confiamos demasiado no dispositivo militar dos nossos aliados e subestimamos o dispositivo de nossos inimigos. Estávamos com a cabeça cheia dos êxitos parciais. Nosso partido não estava preparado para a luta armada e, em consequência, não preparou a classe operária e as massas trabalhadoras para enfrentar o golpe. Outro fator de nossa fraqueza era a nociva falta de unidade entre as forças de esquerda. Os golpistas souberam aproveitar-se de todas essas debilidades e alcançaram uma vitória tranquila" (p. 528). Outras páginas, a seguir, indicam a potencialidade explosiva das várias populações rústicas com que entrara em contato, numa peregrinação revolucionária que desmente a propalada "tradição de subserviência" e de "incapacidade política" das massas trabalhadoras rurais. Não é o oprimido que está longe do modelo revolucionário. É esse modelo que não se configura como realidade histórica, à revelia das massas trabalhadoras.

Eis aí a figura enorme desse homem que morreu sem receber os tributos que merecia pelos serviços que prestou às classes trabalhadoras brasileiras, às causas do Partido Comunista e da defesa da revolução democrática no Brasil. Os jornais dedicaram páginas inteiras a Raymond Aron, comprovando mais uma vez até que ponto nos comprazemos com uma situação neocolonial na esfera da cultura. Aron era um *grande* do pensamento europeu – mas seria tão grande para nós? Ou pareceria Gregório Bezerra o anti-herói nacional para uma consciência burguesa conservadora, culpada e farisaica? Ora, pense-se o que se quiser, ele representa e exemplifica a *emergência do Povo na história*. O Brasil nunca poderia ser mais o mesmo depois dos episódios que degradaram a ditadura ao ponto mais infame e mais baixo e, ao mesmo tempo, desmistificaram as falsidades e as ambiguidades das nossas "elites esclarecidas" e de nossa propalada "tradição cristã". Como diriam os católicos militantes mais ponderados: a sua vida é toda ela um testemunho de rebelião criadora, de afã ou de ansiedade de autoaperfeiçoamento e de identificação profunda com a democracia igualitária. Ele é o elo que nos faltava pra conferir ao movimento socialista revolucionário uma sólida base na terra firme e o verdadeiro encravamento no âmago da consciência popular.

HOMENAGEM A GREGÓRIO*
Eduardo Campos

Senhor Presidente, Senhores Deputados, desde muito cedo participei de grandes e inesquecíveis lições de História Contemporânea.

Muito cedo, ainda adolescente, tive a honra de conviver com alguns personagens da História do Brasil neste século e deles tirar lições de vida que sempre carregarei como patrimônio ético e moral para guiar minhas atitudes, na vida pública ou na vida privada.

Alguns desses personagens estão vivos e fazem história enfrentando as adversidades. Outros já se foram e deixaram um imenso legado de patriotismo e de decência.

Poderia falar de muitos que dedicaram boa parte de suas vidas para fazer do Brasil um País mais justo.

Poderia falar de outros tantos que deram a suas existências um sentido humanitário e se fizeram símbolos da luta por justiça social.

Há, ainda, exemplos de figuras notáveis, homens e mulheres que vi lado a lado lutando contra a opressão e na defesa dos excluídos.

Mas venho a esta tribuna, hoje, para falar de um só desses personagens, uma figura de primeiro plano de nossa História que conseguiu fazer de sua existência uma síntese de todas as lutas libertárias de seu tempo, um modelo de todos os compromissos com o País e seu povo.

Um homem de uma coragem pessoal que inspirou muitos e o tornou um ícone para os que hesitam e temem.

Um homem de uma dedicação patriótica somente igual a todos os patriotas do passado e do presente nesta nossa sofrida terra.

Venho falar, Senhor Presidente, Senhores Deputados, de um dos poucos heróis populares da História do Brasil, ele também um excluído, que ocupou uma cadeira nesta Casa e aqui em pouco tempo deixou gravado seu compromisso com as convicções ideológicas de que

---

* Trechos do pronunciamento do então deputado federal por Pernambuco Eduardo Campos, na Câmara dos Deputados em Brasília, em 1999. Atualmente, Campos é governador de Pernambuco pelo Partido Socialista Brasileiro (PSB). (N. E.)

foi vítima nas prisões, nas torturas e até na cassação de seu mandato, um dos episódios sombrios da história do Parlamento brasileiro.

Este homem se chamava Gregório Bezerra, deputado constituinte em 1946, líder popular, comunista, revolucionário por toda vida adulta.

(...)

Passado dos oitenta anos, quando a maioria das pessoas sente o peso da idade e se recolhe, Gregório foi às ruas, percorreu o Estado de Pernambuco, defendeu a Frente Popular, e com tanta ênfase procurou mostrar a importância da redemocratização que pouco fez por sua própria candidatura, com o que pretendia voltar a esta Casa, de onde saiu cassado por delito de convicção política.

Muito certamente Gregório Bezerra deve ter sentido a amargura de uma derrota eleitoral, mas em nenhum momento recuou de suas crenças e passou até os seus últimos instantes dando lições de vida, defendendo o que considerava ser o melhor caminho para a classe trabalhadora brasileira.

A história desse homem, Senhoras Deputadas, Senhores Deputados, é um modelo de coragem que somente um poeta poderia sintetizar. Em versos de cordel, no ritmo simples dos repentistas nordestinos, disse o grande Ferreira Gullar:

> *Mas existe nesta terra muito homem de valor*
> *que é bravo sem matar gente*
> *mas não teme matador,*
> *que gosta de sua gente*
> *e que luta a seu favor, como Gregório Bezerra,*
> *feito de ferro e de flor.*

Em torno desse homem feito de ferro e de flor está sendo programado um seminário no Recife, para lembrar seu centenário em março de 2000. Serão discutidas questões como a reforma agrária, a luta pela terra, o socialismo, temas preferenciais de Gregório defendidos em cada momento de sua existência.

O centenário de Gregório nos lembra que tudo ainda está por fazer. Que sua memória pese sobre todos os que estão vivos e acreditam que é preciso construir um país mais justo.

Era o que tinha a dizer, Senhor Presidente.

HISTÓRIA DE UM VALENTE*
Ferreira Gullar

Valentes, conheci muitos,
E valentões, muitos mais.
Uns só Valente no nome
uns outros só de cartaz,
uns valentes pela fome,
outros por comer demais,
sem falar dos que são homem
só com capangas atrás.

Conheci na minha terra
um sujeito valentão
que topava qualquer briga
fosse de foice ou facão
e alugava a valentia
pros coronéis do sertão.
Valente sem serventia
foi esse Zé Valentão.

Conheci outro valente
que a ninguém se alugou.
Com tanta fome e miséria,
um dia se revoltou.
Pegou do rifle e, danado,
meia dezena matou
sem perguntar pelo nome
da mãe, do pai, do avô.

E assim, matando gente,
a vida inteira passou.
Valentão inconsequente,
foi esse Zé da Fulô!
Mas existe nesta terra
muito homem de valor
que é bravo sem matar gente
mas não teme matador,
que gosta de sua gente
e que luta a seu favor,
como Gregório Bezerra,
feito de ferro e de flor.

Gregório, que hoje em dia
é um sexagenário,
foi preso pelo Governo
dito "revolucionário",
espancado e torturado,
mais que Cristo no Calvário,
só porque dedica a vida
ao movimento operário
e à luta dos camponeses
contra o latifundiário.

Filho de pais camponeses,
seu rumo estava traçado:

---

* Poema escrito por Ferreira Gullar por solicitação do Partido Comunista Brasileiro, relatando a prisão de Gregório Bezerra em abril de 1964. Publicado três anos após esse acontecimento, com o país ainda sob ditadura militar, foi assinado com o pseudônimo de "José Salgueiro". Republicado mais recentemente no livro *Romances de cordel* (Rio de Janeiro, José Olympio, 2009). (N. E.)

bem pequeno já sofria
nos serviços do roçado.
Com doze anos de idade
foi pra capital do estado,
mas no Recife só pôde
ser moleque de recado.
Voltou pra roça e o jeito
foi ser assalariado.
Até que entrou pro Exército
e decidiu ser soldado.

Sentando praça, Gregório
foi um soldado exemplar.
Tratou de aprender a ler
e as armas manejar.
Em breve tornou-se cabo
mas não parou de estudar.
Chegou até a sargento
na carreira militar.

Sua vida melhorou
mas não parou de pensar
na sorte de sua gente
entregue a duro penar.
Um dia aquela miséria
havia de se acabar.

Foi pensando e conversando,
trocando pontos de vista,
que Gregório terminou
por se tornar comunista
e no Partido aprendeu
toda a doutrina marxista.
Convenceu-se de que o homem,
no mundo capitalista,
é o próprio lobo do homem,
torna-se mau e egoísta.

Da luta de 35,
Gregório participou.
Derrotado o movimento,
muito caro ele pagou.
O Tribunal Militar
do Exército o expulsou,

e o meteu na cadeia
onde Gregório ficou
até em 45
quando a anistia chegou.

Mas todo esse sofrimento
valeu-lhe muito respeito.
Candidato a deputado
foi gloriosamente eleito
pra Câmara Federal
sendo o segundo do pleito.
Seu trabalho no Congresso
só lhe aumentou o conceito.

Mas eleito deputado,
um problema ia surgir:
Gregório não tinha roupas
para o mandato assumir.
Foi preciso a gente humilde
que o elegeu se unir
e fazer uma "vaquinha"
pras roupas adquirir.
Assim, vestido elegante,
Gregório pôde partir.

A força dos comunistas
assustou a reação.
Viram o apoio que o povo
dera a eles na eleição.
Armaram rapidamente
uma bruta traição.
Contra o PCB voltou-se
a total proibição
e contra os seus deputados
engendrou-se a cassação.
Fizeram o que fez agora
a falsa "revolução".

Gregório pronunciou
a oração derradeira
apresentando o projeto
em favor da mãe solteira.
Projeto feito com amor
à mãe pobre brasileira,

a essa mulher do povo
que só conhece canseira.
Projeto que mostra a alma,
alma pura e verdadeira,
desse homem contra quem
já se inventou tanta asneira.

Usurpado no mandato
que o povo lhe confiara,
a reação novo bote
contra ele já armara:
um quartel que pegou fogo
em Pernambuco, inventaram
que Gregório o incendiara,
e o meteram na cadeia
sem que a culpa se provara.
Mas ao final do processo
a verdade brilhou clara.

Assim, posto em liberdade,
Gregório não descansou.
Em Pernambuco e Goiás,
dia e noite trabalhou,
organizou camponeses,
a muita gente ensinou.
No Paraná e em São Paulo
sua ajuda dedicou.
Um dia com um revólver
por azar se acidentou.

Veio a Polícia e, ferido,
para a cadeia o levou.
Solto de novo, Gregório
para Pernambuco voltou.
E é em Pernambuco mesmo
que o vamos encontrar
em abril de 64
quando o golpe militar
se abateu sobre o País
derrubando João Goulart,
prendendo os que encarnavam
a vontade popular,
os que com o povo lutavam
para a Nação libertar.

Gregório então foi detido
no interior do estado.
Mas só se entregou depois
de ter identificado
o capitão que o prendia.
Tivera esse cuidado
pois sabia que um bando
de facínoras mandado
pelo usineiro Zé Lopes
buscava-o naqueles lados.

Pouco adiante, no entanto,
no cruzamento da estrada,
surge um destacamento.
Era uma tropa embalada
do Vigésimo RI
e à sua frente postada
a figura de Zé Lopes
com toda sua capangada.

Foram chegando e dizendo
que o preso lhes entregassem
para que naquele instante
com sua vida acabassem.
O capitão, no entanto,
pediu-lhes que se acalmassem,
pois as ordens do Recife
não eram pra que o matassem.
Queriam ouvir Gregório
e depois o fuzilassem.

Zé Lopes e seus capangas
não queriam obedecer.
Gritavam que comunista
não tem direito a viver.
Mas o capitão foi firme,
não se deixou abater.
A coisa então foi deixada
pro comando resolver.
Rumaram pra Ribeirão
onde o comando foi ter.

Zé Lopes, chegando lá,
insistiu com o comandante,

que lhe entregasse Gregório
pra "julgar" a seu talante.
Não conseguiu e Gregório
foi, de maneira ultrajante,
amarrado como um bicho,
jogado num basculante
que o levou pro Recife
às ordens do comandante.

Levado então à presença
do General Alves Bastos,
Gregório, os pulsos sangrando,
nem assim se pôs de rastos.
Quando este lhe perguntou
onde as armas escondera,
respondeu: "Se armas tivesse,
não era desta maneira
que eu estaria agora,
mas com as armas na mão,
junto com o povo lá fora".

Pro Forte das Cinco Pontas
foi conduzido, então,
e de lá para o quartel
de Motomecanização,
onde começa a mais negra
cena da "revolução"
que tanta vergonha e crime
derramou sobre a Nação.
Darci Villocq Viana,
eis o nome do vilão.

Esse coronel do Exército
mal viu Gregório chegar
partiu pra cima dele
e o começou a espancar.
Bateu com um cano de ferro
na cabeça até sangrar.
Chamou outros subalternos
para o preso massacrar.
Gritando: "Bate na fera!
Bate, bate, até matar!"
Dava pulos e babava
como se fosse endoidar.

Depois despiram Gregório
e já dentro do xadrez
com a mesma fúria voltaram
a espancá-lo outra vez.
Com 70 anos de idade
e outros tantos de altivez,
nenhum gesto de clemência
ao seu algoz ele fez.
O sangue agora o cobria
da cabeça até os pés.

No chão derramaram ácido
e fizeram ele pisar.
A planta dos pés queimava,
mal podia suportar.
Vestiram-lhe um calção
para depois o amarrar
com três cordas no pescoço
e para a rua o levar
preso à traseira de um jipe
e para ao povo mostrar
o "bandido comunista"
que se devia linchar.
Estava certo Villocq
que o povo o ia apoiar
para em plena praça pública
o comunista enforcar...

Mas para seu desespero,
o povo não o apoiou.
Aos seus apelos de "enforca!"
nenhuma voz se juntou.
Um silêncio insuportável
sua histeria cercou.
Via era ódio nos olhos
e se ninguém protestou
é que os soldados em volta
ao povo impunham terror.
Muitas mulheres choravam.
Uma freira desmaiou
no Largo da Casa Forte
onde o cortejo parou.

"Meus pés eram duas chagas
– Gregório mesmo contou –
e no meu pescoço a corda
ainda mais apertou.
O sangue que me banhava
minha vista sombreou.
Senti que a força faltava
mas minha boca falou:
'Meu povo inda será livre!'"
E muita gente chorou
no Largo da Casa Forte
onde o cortejo parou.

A freira que desmaiara
o arcebispo procurou
e este ao General Justino
nervosamente apelou
para impedir o homicídio
que quase se perpetrou.
A solidariedade humana
como uma flor despontou
no Largo da Casa Forte
onde o cortejo parou.

Quase morto mas de pé,
Gregório foi encarcerado.
Por dias e noites a fio
ele foi interrogado.
Já faz três anos que ele
continua aprisionado
sem ordem legal pra isso
e sem ter sido julgado.
E até um *habeas corpus*
pedido lhe foi negado.

Mas nada disso arrefece
o valor desse homem bravo
que luta pra que seu povo
deixe enfim de ser escravo
e a cada nova tortura,
a cada cruel agravo,
mais força tem pra lutar
esse homem sincero e bravo.

E donde vem essa força
que anula a crueldade?
Vem da certeza que tem
numa histórica verdade:
o homem vem caminhando
para a plena liberdade;
tem que se livrar da fome
para atingir a igualdade;
o comunismo é o futuro
risonho da humanidade.

Gregório Bezerra é exemplo
para todo comunista.
É generoso e valente,
não teme a fúria fascista.
À barbárie do inimigo
opõe o amor humanista.

Gregório está na cadeia.
Não basta apenas louvá-lo.
O que a ditadura espera
é a hora de eliminá-lo.
Juntemos nossos esforços
para poder libertá-lo,
que o povo precisa dele
pra em sua luta ajudá-lo.

EM LOUVOR A GREGÓRIO*
Francisco Julião

1.
Conheço várias idades
A idade da loucura
A idade da razão
A idade filosófica

2.
Segundo pude entender
A idade de Gregório
Não se mede pelas três
Se mede pela esperança

3.
Gregório viverá sempre
Na criança desvalida
Na juventude rebelde
No soldado patriota

4.
Todo camponês sem terra
Todo operário sem pão
Acabarão descobrindo
Que neles vive Gregório

5.
Dizer que morreu Gregório
Que sua voz se calou
É negar que o que ele fez
Não foi de cimento e pedra

6.
Não há lugar nesta urbe
Nesta Recife indomável
Que não guarde o eco vivo
Da palavra de Gregório

7.
A terra ficou pequena
Para caber os seus passos
Por isso foi pelo mundo
Carregado de heroísmo

8.
Para mim Gregório Bezerra
Filho dileto do povo
Não morreu mas se encantou
Como diz Guimarães Rosa

9.
Se encantou no Encanta Moça
No Totó, na Imbiribeira
Em Panelas de Miranda
Pelos campos de Palmares

10.
Seu coração generoso
É flor que não vai murchar
Parou e passou do seu peito
Para o peito do seu povo

---

* Escrito pelo político, advogado e líder das Ligas Camponesas Francisco Julião em 21 de outubro de 1983, em homenagem a Gregório Bezerra por ocasião de sua morte. (N. E.)

ALEGAÇÕES FINAIS EM FAVOR DE GREGÓRIO LOURENÇO BEZERRA*

Mércia Albuquerque

> *"Disse o Senhor: – Sabeis qual o jejum que eu apresento? É romper as cadeias injustas, desatar as cordas do jugo, repartir alimentos com os famintos, mandar embora, livres, os oprimidos e quebrar toda espécie de servidão." (Profeta Isaias)*

Doutos Julgadores:

    Antes de entrar no exame do processo a que responde neste Juízo Gregório Lourenço Bezerra, desejo utilizar algum espaço desta Defesa para situar-me, como sua advogada. Como mulher e mãe, sinto-me à vontade para funcionar em causas que dizem respeito à Liberdade Individual. Não funciono, aqui, como "inocente inútil", mas com a consciência plena de haver assumido a defesa de um grande, embora discutido, líder popular. Sei das enormes restrições que se fazem à pessoa do acusado, do ponto de vista político e ideológico. Mas sei, também, da sua grandeza moral, da sua responsabilidade, numa época em que a coerência e a firmeza de atitudes são confundidas com fanatismo e obstinação.

    Acompanhei o processo desde o início, nestes dois anos e meio de prolongadas audiências, de idas e vindas a essa Auditoria Militar, sem me descurar, um instante sequer, da grave responsabilidade histórica de defender Gregório Bezerra. Outros, de minha profissão, ficaram no caminho – intimidados ou atônitos. Eu resolvi prosseguir, embora enfrentando dissabores, comentários mesquinhos, acerbas críticas e aleivosias diversas. Fiz juramento de não transigir no exercício de minha atuação de advogada. E não transigirei, quaisquer que venham a ser as dificuldades e ameaças. Maior do que a minha resistência física é o meu

---

* A advogada Mércia Albuquerque, conhecida por ter defendido presos políticos no período da ditadura militar brasileira, presenciou as agressões sofridas por Gregório Bezerra nas ruas de Casa Forte. Recém-formada, decidiu naquele momento que o defenderia e assim o fez. Foi presa diversas vezes e sofreu campanhas difamatórias, porém não desistiu. Esta peça foi apresentada quando do julgamento de Gregório, em 1967, e faz parte do acervo do DHnet/Centro de Direitos Humanos e Memória Popular (www.dhnet.org.br).

grande amor – de mulher, de mãe, de simples criatura humana – ao Homem, que é o templo de Deus, segundo os evangelhos. E o Homem é uma criatura una, indivisível – quaisquer que sejam as contingências da vida, as crenças, o modo de encará-las, a fé e a própria negação da fé. Há mil formas de acreditar na vida. Como existem mil formas de destruí-las – pelo medo, pela covardia, pelo individualismo, pela vaidade. Bem aventurados os que sabem dignificá-la, em atos e práticas que somente a História julgará em definitivo, depois das paixões ocasionais, depois das lutas, depois das controvérsias.

O tempo é a dimensão histórica do Homem. E a maneira de julgá-lo só é lícita e completa quando esquadrinhadas todas as suas atitudes. E as consequências sociais dessas atitudes.

"A moral política" – já disse [Cesare] Beccaria, no seu famoso livro *Dos Delitos e das Penas* – "não pode proporcionar à sociedade nenhuma vantagem durável se não for fundada sobre sentimentos indeléveis do coração do Homem."

Aceitamos a defesa de Gregório Lourenço Bezerra, reencontro-me com os fundamentos da vida, na essencialidade de seus magnos princípios. E posso, daqui, na humildade de meus atos, repetir as súplicas de Davi, no Livro dos Salmos:

> *Ouve-me, quando eu clamo, ó Deus da minha justiça; na angústia me deste largueza. Tem misericórdia de mim e ouve a minha oração.*

Do processo

Sob todos os aspectos, este processo é uma monstruosidade jurídica. Há, nele, graves nulidades, tanto de forma como de conteúdo. Sua peça informativa – o inquérito policial-militar – tem manchas de sangue. Do sangue de espancamentos de réus e de testemunhas. Muitos dos denunciados sofreram os piores suplícios – que a Nação conheceu, em detalhes. Gregório quase foi morto. Suas torturas foram filmadas e rodadas nos vídeos das televisões do Recife, num espetáculo de circo romano.

Das nove testemunhas de acusação ouvidas em juízo – nove testemunhas, apenas, para um processo de mais de trinta réus! –, a maioria delas é confessadamente integrada de agentes do serviço secreto das Forças Armadas. As que não são agentes secretos são militares da ativa da Polícia Estadual. Todas, enfim, com interesse na causa, na apuração unilateral da causa.

Réus há nesse processo – Doutos Julgadores – que, sendo funcionários públicos, nunca foram requisitados à repartição de origem. Outros que, revés, não tiveram o direito de constituir advogados. Outros que respondem a dois e três processos pelos mesmos crimes. Ainda outros que, já condenados, estão sob ameaças de novas condenações, pelos mesmos fatos. Ainda outros que, tendo sido considerados isentos de culpa, em processos arquivados na Justiça Civil, se acham, agora, nas vésperas de um julgamento ou de uma possível condenação pelos mesmos motivos que foram tidos como insubsistentes, do ponto de vista penal, em juízos competentes.

Um ex-Secretário de Estado do Governo Miguel Arraes foi excluído do processo pelo justo reconhecimento de foro especial. Dois outros, porém, nele permanecem, sem motivo plausível.

Testemunhas houve que, sendo funcionários públicos, não foram requisitadas à repartição competente. Outras que, residindo fora da jurisdição dessa Auditoria, não foram ouvidas por precatória, indeferindo-se, nesse sentido, requerimentos expressos e fazendo-se constar de ata tal cerceamento ao direito de defesa.

O cabeça ou corréu principal no processo, o ex-Governador Miguel Arraes de Alencar, também foi excluído de julgamento, respondendo, hoje, a processo em separado, numa aberração flagrante à unidade do feito, desde que se trata de crime de concurso necessário, de codelinquência. Corremos o risco de assistir a uma estranha cissiparidade: a cabeça de um lado e o resto do corpo de outro, num esquartejamento que encheria de satisfação aos sádicos espancadores dos acusados.

Eis, Doutos Julgadores, o quadro real deste processo.

Da inércia da denúncia

Com a devida ressalva que devo fazer, por dever de justiça, ao digno representante do Ministério Público Militar, a denúncia dos autos é inepta. Nela conta-se uma história que não se coaduna nem se ajusta às provas do processo. Enquanto a denúncia se refere ao delito de atentado à segurança interna do País, com auxílio ou subsídio de Estado estrangeiro (art. 2º, inciso III, da Lei de Segurança do Estado), nos autos nenhuma testemunha alude a tal crime, absolutamente. Das testemunhas de acusação ouvidas, nada há, em seus depoimentos, que se reporte ao delito de atentado à segurança interna do País, nem se fala, mesmo de longe, de nenhum Estado ou País estrangeiro. E, no entanto, a Promotoria Militar insiste na classificação inicial, quando das razões finais.

A denúncia caracteriza-se pela vagueza de expressões e pelo amontoado de palavras que nada têm a ver com a situação de cada um dos denunciados. Dois terços da denúncia são gastos numa espécie de "prolegômenos da subversão", no mundo e no Brasil, com situações duvidosas de Lenin, de Marx e de Fidel Castro.

Quanto ao crime de cada um dos réus, propriamente dito; quanto às circunstâncias do fato delituoso; quanto ao lugar e ao tempo da perpetração do delito – nada se diz. Os acusados foram amontoados no mesmo processo sem o menor critério de codelinquência. Há réus que, neste processo, vieram a conhecer-se no curso das audiências. Antes, não se conheciam. Acredito que tudo isso adveio do grande acúmulo de serviço da Promotoria Militar, no princípio da fase punitiva da Revolução. Mas o fato é que o processo não tem as características que a lei exige para produzir efeitos.

Se a Promotoria Militar insiste na classificação do crime como sendo o de atentado à segurança interna, com auxílio de potência estrangeira, é de perguntar-se: qual é essa potência estrangeira? Quem foi o intermediário dessa potência estrangeira com os acusados? Onde estes se reuniram para tentar ou consumar o crime? Em que dia e em que ano esse crime foi perpetrado? As testemunhas de acusação não o dizem, Doutos Julgadores. E se, no IPM, se faz referência a alguns fatos dessa natureza, no processo, em Juízo nada disso foi apurado. E testemunhas que não comparecem a Juízo não são testemunhas. São fantasmas.

Quanto a Gregório Lourenço Bezerra, comete-se a inverdade – permita-se-me a expressão – de afirmar que ele foi incendiário do 15º Regimento de Infantaria, da Paraíba, aí pelos idos de 1947.

Ora, Doutos Julgadores, nessa mesma Auditoria Gregório foi absolvido por unanimidade! E quem pediu a absolvição de Gregório, por falta absoluta de provas, foi o hoje Procurador Geral da Justiça Militar, o doutor Eraldo Gueiros Leite. Como, pois, insistir nessa aleivosia, a não ser com o intuito de fazer confusão no seio do Conselho Permanente de Justiça, tão digno, hoje, como o era nos idos de 1947.

No que diz respeito ao processo ora em exame, nada existe que possa incriminar Gregório pelo delito previsto no art. 2º, inciso III, da Lei de Segurança do Estado. Seu maior crime, Doutos Julgadores, é o de pensar diferente. É o chamado delito de opinião, crime que os códigos não condenam. Crime de impunidade democrática. Crime dos homens livres e das Nações soberanas.

Peço aos ilustrados membros do Conselho Permanente de Justiça que levem em conta a bravura moral desse homem, digno do nosso maior respeito. Hoje, injustiçado. Amanhã, quem sabe, glorificado. A um homem desses não se devem apontar as grades da prisão. Nela, o homem poderá fisicamente tombar; mas o ideal do homem ressurgirá por cima de suas fraquezas materiais, continentes.

Faça-se justiça a esse homem do povo, absolvendo-o, exculpando-o das penas da lei.

A Justiça Militar, por ser militar, não é desumana ou insensível aos dramas sociais. No fundo, ela se integra ao aparelho judiciário do País, vivendo os mesmos sentimentos de Justiça e as mesmas tradições de independência.

Seu horizonte são os horizontes da lei e não o descampado das paixões humanas. Sua meta é o bem comum e não a tábula do ódio e das vontades ilimitadas.

O dever dessa Justiça é o mesmo das outras Justiças, togadas ou não. É o dever que se origina da consciência.

Contra Gregório há, somente, a alegação de ser comunista. Ele o é, confessadamente. Mas isso é, porventura, crime?

Os Tribunais brasileiros, tanto civis como militares, consideram que o fato de ser comunista não constitui crime.

Por isso, Doutos Julgadores, peço a absolvição de Gregório Lourenço Bezerra. E o faço como mulher, como mãe e como advogada – cônscia do meu dever perante a civilização humana.

CARTAS DE GREGÓRIO BEZERRA À ADVOGADA MÉRCIA ALBUQUERQUE*

Recife, 28 de fevereiro de 1967

Prezada doutora Mércia, saúde, muita saúde para você, seu esposo e meu neto carteiro.

Acuso o recebimento das ameixas e das outras coisas que você mandou. Sou-lhe grato por tudo.

Mércia amiga, esqueci-me do dia que terei de ouvir a leitura oficial do meu atestado de fidelidade à luta do nosso povo, contra o imperialismo e o latifúndio. Se você souber, mande avisar-me.

Disseram-me que você ficou muito chocada com as condenações; isto é uma prova da sua consciência sadia e do seu imenso desejo de amenizar, ou mesmo libertar, seus clientes. Todavia, nossos julgadores não pensam com você nem são possuídos de corações profundamente humano como o seu. Eles agem automaticamente, em função de uma classe, de que são instrumentos conscientes. Entretanto, minha querida defensora e amiga, não foi surpresa para mim e, para ser franco, estou preocupado em fazer um exame de consciência para saber o que fiz de errado para merecer a diminuição de um ano em minha condenação, pois esperava vinte anos no mínimo e só me deram dezenove anos, o que foi que fiz?

Essa condenação nada me afeta, mesmo condenado e mergulhado no fundo do cárcere sou mais livre do que os militares que hoje oprimem a todo o povo brasileiro. Fazem o que lhes mandam e não dizem o que querem nem o que pensam. Eu faço o que desejo e digo o que penso, mesmo diante deles. O amanhã é nosso, Mércia.

Para frente.

Esta carta deveria ser-lhe entregue por Fernando, que foi (...) Auditoria, hoje, infelizmente, nós e você não sabíamos, e sabe o que houve? Fernando foi qualificado e ouviu as testemunhas de acusação, sem a presença de sua advogada. O auditor deu 48 horas para ele

---

* Ao receber o veredito da condenação de Gregório Bezerra em 1967, a dra. Mércia Albuquerque, advogada que o defendia, ficou profundamente triste. Comovido, Gregório enviou a ela as cartas aqui transcritas. (N. E.)

apresentar testemunhas de defesa... Seria bom você comparecer, se possível, na Auditoria, 4ª feira. Ele lhe explicaria melhor.

Sem outros assuntos e com toda a estima e um abraço fraterno do seu cliente e amigo

Gregório Bezerra

Casa de Detenção do Recife, 28 de julho de 1967

Minha cara doutora Mércia

No momento em que o Superior Tribunal Militar se prepara para julgar a minha apelação contra a iníqua sentença de dezenove anos de reclusão que me foi imposta pela Auditoria de Justiça da 7ª Região Militar, quero expressar à senhora, que funcionou, denodadamente, como minha advogada, juntamente em companhia de outros dignos profissionais, a minha absoluta tranquilidade de ânimo e a minha profunda compreensão quanto aos resultados desse caso jurídico-militar.

A despeito de me considerar um prisioneiro sem crime – porque crimes não têm aqueles que sempre se colocaram ao lado do povo e da legalidade constitucional –, não tenho dúvida de que a sentença de condenação será mantida, dessa ou daquela maneira, a ponto de poder permitir o sacrifício completo de minha liberdade, que sou um homem beirando os 70 anos de vida.

Faço um exame de consciência, doutora Mércia, e não vejo como tenha sido nocivo ao povo de minha terra. Desde menino, acompanho os seus sofrimentos. Desde rapazinho que luto em favor da melhoria das suas condições de vida. Não importa que a reação tente me apresentar a esse mesmo povo como um assassino frio e calculista, como um bandido sem entranhas. Depois do movimento insurrecional de 1935, quando os fascistas brasileiros quiseram convencer a Nação de que eu havia assassinado oficiais dormindo (a revolta do Recife foi deflagrada pelas onze horas do dia e nem os IPMs da época falaram em morte de oficiais dormindo!), fui mandado pelo povo de minha terra, em sufrágio direto, para a Assembleia Nacional Constituinte, tendo sido eleito o segundo deputado federal mais votado de Pernambuco, ultrapassando os limites do próprio quociente eleitoral.

Julgamentos como esse, doutora Mércia, é que definem a história e esclarecem a conduta dos homens. Quisera que os meus carcereiros fossem submetidos, como eu, ao direto e implacável julgamento do povo.

Não tenho ilusões quanto à Justiça Militar, nesta hora em que vivemos, embora reconheça em muitos dos seus dignos Ministros padrões de honradez e dignidade. Mas estou diante de uma Justiça de classe, que me julgará de acordo com as próprias limitações dos interesses da classe que representa. Além disso, muitos desses eminentes Ministros têm preconceitos irremovíveis quanto à minha pessoa, porque não têm condições de entender como um sargento do Exército, como eu fui, tenha chegado, pelas mãos do povo, ao Congresso Nacional e merecido, no curso de sua vida, as melhores demonstrações de carinho desse mesmo povo.

Estou preso desde abril de 1964. Em meu poder não foram encontrados nem armas nem documentos comprometedores. Fui condenado à pena de dezenove anos de reclusão, sem defesa, porque ao meu advogado principal, doutor Sobral Pinto, a Justiça Militar não concedeu um adiamento de audiência por motivo de doença comprovada. E a senhora, doutora Mércia, que vinha acompanhando o processo desde o início, com inteligência e desassombro, também se retirou da audiência de julgamento, em solidariedade ao grande professor e advogado Sobral Pinto, seu ilustre colega de defesa.

Embora preso, acompanho a marcha do Mundo. E vejo, das grades, esse magnífico espetáculo das lutas de libertação nacional dos povos oprimidos, como o glorioso povo do Vietnã, invencível — tome nota, doutora Mércia — em sua decisão de combater por um mundo melhor, contra o imperialismo e a fome.

Nesta ocasião, quando o Supremo Tribunal Militar se prepara para conhecer minha apelação, quero agradecer à senhora todo o esforço que vem desempenhando em favor da minha causa. Não se aperreie por mim. Esse mesmo conselho tenho dado aos meus filhos, à minha esposa, aos meus netos e aos amigos. Com quase vinte anos de prisão na minha vida de revolucionário, não tenho o direito de pensar somente em mim. Aos homens que se colocam acima da vida individual, devotados ao bem comum, é bom que se lembrem daqueles versos maravilhosos de Frei Caneca:

Entre Marília e a pátria
coloquei meu coração.
A pátria roubou-mo todo,
Marília que chore em vão.

Com os meus respeitos e os meus cumprimentos à sua digna família,
Cordialmente

Gregório Bezerra

MENSAGEM DE GREGÓRIO BEZERRA AOS CAMPONESES*

Recife, 4 de setembro de 1983

Meus amigos e companheiros,

Neste dia em que vocês lançam a campanha salarial da área da cana, não poderia deixar de enviar minha saudação e votos de muito sucesso nesta batalha por melhores condições de vida e trabalho.

Sabemos que a luta será dura. O patronato rural tentará, como sempre fez, negar o atendimento às justas reivindicações da campanha. Vão falar de "crise" e "dificuldades". Só não irão falar da profunda miséria da família camponesa, dos salários baixos, da fome e das doenças.

A agroindústria canavieira não passa por crise nenhuma – e isto a Fetape demonstrou bem num de seus documentos. Crise vivem os trabalhadores.

Diante das pressões e "choradeiras" dos barões do açúcar, tem-se que responder com a combatividade e firmeza que só o trabalhador conhece. A mesma firmeza e determinação que sempre demonstraram a brava companheira Margarida Alves – assassinada pelos latifundiários da Paraíba – e vocês nas campanhas salariais dos últimos anos que, para atingir seus objetivos, não vacilaram em ir à greve. Agora mesmo, correm notícias de que serão trazidos 50 mil sertanejos para a zona da cana. Por trás deste tipo de informação, está a ameaça de tentar jogar nossos irmãos sertanejos contra vocês da zona da cana. Não podemos aceitar esse tipo de provocação, ao contrário, temos é que nos unir cada vez mais com os trabalhadores rurais do sertão, para denunciar o latifúndio e as violências dele decorrentes. Temos que nos unir todos, da zona da mata, do agreste e do sertão, com os trabalhadores da cidade, para lutar por uma Reforma Agrária que ponha fim à miséria no campo e assegure alimentos para os irmãos operários.

---

* Último documento escrito por Gregório, pouco mais de um mês antes de seu falecimento, em homenagem aos trabalhadores rurais e suas organizações.

Meus companheiros e amigos,

Quero finalizar conclamando todos a reforçar os trabalhos da Fetape e da Contag. A unidade do campo em torno dessas duas entidades nos levará, mais cedo do que pensam os exploradores, ao fortalecimento da unidade operário-camponesa, que construirá uma sociedade livre, democrática e onde os frutos da produção serão de quem trabalha.

Unidade e firmeza, companheiros!

Saudações fraternais,

Gregório Bezerra

DEPOIMENTOS

BRUNO MARANHÃO – Líder do Movimento de Libertação dos Sem Terra (MLST)
"A nossa homenagem a esta liderança do movimento operário-popular, Gregório Bezerra, que é símbolo da luta revolucionária do povo brasileiro e da classe operária."

ÊNIO SILVEIRA – Editor, falecido em 1996
"Contra Gregório Bezerra, há mais de quarenta anos, se têm erguido, implacavelmente odiosas, as mãos unidas dos latifundiários, dos imperialistas e dos reacionários de todos os matizes. Eles não suportam a audácia desse camponês que, por mérito e esforço próprios, conseguiu romper os invisíveis grilhões que o prendiam a uma existência miserável; que, ao fazê-lo, desenvolveu consciência crítica a respeito da circunstância de que ele, e milhões de seus antecessores e contemporâneos, eram explorados não pelo capricho maior ou menor de indivíduos, mas por um sistema socialmente injusto e improdutivo; que, ao se conscientizar disso, optou por uma linha ideológica de ação revolucionária, tornando-se membro do Partido Comunista Brasileiro.

É por isso que sempre o perseguiram, numa luta sem trégua, desde quando, ainda apenas um garoto, analfabeto e despreparado, ele passou da teoria à prática, das palavras ao gesto, sendo preso e condenado a sete anos – dos quais cumpriu quase cinco – em 7 de agosto de 1917, sob a acusação de ser um 'perturbador da ordem pública', de 'insuflar operários contra patrões'."

EURICO ANDRADE – Jornalista, falecido em 2005 (texto feito para a campanha de Gregório à Câmara, em julho de 1982)
"Às vezes fico pensando que Che Guevara se inspirou em Gregório Bezerra para dizer que 'é preciso endurecer sem jamais perder a ternura'. Que coisa pode exprimir melhor o exemplo desse herói do povo brasileiro? Duro-aço, ternura-flor. (...)

Combatente, pensador, camponês, poeta, herói, Gregório hoje é também candidato. Quer recuperar o seu mandato, legítimo, conquistado como o deputado federal mais votado do Recife nos idos de 1946.

Faz muito tempo. Como muitos pernambucanos 'morrem de velhice antes dos trinta', terá restado pouco do seu eleitorado. Mas Gregório acredita na juventude. Afinal, Gregório é velho ou é jovem? As duas coisas: ele é duro e velho quando enfrenta o presente de fome e miséria; é terno e jovem quando antevê o amanhã socialista."

FERNANDO LYRA – Advogado e político pernambucano (discurso pronunciado na Câmara dos Deputados, em outubro de 1983)
"Nascido com o século, acaba de deixar-nos o sertanejo, o lutador, o homem-povo e, para os pernambucanos, o homem-lenda Gregório Bezerra. Falar dele é falar do homem pobre do Nordeste, dos seus sofrimentos, mas é falar também da sua fortaleza, da sua luta contra a desigualdade e a injustiça.

A adversidade nunca o dobrou. Tomaram-lhe o mandato, e ele entrou para a clandestinidade para reorganizar o Partido em Pernambuco. Prenderam-no em 1964, amarram-no como gado e espancaram-no como loucos, em praça pública, para humilhá-lo. Só conseguiram fazê-lo mais herói, mais respeitado pelo seu povo, que o viu cambaleando, todo ensanguentado, corda amarrada ao pescoço, mas com uma dignidade inabalável."

IVAN PINHEIRO – Secretário-Geral do Partido Comunista Brasileiro (PCB)
"Gregório Bezerra foi um exemplo de revolucionário. Sem subestimar o fundamental papel dos intelectuais militantes, é impressionante como a inserção de um comunista na massa, como um peixe dentro da água, lhe permite, com uma sábia simplicidade, resumir e transmitir ao povo teses de importância prática e teórica.

Com a frase 'Em 1935, a gente tinha armas, mas não tinha massa; em 1964, a gente tinha massa, mas não tinha armas', Gregório Bezerra conseguiu caracterizar aqueles que talvez tenham sido os dois maiores erros políticos da heroica, porém pendular, história do PCB, e que trouxeram grandes prejuízos para o Partido e para as massas.

De um lado, critica o baluartismo, o espontaneismo, o foquismo e a subestimação das massas no levante militar de 1935. De outro, critica o reformismo, a ilusão de classe e a subestimação da natureza da democracia burguesa antes do golpe militar de 1964."

JAIR MENEGUELLI – Sindicalista e político, atualmente preside o Conselho Nacional do Sesi
"Gregório nos deixou, mas as suas idéias jamais nos deixarão, as suas idéias permanecem na cabeça de cada um de nós. E nós haveremos de trilhar o caminho aberto por este companheiro."

JOÃO DA COSTA BEZERRA FILHO – Prefeito de Recife (PT), empossado em 2011
"Gregório Bezerra é um daqueles homens que servem de exemplo para as atuais e futuras gerações, pela sua trajetória revolucionária de coragem, firmeza ideológica e consciência política. Participou de forma ativa contra o arbítrio e as injustiças em toda sua vida. Foi um defensor intransigente dos direitos dos trabalhadores do campo e da cidade.

Suas memórias representam um dos mais importantes registros da historiografia das lutas populares no Brasil, em Pernambuco e em Recife.

Gregório superou grandes obstáculos para construir seus caminhos e sua identidade. Foi criança no trabalho infantil no campo, ficou órfão e morou nas ruas e pontes do Recife, foi jornaleiro, ajudante de pedreiro, foi preso aos 16 anos de idade, depois entrou no Partido Comunista, participou de lutas políticas e sociais dos anos 1930 até sua morte em 1983.

Gregório viveu anos nas prisões, na clandestinidade e no exílio por defender a organização dos trabalhadores e o socialismo.

A figura de Gregório é na verdade um monumento para o Recife."

JORGE AMADO – Escritor e político, membro do PCB, falecido em 2001

As *Memórias* de Gregório Bezerra são desses livros indispensáveis para a compreensão da história contemporânea do Brasil: seu autor é um dos construtores dessa história e escreveu depoimento de inegável importância. Não é possível tentar entender o Brasil dos nossos dias sem ter lido os volumes do líder pernambucano.

Por outro lado, as *Memórias* são o retrato de corpo inteiro de um cidadão nascido do povo, em meio à miséria e à opressão, que se levantou contra o atraso, a fome, a colonização, a injustiça, em defesa dos valores que lhe pareceram mais capazes de modificar a fisionomia do Brasil, de possibilitar dias melhores para a nossa gente. Discordar de Gregório Bezerra é direito que cabe a qualquer um; impossível, no entanto, é negar a coerência e a integridade de um homem bom e generoso, intrépido e leal, em cujo coração não cabe o ódio.

A vida de Gregório Bezerra é uma saga sem medida; duvido que alguém termine a leitura desse volume de memórias sem sentir pelo autor estima e admiração. Não falo por mim que sou seu amigo há muitos anos e sei de sua inquebrantável e terna humanidade.

JOSÉ REGINALDO VELOSO DE ARAÚJO – Fundador do Instituto Teológico do Recife (carta a Gregório por ocasião de seu 83º aniversário)

"Morro da Conceição, 13 de Março de 1983

Prezado irmão,

Com a mesma lisura e lealdade, idealismo e altivez com que você se declara marxista e comunista, eu faço questão de declarar-me cristão. Por isso mesmo, crendo no Deus de Jesus, que é o Deus dos oprimidos, venho de público dar graças a Deus porque Você existe, pela enorme figura humana que Você é, pelos valores supremos da solidariedade e da esperança que você encarna, pela persistência e tenacidade de sua luta.

Nossos caminhos e métodos são certamente diferentes.

Nossa meta, porém, é fundamentalmente a mesma:

um homem novo

e um MUNDO NOVO

de justiça, igualdade, fraternidade e paz que para mim, além de ter que se concretizar nesta terra, se prolongará pela eternidade, lugar de encontro de todos os que neste mundo lutaram pelo bem da humanidade.

Deus lhe conceda muitos anos de vida e a alegria de ver seus nobres ideais se concretizarem."

LUIZ CARLOS PRESTES – Líder comunista (escrito por ocasião da morte de Gregório)

"Para todo o movimento operário brasileiro, para todos os trabalhadores do país, é uma das perdas mais dolorosas e sentidas. Gregório era um homem do povo, filho do povo, particularmente um dos filhos dos trabalhadores do campo e, ele mesmo, com cinco anos de idade, já estava trabalhando de enxada na terra. Foi um defensor permanente dos interesses dos trabalhadores."

MÉRCIA ALBUQUERQUE – Advogada de Gregório Bezerra, falecida em 2003

"As mulheres se apaixonavam por ele. Médicas, advogadas lhe mandavam cartas. Eu recebia e as rasgava. Achava que a mulher dele, Maria da Silva Bezerra (dona Maroca), não podia ser maculada. Um dia Gregório descobriu que eu rasgava as cartas. Continuei rasgando. A esposa dele, uma camponesa maternal, sempre deu todo apoio a ele, criou os filhos Jandira e Jurandir com dignidade. Eu contei a ela sobre as cartas. Hoje eu me arrependo de as ter rasgado."

MIGUEL URBANO – Escritor, jornalista e político português

"Conheci Gregório Bezerra em Lisboa, no tempo breve em que a Revolução de Abril gerava a ilusão de caminhar para o socialismo. Luiz Carlos Prestes escrevera, sugerindo que o ajudasse a compreender o processo revolucionário português. A empatia foi imediata. Gregório irradiava intensa alegria de viver e transmitia uma comovente confiança no futuro. Quis visitar uma cooperativa da Reforma Agrária. Andou pelas terras vermelhas de Beja numa longa jornada, aclamado pelos trabalhadores. Guardo dele a imagem de um comunista humanista que me fez recordar os bolcheviques russos da geração de Outubro de 17."

OSCAR NIEMEYER – Arquiteto

"O companheiro Gregório Bezerra foi uma das mais importantes figuras da luta política empreendida em defesa do povo brasileiro."

ROBERTO ARRAIS – Secretário do Meio Ambiente de Recife desde 2010, foi assessor de Gregório, vereador e Secretário de Governo de Recife de 2009 a 2010

"Com Gregório, descobrimos que a poesia, a música, o amor, o parlamento, os fuzis, as organizações populares e os partidos são armas poderosas e necessárias para a construção do mundo onde a exploração do homem pelo homem seja apenas amarga lembrança."

ZIRALDO – Cartunista e escritor

"Gregório Bezerra, o mais belo exemplo de fé que eu jamais conheci, chegou ao Brasil [de volta do exílio] e no seu primeiro dia de folga informou aos que perguntavam o que é que ele queria fazer neste dia: 'Quero visitar o *Pasquim*!'. E mais não disse e mais não explicou, pois era dispensável."

CRÉDITOS DAS IMAGENS

Acervo de ANITA PRESTES: 344 (em cima)

Acervo DHnet/CENTRO DE DIREITOS HUMANOS E MEMÓRIA POPULAR (www.dhnet.org.br): 16, 354, 612, 622

Acervo de JURANDIR BEZERRA: 202, 337, 338, 339, 340, 341, 342, 343, 344 (embaixo), 345, 346, 347, 348, 350, 351, 352, 424, 592, 593, 594, 596, 599, 600, 601 (em cima), 606 (embaixo, *Jornal do Comércio*, 22 jul. 1999), 608, 620

Acervo de ROBERTO ARRAIS (RA): 4, 8, 314, 349, 494, 597, 598 (foto tirada por RA), 601 (embaixo, foto tirada por RA), 602 (foto tirada por RA), 603 (foto tirada por Vladimir Barbosa), 604 (foto tirada por RA), 605 (foto tirada por RA), 606 (em cima)

Acervo de ZOIA PRESTES: 595